한국 지석묘문화와
복합사회의 형성

한국 지석묘문화와 복합사회의 형성

2023년 7월 25일 초판 1쇄 발행
지은이 이동희

펴낸이 권혁재

편 집 권이지
교정교열 천승현
디자인 이정아

인 쇄 성광인쇄
펴낸곳 학연문화사
등 록 1988년 2월 26일 제2-501호
주 소 서울시 금천구 가산디지털1로 16 가산2차 SKV1AP타워 1415호

전 화 02-6223-2301
전 송 02-6223-2303
E-mail hak7891@chol.com

ISBN 978-89-5508-494-8 (93910)

한국 지석묘문화와 복합사회의 형성

이동희 지음

학연문화사

한국 지석묘(고인돌) 문화와
복합사회의 형성

　필자가 지석묘(고인돌)와 연을 맺게 된 것은 전라남도 순천대학교 박물관에서 근무하게 되면서이다. 그 계기는 우연이라고 볼 수 있다. 석사과정을 수료할 무렵에 국립박물관 학예연구사 시험을 준비하다가, 지도교수님의 권고로 우연히 공고가 난 국립순천대학교 박물관 학예연구사 시험에 합격하면서 고민을 거듭하다가 순천에 내려오면서 지석묘를 접하게 된 것이다.

　경북지방이 고향인 필자로서는 초기에 전남지방에 적응하기가 수월하지 않았지만, 유적을 접하면서 전남지방의 문화에 자연스럽게 녹아들게 되었다. 특히, 순천이 위치한 전남 동부지역은 고고학적 연구성과가 많지 않아 새로운 연구대상이라는 점에서 매력적이었고, 박사학위논문 주제(『전남동부지역 복합사회 형성과정의 고고학적 연구』)로 이어지게 되었다. 이 지방 사람과 결혼하고 20년 정도 순천에 거주하게 되면서 전남지방은 제2의 고향이 된 셈이다.

　전남지방에 대한 발굴조사에서 가장 큰 비중을 차지한 유적은 지석묘이다. 4만여기가 분포하는 남한 지석묘 가운데 2만기 정도가 산재하는 전남지방은 지석묘의 寶庫이다. 지석묘는 삼국시대 고분에 비해 유물이 화려하지 않고 역사기록이 없어 전공으로 하는 연구자가 상대적으로 적은 편이다. 하지만, 필자는 지석묘 발굴조사를 지속하면서 문자 기록이 없는 거석기념물에 관심을 두고 그 역사적 의의를 밝히고 싶었다.

본서는 지석묘를 단순히 선사시대의 범주에 묻어두지 않고 정치체가 본격적으로 형성되는 삼한사회의 직전 단계로 파악하여 복합사회(complex society) 형성과정의 가시적인 증거로 파악하고자 한 노력의 결실이다. 단순사회(simple society)에 대비되는 용어가 복합사회인데, 전자는 평등사회, 후자는 불평등사회로 볼 수 있다. 불평등사회의 근저에는 단위면적당 산출량이 가장 높은 작물인 벼농사의 확대로 부(富)와 권위(權威)의 차이가 발생한데 따른 것이다. 한국고고학계에서는 여러 촌락이 병렬적인 평등한 단계에서 점차 중심촌락(大村)이 등장하여 주변 촌락을 통제하는 종적인 단계를 불평등의 시원이자 초기 정치체 혹은 읍락(邑落) 형성과 관련짓고 있다. 최근 고고학적 성과로 보면, 청동기시대 중후기 이후에 읍락이 형성되고 곧이어 삼한 소국이 등장하므로 당시 대표적인 묘제인 지석묘의 연구는 한국 상고사 연구에 매우 중요한 분야인 것이다. 지석묘를 삼한사회의 성장과정과 연계지어 본 것은 필자가 고고학과 출신이 아닌 사학과 출신이라는 점과 무관하지 않을 것이다.

기존에 한국 고고학계에서 청동기시대·초기철기시대·원삼국시대 등의 시대구분이 오히려 지석묘와 우리나라 초기 정치체 성장과정을 이해하는데 방해요소로 작용한 면도 있다. 즉, 기존에 지석묘는 대개 청동기시대와 관련짓는 견해가 강하지만, 그 하한이 초기철기시대 및 원삼국시대(조기)까지 연결되어 삼한사회와 연계되어 있다는 점을 상기하면 그 계기적인 연결고리에 반드시 관심을 가져야 하지만 실상은 그렇지 못하였다. 청동기시대 전공자는 지석묘를 연구하되 삼한사회와 유기적으로 연결짓지 못하고, 원삼국시대 전공자들은 주로 목관묘 이후를 대상으로 하기에 지석묘 축조사회에서 비롯된 삼한사회의 계기적인 형성과정을 심도 있게 연구하지 못하는 한계성이 상존한다. 본서는 이러한 문제점을 불식시키기 위해 노력한 결과물이다.

지석묘에 대한 연구 논문을 작성하기 시작한 것이 2002년이므로 근 20년이 된 셈이다. 2016년에 김해(인제대학교)로 직장을 옮기면서 자연스레 연구대상도 전남지방에서 경남지방으로 전환되었다. 여기저기 흩어져 있던 지석묘 관련 글을 모을 필요성을 느껴 이번에 출간하게 되었다. 책은 크게 3부로 구분되는데, 단위 지석묘 사회의 분석. 지석묘를 통해 본 복합사회 형성과정, 지석묘 문화의 비교 등이다. 부록으로, '지석묘의 재활용과 그 의미'를 첨부하였다. 여러 논문들을 모으다 보니 내용상 일부 중복되는 부분이 있는데, 개별 논문의 완성도를 높이기 위해 불가피하다고 판단하여 수정하지 않고 그대로 남겨 두었다.

지석묘 축조 사회에서 단위 공동체는 현재의 1개 시·군 단위를 넘지 못하는데, 노동력의 동원규모로 보면 읍락 정도의 규모와도 밀접한 관련이 있다. 필자가 단위 지석묘군을 중요시한 것은 단위 지석묘군의 분석을 통해 친족관계나 위계 관계를 파악할 수 있기 때문이다.

한편, 지석묘 문화를 비교한 것은 상호 집단간에 차이점과 동질성을 파악하기 위해서이다. 특히, 인도네시아 숨바섬의 경우에는 최근까지도 지석묘를 축조하고 있어 2천년전에 지석묘 축조가 종말을 고한 한국 지석묘 사회와 문화를 유추하기 위해서였고 유의미한 결과를 도출하였다. 그리고, 일본 지석묘를 주목한 것은 한국학계와 일본학계에서 한반도에서 일본 큐슈로의 지석묘 전파 양상, 특히 한반도로부터 이주민 문제에 대해 이견이 있어 이를 분석하기 위함이었다. 한국학계에서는 수도작과 함께 지석묘를 축조하는 이주민이 개입되어 있었다고 보는 반면에, 일본학계에서는 대개 일부 큐슈 海民들이 지석묘문화를 수용하였다는 입장에서 있다. 일본학계에서는 지석묘 축조에 한반도계 이주민이 개입된 것에 민감하게 반응하는 편이다. 지석묘를 단계 구분해 보면, 초기에는 한반도 남부와 유사한 구조와 유물을 보이다가 점차 현지민과 혼인 관계 등을 통해 현지화가 이루어지는 양상을 알 수 있었다.

책을 발간하면서 먼저 드는 생각이 이 책이 학계에 얼마만큼 도움이 될 수 있을지 걱정이 되는 것이다. 지석묘 사회의 성장이 삼한 소국(三韓 小國) 성장으로의 징검다리로서 초기정치체인 읍락(邑落)의 형성과정과 밀접한 관련이 있는 것은 분명한 사실이나 그 연결고리를 필자가 잘 꿰었는지 스스로 자문해 본다. 본서는 이와 관련하여 시론적인 성격이 강하므로 동학과 후학들이 좀 더 발전시키는 작은 디딤돌이 되기를 바랄 뿐이다.

전남지역에서는 발굴조사가 많이 이루어지고 유물이 많이 출토된 여수지역에 특히 관심을 가지고 관련 논문을 많이 쓰게 되었다. 여수지역에 대한 지석묘 조사에서 기억나는 유적은 비파형동검이 출토된 화장동유적 이외에 단위 지석묘 축조집단의 구조를 파악하는데 일조한 화동리 유적 등이다. 전남지역의 지석묘 연구에서는 기존에 이루어진 최몽룡·최성락·이영문 교수님의 연구성과가 크게 도움이 되었다. 특히, 최몽룡·최성락 교수님은 필자의 석·박사 논문을 지도해 주신 인연뿐만 아니라, 퇴직 후에도 논문·저서 등의 성과물을 꾸준히 내고 계셔서 후학들에게 늘 학문하는 태도와 방향성을 제시해 주신다. 두 분은 필자의 박사학위논문이 통과된 직후(2006년) 저서 발간을 독촉하셨지만 필자의 게으름으로 이제야 단독 저서를 발간하게 되어 죄송할 따름이다.

우리나라 지석묘의 이해를 위해 인도네시아와 일본 지석묘를 답사했는데, 그때마다 안내해주신 日本 就實大學 가종수 교수님의 은혜를 잊을 수 없다. 인도네시아 지석묘 답사에서는 우장문박사님·조진선교수님, 윤호필박사님 등과 함께 했는데, 즐겁고 좋은 기억이 남아 있다. 인도네시아 지석묘를 답사하고 비교 분석한 근저에는 고고학에서 인류학적 관점의 중요성을 강조하신 고 손병헌 지도교수님의 영향이 컸다. 손병헌 교수님은 필자가 고고학 공부를 시작하고 공부하는 자세를 가르쳐 주신 분이시기도 하다.

전남지역 지석묘 발굴조사에 전념했을 무렵의 순천대학교 박물관의 관장님·동료·후배로서 도움을 주신 조원래·최인선 순천대 교수님·조근우 선생님, 이순엽·박태홍·송미진·최권호·김은영·손설빈·정여선·임정현·박성배·오재진·신강호·김재훈 선생 등에게 감사를 표한다.

그리고, 50대 초부터 홀로 사시면서 지금까지 늘 자식 걱정만을 하시는 어머님과 주말에도 조사와 연구를 거듭하면서 가정에 충실하지 못한 남편을 믿고 내조해 준 아내(노현미), 아버지 역할에 소홀해 늘 미안한 아들(정훈)·딸(정연)에게 고마움을 전하고 싶다.

마지막으로, 엉성한 논문들을 짜임새 있게 편집해 주신 학연문화사 권혁재 사장님과 관계자 여러분께 감사드린다.

2023년 7월

김해 연구실에서 李東熙

목차

지석묘 문화의 비교

부록

단위 지석묘 사회의 분석

지석묘 축조집단의 단위와
집단의 영역

-여수반도를 中心으로-

I. 머리말

본고는 발굴조사와 지표조사가 가장 밀도있게 이루어지고 부장유물이 풍부한 여수반도를 대상으로 하여 지석묘사회의 분포와 권역, 축조집단의 단위와 영역을 살펴보고자 한다.

필자가 여수반도로 한정한 것은 이 지역이 다른 지역보다 비교적 많은 발굴조사가 이루어졌을 뿐만 아니라, 여러 차례의 지표조사가 이루어져 지석묘에 대한 대체적인 분포가 확인되었기 때문이다. 또 하나 언급될 수 있는 것은 여수시가 반도와 섬으로 구성되어 지리적으로 외부와 어느 정도 구분된다는 점을 들 수 있다.

본고에서는 두 가지 점을 주목하면서 논의를 전개시키려 한다. 먼저, 여수시 전체의 지석묘 분포상태와 자연지형에 근거하여 권역을 설정하였다. 지석묘는 개별적이기보다 군집된 경우가 훨씬 많기 때문에, 개개 지석묘보다는 전체로서의 지석묘군과 그 분포권이 더 중요하다. 둘째, 지석묘 축조에 동원되었으리라 추정되는 노동력의 규모에 따라 축조집단의 단위를 4류로 구분하여 고찰해본다. 즉 개별 지석묘군, 3~7개 지석묘군이 모인 동·리단위, 2~3개의 동리가 모인 권역, 1개면 이상의 권역 등이 그것이다. 중간 단계(2~3류)의 집단에서는 집단의 영역을 상징하는 대규모 기반식 지석묘 혹은 立石의 존재를 확인할 수 있어 집단적 토지공유제를 상정할 수 있다.

서부 유럽의 거석분묘는 대개 분절사회의 영역표지로 인식되고 있다(Renfrew and Bahn 2004)[1]. 하지만, 세계에서 지석묘가 가장 조밀하게 분포하는 전남지역에서는 하나의 洞里에서도 여러 군집의 지석묘가 확인되기도 한다. 따라서 필자는 개별지석묘군보다는 1개 내지 수개의 동리단위를 구분하는 고개마루에 자리한 대형 기반식 지석묘와 立石의 존재를 주목하여 집단의 영역을 상징하는 것으로 보았다.

본고에서는 지석묘의 분포를 명확하게 파악하기 위해서 훼손되어 현재 남아 있지 않은 지석묘도 최대한 포함하였음을 밝혀둔다.

II. 지석묘의 분포와 권역

먼저, 여수반도 지석묘의 분포를 면 단위 행정구역별로 살펴보고, 권역을 설정하고자 한다. 권역은 개별 지석묘군을 지형별로 묶어 본 것이다. 이러한 권역은 지석묘의 축조시에 협동하는 공동체의 단위 및 범위와 관련된다.

---

1) 김권구도 지석묘와 선돌은 각 집단의 영역을 표시하거나 자신들이 차지한 영역에 대한 정통성을 보여주고자 한 토지문서 등과 같은 역할도 수행했을 것으로 보고 있다(김권구 2007).

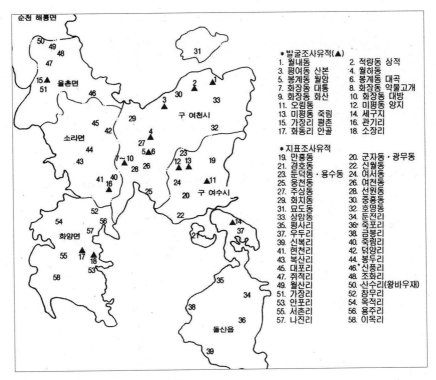

순천 해룡면

소라면

율촌면

구 여천시

구 여수시

화양면

돌산읍

* 발굴조사유적(▲)
1. 월내동
3. 평여동 산본
5. 봉계동 월앙
7. 화장동 대통
9. 화장동 화산
11. 오림동
13. 미평동 죽림
15. 가장리 평촌
17. 화동리 안골

2. 적량동 상적
4. 월하동
6. 봉계동 대곡
8. 화장동 약물고개
10. 화장동 대방
12. 미평동 양지
14. 세구지
16. 관기리
18. 소장리

* 지표조사유적
19. 만흥동
21. 경호동
23. 둔덕동·용수동
25. 웅천동
27. 주삼동
29. 화치동
31. 묘도동
33. 상암동
35. 평사리
37. 우두리
39. 신복리
41. 현천리
43. 복산리
45. 대포리
47. 취적리
49. 월산리
51. 가장리
53. 안포리
55. 서촌리
57. 나진리

20. 군자동·광무동
22. 신월동
24. 여서동
26. 여천동
28. 선원동
30. 중흥동
32. 호명동
34. 둔전리
36. 죽포리
38. 금봉리
40. 죽림리
42. 덕양리
44. 봉두리
46. 신풍리
48. 조화리
50. 산수리(왕바우재)
52. 창무리
54. 옥적리
56. 용주리
58. 이목리

[도면 1] 여수반도 주요 지석묘 분포 현황

　현재의 여수시는 1998년 4월 1일 구 여천시, 구 여천군, 구 여수시 등 3개 행정구역이 통합된 것이다. 그리고 구 여천시는 구 쌍봉면과 구 삼일면을 통합한 행정명칭이다. 본고에서는 지석묘의 분포와 권역 설정에서 면 단위로 살펴보는 것이 더 용이하다고 판단되므로 구 행정명칭을 그대로 사용하였음을 밝혀둔다.

　각 행정구역별 지석묘 분포상을 요약해보면 (표 1)과 같은데, 여수반도에는 지금까지 모두 217군 1,722기의 지석묘가 확인되었다.

〈표 1〉 여수반도의 지석묘 분포현황(행정구역별)

행정구역	지석묘 군집	지석묘 수
구 여수시	33군	198기
구 쌍봉면	33군	168기
구 삼일면	39군	365기
돌산읍	31군	184기
삼산면	3군	17기
소라면	17군	116기
율촌면	30군	340기
화양면	31군	334기
총계	217군	1,722기

1. 구 여수시

구 여수시에는 모두 33개군 198기의 지석묘가 확인되었다. 미평동 평지 3개군 27기·양지 5기·죽림 3개군 30기, 만흥동 6개군 20기, 오림동 2개군 14기, 군자동·광무동 2개군 11기, 경호동 2개군 27기, 신월동 4개군 32기, 둔덕동 2개군 5기, 용수동 4개군 24기, 여서동 4개군 8기 등이다(이영문·정기진 1992).

이러한 지석묘군을 지형별로 나누어보면 다음과 같이 7개 권역이 된다. 즉 미평동 7개군 62기, 만흥동 6개군 20기, 오림동·여서동 6군 22기, 군자동과 광무동 2군 11기, 신월동 4군 32기, 경호동 2군 27기, 둔덕·용수동 6군 29기 등이다.

구 여수시(여수면)의 7개 권역에서 유물상이나 군집도, 입지 등으로 보면 미평동 평지(20기), 오림정(9기), 죽림'가'(11기), 신월(10기), 용수동(17기), 경호동

(19기) 등이 중심군이다.

오림동·여서동, 둔덕동·용수동에서는 각기 고갯마루에 독립되어 거대한 기반식 지석묘가 분포하고 있는데, 집단의 영역을 표현하는 상징적인 존재로 파악된다[2]. 이러한 거대한 기반식 지석묘는 지석묘군내에 있는 묘표석과는 달리 지석묘군과는 일정한 거리를 두고 있고 단위 집단의 외곽에 주로 위치한다. 즉 오늘날의 洞 단위별로 3~7개 정도의 지석묘군에 1기 정도의 거대한 기반식 지석묘가 있어 다른 단위 집단과의 경계역할을 한 것으로 판단되는데, 군집된 지석묘군의 묘역들과는 일정한 거리를 가지면서 별도로 존재한다.

예컨대 용수동의 입구인 둔덕동 가스 충전소 아래의 밭에 2기의 지석묘가 있다. 이 가운데 1기는 대형의 기반식 지석묘(415×290×230cm)이다. 이 대형 지석묘는 둔덕동 골짜기의 오르막 입구에 있기에 용수동·둔덕동 지석묘군의 묘역을 표시하거나 집단의 영역을 상징한다고 하겠다.

한편 여서동 지석묘군(4군 8기) 가운데에는 장군산에 오르는 등산로 상에 1기의 대형 기반식 지석묘가 위치한다. 이 지석묘는 여서동의 다른 3개 지석묘군에 비해 가장 높은 자리에 위치한다. 독립되어 있는 대형의 기반식 지석묘 1기는 다른 집단과의 경계 역할을 한다고 본다면 여서·오림동 집단과 광무·군자동 등의 집단과는 고개를 경계로 구분되었던 것으로 보인다. 광무·군자동일원이나 여서동 일원은 현재 모두 시가지가 조성되어

---

2) 이러한 논리가 맞으려면 거대한 기반식 지석묘가 모든 동마다 존재하여야 하지만, 현재의 자료로는 그러하지 못하다. 이에 대해서는 다음과 같은 측면에서 접근해 볼 수 있다. 즉, 여수반도에서 고갯마루에 자리한 거대한 기반식 지석묘나 입석형 거석은 최근에 확인된 경우가 많다. 이는 고갯마루에 자리한 특수한 입지 때문에 그동안의 조사에서 누락된 것이 많았음을 의미한다. 향후 지석묘 현황조사시에는, 일반적인 지석묘 입지 장소 외에 그 당시의 교통로와 고갯마루에 대한 조사에 더 많은 관심을 기울여야 할 것이다.

기존에 있던 많은 지석묘들이 파괴되었던 것으로 판단된다. 실제로 군자동과 여서동 지석묘는 과거의 수 차례의 조사에서는 확인되지 않았고, 최근의 정밀조사를 통하여 도심의 주택가 사이에서 확인된 것이다(순천대박물관 2003). 이러한 점을 감안하면 과거에는 현재의 시가지 내에 더 많은 지석묘들이 있었을 것이다. 요컨대 이 대형의 기반식 지석묘 1기는 여서동·오림동 지석묘 집단의 대외적인 경계석일 수 있다. 이러한 권역별 경계석은 정밀지표조사에서 확인되듯이 그간 많이 멸실된 점을 고려하면 당시에는 집단마다 존재했던 것으로 추정할 수 있다.

2. 구 쌍봉면

구 쌍봉면에서는 모두 33개군 168기의 지석묘가 확인되었다. 웅천동 6개군 25기(9/5/3/2/3/3), 여천동 월평 1군 5기, 주삼동 주동 1군 8기·삼동 2군 4기·주암 4군 14기(2/10/1/1), 봉계동 대곡 4군 23기(4/8/7/4)·계원 2군 14기(1/13기)·봉강 3기·월앙 6군 18기(3/1/5/2/4/3), 선원동 무선 2기, 화장동 대통 3군 37기(27/7/3)·화산 1군 5기 등이다(이영문 1990; 순천대박물관 2003).

구 쌍봉면의 지석묘군을 지형별로 권역을 나누어보면 웅천동, 화장동·선원동, 봉계동·주삼동·여천동의 3개소이다. 이 3개소가 각기 당시 촌락의 범위 혹은 권역으로 판단된다.

3. 구 삼일면

구 삼일면에는 모두 39개군 365기의 지석묘가 확인되었다. 적량동 5군 48기(14/12/13/6/3), 월내동 상촌 10군 101기(35/18/35/1/1/1/4/3/2/1), 화치동 용혈 2기,

평여동 삼본 3군 19기(3/9/9, 발굴후 모두 36기), 월하동 월성 1기, 중흥동 5군 33기(3/10/16/2/2), 묘도동 1군 2기, 호명동 3군 23기(1/14/8), 상암동 11군 134기(작양 3군 65기-16/46/3, 작음 4군 27기-6/6/8/7, 진북 2군 14기, 당내 1군 6기, 원상암 1군 약 30기) 등이다(이영문 1990; 순천대박물관 2003; 순천대박물관 2004).

구 삼일면의 지석묘군을 지형별로 권역을 설정해 보면, 적량동/월내동/중흥동/평여동·월하동·화치동/호명동/상암동으로 구분해 볼 수 있다. 인접성을 근거로 좀 더 넓게 묶어보면 평여동·중흥동/적량동·월내동/상암동·호명동의 3개소로 구획된다. 상암동과 호명동은 같은 골짜기 내에 위치하고, 평여동과 중흥동, 적량동과 월내동은 각기 낮은 고개로 연결되는 인접지역이다.

이처럼 지형에 따라 권역을 설정해 보면 각 권역 사이에는 어느 정도의

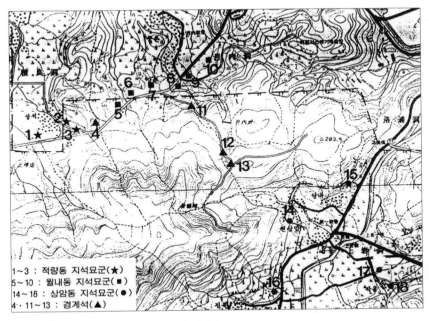

[도면 2] 적량동·월내동·상암동 지석묘군과 경계석

구분이 있었다고 생각되는데 그러한 구분은 경계지점의 대형 기반식 지석묘에 의해서 뒷받침된다. 예컨대, 최근의 조사(순천대박물관 2004)에서, 월내동과 적량동의 경계에 자리한 월내초등학교 부지를 조성하면서 대형 기반식 지석묘 1기가 파괴되었다는 지역주민의 전언(순천대박물관 2004)이 있었다. 이를 근거로 추정해보면 월내동과 적량동 사이에 경계석으로서의 상징적인 지석묘가 있었다고 판단된다.

월내동 지석묘군은 밀집도가 매우 높은 편인데, 소군집들은 정상부에 가까운 산기슭에 인접해 있고 대군집은 좀 더 평지에 인접한 산기슭 아래 구릉상에 자리한다.

그리고 월내동에서 영취산의 일봉인 봉우재로 올라가는 등산로상에 3개소에 걸쳐 1기씩 거대한 기반식 지석묘가 분포하고 있다. 이 등산로는 청동기시대 당시에도 교통로로 사용되었을 것으로 판단된다. 상석은 모두 정연한 방형계이다. 정상부에서 아래로 내려올수록 상석의 규모가 더 크다. 이 가운데 가장 큰 상석(월내동 상촌 '가' 지석묘군)은 봉우재로 올라가는 6부능선에 있으며, 3개의 굄돌이 있는 거대한 상석(360×220×210㎝)이다. 상석 1기가 독립적으로 세워져 있어 집단의 경계영역을 표시한 것으로 보인다. 다른 1기는 여기서 200m정도 더 올라가서 270×250×190㎝규모의 상석에 지석을 괸 기반식이다. 제일 위쪽에 있는 지석묘는 고개마루에 위치하며, 상대적으로 작지만 立石 같은 형상(190×150×160㎝)이다. 이 지석묘들은 각기 독립되어 있고 당시 교통로상에 입지한다. 그리고 월내동과 상암동을 잇는 고개마루에서 월내동으로 치우친 곳에 있다. 그런데 같은 교통로상에 1기씩 3곳에 나누어 조성된 사실이 주목된다. 이는 경계석이 여러 시기에 걸쳐 조성되었거나, 아니면 거의 동시기에 3基를 위치에 따라 차례로 설치한 것 중의 하나일 것이다. 이러한 지석묘는 좁게는 월내동 지석묘 축조집단과 상암동 지석묘 축조집단을 구분하는 영역의 표시라 할 수 있고, 넓게는 적량·월내동계와 호명동·상암동계 지석묘 축조집단을 구분짓는 경계석일 수 있다. 그런데 이 고인돌이 고개마루에서 북쪽에 치우쳐 있기에 축조자는 적량·월내동 지석묘군 집단일 것으로 판단된다(도면 2).

한편, 상암동 쪽에서 경계석으로 판단되는 것은 원상암지석묘군에 근접하여 바로 북쪽 높은 곳에 있는 대형 입석형 지석묘 1기이다. 이 지석묘에서 원상암마을의 뒤쪽으로 난 산길을 따라가면 월내동에 다다른다.

상암동에는 단일 동으로는 가장 많은 지석묘군이 밀집되어 있다. 그런데 평여동이나 적량동에 비해 상석의 규모가 작은 편이다. 발굴조사된 월내동 지석묘군에서 확인되었다시피 단일 지석묘군에서 상석이 전반적으로 규모가 작으면 위신재도 빈약하다. 이러한 점에서 상암동 지석묘 축조집단은 적량동이나 평여동에 비해 상대적으로 위신재가 빈약할 것으로 추정되며, 상암동 집단이 더 열세의 집단으로 판단된다.

4. 돌산읍

돌산읍에서는 모두 31개군 184기의 지석묘가 확인되었다. 둔전리 봉수 5개군 30기(3/6/7/13/1)·둔전 6군 51기(25/4/6/4/7/5)·계동 1군 7기·월암 6군 27기(4/3/4/6/4/6), 평사리 도실 1군 3기, 죽포리 죽포 2군 3기(1/2)·봉림 3군 35기 이상(8/10기이상/17기이상), 우두리 3개군 12기(3/3/6), 금봉리 항대 1군 4기, 신복리 대복 2군 10기(3/7)·신기 1군 2기이다(정오룡 1988; 순천대박물관 2003).

돌산에서 넓은 평지와 소하천을 낀 곳은 섬 동쪽의 둔전리와 죽포리로서 가장 많은 지석묘군이 밀집하고 있다(23개군 153기).

둔전리와 죽포리는 작곡재를 경계로 지형적으로 구분되는데, 직선거리로 3㎞ 정도 떨어져 있다. 그런데 죽포리에서 둔전리로 넘어가기 전, 작곡재 조금 못 미친 곳에 대형의 기반식 지석묘(264×252×105cm)가 별도로 자리하고 있어 주목된다. 상석의 평면이나 단면형태가 잘 다듬어진 장방형인데, 고개 바로 아래의 능선 정상부에 위치하여 죽포리 전체를 굽어보는 위치이다. 이러한 지석묘는 매장주체부가 없는 경우가 대부분인데, 둔전리와 죽포리의 영역을 구분하는 경계석의 기능을 가진 거석기념물로 판단된다. 이러한 점에서 청동기시대에 죽포리와 둔전리는 각기 큰 고개를 사이에 두고 독립성을 유지한 친족집단으로 구분되었다고 판단된다[3]. 죽포리와 둔전리의 소분지 규모가 각기 직경 2㎞내외인 점을 고려하면 당시 활동반경과 단위 촌락의 규모를 짐작할 수 있다.

5. 삼산면

육지에서 가장 멀리 떨어진 삼산면 덕촌리와 서도리 장촌마을에 고인돌 17기(덕촌 2개군 10기, 장촌 7기)가 있다(정오룡 1988; 순천대박물관 2003). 이곳은 육지와 너무나 멀리 떨어져서 지석묘를 축조하는 데 뭍의 도움은 거의 불가능했다고 보아야 한다. 이러한 추정을 뒷받침하듯이 상석의 규모가 작은 편인데, 가장 무거운 상석이 10톤 미만이다. 현재 西島와 東島를 합해 자연부락은 5개 정도에 한하고 있기 때문에 당시에도 많은 촌락이 있었다고 보기 어렵다. 당시에 지금같이 5개 마을까지 있었다고 보기도 곤란하겠지만, 그렇게 보았을 때도 5개마을×12~15기 주거지×5명=300명 정도

---

3) 다만 대규모 상석을 옮겨 놓을 때에는 이러한 구분과 상관없이 상호 협동하였다고 생각된다.

의 인구로 볼 수 있다. 상석 이동에 동원될 수 있는 장정은 100명에 훨씬 못미칠 것이다. 이러한 고립된 섬에서 유추해 보면, 지석묘 축조사회의 기본단위가 촌락이었다고 볼 수 있다.

6. 소라면

소라면에는 모두 17개군 116기의 지석묘가 확인되고 있다. 죽림리 3군 32기이상(신송 4기·원죽림 2군 28기이상-2/26기이상), 현천리 3군 15기(마륜 9기·소현천 3기·하금3기), 덕양리 5군 37기(풍류1기·조산 11기·덕곡 2군 23기-19/4·통천 2기), 복산리 마산 1군 20기, 관기리 1군 5기, 봉두리 3군 5기(1/1/3), 대포리 1군 2기이다(정오룡 1988; 순천대박물관 2003).

소라면에서 20기 내외의 밀집군이 있는 곳은 3개소이다. 즉 복산리 마산(20기), 덕양리 덕곡(19기), 죽림리 원죽림 나군 (26기 이상) 등이다. 소라면에는 복산리 마산, 덕양리 덕곡, 죽림리 원죽림을 중심으로 한 별개의 촌락이 형성되어 있었던 것으로 파악되며, 그 중심은 죽림리일 것으로 보인다. 각 촌락은 2.5km 이상 떨어져 있고, 단위집단이 별도로 장기적으로 지석묘를 축조했을 것으로 보인다.

7. 율촌면

율촌면에는 모두 30개군 340기의 지석묘가 분포하고 있다. 즉 신풍리 산곡 2개군 15기(5/10), 취적리 7개군 138기(봉정 5기/신산 6기/상취적 '가' 7기/상취적 '나'40기/상취적 '다' 70기/상취적 '라' 9기/하취적 1기), 조화리 여흥 1기, 월산리 대초 2기, 산수리 5개군 69기(신대 2개군 27기-21/6·봉두 3개군 42기-21/14/7), 가장리 14개군 115기이상(송정3군 18기-3/9/6, 하평 3기, 상평 3군 9기-4/3/2, 중산 5군 83기 이상-2/15/34/2/30기이상, 난화 1기, 연화 1기) 등이 있다(정오룡 1988; 순천대박물관 2003).

율촌면의 3대 군집지는 산수리 봉두, 취적리 상취적, 가장리 중산 지석묘군 등이다. 봉두와 상취적 지석묘간의 직선거리는 2km인데 산지가 많아 우회하는 것을 감안하면 2.5~3km이고, 봉두와 중산간의 직선거리는 2.5km이다. 중산과 상취적 간의 직선거리는 2.5km, 곡선거리는 3.5km이다.

지금까지의 조사 성과로는 多群集 지석묘군의 경우, 지석묘가 축조되는 시기동안 장기적으로 수백년간 거의 한곳에서 지속되고 있다. 즉 각각의 군집이 지석묘의 초축 세대와 마지막 세대가 일련의 열을 짓는 경우가 대부분이어서 상호 독립적인 마을 혹은 친족집단의 조영물로 판단된다. 따라서 2.5~3km의 이격거리 혹은 반경 1.5~2km의 공간을 두고 상호 다른 촌락으로서 기능했으며 어느 정도 독립된 별개의 집단으로 보인다.

8. 화양면

화양면의 지석묘군은 모두 31개군 334기가 확인되고 있다. 화동리 13개군 155기(안골 6개군 53기-15/10기/3/10/5/10·화동 7개군 102기-31/24/2/26/4/6/9, 창무리 창무 7기, 안포리 안정 2기, 옥적리 대옥 5기, 서촌리 5개군 32기(서촌 2개군 11기-7/4·봉오 3개군 21기-9/1/11), 용주리 화련 5개군 86기(28/10/8/23/17), 나진리 2개군 21기(웅동 16기/소장 5기), 이목리 이목 3개군 26기(10기/15기/1기-立石) 등이다(정오룡 1988; 순천대박물관 2003).

화양면에도 촌락의 외곽에 영역을 표시하는 거석기념물들이 확인되고 있다. 즉, 화동리·서촌리와 이목리의 경계로 보이는 지점에 각기 기반식 지석묘와 입석이 존재한다. 서촌리 봉오마을에서 이목리로 넘어가는 고개 못미쳐 거대한 기반식 지석묘 1기(약 30톤)가 있고, 이목리에서 서촌리로 넘어가는 고개 못미쳐 1기의 입석(185×100×200cm)이 있다. 서촌리 봉오 지석묘는 지형적·권역상으로 화동리·서촌리 중심 집단과 관련될 것으로 보인다. 한편 이목리의 입석은 이목리에 인접하고 있다는 점에서 이목리의 지석묘 축조집단과 관련될 것으로 보인다. 이 입석은 굄돌이 2개 보이고 직사면체에 가깝다. 비교적 경사가 급한 곳이어서 일반적인 지석묘의 입지는 아니다(순천대박물관 2003). 당시에 교통로에 세운 것으로서 집단간의 영역을 표시한 거석기념물로 판단된다.

Ⅲ. 지석묘 축조집단의 단위와 집단의 영역

1. 개별 지석묘군의 성격

개별 지석묘군의 성격을 알아보기 위해서는 절대연대가 파악되고 밀집도가 높은 자료의 검토가 필요하다. 이에 대해 상술해 보기로 한다.

지금까지 발굴조사된 전남동부지역의 지석묘는 대개 청동기시대 주거지를 파괴하면서 축조된 중복관계를 보여주고 있다. 대표적인 예가 여수 화동리 안골(이동희·이순엽 2006), 순천 가곡동(남도문화재연구원 2004), 광양 용강리 기두 유적 등이다. 여수반도에서 청동기시대 주거지와 지석묘가 중복된 유적 가운데 절대연대치를 참고해 볼 수 있는 경우는 최근에 조사된 여수 화동리 안골유적이다.

여수 화동리 안골유적에서는 모두 5기의 송국리형 주거지와 63기의 지석묘 매장주체부가 확인되었다. 여수 화동리 안골유적은 이른 단계의 정연한 묘역을 갖춘 형식으로부터 마지막단계의 위석식까지 다양하다. 후자는 전체 지석묘군에서 대부분 가장자리에 분포하여 늦은 형식임을 뒷받침하고 있다.

안골유적의 주거지와 지석묘간의 중복관계를 보면, 모두 주거지 위에 지석묘가 축조되고 있다. 절대연대상으로, 주거지는 기원전 8~5세기[4], 지석묘는 기원전 5~1세기에 걸친 범위이다[5]. 이러한 중복관계에서 보면, 가장 이른 시기의 지석묘 유형도 주거지가 상당기간 사용된 이후에 축조되었음을 알 수 있다[6]. 요컨대 전남동부지역에서의 지석묘는 대개 청동기시대 중후기~철기시대전기에 걸쳐 축조되었다고 보면 되겠다[7]. 이러한 점에서, 전남(동부)지역의 지석묘 축조기간은 그렇게 길지 않았으며 중심연대도 기원전 5~3세기로 한정해 볼 수 있다[8].

상석이 10여기에 불과한 안골 지석묘군에서 63기 이상의 매장주체부가 확인되고 축조기간도 400년 이상 지속되었다는 점은 여수반도의 지석묘 연구에서 중요한 시사점을 준다. 즉 오늘날의 洞단위별로 3~7개소의 지석묘군이 있으면 이 가운데 10기 이상의 중심 지석묘군은 단위촌락에

---

4) 전남지역의 청동기시대 주거지는 대부분 송국리형 주거지이다. 송국리유형의 형성시기는 대개 기원전 8~6세기, 그 확산시기는 기원전 6~4세기로 추정되고 있어(이청규 1988), 안골 주거지의 연대와도 부합되고 있다.

5) 전남동부지역에서도 송국리형 주거지 이른 단계의 묘제가 확인될 수 있겠지만 그 수는 극히 제한적일 것이다.

6) 안골 지석묘 축조단계의 상대적으로 늦은 시기 주거지는 인근지역에 조성되었다고 볼 수 있는데, 입지를 달리하여 구릉에 분포할 수 있다. 인근지역에 대한 추가적인 조사가 이루어지면 정확한 내용을 알 수 있을 것이다.

7) 장흥 탐진댐 수몰지구에서도 청동기시대 주거지는 상대적으로 이른 단계(기원전 8세기)부터 출현하는데 비해, 지석묘는 주거지보다 늦은 단계부터 나타나고 있다(이영철·박수현 2005).

8) 전남지방 지석묘 축조 단계 중에서 비교적 늦은 단계 매장주체부에서 원형점토대토기문화와 관련된 유물이 출토되고 있다. 원형점토대토기문화의 중심연대를 기원전 3~2세로 본다면 지석묘의 중심연대는 기원전 2세기 이전으로 추정해 볼 수 있는 것이다.

서 중심 집단(母村)의 누세대적인 공동묘지로 파악되고[9], 1·2기에서 10기 미만의 소군집은 子村이나 小村의 묘지로 판단되는 것이다. 기존에 발굴 조사된 전남지방의 지석묘군을 검토해 보면, 10기 이상의 상석을 가진 다 군집의 지석묘군은 대개 상석의 수보다 몇 배의 매장주체부가 확인되고 안골 지석묘군과 같이 이른 시기의 형식으로부터 말기의 형식이 계기적 인 변천을 보이고 있어 하나의 단위집단이 장기간 지석묘를 축조했을 것 이라는 추정을 가능케 한다. 즉 각각의 지석묘 군집이 지석묘의 초축 세 대와 마지막 세대가 일련의 열을 짓는 경우가 대부분이어서 일정한 거리 를 두고 분포하는 10기 이상의 다군집 지석묘군은 상호 독립적인 마을 혹 은 친족집단의 조영물로 판단된다.

이와 같이, 지석묘가 가장 집중된 전남(동부)지역의 경우에는, 지석묘군 이 당시의 마을이 있을 만한 곳에는 예외 없이 분포하고 지석묘군이 1~ 2세대가 아니라 여러 세대에 걸쳐서 축조되었기 때문에 개별 취락별로 1 개 지석묘군이 있었다고 보여진다. 또한 지석묘 간에도 일정한 규칙성이 보이는 점은 여러 집단이 아니라 1개 집단에 의해서 지석묘군이 조영되 었을 가능성이 크다. 여러 집단이 1개 지석묘군을 묘역으로 이용했다면 同一 世代에 많은 지석묘가 축조되어야 하고 지석묘 축조방법이 별반 차 이가 없어야 한다. 그렇지만 전남지방의 경우 지석묘군내에서 소군집으 로 다시 세분되면서 축조방법이 다르고 유물도 시기차이를 보이고 있어 주목된다.

이와 관련하여 여수 화장동 화산지석묘군(최인선·이동희 2000)를 살펴보 자. 화산지석묘군 2~3기씩 축조방법이나 인접도, 장축방향 등에서 구분

---

9) 중심적인 지석묘군의 지속 기간은 지석묘가 성행한 200~300년 정도는 되었을 것으로 판단된다.

이 되어 5~6개의 소군집으로 세분된다[10]. 시기차를 감안한다면 구분되는 2~3기씩이 1세대일 것이다. 더구나 비교적 좁은 공간인 화산 지석묘군에서 비교적 이른 시기의 유물(이중구연단사선문토기)과 後期의 묘곽구조(위석형)를 갖춘 유구가 공존하고 있어 상당한 시기 동안 축조되었을 것으로 판단되는 것이다[11]. 그래서 지석묘군이 조영된 기간은 적어도 5~6世代, 즉 200년을 상회한다고 볼 수 있다.[12]

그런데, 지석묘군의 묘역이 수백년간 사용된 것에 비해 매장주체부의 수가 많지 않다는 점이 지적될 수 있다. 이에 대해서는, 지석묘의 피장자가 남성이 많고 취락 단위에서 일부(20%미만)에 한한다는 점(이동희 2002)을 주목할 필요가 있다[13].

최근에 단위지역에 대한 전면적인 조사가 이루어진 남강유역(동아대박물관 1999)을 보면, 청동기시대 주거지는 총 520기이고 묘는 180여기다[14]. 1기

---

10) 순천 우산리 내우 지석묘군에서도 화산 지석묘처럼 축조방법이나 인접도, 장축방향 등에서 지석묘군이 세분되고 있다. 또한 묘곽이 석곽에서 위석식으로 점진적으로 변화하여 이른 시기부터 말기까지 지석묘가 축조된 것을 알 수 있다(송정현·이영문 1988).

11) 이처럼 지석묘의 장기 지속성을 보여주는 예로는 제원 황석리 유적이 있다. 지석묘는 남한강변을 따라 46기가 분포하고 있는데, 42기의 지석묘가 약 600m의 범위내에 3개의 군집을 이루고 있다. 이 가운데 국립박물관에서 조사한 2, 4~7호 지석묘에서는 다량의 석촉이 부장되어 상대편년의 근거가 된다. 분묘의 배치와 조영 순서로 보았을 때, 황석리 지석묘군은 동일 집단에 의해 조성된 것이 분명하고, 전기 후반에서부터 중기 후반까지 지속적으로 축조된 것으로 보인다(국립박물관 1967 ; 이융조 외 1984 ; 송만영 2001).

12) 화산지석묘군은 조사 전에 일부 공사가 이루어져 훼손된 부분이 적지 않다. 또한 지석묘군 서쪽으로도 묘곽이 있을 것으로 보이지만 조사지역이 아니었으므로 전모를 확인하지 못하였다. 이러한 점을 고려한다면 추가적인 소군집을 상정할 수 있고, 지속기간도 더 길었을 것으로 보인다.

13) 이동희는 전남동부지역의 지석묘사회를 3계층으로 구분한 바 있다(이동희 2005). 즉 ①상석이나 매장주체부가 크고 위세품이 부장된 계층, ② 매장주체부가 비교적 작으면서 부장품이 없거나 빈약한 계층, ③ 지석묘에 매장되지 못하는 계층이 그것이다.

14) 정식 발굴조사보고서가 간행되면 지석묘와 주거지의 통계치에 있어서 어느 정도 가감이 있을 수 있다.

의 주거지를 한 世帶로 보면 해당지역에는 대략 2000~2500명 정도의 인구가 추산된다. 무덤의 숫자는 예상 인구의 1/10에도 못 미치므로 묘를 당시 일반 구성원의 무덤으로 보기에는 역시 무리가 있다(김광명 2001). 주거지 3기당 1기꼴의 묘가 축조된 셈이므로 피장자가 세대공동체의 長과 무관하지 않을 것이다.

요컨대, 지석묘의 피장자는 친족집단에서 일부 계층에 한한다고 볼 수 있다. 이러한 양상은 인도네시아 거석문화에서도 확인된다. 인도네시아 거석문화의 특징은 선사시대에 시작되어 근래까지 계속되고 있다는 점이며, 거석물의 크기와 웅대함은 축조자의 경제력에 의해 결정되고 공훈잔치는 부와 권력이 있는 상위 신분자들의 경쟁 속에서 이뤄진다. 이라우 잔치를 통해서 경제적 재분배가 이루어지고 잔치를 제공한 가족과 죽은 사람의 사회적 신분이 강화되고 보장된다(이송래 1999).

한편, 1개 친족집단이 누세대적으로 축조했다고 보기에는 너무 작은 지석묘군에 대해 살펴보자. 수기에 불과한 지석묘군이 그에 해당될 것이다. 소군집은 母集團에서 분기된 子集團의 묘역으로서(박순발 1997), 상대적으로 짧은 세대동안 지석묘를 축조한 집단의 묘역으로 판단된다. 따라서 모든 집단이 지석묘 축조 초기부터 말기까지 누세대적으로 하나의 묘역을 사용한 것은 아니라는 점이다. 그런데 외관상 지석묘의 上石이 10기 미만이더라도, 후대의 훼손에 의해 上石이 없어진 경우와 上石이 없이 매장주체부만 있는 경우도 적지 않으므로 실제 묘곽의 수가 10기를 훨씬 상회하는 지석묘군도 많다는 점을 주목해야 한다.

요컨대, 다군집의 경우는 지석묘 축조가 이루어지는 기간 동안 거의 이동되지 않고 일정한 장소에 있었던 것으로 판단된다. 반면에, 지석묘 축조집단이 일정한 시기를 두고 이동한 경우는 소군집으로서, 경제적으로 풍요하지 못해 안정성이 없는 小村이나 子村과 관련될 것으로 보인다.

지석묘 중에는 1기가 독립하여 존재하는 경우가 있는데, 무덤이 아닌 경우가 적지 않다. 예컨대 고개마루에 있는 대형의 기반식(남방식) 지석묘는 대개 매장주체부가 없는 경우인데, 이러한 지석묘는 전술한 바와 같이 立石과 더불어 집단 간의 경계나 이정표의 역할을 했을 것으로 판단된다.

2. 지석묘 축조를 위한 노동력의 동원 규모

여수반도의 지석묘 축조집단의 단위를 살펴보기 전에 몇 가지 검토하고 넘어갈 것이 있다. 즉 청동기시대의 취락의 규모와 상석이동시 소요되는 인원수 문제이다.

먼저, 청동기시대의 취락의 규모를 살펴보면, 청동기시대에 小村인 경우에 10동 내외, 중심취락인 村의 경우에는 20~30동이거나 그 이상이라고 한다(이희준 2000a · 2000b). 이러한 견해를 참고하면 1개 취락의 평균호수를 15동으로 설정해 볼 수 있다.

두 번째로 상석이동시에 소요되는 인원수에 대한 검토이다. 최근에 진안 여의곡 유적에서 발견된 레일형태의 운반로는 굴림목과 수라와 같은 운반틀의 존재를 상정할 수 있게 해 주었다. 상석운반에 있어 레일형태의 길, 굴림목, 운반틀은 견인식의 주요 3요소라고 할만큼 효율적인 운반장치로서 (표 2)와 같이 고전적인 운반법에 비해 더 적은 인원으로 더 큰 규모의 상석을 더 짧은 시간 내에 운반할 수 있음을 견인실험을 통해 알 수 있다(이종철 2003).

〈표 2〉 상석의 무게와 운반에 따른 인원수의 관계

무게(톤)	1	2	3	4	5.5	10	25	50	100
인원수(명)	3	5	8	10	14	26	64	129	257

전술한 바와 같이 1개 취락의 평균 가구수를 15호로 보고, 핵가족[15]을 전제한다면 1개마을당 인구수는 75명 정도로 볼 수 있다. 여기서 상석이 동시에 동원되는 장정을 가구당 1.5명정도로 산정한다면[16] 1개 취락당 20명이라는 계산이 나온다. 산술적으로는 5-6톤 정도의 비교적 작은 상석은 개별 취락에서 독자적으로 이동할 수 있다는 계산이 나온다.

하지만 상석을 옮기는 작업 이외에도 고인돌을 축조하려면 묘곽을 구축하는 사람, 상석을 운반하기 위해 길을 내는 사람, 상석 밑에 통나무를 고이는 사람, 이동시 지휘하는 사람, 음식물을 제공하는 사람 등의 추가적인 인원이 필요하다. 하나의 혈연집단뿐 아니라 이웃 혈연이나 인력을 동원할 수 있는 사회적 협력체계나 강력한 지배력과 노동력의 댓가로 향연을 베풀 수 있는 잉여생산물의 축적이 가능해야 한다(이영문 2001). 특히 상석을 채석하는 데에는 전문가가 필요하기에 이웃마을의 도움이 있어야 한다[17].

그런데 상석을 옮기는 경우에 반드시 동시에 이루어져야 하는 작업으

---

15) 청동기시대 전남동부지역의 주거지형태는 송국리형 주거지로서 그 규모상 확대가족을 상정하기는 어렵다.
16) 무문토기시대에 한 가정을 이루고 있었던 사람은 어른 2명과 어린이 3명 등 5명으로 추정되고 있다(김정기 1974). 또한 지석묘 축조시 한 가정에서 참여할 수 있는 사람은 1~2명이었을 것이다(이영문 2002).
17) 지석묘축조집단을 움직이기 위해서는 조선시대 이후 농촌의 상여계처럼 일정한 조직이 있고 계주에 해당하는 인물이 있었을 것이다(이인철 2002).

로는 상석 밑에 통나무를 고이는 작업을 들 수 있다. 묘곽 축조와 상석을 운반하기 위해 길을 내는 작업 등은 상석을 옮기는 시점과 동시기일 필요는 없다. 예컨대 화순 만연리 유적(임영진 1993)에서는 상석만 미리 옮겨다 놓은 경우가 있어 상석의 이동과 묘곽의 축조가 별개로 이루어졌음을 보여주고 있다. 그리고 음식물을 제공하는 것은 장정이 아니고 부녀자가 관여하는 일이다. 따라서 기존 연구에서 상정한 것보다 그렇게 많은 인원이 소요되지 않았을 가능성이 크다. 이러한 측면에서 보면 지석묘 축조에는 상석의 이동시에 동원되는 인원의 2배 정도의 장정만 있어도 가능하다고 볼 수 있다.

3. 지석묘 축조집단의 단위와 집단의 영역

지석묘의 축조는 관련 단위집단에 따라 몇 개의 부류로 구분된다. 특히 상석의 이동시에 많은 노동력이 소요되는데, 지석묘의 상석 규모에 따라 관련되는 집단이 상이하다고 할 수 있다. 이를 4부류로 구분해 볼 수 있다.

1) 1류

한곳에 같이 무덤을 축조하는 1개 지석묘군 집단이다. 여수반도에서 발굴조사된 개별 지석묘군은 유구나 유물면에서 동일한 경우는 거의 없다. 예컨대 화장동 대통, 적량동 상적, 평여동 산본 등의 지석묘의 매장주체부 형식이 각기 다르고 유물도 그 성격이 상이하다. 이는 각 집단이 개별적으로 독립되어 있었고 축조집단이 달랐음을 의미한다. 다시 말하면 상석을 옮기는 데 이웃 마을의 인력을 동원했더라도 매장주체부의 형식과 출토유물이 다름은 지석묘 축조에서 각기 독립적인 마을이나 친족이

주체가 되었음을 의미한다. 즉 상석의 이동에는 주변 촌락의 도움을 받았겠지만 묘지의 선정, 묘곽 축조, 향응의 제공, 유물 부장 등에는 각 지석묘군 축조집단의 의도가 반영되었을 것이다.

　지석묘가 밀집되어 있는 여수반도의 경우, 주거와 농경에 적합한 왠만한 곳에는 주거공간과 더불어 지석묘가 있었다고 보아야 한다. 지석묘가 없는 洞·里들은 곡간평지가 없이 바로 바닷가에 입지하여 거주와 농경에 적합하지 않다. 한곳에 다수의 지석묘가 있다는 것은 큰 마을이 있었고, 경제력과 양호한 입지로 인하여 누세대에 걸쳐 거주하였음을 알려준다.

　이와 같이 각 지석묘군도 대·소의 구분이 있다. 대군집은 촌락에 있어서 村에 해당하고 작은 군집은 子集團인 小村과 관련된다고 하겠다(이희준 2000b). 즉 삼한소국의 취락 분포정형이 지석묘사회에서 이미 형성되기 시작했다고 보인다. 지석묘사회 이래로 본격적인 농경이 이루어지고 정주생활을 했으므로 삼한사회와 큰 차이가 없었다고 생각되기 때문이다.

2) 2류

　2류는 현재의 동·리 단위내 3~7개소의 지석묘군이 해당된다. 예컨대 여수 화장동에서는 4개 지석묘군이 있는데, 모두 발굴조사가 이루어져 좋은 참고자료가 된다. 이 4개 지석묘군은 대통, 약물고개, 대방, 화산 등이다(도면 3). 대통 지석묘군(이동희 2000)이 중심이고 화산지석묘(최인선·이동희 2000)와 약물고개 및 대방 지석묘(이영문·김진영 2001)가 그 하위에 해당한다. 1개동에 중심적인 지석묘 군집이 있어 일정 범위내의 지석묘군 사이에도 우열관계가 있었음을 보여준다. 즉 군집도가 높은 대통 지석묘군은 나머지 3개의 지석묘군보다 더 낮은 구릉 하단부에 입지하며 넓은 공간을 차지하고 있다. 또한 지석묘의 수량이 상대적으로 적은 3개 군집지역은 유물이 상대적으로 빈약하다. 반면 27기의 지석묘가 조사된 대통 지석묘군에서는 A급 위세품이 확인되어 나머지 3개 소군집 지석묘군보다 상위의 집단임을 알 수 있다. 특히 비파형동검과 다량의 옥이 출토된 24~27호는 군집내에서도 별도의 구획석으로 구분되어 있고 석곽의 장축방향이 상호 직교하는 구조를 보여주고 있다. 이상과 같이 지석묘가 밀집된 경우가 대개 중심 집단이다. 지석묘가 많다는 것은 그 만큼 축조 친족집단의 수가 많고, 경제적으로 우월하여 풍부한 부장유물을 매납할 수 있어 위계화가 진전될 수 있는 바탕이 마련되기 때문일 것이다.

화장동에서 가장 밀집된 대통 지석묘군과 주변의 중소군집과의 관계는 村과 小村(혹은 子村)과의 관계에 대응된다고 판단된다. 중소군집 가운데 가장 밀집도가 낮아 3기에 불과한 대방리 지석묘의 경우는 母村에서 파생된 子村의 묘역으로 보인다. 여기서는 유물이 출토되지 않았다. 화장동에서 子村으로 분류가능한 대방리를 제외한 3개소의 지석묘군을 개별 취락(村과 小村)으로 볼 수 있기에 동시기에 3개소의 취락이 공존했다고 상정할 수 있다. 이 가운데 촌락의 중심인 촌은 밀집도와 출토유물에서 두드러진 대통지석묘군과 관련지을 수 있다(도면 3).

개별 취락의 평균 주거지를 15기로 본다면 상석의 이동시에 동원가능한 노동력은 다음과 같이 산출할 수 있다. 즉 전남지방의 주거지가 대부분 핵가족형의 송국리형이고, 성인남자를 한 주거지당 1.5명으로 본다면 1.5명×15기=22.5명이다. 따라서 3개 취락의 경우에는 67.5명이므로 10톤 이하의 상석을 옮길 수 있는 노동력이다. 따라서 오늘날의 1개 洞里가 지석묘를 축조하는 데 최소한의 기본단위라고 판단된다. 즉 동·리단위의 집단들끼리는 비교적 소형의 상석을 옮기는 데 같이 협동하는 지역집단이다.

2류의 단위 집단은 다음과 같이 1개면 별로 3~6개소 정도이다.

구 삼일면 - 호명동/상암동/월내동/적량동/중흥동/평여동 등 6개소

구 여수시 - 둔덕동/미평동/만흥동/오림동/신월동 등 5개소

구 쌍봉면 - 화장동/봉계동/주삼동/웅천동 등 4개소

율촌면 - 취적리/신풍리/ 가장리/산수리 등 4개소

소라면 - 복산리/덕양리/ 죽림리 등 3개소

화양면 - 창무리/용주리/ 화동리/서촌리/이목리 등 5개소

돌산읍 - 둔전리/ 죽포리/우두리 등 3개소

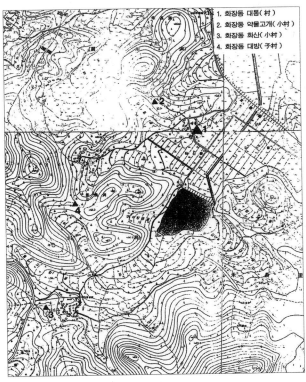

[도면 3] 2類의 단위 집단(여수 화장동)

여수반도에서 위세품이 가장 풍부하고 해안에 접한 구 삼일면 일대에는 2류의 지석묘군의 지역권이 6개소로서 가장 많은 빈도를 차지하고 있다. 이에 반해 산지가 비교적 많은 소라면은 3개소로서 빈약한 편이다. 해당면에서 지석묘군이 밀집 분포하고 있는 동·리는 입지나 생업적인 면에서 주변의 지석묘군이 희박한 지역보다 우월한 지역이라고 할 수 있다.

3) 3류

3류는 10톤 이상의 비교적 대형의 상석을 옮길 수 있는 공동체이어서 적어도 2개 이상의 동·리를 포함한 단위집단으로 볼 수 있다. 2류에서의 계산 방식으로 접근하면 2개리에서 동원가능한 장정의 평균수는 135명이다. 이 정도 인원으로 지석묘를 축조할 때는 20톤 내지 25톤 정도의 상석까지는 이동할 수 있었다고 본다. 이러한 측면에서 3류의 지석묘 축조집단을 지형과 지석묘 군집수를 염두에 두고 인접한 집단끼리 묶어보면 다음과 같다.

구 삼일면 - 호명동·상암동/월내동·적량동/중흥동·평여동(3개소)

구 여수시 - 미평동·만흥동·오림동·둔덕동·신월동

구 쌍봉면 - 화장동·봉계동·주삼동·웅천동

율촌면 - 취적리·신풍리/ 가장리·산수리(2개소)

소라면 - 복산리·덕양리·죽림리

화양면 - 창무리·용주리/ 화동리·서촌리·이목리(2개소)

돌산읍 - 둔전리·죽포리·우두리

3류의 지석묘 축조집단이 오늘날의 面 단위별로 다양한 것은 지석묘군의 밀집도 차이이자, 당시의 인구밀도와도 관련될 것이다. 즉, 지석묘의 밀집도가 가장 높은 구 삼일면·율촌면·화양면 등이 가장 많은 인구가 있었다고 볼 수 있다.

율촌면의 경우는 여수반도를 종으로 가로지르는 산줄기를 경계로 東(취적리와 신풍리)·西(가장리와 산수리)로 구분되는 집단끼리 협조하였을 것으로 보인다. 아울러 구 삼일면의 호명동·상암동일대는 좁은 분지에 있는 단위로 지형적으로 구분되는 공간이다. 이러한 점에서 보면 3류의 단위집단은 자연지형과도 밀접한 관련성을 가진다.

지석묘 상석이 30톤 이상되는 경우는 드물기 때문에 25톤 이하의 상석을 이동시키는 정도의 노동력을 동원할 수 있는 공간범위가 지석묘사회에서 가장 일반적인 단위사회로 판단된다. 이 범위는 율촌면에서 보듯이 자연지형을 경계로 한 공동체이다. 이러한 단위는 면별로 1~3개 정도가 된다. 후대의 읍락으로 보기에는 좀 작은 규모이다.

지형적으로 상호 구분되는 호명동·상암동과 월내·적량동과의 경계점인 고개 부근에서 영역을 상징하는 입석이나 대형 기반식 지석묘가 있는 것은 우연이 아니라고 판단된다. 이러한 점에서 보면 3류 단위는 가장 기본이 되는 지석묘 축조공동체로 파악된다(도면 2).

3류의 단위 지석묘 축조공동체는 생업면에서도 밀접한 관련성을 가질 것으로 보이는데, 3류의 중심적인 지석묘축조집단은 물산의 집산지나 대외 교역창구로도 볼 수 있다. 예컨대 구 삼일면의 적량동과 평여동, 화양면의 화동리(이동희 2003) 등을 들 수 있다. 적량동과 평여동에서는 외지산의 위세품인 비파형동검과 옥이 여수반도에서 가장 밀집되어 있고 해안에 인접하고 있다는 특징이 있다. 한편 화동리는 조선시대 이전에 場이 섰던 장소로서 해안에 접해 있으며 화양면에서 지석묘가 가장 밀집되게 분포하고 있다. 그리고 화동리 안골에서는 한정된 공간에 5기의 주거지가 조사되었는데, 드물게 청동기시대 주거지가 중복된 것이 2례가 있어

이 일대가 당시에 주거지를 중복적으로 쓸 만큼 중심지였음을 시사한다.

그런데 적량동과 평여동은 그리 멀리 떨어져 있지 않으면서도 개별적인 교역의 중심지라는 것은 이 지역들이 여수반도의 중심지이면서 선진지역이어서 위세품별로 교역창구도 다원화된 데에 기인한 것으로 판단된다. 그리고 동검과 옥의 분포나 조밀도로 보면 적량동과 평여동을 중심으로 동심원을 그리면서 멀어질수록 위세품의 비율이 낮아진다.

4) 4류

4류는 삼한시대(철기시대)의 邑落에 해당하는 범위의 노동력이 동원된다. 즉 30톤 이상의 거대한 상석의 이동과 관련되는데, 이 정도의 노동력 동원은 일반적인 예는 아니고 특별한 경우로 보아야 한다. 1개면 이상의 노동력이 동원되어야 한다.

기존에 발굴조사된 지석묘 가운데 30톤 이상의 상석은 적량동, 평여동, 오림동 등지의 일부 예에 한한다. 30톤 이상일 경우에는 상기한 3류의 단위집단으로는 지석묘 상석의 이동이 곤란하다. 예컨대 적량동의 2호 지석묘(50톤)의 경우에는 구 삼일면 정도의 노동력 규모가 동원되어야 할 것이다.

그런데 대형상석은 그리 많지 않다. 대형상석도 2부류로 구분되는데 적량동같이 지석묘군 내에 있는 경우와 집단간의 경계석 역할을 한 경우가 있다. 전자의 경우는 해당집단의 영향력을 보여주는 면이 있지만, 집단간의 경계를 나타내는 후자의 경우는 공동체적 의식의 발현이라고 볼 수 있다. 대형의 상석은 후자의 경우가 더 많은 비중을 차지한다.

요컨대 집단영역을 나타내는 경계석은 다른 관점에서 접근되어야 할 것이다. 예컨대 율촌 면 왕바우재 지석묘의 경우는 100톤을 상회하므로 읍락단위 이상인 2~3개면의 노동력이 동원되어야 한다. 당시에 읍락이 성립되지 않은 점을 고려하면, 이러한 노동력동원은 강제적인 면이 약했다고 볼 수밖에 없다. 이러한 점에서 대규모 상석의 이동은 아주 예외적인 경우로 파악되어야 하고, 노동력의 동원도 일상적이지 않다. 다시 말하면 이 단계의 노동력 동원체계는 항시적이지 않고 아주 특수한 경우로만 인정하여야 한다. 요컨대 3류, 즉 25톤이하의 상석을 이동시키는 정도의 노동력을 동원할 수 있는 공간범위가 지석묘사회에 있어서 일반적인 단위사회로 판단된다.

　여기서 여수반도에서 가장 대형의 지석묘인 율촌면 산수리 왕바위재(신대 '나'군 지석묘)지석묘군에 대해 살펴보기로 한다.

　산수리 신대 '나'군 지석묘는 왕바위재라고 부르는 고개마루에 6기의 거대한 기반식 지석묘(20~100톤)가 군집을 이루고 있다. 열을 이루기보다는 원형에 가까운 군집형태를 하고 있어 주목된다. 이 지석묘군은 지금까지의 조사성과에 비추어 보면 일반적인 지석묘와 달리 하부매장주체부가 없는 것으로 추정되기에 집단간의 경계석으로 여겨진다. 주민들의 전언에 따르면 신작로가 생기기 이전의 여수반도와 순천을 잇는 주요교통로는 이 왕바우재를 지나는 길이었다고 한다. 따라서 왕바우재가 선사시대 이래의 교통로였을 가능성이 크다. 이곳이 현재도 郡界인 것을 보면 청동기시대에도 중요한 경계선의 역할을 한 것으로 판단된다. 이와 유사한 예로는, 순천 주암면과 송광면을 구분짓는 고개부근의 교통로에 대형의 기반식 지석묘 1기가 있는 것이나, 주암면에서 화순으로 넘어가는 고개마루 밑에 매장주체부가 없는 거대한 기반식의 비룡리 지석묘(60톤)가 있어 집단간의 영역을 표시하는 경계석으로 기능한 것을 들 수 있다.

　이와 같이 집단이나 영역의 경계로 거대한 기반식 지석묘를 1기 내지

수기 축조한 것으로 보인다. 1기의 경우에는 좀 더 하위인 촌락단위의 경계로 판단되고, 왕바위재 같은 경우는 여러 기의 거대한 기반식 지석묘를 축조하여 더 큰 집단간의 경계로서 기능한 것으로 판단된다.

당시에 농경이 본격화되면서 잉여산물이 생겼을 것이므로 적어도 집단적 토지공유의 성립과 더불어 집단간의 영역 구분이 필요했을 것이다. 대규모 농경의 증거는 최근에 조사된 남강댐수몰지구(동아대박물관 1999)에서 두드러진다. 집단적 토지공유제의 설정은 지석묘축조사회가 기본적으로 개인이 두드러지는 것이 아니라 공동체속의 개인이라는 측면과 관련지어 볼 수 있다.

당시에도 순천과 여수로 구분된 광역단위의 공동체에 대한 인식이 있었을 가능성이 크다. 그러한 차원에서 세워졌을 왕바우재 지석묘가 원형으로 둥글게 배치됨은 여기서 어떠한 모임이나 의례가 행해졌을 가능성을 시사한다.

한편, 같은 고개마루이지만 율촌면 취적리의 상취적 같은 대규모 지석묘군의 경우에는 집단경계의 의미 외에 축조의 편이성에 기인한 것으로 판단된다. 고개마루인 상취적 '다'군 지석묘에는 70기가 분포하여 여수시에서 가장 높은 밀집도를 보이고 있다. 이러한 지석묘 집중지의 노선은 신작로가 생기기 전에는 전통적으로 주된 교통로였다고 한다. 그리고 산줄기의 고개마루에 위치한 이 지석묘군은 여수반도에서 가장 군집이 많고 중심에는 대형 상석이 2기 존재한다. 이곳은 전망이 탁월하여 바다가 보이고 여수반도의 동쪽과 서쪽을 연결시켜주는 통로로 이용된 중요한 곳이다. 과거에 서쪽 사람들이 여수에 가려면 꼭 이곳을 거쳐서 갔다고 하는 고개마루이다. 이곳에 여수반도에서 가장 많은 지석묘가 있다는 것은 시사하는 바가 크다. 집단간의 경계 기능을 하면서 인근 집단취락의 공동묘지로 사용된 듯하다. 즉 상석의 원채석지와 묘지가 가까워 상석의 이동이 용이한 이점이 있다. 가장 밀집된 상취적 지석묘군은 대부분 무덤의 기능이기에 왕바우재의 지석묘와는 차이가 있다. 상취적 지석묘군은 산줄기의 동쪽 지석묘군들과 인접하고 서쪽에 자리한 지석묘군과는 상당한 거리를 두고 있다. 즉, 고개에서 동쪽 경사면으로 지석묘열이 이어지고 있어 율촌의 동쪽 지역에 거주하는 친족집단의 집단묘역으로 판단된다. 아울러 상취적 지석묘군이 입지한 고개를 경계로 삼아 일정한 영역을 구분짓는 기능으로도 파악된다.

5) 묘표석·묘역과 집단의 영역

개별 지석묘군(1류)에는 대개 단위 지석묘군별로 묘표석이 있다. 묘표석은 대형의 기반식 지석묘가 대부분인데, 그 군집에서 가장 크며 한쪽에 치우쳐 있거나 중심부에 자리한다. 이러한 묘표석은 매장주체부가 있는 경우와 그렇지 않은 경우로 구분된다. 이를 평여동 지석묘군(이영문·최인선·정기진 1993)에서 살펴보면, 평여동 '가' 지석묘군의 경우 매장주체부가 있고, '나'·'다'군이 매장주체부가 없다. 전자의 경우는 드물고 후자의 경우가 일반적인데, 모두 유물이 거의 확인되지 않는다. 평여동의 예로 보면, 전자에서 후자로 발전한 것으로 판단된다. 5기 미만의 소형 군집에서는 묘표석이 없는 경우도 있다. 이를테면 월하동 지석묘(최인선·이동희 2000)의 경우, 1기만 존재하는 것으로서 소형상석이다. 이러한 점에서, 묘표석을 세울 때에는 해당 장소에 장기적으로 묘역을 조성하겠다는 관념이 내재되어 있었음을 뒷받침한다. 요컨대 이러한 묘표석의 기능을 하는 거석기념물은 군집집단의 상징으로서 집단적인 제의와 밀접한 관련성이 있다.

지석묘를 축조하던 사회에서 여러 집단들의 협동과 결속력을 다지기 위해 어떤 상징적인 기념물이 필요하였을 것이다. 이에 거대한 상석을 가진 지석묘를 일정한 지역 내에서 거족적인 행사의 일환으로 건립하였다. 그래서 지연으로 결속된 여러 집단들의 공동집회나 의식을 거행하던 곳으로 볼 수 있다(이영문 1993). 거대한 상석 주변에서 다량의 토기가 발견되는 것은 그러한 공동집회와 관련될 것으로 보인다.

2류 단위의 지석묘군, 즉 오늘날의 동·리 단위에 소재한 3~5개소의 지석묘군에서는 가장 중심되는 지석묘군에서 가장 대형의 묘표석이 확인된다. 그런데 이 경우, 일반적인 지석묘가 아니라 세워진 立石형태의 지석묘가 가끔 보인다. 이를테면 여수 상암동 원상암 지석묘(순천대박물관 2003), 화장동 대통 지석묘에서 확인된 바 있고(최인선·이동희·송미진 2001), 순천지역에서는 순천 가곡동(남도문화재연구원 2004), 순천 용당동 죽림 지석묘군(이동희 1997) 등에서 조사된 바 있다. 최근 발굴조사된 순천 가곡동의 경우, 4개 군집에서 모두 묘표석이 한 기씩 확인되었는데, 매장주체부가 없는 공통점이 있다. 이 가운데 가장 밀집된 원가곡 '가'군 지석묘(18기)에서는 묘표석 외에 거대한 입석형의 지석묘 1기(42톤)가 군집의 한쪽 가장자리에 별도로 자리하고 있어 주목된다. 이 입석형 거석기념물은 동·리 단위(2류)의 집단영역을 표시한 것으로 판단된다[18]. 이 立石形 지석묘는 멀리서도 잘 보이기에 주목되는 것이다. 그리고 용당동에는 7개군 50기 이상의 지석묘가 확인된 바 있는데, 가곡동과 용당동이 인접한 행정구역이라는 점에서 오늘날의 동·리(촌락)단위로 집단적 토지공유제가 성립되었다고 추정되는 것이다.

---

18) 이러한 입석형 지석묘의 기능은 촌락의 입구나 경계 그리고 성역에 세운 솟대와도 일맥 상통하는 점이 있다.

중국의 경우, 殷代는 씨족 공동체사회이기 때문에 농업이 아직 개별농가를 중심으로 운영되지 못하고 씨족이 함께 경작하는 집단농경방식이었다. 중국에서 개별소농층의 형성은 씨족공동체가 붕괴되는 춘추말·전국초에 이르러 시작되었다(윤내현 1976; 신채식 1993). 우리나라의 청동기시대도 중국 은대처럼 씨족공동체사회이고 토지공유제를 유지하고 있었던 것으로 판단된다.

한편, 여수 원상암 지석묘군은 30여기로서 대군집인데, 군집의 한쪽 가장자리에 해당하는 가장 높은 곳에 대형의 입석형 지석묘 1기가 자리하고 있어 순천 가곡동과 유사하다. 화장동의 경우, 가장 밀집되고 A급 위세품이 확인된 대통 지석묘군의 한쪽 가장자리에 입석형의 지석묘가 2개가 연접하고 있었다고 전한다[19](최인선·이동희·송미진 2001).

여수반도 지석묘사회의 단위집단을 고찰하기 위해서는 일본 야요이시대의 집단에 대한 연구성과를 참고할 필요가 있다. 야요이시대의 집단은 (A)하나의 주거, (B)주거군, (C)복수의 주거군, (D)작은 하천이나 산록마다의 소지역, (E)단위지역의 국, (F)복수의 국들의 연합체에 이르기까지 서로 중층으로 구성되어 있다. A는 소비단위의 세대, B는 노동편성의 기초단위인 세대공동체, C는 토지의 점유주체로 주변의 작은 취락도 포함한 취락이다(武末純一 2002).

이러한 연구성과에 근거해보면, 복수의 주거군이 본고의 1·2류에 해당하고, 작은 하천이나 산록마다의 소지역이 본고의 2·3류로 판단된다. 그리고 일정한 취락 단위로 토지가 공동소유되었다고 볼 수 있다.

---

19) 화장동의 입석형 지석묘는 방천을 쌓을 때 파괴되었다고 전한다. 눕혀진 일반 지석묘보다 훼손하기가 용이하다는 점에서 적지 않은 입석형 지석묘는 사라져 버렸을 것이다.

지석묘 축조단위로서의 2류의 영역은 집단적 토지공유제와 밀접하게 관련될 것으로 보인다. 예컨대 2류인 여수 화장동·선원동 전체는 작은 분지를 이루고 비교적 작은 규모의 상석을 자체적으로 옮기는 최소단위로 판단된다. 화장동·선원동 단위집단에 있어서 선원동 무선의 고개마루 지석묘는 경계의 의미로 보이며 가장 중심적인 지석묘군은 대통이며 화산과 약물고개는 주변의 소촌과 관련될 것이고, 나머지 대방리 같은 5기 미만의 경우는 3개의 집단과 유관한 子集團과 관련될 것으로 보인다.

2류의 영역을 상징하는 경계석으로는 돌산읍 죽포리와 둔전리 사이의 대형 기반식 지석묘, 화양면 서촌리와 이목리 사이의 대형 기반식 지석묘와 입석이 대표적이다. 한편 중흥동과 평여동 사이의 고개마루에도 3기의 지석묘가 있다. 그리고 최근의 조사(순천대박물관 2004)에서, 월내동과 적량동의 경계에 자리한 월내초등학교 부지를 조성하면서 대형 기반식 지석묘 1기가 파괴되었다는 지역주민의 전언[20]이 있었다. 이를 근거로 추정해보면 월내동과 적량동 사이에 경계석으로서의 상징적인 지석묘가 있었다고 판단된다. 이외에 고개마루에 자리한 예로는 봉계동·주삼동과 평여동 사이의 경계라고 볼 수 있는 삼동(1기) 지석묘가 있다.

이와 같이 영역이나 경계의 의도로 축조한 예로는 순천과 광양에서도 확인되는데, 순천 풍교리 장동 지석묘와 광양 다압면 신원리 내압지석묘 등이 대표적인 경우이다. 모두 대형 기반식 지석묘이며, 고개의 입구 부근에 자리한다. 순천 풍교리 장동 지석묘는 순천시 주암면에서 송광면으로 넘어가는 고개의 입구에 독립되어 존재하는데 상석의 규모가 470×360×

---

20) 이 지석묘는 정으로 깨서 없앴다고 하는데, 발굴조사된 적량동 상적 지석묘군에서 가장 무거운 상석보다 작지 않았다고 하므로 40~50톤은 족히 되었을 것이며 굄돌이 있었다고 한다.

140㎝이다(이동희·조근우 2000). 한편 광양 신원리 내압지석묘는 다압면에서 진상면으로 넘어가는 고개입구에 자리하며, 상석의 규모가 540×380×170 ㎝에 달한다. 모두 자연지형의 경계인 고개마루 입구에 자리하여 집단영역의 경계석으로 기능했던 것으로 판단된다. 이 경계점이 오늘날에는 면 단위의 경계점과 거의 일치한다는 점에서 주목된다. 이는 당시 사회에서도 자연 지형별로 구분되는 집단영역이 있었음을 보여주는 것이다.

3류는 조금 더 큰 분지로 단위를 이루고 더 큰 상석을 옮기는 단위공동체이다. 3류 단위의 경계석으로는 호명동·상암동과 적량동·월내동 사이에 있는 입석과 대형 기반식 지석묘, 여서동·미평동과 광무동·군자동 사이에 있는 대형 기반식 지석묘 등을 들 수 있다. 여기서 주목되는 것은 2류 단위에 비해 3류 단위의 경계석이 더 많은 수의 입석이나 기반식 지석묘를 축조하고 있다는 점이다. 이를테면 호명동·상암동과 적량동·월내동 사이의 고개마루에는 일정한 거리(50~100m)를 두고 1기씩 축조하여 모두 3기가 보인다(도면 2).

한편 4류 단위는 대규모상석의 이동이나 공동의 이해관계가 얽힌 경우에 협동하는 단위로서 아주 이례적인 경우이다. 4류 단위의 경계석이라고도 볼 수 있는 왕바위재 지석묘군은 20~100톤에 이르는 거대한 기반식 지석묘 6기를 고개마루에 축조하고 있다. 이러한 영역을 상징하는 경계석은 일반적인 지석묘 입지와 달리 비교적 높은 고개마루에 외따로 자리하고 있어 기존 지표조사에서 누락된 것이 적지 않다고 판단된다. 아울러 그간 적지 않은 지석묘나 입석이 훼손된 점도 감안해야 할 것이다.

이상의 1류 단위에서 4류 단위로 갈수록 공동체간의 결속력은 점차 약화되는 것으로 볼 수 있다.

1~2류 단위가 혈연으로 연결된 씨족(clan)공동체와 관련된 것으로 본다

면, 3~4류 단위는 상대적으로 더 큰 집단들이 협력하는데, 4류 단위의 대형 지석묘 축조시에는 족외혼제가 매개 역할을 하였을 것으로 보인다. 이에 대해서는 다음과 같은 견해가 참고된다.

즉 "지석묘 축조집단의 결혼제도는 족외혼적 단혼제였던 것으로 보인다. 그 실례를 동예사회에 대한 기록의 편린에서 볼 수 있는데, 동예에서는 같은 씨족에 속하는 사람들은 혼인이 금지되는 족외혼 풍습을 갖고 있었다. 특히 족외혼제는 경쟁씨족들간의 분쟁을 완화시키는 작용을 할 뿐만 아니라 인접집단 사이에 부족한 생산물의 교류를 위한 경제적 협력과 외부침략에 공동대처하기 위한 정치적 연맹을 할 수 있는 기회를 제공한다. 이러한 집단간의 이해관계는 결국 여러 씨족집단을 결속시키게 하고 시간이 흐름에 따라 보다 큰 지역집단의 정치적 연맹체로 점차 그 실체를 드러내게 된다"(유태용 2003).

IV. 맺음말

이상과 같이 단위지역(여수반도)에서의 지석묘의 분포와 권역, 축조집단의 단위와 영역에 대해 살펴보았다.

본고에서는 지석묘의 분포와 권역에 주목하였다. 지석묘의 분포를 각 면·동리별로 구분하여 살펴보고, 소분지 단위로 권역을 설정하였다. 지석묘가 밀집된 여수반도에서 1개 권역은 대체로 1개 동리와 일치하는 경우가 많으며, 권역별로 1개의 중심되는 지석묘군과 수개의 소군집 지석묘가 결합되어 있다. 중심적인 지석묘군은 상대적으로 다수 군집이고 부장유물이 풍부한 편이다. 1개 면별로는 3~5개소의 밀집지석묘군이 있는데, 대개 일정한 거리(2~3㎞)를 유지하고 있어 주목된다. 이렇게 구분되는 개별 집단은 상호 별개의 친족집단이 조성한 묘역으로 판단된다. 이 권역별 단위 집단간에도 우열은 있었던 것으로 보인다.

한편, 지석묘 축조와 관련된 집단의 단위는 4부류로 구분해 볼 수 있다.

첫 번째 단위는 개별 취락과 관련되고 같은 묘역을 사용하는 가장 기본적인 집단이다. 여수반도에서 발굴조사된 개별 지석묘군은 유구나 유물면에서 동일한 경우는 없다. 이는 각 집단이 개별적으로 독립되어 있었고 축조집단이 달랐음을 의미한다. 상석을 옮기는 데 이웃 마을의 인력을 동원했더라도 매장주체부의 형식과 출토유물이 다름은 지석묘 축조에는 각기 독립적인 마을이나 친족이 주체가 되었음을 의미한다. 개별 지석묘군에서는 대개 묘표석이 확인된다. 묘표석은 그 군집에서 가장 크며 한쪽에 치우쳐 있거나 중심부에 자리한다.

두 번째 단위는 현재의 동리 단위내 3~7개소의 지석묘군이 해당되는데 하나의 중심되는 村과 수개의 小村이 결합된 양상이다. 이 단위에서는 비교적 작은 상석(10톤이하)을 자체적으로 옮길 수 있다. 이러한 두번째 단위의 공동체는 면 단위마다 3~6개소 정도가 있다. 두 번째 단위의 지석묘군에서는 그 집단의 영역을 상징하는 거대한 거석기념물(입석 혹은 대형의 기반식 지석묘)이 가장 군집된 지석묘군 부근이나 집단의 외곽에 자리한다. 이러한 거석기념물은 농경의 정착과 잉여산물의 발생에 기인하여 오늘날의 동리 단위로 집단토지공유제가 이루어졌음을 의미한다.

세 번째 단위는 10~25톤 정도의 비교적 대형의 상석을 옮길 때의 지석묘 축조공동체이어서 적어도 2개 이상의 동리를 포함한 단위집단으로 볼 수 있다. 이 단위 집단은 산줄기같은 자연지형으로 구분되며, 1개면에 1~2개 정도 있다.

네 번째 단위는 삼한시대의 읍락에 해당하는 1~2개면 단위의 노동력이 동원될 수 있는 집단이다. 즉 30톤 이상의 거대한 상석의 운반·설치와 관련되는데, 이 단위의 노동력 동원은 일반적인 예는 아니고 특별한 경우로 취급하여야 한다.

본고에서 시론적으로 다룬 지석묘 축조집단의 단위와 집단의 영역문제는 사회복원에 관한 사항이므로 접근이 용이하지 않다. 인류학적 자료가 가미되었으면 좀 더 나은 결과가 도출되었겠지만 추후에 보완하도록 하겠다. 지금까지의 우리나라 지석묘사회 연구가 거시적이고 평면적인 측면이 강하였던 것이 사실이다. 지석묘사회의 기본단위는 촌락이다. 따라서 향후에는 좀 더 미시적인 접근, 예컨대 하나의 시·군이나 유역권내에서의 지석묘 축조집단을 입체적으로 연구하는 것이 필요하다.

「지석묘 축조집단의 단위와 집단의 영역」, 『호남고고학보』26, 호남고고학회, 2007.

단위 지석묘군의 분석

-여수 화동리 안골 지석묘군을 중심으로-

Ⅰ. 머리말

순천대학교 박물관은 2002년에 여수 화양면 화동리와 소라면 관기리 일대의 여수경지정리에 대한 발굴조사를 실시한 바 있다. 3개군 12기의 지석묘를 발굴조사하였는데, 관기리 3기·화동리 소장 3기·화동리 안골 6기 등이 그것이다.

발굴조사 결과, 화동리 안골유적에서 주목할 만한 유구들이 확인되었다. 上石의 수보다 훨씬 많은 63기의 매장주체부와 청동기시대 주거지 5기가 조사되었다. 이와 같이 안골유적은 좁은 공간에서 밀집된 매장주체부가 확인되었을 뿐만 아니라, 그 구조 또한 특이하여 이 지역의 지석묘 연구에 귀중한 자료를 제공해 주었다고 볼 수 있다(이동희·이순엽 2006).

일반적으로, 단위 지석묘군은 길게 열을 짓는 경우가 많은데 비해 안골유적은 여러개의 타원형의 소군집으로 세분되는 특징을 보인다. 이는 안골유적과 관련된 집단이 타 집단에 비해 대단위 친족집단임을 시사함과 동시에, 묘역의 활용방식의 차이를 보여주는 것이다. 즉, 묘역의 동·서쪽으로는 경사가 지고 있어 현 묘역을 중심으로 지석묘를 네모난 공간에 배치시킨 것으로 보인다. 또한 여러 소군집단위로 장기간 무덤을 축조하겠다는 의도가 있었다고 판단된다. 母集團에서 子集團으로의 묘역 확대 및 분파과정을 유추해 볼 수 있다.

전남지방에서는 다른 지역에 비해 압도적으로 많은 지석묘들이 분포하고 있고, 그에 대한 조사와 연구도 뒤따르고 있다. 하지만, 지금까지의 전남지방 지석묘군에 대한 검토는 거시적인 접근이 많았다. 즉, 전남지방전체를 다루거나 유역권 등을 대상으로 지석묘의 형식분류나 편년, 전파경로, 유물의 분석 등에 대한 연구가 주류를 이룬다.

단위지석묘군의 검토는 대개 보고서의 고찰에서 부분적으로 다루어져 왔다. 본고에서는 밀집도가 높은 단위지석묘군을 대상으로 미시적인 접근을 통하여 지석묘군이 내포하고 있는 여러 가지 의미를 궁구하고자 한다. 즉, 밀집된 양상과 다양한 구조를 보이는 안골 유적을 대상으로 지석묘군의 형식변화와 편년, 묘표석, 장법(葬法), 피장자의 성격, 단위지석묘군내에서의 소군집의 의미 등에 대해 살펴보고자 한다. 아울러 주변 지석묘군과의 상관관계, 여수시와 화양면이라는 광역에서 지니는 의미도 살펴보고자 한다.

Ⅱ. 여수반도 지석묘의 분포현황

1. 여수반도의 지석묘 분포현황

현재의 여수시는 1998년 4월 1일 구 여천시, 구 여천군, 구 여수시 등 3개 행정구역이 통합된 것이고, 구 여천시는 구 쌍봉면과 구 삼일면을 통

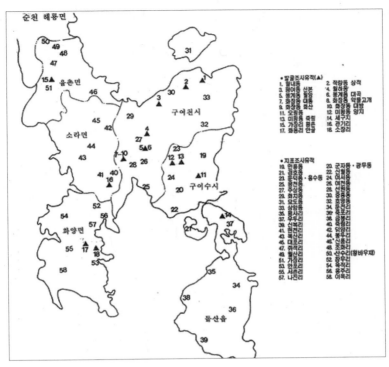

[도면 1] 여수시 주요 지석묘군 및 화동리 유적(○) 위치도

합한 행정명칭이다. 통합되기 전의 행정구역을 기준으로 지석묘 분포상을 요약해보면 다음과 같은데, 여수반도에는 지금까지 모두 217군 1,722 기의 지석묘가 확인되었다(정오룡 1988, 순천대학교박물관 2003)(도면 1).

〈표 1〉 여수반도의 지석묘 분포현황(행정구역별)

행정구역	지석묘 군집	지석묘 수
구 여수시	33군	198기
구 쌍봉면(구 여천시)	33군	168기
구 삼일면(구 여천시)	39군	365기
돌산읍	31군	184기

행정구역	지석묘 군집	지석묘 수
삼산면	3군	17기
소라면	17군	116기
율촌면	30군	340기
화양면	31군	334기
총계	217군	1,722기

2. 화양면의 지석묘 현황

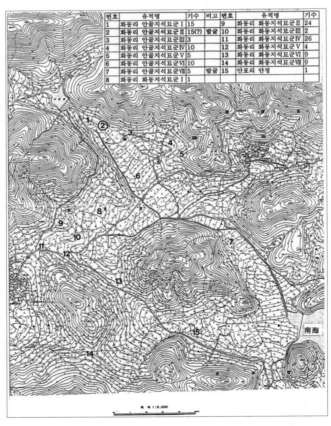

번호		유적명	기수	비고	번호		유적명	기수
1	화동리	안골지석묘군 I	15		9	화동리	화동지석묘군 II	24
2	화동리	안골지석묘군 II	15(?)	발굴	10	화동리	화동지석묘군 III	2
3	화동리	안골지석묘군 III	3		11	화동리	화동지석묘군 IV	26
4	화동리	안골지석묘군 IV	10		12	화동리	화동지석묘군 V	4
5	화동리	안골지석묘군 V	5		13	화동리	화동지석묘군 VI	9
6	화동리	안골지석묘군 VI	10		14	화동리	화동지석묘군 VII	9
7	화동리	안골지석묘군 VII	5	발굴	15	안포리	안정	1
8	화동리	화동지석묘군 I	1					

[도면 2] 여수 화동리 일대 지석묘 분포도

화양면의 지석묘군은 모두 31개군 334기가 확인되고 있다. 화동리 13개군 155기(안골 6개군 53기-15/10기/3/10/5/10·화동 7개군 102기-31/24/2/26/4/6/9, 창무리 창무 7기, 안포리 안정 2기, 옥적리 대옥 5기, 서촌리 5개군 32기(서촌 2개군 11기-7/4·봉오 3개군 21기-9/1/11), 용주리 화련 5개군 86기(28/10/8/23/17), 나진리 2개군 21기(웅동 16기/소장 5기), 이목리 이목 3개군 26기(10기/15기/1기) 등이다.

Ⅲ. 조사개요

안골유적은 안양산(해발 324m)에서 동남쪽으로 뻗은 산기슭 아래에 해당한다. 안골유적은 곡간에 해당하며, 조사 전에 논으로 경작되고 있었다.

1. 지석묘

지표조사 당시에는 논둑에 이동된 6기의 상석이 있었다. 논둑에 이동된 것은 1990년경에 밭을 논으로 만들면서 이루어진 것이라고 하는데, 원래는 10기 이상의 상석이 있었다고 전한다. 금번의 조사에서 소형 상석 2기가 추가로 확인되었기에, 이러한 소형 상석을 감안하

면 15~20기 정도의 상석이 있었던 것으로 판단된다. 그리고 지석묘들을 훼손하면서 지석묘군의 서남쪽(직경10×8m)은 깊게 굴착하고 상석을 매몰하였음이 밝혀졌다. 발굴조사 결과, 63기의 매장주체부가 확인되었지만, 훼손된 부분을 고려하면 축조당시에는 적어도 70기 이상의 묘곽이 있었던 것으로 보인다.

안골유적은 지석묘 수로 보면 전남동부지역에서 발굴조사된 예 가운데

가장 많은 매장주체부가 확인된 셈이다. 아울러 지석묘 형식도 다양하여 장기간에 걸쳐 축조된 지석묘군을 검토하기에 가장 적절한 유적이라고 할 수 있다.

일반적인 지석묘군이 열을 짓고 있는데 반해, 안골지석묘군은 비교적 좁은 공간에 유기적으로 배치된 다수의 매장주체부가 확인되었다는 점이다. 매장주체부의 장축도 동일하지 않고 인접한 석곽끼리 상호 직교하거나 병렬하여 밀접한 연관성을 보여주고 있다. 예컨대 18호와 23호, 22호와 24호는 각기 상호 인접하면서 매장주체부가 직교한다. 18호와 22호가 동일한 장축방향이면서 구획석과 적석이 존재하는 형식인데 반해, 23호와 24호는 구획석이나 적석이 거의 확인되지 않으면서 상대적으로 늦은 시기이면서 박장(薄葬)이다.

〈표 2〉 안골지구 지석묘 일람표

일련 번호	호 수	묘곽규모(㎝) 길이×너비×깊이	장축 방향	개석	묘곽 구조	바닥 시설	출토 유물	비 고
1	1	51(?)×50×18	북동-남서	-	석관형	할석	석촉	일부파괴
2	2	170×80×50	북서-남동	판석 1매	석곽형	할석	-	구획석
3	3	118(?)×40×10	북서-남동	-	석곽형	-	-	일부파괴
4	4	144×56×24	동-서	판석 3매	석곽형	할석	-	구획석
5	5-1	125×36×32	북서-남동	판석 5매	석관형	-	석촉 (석곽외)	구획석
6	5-2	145×45×30	북서-남동	판석 4매	석관형	-	-	구획석
7	5-3	170(?)×46×22	북서-남동	판석 4매	석관형	-	-	구획석
8	5-4	150×42×23	북동-남서	판석 11매	석관형	-	-	
9	6	165×49×30	북서-남동	-	석곽형	-	-	
10	7	145×45×26	북서-남동	-	석관형	-	-	

일련번호	호수	묘곽규모(㎝) 길이×너비×깊이	장축방향	개석	묘곽구조	바닥시설	출토유물	비고
11	8	168×47×18	북동-남서	-	석곽형	할석	-	
12	9	144×38×10	남-북	-	석관형	할석	석착	
13	10	118×47×37	남-북	판석 9매	석곽형	할석	-	
14	11	188×47×17	동-서	-	석곽형	할석		
15	12-1	144×28×32	북서-남동	-	석곽형	-		
16	12-2	107×18×22	동-서	-	석곽형	-		
17	12-3	90×17×17	북서-남동	판석 3매	석곽형	-		
18	13-1	160(?)×34×35	남-북	-	석곽형	할석		
19	13-2	178×38×50	남-북	판석	석곽형	할석	-	
20	13-3	140×20×32	북동-남서	판석	석곽형	-	석검봉부 1점, 석촉 1점	구획석
21	13-4	110×15×20	북동-남서	-	석곽형	-	-	구획석
22	13-5	170×43×30	남-북	판석	석관형	할석	-	
23	14	160×40×40	남-북	-	석곽형	할석	석검	구획석
24	15-1	182×56×15	동-서	판석2중	석곽형		-	구획석
25	15-2	178×40×45	남-북	판석2중	석곽형	할석	-	구획석
26	15-3	111×35×33	남-북	판석2중	석곽형	-	-	구획석
27	15-4	143×56×50	남-북	판석2중	석곽형	-	석촉 (석곽상부)	구획석
28	16-1	160×30×40	북동-남서	판석	석관형	-	석촉	구획석
29	16-2	157×38×45	남-북	판석	석곽형	할석	석촉 1점, 석검병부 2점 (석곽외)	구획석
30	17	140×48×45	북서-남동	판석	석곽형	할석 (2겹)	-	구획석
31	18	142×36×34	북서-남동	-	석곽형	할석	석촉	구획석
32	19	142×52×50	남-북	-	석곽형	할석	-	

일련 번호	호 수	묘곽규모(㎝) 길이×너비×깊이	장축 방향	개석	묘곽 구조	바닥 시설	출토 유물	비 고
33	20	묘곽구조불명					-	원형집 석유구
34	21	153×65×47	북동-남서	-	석관형	-	석검	구획석
35	22	136×40×40	북서-남동	-	석곽형	할석	석검	
36	23	182×56×45	북동-남서	판석 6매	석곽형	-	석촉	
37	24	160×42×56	동-서	판석 3중	석관+ 토광형	-	-	
38	25	160×76×55	북동-남서	판석 3매	석곽형	할석	석검, 관옥	
39	26	162×64×50	동-서	판석 2매	석곽형	할석	석촉, 숫돌, 어망추	
40	27	136×50×40	북서-남동	판석 3매	석관형	-	어망추 2점	
41	28	168×52×32	북동-남서	판석 2매	석곽형	할석	석검, 어망추	
42	29	136×38×17	북서-남동	-	석곽형	-	-	
43	30	150×40×20	북서-남동	-	석관형	-	-	
44	31	190(?)×55×15	동-서	판석 2매	석곽형	할석	홍도(편)	
45	32	113×40×40	북서-남동	-	석관형	할석	-	
46	33	153×47×45	동-서	할석+ 판석	석곽형	할석	-	
47	33-1	40×24×25	북서-남동		석관형			
48	34	137×30×40	북서-남동	-	석곽형	할석	-	
49	35	93(?)×74×21	북서-남동	판석 3매	석관형	할석	-	
50	36-1	156×58×44	북동-남서	-	석곽형	-	-	구획석
51	36-2	135×25×26	북동-남서	판석	석곽형	-	-	구획석
52	36-3	140×40×30	북동-남서	판석 2중	석관형	할석	-	
53	36-4	170(?)×40×40	남-북	판석	석곽형	할석	-	
54	37	164×56×50	북서-남동	할석	석곽형	할석	석검	

일련 번호	호 수	묘곽규모(㎝) 길이×너비×깊이	장축 방향	개석	묘곽 구조	바닥 시설	출토 유물	비 고
55	38	162×54×50	북서-남동	판석 2중	석곽형	할석	석촉, 관옥	
56	38-1	120×48×20	북서-남동	-	석곽형	할석	-	
57	39-1	115×24×15	남-북	판석	석곽형 (?)	할석	-	구획석
58	39-2	105×25×25	동-서	판석	석곽형	-	-	구획석
59	39-3	120(?)×25×25	동-서	-	석곽형 (?)	-	-	
60	39-4	95×20×10	동-서	판석	?	-	-	
61	40	장축95, 단축65	남-북	-	위석형	-	-	
62	40-1	143×45×44	북서-남동	판석	석곽형	할석+ 판석	-	구획석
63	40-2	90×22×20	남-북	판석	석곽형	-	-	
64	40-3	145(?)×28×37	남-북	판석	석관형	할석	-	구획석
65	40-4	150(?)×28×35	북서-남동	판석	석곽형	할석	-	

2. 주거지

안골지구에서는 청동기시대 주거지와 지석묘가 중복되었는데, 선후관계상 주거지가 지석묘 축조 이전에 조성된 것이다. 그래서 동일한 공간이 주거공간에서 분묘공간으로 변화되었는데, 청동기시대인들의 주거와 분묘공간의 관념에 관해 살펴볼 수 있는 중요한 자료이다.

2호와 29호 지석묘의 매장주체부가 3, 3-1, 4호 주거지보다 후행하고 있다. 평면형태는 말각방형과 원형계가 혼재한다. 5기는 모두 송국리형 주거지로 판단된다. 3호 주거지의 작업공에서는 많은 숫돌이 출토되어 주목된다. 3호·3-1호·4호가 중복되어 있는데 선후관계를 보면, 4호, 3호, 3-1

호의 순이다. 3호 주거지에서는 토제 원통형 어망추가 4점이 출토되어, 당시 생업에 있어 漁撈가 적지 않은 비중을 차지하고 있었음을 보여준다.

〈표 3〉 청동기시대 주거지 일람표

호수	규모(㎝)	평면형태	장축방향	내부시설	출토유물	비 고
1	430×416×14	말각방형		작업공	숫돌, 무문토기	
2	직경400(?), 깊이14	말각방형		작업공	무문토기	일부 유실
3	540×470×45	말각방형	북서-남동	작업공	숫돌, 무문토기, 어망추, 석촉, 망치돌	
3-1	직경 430(?), 깊이 58(?)	원형		작업공(?)	무문토기, 망치돌, 숫돌	2호 지석묘 아래에 위치
4	직경 420(?), 깊이46(?)	원형		작업공	석착, 숫돌, 무문토기	29호 지석묘 아래에 위치

Ⅳ. 종합적 고찰

1. 유구

1) 군집의 세분(사진1, 도면 3)

안골지석묘군은 일반적인 지석묘군에서 보이는 열이 뚜렷하지 않다. 그 대신, 대형 묘역식 지석묘나 원형집석유구를 중심으로 소군집으로 세분되는 특징을 보인다.

[사진 1] 여수 화동리 안골 지석묘군 조사후 전경

즉, 각 소군집에서는 대형 묘역식 지석묘나 (타)원형집석유구가 먼저 축조되고 그에 잇대어 소형 묘역지석묘와 석곽묘가 순차적으로 축조되고 있다. 각 소군은 어느 정도 독립적인 무리를 이룬다. Ⅰ·Ⅱ군이 이르고, 뒤 이어서 Ⅲ~Ⅶ군이 후행한다.

안골지석묘군은 원래 하나의 親族集團이었는데, 世代가 내려가면서 直系와 傍系의 구분이 생기면서 하나의 지석묘군에서 여러 소군집으로 구분된 것으로 추정된다. 다시 말하면 母集團(Ⅰ군)과 모집단에서 파생된 子集團(Ⅱ~Ⅶ군)이 같은 묘역을 사용한 것으로 파악된다.

이를 취락분포정형과 관련지어 보면(이희준 2000) 안골지석묘군은 하나의 촌락집단과 대응시킬 수 있겠고, 가장 중심적인 Ⅰ군은 村, 나머지 군은 小村으로 상정할 수 있겠다.

각 군집 단위별로 일정한 간격을 두고 있어 구분이 된다. 예컨대, Ⅰ군의 서남쪽 외곽에는 열이 확인되고 있어 외부(IV군)와 구분짓는 역할을 하고 있다.

유물로 보면, 중심부에 자리한 대형 묘역식지석묘나 원형집석유구에서는 유물이 거의 확인되지 않는데 비해, 오히려 인접한 묘곽에서 석검이나 옥 같은 위세품들이 출토되고 있다. 즉, 묘역은 있지만 구획석이 명확하지 않은 매장주체부에서 석검이 주로 출토된다.

안골유적은 청동기시대 전기와 관련된 유물이 출토되지 않아 전기로 올려보기는 어렵지만, 비교적 이른 단계에 보이는 대형 묘역식 지석묘가 선행하고 있어 형식상의 선후관계를 파악할 수 있다.

안골지석묘군내의 여러 소국집 가운데 I군이 중심적인 존재이다. 왜냐하면 매장주체부 뿐만 아니라 묘역지석묘가 가장 많고, 석검의 출토량

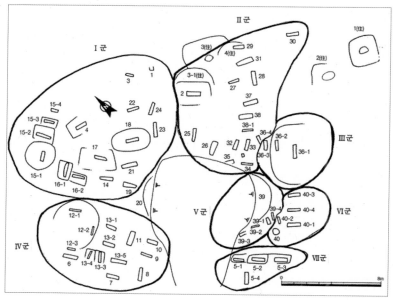

[도면 3] 안골지석묘군 배치도

이 최다이다. Ⅱ군 이하는 분파된 것으로 보인다. 다만, 묘역식 지석묘 1기가 확인된 Ⅱ군은 Ⅰ군과 큰 시기차이가 없이 축조되기 시작한 것으로 보인다. 위세품인 석검의 출토량에서도 Ⅰ군 4점, Ⅱ군 3점에서 빈도가 높다. 나머지 군집에서는 Ⅳ군에서 유일하게 석검편 1점이 출토되었다.

유구의 선후관계나 분포정황상 Ⅰ군→Ⅱ군→Ⅲ·Ⅳ→Ⅴ·Ⅵ·Ⅶ군 순으로 축조된 것으로 보인다. 각 군간의 관계는 단절적이라기보다는 계기적인 선후관계로 판단된다.

Ⅲ·Ⅴ·Ⅵ·Ⅶ군이 Ⅰ·Ⅱ·Ⅳ군에 비해 매장주체부의 수가 적은 것은 친족집단이 분화하면서 후대로 내려갈수록 방계의 여러 자집단이 생겼음을 의미한다. Ⅲ·Ⅴ·Ⅵ·Ⅶ군에서 유물이 빈약함은 지석묘축조 말기단계의 양상을 반영해 준다.

같은 친족집단에서도 母集團에서는 묘역식의 지석묘와 부장유물이 풍부하고, 子集團에서는 묘역식이 쇠퇴하고 부장유물이 빈약화된다. 이는 시기차도 있겠지만 모집단과 자집단사이의 富와 權威의 차이를 반영하는 것으로 보인다.

(1) Ⅰ군

대형의 묘역이 있는 17호를 중심으로 'U'자형으로 주변 지석묘들이 에워싸고 있는 형상이다. 모두 17기의 매장주체부가 있고, 이 중 8기에서 묘역이 보인다. Ⅰ군의 중심부에 비교적 대형의 묘역 지석묘 3기(17, 18, 4호)가 위치한다. 19호와 16-2호를 잇는 외곽으로 석렬이 이어져 Ⅳ군과 구분되고 있고, Ⅱ군과는 2m 정도의 의도적인 간격을 보이고 있다.

17호는 장방형의 묘역(420×250㎝)을 가지고 개석이 대형이며, 개석과 석곽의 레벨이 주변석곽들보다 30㎝정도 높아 주목된다. 개석은 안골유적에서 가장 크고 정연한 편이다. 17호 동쪽에 인접한 18호는 구획석의 평면형태가 트랙형에 가깝고, 구획석의 규모는 장축 480, 단축 300㎝이다. 18호의 동남쪽 구획석은 배장곽으로 추정되는 23호의 축조시에 일부 훼손되었던 것으로 보인다. 18호와 21호는 支石이 잔존하고 있어 上石이 있었던 것으로 판단된다. 17·18호는 지하식이며, 석곽형으로 분류할 수 있다. 18호의 북서쪽 구획석의 일부가 17호 구획석을 누르고 있어 17호가 가장 먼저 축조되었음을 알 수 있다.

23호와 인접한 24호는 22호의 배장곽으로 추정된다. 23·24호는 구획석이나 적석이 없는 홑석곽이면서 상석이 없었다고 보여지는데 비해, 22호와 18호는 支石 등의 존재로 보면 상석이 있었다고 판단된다.

17호의 서쪽에 잇대어 14호가 위치한다. 14호는 17호와 접한 동쪽에는 구획석이 없고 서남쪽으로만 구획석과 적석이 확인되기에 14호는 17호가 전제된 상태에서 축조되었다고 볼 수 있다. 17호 주변(서쪽)의 적석부(14호~16-1호 사이)에서 석검편 2점이 약 2m를 거리를 두고 노출되어 인위성이 엿보인다.

19호의 서쪽 석렬, 즉 14호 쪽으로 뻗는 석렬이 14호 구획석을 전제로 하여 덧대었기에 14호가 19호보다 더 빠르다고 볼 수 있다. 그리고 16-1·2호가 17호의 서쪽 가장자리에 연접하고 있는데, 가장 외곽에 자리한 16-1호의 매장주체부 장축방향이 17호와 직교하면서 감싸는 식이어서 14·16~21호 군집에서 가장 늦은 단계로 보인다. 16-1·2호보다 더 내측에 있는 14호는 16호보다는 먼저 축조된 것으로 추정된다.

16-1호는 16-2호와 연접하고 있는데, 연접관계를 보면 16-1호가 더 늦게 축조된 것으로 보인다. 16-1호에서는 바닥시설이 확인되지 않아 17호 주변의 다른 매장주체부와 달리 늦은 단계로 파악된다. 하지만, 접하

는 구간의 구획석이 공유하고 있어 시기차는 별로 없을 것으로 판단된다. 동일 世代일 가능성이 크다. 16-1호와 16-2호는 매장주체부가 상호 직교하면서 묘역이 'ㄴ'자형을 이루는데, 중심인 17호를 에워싸는 형상이다. 16-1·2호의 구획석 중에 17호와 접하는 동(남)쪽의 경우, 구획석이 뚜렷하지 않아 17호를 전제로 하여 16-1·2호가 축조되었다는 것을 뒷받침한다. 16-1·2호, 14,19호의 매장주체부는 17호보다 세장한 편이다.

15호계 석곽묘의 축조는 15-1호, 15-2호, 15-3·4호 순이다. 이러한 축조순서는 구획석의 연접관계에 근거한 것이다. 15-3호와 15-4호는 동시기에 축조된 것으로 보인다. 왜냐하면 서로 접하는 구획석들이 상호 물려있기 때문이다. 구획석은 원형→방형으로 변하며, 마지막 단계에는 구획석이 소멸된다.

1·3호는 Ⅰ군의 동쪽 외곽에 자리하고 있으며, 홑석곽묘여서 가장 늦은 시기로 추정된다.

그리고, Ⅰ군의 3, 22, 4호 주변에 적지 않은 공터가 있음에도 Ⅱ~Ⅶ군의 좁은 공간에 조밀하게 매장공간을 활용함은 동일 지석묘군내에서도 소집단별로 엄격한 구역관념이 있었다고 볼 수 있다.

19호 서장벽 옆으로 잇대어 석렬이 확인된다. 이 석렬은 계속 북쪽으로 뻗어 인접한 14호와 16-2호의 서쪽 구획석으로도 이용되고 있어 주목된다. 이 석렬은 14~21호 석곽묘 군집집단의 외곽범위를 한정하는 것으로서, 서쪽의 12호 원형집석유구 인근 석곽묘 군집(Ⅳ군)과의 경계의 역할을 하는 것으로 판단된다. 이 석렬과 석곽과의 선후관계를 보면, 19호~16-1호 석곽묘가 모두 축조된 이후에 석렬이 만들어진 것으로 보인다. 따라서 16-1호가 마지막으로 완성되고 석렬이 만들어질 무렵에는 Ⅳ군의 12호 원형집석유구가 이미 조성되었음을 의미한다. 이러한 점에서 각 군은 단절적이지 않고 계기적으로 축조되고 있었음을 알 수 있다.

(2) Ⅱ군

Ⅱ군의 중심은 2호 지석묘이다. 2호는 대형의 장방형 묘역을 갖추고 소군집의 중심적인 위치를 점하고 있어 Ⅰ군의 17호와 유사하다. 이러한 점에서 보면 17호와 2호는 큰 시기차가 없을 것으로 보인다. 구획석의 규모는 400×270㎝이며, 석곽 크기는 길이 170㎝, 너비 80㎝, 깊이 50㎝로서 대형에 속한다. 석곽은 지하식에 해당하며, 바닥석은 다른 석곽에 비해 규모가 큰 할석을 사용하고 있다. 2호 지석묘 주변에서 송국리형 주거지 3기가 확인되었는데, 주거지가 폐기된 후 지석묘가 축조되었다. Ⅱ군에서 정연한 구획석을 가진 무덤은 2호에 한한다. Ⅱ군에서 2호 지석묘를 중심으로 2~3m정도의 일정한 거리를 두고 다른 매장주체부가 들어섬은 2호 지석묘의 상징성을 뒷받침한다.

2호 지석묘 주변의 지석묘들은 모두 Ⅰ군과 거리를 두기 위해 2호 지석묘 동남쪽으로만 에워싸는 형상이다. 즉, 2호 지석묘 남쪽으로 25, 26, 32, 33, 36-4호 등의 지석묘가 일정한 간격으로 분포하고 있는데 매장주체부의 장축이 대부분 2호와 직교하는 방향이어서 주목된다. 그리고 2호 지석묘 동쪽으로 27~31, 37, 38, 38-1호 등이 분포한다. 이 가운데 25, 28, 37호에서 마제석검이 출토되었다. 27호는 굄돌로 보면 상석이 있었던 것으로 보이는데, 27호는 2호 지석묘와 같이 Ⅱ군의 중앙에 위치한다.

2호 구획석에 사용된 할석들을 와수적한 것은 18호와 유사하다. 따라서 2호의 축조연대는 Ⅰ군에서 2번째 단계에 축조된 18호와 비슷한 시기로 추정할 수 있다.

32~35호는 상호 인접하여 선후관계를 추정해 볼 수 있다. 즉, 벽석과 보강석, 적석 등의 연접관계를 통해 유추해 보면 34호(先), 33·35호, 32호 (後)의 순이다. 32~34호는 서로 인접하여 있고 상호 직교하거나 평행하는 장축방향을 보인다. 그래서 큰 시기차는 없이 피장자 상호간에 밀접한 관련성을 시사한다.

37, 38호는 인접하고 있지만 단벽이 같은 선상이 아니고 일정한 시간적 간격이 상정된다. 접하는 적석간의 선후관계를 보면 38호가 이르고 그 다음에 38-1호와 37호가 각기 축조된다. 무덤의 형식으로 보면 37, 38호가 유사하지만 적석이나 개석의 형태를 보면 상이하다. 32호의 동쪽 보강석 1매가 38-1호의 보강석을 누르고 있으므로 32호가 후행한다. 한편, 38-1 호의 남쪽 보강석이 36-4호의 북단벽에 눌리고 있어 38-1호가 선행한다. Ⅱ군에서 남쪽에 치우친 32~35호가 좁은 공간에서 밀집되어 빈공간을 최대한 이용한다는 점에서 상대적으로 늦은 시기로 보인다. 즉, 36호와 39호 원형집석유구사이의 경계지점에서 늦은 단계에 여러 석곽을 조영 하다 보니 석곽 규모도 작아진 것으로 보인다.

(3) Ⅲ군

36호 타원형 집석유구는 전체 지석묘군에서 동쪽에 치우쳐 있다. 이 유구의 규모는 장축 740cm, 단축 600(추정)cm이다. 유구의 동남쪽이 유실되어 전모는 알 수 없다. 이 유구의 서북쪽은 직선에 가까워 트랙형이라고 할 수도 있다. Ⅲ군보다 조금 더 이른 Ⅱ군의 중심 지석묘인 2호의 묘역이 말각장방형이라는 점에서 상호 계기적인 연결성이 있다.

36호 집석유구의 가장자리에는 구획석이 확인되는데, 비교적 큰 할석을 이용하여 1列·1段으로 종평적 혹은 와수적하였다. 구획석 안쪽으로는

충전석이 있는데, 상대적으로 작은 할석들을 2겹 정도로 적석하였다. 36
호 타원형 집석유구 내에 2기, 서북쪽에 잇대어 1기의 매장주체부가 각기
자리하고 있다. 즉, 집석유구의 중심에 36-1호, 집석유구의 서북쪽 가장
자리에 36-2호, 36-2호와 연접하여 집석유구 외곽에 36-3호가 각기 위치
한다.

Ⅲ군이 Ⅱ군에 후행함은 36-3호가 36-4호를 부분적으로 파괴하면
서 자리하고 있는 것과 관련된다. 36-4호의 축조방법이나 장축방향이
36-1·2·3호와 상이하여 36-4호의 축조주체와 시기가 다른 것으로 판단
된다. 36-4호는 Ⅱ군에 속하고 Ⅲ군의 36-3호 축조시에 훼손되었다. 지석
묘군내에서 매장주체부간의 훼손양상은 극히 드문데, 36-4호가 36-3호에
의해 훼손됨은 안골지석묘군이 상당히 오랜 기간동안 조영되었음을 의미
한다. 36-2·3호는 구획석을 경계로 나란하고 단벽의 끝도 거의 일치하고
있어 큰 시기차는 없을 것으로 보인다. 매장주체부와 집석유구의 축조는
집석유구 및 36-1호, 36-2호, 36-3호의 순으로 추정된다. 36-1호는 36호
타원형 집석유구의 중심에 자리하고 있고 지상식이어서, Ⅰ·Ⅱ군보다 늦
은 단계로 볼 수 있다.

(4) Ⅳ군

Ⅳ군의 특징은 원형집석유구(12호)를 중심으로 다수의 매장주체부가 일
정한 기획하에 연접되고 있다는 점이다. 매장주체부의 배치상태나 장축
방향이 특이한데, 2기씩 병렬하거나 상호 직교하기도 한다. 즉, 12호 원
형집석유구 내의 매장주체부 3기는 'ㄷ'자형을 보이고, 13-1호와 13-2호,
13-3호와 13-4호, 9호와 10호, 13-5와 7호, 12-3호와 6호가 각기 병렬하며,
11호와 8호는 1기씩 별도로 배치되어 있다. 여기서 주목되는 것은 병렬

된 2기씩의 매장주체부군이 다른 매장주체부군과 접할 때는 상호 직교한
다는 것이다. 일정한 기획하에 축조되었음을 보여준다. 13-1·2호/13-3·4
호/13-5호와 7호/9호와 10호 등 2기씩 병렬하는 群은 각기 인접도, 구조
등에서 유사하므로 거의 동시기에 축조되었다고 보여지고 가까운 가족관
계였음을 시사한다. 원형집석유구에서 멀어질수록 축조순서가 늦은 것으
로 보인다. 남쪽에 치우친 8, 9, 11호 등이 지상식인 점에서도 그러하다.

두향은 한쪽 단벽쪽의 폭이 넓거나 먼저 축조되고 정형성을 보인다는
점에 근거하여 추정하였는데, 대체로 12호 원형집석유구를 향하고 있어
의도적인 기획으로 보인다.

12호 원형집석유구는 직경 약 6m로서 가장자리에 비교적 큰 할석(길이
50~90cm)을 1렬로 돌리고, 그 내부에 비교적 작은 할석(길이 20~30cm)을 채운
양상이다. 이 원형집석유구내에는 12-1·12-2·12-3호 등 3기의 매장주체
부가 있다. 이 원형집석유구에 바로 잇대어 5기의 묘곽(13-1호~13-5호)이 연
접하고, 인근에는 6기의 묘곽(6~11호)이 에워싸고 있다.

이 유구는 중심부에 매장주체부가 없어, 일반적인 지석묘로 보기는
곤란하다. 유구 내의 3기의 석곽묘는 원형집석유구가 먼저 만들어진
후 나중에 조성되었다. 이들 3기의 석곽은 12호유구의 중심이 아니라
동·서·남쪽의 가장자리에 자리하고 있는 점이 주목된다. 따라서 12호유
구가 특정개인을 위한 시설이라기보다는 집단적인 의미가 더 큰 것으로
보인다. 3기의 매장주체부에서는 원형집석유구 외곽에 인접한 석곽들보
다 유구나 유물면에서 뛰어난 점이 전혀 없다. 즉, 3기 석곽 모두 규모가
소형이고 바닥석과 유물이 없는 점에서 주변의 다른 석곽과 다르다. 또한
3기 모두 출토유물이 없다.

여러 정황상, Ⅳ군 묘역의 공간이 제한된 관계로 늦은 단계에 3기의 무

덤이 원형집석유구내로 들어간 것으로 보인다. 즉, Ⅳ군 묘역의 동쪽으로는 Ⅰ군이 자리하고, 서쪽으로는 경사가 급한 지형인 관계로 무덤축조가 용이하지 않은 영향으로 보인다.

12호 원형 집석유구의 남쪽에 잇대어 5기의 석곽묘(13-1호~13-5호)가 자리하고 있다. 구획석이나 보강석의 연접관계를 보면 13-1, 13-2, 13-3, 13-4, 13-5호의 순으로 축조가 이루어진 것을 보인다. 13-1호가 뚜렷한 구획석이 있는 데 반해, 13-5호는 구획석이 없는 홑석곽이다. 13-1호에서 13-5호로의 변화양상은 5-1호에서 5-4호로의 형식변화상과도 일맥 상통한다. 5기의 석곽묘를 인접도나 축조형식에 따라 구분하면 13-1·2호/13-3·4호/13-5호 등 3단계로 나눌 수 있다. 5기의 석곽묘 가운데 13-3호에서는 석검편과 석촉이 출토되고, 개석과 묘역이 상대적으로 크고 정연하다.

17호(Ⅰ군)나 2호(Ⅱ군), 36-1호(Ⅲ군)는 공히 각 小群의 중심 무덤이면서 묘표석의 역할을 한다는 것이다. 아울러 가장 규모가 크지만, 유물이 없거나 매우 빈약하다는 공통점이 있다. 이에 비해, 12호 유구(Ⅳ군)는 소군의 묘표석 역할을 하지만, 처음에는 중심부에 매장주체부가 없다가 후대에 3기의 매장주체부가 들어간 특이한 경우이다. 매장주체부가 있는 묘표석에서 매장주체부가 없는 묘표석으로의 변천은 여수 화동리 소장지석묘군과 평여동 지석묘군에서 살펴볼 수 있다. 이에 대해서는 후술하겠다.

(5) Ⅴ군

39호 원형집석유구의 직경은 약 6m이다. 유구의 반 이상이 훼손된 채 확인되었는데, 남동쪽만 잔존한 상태이다. 유구 가장자리에 비교적 큰 할석(길이 40~100, 너비 30~60, 높이 25~45cm)을 1렬로 돌려 구획석으로 삼고, 그 내부에 비교적 작은 할석을 채웠다. 외곽 구획석은 지대가 낮은 남쪽에 비교적 큰 석재를 사용하였다. 구획석 내부의 즙석상태는 중심부보다 외곽 쪽이 조밀하다. 이 원형집석유구는 절반 이상이 파괴되었기에, 12호 원형 집석유구와 같이 유구내부에 매장주체부가 있었는지는 명확히 알 수 없다. 이 원형집석유구의 서남쪽 외곽으로 잇대어 4기의 묘곽(39-1호~39-4호)이 연접하고 있다.

39-1호는 39호 원형집석유구에 접하고 있다. 연접한 39-2호와는 매장 주체부의 장축방향이 상호 직교한다. 39-2호의 동남쪽 구획석이 39-1호의 북서쪽 구획석을 겸하고 있어 2기의 석곽은 거의 동시기에 축조된 것으로 보인다. 39-1호의 가장 북쪽 개석은 39호 원형집석유구의 구획석에 바로 접하고 있어 39호 유구와 밀접한 관련성을 보여주고 있다. 39-1호 석곽묘 축조시에 이미 40호 상석이 있었던 것으로 추정된다. 39-1호의 석 곽길이가 매우 짧고, 39-2호 석곽묘가 40호 상석을 피해 장축을 유지함도 40호가 39-1~39-4호보다 먼저 축조되었음을 뒷받침한다. 39-1~39-4호 는 지상식 내지 반지하식으로 분류할 수 있다.

39-4호는 39호 원형집석유구에 잇대어 소형 상석(길이 98, 너비 60, 높이 28cm)이 자리한다. 39-1호 석곽묘와도 접하고 있는데, 접하는 곳의 구획석은 공유하고 있으므로 2기의 석곽은 거의 동시기에 축조된 것으로 보인다. 다만 세부적인 선후관계를 파악해보면, 39-1호 동쪽 벽석을 누르는 구획석을 39-4호 벽석이 누르고 있어 39-4호가 조금 늦게 축조된 것으로 보인다.

(6) VI군

40호 지석묘는 작은 상석(길이 150, 너비 100, 두께 30cm)임에도 불구하고 7개의 支石이 등간격으로 괴고 있어 주목된다. 매장주체부가 명확하지 않은 위석형이다. 40호 지석묘 동쪽으로 40-1~40-4호가 연접하고 있다. 따라서,

40호는 늦은 단계의 위석식이면서 묘표석의 역할을 한 것으로 보인다.

석곽의 배치상이나 석렬들의 연접상태로 보면, 축조는 40호 지석묘, 40-1·3호, 40-4호, 40-2호 석곽묘 순으로 이루어졌다고 판단된다. 40-3·4호는 상호 인접할 뿐만 아니라 세장형의 석곽구조면에서 유사하다. 40-2호만이 40호계의 매장주체부들 중에 유일하게 장축방향을 달리하고 소형의 석곽이라는 점에서 가장 늦은 단계로 추정된다. 다시 말하면 40-2호는 40-1호에 덧대어 축조된 소형의 석곽묘이면서 좁고 빈 공간을 활용했다는 점에서 상대적으로 가장 늦은 시기에 속한다고 볼 수 있다.

40-3호는 36호와 39호 (타)원형집석유구 사이에 위치하여 36·39호 유구보다 후행한다고 볼 수 있다. 40-3호는 동쪽으로 36호 원형집석유구의 외곽 구획석에 잇대어 있기에 36호가 축조된 이후에 조성되었음을 알 수 있다.

(7) Ⅶ군

Ⅶ군은 안골지석묘군에서 가장 남쪽에 치우쳐 있고, 소군집을 상징하는 묘표석이 없다는 점에서 가장 늦은 단계로 파악된다. Ⅴ·Ⅵ군과는 연접하지 않고 2m이상 이격되어 있어 별도의 소군집으로 분류할 수 있다. 묘표석이 없이, 가장 먼저 축조된 5-2호를 중심으로 나머지 3기가 연접하고 있다.

5-1호~5-3호는 구획석이 있고, 5-4호는 구획석이 없는 홑 석곽이다. Ⅶ군의 구획석은 적석이 확인되지 않는 다소 변형된 양식이다.

5-1호와 5-2호는 구획석을 공유하고 있어 거의 동시기이면서 가까운 가족으로 추정되지만, 세부적인 선후관계를 따지면 5-2호가 먼저 축조된 것으로 보인다. 5-2호의 구획석을 5-3호 구획석이 누르고 있어 5-3호

가 후행함을 알 수 있다. 구획석의 너비는 5-2호가 가장 넓고 그 다음으로 5-1호, 5-3호 순이다. 5-4호가 홑석곽이면서 5-1·2호 구획석에 잇대어 직교하고 있어 가장 늦은 시기이다. 따라서 상호연접관계로 보면, 석곽의 축조는 5-2호, 5-1호, 5-3호, 5-4호 순으로 보인다.

2) 하부구조의 변천(도면 4)

안골지석묘군의 개별 하부구조를 살펴보면, 구획석과 적석을 정연하게 갖춘 유형(A형), 구획석이 부정연하면서 적석이 확인되는 유형(B형), 구획석이 있지만 적석이 미약하거나 확인되지 않는 유형(C형), 구획석이나 적석이 없이 매장주체부만 있는 유형(D형) 등으로 구분된다. 정연한 형식인 A형에서 퇴화된 D형으로 변천되는 것으로 파악되고 있다.

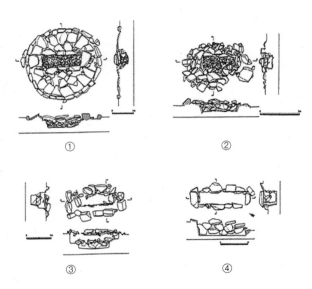

[도면4] 안골 지석묘군의 유형
① A형(15-1호) ② B형(26호) ③ C형(15-3호) ④ D형(6호)

예컨대, 15-1호에서 15-4호로 축조되어짐은 정연한 묘역으로부터 점차 약식화되어가는 과정을 보여준다(도면 3). 15-1호는 원형의 구획석과 적석이 확인되고, 15-2호는 장방형의 구획석과 적석이 있으며, 15-3호와 15-4호는 묘역이 축소되고 약식화된 구획석이 잔존한다. 그리고, 5-4호에 앞서 5-1~5-3호가 선축됨은 C형에서 D형으로의 변화상을 보여준다. 즉, 5-1호~5-3호가 약식화되었지만 구획석이 존재하는데 비해, 가장 늦은 5-4호의 경우 구획석이나 적석이 없이 매장주체부만 확인된다. 5-1호~5-4호는 안골지석묘군의 가장자리에 위치하여 다른 지석묘에 비해 늦은 단계인데, 묘곽의 형식도 대개 석관형이어서 늦은 시기임을 뒷받침하고 있다. 이와 같이 연접한 묘곽들의 존재로서 지석묘의 형식 변천을 살펴볼 수 있다.

A형의 구획석은 대개 장방형계이지만, 15-1호는 원형의 구획석이어서 주목된다. 안골지석묘군에서는 원형이 장방형 구획석보다 후행한다. Ⅰ·Ⅱ군에서 A·B형의 비율이 높고, Ⅲ~Ⅶ군에서 C·D형의 비율이 높다(도면 3). 매장주체부는 A·B형에서 석곽형의 비율이 높고, C·D형에서 상대적으로 석관형이 증가한다. 늦은 단계일수록 석관형의 비율이 높아지는데, Ⅶ군의 5-1~5-4호가 그 예로서 모두 석관형이다.

위세품으로 볼 수 있는 석검과 옥 등은 대개 B형이면서 신전장이 가능한 석곽형에서 출토된다. 예컨대, 석검이 출토된 14,21,37,28,25,16-2호 등은 대부분 신전장이 가능한 석곽형 묘곽이다. 다만, 13-3호의 경우는 석검 봉부편이 출토되었는데 세골장으로 추정되어 주목된다. 13-3호는 인접한 다른 석곽과 달리 개석이 크고, 구획석이 정연한 편이다. 한편, 가장 이른 형식인 A형과 가장 늦은 형식인 D형에서는 출토유물이 없거나 빈약하다.

바닥석이 큰 매장주체부가 대개 이른 단계의 석곽으로 추정되는데, 2·4·17·18호 등이 그 예로서 모두 A형이다. 반면, 3·30호와 같은 D형에서는 바닥석이나 구획석, 적석이 거의 확인되지 않아 퇴화된 늦은 단계임을 시사한다. 5-1~5-4호, 15-1호 등도 바닥석이 없거나 조잡하여 유사하다. 다만, 늦은 단계의 매장주체부 중에는 이중의 바닥석도 있는데, 32호, 40-1·3·4호가 그 예이다.

3) 상석(上石)

지표조사 당시에는 논둑에 이동된 6기의 상석이 있었다. 1990년경에 밭을 논으로 만들면서 옮겨진 것이라고 하는데, 원래는 10여기 이상의 상석이 있었다고 전한다. 금번 조사에서 소형 상석 2기가 추가로 노출되었다. 그리고 지석묘들을 훼손하면서 지석묘군의 서남쪽(직경10×8m)이 깊게 굴착되고, 상석이 매몰되었음(V군의 북서쪽)을 확인하였다.

조사당시에 상석이 원위치에 있었던 것은 40, 39-4호 등 2기에 한한다. 늦은 단계의 소형 상석으로 보이며 출토유물이 없다. 40호 상석은 매장주체부가 없는 묘표석으로 판단되고, 39-4호 상석아래의 매장주체부는 소형이면서 석곽이 매우 조잡하다.

支石의 존재로 유추해 보면 18, 21, 22, 26, 27호 등의 경우는 상석이 있었던 것으로 보이며, 늦은 단계일수록 상석의 비율은 떨어지는 것으로 판단된다. 묘역과 구획석이 정연한 18호에서 지석이 확인되는 것으로 보아 그와 유사한 15-1호, 4호, 36-1호, 17호, 2호 등에도 상석이 있었을 것으로 추정된다.

부언하면, 소군집을 대표하는 묘역식 매장주체부(17, 2, 36-1호)와 원형집석유구(12, 39호) 상부에는 상석이 있었던 것으로 보인다. 예컨대, 12호 원형집석유구내의 묘곽 3기가 가장자리를 돌면서 배치되고 있어 중심부에는 상석이 있었다고 판단된다. 이러한 측면에서 보면, 이 유적에는 15~20기 정도의 상석이 있었던 것으로 보인다.

〈표4〉 안골 지석묘군 상석 일람표

번호	상석크기(단위:cm)	평면형태	단면형태	비고
1	170×128×54	부정형	장방형	이동됨
2	212×117×108	장방형	장방형	이동됨
3	114×100×80	부정형	장방형	이동됨
4	150×105×61	장방형	장방형	이동됨
5	210×180×152	장방형	장방형	이동됨
6	226×215×120	타원형	장방형	이동됨
7	98×60×28	부정형	부정형	39-4호
8	150×100×30	삼각형	장방형	40호

4) 묘표석(墓標石)

전남지역의 경우, 대개 단위 지석묘군별로 묘표석이 있다. 묘표석은 대형의 기반식 지석묘가 많은데, 그 군집에서 가장 크며 한쪽에 치우쳐 있거나 중심부에 자리한다. 5기 미만의 소형 군집에서는 묘표석이 없는 경우도 있다. 이를테면 여수 월하동 지석묘의 경우, 1기만 존재하는 것으로서 소형상석이다. 이러한 점에서, 묘표석을 세울 때에는 해당 장소에 장기적으로 묘역을 조성하겠다는 관념이 내재되어 있었음을 뒷받침한다.

묘표석의 기능을 하는 거석기념물은 집단의 상징으로서 집단적인 제의와 밀접한 관련성이 있다. 지석묘를 축조하던 사회에서 여러 집단들의 협동과 결속력을 다지기 위해 어떤 상징적인 기념물이 필요하였을 것이다.

이에 거대한 상석을 가진 지석묘를 일정한 지역 내에서 거족적인 행사의 일환으로 건립하였다. 그래서 지연으로 결속된 여러 집단들의 공동집회나 의식을 거행하던 곳으로 볼 수 있다(이영문 1993). 거대한 상석 주변에서 다량의 토기가 발견되는 것은 그러한 공동집회와 관련될 것으로 보인다.

이러한 묘표석은 매장주체부가 있는 경우와 그렇지 않은 경우로 구분되는데, 안골유적에서는 단위지석묘군내에서 복수의 묘표석이 보이고 그 형식이 다양하다는 점에서 주목된다.

전술한 바와 같이 안골지석묘군은 대형 묘역식 지석묘나 원형집석유구를 중심으로 소군집으로 세분되는 특징을 보인다. 즉, 각 소군집에서는 대형 묘역식 지석묘나 (타)원형집석유구가 먼저 축조되고 그에 잇대어 소형 묘역지석묘와 석곽묘가 순차적으로 축조되고 있다. 각 소군은 어느 정도 독립적인 무리를 이룬다. Ⅰ·Ⅱ군이 이르고, 뒤이어서 Ⅲ~Ⅶ군이 후행한다(도면 3).

훼손되어 명확하지 않지만 중심부에 자리한 묘역식지석묘나 원형집석유구 위에는 상석이 있었다고 보여지며, 유물이 빈약하다는 공통점이 있다.

안골지석묘군의 묘표석의 변천은 3단계로 구분할 수 있다. 1단계는 장방형 묘역식 지석묘단계로서 중심부에 지하식의 정연한 매장주체부가 확인되며, Ⅰ군(17호)·Ⅱ군(2호)이 이에 해당한다. 2단계는 1단계보다 규모가 더 큰 원형 혹은 타원형 집석유구인데, 유구내에 2기(Ⅲ군) 내지 3기(Ⅳ군)의 매장주체부가 자리한다. 이 가운데 집석유구의 중심부에 자리한 매장주체부는 36-1호(Ⅲ군)로서 매장주체부가 집석유구와 동시기에 축조되었고, 36-2호(Ⅲ군)나 12-1·2·3호(Ⅳ군)는 후대에 조성된 것으로 보인다. Ⅳ군에서는 원형집석유구의 중심부에는 매장주체부가 없고 가장자리로 돌아가며 후대에 묘곽이 축조되었다. Ⅲ군의 묘표석이 트랙형에 가까워 말각장방형인 1단계와 연결되고 묘표석 중앙에 매장주체부가 있으면서 후대에 매장주체부가 1기 더 추가됨은 III군의 묘표석이 IV·V군보다 형식상 앞서는 것으로 볼 수 있다. 2단계의 매장주체부는 점차 지상화되는 경향을 보인다. 3단계는 원형집석유구없이 위석형 상석만 놓여진 40호(VI군)가 이에 해당된다.

인근의 화동리 안골 지석묘군VII(이하 소장 지석묘군)(이동희·이순엽 2006)에서도 이러한 양상이 관찰된다. 즉, 2호 지석묘와 3호 지석묘를 중심으로 각기 여러 기의 묘곽들이 줄지어 연접하고 있어 주목된다. 같은 지석묘군에서도 구분되는 묘역이 조성되었음을 보여준다. 2호 지석묘 주변에 연접하여 8기, 3호 지석묘 주변에 4기의 묘곽이 확인된다. 2렬의 소군집 가운데 먼저 축조된 열의 묘표석(2호)은 장방형의 묘역과 매장주체부(2기)가 있고, 나중에 축조된 3호 묘표석은 이동되지 않았음에도 불구하고 매장주체부가 없이 상석만 올려져 있다. 2기의 묘표석 모두 부장품이 없는 점은 동일하다. 2호계의 묘표석은 중심부 1기와 주변부에 추가된 매장주체부가 1기씩 있어 안골지석묘군의 III군의 묘표석과 유사하며, 3호계의 묘표석은 묘역이 없이 위석형의 상석만 있고 그에 잇대어 다른 매장주체부들이 부가된다는 점에서 VI군과 관련지을 수 있다. 이러한 묘표석의 형식상 맥락에 근거해보면, 소장지석묘군의 단계는 안골지석묘군의 중후기에 해당하는 子集團으로 파악할 수 있다.

요컨대, 단계가 진전되면서 묘표석의 범위내에서 매장주체부가 사라지는 양상이 보인다.

이러한 묘표석의 변천은 여수 평여동 지석묘군(이영문·최인선·정기진 1993)에서 더 자세히 살펴볼 수 있다. 평여동 '가' 지석묘군의 묘표석은 매장주체부가 있고, '나'·'다'군은 매장주체부가 없는데, 전자에서 후자로 발전한 것으로 판단된다(도면 7). 모두 유물이 확인되지 않거나 빈약하다.

평여동 지석묘군은 '가'군 9기, '나'군 9기, '다'군 3기의 상석이 각기 분포한다. 이들 3개 지석묘군은 외형적 특징과 출토유물에서 단계적으로 발전되어 가는 과정을 잘 보여주고 있다. 즉 '가'군이 지석묘군의 이른 단계의 모습이고, '나'·'다'군이 좀 더 발전된 양상이다. 평여동 '가'군 1호의 경우, 상석과 묘역을 보면 묘표석을 장대하게 설치하고 있다. 즉 '가'군 1호에서 거대한 매장주체부가 확인되었지만, 이는 개인만을 위한 무덤이라기보다는 해당 집단의 지도자 무덤의 축조를 통하여 집단공동체 의식을 반영하고 있다[21]. 다시 말하면, 단위지석묘군에서 최초로 만들어지는 묘표석의 기능을 겸하면서 해당집단의 상징적인 거석기념물인 것이다. 이러한 추정은 1호에서 위신재가 출토되지 않아 매장주체부의 장대함과 빈약한 유물이 상호 일치하지 않음에서도 뒷받침된다. 1호 지석묘에 잇대어 후대의 개인묘들이 연접하고 있다. 평여동 '가'군의 매장주체부가 평여동 '나'·'다'군에 비해서 많은 것에서도 알 수 있듯이 가장 오랫동안 지속되었다고 판단된다. '가'군의 1호 주변에 덧댄 개인묘들은 1호 개인에 연접한다기보다는 단위집단의 상징적인 조상신과의 관련성 속에서 보아야할 것이다.

한편, 평여동 '나'군은 '가'군보다 조금 늦은 시기로 판단된다. 즉, 묘표석 역할을 하는 지석묘에 매장주체부가 있는 것(가'군 1호)이 이른 시기이고

---

21) 생존을 위한 경제 활동이 큰 비중을 차지하던 선사시대 사회상을 고려해 볼 때 막대한 노동력이 무덤의 조성에 투입되었다는 점은 당시 사회 성격을 암시하고 있다. 당시 사회가 얼마나 종교적인 측면의 사회 활동에 큰 비중을 두었는지를 알 수 있다. 대체로 정치학에서 최초의 정치사회는 (평등사회에 가까운) 제정일치사회라고 평가하는데, 이른 시기의 지석묘사회가 이에 비정가능하다. (김병곤 2002)

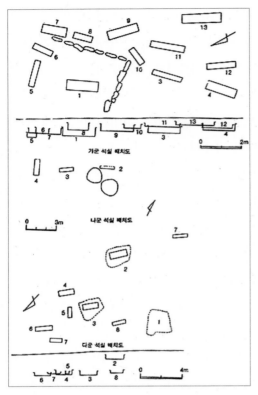

[도면 7] 여수 평여동 지석묘군 배치도

묘표석에 매장주체부가 없는 것(‘나’군 1호)이 더 늦은 시기로 보인다. 이는 지석묘 축조초기에는 집단과 개인이 일원적(집단속의 개인)이었다가 후대로 가면서 개인이 집단으로부터 벗어나 돌출되어 나가는 모습으로의 변화양상을 보여준다. 그리고 평여동 ‘나’군에 비해서는 ‘다’군이 좀 더 발전적인 양상을 보인다. 이를테면 ‘나’군의 위신재가 출토된 상석은 A급 위신재와 비례하지 않게 작은 상석이다. 즉 ‘나’군은 지석묘군이라는

집단속에 있는 개인인 반면에 ‘다’군은 상석이 비교적 대형인 것에서 A급 위세품이 출토되고 있어 개인의 무덤이 돋보이고 있다. 아울러 ‘나’군은 모두 상석이 있는 데 반해, ‘다’군은 묘표석(1기)과 A급 위신재가 출토된 지석묘(2기)에서만 상석이 확인되고 유물이 빈약한 나머지 매장주체부는 상석이 없다는 점이 주목된다. ‘다’군 3호에서는 묘역을 에워싸는 개별 구획석을 둘러놓아 차별적이다. ‘다’군은 3世代정도만 지속된 묘역으로 보이므로 ‘가’군이나 ‘나’군에서 떨어져 나온 유력 집단의 무덤으로 보인다. 평여동 ‘다’군에서 위세품이 뛰어난 2기와 나머지 무덤들과는 석곽의 규모와

유물에서 큰 차이가 난다. 이는 지석묘 후기 단계[22)에 이르면 같은 친족집
단내에서도 계층화가 점차 두드러지고 있음을 보여주는 것이다.

2. 유물

지석묘 출토유물은 토
기류·석기류·토제품·옥
등이 있다. 석기류는 일
단병식 석검과 석촉, 삼
각형 석도, 유구석부 등
이 출토되어 송국리형
문화와 밀접한 관련성을
시사하고 있다. 부장유
물의 추이를 보면, 석검
보다 석촉이 좀 더 장기
적으로 지속되고 있다.

석검은 안골 지석묘에
서 10점이 출토되었다.

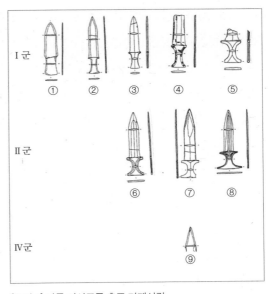

[도면 5] 안골 지석묘군 출토 마제석검
① 14호 ② 21호 ③ 22호 ④, ⑤ 16-2호 ⑥ 28호 ⑦ 37호 ⑧ 25호 ⑨
13-3호

마제석검은 일단병식이 대부분이고, 이단병식이나 보성강유역에서 빈출
되는 유경식 석검은 보이지 않는다. 유구의 변천과 관련지어 보면, 검신

---

22) 이러한 추정을 뒷받침하는 것이 평여동 '다'군에서 출토된 소형 관옥은 아산 남성리 석관묘 출
토 관옥과 비교되어 비교적 늦은 시기인 기원전 300년을 전후한 시기로 보여진다(이영문·최인
선·정기진 1993).

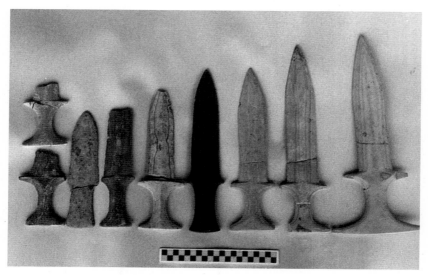

[사진 2] 여수 안골 지석묘군 출토 마제석검

이 얇은 것에서 두터운 것으로 변하고 병부(柄部)는 실용적인 것으로부터 과장된 것으로 변화한다. 병부가 과장된 것은 의기화된 석검으로, 병부 曲度가 심하여 비실용적이다. 아울러 심부(鐔部)의 돌출은 미약한 것에서 두드러진 것으로 변화한다(도면 5). 안골유적에서 가장 빨리 조성된 I군의 14호가 이른 형식이고 16-2호 출토품이 병부가 과장되어 상대적으로 늦은 형식이다. 석검은 I군에서 4점, II군에서 3점, IV군에서 1점이 출토되고 늦은 단계의 III·V·VI·VII군에서는 석검이 출토되지 않았다.

석촉은 안골 지석묘에서 16점이 출토되었다. 석촉은 무경식, 중간식, 유경식(일단경식·이단경식) 등으로 분류된다. 무경식이나 이단경식은 출토되지 않고 중간식과 유경식만 출토되고 있다. 유경식은 일단경촉과 세장유경촉으로 구분된다. 신부와 경부의 구별이 뚜렷하지 않은 중간식은 2점으로 13-3호와 38호에서 출토되었다. 세장유경촉은 3점(1·16-1·18호)이고,

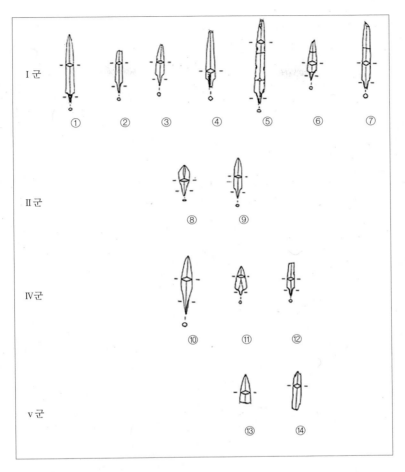

[도면 6] 안골 지석묘군 출토 마제석촉
① 18호 ② 22호 ③ 23호 ④ 16-2호 ⑤ 16-1호 ⑥ 15-4호 ⑦ 1호 ⑧ 38호 ⑨ 26호 ⑩ 13-3호 ⑪ 7호
⑫ 10호 ⑬, ⑭ 39-2호

나머지는 일단경촉이다.

일단경촉과 세장유경촉이 먼저 출현하고, 가장 늦은 시기까지 지속된

다[23]. 중간식은 비교적 늦은 단계에 나타난다. 세장유경촉은 18호가 이른 단계이고, 16-1호와 1호 출토품이 상대적으로 늦다. 18호 출토품은 다른 것과 달리 兩翼이 뚜렷하다(도면 6).

어망추는 3호 주거지(4점), 26호(1점)·27호(2점)·28호(2점)지석묘 출토품 외에도 지표수습

된 4점도 있어 비교적 많이 출토된 편이다. 이러한 어망추의 존재와 더불어 바다와의 인접성을 고려하면, 안골지구 지석묘 축조집단은 漁撈와 밀접하게 관련될 것으로 판단된다. 어망추의 평면형태는 장타원형이고, 단면형태는 원형이며, 중앙부에 구멍이 뚫려있다. 옥은 편으로 2점이 출토되었다. 정확한 형태는 알 수 없으나 관옥 1점과 환옥 1점으로 보인다.

석검, 석촉, 옥 등의 부장유물의 출토량을 보면, Ⅰ·Ⅱ·Ⅳ군의 순으로 빈도가 높다. 나머지 군은 유물이 없거나 빈약하다. 이는 시기차도 있겠지만, Ⅰ·Ⅱ·Ⅳ군은 다수 군집이라는 공통점이 있으며, 모집단(Ⅰ군)이거나 모집단에 더 가까운 친족집단(Ⅱ·Ⅳ군)으로 판단된다. 실제 공간적인 배치에서도 Ⅱ·Ⅳ군이 다른 수군집에 비해 母集團인 Ⅰ군에 가까이 있다.

3. 편년

우리나라의 지석묘 상한연대는 청동기시대전기까지 거슬러 올라간다.

---

23) 세장유경촉은 의기화된 것으로 보아 늦은 시기로 편년되고 있다. 하지만 이 형식의 석촉은 부여 송국리 석관묘나 의창 진동리 지석묘에서처럼 비파형동검과 석검 중에서는 정형화된 석검들과 공반된 것으로 보아 앞선 시기부터 출현하는 것으로 보인다. 이는 부장풍습에서 의기화된 유물이 앞서 부장되다가 실용적인 유물로 변하는데, 이후 형식적이고 퇴화된 유물이 부장되는 풍습의 변천과 관련이 있기 때문이다(이영문, 1993, 앞의 논문, 152쪽).

예컨대 대전 비래동·신대동 지석묘에서는 이단병식 석검과 삼각만입촉이 공반되어 青銅器時代 前期의 특징적 요소를 보이고 있다. 보고자는 이러한 유물상과 C14연대를 참고하여 기원전 9~8세기로 편년하고 있다(성정용 1997). 이 지석묘들에서 출토된 유물은 인접한 신대동의 장방형계 전기 주거지에서도 출토되어 밀접한 관련성을 시사한다.

이에 비해 전남지역에서는 전기주거지가 극히 일부에 한하고 대부분 중기에 속하는 송국리형 주거지이다. 그리고 지금까지 발굴조사된 전남 동부지역의 지석묘는 대개 청동기시대 주거지를 파괴하면서 축조된 중복관계를 보여주고 있다. 대표적인 예가 여수 화동리 안골(이동희·이순엽 2006), 순천 가곡동(남도문화재연구원 2004), 광양 용강리 기두 유적(이동희 2001) 등이다. 송국리유형의 형성시기가 대개 기원전 8~6세기, 그 확산시기는 기원전 6~4세기로 추정되고 있으며(이청규 1988), 남부지역으로 내려갈수록 그 연대가 떨어지므로(이종철 2000) 전남동부지역에서 지석묘가 축조된 상한 시기는 기원전 7~6세기 이후로 보는 것이 적절하다.

물론 일부 전기에 해당하는 지석묘가 있을 수는 있지만 그 수는 매우 제한적일 것으로 판단된다. 이를테면 여수 화장동 약물고개 지석묘는 방사성탄소연대치에 근거하여 기원전 9~8세기로 편년된 바 있다(이영문·김진영 2001). 그런데 여수 화장동 약물고개에서는 청동기시대 전기와 관련지을 수 있는 유물이 뚜렷하지 않아 좀 더 신중한 접근이 필요하다.

다음으로 지석묘의 하한을 검토해 보자. 전남지방 지석묘 축조 단계 중에서 비교적 늦은 단계 매장주체부에서 원형점토대토기문화와 관련된 유물이 출토되고 있다. 원형점토대토기문화의 중심연대를 기원전 3~2세기로 본다면 지석묘의 하한은 기원전 2세기까지 내려온다. 그런데, 지석묘 말기 단계에는 유물이 거의 확인되지 않는다는 점을 고려하면 하한은 기원전 1세기까지도 가능하다.

그러면, 청동기시대 주거지와 지석묘가 중복되고[24], 방사성탄소연대치가 나온 여수 화동리 안골유적의 절대연대를 살펴보기로 하자.

안정된 주거지층에서 나온 방사성탄소연대치는 기원전 8~5세기인데 비해, 지석묘나 석곽묘에서는 기원전 8~1세기에 걸친 범위이다. 이와 같이 지석묘나 석곽묘에서의 절대연대치는 시기폭이 크다. 이는 지석묘에서 확인된 적지 않은 시료의 출처가 지석묘 아래에 자리한 주거지에서 나온 것이라는 추정과 무관하지 않을 것이다. 왜냐하면 지석묘가 밀집되어 지석묘 하층을 조사하지 못하였지만 지석묘 아래로는 기존에 조사된 주거지가 계속 이어지고 있기 때문이다. 지석묘를 조사하면서 많은 목탄이 출토된 것도 같은 맥락일 것이다. 지석묘를 축조하면서 하층의 주거지에서 노출된 적지 않은 목탄이 지석묘로 유입되었을 것으로 보이는 것이다. 다시 말하면, 주거지가 석곽보다 먼저 조성되었기에 이른 시기의 목탄이 석곽내부나 바닥에서 출토되었더라도 그 연대치는 주거지와 관련지어야 할 것이다.

안정된 층위에서 출토된 주거지의 방사성탄소연대치의 하한은 4호 주거지(작업공)과 관련지을 수 있는데, 기원전 5세기초엽이다. 청동기시대에는 대개 주거공간과 묘역이 구분되고 있으므로, 동일공간을 동시기에 공유했다고 보기는 곤란하다. 따라서 화동리 안골유적에서 주거공간에서 묘역으로 바뀌는 시점이 기원전 5세기대로 판단되는 것이다.

---

24) 안골유적에서는 주거지와 지석묘간의 중복관계를 보이는 경우가 있어 주목된다. 즉, 2호 지석묘와 3-1호 주거지, 3·4호 주거지와 29호·31호 지석묘가 중복되고 있는데 모두 주거지 위에 지석묘가 축조되고 있다.

지석묘의 축조는 서북쪽에서부터 시작하여 동남쪽으로 축조가 진행된 것으로 보인다. 실제로 서쪽에 자리한 7호 석곽과 13-2호 석곽은 모두 기원전 5~4세기이며, 39호 원형즙석아래에서의 연대치가 기원전 70년이라는 수치가 확인되어 동남쪽에 자리한 39호 쪽이 편년상 늦다. 묘역이 없는 홑석곽이 주류를 이루는 동남쪽의 지석묘와 석곽묘들이 상대적으로 늦다는 것은 이들 매장주체부에서 유물이 거의 출토되지 않았다는 점과도 궤를 같이한다.

요컨대, 주거지는 기원전 8~5세기, 지석묘는 기원전 5~1세기로 편년할 수 있다[25]. 이러한 중복관계에서 보면, 안골지석묘군의 가장 이른 시기의 지석묘 유형도 주거지가 상당기간 사용된 이후에 축조되었음을 알 수 있다.[26] 지석묘에서 출토된 마제석검이 모두 일단병식이며, 의기화된 예가 있다는 점에서도 비교적 늦은 단계라는 것을 뒷받침한다.

4. 장법(葬法)

묘곽 규모와 부장유물로 본 장법을 추정하면 다음과 같이 정리할 수 있다(이영문 2002). 즉, 신전장은 묘곽 규모가 길이 160㎝이상, 폭 40㎝이상인 것과 유물 중 석검이 무릎이나 허리 부근에 있는 것, 또 장신구인 옥류가 머리 부근에 있는 묘곽으로 추정할 수 있다. 굴장(屈葬)은 묘곽 규모가 길

---

25) 장흥 탐진댐 수몰지구에서도 청동기시대 주거지는 상대적으로 이른 단계(기원전 8세기)부터 출현하는데 비해, 지석묘는 주거지보다 늦은 단계부터 나타나고 있다(이영철·박수현 2005).
26) 안골 지석묘 축조단계의 상대적으로 늦은 시기 주거지는 인근지역에 조성되었다고 볼 수 있는데, 입지를 달리하여 구릉에 분포할 수 있다. 인근지역에 대한 추가적인 조사가 이루어지면 정확한 내용을 알 수 있을 것이다.

이 110-160㎝, 폭 40-45㎝인 것으로 볼 수 있는데 일부는 신전장과 같은 규모를 가지고 있다. 또 길이가 100㎝내외, 폭 50㎝이상인 것도 굴장으로 충분하다. 길이가 1.5m 이내 중 폭이 40㎝이내인 것은 유아의 신전장 또는 세골장으로도 볼 수 있다. 세골장은 길이가 신전장이나 굴장의 규모이나, 폭이 20~30㎝로 매우 좁은 묘곽인 경우를 추정해 볼 수 있겠다. 전남지방의 묘곽 규모에 의한 장법 추정비율은 굴장이 42.2%, 신전장 40.1%, 세골장 혹은 유아장 17.7%이다.

안골유적에서는 신전장과 굴장의 구분이 명확하지 않는 경우도 있지만, 전남지방에서의 신전장과 굴장의 장법 비율과 대동소이하다.

세골장은 상기한 바와 같이 폭이 20~30㎝로 매우 좁은 묘곽이다. 12-1·2·3호와 13-3·4호(Ⅳ군), 34호(Ⅱ군), 36-2호(Ⅲ군), 39-1·2·3·4호(Ⅴ군), 40-2·3·4호(Ⅵ군)는 세골장으로 추정된다. 세골장으로 추정되는 묘곽을 각 군별로 살펴보면 늦은 단계인 Ⅲ~Ⅵ군에서 빈출된다. 가장 이른 단계부터 축조되었고 위세품이 풍부한 Ⅰ군에서는 세골장이 보이지 않는 점이 특이하다.

이와 관련하여, 이차장(세골장)은 죽은 자의 가족이 경제적으로 풍요하지 못하여 충분한 돈을 모을 때까지 기다리는 경우에 시행된 장법이라는 견해(Haris Sukendar 2004)가 참고된다. 상대적으로 늦은 단계에서 세골장이 유행한 측면도 있겠지만, 부장품이 풍부한 Ⅰ, Ⅱ군에서 세골장이 거의 확인되지 않은 점은 각 군별로 빈부의 차별성을 상정할 수 있다.

매장주체부의 구조와 유물의 출토위치로 장법을 살펴볼 수도 있는데, 13-3호가 주목된다. 13-3호 출토 석검은 개석 바로 아래에서 출토되어 바닥에서 25㎝ 정도 이격되었다는 점이 주목된다. 석촉은 바닥에서부터 19㎝ 떨어져 있다. 석검과 석촉은 거의 조밀하게 밀폐된 판석형 개석 바로 아래에서 출토되었기에 그 지점까지 흙을 인위적으로 채우고 석검과 석촉을 안치했다고 볼 수 있다. 시신이나 목관 위에 석검을 올려 놓았을 경우에도 유기물이 부식되면 유물이 바닥층에 가까운 곳으로 떨어지는 것이 정상인데 개석 바로 밑에 있다는 것은 일반적인 시신이 아니라 세골장을 추정케 한다. 그리고 남동쪽 장벽쪽에 치우쳐 있는 바닥석이 비스듬히 놓여져 있어 신전장하기에 바닥이 균일하지 않다는 약점이 있다. 더구나 남동쪽 장벽 가운데 낮은 벽석은 높이가 10㎝정도에 불과하기에 신전장은 불가능하다고 볼 수 있다. 화장을 했다면 석곽의 평면형태가 굳이 세장방형일 필요가 없기 때문에 화장의 가능성은 희박하다[27]. 13-4호의 동남쪽 벽석 일부를 13-3호의 북서쪽 구획석이 누르고 있다. 그리고 13-3호의 북석쪽 구획석이 13-4호의 동남쪽 구획석 역할도 겸하고 있음을 보면 2기의 석곽은 거의 동시기에 축조되었다고 볼 수 있다. 13-3·4호는 장축, 인접도, 구조가 유사하기에 시기뿐 아니라 혈연적으로도 매우 밀접한 관련성을 시사한다. 다만, 규모나 출토유물로 보면 13-3호가 더 우월한 위치의 피장자였다고 할 수 있다. 부부같은 가까운 가족관계이고, 사망 시점이 다르면서 동시에 매장될 수 있다는 것은 이차장(세골장)을 상정케 한다.

12-2·3호는 너비에 비해 긴 석곽이면서 깊이가 얕은 특징이 있다. 규모로 보면 유아장이라기보다는 세골장으로 보는 것이 합리적이다. 유아장의 경우 너비에 비해 긴 구조가 불필요하다.

---

27) 화장과 관련될 수 있는 유골도 발견되지 않았다.

5. 피장자의 성격

여수 화양면 화동리 일대, 동서 1.5㎞, 남북 2㎞ 공간내에서는 약 150기의 지석묘가 확인되었다[28]. 1,700여기가 분포하는 여수시 권역에서도 밀집도가 가장 높은 편이다(도면 1·2). 따라서 청동기시대 당시에 상대적으로 인구밀집도가 높았던 것으로 추정할 수 있다.

15~20기 정도의 상석이 존재했다고 추정되는 안골지석묘군의 절대연대치로 보면 기원전 5세기부터 기원전 1세기까지 축조된 셈이다. 따라서 상석이 15기 이상인 지석묘군에서는 하나의 친족집단이 수백년간 묘역을 조성한 셈이다. 이러한 맥락에서 10기 이하는 모집단에서 분파한 자집단으로 본다면, 화동리 일대에서는 적어도 3개 정도의 촌락집단이 지석묘가 축조되는 기간동안 존속했다고 볼 수 있다(도면 2)[29].

과도한 밀집도를 보이는 여수반도의 지석묘축조집단의 성격을 파악하기 위해서는 인근의 타 지방과 비교해 볼 필요가 있다.

같은 남해안지방이지만, 상대적으로 지석묘의 수가 적은 경남지방을 검토해 볼 필요가 있는데, 김해지역을 예로 들어보자. 김해지역에는 25개군 80기 정도의 지석묘가 확인된 바 있다[30]. 비슷한 면적의 여수와 김해

---

28) 안골 지석묘군의 매장주체부는 63기이지만, 외부에 드러난 상석을 기준으로 한 지석묘의 수를 산정하는 방식으로는 15~20기 정도로 추정하였다.

29) 청동기시대 전기의 유물은 거의 확인되지 않고 있으므로 지석묘의 상한문제는 좀 더 신중할 필요가 있다.

30) 김해의 지석묘는 자연지리적 경계에 의해 크게 7개의 권역으로 구분할 수 있고 한권역에는 2~10군데의 유적이 있다. 지석묘유적과의 거리는 대개 직선거리로 1~3㎞의 거리를 유지하며 분포한다. 현재의 마을 분포와도 비슷하여 청동기시대 마을의 분포상을 나타낸다. (대성동고분박물관 2004)

에서 지석묘의 숫자가 20배 이상 차이나는 것은 양지역의 지석묘의 기능과 그 피장자에 대한 동등한 접근을 어렵게 한다.

경남지역에서는 지석묘 외에 석관묘, 석개토광묘 등이 적지 않게 확인되어 지석묘-석관묘-석개토광묘의 계층을 설정할 수 있다. 이러한 계층구분은 전남지방에 비해 지석묘가 상대적으로 적고 타묘제(석관묘·옹관묘·토광묘)가 비교적 많이 확인된 충청·전북·영남지역에서는 적용이 가능하다. 전남지방에는 석관묘·옹관묘·토광묘가 드물어 이 견해를 따를 경우에는 하위층의 분묘가 적은 숫자이고, 상위층이 많은 역 피라밋 형태가되어 재고의 여지가 있다. 따라서 지석묘가 집중되고 석관묘나 석개토광묘의 출토예가 극히 빈약한 여수를 포함한 전남동부지역은 지석묘군내에서 계층을 구분하여야 한다. 따라서 같은 지석묘 피장자라고 해서 동등한 지위로 볼 수 없다는 것이다. 요컨대, 경남지역의 지석묘의 피장자가 전남지역의 피장자보다 상대적으로 상위의 계층으로 볼 수 있다.

산술적으로, 김해지역에는 당시 마을단위에 해당하는 범위에 10기 미만이 자리한데 비해, 여수에서는 이보다 훨씬 많은 수가 분포한다는 점이다. 화동리 일대에는 100기를 훨씬 넘는 수이므로 10배를 초과한다.

여수를 포함한 전남지역 지석묘(약 2만기)는 전국에서 압도적으로 많은 수이다. 필자는 이에 대해 몇 가지 가설을 제시한 바 있다. 먼저, 타지역과 달리 전남지역에서는 지석묘가 청동기시대의 주묘제로 사용되었다는 점이다. 이를테면, 금강유역이나 남강유역에는 지석묘 외에 석관묘나 석개토광묘가 적지 않게 확인되어 차별적이다. 또 하나 거론할 수 있는 것은 전남지역 지석묘의 하한이 타지역보다 더 늦을 수 있다는 것이다. 지석묘와 밀접한 관련성이 있는 송국리형 주거지가 오래 지속된 곳이 제주도와 더불어 전남남해안지역이다. 예컨대 순천 연향동 대석유적에서는 송국리형주거지에서 늦은 단계의 삼각구연점토대토기가 출토된 바 있다. 일반적으로 제주도를 제외한 남한지역 지석묘의 하한은 기원전 3~2세기로 알려져 있다. 하지만 안골유적의 절대연대도 그러하지만 전남의 일부지역에서는 기원전 1세기까지도 지석묘가 축조되었을 가능성이 높다. 지석묘군집에서 말기단계에서는 유물이 거의 출토되지 않는다는 점을 염두에 둘 필요가 있다. 삼국시대에 영산강유역에서의 대형옹관묘가 타지역과 달리 늦은 시기까지 유일하게 존속하는 것도 전남지역 묘제풍습의 특수성을 보여주는 것이다.

지석묘의 피장자는 청동기시대 전기와 중후기로 구분해서 보아야 할 것이다. 이와 관련하여 용담댐 수몰지구의 지석묘 연구성과(김승옥 2004:75-81)를 참고해 보자.

즉, 개별주거지에 다수가 거주하는 청동기시대 전기 주거지[31]와 달리, 전기의 무덤은 하나의 대형 묘역내에 하나의 묘실이 존재하는 것으로 보아 '가족공동체의 장(長)'의 무덤으로 추정된다. 이 단계에는 '가족공동체의 장'이 매장된다는 면에서 가족공동체내에서 연령이나 성에 따른 차이는 존재한다고 볼 수 있다. 이에 비해 송국리형문화단계에 오면, 무덤의 대규모화·군집화·단위화로 변화한다. 가장 큰 변화는 3기 내외의 무덤들이 일렬로 연접되어 축조된다는 사실이다. 이러한 무덤의 공간적 군집현상은 피장자간의 혈연관계를 보여주는 매장단위라고 볼 수 있다. 여기서 송국리형 문화의 취락구조를 주목할 필요가 있는데 송국리형 취락에서는 3기 내외의 주거지가 하나의 주거군을 형성하고 이러한 주거군이 다

---

31) 청동기시대 전기의 세장방형 주거지는 여러 세대의 가족이 한 가옥에 거주하는 가족공동체의 주거로 추정된다(안재호 1996).

수 모여 하나의 취락을 형성하게 된다(안재호 1996). 3기 내외가 군집을 이루는 무덤군은 주거군에 거주하는 자들의 무덤이었을 가능성이 높다. 송국리형 단계의 연접묘는 친연적으로 가까운 자들의 무덤으로서 유소아까지도 매장되는 일족의 가족묘로 기능한다. 이 단계에는 유력가족묘도 등장하여 무덤군간에 위계화가 등장하는 시기로 볼 수 있다.

이러한 연구성과는 안골유적에서도 어느 정도 적용된다. 즉, 전기의 유물이 출토되지 않았지만 비교적 큰 묘역을 가지고 독립성을 유지하는 Ⅰ군 17·18·4호, Ⅱ군의 2호 등이 이른 단계이다. 나머지 무덤들은 2~4기가 연접하고 있어 전형적인 송국리형 단계로 파악된다.

여기서 주목되는 것은 비교적 늦은 단계인 Ⅲ·Ⅴ·Ⅵ·Ⅶ군은 각기 매장주체부가 4기 정도에 불과해,[32] 모집단에서 분리된 자집단이 주축이 되어 1~2세대 정도에 걸쳐 조성된 묘역으로 판단된다. 이에 비해, Ⅰ·Ⅱ·Ⅳ군은 비교적 장기적으로 여러 세대에 걸쳐 무덤이 축조되었음을 알 수 있다. 특히, Ⅰ군은 매장주체부의 수가 가장 많을 뿐만 아니라 그 형식이 다양하여 가장 장기적으로 축조된 무덤군으로 보여진다.

일반적으로 촌락은 중심되는 하나의 村(village)과 수개의 주변 小村(hamlet)으로 구성된다(이희준 2000). 안골지석묘군은 중심적인 촌인 Ⅰ군의 무덤군과 주변의 여러 소촌에 해당하는 나머지 무덤군으로 구성된 촌락 단위의 공동묘역으로 볼 수 있다.

하지만, 여수반도를 포함한 전남지방이 지석묘가 밀집되었다고 하더라도 촌락의 모든 구성원이 피장자가 되는 것은 아닐 것이다(이동희 2002).

전남지방에서 청동기시대의 단일 취락의 평균 호수를 15기 정도로 상

---

32) Ⅲ·Ⅴ군은 조사전에 훼손되었기에 원래는 더 많은 수의 무덤이 있었을 것이다.

정하고, 한 시점의 마을 주민 수를 계산해 보면 75명 정도이다(15가구×5명=75명). 핵가족인 경우에 2세대를 상정한다면 1개 마을의 한 세대는 75명의 절반인 약 38명이다. 적어도 6世代 이상 지속된 적량동 지석묘(이영문·정기진 1993)의 경우, 한 세대당 38명의 주민중에서 3~7명이 매장되었다면 그 비율은 20%미만이다. 만약 적량동 지석묘군을 축조한 집단의 취락이 20~30동이라고 가정한다면 피장자의 비율이 10%에도 미치지 못하므로 지석묘군에 피장되는 숫자가 한층 더 줄어드는 셈이다. 아무튼 마을주민의 일부만 지석묘에 묻힐 수가 있다는 결론에 도달한다.

전남지방 지석묘의 피장자가 취락 단위에서 일부(20%미만)에 한한다는 점을 감안하면, 지석묘의 피장자는 대개 (가부장적) 세대공동체의 長 정도로 추정할 수 있는 것이다. 즉 핵가족을 감안했을 때, 3~4기의 주거지로 이루어진 세대공동체 각 단위에서 세대공동체의 長은 주거민의 10~20%(1世代當)에 해당되기 때문이다. 그렇지만 지석묘 사회가 점차 발전함에 따라 지석묘군 사이에도 분화가 발생하여 일부 지석묘군에는 특정 가족이나 세대에 富와 權威가 집중되게 되면 그러한 지석묘의 피장자는 '세대공동체의 長' 이외에 그 가족까지로 확대되었을 것이다.

최근에 단위지역에 대한 전면적인 조사가 이루어진 남강유역(동아대학교박물관 1999)을 보면, 청동기시대 주거지는 총 520기이고 묘는 180여기다[33]. 1기의 주거지를 한 世帶로 보면 해당지역에는 대략 2000~2500명 정도의 인구가 추산된다. 무덤의 숫자는 예상 인구의 1/10에도 못 미치므로 묘를 당시 일반 구성원의 무덤으로 보기에는 역시 무리가 있다(김광명 2001). 주

---

33) 정식 발굴조사보고서가 간행되면 지석묘와 주거지의 통계치에 있어서 어느 정도 가감이 있을 수 있다.

거지 3기당 1기꼴의 묘가 축조된 셈이므로 피장자가 세대공동체의 長과 무관하지 않을 것이다.

그러면 일반인의 무덤은 어떠했을까? 이와 관련하여 세형동검문화기의 일반성원들의 묘제에 대해 살펴보자. 세형동검이 부장된 분묘의 주위에는 여타 매장시설이 보이지 않는 경우가 대부분이어서, 일반성원들은 간단한 토광묘에 묻혔거나 아니면 별다른 매장시설도 없이 처리되었을 것으로 보고 있다(권오영 1996). 따라서 세형동검문화기와 큰 시기 차이가 없는 지석묘 단계에서도 낮은 지위의 사람들은 별다른 매장시설 없이 처리되었을 가능성이 높다[34].

이와 같이, 지석묘의 피장자는 친족집단에서 일부 계층에 한한다고 볼 수 있다. 이러한 양상은 인도네시아 거석문화에서도 확인된다. 인도네시아 거석문화의 특징은 선사시대에 시작되어 근래까지 계속되고 있다는 점이며, 거석물의 크기와 웅대함은 축조자의 경제력에 의해 결정되고 공훈잔치는 부와 권력이 있는 상위 신분자들의 경쟁 속에서 이뤄진다. 이라우 잔치를 통해서 경제적 재분배가 이루어지고 잔치를 제공한 가족과 죽은 사람의 사회적 신분이 강화되고 보장된다(이송래 1999).

마지막으로, 위세품인 석검이 부장된 피장자의 성격에 대해 살펴보자. 무덤에 부장되는 석검은 실용품이라기보다는 권위를 상징하는 위세품이고, 석검이 부장된 묘곽이 신전장이 가능할 정도로 규모가 큰 석곽형이 대부분이라는 점에서 일반 무덤과는 차별성이 있다. 안골유적에서 석검은 Ⅰ군에서 4점, Ⅱ군에서 3점, Ⅳ군에서 1점이 출토되었고

---

34) 이와 관련하여 시신을 특별한 매장시설 없이 처리하는 방안으로 사체방기를 언급할 수 있다(곽종철 2001).

Ⅲ·Ⅴ·Ⅵ·Ⅶ군에서는 석검이 출토되지 않았다.

앞에서, 세대공동체의 長이 여수반도의 일반적인 지석묘 피장자라고 추정한 바 있다. 안골 지석묘군 63기의 매장주체부 가운데 8기에서 석검이 출토되었다. 산술적으로 8개의 세대공동체당 하나의 석검이 부장된 셈이다. 석검이 위세품이라고 본다면 촌락내 동일 世代에서 가장 상위의 세대공동체장에게 부장된 셈이다. 즉, 이러한 피장자는 여러 세대공동체에서도 지도자격으로, 1개 촌락의 우두머리 정도(大人)로 파악된다. 대인(大人)은 혈연적 지위에 의한 제한적·비공식적 지도자라고 할 수 있고, 제사를 주관하는 大人(祭司長)으로서의 권위는 오랜 씨족사회의 전통에 기반을 두고 있다고 볼 수 있다[35]. 요컨대, 석검이 부장된 무덤은 단위촌락에서 매 세대마다 가장 권위있는 지도자(大人)로 상정할 수 있다.

6. 교역의 거점

여수반도에서 화양면 화동리 일대는 적량동· 평여동·월내동 등의 지석묘군이 조사된 삼일면 일대와 더불어 지석묘군의 밀집도가 가장 조밀하다는 점이 주목된다.

오늘날의 면 단위별로 해안에 인접하여 1~2개소의 대규모 지석묘군이 산재하고 있는데, 교역의 중심지는 이러한 거점지역과 무관하지 않을 것이

---

35) 『三國志』「挹婁傳」"…無大君長 邑落各有大人…",
    읍루의 경우, 일찍이 부여에 복속되었으며 험한 자연 환경속에 조그마한 읍락을 이루어 생활한 것으로 보인다. 대군장이라고 하는 유력자는 어느 정도 성숙한 정치체계를 가진 사회에 존재하는 명호라면, 大人은 조그만 공동체 사회의 지도자를 일컫는 명호이다(김병곤 2002).

다. 대군집과 우수한 위세품이 부장되는 지석묘 축조집단은 농경·어로·대
외교역에서 타지역보다 탁월한 입지조건을 갖추어, 누세대로 지석묘군을
축조할 만큼 경제력이 뒷받침되는 유력한 세력이었음을 시사한다.

선사시대 이래 여수반도에서 가장 중요한 항구인 삼일항이 적량동 앞
에 자리하고, 평여동이나 적량동의 입지와 자연환경으로 보면 농경에 의
한 잉여생산은 미약했을 것이라서 어로나 교역에 의해 위세품을 입수했
다고 보인다[36].

남강댐 유역권에서는 대규모 밭이 확인됨으로써 농경에 의한 잉여생산
이 두드러지지만, 위세품에 있어서는 여수반도나 사천 이금동 등지의 해
안지역보다 뛰어나지 못하다. 이는 지석묘사회에 있어 위세품이 농경에
의한 잉여생산이 탁월한 내륙지역보다는 교역이 용이한 해안지역의 거점
에서 빈출됨을 의미한다. 이는 대표적인 위세품인 비파형동검이 해로를
통한 교역에 의해 얻어짐을 뒷받침하는 것이다.

여수반도에서 대외교역과 관련된 거점지역에 대해 상술해 보면 다음과
같다.

여수반도에서 교역의 측면에서 보면, 적량동·평여동 일대가 가장 上位
의 중심지이다. 비파형동검을 당시 최고의 위세품으로 본다면 여수반도
에서는 적량동을 핵으로 동심원상으로 분포하고 있다. 그래서 적량동이
대외 교역의 핵심이었다고 추정되는 것이다. 진주 옥방이 옥제작의 근거
지이고, 경남서부와 전남동부지역의 천하석제 옥제품에 유사성이 있으며
그 생산지가 남강유역일 가능성이 높다고 본다면(최종규 2000) 평여동지석

---

36) 삼일항 일대가 여천산업단지가 들어서기 전에는 황금어장이었고, 구한말에는 이 지역이 삼일
    포면의 중심이었다는 점은 이곳의 지정학적 위치를 가늠하게 한다.

묘군의 다량의 옥은 교역에 의해서 획득한 위세품으로 판단된다.[37]

요컨대, 평여동은 남강댐 옥방 등지와의 근거리 교역의 중심거점일 수 있고, 적량동은 남해안을 벗어난 지역과의 원거리교역의 중심지였다고 보인다.

청동기시대와는 시기적 차이가 있지만 지석묘축조시기의 중심지와 관련하여 삼국시대 이후의 여수반도 중심지에 대해 살펴보자. 여수반도에 있어서 삼국시대 이후에는 2군데의 중심지가 있는데, 백제시대의 원촌현(구여천시 일원)과 돌산현(화양면 일대)이라는 점(조원래 1992)은 흥미로운 사실이다.

이중에서 백제시대의 원촌현으로 비정되는 곳은 고려시대 이후 여수반도의 치소인 석창성과 지근거리에 위치한다. 삼일면을 포함한 구 여천시 일원이 마한·백제시대에 걸쳐 중심지 혹은 치소였다고 판단되기에 지석묘사회와의 연계성이 보인다.[38] 아울러 고려시대 이후 여수시의 치소인 석창성과 통일신라시대의 봉계동토성과 백제시대의 선원동토성이 구 여천시에 위치하고 있어 주목된다. 이와 관련하여 여수반도에서 구여천시 지역이 가장 밀집된 지석묘군과 위신재가 확인되고 있는 것은 우연이 아닐 것이다.

다음으로 삼국시대에 돌산현이 있었던 화양면 일대를 살펴보자. 조선시대의 순천부전도를 보면, 여수반도에서 시장(場)이라고 기재되어 있는 곳이 3개소가 있다. 즉 현재의 쌍봉 선소, 화동리, 좌수영 앞의 현재의 여수항 등이다. 이곳이 중요한 장시 즉 교역 장소라는 것을 의미하고 화동

---

37) 대평에서 외부산은 꼬막밖에 없기에(국립진주박물관 2002), 여수 등 남해안지역과의 일정한 교역을 시사한다.
38) 석창성과 인접하고 구 여천시 권역인 여수 화장동 유적에서는 철기시대 주거지가 80기 이상 조사된 바 있다(최인선·이동희·조근우·이순엽 2002).

리에 위치하고 있는 것은 선사시대부터 교역에 적합한 장소이어서 화양면 일대의 대외 교역창구임을 시사하며, 조선시대에는 곡화목장(관청)에 물산을 대는 창구이기도 하였다. 조선시대에 한양에서 곡화목장으로 올 때 거점항구가 안골앞 포구였다고 한다. 화동리 안골 지석묘군 정리시에 적지 않은 토기편, 청자, 분청사기, 백자편 등은 안골이 장터 즉 중요한 교역장소임을 시사한다. 지금도 이 일대가 주민들에 의해 웃장, 아랫장이라고 칭해지고 있다[39].

여수시에서 간척과 관계없이 가장 넓은 평지 중의 하나가 화양면 서촌리와 화동리 사이의 평지이다. 현재 이곳이 화양면에서 가장 많은 가구수가 있고 농업을 주 생계방식으로 취하고 있다. 그런데 지석묘군의 밀집도를 보면 그 양상이 조금 다르다. 즉 화양면에서 가장 많은 지석묘군이 분포한 화동리에서도 과거에 장터가 있었다는 안골마을 쪽에 가장 밀집되게 지석묘군이 분포하고 있다. 즉 화동리 지석묘군은 안골(6개군 53기)과 화동(7개군 102기)지구로 구분되는데, 화동지석묘군도 안골마을에 인접한 곳에 대부분 분포하고 있다(도면 2). 이와 같이 경지면적으로 보면 화동리 서쪽과 서촌리쪽이 화동리 동쪽(안골)보다 2배 이상 넓은데, 지석묘가 화동리 동쪽에 밀집되고 있음은 농경보다는 어업이나 해상을 통한 교역에 더 큰 비중을 두었음을 시사한다. 이는 발굴조사된 화동리 안골 지석묘군에서 다량의 토제어망추(15점)가 발견된 것과 관련이 있을 것이다. 그리고 안골에서는 좁은 면적임에도 불구하고 송국리형 주거지가 3중으로 중복된 예가 있어 당시에 많은 주거지가 있었음을 알 수 있고, 이 일대가 당시에 주거지를 중복적으로 쓸 만큼 중심지였음을 시사한다(이동희 2003).

---

39) 장터는 조선말에 이르러 화동리 안골에서 더 동쪽의 나지포장으로 이동했다고 한다.

요컨대 안골을 중심으로 한 화동리 동쪽에 지석묘가 밀집한 것은 안골이 조선시대 이전에 場市였다는 관점에서 접근이 가능하다. 즉 인근의 농산물이나 수산물을 모아 외부와 거래하는 대외적인 장시이었기에 다수 주민이 거주하는 중심마을이었을 것이다. 주민들의 전언에 따르면 안골 일대의 장터는 과거에 밀물·썰물의 주기에 따라 15일장이 열렸다고 한다.

현재, 화동리 일대의 150여기 지석묘 가운데 일부가 조사된 상태이므로, 향후 발굴조사성과에 따라 대외교역품들이 출토될 가능성은 충분히 있다.

V. 맺음말

여수 화동리 안골지석묘군에서는 좁은 공간에서 밀집된 매장주체부(63기)가 확인되었을 뿐만 아니라, 그 구조 또한 특이하여 이 지역의 지석묘 연구에 귀중한 자료를 제공해 주었다.

이 유적에서는 일단병식 석검과 일단경식 석촉, 삼각형석도, 유구석부 등이 出土되어 송국리형 문화단계이며, 청동기시대 중후기에 해당한다.

안골유적은 7개 소군집(Ⅰ~Ⅶ군)으로 세분되는데, 모집단에서 자집단으로의 묘역 확대 및 분파과정을 유추해 볼 수 있다. 원래 하나의 친족집단이었는데, 세대가 내려가면서 직계와 방계의 구분이 생기면서 여러 소군집으로 구분된 것으로 추정된다. 이를 취락분포정형과 관련지어 보면 안골지석묘군은 하나의 촌락집단과 대응시킬 수 있겠고, 가장 중심적인 Ⅰ군(모집단)은 촌, 나머지 군은 소촌으로 상정할 수 있겠다. 같은 친족집단에서도 모집단에서는 묘역식의 지석묘와 부장유물이 풍부하고, 자집단에서는 묘역식이 쇠퇴하고 박장화된다. 이는 시기차도 있겠지만 모집단과 자집단사이의 부와 권위의 차이를 반영하는 것으로 보인다.

각 소군집내에는 묘표석의 역할을 하는 대형 묘역식 지석묘나 타원형 집석유구가 먼저 축조되고 그에 잇대어 소형 묘역지석묘와 석곽묘가 순차적으로 축조되고 있다. 이러한 묘표석의 변천은 3단계로 구분할 수 있다. 1단계는 장방형 묘역식 지석묘단계로서 중심부에 지하식의 정연한 매장주체부 1기가 확인되며, 2단계는 1단계보다 규모가 더 큰 원형 혹은 타원형 집석유구인데, 유구내에 2기 내지 3기의 매장주체부가 자리한다. 2단계의 매장주체부는 점차 지상화되는 경향을 보인다. 3단계에서는 원형집석유구가 없이 위석형 상석만 놓여진 경우이다.

안골지석묘군에서는 신전장과 굴장의 비율이 상대적으로 높다고 판단되지만, 이차장을 주목할 필요가 있다. 이차장으로 추정되는 묘곽을 각 군별로 살펴보면 늦은 단계인 III~VI군에서 빈출된다. 가장 이른 단계부터 축조되었고 위세품이 풍부한 I군에서는 이차장이 보이지 않는 점이 특이하다. 상대적으로 늦은 단계에서 이차장이 유행한 측면도 있겠지만, 부장품이 풍부한 I·II군에서 이차장이 거의 확인되지 않은 점은 각 군별로 빈부의 차이가 있었음을 알 수 있다.

한편, 개별 하부구조를 살펴보면, 구획석과 적석을 정연하게 갖춘 유형(A형), 구획석이 부정연하면서 적석이 확인되는 유형(B형), 구획석이 있지만 적석이 미약하거나 확인되지 않는 유형(C형), 구획석이나 적석이 없이 매장주체부만 있는 유형(D형) 등으로 구분된다. 정연한 형식인 A형에서 퇴화된 D형으로 변천되는 것으로 파악되고 있다. 위세품으로 볼 수 있는 석검과 옥 등은 대개 B형이면서 신전장이 가능한 석곽형에서 출토된다. 반면, 가장 이른 형식인 A형과 가장 늦은 형식인 D형에서는 출토유물이 빈약하거나 없다.

안골유적 주변 해안변에 특이하게 밀집된 주거지와 지석묘군의 분포 상, 조선시대의 거점항구와 장시(場市)로 본 지정학적 위치 등으로 유추해 보면, 안골지석묘군 일대는 여수 동북부의 적량동·평여동과 더불어 여수 반도 서남부의 교역 거점으로 추정해 볼 수 있다.

「단위 지석묘군의 분석-여수 화동리 안골 지석묘군을 중심으로-」,
한국청동기학회 묘제분과 제2회 워크숍, 2009.

여수반도 지석묘 사회의 계층구조

Ⅰ. 머리말

전남지방은 지석묘가 전국에서 가장 밀집되어 2만기이상이 분포하고 있고 비교적 많은 발굴조사가 이루어져 있다. 이러한 배경에서 전남지방의 지석묘 연구는 전국에서 가장 많이 이루어진 편이다. 하지만 기존에 이루어진 전남지방의 지석묘연구는 광범위한 지역을 대상으로 하여 형식과 편년, 사회발전단계라는 문제에 치우친 면이 있다. 그리고 이러한 연구의 또 다른 문제점이라면 여러 지역에 흩어져 발굴조사된 위세품이나 특정 유구를 선별하여 같은 틀내에서 논의를 전개한다는 점이다.

그런데 지석묘사회를 좀 더 입체적으로 조명하려면, 위세품이 풍부하고 발굴이 비교적 많이 이루어진 단위지역 지석묘의 연구가 필요하다. 우리나라에서 이러한 조건에 가장 부합되는 곳이 여수반도이므로 이 지역을 대상으로 하여 지석묘 사회의 계층구조에 대하여 검토하고자 한다.

본고에서는 발굴조사 내용에 대한 분석을 바탕으로 몇 가지 점을 주목하면서 논의를 전개시키려 한다.

먼저, 여수반도에서 발굴조사된 20여개소의 지석묘군에 대해 상석과 하부구조의 밀집도·상석무게·입지·출토유물·매장주체부의 규모 등의 차이에 따라 지석묘군사이의 위계를 살펴본다. 다음에, 단위 지석묘군내에서 상석, 매장주체부, 부장품 등의 차이에 의해 지석묘간의 계층성을 검토한다. 지석묘가 청동기시대 일부 주민의 무덤이라는 점에서, 유물이 출토되지 않은 석곽에 비해 동검이나 옥, 석검이 부장된 석곽묘의 존재는 하나의 친족집단내에서도 富나 權威에 근거하여 한 世代를 대표하는 유력자가 있었음을 의미한다. 지석묘군내에서의 유구와 출토유물 차이에 의해 지석묘축조집단내의 階序(rank)를 먼저 구분하고, 지석묘에 매장되지 못한 층을 더하여 살펴본다.

Ⅱ. 피장자의 성격

우리나라 지석묘 사회의 발전단계에 대한 견해는 두 가지로 대별된다. 첫째, 지석묘는 사회의 모든 성원들이 그들의 묘제로 이용했다는 견해로서 사회적 계층화가 진전되지 않은 평등사회를 구성하고 있었다고 보는 것이다(Pearson, R., 1978 ; 지건길 1983 ; 이남석 1985 ; 송화섭 1994 ; 노혁진 1997). 둘째, 지석묘사회를 계급사회인 족장사회 단계로 보는 견해이다(최몽룡 1981 ; Rhee, Song-Nae 1984 ; Nelson, S.M. 1993 ; 홍형우 1994 ; 최정필 1997 ; 유태용 2000). 이러한 견해차는 현재까지도 지속되고 있다.

지석묘사회가 평등사회였다고 주장하는 학자들은 지석묘 출토 부장품 가운데 사회적 계층화를 가리키는 유물이 없다는 점을 근거로 삼고 있으며, 지석묘가 집단 구성원들이 자발적으로 참여한 협동작업에 의해 축조되었으며 일반주민들의 무덤으로 사용되었을 것으로 보고 있다.

이러한 주장에 대해 반론을 제기해 보면 다음과 같다.

전남동부지역, 특히 여수반도에서는 사회적 계층화를 나타내는 위신재로서 동검, 옥, 석검 등이 빈출하고 있다. 순천 우산리와 여수 적량동의 경우, 가장 중심이 되는 분묘에서 비파형동검, 옥, 마제석검이 출토되어 피장자의 신분이 다른 분묘와 극명하게 구분이 된다. 적량동의 경우에는 지석묘가 6개의 구역으로 나뉘어져 각 집단에서 비파형동검이 하나씩 발견되어 부근 지석묘의 부장품과는 큰 차이를 보이고 있다(최정필 1997).

그리고 Pearson은 여러 지역 주민들의 협동작업에 의해 지석묘를 축조한 것으로 보아 지석묘사회가 평등사회였다고 주장하였는데, 그 이유로 지석묘가 핵이나 다각형이 아닌 연속적인 무리로 분포한다는 점을 들고 있다(Pearson, R. 1978). 이에 대해 반론도 제기된 바 있다. 즉 다각형의 모습으로 공간적 분포가 이루어지지 못하는 것은 한국의 지형이 70%가 산으로 이루어져 있어 길게 연이어진 산맥이 지석묘군의 다각형적 분포를 가로막고 있다는 지형적 특색을 간과했다는 것이다(유태용 2000).

한편, 모든 성원들이 지석묘를 그들의 묘제로 사용했다는 주장에도 동의할 수 없다. 이에 대해 상술해 보면 다음과 같다.

최근의 연구에 따르면 지석묘는 경기도 502기, 강원도 338기, 충북 189기, 충남 478기, 전북 1597기, 전남 19068기, 경북 2800기, 경남 1238기, 제주도 140기, 북한 3160기 등이 확인되었다(최몽룡 외 1999). 이처럼 전남지방의 지석묘는 다른 지방에 비해 특이하게 조밀하여, 거의 자연부락 별로 하나 정도의 군집을 보이고 있다. 하지만 당시에 마을마다 지석묘가 있다고 해서 누구나 지석묘의 피장자가 되는 것은 아니다.

청동기시대의 단일 취락의 평균 호수를 15기 정도로 상정하고[40], 한 시점의 마을 주민 수를 계산해 보면 75명 정도이다(15가구×5명=75명). 핵가족인 경우에 2세대를 상정한다면 1개 마을의 한 세대는 75명의 절반인 약 38명이다. 적어도 6世代 이상 지속된 적량동 지석묘(이영문·정기진 1993)의 경우[41], 한 세대당 38명의 주민중에서 3~7명이 매장되었다면 그 비율은 20% 미만이다. 만약 적량동 지석묘군을 축조한 집단의 취락이 20~30동이라고 가정한다면 피장자의 비율이 10%에도 미치지 못하므로 지석묘군에 피장되는 숫자가 한층 더 줄어드는 셈이다. 아무튼 마을주민의 일부만 지석묘에 묻힐 수 있다는 결론에 도달한다.

그러면 일반인들의 묘제는 어떠하였을까? 이에 대한 명확한 자료는 없지만, 다음과 같은 견해를 참고해 볼 수 있다. 즉 세형동검이 부장된 분묘의 주위에는 여타 매장시설이 보이지 않는 경우가 대부분이어서, 일반성원들은 간단한 토광묘에 묻혔거나 아니면 별다른 매장시설도 없이 처리되었을 것으로 보고 있다.(권오영 1996) 따라서 세형동검문화기와 큰 시기 차이가 없는 지석묘 단계에서도 낮은 지위의 사람들은 별다른 매장시설 없이 처리되었을 가능성이 높다.

한편, 최근 단위지역에 대한 전면적인 조사가 이루어진 남강유역(동아대학교박물관 1999)을 보면, 청동기시대 주거지는 총 520기이고 묘는 180여기다. 1기의 주거지를 한 세대로 보면 해당지역에는 대략 2000~2500명 정도의 인구가 추산된다. 무덤의 숫자는 예상 인구의 1/10에도 못 미치므로 묘를 당

---

40) 지금까지의 연구성과를 보면, 청동기시대에 小村인 경우 10동 내외, 중심취락인 村의 경우에는 20~30여동이거나 그 이상이라고 한다(이희준 2000a; 이희준 2000b).
41) 적량동 상적 지석묘군에서는 매장주체부가 29기 이상 확인되었다.

시 일반 구성원의 무덤으로 볼 수 없다는 결론에 도달한다(김광명 2001).

요컨대, 지석묘의 피장자는 친족집단에서 일부 계층에 한한다고 볼 수 있다.

그런데, 여기서 짚고 넘어가야 할 문제가 있는데, 우리나라에서 지석묘가 가장 밀집된 전남지방의 지석묘 피장자가 족장과 그 가족만의 무덤인가에 대한 검토이다. 이에 대해서는 최정필의 견해를 참고할 필요가 있다. 최정필은 지석묘의 수가 족장의 수에 비해 지나치게 많다는 반론(이선복 1996)에 대해, 전남지방의 모든 지석묘가 족장과 그 가족들의 분묘는 아니라는 수정론을 제시하고 있다. 즉 부장품과 지석묘의 구조 및 위치가 특이한 것만 족장계층의 분묘에 해당되므로 지석묘 중에서도 서열이 있다는 것이다(최정필 1997). 이러한 점에서 지석묘 내에서도 군집도·상석과 하부구조의 규모·부장유물 등에 근거하여 계층성을 재검토할 필요가 있다.

III. 지석묘 군집별 위계

여수반도에서 발굴조사된 지석묘군의 입지와 유물상, 상석무게, 상석수, 하부구조수 등을 종합해 보면 (표 1)과 같다.

〈표 1〉 여수반도에서 발굴조사된 지석묘 현황

유적명	상석수	하부구조수	상석무게	입지	유물
오림동	9기	15기	2-33톤, 15톤 이상이 6기	곡간평지	동검 1점, 석검편 2, 옥 3, 유구석부 1, 암각화

적량동 상적	14기 이상	29기 이상	2-50톤	곡간평지로서 산기슭과의 경계	동검 7점, 동모 1점, 관옥 5점
평여동 '가'군	9기	20기	1-40톤	산기슭끝의 대지	소옥 2점, 석촉 2점
평여동 '나'군	9기	9기	〃	대지	동검 1점, 관옥 4점, 석촉 2점
평여동 '다'군	3기	8기	〃	평지	관옥 166점, 소옥 255점, 환옥 2점, 곡옥 2점
화장동 대통'가'	27기	11기		구릉의 하단	동검 1, 옥 16, 석촉 2점
화장동 약물고개	7기	19기		구릉	옥 3점, 석검 3점, 석촉 1점
화장동 대방	3기	·		고개마루	
화장동 화산	10기(?)	18기	2-15톤	구릉	석검 1점, 석촉 6점
미평동 양지	5기(?)	2기	1-7톤	산기슭, 해발	석검 1점
미평동 죽림'다'	8기 이상	4기	4-14톤	고개마루와 사면	석검 1점
봉계동 월앙	10기	10기		곡간평지	동검 1, 석검 2, 석촉 1, 옥 15
봉계동 대곡	4기	5기		곡간평지	석검 2점, 석촉 7점
월내동	26기 이상	28기	0.6-10.5톤	고개마루	석검 11점, 석촉 13점
세구지	3기	3기		경사면의 대지	석검 1점
월하리	1기	1기	2.5톤	산기슭	
가장리 평촌	3기		1.5-12톤	산기슭	석검 2점
화동리 안골	20기(?)	63기 이상		곡간평지	석검 9점
관기리	5기	3기		산기슭	
소장리	5기(?)	12기		곡간평지	석검 1점

1. 출토유물과 군집으로 본 위계상

이영문은 지석묘의 유물상에 근거하여 다음과 같이 세 급으로 서열화하고 있다[42]. 즉 A급묘는 청동검이나 다량의 옥이 부장된 묘[43], B급묘는 석검이나 홍도가 출토된 묘와 1~2개의 옥이 발견된 묘, C급묘는 아무런 부장유물이 없는 묘이다(이영문 2002). 여수반도 지석묘는 영산강유역과 달리, 지석묘 부장유물이 풍부한 편이어서 이러한 분류를 적용할 수 있는 적절한 대상이다. 이 기준에 의하여 발굴조사된 지석묘군을 분류하면 다음과 같다.

A급 - 적량동, 오림동, 화장동 대통, 봉계동 월앙, 평여동 산본 '나'·'다'군
B급 - 평여동 산본 '가'군, 미평동 죽림, 미평동 양지, 화양면 화동리 안골·소장리, 돌산읍 세구지, 화장동 약물고개, 화장동 화산, 월내동, 봉계동 대곡, 가장리 평촌
C급 - 관기리, 화장동 대방, 월하동

유물과 군집상을 검토해 보면 동검과 다수의 옥이 출토된 A급묘는 적

---

42) 부장유물에 의해 지석묘의 등급을 추론하는 것에 대하여 異論도 있다. 즉 이성주는 지석묘 출토 청동기나 옥이 권위의 상징물, 혹은 위세품으로서 지니는 가치와 의미는 있지만, 그것이 정치경제적 권력과 부의 상징물로서 삼국시대 고분 부장품과 동일한 의미를 가지고 있다고 보기는 어렵다는 것이다. 가령 송죽리 유적의 지석묘에서 청동검이 출토되기는 하였으나 매장시설과 약간 떨어진채 공지에 박혀 있는 점을 들 수 있다. 당시 매장의례에서 중요한 물품이긴 하지만 정치엘리트에 의한 소유·매납이 중요시되었던 것은 아니며, 지석묘 및 그 묘역의 규모·분묘군의 경관·그것을 구축하기 위해 동원된 노동력 등이 개별지석묘나 지석묘군의 위계를 한층 잘 반영해 주는 것으로 파악하고 있다(이성주 2000).

43) 옥과 청동기는 청동기시대에 생산, 분배, 소비가 제한되어 있었던 유물이다(이성주 2000).

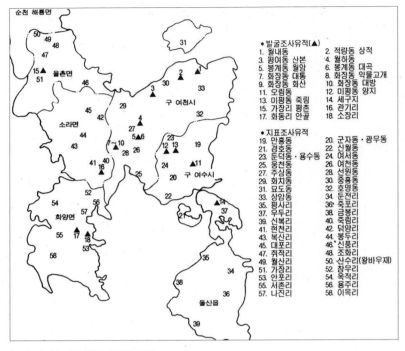

순천 해룡면

● 발굴조사유적(▲)
1. 월내동   2. 적량동 상적
3. 평여동 산본   4. 월하동
5. 봉계동 월앙   6. 봉계동 대곡
7. 화장동 대통   8. 화장동 약물고개
9. 화장동 회산   10. 화장동 대방
11. 오림동   12. 미평동 양지
13. 미평동 죽림   14. 세구지
15. 가장리 평촌   16. 관기리
17. 화동리 안골   18. 소장리

● 지표조사유적
19. 만흥동   20. 군자동·광무동
21. 경호동   22. 신월동
23. 둔덕동·용수동   24. 여서동
25. 웅천동   26. 여천동
27. 주심동   28. 선원동
29. 화치동   30. 중흥동
31. 묘도동   32. 호명동
33. 상암동   34. 둔전리
35. 평사리   36. 죽포리
37. 우두리   38. 금봉리
39. 신복리   40. 죽림리
41. 현천리   42. 덕양리
43. 복산리   44. 봉두리
45. 대포리   46. 신풍리
47. 취적리   48. 조화리
49. 월산리   50. 산수리(왕바우재)
51. 가장리   52. 참무리
53. 안포리   54. 옥적리
55. 서촌리   56. 용주리
57. 나진리   58. 이목리

[도면 1] 여수반도 주요 지석묘 유적

어도 10기 이상의 상석이 있고 평지이거나 구릉의 하단부에 위치하고 있다. 이는 축조집단이 상석을 평지로 옮길 수 있는 노동력 동원이 가능한 집단이거나 단세대가 아니라 누세대적으로 지석묘를 축조한 집단임을 의미한다. 다만 상석이 20기 이상이면서 위세품이 상대적으로 빈약한 월내동(국립광주박물관 1992)과 화양면 화양리 안골(이동희·이순엽 2006)의 경우가 있어 주목된다. A급묘가 없어 상대적으로 위세품이 빈약한 월내동의 상석은 비교적 작다. 월내동은 입지가 고개마루란 점이 주목되며, 적량동과의 거리가 얼마되지 않고, 시기적으로도 큰 차이가 없을 텐데 유물의 부장양상이 상이한 것은 집단간의 세력차라고 판단된다. 그리고 입지적인 차이도 간과하지 못할 것이다. 화양면 화동리 안골은 지석묘의 기수나 입지는 좋은 조건이면서 화양면의 중심이지만, 여수반도의 교역의 중심지인 삼일만 일대에서 동심원상으로 멀리 떨어져 있어 상대적으로 위세품이 미약한 것으로 생각된다.

요컨대 지석묘의 수가 많을수록 유물 부장상이 풍부한 것은 일반적인 경향이다. 즉 A급묘의 경우, 대개 상석이 10기 내외이거나 그 이상이 다수이다. 그리고 지석묘 상석이 없는 경우에도 매장주체부가 다수 확인되어 묘곽의 숫자가 20기 정도에 이르는 경우가 많다. 이는 집단의 규모가 클수록 위세품이 풍부하다는 것을 의미한다.

하지만 예외적인 경우도 있다. 예컨대 평여동 '다'군(이영문·최인선·정기진 1993)은 지석묘 3기 외에 주변에서 5기의 매장주체부가 확인된 경우인데, A급묘가 2기나 발견되었다. 그리고 봉계동 월앙 d군(이영문 1990)은 2기의 상석만이 있었는데, 이 가운데서 1기 지석묘를 발굴조사한 결과 비파형동검 1점과 옥 16점이 출토된 A급묘임이 밝혀졌다. 따라서 短世代的인 유력집단의 묘역이 별도로 조성된 경우가 있었음을 의미한다.

한편, 적량동 지석묘군은 지구별로 당시 최고의 위세품인 동검을 부장한다는 점에서 누세대적으로 여수반도에서 가장 유력한 집단이었음을 의미한다. 특히, 거대한 上石(25톤)을 가지고 완형의 비파형동검이 부장된 7호 지석묘는 비교적 늦은 시기에 집단에서 벗어나려는 유력 개인의 존재를 보여주고 있다(김승옥 2006).

A급묘의 경우, 구 삼일면을 중심으로 동심원 분포를 보이고 있다. 즉, 적량동과 평여동을 중심으로 하여, 화장동·봉계동·오림동 등의 주변지역으로 퍼져 나가고 있다. 적량동과 평여동에서 출토된 다량의 비파형동검과 옥을 외지에서 들어온 것으로 본다면, 이 지역이 대외교역의 거점임

과 무관하지 않을 것이다.

　다량의 비파형동검이 출토된 적량동 지석묘집단은 대외교역의 거점이라는 측면에서 접근이 가능하다. 즉 적량동은 구 삼일면에 속하는데, 삼일항이 적량동 바로 앞바다에 자리하는 것은 우연이 아닐 것이다. 그리고 적량동 일대에는 고려때 적량부곡이 있었다. 이러한 점에서 적량동 일대

[도면 2] 여수 동북부지역에서 발굴조사된 주요 지석묘 유적
① 월내동 ② 적량동 상적 ③ 평여동 산본 ④ 월하동 ⑤ 화장동 대통 ⑥ 화장동 화산 ⑦ 화장동 약물고개
⑧ 화장동 대방 ⑨ 봉계동 월앙 ⑩ 봉계동 대곡 ⑪ 미평도오 양지 ⑫ 미평동 죽림 ⑬ 오림동

는 역사적으로 삼일면에서는 가장 중심되는 곳이었으며, 이러한 성격은 청동기시대까지 거슬러 올라갈 수 있다.

여수반도에서 가장 많은 매장주체부가 나온 화양면 화동리 안골지석묘는 B급 위세품만이 출토되었다. 이는 지역별로 중심지가 있지만 차별성이 있었음을 의미한다.

B급묘의 경우, 수십기에서 3기에 불과한 소수군집으로 대별된다. 가장 많은 군집은 월내동 지석묘로서 30기를 상회하고, 가장 작은 군집은 가장리와 세구지로서 3기씩이다. 대군집인 월내동 지석묘는 적량동과 인접하고 있었음에도 불구하고 A급 위세품이 없이 B급 위세품인 석검만 출토되고 있다.

적량동과 월내동을 합치면 군집도가 매우 높은데, 1개 동 단위(월내동)에서 30기 이상의 군집이 2군데 이상인 곳은 여수반도에서는 극히 드물다. 이는 적량동과 월내동 앞에 있는 대외교역의 거점인 삼일항의 존재와 무관하지 않을 듯하며, 이곳은 여천 산단이 들어서기 전까지 여수반도에서 어획량이 가장 많은 곳 중의 하나이다.

C급묘는 화장동 대방(3기), 월하리(1기), 관기리(5기) 지석묘군 등으로서 5기 미만이다. 이 지석묘들은 그 군집도로 보면 子集團인 小村과 관련되어 상대적으로 미약한 집단으로 판단된다.

2. 상석 무게로 본 위계상

상석 무게로 보면 A급묘가 있는 군집은 B·C급의 그것에 비해 탁월하다. 다시 말하면 A급묘가 있는 지석묘군의 상석이 B·C급의 지석묘군에 비해 전반적으로 무게가 더 많이 나간다는 점이다. 즉 A급묘인 오림동·적량동·평여

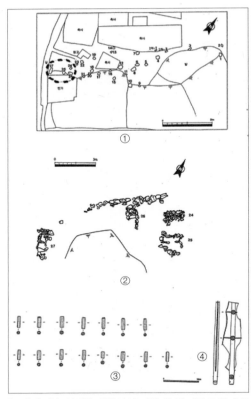

[도면 3] 여수 화장동 대통 지석묘군(A급묘) 배치도 및 출토
유물
① 화장동 대통 지석묘군 배치도 ② 24~27호 지석묘(유력 소집단)
③ 24호 지석묘 출토유물 4. 26호 지석묘 출토유물

동·봉계동 월앙의 지석묘군 상석은 30톤 이상에 달하는 것이 적지 않다. 이를테면 A급묘가 확인된 지석묘군인 적량동, 오림동, 평여동 지석묘군은 대형의 경우에 15~50톤에 달한다.

하지만, 군집단위가 아닌 개별 상석과 위세품은 반드시 일치하지는 않는다. 예컨대 평여동 '나'군이나 화장동 대통 지석묘군의 경우에는 상석이 비교적 작은 것에서 A급 위세품이 출토되었다. 즉, 평여동 '나'군 2호나 화장동 대통 24·26호는 5톤 미만이어서 대조적이다. 이것으로 보면 상석 운반능력

은 개별 피장자와 관련된 것이 아니라 지석묘 전체군집과 관련된다고 볼 수 있다.

한편, B·C급의 지석묘군은 상석이 15톤 이하이다. 즉 화장동 화산(2~15톤), 미평동 양지(1~7톤), 월내동(0.6~10.5톤), 미평동 죽림 '다'(4~14톤), 월하동(2.5톤), 가장리 지석묘(1.5~12톤) 등이다. 특히 많은 매장주체부(28기)에서 석검이 11점이 출토된 월내동 지석묘군의 경우는 상석 무게가 0.6~10.5톤

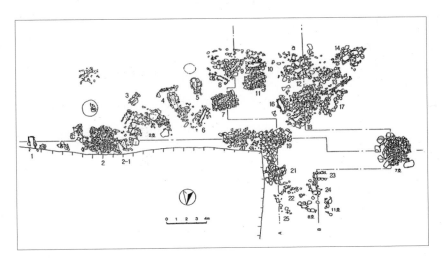

[도면 4] 여수 적량동 상적 지석묘군(A급묘) 배치도

이어서 주목되는데, 인접한 적량동 지석묘군과는 대비된다. 즉 월내동 지석묘군의 경우에는 상대적으로 적은 인원을 동원하여 상석을 옮길 수 있는 규모이지만, 적량동의 경우(최대 50톤)에는 적어도 1개면 정도의 주민이 동원되어야 한다. 한편, 월하동(최인선·이동희 2000)의 경우는 1기가 별도로 있으면서 상석이 소형이고 유물도 빈약하여 母집단에서 분기한 子집단의 단세대적 무덤으로 판단된다.

　이러한 점에서 보면 A급묘의 지석묘 축조집단이 B·C급묘의 축조집단에 비해 상석을 이동하는 데 있어서 노동력을 더 많이 동원할 수 있었다는 것을 의미한다. 다시 말하면 집단별로 어느 정도 크기의 상석을 옮길 수 있는지의 능력은 그 집단의 위상을 대변해 준다고 할 수 있다. 따라서 지석묘 사회의 위계성을 언급할 때에 지석묘군 내의 개별 지석묘보다는 지석묘군 단위별로 파악할 필요가 있다.

3. 입지로 본 위계상

입지로 보면 A급묘는 산기슭이나 고개마루라기보다는 (곡간)평지에 자리하는 경우가 많다. 즉 평여동 '나'·'다'군, 봉계동 월앙, 적량동 상적, 오림동 등의 지석묘가 이에 해당되는데, 지역 거점이라는 공통점도 지니고 있다.

이와 관련하여 4개군이 발굴조사된 화장동 지석묘군의 입지에 대해 살펴보자. A급묘인 화장동 대통 지석묘군(27기)의 경우, 입지가 평지는 아니지만 평지와 접하는 구릉의 하단부이다. 이는 같은 화장동의 B·C급인 다른 지석묘군과 대비되는 부분이다. 즉 화산(최인선·이동희 2000)이나 약물고개, 대방(이영문·김진영 2001) 등지의 10기 이하 지석묘군이 구릉의 상부나 고개마루에 자리하고 있는 것과는 차별성이 있다(도면 2). 일반적으로 채석지가 비교적 높은 산이라는 점에서 구릉의 상부나 고개마루에 비해 구릉의 하단부는 더 많은 노동력이 소요된다. 아울러 군집이 더 많다는 것은 그만큼 축조집단의 숫자가 많았으며 소군집보다 경제적으로 더 풍요했을 것이다.

산기슭(미평동 양지·월하리·관기리·가장리 등)이나 구릉 정상부(화장동 약물고개 및 화산), 고개마루(미평동 죽림 '다', 월내동, 화장동 대방) 같은 高地의 경우는 유물이 빈약한데(B·C급묘), 특히 기수가 적은 지석묘군의 경우는 그러한 경향이 두드러진다.

상기한 바와 같이 구릉의 하단부나 평지에 A급묘가 자리하고 있는 것은 노동력 동원과 직결되기 때문에 중요하다고 판단된다. 즉 상대적으로 약한 세력들은 채석지와 가까운 고개마루나 구릉의 상부에 지석묘를 축조했던 것으로 판단되며, 이들보다 더 우월한 세력들은 자기들의 의도대로 묘지를 선택했을 것인데, 좀 더 생활 근거지 가까이에 무덤을 썼던 것으로 보인다. 고개마루에 지석묘가 밀집한 것은 축조의 편의와 연관된다고 하겠다.

요컨대, 지석묘 상석이 많아 집단이 크고, 상석이 대형이며 입지가 곡간 평지나 구릉의 하단부에 자리잡은 집단이 촌락의 중심촌으로서 기능하면서 위계화가 성립·발전하는 단초가 되었다고 할 수 있다.

4. 매장주체부의 규모로 본 위계상

화순 만연리 지석묘군(임영진 1993)에서 추정되듯이 지석묘 축조시에 상석의 이동과 지석묘 자체의 축조는 동일시점에 이루어지지 않은 경우가 있다. 이와 관련하여 화동리 안골지석묘군(이동희·이순엽 2006)을 살펴보자. 60여 기의 매장주체부가 확인된 안골 지석묘군은 4개 구역으로 구분되는데, 구역별로 매장주체부의 규모가 작은 것이 많은 경우와 큰 것이 많은 경우로 나누어진다. 전자는 二次葬(洗骨葬)[44]이 많다고 판단되는데, 상석을 바로 옮기지 못한 경우로서 권위나 부가 미약했을 것이고, 후자는 상석을 미리 준비하여 이차장없이 바로 무덤을 썼던 것으로 파악되기에 위계상 상대적으로 우위에 있었던 것으로 보인다. 이는 적량동이나 평여동에 있어서도 매장주체부가 큰 경우에서 위세품이 풍부한 것(A급묘)과 같은 양상이다. 즉 A급묘의 매장주체부는 대부분 신전장이 가능하고 잘 축조되었다는 공통점이 있다.

---

44) 우리나라에서 古來로부터의 유습이었던 二次葬이 현재는 남해 및 서해안의 도서지방에서 명맥을 유지하고 있다(이광규 1969).

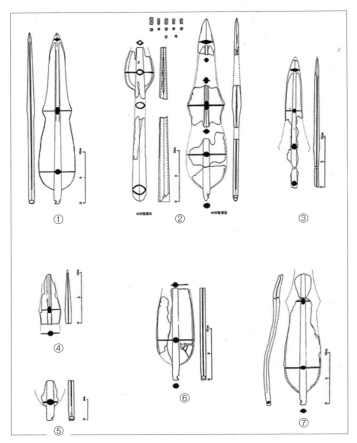

[도면 5] 여수 적량동 상적 지석묘군(A급묘) 출토유물
① 7호 지석묘 ② 2호 석곽묘 ③ 4호 석곽묘 ④ 9호 석곽묘 ⑤ 22호 석곽묘 ⑥ 13호 석곽묘
⑦ 21호 석곽묘

　이러한 측면은 민족지 고고학에서 부유한 사람은 바로 무덤을 쓰나 가
난한 사람은 몇 년 걸려 무덤을 쓰는 점과도 궤를 같이 한다. 예컨대 인도
네시아는 근래까지 지석묘가 사용되었는데, 빈부차이를 잘 반영하고 있
다. 즉 지석묘는 죽은 뒤 바로 매장하는 직접매장과 죽은 뒤 뼈만 남을 때
까지 다른 곳에 시체를 두었다가 매장하는 2차 매장에 사용되었다. 대개

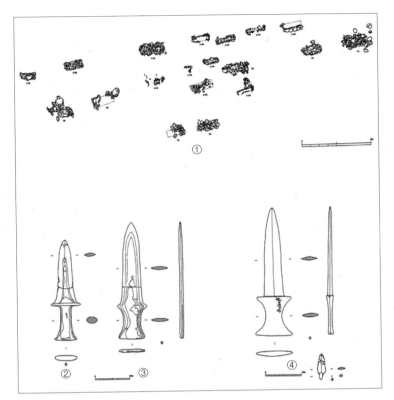

[도면 6] 여수 화장동 약물고개 지석묘군(B급묘) 배치도 및 출토유물
① 약물고개 지석묘군 배치도 ② 3-2호 석곽묘 ③ 5호 지석묘 ④ 6호 지석묘

2차 매장은 죽은 자의 가족이 충분한 돈을 가지고 있지 않아 의식을 치루기에 충분한 돈이 모일 때까지 기다려야 하는 경우에 시행되었다(Haris Sukendar 2004).

5. 小結

여수반도에서는 약 20개소의 지석묘군이 발굴조사되었다. 지석묘의 수·상석무게·입지·부장유물 등을 분석해 보면 지석묘군집별 위계상은 다음과 같이 요약될 수 있다.

예외적인 경우는 있지만, 대개 지석묘의 수가 많아 집단이 크고 상석이 대형이며 입지가 곡간평지나 구릉의 하단부에 자리잡은 집단이 부장유물이 풍부한 중심적인 집단으로 추정된다. 다만, 개별상석의 크기와 부장유물은 상호 일치하지 않는 경우가 적지 않아 상석의 규모와 부장유물의 관계에서는 개별 상석보다는 지석묘군 전체를 검토하여야 한다. 다시 말하면 집단별로 어느 정도 크기의 상석을 옮길 수 있는지는 그 집단의 위상을 대변해 준다고 할 수 있다. 그리고 채석지가 비교적 높은 산이라는 점에서 구릉의 상부나 고개마루에 비해 구릉의 하단부나 평지는 더 많은 노동력이 소요된다. 또한 매장주체부의 규모와 위세품은 상호 비례한다. 이는 신전장의 경우, 미리 무덤을 준비할 수 있는 富와 權威가 뒷받침되어야 하고, 소형 묘곽의 경우는 바로 무덤을 쓰지 못하여 이차장을 거친 결과로 판단되는 것이다.

예컨대, 인접한 적량동과 월내동 지석묘 축조집단을 비교해 보면, 적량동 집단보다 월내동 집단이 유물이나 상석 규모 등에 있어서 열세하므로 친족집단간에 서열화가 이루어졌음을 알 수 있다.

여수반도에서 가장 우월한 위신재가 부장된 적량동집단은 교역의 중심지로서 재분배를 통하여 성장한 중심지이고 인근 마을들은 농경과 어로를 겸한 반농반어집단으로 판단된다. 적량동 집단은 이 주변 마을들의 잉여생산물을 모아 대외 교역창구로서의 역할을 했다고 판단된다. 그 증거가 외래계 위세품인 동검이다. 이와 관련하여 일본 야요이시대의 조사례는 주목된다. 즉 야요이 거점취락에서 원격지에서 가져온 토기가 발견되는 예가 많아 거점취락 부근에 입지하는 한시적인 소규모취락에는 비재지의 물자를 거점취락을 통해서 반입된 것으로 보는데 이러한 예가 재분배와 관련된다고 하겠다(佐々木憲一 2000).

여수반도 동북부지역의 지석묘군들(도면 2)에서는 우리나라에서 가장 많은 A급 위세품들이 발굴조사되었다. 이 지역은 당시 최고 위신재인 비파형동검을 근거로 핵심 취락(적량동)과 2차 중심 취락(오림동, 화장동, 봉계동, 평여동 등)을 설정할 수 있다. 즉, 전자는 다수(7점)의 비파형동검을 부장하고 있고 후자는 1~2점씩의 비파형동검이 확인되고 있다. 그리고 이러한 핵심 취락과 2차 중심 취락 주변에는 B·C급의 유물이 확인되는 하위집단들이 분포하고 있다. 예컨대 적량동 주변에 자리한 월내동 상촌 지석묘군에서는 석검이 주로 출토되고 있고, 화장동 대통 지석묘군 인근에도 하위 지석묘군들이 분포하고 있다.

여수 화장동에서는 4개 지석묘군이 있는데, 모두 발굴조사가 이루어져 좋은 참고자료가 된다. 이 4개 지석묘군은 대통, 약물고개, 대방, 화산 등이다(도면 2). 대통 지석묘군(최인선·이동희·송미진 2001)이 중심이고 화산지석묘군(최인선·이동희 2000)과 약물고개 및 대방 지석묘군(이영문·김진영 2001)이 그 하위에 해당한다. 1個洞에 중심적인 지석묘 군집이 있어 일정 범위내의 지석묘군 사이에도 우열관계가 있었음을 보여준다. 즉 군집도가 높은 대통 지석묘군은 나머지 3개의 지석묘군보다 더 낮은 구릉 하단부에 입지하며 넓은 공간을 차지하고 있다. 또한 지석묘의 수량이 상대적으로 적은 3개 군집지역은 유물이 상대적으로 빈약하다. 반면 27기의 지석묘가 조사된 대통 지석묘군에서는 A급 위세품이 확인되어 나머지 3개 소군집 지석묘군보다 上位의 집단임을 알 수 있다. 특히, 비파형동검과 다량의 옥이 출토된 대통 24~27호는 군집내에서도 별도의 구획석으로 구분되어 있고 석곽의 장축방향이 상호 직교하는 구조를 보여주고 있다(도면 3).

한편, 지석묘 상석 이동에 따른 노동력 동원규모에 대해 살펴보자. 적량동 지석묘군의 상석들은 지석묘 군집 단위별로 보면 여수반도에서 가장 큰 편에 속한다. 이 가운데 가장 대형의 상석(2호)은 50톤을 상회하고 있어 오늘날의 1~2개면의 노동력이 동원되어야 한다. 이러한 노동력 동원 규모는 거의 후대의 邑落의 범위와 일치하고 적량동을 중심으로 한 비파형동검의 분포범위와도 일치한다. 적량동 2호 지석묘는 묘곽이 없어 무덤이라기보다는 집단의 權威나 富를 상징하는 기념물로 판단된다. 기념물 건립에 들어간 노동력이 조직화된 집단의 크기를 대변해 준다는 견해(Timothy Earle 1987)는 주목할 만하다.

비파형동검을 매개체로 한 적량동과 주변촌락의 범위가 곧 읍락의 원초적인 모습이라고 볼 수 있다. 다시 말하면 지석묘사회는 중심 촌락을 중심으로 주변 촌락이 결합되는 양상을 보이기 시작하여 읍락이 형성되어가는 과도기로 보면 될 것이다.

요컨대 지석묘군의 입지, 상석의 크기, 매장주체부, 유물 등의 제측면에서 탁월한 적량동 집단은 근·원거리 교역에 대한 주도권을 갖고 재분배기능을 행사하여 다른 지석묘군보다 상위집단으로 판단된다.

지석묘 축조사회를 평등사회라고 주장하는 견해의 맹점은 지석묘가 지배계층에 의한 인력동원이 아닌 공동체적 협동체제 아래서 축조된 것으로 인식한다는 점이다. 이는 다음과 같은 점에서 문제가 있다. 전술한 바와 같이 발굴조사된 내용의 분석 결과, 지석묘 군집단위별로는 상석의 규모와 부장품이 거의 비례하고 있음을 확인하였다. 이는 집단단위별로 계층화가 성립되어가고 있음을 웅변해 주는 것이며, 서열화된 친족관계라는 족장사회론과 궤를 같이하는 것이다. 서비스에 따르면 족장사회는 기본적으로 계층적이다. 즉 족장사회의 사회적 서열화는 가족을 세분하기

도 하고 때로는 위로부터 아래까지의 연속적인 계층구분이 이루어지기도
한다(Elman R. Service 1962).

IV. 단위 지석묘군내의 위계

단위 지석묘군내에서도 피장자 사이에 상석, 매장주체부, 부장품 등의
차이에 의해 차별성을 확인할 수 있다.

청동기시대에 지석묘-석관묘-토광묘 순으로 신분적인 차이를 반영한
것으로 이해한 견해가 있다(이영문 1999). 그러나 이러한 구분은 전남지방에
비해 지석묘가 상대적으로 적고, 타묘제(석관묘·옹관묘·토광묘)가 비교적 많
이 확인된 충청·전북·영남지역에서나 가능할 것이다[45]. 예컨대, 부여 송
국리 석관묘에서는 비파형동검이 출토되어 상층의 무덤임을 보여주며,
그보다 하층의 무덤은 송국리에서 북쪽으로 2.5㎞ 떨어진 탄천면 남산리
에서 확인되었는데, 유물이 빈약하고 묘제도 석개토광묘, 토광묘, 옹관묘
등이다. 이는 충남 일대에서는 상하층간에 묘제와 무덤구역이 차별성이
있었음을 시사한다(김길식 1994).

반면에, 전남지방(특히, 전남동부지역)에는 석관묘·옹관묘·토광묘가 극히
드물어 이영문의 견해를 따를 경우에는 하위층의 분묘가 적은 숫자이고,

---

45) 전남지방, 특히 전남동부지역은 지석묘 외에 청동기시대 묘제가 거의 확인되지 않고 있다. 남한
    에서 전남지방(약 2만기) 다음으로 지석묘 수가 많은 경북·경남·전북의 경우 각기 3000기 미만
    인데, 이는 면적에 대비하여 보아도 월등히 적은 수치이다. 전남지방의 인구가 타지역에 비해 2
    배정도 많다고 하더라도 10배 가까운 지석묘의 절대수는 쉽게 수긍이 가지 않는다. 이는 타 지
    역은 청동기시대 묘제 가운데 석관묘, 석개토광묘, 옹관묘, 토광묘 등의 비중이 상대적으로 높
    다는 점과 관련될 것으로 보인다(이동희 2002).

상위층이 많은 역 피라밋 형태가 되어 문제점이 노출된다. 따라서 지석묘가 집중된 전남지역에서는 그러한 구분이 곤란하므로, 지석묘군내에서의 위계 설정이 필요하다.

요컨대 타지방에서는 지석묘(석관묘)를 상층에, 석개토광묘·토광묘·옹관묘 등을 중층에, 무덤이 없는 일반민을 하층으로 간주할 수 있다. 이에 비해 타묘제가 거의 없는 전남(동부)지방에서는 상층 아래의 계층도 일부 지석묘를 사용하였고, 다수의 하층만 무덤이 없었을 가능성이 크다. 이러한 점에서 보면 지석묘가 밀집된 전남지방과 타 지역과는 같은 지석묘일지라도 동일한 계층으로 볼 수 없다는 결론에 이르게 된다. 다시 말하면 지석묘가 상대적으로 적은 타지방의 경우는 지석묘 피장자를 상층으로 보아도 무리가 없다는 것이다.

이러한 점을 고려하면, 전남지방 지석묘 사회의 위계를 다음과 같이 셋으로 구분할 수 있다.

① 상석이나 매장주체부가 크고, 위세품이 부장된 계층
② 석곽이 비교적 작으면서 부장품이 없거나 빈약한 계층
③ 지석묘에 매장되지 못하는 계층

지석묘가 청동기시대 모든 주민의 무덤이 아닌 상황에서, 유물이 출토되지 않은 석곽에 비해 동검이나 옥, 석검이 부장된 석곽묘의 존재는 하나의 친족집단내에서도 富나 權威에 근거하여 한 세대를 대표하는 유력자가 있었음을 의미한다.

단위지석묘군내의 위계상을 파악하기 위하여 우리나라에서 송국리형 주거지가 가장 밀집되게 발견된 제주 삼양동유적을 참고해보자(국립제주박

물관 2001).

　삼양동유적은 해안가에 위치하며, 송국리형주거지 236동이 조사되었다. 마을구조는 직경 6m정도의 대형 주거지 1기에 12~15기 정도의 소형 주거지가 배속되는 단위주거군의 양상을 보인다. 주거지 중에 가장 규모가 큰 것은 직경 6.6m이고, 대개 4~5m에 속한다. 단위주거군의 중앙부에는 야외노지가 있는 광장(집회장소)이 위치한다. 특히 대형주거지에서는 대형의 저장용토기를 비롯하여 옥환(玉環), 동검(銅劍)편, 철경부동촉, 유리옥 등의 중국 및 한반도산으로 추정되는 외래계문물들과 함께 탄화미 등의 곡물이 출토되고 있어 상위계층에 속하는 사람들의 주거공간으로 생각된다. 이들은 교역을 장악하였을 가능성이 높아 마을에서 소유의 편중이 발생하고 있었을 것이다. 마을사람들은 바닷가의 언덕에서 수렵이 부가된 농경과 어로를 수행하고 인접지역과 교역을 통해 재화를 축적함으로써 다른 지역의 마을에 비해 우월한 위치를 점하게 된 제주최대의 「해안거점마을」이었을 것으로 추정된다.

　적량동 지석묘 축조집단도 삼양동 단위주거군과 입지나 조건이 비슷할 것으로 판단한다면 비슷한 주거집단을 상정할 수 있다. 삼양동 청동기시대 취락에서 주목되는 것은 대형 주거지 1기에 12~15기 정도의 소형주거지가 배속되는 단위주거군의 양상이며, 8개의 단위로 구획되고 각 구획안에는 직업의 전문화를 시사하는 工房이나 窯址와 같은 전문 작업시설이 마련되고 있었던 것 같다. 그리고 격담시설을 하여 신분상의 상하계층의 집자리 배치도 달리하고 있음이 드러나고 있다(최몽룡 2000). 중심의 대형주거지 1기를 위세품이 출토되는 지석묘 즉 단위 주거군에서 가장 권위있는 유력자로 판단한다면, 주변의 여타 소형 주거지는 중·하층의 주민과 관련지을 수 있다.

이와 같이 청동기시대의 대규모 취락인 삼양동유적은 집단내에서도 위계차가 있음을 보여주고 있는데, 이는 지석묘군내에서도 상석, 매장주체부, 부장유물에 의해서 계층이 구분되는 것과 같은 맥락이다.

그런데 지석묘사회를 3계층으로 명확히 구분하기에 미흡한 점도 지적될 수 있다. 즉 지석묘사회는 지석묘에 피장된 자와 그렇지 않은 경우의 2계층은 뚜렷한 데 비해, 지석묘군집내에서의 계층의 구분이 명확하지 않다. 예컨대 무덤의 크기나 형식, 유물에서 차이는 있지만 그것이 일률적이지 않고, 동일묘역을 사용한다는 점에서 그러하다. 다시 말하면, 여수반도의 일반적인 지석묘군을 보면, 위세품을 가진 지석묘가 지석묘군집내에서 두드러지지 않고 동일묘역에 존재하는 경우가 적지 않다는 것이다.

이에 비해 2계층에서 3계층으로 발전하는 과도기 단계(평여동·화장동·봉계동·적량동 지석묘 등)가 여수반도 동북부지역에서 주로 확인되고 있어 주목된다. 즉, 단위 지석묘군내에서 특정 개인이나 소집단이 별도의 묘역을 만들고 A급 위세품을 부장한 예가 확인된다는 점이다. 예컨대 화장동 대통 지석묘군 24~27호(도면 3), 여수 봉계동 월앙 d군, 적량동 상적 7호(도면 4·5), 평여동 '나'·'다'군 등을 들 수 있다(이동희 2002).

이러한 계층 구분은 지석묘사회의 후기(세형동검문화기)에 가면 더 뚜렷해지는데, 이는 청동기시대 후기에 부와 권위가 확대 발전된 결과라고 하겠다.

이와 관련하여 보성 동촌리 지석묘(송의정 외 2003)에 대해 살펴보자. 세형동검문화기에 해당하는 보성 동촌리 지석묘는 지석묘사회 후기에 등장한 지배층의 무덤으로 판단된다. 동촌리 지석묘는 입지 뿐만 아니라 일반적인 지석묘의 축조와는 그 양상이 판이하게 다르다. 즉 상석을 올린다는

점에서는 같지만 하부 매장
주체부의 축조에 앞 단계의
지석묘와는 비교가 안될 정
도로 거대한 매장주체부와
적석을 조성하여 많은 노동
력이 동원되었음을 알 수 있
다. 도굴되었음에도 불구하
고 40여점의 관옥이 출토된
바 있다. 따라서 동촌리 지
석묘의 피장자(세형동검문화기)
는 전단계(비파형동검문화기)의
지석묘와 달리 邑落 首長의
前身으로 파악된다[46].

이 유형은 지석묘사회가
가장 발전된 단계로서 전 단

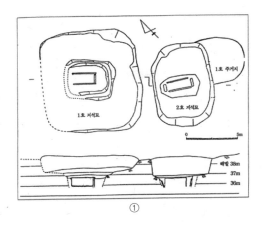

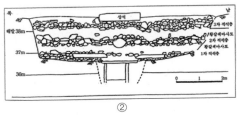

[도면 7] 보성 동촌리 유적 유구 배치도(①) 및 2호 지석묘
축조 모식도(②)

계에 비해 계층구분이 분명해진다. 즉 동촌리 단계는 3계층이 명확해진
다. 즉 일반적인 지석묘 군집과 이격되고 대규모 노동력이 동원된 소수의
대형 지석묘 피장자(동촌리 지석묘 유형)-일반 지석묘 피장자-무덤없는 자 등
의 구분이 그것이다. 부언하면, 1·2계층은 같은 묘제인 지석묘를 쓰더라
도 입지와 내부구조·출토유물 등에 있어서 뚜렷이 구분된다.

요컨대 지석묘 피장자 중 상석이나 매장주체부가 크고 위세품이 부장

---

46) 최몽룡은 보성 동촌리 지석묘를 조상숭배를 위한 성역화된 기념물로 보고, 복합족장사회단계
    에 해당한다고 파악한 바 있다(최몽룡 2005).

된 경우가 상층으로, 석곽이 비교적 작으면서 부장품이 없거나 빈약한 경우가 중층으로, 지석묘에 피장되지 못하는 계층이 하층으로 각기 자리매김했다고 볼 수 있다. 지석묘사회에서 보이기 시작한 맹아적인 3계층은 각기 삼한시대의 大人, 下戶, 生口로 연계·발전한 것으로 보인다[47].

이와 같이 여수반도 지석묘사회가 계층사회로 들어선 것은 인정해야 할 것이다. 하지만 모든 지역이 계층사회인 것은 아니고 지역별로 계층사회가 미약한 곳도 있었을 것이다. 즉 같은 전남지방이라도 모든 지역이 동일시기에 계층사회로 진입한 것은 아니라고 여겨진다. 이를테면, 여수반도에서는 적량동을 중심으로 한 동북부지역일대의 1~2개면 정도를 포함한 범위가 계층사회로의 진입이 가장 빨랐던 곳이라고 할 수 있다[48].

이와 관련하여 다음과 같은 강봉원의 견해(강봉원 2000)는 주목할 만하다.

"지석묘 사회의 정치 발전 수준을 논할 때 강화도에 있는 지석묘군, 파주 옥석리 지석묘군, 여수 적량동, 제원의 황석리, 창원 덕천리 지석묘군의 발굴결과를 토대로 해서 그 구체적인 지석묘 사회들이 '족장사회'에 이르렀다고 주장하는 것은 적어도 객관적인 근거가 있다. 그렇지 않고 위에서 언급한 대표적인 유적지들의 고고학적 증거를 바탕으로 한반도의 지석묘 사회를 일반적으로 족장사회에 이르렀다고 간주하는 것은 재고되어

---

47) 都出比呂志는 초기국가를 검토하면서 三國志 魏志 倭人傳에 의거하여 大人, 下戶, 生口라는 계층을 설정하고 있다(都出比呂志, 1998; 深澤芳樹 2000). 우리나라로 보면, 삼한시대 후기에 3계층이 존재했다는 것인데 전남지역 지석묘사회에서도 그러한 계층구분의 맹아가 보인다고 할 수 있다.

48) 여수반도가 부장품이 뛰어나고 교역에 유리한 해안가에 자리하여 다른 지역에 비해 선진적이라는 점을 고려하면 지역별로 사회발전단계가 동일한 것은 아니라고 판단된다. 예컨대 내륙지역인 보성강유역은 여수반도에 비해 상대적으로 부장품이 미약하여 비교가 된다. 한편, 영산강유역은 전반적으로 薄葬의 풍습이 있어 일률적인 규정은 곤란하다.

야 한다. 족장사회는 이미 어느 정도 정치적으로 중앙집권화되었으므로 세계의 유명한 족장사회의 경우 그 구체적인 유적지가 반드시 거론된다. 지석묘사회들이 일괄적으로 족장사회에 혹은 계급사회에 이르렀다고 결론을 내리는 것보다는 같은 지석묘사회라도 지역과 시기에 따라서 계급사회에 이르렀을 수도 있고 또 평등사회에 머물러 있었을 사회도 있었을 것으로 상정된다. 지석묘가 지배계층들만을 위해서 축조된 것이라면 지역적으로 고립된 곳에서 간헐적으로 발견되는 지석묘의 성격해석이 용이하지 않게 된다. 지석묘사회내에서 계급사회에 관하여 차별성을 부여하였을 경우 지석묘 사회가 족장사회였다는 주장이 한층 더 신빙성이 있고 설득력이 있게 될 것으로 보인다".

Ⅴ. 맺음말

본고는 위세품이 풍부하고 타지역보다 많은 지석묘가 발굴조사된 여수반도를 대상으로 지석묘사회의 계층구조에 대해 살펴보았다.

여수반도에서는 약 20개소의 지석묘군이 발굴조사되었다. 지석묘의 수·상석무게·입지·부장유물 등을 분석해 보면 지석묘군집별 위계상은 다음과 같이 요약될 수 있다. 예외적인 경우는 있지만, 대개 지석묘의 수가 많아 집단이 크고 상석이 대형이며 입지가 곡간 평지나 구릉의 하단부에 자리잡은 집단이 부장유물이 풍부한 중심적인 집단으로 추정된다. 다만, 개별상석의 크기와 부장유물은 상호 일치하지 않는 경우가 있어 상석의 규모와 부장유물의 관계에서는 개별 상석보다는 지석묘군 전체를 검토하여야 한다. 다시 말하면 집단별로 어느 정도 크기의 상석을 옮길 수 있는지는 그 집단의 위상을 대변해 준다고 할 수 있다. 예컨대, 인접한 적량동과 월내동 지석묘 축조집단을 비교해 보면, 적량동 집단보다 월내동 집단이 유물이나 상석 규모 등에 있어서 열세하므로 집단간에 서열화가 이루어졌다고 볼 수 있다.

한편, 같은 지석묘군내에서도 상석, 매장주체부, 부장품 등의 차이에 의해 지석묘간의 차별성을 확인할 수 있다. 전국에서 가장 밀집된 지석묘 분포를 보이는 전남지방에서는 지석묘의 피장자 비율이 전체인구 가운데 10~20% 정도이므로 지석묘군의 피장자는 富와 權威가 있는 일부 계층에 한한다고 볼 수 있다. 이와 같이 지석묘가 청동기시대 모든 주민의 무덤이 아닌 상황에서, 유물이 출토되지 않은 석곽에 비해 동검이나 옥, 석검이 부장된 석곽묘의 존재는 하나의 친족집단내에서도 부나 권위에 근거하여 한 世代를 대표하는 유력자가 있었음을 의미한다. 이러한 계층 구분은 지석묘사회의 후기(세형동검문화기)에 가면 더 뚜렷해지는데, 이는 청동기시대 후기에 부와 권위가 확대 발전된 결과라고 하겠다. 지석묘 피장자 중 상석이나 매장주체부가 크고 위세품이 부장된 경우가 상층으로, 석곽이 비교적 작으면서 부장품이 없거나 빈약한 경우가 중층으로, 지석묘에 피장되지 못하는 다수의 계층이 하층으로 각기 자리매김했다고 볼 수 있다. 아울러 이 3계층은 각기 삼한시대의 大人, 下戶, 生口와도 연계될 것으로 보인다.

요컨대, 여수반도 지석묘 사회는 단위 지석묘군 내에서 완만한 계층 구분이 시작되었을 뿐만 아니라, 집단 간에도 서열화가 진행되고 있음을 알 수 있다.

「여수반도 지석묘 사회의 계층구조」, 『고문화』70, 한국대학박물관협회, 2007.

함안지역의 지석묘 사회

Ⅰ. 머리말

그동안 함안의 지석묘를 포함한 거석문화에 대한 본격적인 접근이 미약하였다. 즉, 발굴조사 성과를 바탕으로 유구·유물의 기원, 형식분류, 편년 정도에서 머무르는 상황이다. 본고는 지석묘 자체에 대한 연구뿐만 아니라 관련된 석관묘나 입석까지 포함하여 함안의 거석문화를 종합적으로 살펴보고, 지석묘 축조집단의 사회를 좀 더 입체적으로 검토하고자 한다.

본고에서는 함안 내 3개 유역권별 청동기시대 무덤 현황 및 지역성, 지석묘의 상한과 하한, 청동기시대 전·후기 무덤의 특징, 지석묘와 석관묘의 관련성, 지석묘 축조집단의 계층 분화, 단위 지석묘군의 분석, 입석과 지석묘의 관련성, 함안 지석묘의 특징과 변한 소국과의 관련성 등을 다루고자 한다.

함안지역 지석묘의 수가 200기를 초과하지 않는다는 점에서 당시 지석묘는 일반인들의 무덤으로 보기는 어렵고 집단의 상징적 존재이자 집단의 지도자와 관련될 것이라 본다. 이러한 점에서 지석묘 상석의 의미는 특별하다고 하겠다. 이에 비해, 지석묘와 연접하여 확인되는 석관묘나 (석개)토광묘는 그 군집도나 숫자가 지석묘보다 더 많기에 당시에 더 보편적인 무덤으로 볼 수도 있다. 즉, 지석묘 주변에서 보이는 석관묘나 (석개)토광묘 등은 지석묘보다는 위계가 낮지만 동시대의 같은 집단 혹은 한 단계 하위의 무덤으로 보이므로 지석묘와 같이 논의되어야 한다. 때로는 상석이 사라진 하부구조는 지석묘, 석관묘의 구분이 애매한 경우도 적지 않다. 아울러, 지석묘와 동시기에 축조된 입석에 대한 검토도 필요하다.

한편, 지석묘를 포함한 청동기시대 분묘는 시기 구분이 필요하다. 크게는 전기와 후기로 구분된다. 전기 후반대에 이르러야 분묘가 출현하며 그 수는 매우 제한적이다. 후기 후반대에 지석묘, 석관묘 등이 가장 왕성하게 조영된다. 이처럼 청동기시대 분묘의 전반적인 특징은 전기 분묘의 수는 매우 제한적이고 후기의 무덤이 많다는 공통점이 있다. 따라서, 본고에서 청동기시대 분묘의 분석이나 사회구조 등에 대한 내용은 후기(특히, 후기 후반)를 중심으로 이루어질 것이다.

그리고, 지석묘는 변한소국인 안야국 성립 직전단계의 문화라는 점에서 매우 중요한데, 안야국 지배층의 무덤인 목관묘와의 유기적인 연계성에 주목할 필요가 있다. 지석묘와 입석 등의 의미나 계층 문제는 인류학적 조사 연구를 일부 원용하고자 한다.

Ⅱ. 유역권별 청동기시대 무덤 현황 및 지역성

함안지역은 3개 유역권별로 구분되는데, 서쪽으로부터 석교천, 함안천, 광려천 유역이 그것이다. 이러한 유역권별로 지석묘 축조방식 등에서 차별성이 보인다.

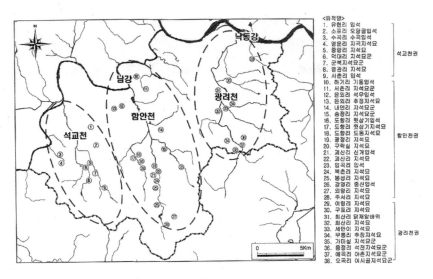

<유적명>
1. 유현리 입석
2. 소포리 오당골입석
3. 수곡리 수곡입석
4. 영운리 지곡지석묘
5. 몽알리 지석묘
6. 덕대리 지석묘군
7. 군복지석묘군
8. 명관리 지석묘
9. 사촌리 입석
─── 석교천권

10. 하기리 기둥입석
11. 서촌리 지석묘군
12. 윤외리 석무입석
13. 윤외리 추정지석묘
14. 내인리 지석묘군
15. 송정리 지석묘군
16. 도항리 봉산기입석
17. 도항리 햇살기지석묘
18. 도항리 도동지석묘
19. 광정리 지석묘
20. 구락실 지석묘
21. 괴산리 신개입석
22. 괴산리 지석묘
23. 입곡리 입석
24. 북촌리 지석묘
25. 봉성리 지석묘
26. 강명리 중산입석
27. 외암리 지석묘
28. 주서리 지석묘
─── 함안천권

29. 이현리 지석묘
30. 구포리 지석묘
31. 최산리 댐재알바위
32. 최산리 지석묘
33. 세만이 지석묘
34. 무릉리 추정지석묘
35. 가미실 지석묘군
36. 용정리 석정지석묘군
37. 예곡리 아름지석묘군
38. 오곡리 여시골지석묘군
─── 광려천권

[그림 1] 함안군 수계별 지석묘 · 입석 분포도(함안군 2019:34)

지석묘는 훼손된 것까지 포함하였는데, 이는 지석묘의 수와 위치는 당시 주요 취락의 위치를 추정할 수 있기 때문이다. 이를테면, 지석묘의 수에 따라 당시의 거점 취락과 일반 취락의 구분까지 가능하다. 그리고, 최근 발굴조사된 지석묘·석관묘·석개토광묘 외에 지석묘와 밀접한 관련이 있는 입석 등도 부가하여 기술하기로 한다.

1. 석교천 유역 청동기시대 무덤 및 입석 현황

: 지석묘 44기, 석관묘 15기, (석개)토광묘 3기, 입석 10기

〈표 1〉 석교천 유역 청동기시대 무덤 및 입석 현황(윤호필 2018·함안군 2019 수정)

읍면명	유적명	지석묘·입석 수 (파괴된 수)	비고
군북면	유현리 입석	2기	
	소포리 오당골 입석	2(1)기	
	수곡리 수곡 입석	2기	
	영운리 지곡 지석묘	2(1)기	
	중암리 지석묘	1기	
	덕대리 지석묘군	6(1)기	'가'군-3기, '나'군-3기
	덕대리 유적	석관묘 1기 발굴	동서문물연구원 2007
	동촌리(군북) 지석묘군	26기	
	동촌리 지석묘	지석묘 1기 발굴	경남발전연구원 2002
	동촌리 유적 2	석관묘 12, 석개토광묘2, 주거지 4 발굴	동서문물연구원 2010
	동촌리 서촌 지석묘	1기	
	명관리 지석묘군	7기	'가'군-3기, '나'군-4기
	사촌리 입석	4기	2·3호는 인접한 1쌍
	소포리유적 1	토광묘 1기 발굴	동서문물연구원 2012
	소포리유적 2	주거지 1기 발굴	동서문물연구원 2013
	장지리유적 2	석관묘 2기 발굴	해동문화재연구원 2014

2. 함안천유역 청동기시대 무덤 및 입석 현황

: 지석묘 74기, 석관묘 59기, (석개)토광묘 6기, 입석 15기

<표 2> 함안천 유역 청동기시대 무덤 및 입석 현황(윤호필 2018·함안군 2019 수정)

읍면명	유적명	지석묘·입석수 (파괴된 수)	비 고
대산면	하기리 기동 입석	2(2)기	
	서촌리 지석묘	3기	
법수면	윤외리 석무 입석	1기	
	윤외리 지석묘(추정)	1(1)기	
산인면	내인리 지석묘군	5(3)기	
	송정리 지석묘군	8(5)기	
	송정리 지석묘 발굴조사	지석묘 1기	경남고고학연구소 2003
가야읍	도항리 윗삼기 입석	2기	
	도항리 윗삼기 지석묘	3(3)기	
	도항리 도동 지석묘군	10기	
	도항리 암각화고분·지석묘	지석묘 8기, 주거지 1기	창원문화재연구소 1991
	도항리 구락실 지석묘군	6(1)기	
	도항리 6-1호 유적	석개토광묘 2기	동아세아문화재연구원2006
	도항리 527번지 유적	석관묘 2, 토광묘 1, 석개토광묘 3기	우리문화재연구원 2016
	광정리 지석묘군	5(4)기	3기 도난, 1기 매몰
	광정리 유적	지석묘 1기 발굴	우리문화재연구원 2014
	사내리 유적	석관묘 1기 발굴	두류문화재연구원 2014
함안면	괴산리 신개 입석	2(1)기	
	괴산리 지석묘	2(1)기	
	괴산리 유적	석관묘 1기	동서문물연구원 2009
	입곡리 입석	1기	
	북촌리 지석묘	1기	
	북촌리 유적	석관묘 7기, 추정상석 1기	동아세아문화재연구원2016
	봉성리 지석묘군	4기	

읍면명	유적명	지석묘·입석수 (파괴된 수)	비 고
함안면	봉성리 유적	석관묘 2기, 주거지 2기	경남발전연구원 2003
	봉성리 청동기시대무덤군	석관묘36기,지석묘2기	동아세아문화재연구원 2012
	봉성리 866번지 유적	석관묘 3기	우리문화재연구원 2013
	봉성리 청동기시대무덤군2	지석묘1기, 석관묘 7기	기호문화재연구원 2013
	강명리 중산 입석	2기	
여항면	외암리 지석묘	13(12)기	

3. 광려천유역 청동기시대 무덤 현황

: 지석묘 64기, 석관묘 39기, (석개)토광묘 24기

⟨표 3⟩ 광려천 유역 청동기시대 무덤 현황(윤호필 2018·함안군 2019 수정)

읍면명	유적명	지석묘·입석 수 (파괴된 지석묘수)	비고
칠북면	이령리지석묘군	9(7)기	
	덕남리유적	석개토광묘 3기 발굴	해동문화재연구원 2011
칠서면	구포리 지석묘	1기	
	회산리 지석묘	4(3)기	
	무릉리(추정) 지석묘	1기	
칠원읍	용산리 세만이 지석묘군	10(7)기	
	오곡리 가마실 지석묘군	7(5)기	
	가마실 유적	지석묘 3, 주거지 5기 발굴	창원대학교박물관 1998
	오곡리 여시골 지석묘군	5(1)기	

칠원읍	오곡리유적	지석묘 1, 석관묘 14, 석개토광묘 5, 토광묘 14, 주거지 4기 발굴	창원대학교박물관 1994
	오곡리 87번지 유적	목관묘 2기 발굴	우리문화재연구원 2006
	오곡리 28번지 유적	석관묘 1기 발굴	우리문화재연구원 2008
	용정리 석전 지석묘군	10(4)기	
	용정리 석전 지석묘	석관묘 16기, 지석묘구획석 1기 발굴	우리문화재연구원 2010 우리문화재연구원 2012 한반도문화재연구원 2014
	예곡리 야촌 지석묘군	12(5)기	
	예곡리 유적	석관묘 8기 발굴	동서문물연구원 2011
	운서리 지석묘군	1기	

4. 함안지역 청동기시대 무덤의 지역성과 지석묘 축조 공동체의 범위

함안지역에서 발굴조사된 청동기시대 무덤을 비교해 보면, 석교천·함안천·광려천 등의 세 유역별 무덤은 구조적으로 차이를 보인다(표4 참조). 먼저, 석교천유역에서 발굴된 청동기시대 무덤은 판석을 이용한 석관묘의 비율이 할석을 이용하여 축조한 비율에 비해 상당히 높으며 대부분 시상을 설치하고 있다. 판석을 이용한 상형석관의 형태는 남강유역에서 주를 이루는 무덤구조로 남강유역과의 관련성이 제기된다. 한편, 함안천유역의 석관묘는 판석+할석, 할석을 이용한 석축형 석관묘의 형태로 축조되며 모두 시상이 설치되어 있다. 함안천유역의 특징은 도항리 구릉상의 암각화 지석묘에서 유일하게 장방형의 묘역시설이 확인된다. 그리고, 광려천유역은 판석을 이용하는 경우는 소수이며 할석을 이용하는 경우가 다수이다. 석교천과 함안천유역에서 확인되지 않는 목재를 이용하는 것이 특징이다. 토광묘를 제외한 석관묘의 경우 석교천과 함안천유역은 대부분 판석·할석을 이용한 시상이지만 광려천유역은 목재를 사용하여 시상을 마련한 것이 특징이다.(정혜정 2013:56)

〈표 4〉 함안 유역별 청동기시대 무덤의 벽석 및 시상의 관재(토광묘 제외, 정혜정 2013)

구분	석교천유역	함안천유역	광려천유역
벽석	판석	판석, 할석	할석, 목재
시상	판석 수매	판석, 할석	목재

상기한 바와 같이, 석교천유역에서 벽석과 시상에 판석을 다수 사용하는 매장주체부 축조 방법은 남강중류역과의 지리적 인접성으로 그 영향을 짐작할 수 있다. 이에 비해 함안천유역과 광려천유역 등 진주권과 멀어질수록 판석의 비율은 줄어들거나 사라진다.

이처럼, 유역권별로 벽석과 시상의 축조 방법이 상이한 것은 유역권별 무덤 축조방식의 차이를 의미한다. 이는 축조방식과 장례의례를 공유한 공간적 범위이자 상석을 이동하는데 상호 협조하는 공동체 범위라고 할 수 있다. 지석묘나 석관묘가 주로 축조된 청동기시대 중후기 단계에 유역권을 벗어나는 영향권은 상정하기 어렵고, 촌락단위 혹은 유역권 범위내에서 지석묘·석관묘가 축조된 것으로 보인다. 이는 三韓社會에서 논의되는 邑落의 범위와도 서로 맞물려 있는데, 지석묘 상석 이동시에 동원되는 공동체의 범위와 읍락의 범위는 무관하지 않을 것이다.

함안군 수계의 공간적 위치·유역면적(함안군 2019:18)과 기존 청동기시대 문화의 연구성과를 보아도 세 유역권별 청동기시대의 문화양상을 유추할 수 있다. 즉, 함안지역 청동기시대 이른 단계 문화는 청동기시대 조기문화가 확인된 남강중류역과 인접한 석교천에 먼저 확인되고 동촌리 같은 경우에는 장기적인 청동기시대 무덤이나 취락의 존재가 추정된다. 다만, 석교천유역은 유역면적이 좁아 복합사회로의 성장에 한계가 보인다. 이에 비해 함안천유역과 광려천유역은 유역면적이 석교천유역보다 거의 1.5-2배 정도 넓고, 청동기시대문화는 조금 늦게 유입되었지만 입지상 남강하류역과 낙동강 합수역에 자리하여 낙동강 중류와 하류를 잇는 교통의 결절점으로서 교류·교역을 통해 성장하는데 유리한 지역이다. 후술하겠지만, 함안천유역·광려천유역을 중심으로 출현한 함안식 적색마연호(경부내경 단경호)는 낙동강중류역의 적색마연 장경호와의 교류의 산물로 볼 수 있다(김미영 2011).

Ⅲ. 청동기시대 전·후기무덤의 구분과 특징

1. 함안지역 청동기시대 분묘의 상한과 하한

1) 상한

함안지역의 지석묘 등 청동기시대 분묘의 상한에 대해서는 대개 전기 후반으로 보고 있다(김미영 2019). 우리나라에서 청동기시대 조기나 전기전반대의 분묘는 거의 확인된 바 없으며, 청동기시대 전기후반대 분묘의 수도 매우 제한적이다.

함안지역 청동기시대 전기후반대의 연대는 칠원 오곡리, 함안 봉성리 등에서 출토된 채문호에 근거하여 기원전 1000~800년경으로 설정한 바 있다(송영진 2015: 106-108).

그런데, 전기후반대의 편년안에 대해서는 재고의 여지가 있다. 즉, 전기후반대 편년안이 대개 방사성탄소연대에 근거하고 있어 고목효과 등을 고려하면 그 하한이 조금 더 내려올 가능성이 높다. 이와 함께 기존에 청동기시대 후기전반대의 무덤이 희소하다는 점(김미영 2019)을 고려하면 더욱 더 그러하다.

2) 하한

청동기시대 후기, 즉 송국리형문화 유입 이후에는 무덤의 수가 증가하고 있다. 특히, 청동기시대 후기후반대의 분묘는 그 수가 급증하므로 분묘가 사용이 저변에 확대되었음을 의미한다.

청동기시대 무덤의 하한 시기에 대해서는 논란이 있으며 이에 대한 논의는 아직 본격화되지 않았다. 청동기시대 무덤의 하한을 원형점토대토기와 관련지어 보면 그 시기는 기원전 3~2세기경이 될 것이다. 하지만, 청동기시대 늦은 단계 무덤에서 점토대토기 출토 양상이 뚜렷하지 않거나 유물이 출토되지 않는 경우도 적지 않아 그 하한에 대해서는 여전히 논란이 있다.

함안지역에서는 기원전 1세기경에는 철기가 출토되는 목관묘가 군북면 소포리나 가야읍 도항리에서 확인된다. 그렇다면 청동기시대 무덤의 하한을 기원전 2세기대로 볼 수 있다. 고김해만에서도 지석묘에서 원형점토대토기와 관련된 유물이 확인되므로 참고가 된다.

하지만, 기원전 1세기대의 목관묘는 그 수가 매우 제한적이어서 선진문물을 먼저 받아들인 엘리트층의 무덤이거나 이주민의 무덤일 가능성이 높다. 즉, 함안지역만 국한해 보더라도, 목관묘의 수는 전체 인구에 비해 너무나 극소수이며, 앞선 시기인 송국리형 문화기의 분묘수보다도 매우 적은 편이다. 지석묘나 석관묘를 쓰던 사람들이 단번에 외래계 묘제인 목관묘를 수용하지 않았다면 계층차나 중심부·주변부 등 지역에 따라 지석묘나 석관묘를 한동안 유지한 집단도 있었을 가능성이 있다. 다시 말하면, 기원전 1세기대에 이주민 혹은 신문물을 수용한 집단이 있는 반면 기존의 묘제를 유지한 집단이 있었을 것이다. 기존 지석묘나 석관묘 군집에 덧대어 소형 석관묘를 사용한 집단도 있었을 것이며, 청동기시대 말기 단계에 유물이 빈약하여 그 위세품이 뚜렷하지 않는 것은 여러 지석묘군·석관묘군에서 확인되는 바이다. 대표적인 예가 함안 오곡리 분묘군(창원대학교박물관 1995)이다. 청동기시대 말기의 과도기에는 위세품이 빈약할 뿐만 아니라 종래 사용하던 무문토기를 그대로 사용했을 가능성도 있다. 따라서, 함안일원에서 청동기시대로부터 원삼국시대로 접어드는 기원전 2~1세기대에는 완만한 과도기로 보아야 한다.

요컨대, 종래 지석묘군 주변에서 발견되는 석관묘, 석개토광묘 등 중 유물이 발견되지 않는 퇴화형 분묘 양식을 주목해 보면, 그 하한을 기원전 1세기대까지 내려볼 가능성은 있다.

이와 관련하여, 김해 대성동 구릉 정상부에 자리한 석개토광묘(84호)의 경우 청동기시대~원삼국시대의 과도기의 묘제와 유물 양상을 잘 보여준다. 석개토광묘의 유구나 출토유물 중 홍도·일단병식석검·석촉의 공반은 청동기시대 마지막 양상이고, 기원전후시기의 주조철부나 포타쉬계 유리는 신문물의 상징이다(박진일 2015, 이동희 2019). 이러한 과도기의 문화적 혼합 양상의 무덤이 향후 더 발견될 가능성은 충분하다.

한편, 기존에 함안식 적색마연호(경부내경 적색마연호) 등의 유물로 함안의 지석묘가 청동기시대 후기 후반대에 집중되어 있다는 인식(김미영 2019)을 주목할 필요가 있다. 청동기시대 분묘가 후기후반대에 너무 많이 몰려 있

[그림 2] 청동기시대 후기 후반의 함안식 적색마연호(김미영 2019)

다는 것은 문제인데 좀 더 그 폭을 상·하로 넓힐 필요가 있다는 것을 반증하는 것이다. 특히, 하한을 좀 더 내려 보아야 한다. 아울러, 함안지역에서 청동기시대 후기후반대의 분묘가 많다는 것은 그 만큼 주거지가 많다는 것인데 기존의 후기전반으로 인식한 송국리형 주거지 중 일부는 후기후반으로 보아야 할 것이며 같은 맥락에서 송국리형주거지의 하한이 초기철기시대까지 내려올 가능성은 높다.

실제로, 경남과 멀지 않은 전남 순천 연향동의 송국리형 주거지에서 기원 이후의 삼각구연점토대토기가 출토된 사례가 있다.(이동희 2017:137) 따라서 송국리형주거지의 하한에 대해서는 향후 진전된 논의가 필요하다.

지석묘의 종말의 배경에 대해서는 다음의 견해가 제시된 바 있다.

한국에서 지석묘의 소멸은 한국문화사에서 획기적 사건이었으며 새로운 문화·사회 단계에 돌입했다는 것을 의미하는 분기점이다. 막대한 재산·시간·에너지를 소요했던 지석묘 문화가 소멸된 배경에는 엄청나게 큰 문화·사회적 변동이 있었을 것이다(이송래 1999). 청동기와 철기 그리고 잉여농산물 생산증가를 강조하는 철기시대의 지배 엘리트들은 그들의 지휘하에 있던 노동력을 지석묘 축조와 같은 비생산활동에서 생산활동으로 재배치시켰고 노동력이 많이 필요한 기존의 지석묘 대신 간단하게 축조할 수 있는 석관(곽)묘, 목관묘, 옹관묘, 토광묘 등의 묘제가 등장하였을 것이다(이송래 1999, 이영문 2002).

2. 함안지역 청동기시대 전·후기 무덤의 특징과 의미

1) 전기 무덤의 특징

청동기시대 전기후반 무덤의 특징은 독립되어 그 수가 소수이고, 상석이나 매장주체부가 해당집단내에서 특대형이고 석검·석촉·채문토기 등 부장유물의 조합상이 후기와는 뚜렷이 차이를 보인다는 점이다(이영문 2011).

청동기시대 전기 후반대에 처음으로 분묘가 확인되고 그 수가 소수인 것은 그만큼 분묘 축조가 일반화되지 않고 특별하다는 것을 의미한다. 그래서 그 피장자는 해당 집단의 지도자이고, 지석묘는 그 자체로 집단의 상징적 기념물로 존재했을 가능성이 높다. 전기에 무덤의 수가 극소수이기에 지배자라는 견해가 제기될 수 있지만, 후기에 이르러서야 계층분화가 본격화된다는 점에서 전기에는 계층분화라기보다는 집단의 지도자만 무덤을 사용하고 나머지 사람들은 평등 관계를 유지했을 것으로 추정한다.

영남지역에서 청동기시대 전기 무덤은 30여 곳에 이르는데 대부분 1~3기씩 독립되어 분포한다. 공동묘지군에 전기 무덤이 포함된 경우도 있지만 최초 무덤이 축조되었을 전기에는 1~3기 정도만 조영되었을 것으로 보인다. 또한, 전기에는 2~3동의 세장방형주거지가 하나의 마을을 이루었다(이수홍 2020:38-48). 이처럼, 단위지역에서 전기(후반) 무덤의 수와 해당 주거지 분포수가 일치되는 경우가 많다. 따라서, 청동기시대 전기의 개별 주거지가 세대공동체 단위라고 본다면, 전기 무덤의 피장자는 세대공동체의 장(長)일 가능성이 있다.

2) 함안지역 전기 무덤의 분석

함안지역에서 청동기시대 후기에 비해 전기(후반)의 무덤 숫자가 소수이므로 이에 대해 상술하기로 한다. 전기의 묘제로는 지석묘, 석관묘, 목관묘, 석개토광묘 등이 있다.

〈표 5〉 함안지역 청동기시대 전기(후반)의 분묘 현황(동-동아세아문화재연구원, 기-기호문화재연구원)

유역권	유적	호수	상석규모	묘광규모 (단위:㎝)	매장주체부규모 (단위:㎝)	분묘형식	입지	유물
석교천	동촌리	1	없음	230×99×11	161×41×38	석관묘	하성충적지	적색마연호 1
		2		(195)×125×10	156×56×12			적색마연호 1 발형토기 1
함안천	봉성리	동-4	235×220×135㎝	440×206×46	298×106×46	지석묘	하성충적지	채문토기 2, 석검 1, 석촉 1
		기-3	?×?×?	402×187×63	273×81×60			채문토기 1, 석검 1, 석촉 1, 환옥 1
광려천	오곡리	1	없음	208×79×20	146×49	목관묘	구릉사면	옥 1
		2		166×55×48	?			환옥 2, 소호 1, 석촉 4
	덕남리	A-1호		239×68×55	?	석개토광묘	구릉말단	채문토기 1, 석검 1, 석촉 5
		B-1호		250×118×70	?			채문토기 1
		B-2호		137×43×25	?			-

(1) 지석묘 - 봉성리 유적(동아세아문화재연구원 2014, 기호문화재연구원 2015)

봉성리유적에서 청동기시대 전기후반대의 무덤은 모두 지석묘로서, 동아세아문화재연구원 4호와 기호문화재연구원 3호이다. 기호-3호의 매장주체부는 길이273, 너비81, 깊이60㎝이고, 동아세아-4호는 길이298, 너비106, 깊이46㎝로 봉성리유적의 청동기시대 후기 무덤에 비해 특대형이다.

이러한 지석묘 2기의 동질성은 바닥시설의 특이 구조를 통해서도 알수 있다. 먼저 동-4호묘의 벽홈은 양단벽에서 중앙부로 각50~65㎝이격된 양장벽과 시상석 사이에 12~25㎝ 너비로 대칭적으로 뚫려 있어 보고자는 목재 등을 끼워 넣어 피장자 안치공간과 유물 부장공간을 별도로 구획한 것으로 추정한다(동아세아문화재연구원 2014:170). 기-3호묘에서는 바닥에서 확인된 석재 2매가 주목되는데 동-4호묘에서 확인된 벽홈과 관련지어볼 수 있다. 벽홈과 석재가 위치한 지점이 비슷하며 각기 2개소가 마련된것으로 보아 축조에 사용된 재료는 다르나 동일한 기능을 하였을 것으로추정된다(기호문화재연구원 2015:80).

이러한 점에서도 동-4호묘와 기-3호묘는 거의 동시기로 볼 수 있다. 두무덤간의 간격은 약 100m정도이며, 청동기시대 전기후반에 해당하는 두무덤에 잇대어 청동기시대 후기의 무덤이 유기적으로 연접하고 있어 상석 존재를 전제하지 않는다면 불가능하다. 즉, 청동기시대 전기에 해당하는 2기의 무덤은 상석이 있는 상징물로서 신앙의 대상으로 존재했기에후기에도 같은 열상을 보이며 연접하거나 긴밀한 유기적인 관련속에서지속적으로 무덤들이 들어선 셈이다. 그러한 점에서 지금은 상석이 사라진 전기의 2기 무덤은 지석묘 상석이 존재했을 가능성은 매우 높다. 이러한 상석의 존재 문제는 주민들의 전언에서도 뒷받침된다.

군집도가 낮은 1~2기 정도의 토광묘나 석관묘가 일정한 간격을 두고독립적으로 분포하는 것이 전기 무덤의 특징인데, 함안지역에서 이 사례에서 벗어나는 경우가 봉성리 지석묘유적이다. 함안천유역의 봉성리유적에서 초기부터 지석묘 상석을 축조할 기획을 하고 진행함은 타유역권과는 경제력이나 주민수에서 차별성이 뚜렷하고 선진문물의 수용에 적극적이었다고 볼 수 있다. 동시기에 다른 유역권에서 석개토광묘나 석

관묘를 사용할 때에 함안천중류역에서 지석묘가 축조됨은 사회경제적
으로 우월성을 보여주는 것이다. 이는 봉성리유적이 가장 넓은 가경지
가 있는 함안천 중상류역에 위치한다는 점과 무관하지 않을 것이다. 그
리고, 봉성리 전기 지석묘에 잇대어 청동기시대 후기의 석관묘나 지석묘
들이 장기간 연접하는 기획성은 함안 권역에서 가장 중심 집단임을 웅변
한다.

또한 봉성리유적의 지석묘 하부의 매장주체부의 묘광과 매장주체부의
규모가 다른 유적보다 거의 1.5~2배 정도 차이가 나고 유물조합상에서도
가장 탁월한 것(표 5 참조)은 함안천중류역에 자리한 봉성리유적의 주민들
이 함안권역에서 가장 선진적이었다고 볼 수 있다.

즉, 청동기시대 전기부터 지석묘 상석이라는 상징물이 가장 일찍 등장
한 차별성 외에도 묘광·매장주체부의 규모·유물에서 봉성리 일대가 탁
월하다. 그리고 다른 유역권의 유적과 달리 전기에 연이어 후기에 지석묘
나 석관묘들이 유기적으로 연접하는 대표적인 예가 봉성리유적이다. 이
러한 점에서 보면 청동기시대 전기후반부터 유역권별, 집단별로 계층 분
화가 서서히 시작된다고 볼 수 있다.

(2) 석관묘 - 동촌리 II 유적 (동서문물연구원 2012)

1, 2호 석관묘는 청동기시대 후기에 속하는 석관묘나 석개토광묘에서
60m 이상 이격되어 있다. 즉, 후기의 석관묘와는 동일한 열상으로 배치
되어 있지 않고 독자적인 소군집을 이루고 있다. 그런데, 후기의 석관묘
는 인접도와 열상이 뚜렷이 연결되는데 비해, 전기후반대의 석관묘는 열
상이나 인접도가 낮은 편이다. 즉, 1·2호는 20m정도로 이격된 데 비해,
후기(후반)의 석관묘 5~12호는 30m 공간내에 열 지어 모여 있다. 이는 후

기의 분묘 수가 많아지고 유구간의 유기적인 관련성이 뚜렷해짐을 의미한다.

전기 단계의 석관묘는 모두 석곽형 석관이다. 후기 단계의 석관은 석곽형과 상형으로 구분되는데 상형은 규모가 작아 유아장일 가능성이 높다. 후기의 석관 중 규모가 큰 석곽형 석관에서만 석검이나 적색마연호가 출토된다. 같은 석곽형 석관이라도 전기후반단계의 1, 2호의 벽석은 판석으로 평적하여 정연하게 축조되었는데 비해, 벽면의 축조양상이 조잡한 것이 대부분인 후기 단계의 석곽형 석관과는 차별성이 보인다. 그리고 석관의 폭이 전기후반의 석관묘가 후기의 것보다 넓은 것이 특징이다.

(3) 목관묘 - 오곡리유적

1994년에 발굴조사된 오곡리유적(창원대박물관 1995)의 동쪽 사면부에서 전기 후반의 목관묘 2기가 확인되었다(우리문화재연구원 2008). 매장주체부의 장축방향은 등고선과 평행하다. 1호는 조사구역 북서쪽 구릉 사면에, 2호는 조사구역 서쪽의 구릉 사면에서 조사되어 일정한 공간 구분이 보인다. 2호에서는 석개가 확인되어 석개토광묘로도 분류 가능하다. 1호 목관묘의 묘광 양단벽에는 길이 20㎝내외의 돌을 횡평적하였다. 2호의 내부시설로는 양 장벽에 각각 2곳씩 대칭되는 위치에 수직의 홈이 관찰되는데, 묘광 내부에 목관을 설치하는 등의 흔적으로 판단된다. 바닥에는 회청색의 유기질흔이 관찰된다. 하지만 묘광 자체의 폭이 좁고 길이도 짧은 편이므로 피장자를 온전히 담는 목관으로 보기는 어렵다. 묘광 굴착 이후 목재의 어떤 시설이 부가되었을 것으로 추정된다. 1호에서 환옥 1점, 2호에서 환옥 2점·석촉 4점·소호 1점 등이 출토되었다.

(4) 석개토광묘 - 덕남리유적(해동문화재연구원 2013)

A지구에서 1기, B지구에서 2기 등 총 3기의 석개토광묘[49]가 조사되었다. A지구와 B지구의 거리가 200m 이상되고, B지구의 2기 분묘 사이의 거리도 30m정도 되므로 청동기시대 전기 무덤의 분포상의 특징이 후기에 비해 군집도가 낮다는 점을 상기시킨다. 입지로 보면, 구릉 말단부에 해당한다. 덕남리 석개토광묘가 자리한 지형은 청동기시대 당시에는 바로 동쪽으로 낙동강 범람원 또는 배후습지로 파악되므로 분묘를 쓸 공간은 매우 제한되었을 것이다.

출토유물은 묘광규모가 비교적 대형인 A-1, B-1호에서만 출토되었고 모두 장축방향이 등고선과 나란하다. 보고자는 채문토기의 동체부 형태가 구형에서 타원형으로 진행되는 것으로 보아 청동기시대 전기말로 추정하였고, 출토유물에 근거하여 청동기시대 전기말~중기(송국리문화기) 전반, 즉 기원전 8~6세기경으로 편년하고 있다.

3) 전·후기 부장유물 조합상 변화의 의미 -함안 봉성리 유적으로 중심으로-

전기에는 석검·옥·석촉·채문토기 등의 유물이 부장되는데, 검·촉·채문토기가 공반되는 유물 조합상을 보이는 경우가 많다(이영문 2011). 또한 부장 빈도가 높아, 함안의 경우 거의 90%의 전기 무덤에서 유물이 부장되고 있다. 이에 비해, 후기에는 유물이 부장되는 무덤수는 50% 미만이고, 부장유물의 정형성이 떨어진다. 특히, 매장주체부의 규모가 소형이어서 유

---

49) 보고자는 지석묘의 하부구조라고 보았지만, 조사구역은 지석묘가 입지하기에 적합하지 않은 곳이고, 공반유물로 보면 청동기시대 전기후반대에 일반적으로 확인되는 석개토광묘로 보는 것이 적절하다.

아장으로 추정되는 경우에는 유물이 매우 빈약하다. 후기에는 성인 남성의 무덤에 위세품이 주로 부장된 것으로 보인다.

이러한 부장유물 조합상의 변화를 함안지역에서 가장 보여주는 곳이 봉성리유적이다.

함안 봉성리유적의 경우, 유물조합상으로 전기 후반 단계로 볼 수 있는 유구는 2기이다. 즉, 동아세아문화재연구원-4호가 채문토기 2, 석검 1, 석촉 1점이고, 기호문화재연구원-3호는 채문토기, 석검, 석촉, 환옥 각 1점이다. 이러한 유물 조합상은 청동기시대 후기 단계에는 거의 보이지 않는다. 청동기시대 전기후반에 이러한 유물 조합상을 보이고 그 수가 매우 제한적인 것은 해당 공동체의 지도자이면서 제사장의 무덤과 관련될 것으로 본다[50]. 채문토기는 그 문양의 특징상 의례적 의미를 둘 수 있겠는데, 주술적이고 원시신앙적인 의미를 가진 특수 용기로 보는 견해(이건무 1986:74)가 제시된 바 있다. 석검과 석촉은 지도자의 권위를 보여주며 옥은 제사장의 의례용 장신구였을 것이다. 요컨대, 소수이면서 유사한 유물조합상을 보이는 전기후반의 무덤은 당시 해당 촌락 집단의 지도자이자 제사장의 무덤으로 볼 수 있다. 또한, 지상에 뚜렷한 표식이 있는 지석묘와 같은 기념물은 신앙의 대상으로 기능했을 것이다.

한편, 함안 봉성리유적의 후기 단계에서 유물이 부장되지 않는 경우가 절반 이상(24/44)이고, 유물이 확인되는 경우는 50%미만(20기)이다. 그 부장양상은 다음과 같다. 즉, 적색마연호(6), 적색마연호+석촉(3), 석검(3), 석검+석촉(2), 옥(2), 적색마연호+옥(1), 적색마연호+석검+석촉(1), 석검+적색마

---

50) 후대이지만, 검+경+옥이 세트로 출토된 초기철기시대의 적석목관묘가 제정일치사회의 제사장이면서 수장의 무덤인 것과 비견된다.

연호(1), 석촉(1) 등의 순이다(표 8).

이 가운데 유일하게 전기와 같이 검+촉+호(적색마연호+석검+석촉) 조합상을 갖춘 경우는 27호(동아세아문화재연구원)이다. 27호 출토 석검은 이단병식(유절식)이어서 후기 가운데 가장 이른 단계에 해당하여 청동기시대 전기후반의 유물부장상을 잇는 자료로서 의미가 있다.

전기에는 석검만 나온 경우가 없는데 후기에는 석검이나 석촉만 나온 경우가 적지 않은 점이 차이점이다. 함안지역의 청동기시대 전기에 토기만 나온 경우 3례, 토기+석검+석촉 2례, 토기 +석검+석촉+옥 1례, 옥 1례, 옥+소호+석촉 1례 등이다(표 5). 이에 비해, 함안 봉성리유적의 후기에는 석검만 나온 3례, 석검+석촉 2례, 석촉 1례 등으로(표 8), 농경사회가 본격화되고 분쟁 등으로 사회가 각박해지면서 석검의 중요성이 강조된 사회[51]로 전환되었을 것이다.

요컨대, 전기사회는 분묘의 지속성이 짧다는 점에서 정주성이 약하고 피장자의 다수가 소집단의 지도자 겸 제사장이었다면, 후기사회는 농경사회가 본격화되면서 정주사회이고 빈부차 등으로 다툼이 심화되어 세속적인 권력의 상징물 혹은 방어 무기로서의 석검이나 석촉만 부장된 사례가 증가한 것으로 보인다. 석촉만 부장된 경우는 석검을 사용하지 못하는 계층이나 청동기시대 말기~초기철기시대 과도기에 해당하는 가장 늦은

---

51) 농경사회의 발달에 따라 계층사회로 전화되고, 거기에는 전쟁 혹은 전쟁의례가 취락 내의 중요한 행사로서 기능했을 것이다. 그러한 과정에서 위세품으로서의 '劍'이 최상위 계층의 분묘에 부장되었을 것이다. 청동기시대 전기의 경우에, 석검의 피장자는 일반 구성원들에게 일방적으로 지배력을 행사하는 권력자로서의 성격부여는 어렵고 그보다는 사회적으로 용인된 권위를 인정받은 계층으로서 그 성격을 규정할 수 있을 것이다. 따라서 상위계층의 영향력은 강제력의 행사보다는 농경사회 내부의 생산과 분배를 둘러싼 갈등의 조정에서부터 戰時나 祭儀時에 집단을 대표하는 역할로 볼 수 있을 것이다(배진성 2007:212-213).

단계라고 파악된다.

<표 6> 함안지역 청동기시대 전·후기 분묘의 비교 - 봉성리 유적을 중심으로-

	군집도	매장주체부 규모	유물	유물 조합상	유물 부장 비율	피장자
전기	단독 혹은 소수 독립적	대형 다수	석검(이단병식), 석촉(삼각만입촉, 이단경촉), 옥, 채문토기	석검, 석촉, 채문토기 세트 다수	약 90%	집단의 지도자 성취 지위?
후기	군집도 높음	대형~소형	석검(일단병식), 석촉(일단경촉), 옥, 적색마연호	유물 조합상 다양	50% 미만	계층분화 진행 귀속지위?

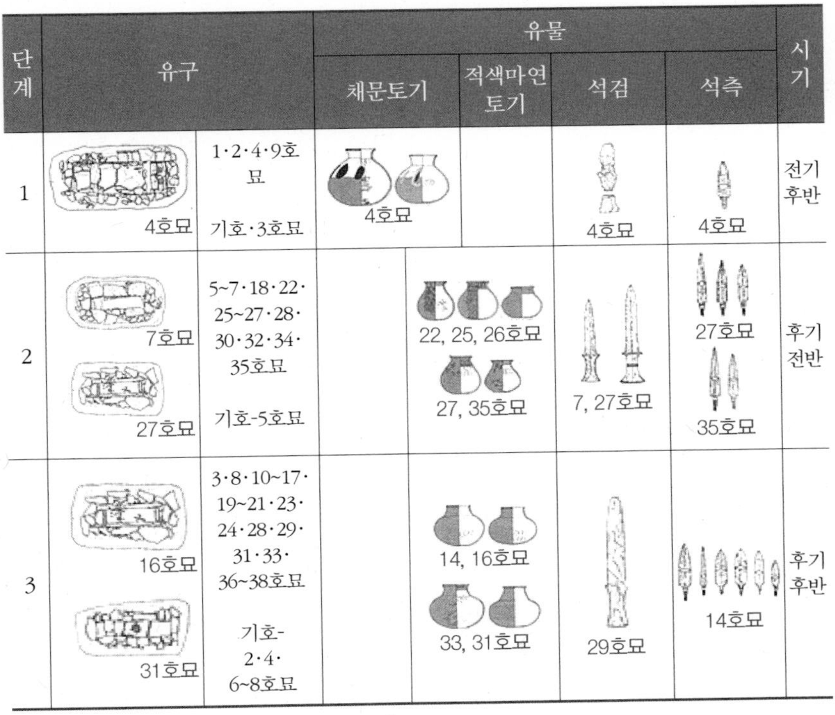

단계	유구		유물				시기
			채문토기	적색마연토기	석검	석촉	
1	4호묘	1·2·4·9호묘 기호·3호묘	4호묘		4호묘	4호묘	전기 후반
2	7호묘 27호묘	5~7·18·22·25~27·28·30·32·34·35호묘 기호-5호묘	22, 25, 26호묘 27, 35호묘		7, 27호묘	27호묘 35호묘	후기 전반
3	16호묘 31호묘	3·8·10~17·19·21·23·24·28·29·31·33·36~38호묘 기호-2·4·6~8호묘		14, 16호묘 33, 31호묘	29호묘	14호묘	후기 후반

[그림 3] 봉성리유적 매장주체부의 구조 및 유물에 따른 단계 구분(동아세아문화재연구원 2014)

4) 소결: 전·후기 무덤의 차이점

청동기시대 전기의 무덤은 군집도가 낮은 1~2기 정도가 일정한 간격을 두고 독립적으로 분포하며 유물의 조합상에서 정형성이 뚜렷하며, 유물이 후기에 비해 후장이어서 유물이 출토되지 않는 분묘가 드물다. 또한 매장주체부의 규모가 크며, 축조방식이 판석으로 평적하는 등 정연하고 후기보다 더 심혈을 기울여 축조하였다. 이는 집단 내 소수 지도자(leader)의 무덤이자 집단의 상징물로서 의미를 부여해야 할 것이다.

석개 토광묘는 전기와 후기에 모두 확인되지만, 그 위상은 사뭇 다르다. 즉, 전기후반대의 석개토광묘에서는 다수의 위세품이 확인되어 상위층으로 추정되고, 별도 공간에 독립적으로 소수 존재한다. 이에 비해, 후기후반을 중심으로 확인되는 석개토광묘는 지석묘나 석관묘에 부수적으로 존재하며 규모가 작아 소아묘인 경우가 적지 않고 유물도 빈약하다.

한편, 후기 무덤의 특징은 군집화가 진행되고 있다는 점이다. 후기에는 전기에 비해 무덤을 쓰는 대상은 증가했지만 부장유물의 차이는 전기보다 더 심화되어 계층분화가 진행되고 있음을 시사한다. 즉, 군집화와 함께 매장주체부의 규모가 다양하고 소형의 유아묘까지 등장하여 계층 분화와 귀속지위를 논의할 수 있다.

전기에는 실생활에 활용된 유물이 부장되지만 전기말부터는 의기화된 석검과 석촉이 등장하여 부장되기 시작하여 후기까지 이어진다(이영문 2011). 후기에 실생활 유물이 아닌 별도로 제작한 의례용 유물을 부장했다는 것은 무덤 축조가 본격화되었음을 의미한다.

그리고, 전기 후반대 분묘와 후기 분묘의 차이라면 전기 후반대 청동기시대 분묘의 입지는 충적대지인 경우와 구릉하단부인 경우로 구분되는데 모두 해발고도가 낮다는 공통점이 있다. 이에 비해 후기가 되면 충적

대지를 그대로 사용하기도 하지만 구릉 위로 올라가는 경우도 적지 않다. 예컨대, 도항리 도동·오곡리 등의 사례가 있다. 여러 가지 이유가 있겠지만, 유력 소집단이 공간적으로 분리하면서 독립된 구릉 위에 입지하는 것은 유력 소집단의 독립적이고 탁월한 공간적 우위라는 경관을 선호한 탓이 아닌가 생각해 본다. 아울러, 집단 간의 계층의 분화와도 무관하지 않을 것이다. 이에 대해서는 뒤에서 상술하겠다.

IV. 단위 지석묘군의 분석

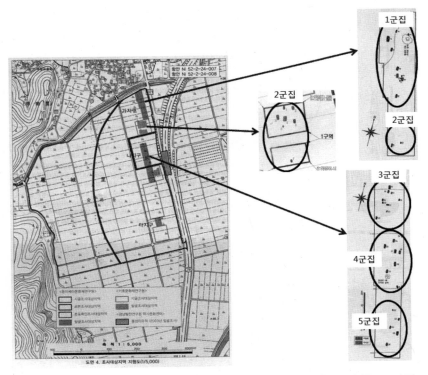

[그림 4] 봉성리 청동기시대 무덤의 소군집별 분포도(동아세아문화재연구원 2014, 기호문화재연구 2015 수정)

1. 봉성리 유적 - 소집단별 구분과 그 의미

봉성리 분묘 집단을 북쪽에서부터 1~5 소집단으로 구분할 수 있다. 구분의 근거는 각 소군집별로 20~30m정도 이격되어 있다는 점이다. 이는 일정한 기획하에 소군집 단위의 분묘군이 조성되었음을 의미하는데, 북쪽의 1군집부터 남쪽으로 진행되는 흐름이다.

〈표 7〉 함안 봉성리 청동기시대 무덤 소군집별 출토유물 일람표

군집명	매장주체부	출토유물					비고
		채문토기	적색마연호	석검	석촉	옥	
1군집	동1~12호	2	1	2	1		동4호: 전기후반 (채문토기 2, 석검 1, 석촉 1)
2군집	동13~14호, 기 1~7호	1	2	3	11	28	기3호: 전기후반 (채문토기 2, 석검 1, 석촉 1, 환옥 1)
3군집	동 15~23호		3				
4군집	동 24~31호		4	4	17	2	
5군집	동 32~36호		2		3		

* 동: 동아세아문화재연구원 조사, 기: 기호문화재연구원 조사

이 가운데 외부에 드러나 당시부터 상징물로 볼 수 있는 지석묘(상석)가 있었던 것으로 추정되는 집단은 1·2·4 소집단이다. 현재로서는 각 소집단별로 1개씩의 지석묘 상석이 있었을 가능성은 있지만 명확하지는 않다. 상석의 크기도 이른 단계(전기후반)로 추정되는 1군집의 것(235×220×135cm)이 4군집의 것(148×100×104cm)보다 대형이다. 청동기시대 후기 이후에 여러 군집 가운데 매장주체부의 규모와 부장유물에서 가장 탁월한 4군에서만

상석이 확인되는 것은 우연이 아니라고 본다. 이는 4군집이 후기 이후에 가장 유력한 소군집이거나 유력한 엘리트층(지도자층)만 매장된 특별한 공간이었을 가능성이 높다.

〈표 8〉 함안 봉성리 청동기시대 무덤군 일람표(동-동아세아문화재연구원, 기-기호문화재연구원)

호수	上石크기(㎝)	매장주체부크기(㎝)	장축	유물	군집
동-1		(150)×36×9	남-북		
동-2		155×44×20	남-북		
동-3		(102)×32×22	남-북	적색마연토기 1	
동-4	235×220×135	298×106×46	남-북	채문토기 2, 석검 1, 석촉 1	
동-5		166×32×28	남-북		
동-6		151×50×44	남-북		
동-7		172×42×50	남-북	석검 1	1군
동-8		164×36×40	남-북		
동-9		58×21×13	남-북		
동-10		57×21×32	남-북		
동-11		54×30×14	남-북		
동-12		162×48×22	남-북		
동-13		(90)×24×11	남-북	소형관옥 2	
동-14		198×56×32	남-북	적색마연토기 1, 석촉 9	
기-1		164×50×23	남-북	석검 1, 홍도편 1	
기-2		?	남-북		
기-3	?×?×?	273×81×60	남-북	채문토기 1, 석검 1, 석촉 1, 환옥 1	2군
기-4		240×85×75	남-북	관옥 26	
기-5		165×44×26	남-북	석검 1	
기-6		81×25×13	남-북		
기-7		93×30×30	남-북		

호수	上石크기(㎝)	매장주체부크기(㎝)	장축	유물	군집
동-15		176×52×57	남-북	적색마연토기 1	
동-16		170×65×47	남-북	적색마연토기 1	
동-17		(104)×47×20	남-북		
동-18		107×28×19	남-북		
동-19		115×42×32	남-북		3군
동-20		86×31×29	남-북		
동-21		146×42×24	동-서		
동-22		90×25×32	남-북	적색마연토기 1	
동-23		138×56×27	남-북		
동-24		(134)×(65)	남-북		
동-25		187×48×35	남-북	적색마연토기 1, 석축 4	
동-26		178×38×22	남-북	적색마연토기 1, 식옥 2	
동-27		134×40×49	남-북	적색마연토기 1, 석검 1, 석축 10	
동-28		172×43×43	남-북	석검 1, 석축 1	4군
동-29		163×49×39	남-북	석검 1	
동-30	148×100×104	158×36×35	남-북	석검 1, 석축 2	
동-31		150×37×21	남-북	적색마연토기 1	
동-32		52×20×30	남-북		
동-33		158×56×34	남-북	적색마연토기 1	
동-34		161×50×22	남-북		5군
동-35		138×36×40	남-북	적색마연토기 1, 석축 2	
동-36		168×56×42	남-북	석축 1	

이 중에서도 가장 이른 청동기시대 전기 후반대에 편년되는 소집단은 1·2집단인데, 1집단에서 상석이 있는 동-4호와 2집단에서 상석이 있었던 것으로 추정되는 기-3호는 100m정도 이격되어 있다. 전기후반대에 거의

동시기에 혹은 약간의 시간적 간격을 두고 2기의 지석묘 상석이 축조된 셈이다. 그 이후 후기 단계에 들어오면서 1·2구역 외에도 3·4·5구역에 동시다발적으로 분묘들이 만들어진다.

이 가운데서 청동기시대 후기에 들어와서 유물이 탁월한 곳, 특히 석검이나 석촉 등의 무기류나 옥 등의 위세품이 빈출되는 곳은 2·4군집이다. 유물이 탁월한 2·4 소집단은 특히 석검이나 옥 등의 위세품이 두드러진다. 예컨대, 2집단에서는 석검 3점, 옥 27점, 채문토기 1점, 석촉1점 등이 확인되었다. 2·4군집은 단위 공동체 내에서도 유력 세대공동체의 무덤군일 가능성과 공동체 주민 가운데 집단의 우두머리 즉, 농업공동체사회에서의 남성 지도자들만[52]의 별도 공간으로 볼 수도 있다. 매장주체부의 규모로 보아도 5개 군집 가운데 유일하게 유아묘는 없고 성인을 신전장하거나 굴장할 수 있는 규모라는 점에서도 뒷받침된다. 또한 집단 지도자의 상징물인 석검이 4군집에서 가장 많이 발견되었다는 점(8기 중 4기)에서도 그러하고, 8기 중 7기에서 부장유물이 확인되어 2군집(9기중 7기)과 함께 유물 부장 빈도가 가장 높다. 4군집에서는 유물이 가장 많은 27호를 중심에 두고 주변 매장주체부들이 에워싸는 형상이다. 이는 27호가 4군집에서는 가장 먼저 축조되었음을 암시하는데 실제로 27호 출토 석검은 이단병식

---

52) 영남지역 청동기시대 유적 출토 인골의 성별을 살펴보면, 불명인 경우를 제외하고 남성 16례, 여성 4례이다. 인골이 가장 많이 확인된 달성 평촌리 유적(석관묘)의 경우는 성별 불명인 경우를 제외하고 10례가 모두 남성으로 밝혀졌다. 매장자세에서 규모가 큰 신전장은 남성 7개체와 여성 1개체로 구분되며, 석검의 부장은 남성 10개체, 여성 1개체 등 총 11개체에서 나타난다(신석원 2017:43-67).

이와 같이, 청동기시대 유적 출토 인골 가운데 남성의 비율은 80%에 달하고, 석검은 남성 위주(10/11)로 90%를 상회한다. 그리고, 매장주체부의 규모가 큰 신전장은 남성의 비율이 88%에 달하여 이 또한 남성 중심이다. 따라서 청동기시대 분묘의 피장자는 남성 중심이며 매장주체부가 크고 석검이 부장된 경우는 남성의 비율이 대다수를 점한다고 볼 수 있다.

(유절식)이어서 후기 가운데 가장 이른 단계로 편년된다. 또한, 27호는 전기 후반 유물상과 유사하게 토기(적색마연호)+석검+석촉의 조합상을 보인다.

3군집에서 무기류가 상대적으로 빈약한 것은 소아장[53]의 비율(9기중 5기)이 높은 것에서도 알 수 있다. 이로 보면, 성인묘와 소아장이 공간적으로 구분되었을 가능성을 시사한다.

3군집과 함께 5군집은 유물이 상대적으로 빈약한데, 지도자의 상징인 석검이 출토되지 않았다. 5군집은 1군집에서 가장 먼 남쪽에 위치하여 비교적 늦은 단계로 파악된다. 이는 5군집에서 상석의 존재가 추정되지 않는 점에서도 지석묘축조단계에 있어 후기의 퇴화된 측면을 뒷받침한다.

2. 오곡리 분묘 분석

오곡리유적은 청동기시대의 주거지 4기, 지석묘 1기를 포함하여 매장주체부 34기가 조사되었다. 유적의 분포위치는 해발 47~54m에 이르는 말안장모양의 구릉에 밀집해 있다. 구릉 정상부의 평탄지와 그 완사면을 거주공간으로 선점한 뒤 일정기간 이후에 이 공간을 묘역으로 활용한 것으로 보인다(창원대학교박물관 1995).

오곡리 분묘군은 지석묘(1기)를 중심으로 석관·석곽묘(14기), 석개토광묘(5기), 토광묘(14기) 등의 유기적인 관계를 잘 보여주는 하나의 사례이다. 이에 대한 분석을 진행하도록 한다.

---

53) 길이가 115cm이하인 소형의 매장주체부를 소아장으로 구분하였다.

〈표 9〉 오곡리 청동기시대 묘제 및 출토유물 일람표(창원대박물관 1995)

호수	유구 (단위: ㎝)			유물		
	유구	상석 크기	매장주체부 규모	적색마연호	석검	석촉
1호	지석묘	143×138×80	199×53×59	1	1	2
2호	석곽묘		167×35×43	1		
3호	석곽묘		215×58×49			
4호	석개토광묘		205×150×42			
5호	석곽묘		토광120×45×25 목관 88×24×(25)	1		
6호	토광묘		178×47×26		1	
7호	석개토광묘		94×63×35			
8호	석개토광묘		상단 232×66~118×20 하단 186×64×35	1	1	4
9호	석개토광묘		185×71×28			
10호	석관묘		165×25~30×32	1		
11호	석곽묘		207×37×38	1		4
12호	석곽묘		206×46×40	1	1	2
13호	토광묘		116×46×18	1		
14호	석곽묘		토광 175×77×30 석곽 125×35×31			
15호	석곽묘		203×75×27			
16호	석곽묘		토광 234×95×40 석곽 171×41×34			
17호	토광묘		219×84×14			
18호	토광묘		151×37×10			
19호	토광묘		292×109×10			
20호	토광묘		211×75×13			2
21호	토광묘		155×55×9			

호수	유구	상석 크기	매장주체부 규모	적색마연호	석검	석촉
		유구 (단위: ㎝)			유 물	
22호	토광묘		토광 236×92×26 추정목관 176×33×(27)			10
23호	토광묘		토광 281×78×46 목관 191×35×(35)	1		
24호	토광묘		토광 213×56×25 목관 185×47			5
25호	토광묘		토광 202×50×24 목관 154×35			
26호	석곽묘		224×100×30			
27호	석곽묘		토광 133×95×15 석곽 105×42	1		
28호	석개토광묘		토광 310×110×47 추정목관 239×53	1		
29호	석곽묘		254×88×18			
30호	토광묘		토광 222×112×52 목관 154×32×46			
31호	토광묘		200×45×21			
32호	석곽묘		토광 205×95×35 석곽 144×33×35	1	2	6
33호	석곽묘		묘광: 직경3m 타원형	1		
34호	토광묘		상단토광274×128×12 하단토광225×102×43	1		

1) 오곡리 유적의 소군집별 분류와 의미

오곡리 청동기시대 무덤 유적은 후기(후반)에 해당하며 함안지역 단위 지석묘군 가운데 봉성리유적과 함께 군집도가 가장 높은데, 인접도와 선후관계 등에 근거하여 <표 10>과 같이 5군집으로 구분하였다. 전반적인

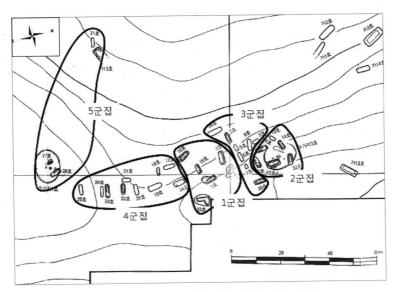

[그림 5] 오곡리유적 소군집별 유구 배치도 (창원대학교박물관 1995 수정)

선후관계의 흐름은 1 → 2 → 3 → 4 → 5군집 순인데, 비교적 늦은 단계인 4, 5군집에서 석검이 없거나 유물의 부장 빈도가 떨어진다.

〈표 10〉 함안 오곡리 청동기시대 무덤 소군집별 출토유물 일람표

군집명	매장주체부	출토 유물				
		채문토기	적색마연호	석검	석촉	옥
1군집(6기)	1호지석묘, 3호석곽묘, 4호석개토광묘, 15·16호 석곽묘, 33호석곽묘		2	1	2	
2군집(5기)	10~12호·14·32호석곽묘, 13호 토광묘		5	3	12	
3군집(8기)	2·5호석곽묘, 7~9호·28호 석개토광묘, 6·30호 토광묘		4	2	4	
4군집(10기)	17~25호·34호 토광묘		2		17	
5군집(3기)	31호 토광묘, 26·27호 석곽묘		1			

1호 지석묘는 외부에 상징물인 상석이 있다는 점에서 특별한데, 해당 집단 분묘군의 묘표석으로 볼 수 있다. 다른 유적 사례를 보더라도, 중심부에 자리한 1기의 지석묘는 가장 먼저 축조된 경우가 많다. 1호 지석묘는 해당집단의 초기 지도자의 무덤이자 상징물이었을 것이다. 이 지석묘(1호)를 중심으로 나머지 청동기시대 분묘들이 평행하거나 직교하면서 유기적으로 분포한다. 즉, 지석묘를 중심으로 3·4·15·16·33호가 에워싸고 있다(1군집).

1호 지석묘의 출토유물은 위세품으로 볼 수 있는 석검 외에 석촉, 적색마연호가 세트관계를 보이고 있다. 지석묘와 같은 유물 조합상을 보이는 무덤은 8호, 12호, 32호이다.

이 분묘군이 동시에 축조되지 않았을 것으로 본다면 각 세대별 지도자급 무덤은 규모나 유물에 있어 특별할 것으로 본다. 이에 준하는 무덤으로는 모두 규모가 크거나 이단굴광이 확인되며 유물이 석검 외에 석촉, 적색마연호가 세트관계를 보인다. 이를테면, 8호는 이단굴광이 확인되는 석개토광묘이며, 12호 석곽묘는 길이 206㎝로 대형이다.

1호 지석묘 주변으로 분묘들이 에워싸듯이 12호 석곽묘를 중심으로 주변에 무덤들이 유기적으로 배치되어 있어 주목된다. 이러한 점에서 12호 석곽묘는 1호 지석묘 다음 세대에 가장 뚜렷한 유력자 혹은 집단의 지도자의 무덤으로 판단된다. 12호 석곽묘는 규모도 길이 206㎝로 대형이며 10·11·13·14·32호가 에워싸고 있다(2군집). 이 중 32호의 출토유물은 석검, 석촉, 적색마연호가 조합상을 이룬다. 32호는 12호를 전제로 해서 배치되고 있어 12호보다 후속 세대의 지도자급 무덤으로 보인다.

한편, 3군집은 2·5호 석곽묘, 7~9호·28호 석개토광묘, 6·30호 토광묘 등으로 볼 수 있다. 6·8호는 1호 지석묘와 12호 석곽묘 사이에 끼여 있고 석곽묘가 아니라 토광묘라는 점에서 1, 2군집보다 더 후속 세대로 보인다. 3군집 내에서도 8호가 석개토광묘라는 점에서 6호 토광묘보다 조금 더 이른 형식으로 보인다.

6호 토광묘를 비교적 늦은 세대의 지도자급 무덤으로 보는 것은 나머지 지도자급 무덤은 모두 석검 외에 석촉·적색마연호가 공반되는 것과 달리 6호는 석검만 확인되고 있어 약식화된 박장의 풍습을 보이고 있기 때문이다. 실제로 6호 출토 석검은 심부유절식으로 청동기시대 후기 후반 가운데서도 가장 늦은 단계로 설정된다(정혜정 2013:63).

지휘를 상징하는 위세품인 석검이 출토된 1호 지석묘 및 6·8·12·32호는 각 세대별 지도자(長老)급의 남성이 매장되었을 가능성이 있다. 그리고, 이러한 석검 출토 분묘가 전체군집에서 남쪽에 치우쳐 있음은 엘리트층의 무덤 공간(1~3군집)이 별도로 조성되었을 가능성이 있다.

토광묘보다는 석곽묘의 유물이 풍부하며 토광묘의 경우도 이중굴광을 한 경우(8·34호)가 후장된 사례가 더 많다. 이는 시기적인 차이일수도 있고, 동시기에도 위계가 존재했음을 의미한다. 즉, 석곽묘→석개토광묘→토광묘 순으로 유물이 박장화되는 것이 일반적이며, 동시기라도 석곽묘나 이중굴광으로 매장주체부를 조영할 수 있는 피장자가 위계가 더 높았음을 의미한다.

필자의 유구 선후 관계에 대한 가설을 기존 유물 상대편년에 근거하여 검정하기로 한다.

1호 지석묘의 북쪽으로 이어진 17~25호 분묘(4군)는 남쪽 분묘군(1~3군)보다 비교적 늦은 후기 단계로 보아야 할 것이다. 1호 지석묘 중심의 1군, 12호 지석묘 중심의 2군 등의 소군집이 유기적인 동심원을 그리는 것과는 차별성이 보이고, 적색마연호의 형식으로 보아도 남쪽의 8, 32호보다

23호 토광묘의 형식(전형적인 함안식적색마연호)이 늦기 때문이다(정혜정 2013:63). 아울러 분묘의 형식상, 17~25호는 모두 토광묘라는 점에서 석곽묘보다는 상대적으로 늦다.

지도자의 위세품으로 볼 수 있는 석검의 형식에서도 선후관계를 추정할 수 있다. 즉, 오곡리 분묘 출토 석검은 모두 일단병식으로 심부유단식과 심부유절식으로 구분되며 심부유단식이 좀 더 이른 단계로 판단된다. 구체적으로, 오곡리 1호지석묘·12호석곽묘→ 32호석곽묘(이상, 심부유단식) → 6호토광묘·8호석개토광묘(심부유절식)로의 변화가 보인다(정혜정2013:63). 이는 필자가 추정한 매장주체부의 선후관계와 거의 일치한다.

상기한 바와 같이 34기의 매장주체부 가운데 석곽(석관)형은 16기, 토광형(석개토광형 5기 포함)은 18기로 구분되어 토광형이 조금 더 많다. 중심부에 자리하여 이른 단계의 매장주체부는 대부분 석곽형이고 그 주변을 에워싸거나 북쪽에 연이어 잇댄 매장주체부(17~25호)는 대개 토광형이다. 출토유물로 보아도(정혜정 2013:63), 석곽묘 계통이 토광묘 계통보다 선행하는 것을 알 수 있다. 석개토광묘는 석곽묘에서 토광묘로 전환되는 과도기 양상이므로 중간단계로 설정할 수 있다.

요컨대, 오곡리유적의 중심 연대가 청동기시대 후기후반인데 그 중에서 토광묘계통이 늦은 단계로 본다면 그 하한은 기원전 2세기 혹은 기원전 1세기까지 내려올 수 있다, 늦은 단계에 토광묘계로 변한 것은 주변에 이미 초기철기시대~원삼국시대 목관묘의 유입과 무관하지 않을 것이다. 즉, 군북 소포리나 가야읍 도항리의 원삼국시대 엘리트층의 목관묘가 출현하는 시기(기원전 1세기대)와 오곡리유적의 토광묘 조성시기는 단절적이지 않고 완만한 과도기를 거쳤을 것으로 본다. 소포리·도항리 목관묘가 새로운 엘리트층의 전유물이라면, 오곡리 토착세력은 기존 지석묘 묘역에

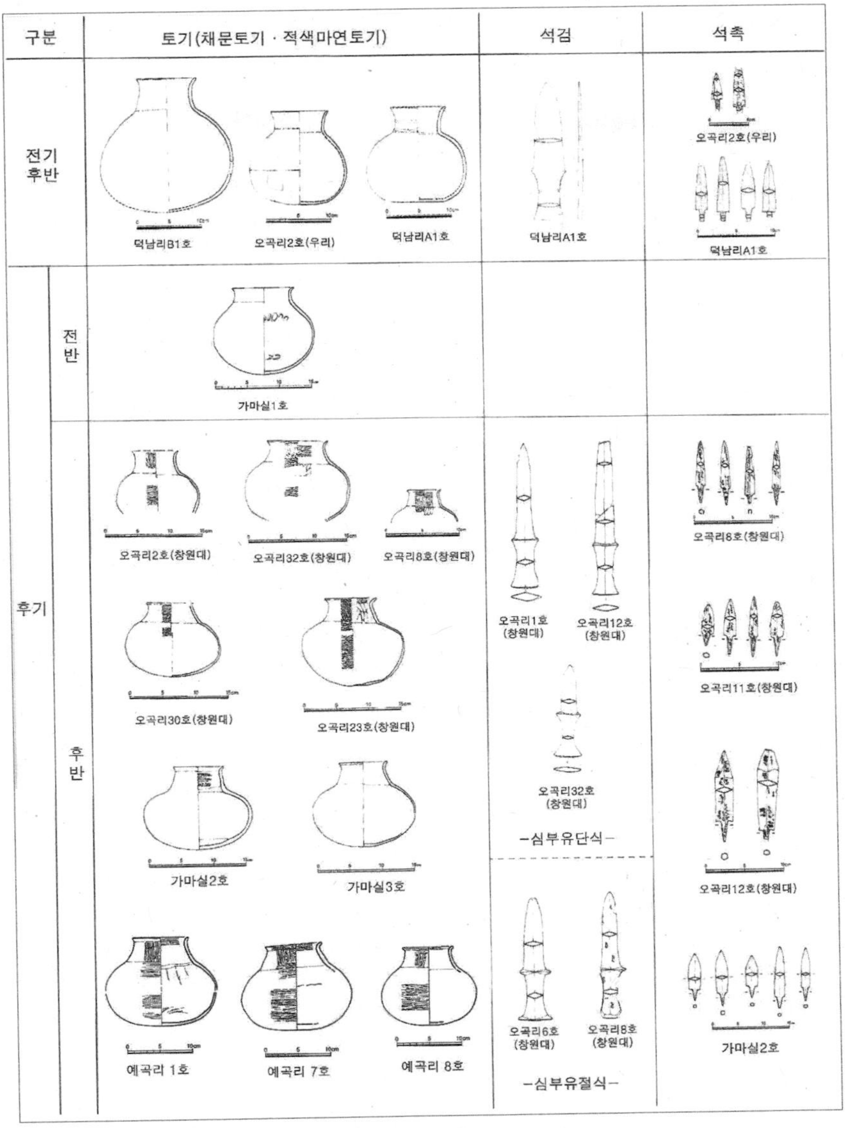

구분		토기(채문토기 · 적색마연토기)			석검	석촉
전기 후반		덕남리B1호	오곡리2호(우리)	덕남리A1호	덕남리A1호	오곡리2호(우리) 덕남리A1호
후기	전반		가마실1호			
	후반	오곡리2호(창원대) 오곡리30호(창원대)	오곡리32호(창원대) 오곡리23호(창원대) 가마실2호	오곡리8호(창원대) 가마실3호	오곡리1호 (창원대) 오곡리12호 (창원대) 오곡리32호 (창원대) -심부유단식- 오곡리6호 오곡리8호 (창원대) (창원대) -심부유절식-	오곡리8호(창원대) 오곡리11호(창원대) 오곡리12호(창원대) 가마실2호
		예곡리 1호	예곡리 7호	예곡리 8호		

[그림 6] 광려천 일대 청동기시대 무덤 출토유물의 시기 구분(정혜정 2013)

새로운 양식의 토광(목관)묘를 수용하여 사용한 토착세력의 마지막 단계의 분묘로 판단한다.

유물 부장 빈도를 보면, 석곽(석관)형(8/16, 50%), 석개토광형(2/5, 40%), 토광형(7/13, 54%)은 큰 차이가 없다. 그런데, 석곽형이나 석개토광형에서 석검, 석촉,적색마연호가 조합상을 이루는 경우가 많은데 비해, 토광형에서는 3종류의 유물 가운데 1종씩만 확인되어 박장화가 이루어짐을 알 수 있다. 그리고, 토광묘 가운데 석검이 출토된 경우는 1기에 국한되고, 석검 대신에 석촉만 출토되는 경우가 늘어난 것도 늦은 단계의 특징으로 볼 수 있다. 즉, 3기의 토광묘에서 석촉17점이 출토되었다. 석검이 아니라 석촉만 출토된 토광묘의 증가는 석촉이 석검의 기능을 대신하는 늦은 단계 위세품의 약식화 내지 퇴화된 모습이라고 하겠다.

그리고, 석개토광묘나 토광묘 중에서도 이단굴광한 경우에는 유물의 부장 빈도가 모두 높다. 즉, 8호 석개토광묘는 석검1·석촉4·적색마연호 1점을 부장했고, 늦은 단계이지만 34호 토광묘는 적색마연호 1점이 부장되었다. 이단굴광했다는 것은 규모가 더 크고 무덤 축조에 더 많은 노동력을 투여하였음을 의미하므로 피장자에 대해 더 많은 예우를 한 셈이다.

늦은 단계의 토광형에서 유물이 박장화됨은 철기문화 유입기의 과도기에 해당하며 신문물로서 목관묘, 철기가 들어오는 문화 전환기의 특징이라고 볼 수도 있다. 즉, 목관묘와 철기를 사용하는 이주민이 유입되는 과도기 상황에서 토착 지석묘 축조세력의 약화라고 볼 수 있다.

한편, 석개토광묘(8호)와 토광묘(6호)에서 마지막 단계의 석검 형식이 1점씩 출토된 것은 석개토광묘와 토광묘가 가장 늦은 매장주체부 형식임을 뒷받침한다. 즉 6호의 경우, 공간적 배치나 석검의 형식으로 보아 오곡리 집단의 가장 늦은 단계의 지도자의 무덤으로 추정된다. 그리고, 8호 석개토광묘에서 종래 석곽묘와 같이 석검,석촉,적색마연호가 공반되고 있지만 마지막단계의 6호 토광묘에서는 석검만 출토되는 것도 유물조합 상이 퇴화되는 모습을 보여준다.

요컨대, 오곡리집단의 토광형 매장주체부는 가장 늦은 단계로 신래의 목관묘가 들어오는 시점까지 지속되었다고 본다면 그 하한은 기원전 1세 기까지 내려 볼 수 있다. 늦은 단계의 시기 설정이 어려운 것은 유물 부장 이 빈약하기 때문이다. 다만, 여타 유물이 출토되지 않는 토광묘 중에는 무문토기편들만 확인되는 경우(19, 21, 31호)가 있어, 청동기시대 마지막 단 계, 즉 점토대토기문화가 유입되는 무렵에도 무문토기가 사용되었을 가 능성을 시사한다.

그리고, 오곡리 청동기시대 묘제가 앞선 시기의 송국리형 주거지를 파 괴하여 이 묘제를 청동기시대 후기후반으로 설정하는 것은 온당하나, 이 분묘의 축조시기에 사용된 주거형태는 송국리형 주거지의 늦은 단계로 보는 것이 적절하다. 오곡리유적에서 조사된 송국리형 주거지 중 중앙의 작업공만 확인된 경우를 청동기시대 전기후반대인 하촌리형 주거지(김병 섭 2011)로 보는 견해도 있지만(김미영 2019:449), 양쪽 주공이 없는 송국리형주 거지의 퇴화형으로 본다면 청동기시대 후기후반으로 볼 여지는 있다. 이 는 이웃한 호남지방에서 기원전후한 시기 즉 삼각구연점토대토기가 사용 되는 시기에도 송국리형 주거지가 사용되는 순천 연향동유적(순천대학교박 물관 1999)을 주목할 필요가 있다. 전남지방의 늦은 단계 송국리형 주거지는 모두 퇴화형이라는 점이다(이동희 2015·2017).

2) 유물조합상으로 본 오곡리 분묘의 분석 및 피장자의 성격

오곡리 분묘 유적의 출토유물 조합상을 살펴보고 그 의미를 분석하고자 한다.

오곡리유적은 출토유물 조합상으로 보면 5류로 구분된다. 즉, 적색마연호만 출토된 경우(9례), 적색마연호·석검·석촉이 공반된 사례(4례), 석촉만 출토된 경우(3례), 적색마연호와 석촉이 공반된 경우(1례), 석검만 출토된 경우(1례), 등으로 구분된다. 그리고, 유물이 출토되지 않는 경우도 있는데, 이 경우는 상대적으로 위계가 낮거나 가장 늦은 단계로 판단한다.

(1) 적색마연호만 출토된 경우

모두 9례로 가장 많은 편이다. 이 가운데 규모로 보아 소아묘로 판단되는 경우는 5·27호 석곽묘, 13호 토광묘 등 3례이다. 소아묘에 적색마연호를 부장한 것은 적색마연호가 권위의 상징이라기보다는 내세 관념과 관련될 것으로 본다. 적색마연호가 적색이 가지는 벽사(辟邪)의 의미나 소생(蘇生)을 희망하는 상징적인 의미라면 적색마연호만으로 위세품으로 보기는 쉽지 않다.

(2) 적색마연호·석검·석촉이 공반된 사례

1호 지석묘, 12·32호 석곽묘, 8호 석개토광묘 등 4례이다. 석검이 가지는 위세적 상징성과 석촉·적색마연호가 공반된다는 점에서 집단의 지도자 겸 제사장 정도로 판단한다. 오곡리 분묘 집단에서 가장 초기의 우두머리 무덤은 1군과 2군의 중심에 자리한 1호 지석묘와 12호 석곽묘이다. 공간배치상 매장주체부의 형식이 석곽묘->석개토광묘-> 토광묘로 변천하고 있다. 12호를 바로 남쪽에서 직교하듯이 유기적으로 에워싼 32호 석곽묘가 그 뒤를 잇고, 그 이후에 동북쪽 가장자리에서 12호 석곽묘를 에워싼 8호 석개토광묘의 순이다. 이러한 추론은 석검의 형식 변화에서도 뒷받침된다(정혜정 2013:63). 마지막으로 석검을 부장한 6호 토광묘는 무덤 형식상 가장 늦고 1군과 2군의 가운데 끼워있는 상태여서 그 변화상을 잘 보여준다.

(3) 적색마연호와 석촉이 공반된 경우

11호 석곽묘가 그 예이다. 유구 배치상 핵심 인물은 아닌 것으로 보인다. 즉 11호는 석검·석촉·적색마연호를 부장하면서 남쪽 군집(2군집)의 중심 석곽인 12호 석곽묘를 에워싼다는 점에서 12호 피장자에 부수적인 인물로 파악된다.

(4) 석검만 출토된 경우

6호 토광묘 1례이다. 6호 토광묘는 1군과 2군 사이에 끼어 있는 상태(3군)이므로, 1·2군 다음 단계 집단의 우두머리[54]로 판단된다. 실제로 6호 출토 석검은 심부유절식으로 청동기시대 후기 후반 가운데서도 가장 늦은 단계로 설정된다(정혜정 2013: 63). 따라서 6호 토광묘보다 늦은 동쪽의 3군은 석검이 성행하지 않은 말기 단계로 추정된다.

(5) 석촉만 출토된 경우

20호(2점)·22호(10점)·24호(5점) 등 3례의 토광묘에서 확인되었다. 토광묘는 오곡리 분묘군에서 석곽묘나 석개토광묘보다 늦은 단계이고 공간배치상에서 마지막 단계에 축조된 것으로 보인다. 따라서 석검의 성행이 끝난

---

54) 필자가 석검을 우두머리의 상징으로 생각하는 또 다른 이유는 당시 사람들이 석검을 숭배하는 듯한 여수 오림동 지석묘의 암각화(전남대학교박물관 1992)를 보아도 그러하다.

단계이거나 석검을 부장할 상황이 못되는 계층의 무덤으로 보인다. 형식적으로 세장형 유경식석촉이어서 가장 늦은 단계이다. 이 가운데 석촉이 가장 많이 부장된 22호가 늦은 단계 군집(4·5군집) 중에서는 중심부에 위치하여 상대적으로 그 위상이 높았음을 알 수 있다.

(6) 오곡리 유적 피장자의 성격

석검이 부장된 무덤들의 공간적 배치로 보면, 1군보다 2군에서 우두머리 무덤이 모여 있다. 이에 대해서는 다음과 같은 해석이 가능하다. 즉, 1군은 1호 지석묘라는 가시적 상징성으로 집단의 제의적 공간으로서의 의미가 더 강하고, 12호를 중심으로 한 새로운 군집(2군)에 후속 세대 우두머리들의 무덤이 모여 있다는 것이다.

그리고, 석검이 부장된 무덤들의 수를 보면 적어도 5세대의 우두머리 무덤이 있는 셈이고 여기에 마지막 단계에 석검이 부장되지 않고 석촉이 그 역할을 대신하는 시기를 고려하면 6~7세대 정도의 우두머리와 그 정도 기간 동안 묘역이 조성된 것으로 파악된다[55].

집단내 엘리트층의 위세품이 석검+석촉+적색마연호 조합 → 석검 → 석촉 → 유물 미부장 세대의 순으로 해당 집단의 지도층의 유물 부장상이 변화해 간다. 늦은 단계의 소군집인 4·5군에 속하는 17~27호·31·34호의 경우, 위세품으로서 석검이 전혀 출토되지 않고 대부분 토광묘이다. 이러한 마지막 단계의 유물 미부장 세대에 이르면 일부 유력세력은 원삼국시대의 목관묘로 전환해 가는 층도 있었을 것으로 본다. 즉 지석묘 외

---

55) 3군집과 4군집은 각기 8기,10기로서 나머지 군집(3~6기)보다 2배 정도 무덤수가 많다. 따라서, 3·4군집은 1·2군집보다 늦은 단계로 각 군집은 2世代로 나누어 볼 수 있다.

곽에 유물이 미부장되는 마지막 과도기를 거치면서 일부 엘리트층의 별도의 공간으로의 묘역 이동이 맞물리는 단계가 청동기시대 지석묘군의 마지막 모습으로 볼 수 있다.

6~7세대 정도 오곡리 묘역을 사용했다면 한 세대당 석검을 쓴 중심 묘역의 피장자는 전술한 바와 같이 마을 지도자로서 연장자인 남성으로 파악된다. 34기를 7세대로 나누어 보면 한 세대당 5명 정도 무덤을 쓴 셈이 된다.

청동기시대에 小村인 경우에 10동 내외, 중심취락인 村의 경우에는 20동 이상의 주거지가 있었다고 추정된다(이희준 2000·2001). 이를 참고하여, 한 개 촌락을 15호 정도로 본다면 한 世代당 75명(15호×5명) 정도의 주민을 상정할 수 있다[56]. 그렇다면 청동기시대후기인 송국리문화단계에 世帶당 5명 정도 거주하므로 15명 중에 1명 정도가 이 묘역에 묻힌 셈이다. 15명은 3개 송국리형 주거지에서 산출될 수 있는 인구수이다. 송국리형 주거지는 3개 정도의 조합으로 발굴되는 경우가 많은데, 3개 송국리형 주거지의 집합은 세대공동체와 관련된다. 지석묘의 피장자는 남성이 많고 농경공동체사회에서 가부장적 세대공동체의 장(長)일 가능성(이동희 2002:27)이 높다는 견해와 일치한다. 또한, 당시 주거민 모두가 매장되는 것이 아니고[57] 소아장이 가끔 보이는 것은 세대공동체의 장과 관련이 있는 어린이로 보아야 할 것이며, 귀속지위를 상정할 수 있다.

---

56) 함안 오곡리유적에서는 송국리형 주거지가 조사된 바 있어 한 주거지당 5명 정도의 핵가족을 감안하는 일반론에 근거해서 산출하였다.

57) 단위지역에 대한 전면적인 조사가 이루어진 남강댐 수몰지구 유역을 보면, 청동기시대 주거지는 총 520기이고 묘는 180여기이다. 1기의 주거지를 한 世帶로 보면 해당지역에는 대략 2,500~2,600명 정도의 인구가 추산된다(김광명 2001). 무덤의 숫자는 예상인구의 1/14 정도이므로 함안 오곡리의 통계치와 다르지 않다.

동시대에 5명의 피장자가 있더라도 그 중 석검 등의 위세품을 부장하는 피장자는 여러 세대 공동체에서도 지도자격으로 1개 취락(친족집단)의 우두머리(大人, 村長) 정도로 파악된다. 大人은 혈연적 지위에 의한 제한적·비공식적 지도자라고 할 수 있고, 제사를 주관하는 대인(제사장)으로서의 권위는 오랜 씨족사회의 전통에 기반을 두고 있다고 볼 수 있다. 君長이 성숙한 정치체계를 가진 사회에 존재하는 명호라면, 대인은 조그만 공동체사회의 지도자를 일컫는 명호이다(김병곤 2002).

V. 지석묘 집단간의 위계

계층분화는 집단내에서도 일부 볼 수 있지만, 같은 묘역을 조성하는 집단이므로 위계로 설정하기 쉽지 않다. 오히려 당시 사회를 집단 사유재산제로 추정할 수 있어 집단간의 위계를 구분해 보는 것이 계층분화를 좀더 잘 살펴볼 수 있다. 집단간의 차별성은 지석묘 등 분묘의 수와 함께 매장주체부의 규모, 그리고 유물(위세품)의 다과에 근거해 볼 수 있다. 하지만, 발굴조사된 유적이 소수이므로 매장주체부나 출토유물에 대해서는 상세히 논하기 어렵다.

1. 지석묘 군집으로 본 母村과 子村 - 석교천유역을 중심으로 -

전술한 바와 같이, 지석묘사회는 하나의 유역권 단위내에서 상석을 이동하고 공동체를 구성한 것으로 보인다. 이는 삼한사회의 邑落의 원초적인 모습으로 추정할 수 있다. 청동기시대 사회는 기본적으로 촌락단위의 집단사유재산제로 볼 수도 있으나 지석묘 축조는 같은 유역권내의 친인 척관계의 집단들을 중심으로 상호 협조하에 이루어졌을 것이다(가종수 외 2009). 하지만, 집단간에도 위계가 있었을 것이다. 그것은 집단의 규모와 도 관련될 것이며, 중심 촌락인 모촌(母村)과 모촌에서 떨어져 나온 자촌(子 村)으로 구분해 볼 수 있다[58].

모촌과 자촌은 집단의 규모 차이에 따른 입지, 지석묘 외에 석관묘 등 의 매장주체부의 수, 유물 등에서 일정한 차별성이 보인다. 석교천유역에 서는 동촌리 유적에서만 일부 발굴조사가 이루어지고 나머지 지석묘군에 대한 발굴조사가 이루어지지 않아 매장주체부나 출토유물에 대해서는 상 세히 논하기 어렵다.

함안에서 청동기시대 분묘가 가장 밀집되고 청동기시대 전기부터 분묘 가 확인되는 핵심취락인 모촌은 석교천유역의 동촌리유적과 함안천유역 의 봉성리유적을 들 수 있다. 즉, 시기적으로 동촌리, 봉성리 유적이 이른 단계의 주거지나 지석묘·석관묘 등이 확인되고 무엇보다도 군집도가 높 아 장기적으로 지속된 취락으로 파악되기 때문이다. 이에 비해 지석묘수 가 5기 미만인 경우, 자촌으로 보고자 한다.

본고에서는 석교천유역에서 최대규모의 지석묘 유적인 동촌리유적을 중심으로 살펴보고자 한다. 석교천유역의 모촌인 동촌리 지석묘군은 유 역의 중상류역에서 시작해 중류역이나 상류역으로 자촌이 확대되었을 것 이다.

---

58) 지금도 지석묘가 축조되는 인도네시아 숨바섬의 경우에도, 중핵마을과 그에 종속된 마을로 구 분된다. 즉, '파라잉'이라는 중핵마을은 해당 영역의 사회와 제사의 중심이 되는 촌락이다. 이에 비해 파라잉에 종속되어 있는 마을은 '코타크'라고 불린다. 대개 파라잉의 규모는 호수가 15~20 호인데 비해 코타크는 4~5호 정도이다(가종수 외 2009:99-104).

즉. 동촌리 지석묘군은 함안군 내에서 가장 밀집도가 높고 26호 지석묘에서는 398기의 성혈이 확인되어 함안, 특히 석교천 유역에서는 가장 중심적이고 상징적인 거석 기념물군이다. 동촌리 지석묘군은 모두 27이며, 이 중 1호 지석묘와 주변에서 석관묘 12기, 석개토광묘 2기 등이 조사되었다.

이와 같이, 동촌리는 전기전반까지 올라가는 주거지가 보이고 27기에 달하는 많은 지석묘군과 주변에 다수의 석관묘,석개토광묘 등이 발굴조사되어 청동기시대 전기~후기까지 지속된 핵심 취락으로 볼 수 있다.

필자는 석교천유역에서 지석묘군의 중심인 동촌리 지석묘군을 중심취락인 모촌으로 보고자 하며, 중소 군집 지석묘군을 모촌에서 파생된 자촌으로 추정한다.

이와 관련하여 석교천유역에서 10기 미만의 중소 군집 지석묘군을 분석하여 동촌리 지석묘군과 비교할 필요가 있다. 즉 명관리 7기, 덕대리 6기, 영운리2기, 중암리 1기, 동촌리 서촌 1기 등의 중소군집의 지석묘군이 분포한다. 그런데, 기존에 리 단위로 묶여진 덕대리나 명관리 지석묘의 군집성에 대하여 재검토할 필요가 있다.

기존에 1개 군집으로 본 덕대리 지석묘군의 경우, 2개 군집으로 세분할 필요가 있다. 즉, 동촌리 지석묘군 북쪽에 열을 지어 인접한 4기(1-4호, 덕대리 '가군)는 동촌리 지석묘군과 연장선상의 동일한 집단으로 보아야 하고, 그 서쪽으로 500m 떨어진 2기(5~6호, 덕대리 '나군)는 이격거리로 보아 별도의 소군집으로 설정하여야 한다.

또한, 명관리 지석묘군도 하나의 리 단위여서 1개 군집으로 보고하였지만 1~3호와 4~7호 지석묘가 500m 정도의 이격거리를 보이기에 별도의 군집으로 분리하여야 한다. 따라서 3기('가군), 4기('나군)가 각기 별도의 군집으로 설정할 수 있다. 이러한 점에서 보면 동촌리 지석묘군을 제외하고는 1~4기 정도로 5기 이하이다. 이러한 중소군집의 지석묘군을 모촌인 동촌리 지석묘군에서 파생된 자촌의 무덤으로 보아도 될 것이다. 이러한 양상은 최근까지 지석묘가 축조된 인도네시아 숨바섬 등의 인류학적 자료를 통해서도 알 수 있다(가종수 외 2009).

이처럼, 지석묘의 수와 공간적 범위에 있어 석교천 중류역의 동촌리지석묘군이 단연 우세하다. 이에 비해, 석교천의 지류인 명관천과 모로천에도 주거지와 지석묘가 있지만 동촌리 취락보다 소규모로 보인다. 지형적으로도 지류인 명관천 주변 충적지에 비해 석교천변의 동촌리 일대에 월등히 넓은 충적지가 발달한다. 이러한 지형적 이점은 청동기시대에 석교천유역(군북면)의 동촌리에 가장 먼저 그리고 가장 오랜 기간 주민들이 정착하게 된 요인일 것이다(김미영 2019:453).

요컨대, 석교천유역에서 가장 먼저 지석묘가 축조되고 장기적으로 지속된 동촌리 지석묘군 일대를 모촌으로 보고, 나머지 지석묘군을 자촌으로 구분하는 것은 무리가 없을 것이다.

동촌리 지석묘군은 남북 방향으로 1.5㎞에 달할 정도로 길게 줄지어 있다. 동촌리 지석묘군에서 이격되어 별도의 묘역을 조성한 소규모 자촌은 상대적으로 늦은 시기에 해당하고 기간도 길지 않았다고 볼 수 있다. 그 시간적 범위는 하나의 상석이 1세대 혹은 길어도 2세대 정도를 포함하는 것으로 파악된다.

<표 11> 함안 석교천유역 단위 지석묘군 비교 일람표

	동촌리 지석묘군	덕대리 '나' 지석묘군(5~6호)	명관리 '가' 지석묘군(1~3호)	명관리 '나' 지석묘군(4~7호)
입지	석교천변 충적지	명관천변 충적지 및 구릉	명관천변 충적지	명관천변 충적지
기수	27기	3기	3기	4기
발굴조사된 유구	지석묘 1기, 석관묘 12기, 석개토광묘 2기	?	?	?
출토유물	석검 3, 석촉 1, 적석마연호 3점	?	?	?
모촌, 자촌 구분	모촌	자촌	자촌	자촌

2. 청동기시대 후기(후반대) 엘리트층의 출현과 집단간의 위계 - 도항리 지석묘 집단을 중심으로[59]

청동기시대 후기에 핵심취락의 출현과 관련하여 함안천 중류역(가야읍)을 중심으로 지석묘군을 상호 비교 검토해보기로 한다.

가야읍 소재 지석묘는 직경 2㎞내에 4군 23기가 분포하는데, 도항리 도동, 도항리 윗삼기, 도항리 구락실지석묘군, 광정리지석묘군 등이다. 이 가운데 도항리 도동에 10기의 지석묘가 군집하고 있어 가장 밀집성을 보인다. 도동 지석묘군은 말이산고분군이 자리한 구릉 위에 위치하여 나머지 3개 지석묘군과 경관적 차별성을 보인다(이동희 2018).

도동 지석묘군은 말이산 고분군이 자리한 나지막한 구릉지의 서남쪽에

---

59) 도항리 도동 지석묘군의 성격에 대해서는 필자의 글(이동희 2018)을 주로 인용하였음을 밝혀둔다.

위치한다. 즉, 고분군의 최남단에 위치한 낮은 구릉에 10기의 지석묘가 분포하고 있으며, 이 중 1~8호 지석묘는 말이산 34호분의 봉분 아래에서 발굴조사된 것이다. 조사된 8기 중 상석이 확인된 것은 3기이며, 그 외의 것들은 가야시대 고분 조성시에 훼손되었을 것으로 보인다. 발굴조사시에 '바'호인 3호를 제외한 7기는 고분 아래에서 확인되었고 현재 상석이 확인되는 것은 3, 9, 10호 지석묘이다. '다' 호 상석에 새겨진 암각화는 청동기시대인의 정신세계나 내세 관념과 관련되는 것으로 동심원문과 음각선, 성혈 등으로 구성되어 있다(함안군 2019).

발굴조사된 지석묘 중 '다'호 지석묘는 170여개의 性穴과 5~7겹의 정교한 동심원문의 암각화가 상석에 뚜렷이 새겨져 있다. 8기의 지석묘는 12×14m의 장방형 부석(敷石)에 의해서 모두 연결되어지고 있는 형상이며 제일 중앙에 위치한 '바'호 지석묘를 감싸듯이 7기의 지석묘가 배치되어 있는 것이 특징이다. '바'호 지석묘는 앞 시기에 조성된 송국리형주거지를 파괴하고 축조되고 있어 청동기시대 후기후반으로 볼 수 있다[60].

이단굴광은 묘역식 지석묘에서 주로 확인되며, 청동기시대 후기에 주로 나타난다는 점에서 계층의 분화와 관련지어 볼 수도 있다. 즉, 이단굴광이 있는 묘역식 지석묘는 지석묘 군집내의 상대적인 위치에서 중심에 해당하고, 묘역과 매장주체부가 크고 깊어 일반 지석묘·석관묘와 다르다. 현재까지 묘역식 지석묘가 확인되지 않은 함안천유역에서 도항리 도동 지석묘군은 특별한 존재이다.

이처럼, 말이산고분군의 구릉 위에 위치한 암각화 지석묘 분포는 특별

---

60) 청동기시대 후기 후반의 하한은 함안지역에서 목관묘·철기문화의 출현(기원전 1세기대)을 고려하면 기원전 2세기대까지 내려볼 수도 있다.

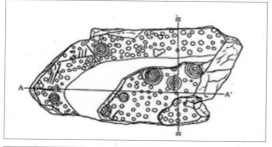
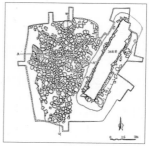
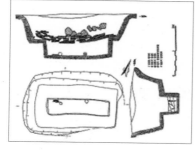
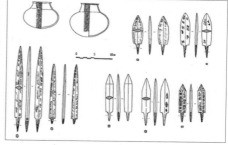

[그림 7] 도항리 도동 암각화 지석묘(左上), '바'호 지석묘 묘역(右上), '바'호 지석묘 매장주체부(左下) 및 출토유물(右下)(창원문화재연구소 1996)

한 의미를 부여할 수 있다. 즉, 도항리 도동 지석묘군은 함안천유역의 중심인 가야읍에서 가장 밀집된 지석묘군이면서, 주변을 조망할 수 있는 입지의 탁월성, 암각화의 상징성, 함안분지내에서 유일하게 묘역식 지석묘가 확인되고 있어 위계상 주변을 압도한다. 이러한 점에서 도항리 도동 지석묘 축조집단은 가야읍 일대에서 주변 촌락보다 상위에 자리매김하였다고 볼 수 있다. 여러 촌락에서 두드러진 중심 촌락의 등장은 읍락의 형성과정을 살펴볼 수 있는 중요한 자료이다(이동희 2018).

지석묘 중에도 성혈이나 암각화가 새겨진 지석묘는 해당 집단뿐만 아니라 주변 마을을 아우르는 상징적인 존재이자 의례의 중심이라고 보면 제의집단의 영역을 유추할 수 있는 자료이다. 상석에 새겨진 암각화는 동심원문과 음각선, 그리고 알구멍(性穴)으로, 암각화의 각종 문양은 당시 풍요와 다산을 기원하는 행위의 결과물이면서 신앙의 대상물이다. 공동의 의례와 제사권의 범위는 몇 개 촌락을 아우르는 읍락의 시작이라고 볼 수 있다. 도항리 구릉은 가야읍·함안면 일대에서 평지 위에 우뚝 솟아 주변지역 주민들이 우러러 보는 상징적인 입지인 셈이다.

함안지역에서도 함안천 중류역에서 가장 먼저 읍락이 형성되게 되는 배경은 함안천 유역이 함안 내 3개 하천 중 유역면적이 가장 넓다는 점을 들 수 있다. 즉, 함안천유역에서 도항리 일대에 가장 넓은 가경지가 있고, 습지의 피해가 없으며 범람되지 않는 가장 하류권이 도항리이고, 남강·낙동강을 통한 대외교류로 성장할 만한 지정학적 중심지라는 점이 제기될 수 있다.

도항리 지석묘군의 입지상의 상징성과 묘역식 지석묘, 암각화, 입구의 입석(立石,선돌) 등의 특징을 고려하면 도항리 도동지석묘군은 일정지역을 아우르는 제사권의 중심이라 볼 수 있다. 이러한 제의권역이 바로 제정일치사회의 초기정치체인 읍락의 시발점으로 추정해 볼 수 있다(이동희 2018).

⟨표 12⟩ 함안천 중류역(가야읍)일대 단위 지석묘군 비교 일람표[61]

	도항리 도동 지석묘군	도항리 윗삼기 지석묘군	도항리 구락실 지석묘군	광정리 지석묘군
입지	구릉	광정천변 충적지	광정천변 충적지	산기슭 아래 평지
기수	10기	3기(3기 파괴)	6기(1기 파괴)	5기(4기 파괴)

---

61) 도항리 도동 지석묘군은 가야 고분 축조시에 많이 훼손된 점을 고려하면 더 많은 부장유물이 있었을 것이다. 실제로, '마'호 지석묘에서도 2점의 적색마연호편이 확인된 바 있다.

발굴조사된 유구	지석묘 8기 조사			
출토유물	적색마연호 5점, 석촉13점	?	?	?
기타	암각화, 묘역식 구조, 이단굴광			
취락 구분	핵심취락	일반취락	일반취락	일반취락

상기한 〈표 12〉에서 보듯이, 함안천 중류역(가야읍)일대 4개 군집 가운데 도동 지석묘군이 지석묘 수가 가장 많다는 것은 도동 집단이 상대적으로 가장 오랫동안 지속되었다는 반증이고 적어도 함안천 중류역의 가야읍 일대에서는 거점취락이었음을 의미한다.

요컨대, 청동기시대 후기사회의 집단별 계층분화를 함안천 중류역(가야읍)에 적용해 보면, 도동 지석묘군을 상위에, 나머지 지석묘군은 중위에, 무덤을 사용하지 못하는 집단을 하위에 자리매김할 수 있다.

VI. 입석(立石)의 기능 및 지석묘와의 관련성

1. 함안지역 입석 현황

함안지역의 입석은 석교천유역에서 4개 유적 10기, 함안천 유역에서 6개 유적 10기가 확인된다. 2기의 입석이 쌍을 이루고 근거리에서 마주보는 경우가 10개 유적 가운데 7개 유적에 달하여 다수를 점한다.

광려천유역의 경우 현재 확인되고 있지 않지만 훼손되었을 가능성이 높다. 이와 같이, 입석 유적의 수는 함안천유역에 집중되어 있다. 이는 함안천 유역권에 지석묘 유적이 많은 것과 무관하지 않을 것이다. 지석묘와 동일하게 성혈이 확인되는 입석유적(군북면 수곡리 입석)을 보면, 입석의 시기를 청동기시대로 보아도 무리가 없다.

입석은 최근까지도 마을 동제(洞祭)나 민간신앙의 대상으로 신성시되어 왔다. 입석이 넘어지면 마을이 망한다는 전설이 전해져 내려온다. 즉, 입석은 마을을 지켜주고 흥하게 하는 神石이므로 넘어지거나 없앤다면 마을공동체가 무너지기에 잘 보호해야 한다는 것이 공통적인 인식이다(김봉우 2000:229).

〈표 13〉 함안지역 입석 일람표(함안군 2019 참조)

번호	유역권	유적명	수	크기(단위:cm)	비고
1	석교천	군북면 유현리 입석	2	1호: 126×31×27	숫돌, 원위치에서 서쪽으로 15m 옮겨짐
				2호: 79×27×28	암돌, 1호에서 북쪽으로 150m 이격
2		군북면 소포리 오당골 입석	2	1호: 136×80×48	2006년에는 확인되었으나 현재 사라짐
				2호: 150×66×39	2014년에 함안박물관으로 이전 1, 2호는 200m 정도 이격
3		군북면 수곡리 수곡 입석	2	1호: 114×60×22	숫돌
				2호: 81×52×30	암돌, 性穴 11개, 1·2호 26m 간격
4		군북면 사촌리 입석	4	1호: 110×89×80	
				2호: 120×63×38	여음석
				3호: 182×89×57	남근석, 2·3호는 인접하여 한 쌍
				4호: 132×102×74	

5	대산면 하기리 기동 입석	2	1호: 107×253×55	마을 진입로 느티나무 아래에 마주보고 서 있음, 파괴됨
			2호: 52×51×21	
6	법수면 윤외리 석무 입석	1	1호: 98×39×48	돌무실 고개마루에 위치
7	가야읍 도항리 윗삼기 입석	2	1호: 81×43×34	숫돌
			2호: 137×45×14	암돌, 1·2호는 인접
8	함안면 괴산리 신개 입석	2	1호: 167×85×18	파괴됨
			2호: 121×50×22	1, 2호는 인접한 한쌍
9	산인면 입곡리 입석	1	1호: 185×62×15	두께가 얇고 세장방형
10	함안면 강명리 중산 입석	2	1호: 122×36×26	1, 2호는 인접
			2호: 126×48×31	

함안천 / 함안천 (세로로 병합된 셀: 7~10번 구간 "함안천")

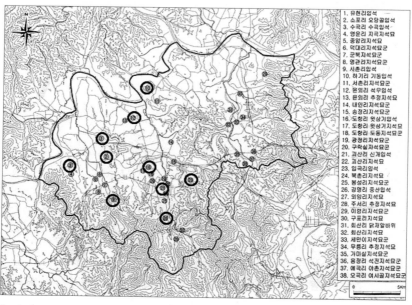

[그림 8] 함안지역 입석 분포도(함안군 2019:31 일부 수정)

1. 유현리입석
2. 소포리 오양골입석
3. 수곡리 수곡입석
4. 영운리 지곡지석묘
5. 중암리지석묘
6. 덕대리지석묘군
7. 군북지석묘군
8. 명관리지석묘군
9. 사촌리입석
10. 하기리 기동입석
11. 서촌리지석묘군
12. 윤외리 석무입석
13. 윤외리 추정지석묘
14. 내인리지석묘군
15. 송정리지석묘군
16. 도항리 윗삼기입석
17. 도항리 윗삼기지석묘
18. 도항리 도동지석묘군
19. 광정리지석묘군
20. 구락실지석묘군
21. 괴산리 신개입석
22. 괴산리지석묘
23. 입곡리입석
24. 북촌리지석묘군
25. 봉성리지석묘군
26. 강명리 중산입석
27. 외암리지석묘
28. 주서리 추정지석묘
29. 이령리지석묘군
30. 구포리지석묘
31. 회산리 닭재알바위
32. 회산리지석묘
33. 세안이지석묘군
34. 무릉리 추정지석묘
35. 가마실지석묘군
36. 용정리 석전지석묘
37. 예곡리 아촌지석묘군
38. 오곡리 여사골자석묘군

2. 입석의 기능

함안지역의 입석의 기능은 2가지로 구분하여 볼 수 있다. 하나는 집단의 경계 표시로 볼 수 있고, 또 하나는 핵심세력의 권위의 상징물로 추정해 볼 수 있다. 이러한 입석의 기능을 지석묘와의 관련성 속에서 검토하고자 한다.

1) 집단의 경계 표시

입석은 마을의 안녕과 풍요·다산을 기원하던 제단으로서의 기능 외에도 경계나 이정표의 의미도 중요하다. 즉, 입석 중에는 그 위치로 보아 마을과 마을의 경계, 또는 옛날의 郡·縣의 경계지점에 자리하여 경계표석으로 삼은 것도 있다. 그 대표적인 예가 사천읍과 진주시 금곡면과의 경계지점에 위치한 거무실의 돌장석고개의 입석이다(김봉우 2000:225-228).

선사시대부터 정치적·경제적 경계표시로서의 立木, 立石, 누석단 등이 당산나무, 솟대, 장승, 석장승으로 변화되었을 가능성이 높다(이종철 1983, 가종수·기무라시게노부 2011).

함안지역의 경우에도 입석의 위치는 대개 해당 유역권의 외곽에 위치한다는 점에서 경계표시로 보아도 무방할 것이다.

먼저, 석교천유역에서 유현리·소포리·수곡리 입석은 모두 북쪽 범람원에 가까이 있고, 사촌리입석은 석교천 상류의 끝이자 북쪽 끝 산기슭에 존재한다. 즉 모두 석교천유역의 중심 지석묘군들을 에워싸는 외곽에 있다. 군북면 유현리와 소포리 입석은 군북면 석교천유역에서 가야읍 함안천유역으로 넘어가는 경계에 자리하고, 군북면 수곡리 입석의 경우, 함안에서 진주로 가는 길목에 해당한다. 또한, 군북면 사촌리 입석은 석교천의 가장 남쪽에 위치하며 남쪽으로 마산 진전면·진동만으로 가는 길목에 위치한다.

함안천유역의 경우, 대산면 하기리·법수면 윤외리·산인면 입곡리·함안면 강명리 등지에 산재한 입석은 함안천본류역의 외곽 지류에 해당하여 집단의 경계를 표시한 것으로 보인다. 즉, 하기리 기동입석은 함안천유역의 북동쪽 경계에 자리하고, 함안천유역의 북서쪽에 있는 윤외리 석무 입석은 돌무실 고개마루에 위치하여 석교천유역과의 경계에 해당한다. 그리고, 입곡리 입석은 지석묘군이 밀집한 함안천중류역의 동쪽 외곽에 위치하며, 강명리 중산 입석은 함안천 상류역의 경계에 해당한다[62].

그런데, 함안천유역에는 유역의 외곽이 아니라 지석묘와 근거리에 위치한 입석이 2개소가 있다. 즉, 함안천중류역의 도항리 윗삼기 입석과 괴산리 신개입석이 그것이다. 윗삼기 입석은 그 성격이 좀 다르다고 판단되므로 후술하고, 괴산리 신개 입석에 대해서 논의하기로 한다.

『咸州誌』에 괴산리 일대를 저습지라 한 점을 고려하면, 함안천 본류역은 괴산리 지석묘를 기점으로 남쪽지역은 수해를 입지 않은 것으로 볼 수 있다(함안군 2019:218). 이러한 점을 고려하면, 함안천 본류역 기준으로 생활영역의 경계로서 이 괴산리 신개 입석이 축조된 것으로 보인다.

그런데, 괴산리보다 더 북쪽으로 광정리 지석묘군이 위치하여 논란의 여지가 있다. 광정리 지석묘군 가운데 4기(1~4호)는 도난당하거나 경지정리작업으로 유실되었으며, 5호는 발굴조사되었는데 상석이 자연암괴이

---

62) 강명리 중산 입석 남쪽에도 외암리 지석묘와 주서리 추정 지석묘가 보고된 바 있지만 자연암괴일 가능성이 높다. 실제로, 주서리 지석묘는 발굴조사 결과 자연암괴로 밝혀졌다(우리문화재연구원 2010).

고 하부 매장주체부가 확인되지 않았다. 이러한 점을 고려하면 광정리 지석묘군의 상석은 자연암괴일 가능성이 높다.

이와 같이, 일부 예외적인 경우를 제외하고 석교천유역이나 함안천유역 대부분의 입석이 유역의 외곽에 치우쳐 있다는 점이다. 입석은 대개 지석묘와 인접한 경우보다는 상당한 거리를 두고 이격되는데, 이는 해당 유역권의 핵심 지석묘 세력(母村)이 중심이 되어 이러한 입석을 축조한 것으로 보인다. 즉, 이러한 핵심 지석묘 세력은 해당 유역권 정도의 일정한 공간을 통제하거나 관리하는 주체였을 것으로 파악된다.

예컨대, 석교천유역에서 입석을 만든 주체는 해당 유역권에서 지석묘가 가장 밀집된 동촌리(군북) 지석묘군이 중심으로 파악된다. 왜냐하면 각 입석에 인접하여 지석묘가 없거나 유력한 세력이 보이지 않는다는 점이다. 이를테면 수곡리 입석 옆에 영운리지석묘가 있지만 1기에 불과하고 상석이 소형이어서 유력한 세력으로 보기 어렵다. 한편, 함안천유역에서는 지석묘군과 석관묘군이 밀집된 봉성리 및 도항리 도동 지석묘군이 입석을 축조한 상위 집단으로 볼 수 있다.

이는 집단의 경계표시라는 입석의 기능과 관련된다. 당시에 유역권별로 의례적 공동체가 형성되어 후대의 정치적 공동체 즉 읍락 성장의 기반이 되었음을 의미하며, 늦어도 청동기시대 후기에는 성립되었다고 보아야 한다.

2) 핵심 세력의 권위적 상징물

인도네시아 니아스섬[63]의 튼투룸바호 유적에서는 마을 입구와 출구로

---

[63] 인도네시아는 17,000여개의 섬으로 이루어져 다양한 문화가 공존하며, 옛 풍습을 유지한 섬들이 적지 않다. 인도네시아 서부의 작은 섬인 니아스 섬도 그 중의 하나로서 지석묘와 입석 등이 다수 확인된 지역이다.

보이는 곳에 각기 2기씩의 입석이 세워져 있으며 언덕 위 마을 안에는 상당수의 거석유구가 남아 있다. 니아스의 전통마을은 언덕 위에 있기 때문에 그 입구에는 예외없이 긴 돌계단이 있다(가종수·기무라시게노부 2011).

같은 맥락에서, 청동기시대 후기후반에 해당하는 도항리 윗삼기 입석 2기는 특별하다. 상기한 바와 같이, 다른 입석 유적은 지석묘와 유기적인 관계라기보다는 대개 해당 유역권의 외곽에 치우쳐 있다는 점이다. 하지만, 도항리 윗삼기 입석 2기는 함안천유역에서 핵심세력이자 구릉에 자리한 도동 지석묘군의 입구에 해당하여 도동 지석묘로 올라가는 관문으로 볼 수 있다는 점에서 주목된다. 니아스 전통마을 입구에 자리한 돌계단 시설처럼 도동리 윗삼기 입석 유적은 핵심 취락의 위세를 보여주고 신성시하는 상징물로 볼 수 있을 것이다.

함안천유역에서 가장 밀집된 지석묘군인 도동유적은 아라가야 지배층의 무덤인 말이산 고분군과 동일하게 구릉 상부에 입지한다는 것이 특징이다. 즉 말이산 고분군의 최남단에 위치한 낮은 구릉에 10기의 지석묘가 분포한다. 가야시대 이전의 청동기시대 후기후반에도 입지로서 우두머리의 권위를 보여주는 경관적 상징성이 있었던 것으로 보인다.

함안지역 지석묘의 입지는 곡간평지가 일반적이라는 점에서 도항리 도동지석묘군의 입지는 특별하다. 그리고 도동 지석묘군은 암각화가 새겨진 상석, 함안천유역에서 유일하게 묘역식을 갖추고 유물이 탁월하다는 점에서 청동기시대 후기후반의 수장층의 무덤으로 보아도 무리가 없다(이동희 2018). 더구나 일반적인 지석묘들과 달리 독립구릉의 상부에 자리하여 아래에서 위로 상석을 옮기는데 더 많은 노동력이 필요했을 것이며 그러한 위치를 선호한 것은 함안천유역에서의 도동 지석묘군 축조 집단의 위상을 가늠해 볼 수 있다.

도동지석묘군은 청동기시대 후기후반에 해당하여, 그 이전 단계의 기원지는 봉성리 지석묘 집단으로 본다. 전술한 바와 같이, 봉성리 유적은 기존 4기 상석 외에 석관묘 41기가 발굴조사되었다. 일부 석관묘를 지석묘에 포함시키는 견해를 따르면(동아세아문화재연구원 2014), 지석묘는 10기에 달한다. 봉성리유적이 중요한 것은 전기후반부터 지석묘나 석관묘를 사용했고 지금까지 가장 많은 수의 매장주체부가 확인되어 함안지역의 청동기시대 최대 묘역이라는 점이다. 도항리 유적이 후기 후반대를 중심으로 성장하는 것을 보면, 인근의 봉성리 집단 가운데 일부 엘리트세력이 도항리 도동 구릉으로 이동하였을 가능성이 있다.

지석묘와 입석이 함께 있는 것을 '디소리트'라고 하는데, 인도네시아 플로레스섬에서는 전쟁 승리, 농경의례 등 여러 의례의 기념비로서 죽은 귀족에 대한 숭배적 기념물로 만들어졌다.(가종수 · 기무라시게노부 2011:246)

이를 지석묘와 입석이 인접해 있는 함안 도항리 도동 지석묘 및 도항리 윗삼기 입석 유적에 적용해 본다. 도동 지석묘 암각화와 윗삼기 입석 등에 근거해 보면, 도항리 구릉 일대 거석문화는 농경의례 혹은 농경의례의 중심지이자 정치적 중심지[64]이며, 수장층의 무덤을 숭배하는 상징물로 볼 수 있다. 즉, 도동 지석묘 암각화에는 성혈(性穴)과 동심원(同心圓) 등이 새겨져 있어 해당 집단의 다산이나 풍요를 기원하는 농경의례와 밀접한 관련성이 있다(이동희 2018).

요컨대, '집단의 경계표시'라는 立石의 일반적 기능과 달리, 도항리 윗삼기 입석 유적은 함안천유역의 엘리트층 지석묘군(도동지석묘군)과 연계된 것

---

64) 복합사회형성과정에서 의례적 중심지는 정치적 중심지로 전화되는 것이 일반적이다(이성주 2018:91).

으로 파악되기에 주목된다. 이는 함안천유역의 도항리 도동유적을 중심으로 한 엘리트층(수장층)의 성장이 주변의 석교천유역보다 계층분화 및 사회발전단계에 있어 좀 더 선진적이었던 것으로 보인다. 곧 이은 삼한사회에 있어 안야국의 중심지가 함안천유역이라는 것은 시사하는 바가 크다.

VII. 함안 지석묘의 특징과 변한 소국의 형성

1. 묘역식 지석묘의 희소성

함안지역 청동기문화의 특징 가운데 하나는 묘역식 무덤이 유행하지 않았다는 점이다. 즉, 함안지역 청동기시대 무덤의 배치와 형태적 특징은 무묘역의 개별 석관묘가 군집으로 배열되는 양상이 강하다. 예컨대, 가장 많은 수의 무덤이 조사된 오곡리 유적과 봉성리유적에서는 수십기의 석관묘가 군집을 이루거나 소군집을 이루어 열상으로 배치되어 있다(김미영 2019:465).

이와 같이, 함안지역은 경남의 타 지역과 비교하면 묘역식 지석묘의 비율이 매우 낮은 편이다. 다만, 최근에 광려천 유역의 칠원읍 용정리유적에서 연접 묘역식 지석묘가 4기 정도 확인되어 주목된다(한반도문화재연구원 2017, 한국선사문화연구원 2018). 묘역의 길이가 2.8~20m 정도여서 중소형에 해당한다. 묘역식 지석묘는 함안지역 다른 유역권에서는 아직 뚜렷하지 않은 형식이다. 이는 광려천중류역의 집단들이 송국리형 문화기에 광려천 유역 상류를 통하여 마산만, 진동만 등지와 문화적 교류가 있었던 것으로 보인다.

석교천유역은 현재까지의 조사성과로는 무묘역의 석관묘와 토광묘만 군집배열될 뿐(김미영 2019:465), 아직 묘역식 지석묘는 확인되지 않았다[65]. 함안의 중심에 자리한 함안천유역에는 도항리 '바'호 지석묘에서 유일하게 장방형의 묘역시설이 보이지만 전형적인 묘역식 지석묘 형식은 아니다[66].

묘역식 지석묘의 성행지역은 경남 남해안이나 남강유역으로 볼 수 있는데 낙동강 본류역에는 그리 성행한 편은 아니다. 경남 남해안(마산·창원·김해·사천 등지)이나 남강유역(진주·산청 일원)에서 초대형 묘역식 지석묘가 조영될 무렵에 함안일원에서는 (초)대형 묘역식 지석묘가 뚜렷하지 않다.

2. 함안식 적색마연호(경부내경 적색마연호)의 분포와 의미

함안식 적색마연호는 편구형에 가까운 동체부와 원저, 직선적으로 내경하는 경부, 짧게 외반하는 구연부, 그리고 동체부에서 경부로 이어지는 부분에서 내면의 꺽임이 분명하게 제작된 점 등이 특징이다. 이러한 기형을 띠는 적색마연호의 가장 전형적인 것이 함안지역의 분묘에서 확인되고 있으며 인근의 의령 석곡리유적에서도 출토된 바 있다. 청동기시대 후기 함안지역에서 부장용 토기제작의 전통을 같이하는 집단의 공간적 범위를 상정해 볼 수 있고 이를 통해 지역색의 일단을 파악해 볼 수도 있다.

---

65) 물론, 묘역식 지석묘가 성행한 진주지역과의 문화적 교류를 감안하면 향후 조사될 가능성은 있다.
66) "도항리 '바'호 지석묘의 부석은 하나의 묘역으로서 처음부터 의도된 형태로 제작된 것이 아니고 시간적인 차이를 가지고 선대의 부석에 불규칙적으로 후대에 연접되게 붙인 것이다. 각각의 매장주체부와 상석의 세트관계보다도 부석으로서 표현된 묘역전체에 대한 상석의 상징적이고 표지적인 의미가 짙다"는 견해가 제시된 바 있다(김혜진·배진성 2005:48).

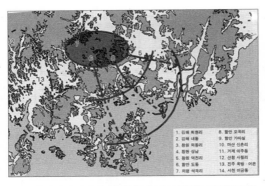

[그림 9] 함안식 적색마연호를 통해 본 지역권의 양상(김혜진·배진성 2005)

그런데 함안지역만큼 압도적인 비율은 아니지만 창원 덕천리·상남동·외동 지석묘에서도 유사 토기가 출토되었다. 또한 마산 신촌리에서도 다른 기형의 토기들과 함께 함안식 적색마연호의 영향을 받은 토기가 확인되어 함안권과 긴밀한 관계가 보인다. 이에 비해 거제 아주동·김해 내동유적을 보면 마산·창원을 거치면서 함안권의 영향력이 약화된 듯하다(김혜진·배진성 2005:54).

이러한 함안식 적색마연호(경부내경단경호)는 함안지역의 광려천과 함안천 유역을 중심으로 한 청동기시대 분묘의 부장용토기로 유행하였다. 함안식적색마연호는 대구·밀양지역의 경부내경장경호의 경부접합기술을

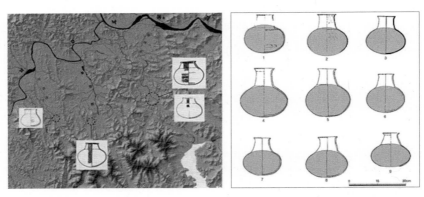

[그림 10] 함안지역 적색마연호의 지역성(左,정혜정 2013) 및 대구·밀양지역 출토 경부내경장경호
(右,김미영 2011)

습득하여 함안지역에서 독자적으로 변화시킨 부장용 토기(김미영 2011)로 경부와 동체를 별도로 제작하여 부착하는 방식으로 대구-함안 지역의 토기제작집단 사이에 제작 기술을 공유한 것으로 보인다.(김미영 2019:466)

함안지역의 청동기문화는 전기에는 석교천유역(군북)을 중심으로 발달하는데 남강중류역의 진주지역과 적극적으로 교류한 것이다. 후기 후반에는 광려천과 함안천유역에 대규모 취락이 조성된다. 즉, 석관묘

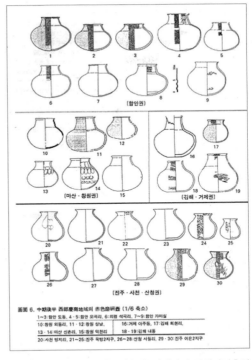

[그림 11] 청동기시대 후기(후반) 경남지역 적색마연호의 지역성(김혜진·배진성 2005)

나 토광묘를 열상 혹은 군집으로 배치하고 함안식적색마연호를 제작 부장하는 집단이 중심이 된다.(김미영 2019:468)

함안 서부권인 석교천 유역을 포함하여 서부경남지역인 산청·진주·사천 등지에서는 구연단면 C자형 외반구연 적색마연호가 표지적이다[67]. 함

---

67) 구연단면 C자형 외반구연 적색마연호는 남강중상류역의 특징적인 토기로서 함안 광려천유역으로는 확산되지 못하고, 남해안을 따라 사천·진동·김해지역으로 확산된다. 즉, 함안분지내로 진입하지 못하고 비교적 이동이 용이한 해안지역을 따라 이동한 셈이다.(김미영 2019:467)

안식 적색마연호와 산청·진주·사천 등지의 구연단면 C자형 외반구연 적색마연호는 선후관계라기보다는 동시기의 지역차로 보인다(김혜진·배진성 2005:54).

이러한 지역성을 감안하면, 광려천과 함안천유역에서 함안식적색마연호를 사용하던 동시기에 청동기시대 후기까지 남강중류역과 사천 등의 서부 경남권에서는 지속적으로 구연단면 C자형 외반구연 적색마연호 사용했을 가능성이 높다. 즉, 적색마연호의 변화가 더딘 남강유역과 석교천유역은 구연 단면 C자형 외반구연 적색마연호를 오랜기간 사용한 것으로 보인다[68].

이와 같이, 청동기시대 후기에 함안지역은 나름의 지역적 특색을 형성하고 있다. 마산·창원권의 집단과 일상적인 교류를 유지한 반면 함안의 서쪽지역과는 단절적인 양상이 강하다. 이러한 지역색의 발현과 교류의 양상이 이루어진 시간적 범위는 공반되는 일단병식석검·(장신형)일단경식석촉 등과 함께 오곡리와 도항리 도동의 분묘가 송국리형 주거지에 후행하는 점에서 후기후반대가 그 중심시기로 볼 수 있다(김혜진·배진성 2005:57).

3. 지석묘 축조사회와 삼한사회 성립과의 관계

전술한 바와 같이, 낙동강 중류역과 인접한 함안 광려천·함안천유역에서는 청동기시대 후기의 새로운 토기양식인 함안식 적색마연호의 중심

---

68) 남강유역의 청동기시대 무덤의 부장습속은 전기후반에는 채문토기가 2점씩 세트로 부장되는 특징이 있고, 후기의 전 기간동안 구연단면 C자형의 적색마연호를 일관되게 부장하고 있다(송영진 2012).

권이 되고, 대형 묘역식 지석묘의 소극적인 채용은 당시 주변지역에 비해 새로운 방향을 추구하던 지역으로 보아도 될 것이다.

즉, 함안읍을 중심으로 대규모 묘역식이 보이지 않거나 소극적인 채용은 하나의 지역성으로 볼 수도 있는데, 묘역식 지석묘가 반드시 선진문화를 의미하는 것은 아니다. 이와 관련하여 다음의 견해는 주목된다.

"유력개인의 등장이라 인식되는 영남지방의 대형 묘역식 지석묘와 제정일치사회의 제사장의 무덤으로 인식되는 호서·호남지방 (적석)목관묘의 피장자에 대한 새로운 해석이 가능하다. 즉, 대규모 묘역식 지석묘의 등장은 차별적 권력을 소유한 지도자의 출현을 의미하는 것이 아니라 개인을 강조하는 새로운 이데올로기의 유입에 대한 기존 질서를 유지하려는 방어적 기제를 의미했을 것이다. 이에 비해, 다량의 위세품을 매납한 (적석)목관묘의 축조는 혼란한 정치적 상황 하에서 아직 사회의 주도권을 잡지 못한 자들이 개인의 능력을 강조하는 이데올로기를 과시함으로써 배타적인 권력을 획득하기 위해 시도한 의도적이고 정치적인 행위였을 것이다"(박해운 2019:121).

이처럼, 호서·호남지방을 중심으로 새로이 신문물(세형동검문화 및 철기문화)이 들어오는 시점에 경남지역에서 주로 보이는 청동기시대 후기의 대규모 묘역식 지석묘는 보수적인 문화의 표현이라고 볼 수 있다. 다시 말하면, 사천·창원·김해 등 경남 남해안이나 진주권에서 보이는 초대형 묘역식 지석묘의 존재가 선진적이라기보다는 옛 풍습을 지키려는 보수적인 문화양상의 일단일 수 있다는 것이다. 예컨대, 김해 구산동의 초대형 묘역식 지석묘는 점토대토기문화기(세형동검문화기)에 신문물이 유입되는 상황에서 토착의 정체성을 유지하려는 보수적인 행위로서의 의례적 기념물로 본 견해(이동희 2019)는 주목할 만하다.

함안을 둘러싼 외곽지역인 진주 가호동·초전동, 사천 이금동, 마산 진동 등지에서 대규모 묘역식 지석묘가 축조되고 있지만, 그 뒷시기에 지속적인 발전상을 보기 어렵다는 점에서도 그러하다. 즉, 거대 묘역식 지석묘는 새로운 선진문물의 유입에 대한 보수적인 반응으로 볼 수 있다는 것이다.

전형적인 경부내경 적색마연호와 청동기시대 후기에 대형 묘역식 지석묘가 성행하지 않은 공통점을 갖는 대구-함안권은 유사한 장례 풍습을 공유[69]했다고도 볼 수 있다(김미영 2011:22~23, 김미영 2019:469). 두 지역은 낙동강중류역이라는 수로를 통해 문화의 교류가 있었을 것이다.

함안은 북쪽의 낙동강 중류(대구,창녕)-동남쪽의 낙동강 하류(김해,부산)-서쪽의 남강 중류(진주)-남쪽의 해안지역을 동서남북으로 연결시킬 수 있는 교류의 결절지에 해당한다. 이러한 지리적 환경은 청동기시대 후기에 함안지역 만의 특색을 띠는 문화를 생산해 낸 것으로 보인다.(김미영 2019: 462) 이처럼, 함안은 남강 하류역이자 낙동강 유역과의 합수부에 해당하여 수로교통의 요지여서 교류·교역의 중심 역할을 하였고 곧 이은 원삼국시대 초기에 창원 다호리세력과 함께 변한 소국들 가운데 중심세력으로 성장하였다.

새로운 토기양식을 창출할 정도로 주변지역보다 사회가 발전한 지역에서 오히려 거대 묘역식 지석묘가 안 보이는 것은 역설적이다. 다시 말하

---

69) 경부내경적색마연호(장경호)의 초현지인 대구일대에 대규모 묘역식지석묘가 빈약한 것은 새로운 문물의 수용에 적극적이고 보수적인 문화가 약했다고 볼 수 있다. 이와 관련하여 대구·경산 등 낙동강중류역에 영남지역에서 초기철기시대-원삼국시대 즈음에 가장 이른 단계의 목관묘문화가 파급된 것도 청동기시대 후기후반대의 거대묘역식 지석묘의 희소성과 무관하지 않을 것이다. 경산 대학리 유적 등에 묘역식 지석묘가 있지만 그 규모가 크지 않다. 여기에 점토대토기가 동반된 것은 주목된다.

면, 거대 묘역식 지석묘가 선진적인 문화라기보다는 옛 문화를 유지하려는 보수성의 극대화로 볼 수 있다.

청동기시대 후기후반에 서부경남지역과 달리 광려천과 함안천유역을 중심으로 새로운 토기양식인 함안식 적색마연호(경부내경 단경호)의 등장은 단순한 토기양식의 출현이 아니라 해당집단의 사회경제적 그리고 정치적 성장과 무관하지 않을 것이다.

즉, 함안지역을 중심으로 함안식 적색마연호의 동남쪽으로의 파급(김혜진·배진성 2005:57)은 함안일대가 청동기시대 후기에 사회경제적으로 선진지역이었을 가능성을 제시해 준다. 기존 적색마연호(경부내경장경호)에서 새로운 양식의 토기(경부내경단경호)를 창안할 만큼 경제적·문화적 중심이라는 것이다. 이러한 배경에서 기원전 1세기대에 서부경남의 다른 지역보다 먼저 목관묘와 와질토기가 등장하고 변한 정치체 중 가장 선진적인 안야국이 출현한 것은 우연이 아닐 것이다.

다시 말하면, 함안식 적색마연호가 석교천이 아니라 함안천·광려천유역을 중심으로 보이는 것은 청동기시대 말기의 사회경제적·정치적 성장을 보여주는 자료이다. 함안권에서 함안천,광려천 유역의 가경지는 석교천유역의 그것에 비해 각기 1.5~2배 정도에 달한다. 이는 경제력의 차이를 말하며 정치·사회적 성장과 맞물리는 것이다. 청동기시대 전기 전반에 선진문화는 남강중류역에 인접한 석교천유역에 먼저 유입되었지만 후기로 갈수록 함안천·광려천 유역 중심의 세력이 급성장한다[70]. 곧 이은 기원전후한 시기에 안야국과 칠포국이 각기 함안천과 광려천유역에서 발흥

---

70) 석교천유역은 함안천유역, 광려천유역과 달리 남강유역에 인접하여 남강문화권에 동화된 면이 있고, 농경지가 상대적으로 협소하여 사회경제적·정치적 성장의 제약이 있었을 것이다.

하고, 3세기대의 중국 史書(『三國志』)에서 확인되듯이 함안천유역의 안야국이 김해의 구야국과 함께 변한(弁韓)의 2대 강국이었다는 것은 함안식 적색마연호의 등장으로 상징되는 사회경제적 발전과 무관하지 않을 것이다.

안야국의 성장이 갑작스러운 것은 아닐 것이다. 이미, 청동기시대 후기 후반에 함안지역의 급성장을 보여주는 유적이 의례적 중심지로서 기능한 함안천유역의 도항리 도동유적이다.

전술한 바와 같이, 도항리 도동 유적은 경남서부권과 달리 청동기시대 후기부터 엘리트층의 묘역이 구릉에 자리하는 경관적 변화가 보인다. 도동 유적은 타 지석묘군과 달리 입지적으로 주변을 조망할 수 있는 구릉상에 위치하고 유물이 다량부장된 묘역식이면서 지석묘에 암각화가 새겨진 의례공동체의 중심으로 볼 수 있다. 그리고 입석 2기가 도동 지석묘군 입구에 자리하여 도동 지석묘군의 위세를 보여주면서 특별한 존재로 인식되어진다(이동희 2018). 이렇듯, 청동기시대 후기후반대에 도동 지석묘군의 우월한 양상은 변한 정치체의 형성과 맞물려 있다. 즉, 도동 지석묘군은 읍락의 원초적 단계와 관련되고 구릉 위 암각화 지석묘의 존재는 의례공동체의 중심이며 정치적 중심지로 성장하는 근거가 되었을 것이다(이성주 2018:91).

청동기시대 분묘의 매장주체부 축조방식에 있어서도 경남동부권과 경남서부권은 차별성이 보인다. 즉, 청동기시대후기의 매장주체부는 석축형 석관묘, 토광묘, 석관묘 등의 3가지 형태로 구분되는데, 함안을 포함하여 동쪽으로는 석축형 석관묘가 우세한데 비해 서쪽으로는 석관묘가 압도적이다. 이러한 분묘 구조에서 보이는 차이점 역시 토기(함안식 적색마연호/C자 구연 적색마연호)의 분포양상과 연동하여(김혜진·배진성 2005:57) 지역성을 엿볼 수 있다. 함안 서부권의 석관묘는 무덤 면적이 한정적이지만, 함안 이동지방에서 주로 확인되고 위세품이 다수 보이는 석축형 석관묘는 그 내부 공간을 최대한 넓게 만들 수 있다는 점에서 계층 분화와 연계성이 있다.

이에 비해, 진주·산청 등 경남 서부권은 청동기시대 후기에 새로운 기술적인 혁신 등이 저조하고 옛 문화를 그대로 유지한 것으로 보인다. 이러한 차이점은 서부경남지역에서 와질토기단계에 새로운 토기양식과 목관묘의 수용이 뚜렷하지 않은 점과 관련될 것이다. 즉, 경남 동부권에서 와질토기를 발전시킬 때 서부권에서는 종말기무문토기(경질무문토기)가 잔존하고 청동기시대 이래의 석관묘를 그대로 사용한 것과 무관하지 않다. 고성 솔섬 유적에서 1~2세기대의 석관묘가 확인된 것은 대표적인 사례이다. 변한 소국이 뚜렷하게 성장하는 경남동부권과 달리 서부권은 신래의 와질토기나 목관묘가 보이지 않는 것은 기원전후부터의 상황이 아니라 이미 청동기시대 후기부터 발현된 것이 아닌가 생각해 본다. 더구나 변한 소국 12개국 가운데 2개 대국(안야국 및 구야국)이 모두 함안 이동 지방에 분포한 것은 시사하는 바 크다.

함안지역에서 변한 소국으로는 안야국과 칠포국이 거론된다. 기존 연구에서는 이러한 변한 소국의 등장과 관련하여 당시 지배층의 무덤인 목관묘 이후를 주로 다루었지만, 그 직전단계의 분묘인 지석묘도 언급되어야 한다.

예컨대, 아라가야의 중심 고분군으로 목관묘부터 등장하는 도항리 고분군과 같은 구릉에 함안천유역에서 가장 밀집되고 의례의 중심이 된 도동 지석묘군이 자리한다. 즉, 같은 공간 내에서 거점 지석묘군 → 목관묘 → 목곽묘 → 고총군으로 이어짐은 우연이 아니고 초기 정치체의 계기적인 발전상을 보여준다.

함안천유역과 광려천유역권에는 각기 기원전후한시기 무렵에는 변한 소국인 안야국과 칠포국이 출현하였을 것인데 외부로부터의 자극이 정치체 성장을 도왔을 것이다. 즉, 함안천유역과 광려천유역의 변한 소국의 성장에는 성주 예산리·경산 임당·대구 팔달동·창원 다호리 등 영남지역에서 초기 정치체 성장이 비교적 이르고 선진적인 낙동강 중류역의 여러 세력들의 영향이 있었을 것이다.

Ⅷ. 맺음말

본고는 그동안 지석묘에 대한 유구·유물의 형식분류나 편년에 치중하던 접근방식에서 벗어나 함안지역의 지석묘 사회와 문화에 대해 좀 더 입체적으로 검토하고자 하였다.

함안지역에서 지석묘의 수는 청동기시대 당시 주민들의 수에 비해 매우 적은 수치이기에 농경사회의 의례적 기념물이자 지도자의 무덤으로 볼 수 있다. 또한 지석묘의 분포지는 당시 생활유적의 전모를 알 수 없는 상황에서 거점을 유추해 볼 수 있는 가시적인 유적이다. 따라서 거석문화는 훼손된 것까지 모두 적시하였다.

함안지역은 3개 유역권으로 구분되는데, 각 유역권의 일부는 후대(弁韓단계)의 읍락이나 국읍으로 비정되기도 한다. 각 유역권은 공간적으로 구분될 뿐만 아니라 벽석이나 시상의 재료에 있어 차이를 보이기도 하여 개별 유역권 단위의 지석묘 축조 공동체로 파악하였다.

현재까지 조사성과로 본다면, 함안천 유역에서만 청동기시대 전기의 상징적인 상석을 가진 지석묘군이 보이고, 그에 잇대어 후기의 지석묘군·석관묘군이 연접되어 나타난다는 것은 그 만큼 함안천 중류역(봉성리일대)에 정주한 인구가 많았고 지속적으로 거점취락이었음을 시사한다. 이는 함안천유역이 함안의 타 유역권보다 인구수나 경제력에서 우월했음을 의미하고 이는 가경지의 면적에서도 뒷받침된다.

청동기시대 사회는 기본적으로 촌락단위의 집단사유재산제로 볼 수도 있으나 지석묘 축조는 같은 유역권내의 친인척관계의 집단들을 중심으로 상호 협조하에 이루어졌을 것이다. 하지만, 집단간에도 위계가 있었을 것이다. 그것은 집단의 규모와도 관련될 것이며, 중심 촌락인 모촌(母村)과 모촌에서 떨어져 나온 자촌(子村)으로 구분해 볼 수 있다. 모촌과 자촌은 집단의 규모 차이에 따른 입지, 지석묘 외에 석관묘 등의 매장주체부의 수, 유물 등에서 일정한 차별성이 보인다.

함안에서 청동기시대 분묘가 가장 밀집되고 청동기시대 전기부터 분묘가 확인되는 핵심취락인 모촌은 석교천유역의 동촌리유적과 함안천유역의 봉성리유적을 들 수 있다. 즉, 시기적으로 동촌리, 봉성리 유적이 이른 단계의 주거지나 지석묘·석관묘 등이 확인되고 무엇보다도 군집도가 높아 장기적으로 지속된 취락으로 파악되기 때문이다. 이에 비해 지석묘 수가 5기 미만인 경우, 자촌으로 보고자 한다. 석교천유역에서 가장 먼저 지석묘가 축조되고 장기적으로 지속된 동촌리 지석묘군 일대를 모촌으로 보고, 나머지 지석묘군을 자촌으로 구분해 볼 수 있다. 석교천유역의 모촌인 동촌리 지석묘군은 유역의 중상류역에서 시작해 중류역이나 상류역으로 자촌이 확대된다는 점이다.

청동기시대 묘제인 지석묘나 석관묘의 상한과 하한에 대해 정리하였는데 기존 방사성탄소연대에 의한 편년보다는 좀 더 내려볼 가능성을 제시하였다. 특히, 하한에 있어서는 원삼국시대 목관묘 등장시기와 접점을 이룰 것으로 보았다. 기존에 청동기시대 후기 후반의 하한을 원형점토대토기 단계 정도로 보는 것이 일반적이다. 하지만, 함안지역에 삼각구연점토대토기에 목관묘들이 일부 보이지만 그 수는 매우 제한되어 있다. 따라서 기원전 1세기대까지만 해도 새로운 묘제인 목관묘를 사용하는 주민은 제한적이라는 점을 지적하지 않을 수 없다. 함안 일원에서 청동기시대로부터 원삼국시대로 접어드는 기원전 2~1세기대는 완만한 과도기로 보아야 한다.

한편, 영남지역 청동기시대 유적 출토 인골의 성별을 살펴보면, 남성의 비율은 80%에 달하고, 석검은 남성 위주로 부장되어 90%를 상회한다. 그리고, 매장주체부의 규모가 큰 신전장은 남성의 비율이 88%에 달하여 이 또한 남성 중심이다. 이러한 연구성과는 함안지역의 지석묘 등 청동기시대 분묘에 그대로 적용할 수 있다. 따라서 청동기시대 분묘의 피장자는 남성 중심이며 매장주체부가 크고 석검이 부장된 경우는 남성의 비율이 대다수를 점한다고 볼 수 있다. 요컨대, 청동기시대 농업공동체사회에서 지석묘 등 분묘의 피장자는 남성 중심이며, 가부장적 세대공동체의 장(長)일 가능성이 높다. 이는 지금도 지석묘가 축조되고 있는 인도네시아 숨바섬에서도 확인되는 바이다.

본고에서는 단위 지석묘군의 배치상과 유물을 통해 유의미한 결과를 도출하였다. 오곡리유적의 분석을 통해 보면, 지석묘를 중심으로 석곽묘들이 일정한 열과 소군집상을 보이는데, 석검이 부장된 무덤은 대개 世代別 우두머리의 무덤으로 파악된다. 집단내 위세품은 석검+석촉+적색마연호 조합 → 석검 → 석촉 → 유물 미부장 세대의 순으로 해당 집단의 지도층의 유물 부장상이 변화된다. 늦은 단계의 소군집에서는 위세품으로서 석검이 전혀 출토되지 않고 대부분 토광묘이다. 이러한 마지막 단계의 유물 미부장 세대에 이르면 일부 유력세력은 원삼국시대의 목관묘로 전환해 가는 층도 있었을 것으로 본다. 즉 지석묘 외곽에 유물이 미부장되는 마지막 과도기를 거치면서 일부 엘리트층의 별도의 공간으로의 묘역 이동이 맞물리는 단계가 청동기시대 지석묘 묘역의 마지막 모습으로 판단된다.

한편, 함안지역 입석은 지석묘와 유기적으로 연결되어 축조되는 것으로 파악된다. 이러한 입석의 기능은 2가지로 구분하여 볼 수 있다. 하나는 집단의 경계 표시로 볼 수 있고, 또 하나는 핵심세력의 권위의 상징물로 구분해 보았다.

함안지역의 경우, 입석의 위치는 대개 해당 유역권의 외곽에 위치한다는 점에서 경계표시로 보아도 무방할 것이다. 입석은 지석묘와 인접한 경우보다는 상당한 거리를 두고 이격되는데, 이는 해당 유역권의 핵심 지석묘 세력이 중심이 되어 이러한 입석을 축조한 것으로 보인다. 즉, 이러한 핵심 지석묘 세력은 해당 유역권 정도의 일정한 공간을 통제하거나 관리하는 주체였을 것으로 파악된다.

이에 비해, 청동기시대 후기후반에 해당하는 도항리 윗삼기 입석 2기는 특별하다. 다른 입석 유적은 대개 해당 유역권의 외곽에 치우쳐 있다는 점이다. 하지만, 도항리 윗삼기 입석 2기는 함안천유역에서 핵심세력이자 구릉에 자리한 도동 지석묘군의 입구에 해당하여 도동 지석묘로 올라가는 관문으로 볼 수 있다는 점에서 주목된다. 인도네시아 니아스 전통마을 입구에 자리한 돌계단 시설처럼 도동리 윗삼기 입석 유적은 핵심 취락의 위세를 보여주고 신성시하는 상징물로 볼 수 있을 것이다. 이는 함안천유역의 도항리 도동유적을 중심으로 한 엘리트층(수장층)의 성장이 주변의 석교천유역보다 계층분화 및 사회발전단계에 있어 좀 더 선진적이었던 것으로 보인다. 곧 이은 변한사회에 있어 안야국의 위치가 함안천유역이라는 것은 시사하는 바가 크다.

지석묘·석관묘 등 청동기시대 묘제는 전기에는 희소하고 후기에 확산되는 양상을 보인다. 특히, 지석묘의 피장자는 지도자에서 지배자로 점차 전환되었을 것이다. 즉, 그 수가 매우 제한적인 전기 무덤은 해당 집단의 leader(지도자)이자 집단의 상징물이면서 신앙의 대상이라는 점이 강조되어야 할 것이다. 이에 비해, 후기에는 개별 무덤이 증가하고 유아묘 등이 나타나 귀속지위가 출현하여 계층분화의 심화가 이루어지는 단계로 나아가 삼한사회의 前兆로 볼 수 있다.

변한 소국(12개국) 가운데 구야국과 함께 가장 발전하였던 안야국의 중심지가 함안천유역의 도항리 일대라는 것은 청동기시대 후기에 이미 그 징후가 나타났다고 보여진다. 예컨대, 청동기시대 후기후반에 함안천유역과 광려천유역 일대에서 함안식적색마연호가 출현하여 주변으로 확산되는 모습을 보임은 사회·경제적으로 중심지였음을 시사한다. 함안천유역과 광려천유역은 낙동강수로를 통해 활발하게 교역이 가능한 입지이고 넓은 농경지 또한 경제적 성장의 바탕이 되었을 것이다. 이와 관련하여 함안천중류역의 도항리 도동 지석묘군은 탁월한 입지 외에도 암각화·이단굴광·탁월한 유물 등으로 함안지역에서 청동기시대 후기(후반)에 가장 상위의 취락이면서 제의권의 중심으로 파악된다. 제의권의 중심은 정치적 중심지로 발전한다. 이러한 도동 지석묘군이 같은 공간의 도항리 목관묘·목곽묘군·고총군으로 계속 이어짐은 우연이 아니고 계기적으로 정치체가 발전하였음을 의미한다. 즉, 아라가야의 중심고분군이자 목관묘부터 확인되는 도항리 고분군과 같은 구릉에 함안천유역에서 가장 밀집된 지석묘이자 의례의 중심인 도항리 도동 지석묘군이 위치함은 초기 정치체의 성장과 관련하여 시사하는 바가 크다.

「함안지역의 지석묘 사회」, 『사림』76, 수선사학회, 2021.

지석묘문화를 통해 본
복합사회 형성과정

I. 머리말

우리나라에서 지석묘와 관련하여 가장 활발한 연구가 진전된 곳은 전남지방이라고 할 수 있다. 전남지방에서 지석묘 연구가 활성화된 것은 전국적으로 전남지방에 지석묘가 가장 많다는 것과 많은 지석묘가 발굴조사된 사실에 기인한 바 크다. 근래의 자료에 의하면 전남지역에 산재하는 지석묘는 모두 2,208개군, 19,058기에 달한다(이영문·조근우.1996). 이러한 수치는 지석묘의 중심지인 한반도에서도 가장 밀집성을 보여주는 것이다. 기존에 전남지방의 지석묘에 대해서 종합적으로 정리된 바가 있지만(이영문 1993), 본고에서는 미진했다고 판단되는 몇 가지 분야를 언급해 보고자 한다.

우선 전남 지방의 지석묘가 다른 지방에 비해 특이하게 많다는 점에 대한 설명이 필요할 것이다. 이에 대한 해석으로는 지석묘 축조단계에 전남지방이 다른 지역에 비해서 많은 사람이 살았다던가 아니면 장기간에 걸쳐 사용되었다는 점 이외에도 다양한 측면이 고려되어야 할 것이다. 둘째, 지석묘 사회의 발전단계를 살펴보기 전에 지석묘의 피장자가 누구인 가라는 원론적인 문제를 다루고자 한다. 셋째로 전남지방 지석묘 사회의 위계문제와 사회발전단계에 대해서 살펴보고자 한다. 사회발전단계에 대한 검토에서는 부장유물이 풍부한 전남 동부권을 중심으로 논의하였음을 밝혀둔다.

II. 전남지방 지석묘의 밀집 원인

최근의 연구에 따르면 지석묘는 경기도 502기, 강원도 338기, 충북 189기, 충남 478기, 전북 1597기, 전남 19068기, 경북 약 2800기, 경남 1238기, 제주도 140기, 북한 약 3160기등이 확인되었다(최몽룡 외 1999). 이처럼 전남 지방의 지석묘가 다른 지방에 비해 특이하게 많다는 점은 다음과 같은 몇 가지 관점에서 접근해 볼 수가 있다.

우선, 지석묘 축조단계에 전남지방이 다른 지역에 비해서 많은 사람이 거주하였는가 라는 점이 고려될 수 있다. 전남지역은 타 지역과 비교하여 인간이 거주하기에 양호한 자연 조건이기에 상대적으로 인구밀도가 높았을 것이다. 하지만, 이러한 점은 전남지역의 지석묘 숫자가 다른 지역에 비해 너무나 월등하게 많기 때문에 부분적인 요소로만 간주되어야 할 것이다.

둘째, 지석묘가 비교적 장기간에 걸쳐 사용되었다는 점이 거론될 수 있을 것이다. 남한 지역의 지석묘 상한 연대는 점차 소급되어 기원전 9세기까지 올려보고 있다(이영문 1999). 그런데 전남지역의 지석묘 상한연대가 다른 지역보다 이르다는 증거는 없다. 그래서 전남지방의 지석묘가 장기적으로 축조되었다는 점과 관련하여 하한에 대해 살펴보고자 한다.

전남지역 지석묘에서 위석식의 묘곽이 가장 늦은 단계라고 보고 있다 (최몽룡 1978). 이와 관련하여 산간 내륙지대인 보성강유역에서 위석식이 다른 지역보다 상대적으로 많다는 것은 주목할 만한다(이영문 1993, 130-131쪽). 이러한 측면은 전남 동부지역이 상대적으로 영산강 유역을 비롯한 전남서부지역보다 지석묘가 많은 이유 중의 하나일 것이다. 전남지방의 지석묘들의 분포는 지형에 따라 다른데, 평야지대인 서해안이나 영산강유역(6331 기, 38.7%)보다는 산악지대인 남해안이나 보성강유역(10,038기, 61.3%)에 지석묘가 훨씬 많으며 군집의 평균 분포수에 있어서도 전자와 후자가 각각 6.9 기와 9.4기로 나타나 산악지대에서 지석묘가 더 성행하였음을 보여준다. 이는 농경을 배경으로 한 평야지대가 개방적이고 선진문화의 수용이 빠르기 때문에 전통적인 묘제인 지석묘를 축조한 사회보다 변화에 민감했다고 보는 견해는(이영문 1993. 288쪽) 참고할 만하다. 실제로 전남지역에서 새로운 세형동검기의 묘제인 적석목관묘가 확인된 지역이나 세형동검과 세형동부 등의 용범(鎔范)이 확인된 곳이 영산강유역이나 전남서부지역이라는 점도 시사하는 바가 크다(임병태 1987). 한편, 영남지역에서는 세형동검문화의 영향으로 안동 지례리 지석묘를 끝으로 지석묘가 사라지게 되고 새로운 묘제인 석곽묘와 목관묘가 출현하는 것으로 보고 있다(하인수 1992, 97 쪽). 그런데 안동 지례동 지석묘의 형식이 위석식이 많다는 점과 입지장소가 산간오지라는 점은 보성강유역의 그것과 궤를 같이 한다. 요컨대 전남지방에서 지석묘가 집중된 동부지역에 가장 늦은 형식이 위석형이 많다는 것은 보성강유역을 비롯한 전남 동부지역이 한반도에서 가장 늦게까지 지석묘가 축조되어 지석묘가 많다는 점을 뒷받침하고 있다.

셋째, 다른 지역에서 빈출되는 청동기시대의 석관묘나 토광묘·옹관묘

⁷¹⁾ 가 전남지방에서 거의 확인되지 않는 점에 비추어 보면 청동기시대에 전남지방에는 지석묘만이 주묘제로 사용되었을 가능성이다. 다만 최근에 함평 해보리유적(목포대 박물관 1999a)에서 석관묘 6기와 석개토광묘 4기가 조사되었다. 이러한 유적은 충청도나 전라북도에서 확인되는 석관묘나 석개토광묘와 연결되는 것으로 주목된다. 함평지역은 영광군이나 장성군과 더불어 전남 북서부지역에 위치하는데, 지리적으로 전북지역과 큰 산맥 없이 평야지대로 이어진다. 이 지역들에서는 전남지역에서 특이하게 탁자식(북방식) 계통의 지석묘가 산재하고 있어, 상호 관련성을 엿볼 수 있다. 즉 탁자식 지석묘나 석관묘가 북쪽에서 파생되어 왔다는 점과 탁자식 지석묘의 매장주체부가 석관형이라는 사실은, 전남 서북부지역이 탁자식 지석묘의 남한계선이고, 영산강유역이 보성강이나 남해안 지역에 비해서 지석묘의 하부구조가 석관형이 많다는 점과 궤를 같이한다. 그리고 이 지역들에서 확인되는 지석묘의 수가 상대적으로 전남지역의 다른 시·군보다 적다는 점도 이 지역들에 석관묘나 석개토광묘가 부분적으로 유행했을 것이라는 관점과 무관하지 않을 것이다. 아무튼 전남지역에서 전남 서부지역을 중심으로 한 영산강유역의 일부지역을 제외하고는 지석묘가 청동기시대의 지배적인 묘제인 점은 부인할 수 없다.

다른 지역에서 확인된 지석묘 이외의 청동기시대 분묘로는 다음과 같은 유적을 들 수 있다. 인근의 경남 지방에서는 함안 오곡리(창원대박물관 1995), 가음정동유적, 김해 삼계동(부산광역시립박물관 1999)등지에서 토광묘유

---

71) 1996년에 전남 곡성군 연화리(국립전주박물관 1996)에서 청동기시대의 옹관묘가 확인되어 주목된다. 그런데 옹관묘가 조사된 지역이 지석묘군 틈에 포함되어 있어 소아용의 매장 시설로 추정되어 부수적인 묘제로만 인식하여야 할 것이다.

적이, 남강댐 수몰지구에서는 200기 이상의 석관묘가 확인되었으며(하인수 2000), 창원 덕천리 유적(이상길 1993)에서는 지석묘 이외에 석관묘(석곽묘)와 석개토광묘 등이 조사되었다. 그리고 경남지방에서는 지석묘 주변에 석관묘가 부속되어 군집되는 경우가 적지 않다. 이를테면 경남 진양 대평 유적에서 석관묘는 독립된 경우가 드물고 지석묘를 중심으로 주변에 산재하고 있다. 옥방 10호 지석묘 주변의 경우, 4기의 석관묘가 확인되었다(문화재연구소 1994). 한편 충남일원에서는 부여 송국리(김길식 1998), 공주 남산리(윤무병 1987), 부여 비당리(이규산 1977), 서천 오석리(공주대학교 박물관 1996), 공주 분강리·부여 저석리(공주대학교박물관 1997), 보령 관산리(고려대학교 매장문화연구소 1996), 전북의 완주 반교리(국립전주박물관 1996), 진안 모실(김승옥 1999), 진안 수좌동(이재열 1999), 진안 여의곡(김승옥·이종철 2000) 유적 등에서 토광묘, 석관묘나 옹관묘 유적들이 확인된다. 특히 서천 오석리유적에서는 석관묘 22기와 석개토광묘 2기, 소형토광묘 1기, 옹관묘 1기 등의 청동기시대의 무덤이 확인되어 전남지방의 경우와는 사뭇 다른 양상을 보여주고 있다. 이와 같이 다른 지역과 비교하여 청동기시대에 전남지역에서 지석묘가 지배적인 묘제였다면, 지석묘가 많은 이유를 어느 정도 설명해 줄 수 있을 것으로 판단된다.

전남지역에서 지석묘가 청동기시대의 주된 묘제로 사용된 이유는 한반도의 끝이어서 새로운 문화의 변화에 둔감하였다는 점과 더불어 폐쇄성이 오래 지속되었다는 점과도 무관하지 않을 것이다. 이는 삼국시대에 이르면 다른 지역에서는 청동기시대나 초기철기시대 이래의 옹관묘가 다른 묘제의 부수적인 묘제로 전락하는데 비해, 전남지역에서는 옹관묘가 대형화될 정도로 한 묘제가 쉽게 바뀌지 않는 특성과도 궤를 같이 할 것이다. 같은 한반도의 끝이지만, 청동기시대의 묘제로 지석묘 이외에 석관묘나 토광묘가 사용된 영남지방과는 차이점을 보이고 있다. 즉 문화가 충청도지역에서 경상도지역으로 흐름은 어느 정도 확인되나 한반도 서남부 끝인 전남지역에는 그러한 양상이 미미하다는 점이다.

Ⅲ. 지석묘의 피장자

지석묘 사회의 발전단계를 살펴보기 전에 먼저 전남지방 지석묘의 피장자에 대해 검토해 보자. 전남지방 지석묘의 분포상을 보면 다른 지방과 달리 매우 조밀하여 거의 자연 취락 별로 하나 정도의 군집을 보이고 있다[72]. 자연 취락마다 있는 지석묘군은 정착 농경사회의 산물로 파악된다.

기본적으로 지석묘는 취락의 장로(대인)급이 묻히는 누세대적 혈연공동체의 묘로 판단된다. 즉 당시 마을마다 지석묘가 있다고 해서 누구나 지석묘의 피장자가 되는 것은 아니다. 이를테면, 여수 적량동 상적 지석묘(이영문·정기진 1993)를 살펴보자. 보고자는 지석묘 상한을 기원전 8~7세기, 하한을 기원전 3세기대로 편년하였다. 그리고 축조기간은 각 구역의 묘곽군을 한 세대 집단의 무덤으로 보고 1세대를 30년으로 계산하여 약 200년에 걸쳐 묘역이 조성된 것으로 보았다.[73] 그렇다면 1구역이 3~7기이므로 1세대에 3~7명의 인원이 매장된 셈이다. 지석묘군 내의 각 구역에서는 1기 정도가 우월하여 군집 내에서도 우열관계가 있었음을 의미한다.

---

72) 권오영은 하나의 지석묘유적은 취락단위에, 유적 내부의 각각의 열이나 소집단은 취락을 구성한 하위 단위에 대응된다고 보았다(권오영 1996).
73) 상적 지석묘군은 조사전에 이미 훼손되었기 때문에 전체 묘역이 확인된 것은 아니다. 따라서 지석묘 군의 지속연대는 보고자의 견해보다 상회할 가능성이 크다.

부나 권위에 근거하여 하나의 친족집단에서 한 세대를 대표하는 유력자가 있었음을 의미한다.

이와 관련하여 전남지방의 청동기시대 개별 취락에서 한 세대별 주거민을 살펴볼 필요가 있다. 전남지방에서 발굴조사된 청동기시대의 주거지 기수를 살펴보면 다음과 같다. 먼저 순천대곡리에서는 70기가 조사되었는데, 도롱에서 13기, 도롱·한실에서 12기의 송국리형 주거지가 확인되었다. 그 외에 영광 마전 11기, 광주 송암동 1기, 영암 장천리 7기, 무안 인평 1기, 화순 복교리 2기, 보성 금평 1기, 곡성 유평 4기, 함평 중랑 3기, 나주 신촌리 2기, 순천 죽내리 1기(이종철 2000), 영광 군동 12기(목포대박물관 1999b) 등이다. 한편, 최근에 발굴이 이루어진 광양 용강리 유적(순천대박물관 2000:순천대박물관 2001)의 경우에는 기두 7기, 관동 17기이다. 이렇게 전남지역의 청동기시대 주거지는 적게는 1기, 많게는 수십기에 이른다.

1~2기의 경우는 전체 조사가 이루어지지 않았거나 예외적인 예로 판단한다면, 청동기시대의 단일 취락으로 10기~15기 정도라고 추정함은 무리가 없을 것이므로 마을의 평균 호수를 12기 정도로 상정해 본다[74]. 그리고 이 지역의 주거지가 대부분 송국리형 주거지임을 가정하면 핵가족으로 볼 수 있다. 그래서 한 시점에 마을 주민 수를 계산해 보면 60명 정도이다(12가구×5명=60명). 핵가족인 경우에 2세대를 상정한다면 1개 마을

---

74) 그런데 12기의 주거지가 동시대라고 볼 수 있는지가 문제가 되는데, 현재까지는 전남지방 주거지간의 세부편년이 이루어지지 않아 자세한 고찰은 힘들다. 다만 지금까지의 연구 성과를 보면, 청동기시대에 소촌인 경우 10동 내외, 중심취락인 촌의 경우에는 20~30여동이거나 그 이상이라고 한다(이희준2000, 2001). 그래서 이러한 견해를 참고한다면 전남지방에도 일반적인 촌락의 규모가 적어도 10기 정도는 되었다는 점은 인정할 수 있을 것이다. 그리고 앞으로의 조사성과에 따라 다른 지방에서 보이는 더 큰 규모의 취락도 많이 확인될 것으로 보인다. 취락의 규모가 클수록 지석묘 군집은 대규모였을 것으로 판단된다.

의 한 세대는 60명의 절반인 약 30명이다. 적량동 지석묘의 경우, 한세대 30명의 주민에서 3-7명이 매장되었다면 그 비율은 20%에 불과하다. 그렇다면 마을 주민의 모두가 지석묘에 묻힐 수가 없는 것이다.

그런데 여기서 몇 가지 짚고 넘어가 사항이 있다. 우선, 1개 지석묘군이 1개 친족집단(마을)의 묘역인지, 여러 친족집단(마을)의 공동묘역인지에 대한 문제이다[75]. 쉽게 결론낼 수 있는 문제는 아니다. 하지만, 적어도 지석묘가 가장 집중된 전남지역의 경우에는, 전술한 바와 같이 지석묘군이 당시의 마을이 있을 만한 곳에는 예외 없이 분포하고, 지석묘군이 1~2세대가 아니라 여러 세대에 걸쳐서 축조되었기 때문에 개별 취락별로 1개 지석묘군이 있었다고 보여진다. 또한 지석묘 간에도 일정한 규칙성이 보이는 점은 여러 집단이 아니라 1개 집단에 의해서 지석묘군이 조영되었음을 시사하는 것이다. 여러 집단이 1개 지석묘군을 묘역으로 이용했다면 동일세대에 많은 지석묘가 축조되어야 하고 지석묘 축조방법이 별반 차이가 없어야 한다. 그렇지만 전남지방의 경우 지석묘군내에서 소군집으로 다시 세분되면서 축조방법이 다르고 유물도 시기차이를 보이고 있어 주목된다.

1개 지석묘군에서 절대연대측정치로 연대폭을 살펴볼 수 있는 자료로는 최근에 발굴조사된 광양 용강리 기두 '나'지구 지석묘군이 있어 주목된다(순천대박물관 2001). 2001년에 발굴조사된 광양 용강리 기두'나'지구에서는 지석묘 4기 외에 관련 석곽묘 17기가 확인되었다. 출토유물로는 마제석검(유경식·일단병식) 4점, 마제석촉, 석착(石鑿), 옥(환옥·관옥), 무문토기편 등이

---

75) 주지하는 바와 같이 지석묘의 축조시에는 상석의 채석·이동 등에 따른 막대한 인력이 소요된다. 여기에는 당연히 1개 마을이 아니라 주변의 여러 마을 집단의 협조가 전제된다.

다. 매장주체부는 모두 18기이며, 인접도·장축방향·축조방법 등에 의해서 2~4기씩으로 세분되면서 6~7개 정도의 소군집을 이룬다. 묘곽의 장축은 대부분 등고선과 나란한 동-서 방향이다. 이 가운데 12호와 15호 석곽묘에 대해서 방사성 탄소연대측정을 하였는데, 12호가 B.P. 2670±70(중심연대 기원전 845년), 15호가 B.P. 2450±100(중심연대 기원전 600년)라는 결과가 나왔다[76]. 이 석곽들의 입지나 장축방향으로 보면 상기한 연대측정치가 정확함을 알 수 있다. 즉, 입지나 장축방향에 있어서 12호가 전체 지석묘 및 석곽묘군에서 중심부의 평탄지에 위치한데 비해, 15호는 경사가 있는 가장자리에 있으면서 다른 매장주체부의 장축과 조금 틀어져 늦은 시기임을 추론할 수 있다. 출토유물로는 12호에서 석촉편 2점, 15호에서 석착(石鑿) 1점이 출토되었다. 이러한 점에서 기두 '나' 지석묘군은 여러 세대에 걸쳐 조영되었으면, 200년 이상 지속된 묘역이었음을 알 수 있다. 아울러 묘곽이 6~7개 정도의 소군집으로 세분되는 것을 감안하면 6~7세대에 걸쳐 분묘가 축조되었다고 보여진다.

여기서 또 하나의 문제는 지석묘가 장기적으로 지속된 것과 관련하여 지석묘 인근에서 주거지가 그만큼 확인되는가라는 점이다. 우선 마을 유적에서 거주기간이 문제가 된다. 수리를 하지 않을 경우 한마을에 거주하는 최대기간은 1세대(25년)로 보는 견해(김권구 2001)가 있다. 그래서 수리를 한다는 가정을 하면, 1개 취락에서의 거주기간은 최대 2~3세대까지도 가능할 것이다. 그렇더라도 지석묘군의 지속기간보다는 짧다. 필자가 주장하는 바와 같이 지석묘군이 동일한 집단에 의해 5~6세대 이상 지속되려면 지석묘군에서 그리 멀지 않은 곳에 몇 개의 마을이 있어야 한다. 그런

---

76) 이 연대치는 서울대학교 기초과학교육연구공동기기원에 의뢰하여 얻은 결과이다.

데 현재까지의 조사성과로서는 이러한 양상이 보이지 않는다. 지금까지 전남지방에서 확인된 지석묘는 2만기에 달하지만, 발굴조사된 청동기시대 주거지는 200기를 넘지 못하는 불균형이 있다. 이러한 점은 다음과 같은 측면에서 접근해 볼 수 있다. 즉 지석묘는 지표상에 노출되어 있어 조사가 비교적 많이 이루어졌고, 마을신앙에 의해 보존되거나, 이동이 쉽지 않아 주거지에 비해 훼손이 덜된 편이다. 반면에 주거지는 지상에서 확인되지 않기 때문에 발굴조사가 있더라도 전면적인 조사가 아니라면 발견이 용이하지 않다. 전남지방의 경우, 근래까지 지석묘 유적을 발굴조사하더라도 해당지점만 조사하였을 뿐, 주변 지역을 광범위하게 조사한 경우는 극히 드물다. 청동기시대에 있어 묘역과 주거공간은 일정한 거리를 두고 분리되어 있다고 보여지기에 조사범위를 한정했을 때는 주거지는 확인할 수 없게 된다. 또한 경작이나 경지정리 등으로 발굴조사가 이루어지기 전에 이미 적지 않은 주거지가 훼손되었을 것이다.

그리고, 본고에서 다루는 지석묘와 직접적으로 대응되는 주거지를 알수 없다는 점이 난점이다. 따라서 지금까지의 전남지방의 주거지에 대한 내용을 참고하거나, 타 지방의 청동기시대 주거지의 조사성과를 원용할 수 밖에 없다. 차후에 주거지와 지석묘의 관계를 알 수 있는 대규모 발굴조사 자료가 축적되면 좀 더 나은 결론이 도출될 수 있을 것이다. 더 나아가 완전한 결과를 도출하려면 1개면 혹은 적어도 1개리 정도의 범위가 빠짐없이 발굴되어야 하고, 유적이 형성된 이후부터 현재까지 유적의 훼손이 없어야 한다는 전제가 있어야 한다. 아울러 지석묘군의 축조집단에 대해 자세히 알기 위해서는 지석묘뿐만 아니라 주거지에 대한 세부편년이 이루어져야 하지만 현재까지의 조사성과는 개괄적인 편년만 이루어졌을 뿐이다.

마지막으로, 1개 친족집단이 누세대적으로 축조했다고 보기에는 너무 작은 지석묘군에 대한 문제이다. 10기 미만의 지석묘군이 그에 해당될 것이다. 10기 미만의 소군집은 모집단에서 분기된 자집된의 묘역으로서(박순발 1997), 상대적으로 짧은 세대동안 지석묘를 축조한 집단의 묘역으로 판단된다. 따라서 모든 집단이 지석묘 축조 초기부터 말기까지 누세대적으로 하나의 묘역을 사용한 것은 아니라는 점이다. 그런데 외관상 지석묘의 상석이 10기 미만이더라도, 후대의 훼손에 의해 상석이 없어진 경우와 상석이 없이 매장주체부만 있는 경우도 적지 않으므로 실제 묘곽의 수가 10기를 훨씬 상회하는 지석묘군도 많다는 점을 주목해야 한다. 그리고 지석묘 가운데 1기가 독립하여 존재하는 것이 적지 않은데, 이들 모두를 무덤으로 볼 수는 없다. 예컨대, 고개마루에 있는 대형의 기반식(남방식) 지석묘는 대개 매장주체부가 없는 경우인데, 집단 간의 경계나 이정표의 역할을 했을 것으로 판단된다.

이상과 같은 문제점을 염두에 두고 다음의 내용을 계속 검토해 보자.

여수 화장동 화산지석묘(최인선·이동희 2000)의 경우도 2~3기씩 축조방법이나 인접도 장축방향 등에서 구분이 되어 5~6개의 소군집으로 세분된다[77]. 같은 친족집단이고 동일 세대였다면 축조방법이 거의 동일했을 것이므로 시기차가 있었다고 판단된다. 시기차를 감안한다면 구분되는 2~3기씩이 1세대일 것이다. 더구나 비교적 좁은 공간인 화산 지석묘군에서 전기 후반대의 유물(이중구연단사선문토기)과 후기의 묘곽구조(위석형)를 갖춘

---

77) 순천 우산리 내우 지석묘군에서도 화산 지석묘처럼 축조방법이나 인접도, 장축방향 등에서 지석묘군이 세분되고 있다. 또한 묘곽이 석곽에서 위석식으로 점진적으로 변화하여 이른 시기부터 말기까지 지석묘가 축조된 것을 알 수 있다(송정현·이영문 1988b).

유구가 공존하고 있어 상당한 시기 동안 축조되었을 것으로 판단되는 것이다[78]. 그래서 적어도 5~6세대, 즉 200년을 상회하는 기간이라고 생각한다면[79] 적량동 상적 지석묘군처럼 피장자는 마을 주민 중에 10% 내외에 불과할 것이다. 상대적으로 작은 취락이거나 지석묘 축조 기간을 좁히더라도 20~30%에 불과하다.

이러한 측면에서 지석묘 피장자의 신분을 좀 더 구체적으로 파악하기 위하여 다음과 같은 청동기시대 주거 단위를 참고해 본다. 즉 "복수의 주거지가 결집하여 이룬 단위를 '(가부장적)세대공동체' 혹은 단혼가족적인 세대의 집합체라는 의미를 보다 명료하게 하기 위하여 '세대복합체'라고 하기도 한다. 청동기시대의 세장방형 주거지에는 하나의 주거에 복수의 개별가족이 거주하지만, 세장방형 주거지보다 평균적으로 면적이 작은 송국리형 주거지의 경우는 하나의 가옥에 세장방형 주거지처럼 많은 사람이 거처할 수 없다. 부여 송국리 55지구에서는 7기의 주거지가 각기 3~4기로 나뉘어 2개의 단위를 이루고 있는 점이 확인된다"(권오영 1996, 65쪽). 그래서 부여 송국리 55지구 주거지는 2개의 세대공동체로 설정된다[80]. 전술

---

78) 이처럼 지석묘의 장기 지속성을 보여주는 예로는 제원 황석리 유적이 있다. 지석묘는 남한강변을 따라 46기가 분포하고 있는데, 42기의 지석묘가 약 600m의 범위내에 3개의 군집을 이루고 있다. 이 가운데 국립박물관에서 조사한 2, 4~7호 지석묘에서는 다량의 석촉이 부장되어 상대편년의 근거가 된다. 분묘의 배치와 조영 순서로 보았을 때, 황석리 지석묘군은 동일 집단에 의해 조성된 것이 분명하고, 전기 후반에서부터 중기 후반까지 지속적으로 축조된 것으로 보인다 (국립박물관 1967;이융조 외 1984;송만영 2001).

79) 화산지석묘군은 조사 전에 일부 공사가 이루어져 훼손된 부분이 적지 않다. 또한 지석묘군 서쪽으로도 묘곽이 있을 것으로 보이지만 조사지역이 아니었으므로 전모를 확인하지 못하였다. 이러한 점을 고려한다면 추가적인 소군집을 상정할 수 있고, 지속기간도 더 길었을 것으로 보인다.

80) 울산 천상리 Ⅰ기 취락은 3~5기의 개별 가옥들로 구성된 세대공동체(주거군) 4개가 결집된 형태이다. 즉, 주거지를 환상으로 배치하면서 중심부를 광장으로 남겨두는 등의 계획성을 가진다 (하진호·김명희 2001; 송만영 2001).

한 바와 같이 전남지방 지석묘의 피장자가 취락 단위에서 일부(20%내외)에 한한다는 점을 감안하면, 지석묘의 피장자는 대개 송국리형 주거지의 (가부장적)세대공동체의 長 정도로 추정할 수 있는 것이다. 즉 핵가족을 감안했을 때, 3~4기의 주거지로 이루어진 세대공동체 각 단위에서 세대공동체의 장은 주거민의 10~20%(1세대당)에 해당되기 때문이다.

한편으로 지석묘 피장자의 성별에 대해 살펴보자, 일반적으로 석검·석촉·석부 등의 무기류는 남자, 가락바퀴나 장신구·玉類는 여자의 무덤에 부장된다고 한다(황기덕 1965; 강인구 1980; 최몽룡 1981). 그런데 인골이 출토된 제원 황석리 충 7호 지석묘에서는 곡옥과 관옥이 출토되었으나 X선 촬영 결과 남자의 뼈로 밝혀져(이융조 외 1984), 玉은 여자에 한정할 수가 없다. 그래서 제원 황석리 지석묘에서 인골이 확인된 4기의 피장자 모두가 남성이라고 밝혀졌고, 여수 화장동 3-1호·24호·26호 지석묘(이동희 2000) 등도 출토 유물상으로 보면 남성으로 추정된다. 또한 지석묘의 위신재로서 주로 석검이나 동검, 석촉 등의 무기류가 부장된 경우가 많아 지석묘의 피장자는 남성이 많아 가부장적 세대공동체의 長일 것으로 판단되는 것이다.

그러나 지석묘 사회가 점차 발전함에 따라 지석묘군 사이에도 분화가 발생하여 일부 지석묘군에는 특정 가족이나 세대에 부와 권위가 집중되게 되면 그러한 지석묘의 피장자는 '세대공동체의 장' 이외에 그 가족에까지 확대되었을 것이다.

한편, 세형동검이 부장된 분묘의 주위에는 여타 매장시설이 보이지 않는 경우가 대부분이어서, 일반성원들은 간단한 토광묘에 묻혔거나 아니면 별다른 매장시설도 없이 처리되었을 가능성이 있다(권오영 1996). 그래서 지석묘 단계에도 낮은 지위의 사람들은 별다른 매장시설 없이 처리되었을 가능성이 있다[81]. 이와 관련하여 시신을 특별한 매장시설 없이 처리하는 방안으로 사체방기(死體放棄)를 언급할 수 있다. 고문헌에서 고려~조선시대의 사체방기 사례는 65례 이상 확인되고 있어 당시에 사체방기가 꽤 있었음을 알 수 있다. 더 거슬러 올라가서 삼국~통일신라시대에 사체방기가 있었다는 사실은 고대의 문헌기록 외에 고고학적인 발굴조사성과를 통해 직접 확인할 수 있다. 예컨대, 경주 월성의 해자(垓字)에서는 모두 20구의 인골이 검출되었는데 시신들이 한꺼번에 던져 넣어진 것으로 여겨진다. 일본에서는 야요이시대~고분시대 전기 초두의 유적에서 사체방기 사례가 있어 우리나라의 사체방기가 삼국시대 이전으로 소급될 가능성을 시사하고 있다. 사체방기의 대상으로는 우리나라와 일본의 경우, 전염병 등의 질병에 의한 사망, 빈곤한 계층, 아사자, 무연고 사망자, 정변 희생자, 전쟁에 의한 사망자, 노예 등이었던 것으로 파악된다. 한편으로 항상적으로 사체방기의 대상이 될 수 있었던 계층 또한 있었다고 보여진다. 고려시대의 사체방기를 전하는 문헌을 보면 정상적 사망인 경우라도 빈자계층은 사체방기의 주대상이었던 것으로 파악된다. 이렇게 본다면 매장이 일반화되는 고대~조선시대에도 무덤에 묻히는 계층과 그렇지 못한 계층이 존재하였고, 무덤에 묻힌다는 사실 자체가 어느 정도의 권력과 재부(財富)의 뒷받침이 있어야 한다는 사실을 상기시켜 준다(곽종철 2001).

이렇듯 지석묘가 청동기시대 모든 주민의 무덤이 아닌 상황에서, 유물

---

81) 이영문은 청동기시대의 호남지역에서 지석묘-석관묘-토광묘 순으로 신분적인 차이를 반영한 것으로 보았다(이영문 1999). 그러나 이러한 구분은 전남지방에 비해 지석묘가 상대적으로 적고 타묘제(석관묘·옹관묘·토광묘)가 비교적 많이 확인된 충청·전북·영남지역에서나 가능할 것이다. 전남지방에는 석관묘·옹관묘·토광묘가 드물어 이영문의 견해를 따를 경우에는 하위층의 분묘가 적은 숫자이고, 상위층이 많은 역 피라밋 형태가 되어 재고의 여지가 있다.

이 출토되지 않은 석곽에 비해 동검이나 옥, 석검이 부장된 석곽묘는 상대적으로 높은 지위의 피장자임에는 틀림없다. 그러나 이 기준이 절대적인 것은 아니다. 예컨대 여수 평여동 '가'군-1호 지석묘의 경우는 거대한 상석에 방형 구획석이 시설된 특이 구조이지만, 유물은 거의 없다. 그래서 유물의 양상 외에도 지석묘의 규모와 매장주체부의 배치를 모두 검토할 필요가 있다.

한편으로 지석묘 축조에 따른 인력동원 문제가 있다. 상석을 옮기는 작업 이외에도 고인돌을 축조하려면 묘곽을 구축한 사람, 상석을 운반하기 위해 길을 내는 사람, 상석 밑에 통나무를 고이는 사람, 이동시 지휘하는 사람, 음식물을 제공하는 사람 등의 인원 동원이 필요하다. 적게는 50명, 많게는 200~300명이 필요하다. 5인 가족당 1~2명 정도 동원됐으면 1000~1500명의 인구가 관련되어 한 혈연집단뿐 아니라 이웃 혈연이나 인력을 동원할 수 있는 사회적 협력체계나 강력한 지배력과 노동력의 댓가로 향연을 베풀 수 있는 잉여생산물의 축적이 가능해야 한다(이영문 2001).

이상과 같이 지석묘의 피장자는 친족집단에서 일부 계층에 한한다. 이러한 양상은 인도네시아 거석문화에서도 확인된다. 인도네시아 거석문화의 특징은 선사시대에 시작되어 근래까지 계속되고 있다는 점이며, 거석물의 크기와 웅대함은 축조자의 경제력에 의해 결정되며 공훈잔치는 부와 권력이 있는 상위 신분자들의 경쟁 속에서 이루어진다. 이라우 잔치를 통해서 경제적 재분배가 이루어지고 잔치를 제공한 가족과 죽은 사람의 사회적 신분이 강화되고 보장된다(이송래 1999).

Ⅳ. 사회 발전단계의 검토

지석묘사회를 평등사회로 볼 것인지, 계급사회로 볼 것인지에 대한 논의가 분분하지만[82] 지석묘 사회를 좀 더 세분화하여 분석할 필요성이 있다.

전남지방 지석묘 연구에 있어, 서해안·영산강유역·보성강유역·남해안 지역 등으로 지역권은 설정되어 있다(이영문 1993). 그러나 유물상의 특징에 근거해 보면 이 구분은 서해안 지역을 포함한 영산강유역, 보성강유역, 여수반도와 고흥반도를 중심으로 한 남해안 지역으로 구분된다. 즉, 이 세 지역은 유물상에서 뚜렷한 차별성이 보인다. 즉 영산강유역은 유물이 빈약하여 위신재가 드물고, 보성강유역은 석검을 비롯한 석기류가 주로 출토되고, 여수반도와 고흥반도 일대에는 석검 등의 석기류 이외에 최상의 위신재로서 비파형동검과 옥류가 가장 밀집된 지역이다[83].

출토유물에 따라 전남지방의 지석묘 피장자 신분을 3유형으로 구분하는 견해가 있다(이영문 1993). 즉 A급묘는 청동검이나 다량의 옥이 부장된 묘, B급묘는 석검이나 홍도(紅陶)가 출토된 것과 1~2개의 옥이 출토된 묘, C급묘는 아무런 부장유물이 없는 묘이다. 그런데 이러한 구분은 부장유물이 비교적 풍부한 전남동부지역에는 적용될 것 같으나, 출토되는 유물이 전반적으로 빈약한 영산강유역은 이러한 구분의 적용이 사실상 곤란

---

82) 이영문은 지석묘사회가 평등을 기본으로 하는 사회라기보다는 공동체적인 협동사회이면서도 어떤 질서에 의한 계층과 계급이 발생한 사회로 파악하고 있다(이영문 1993).

83) 또한 묘곽의 구조에서도 보성강유역과 남해안 지역에서는 석곽형이나 위석형의 묘곽이 주로 확인된데 비해 영산강유역을 포함한 전남서부지역은 판석으로 주로 축조된 석관형의 묘곽이다. 이는 청동기시대에 전남동부지역과 전남서부지역의 문화양상이 상이하였음을 의미하는데, 토기에서도 그러한 점이 확인된다. 즉 영산강유역은 송국리형 토기가 주류를 이루는 반면에 전남 동부지역은 송국리형 문화 요소 외에도 공렬토기문화가 나타난다.

하다. 그래서 영산강유역에서의 부장유물의 빈약함은 지역적으로 부장 풍습이 상이하였음을 의미한다. 이러한 점에서 전남동부권의 부장유물로서 빈출되는 석검이나 석촉은 지위의 상징으로서는 미약한 감이 있다 (이상길 1996, 106쪽). 또한 석검이 주거지와 무덤에서 출토되는 전체적인 맥락을 고려한다면 이 유물이 지배 계층의 전유물이며 배타적으로 소유·사용되었다고 믿을 만한 증거는 미약하다(박양진 2001, 199쪽). 반면에 청동검이나 다량의 옥은 상위계층의 위신재로서 의심할 여지가 없을 것이다.

영산강유역은 전반적으로 박장(薄葬)이므로 비교적 유물이 풍부한 보성강유역과 남해안 지역을 비교하면서 위계화의 변천상을 파악해 보고자 한다. 특히 남해안 지역의 여수반도와 보성강유역의 주암댐수몰지구에서 많은 지석묘가 발굴되었으므로 상호 비교해 보고자 한다.

여기서 필자는 위신재로서의 유물 뿐만 아니라 지석묘군내에서 유구의 배치상에 특히 주목하고자 한다. 대개 지석묘의 매장주체부는 등고선과 나란하거나 물의 흐름과 일치하는 경우가 많다. 그런데 여수반도 지석묘의 경우, 비파형동검이나 옥과 같이 부장유물이 풍부한 지석묘군내의 소군집 묘곽에서는 등고선이나 물의 흐름에 따르지 않고 인접한 묘곽간에 상호 직교하는 경향이 보인다. 인위적인 묘곽의 배치는 대개 구획석이 있어 소집단 즉 집단내에서 우월한 세대나 세대공동체 집단만의 무덤공간을 따로 설정하여 공동체적 집단에서 벗어나려는 의도가 다분하다. 이렇게 인위적으로 묘곽이 배치된 지석묘군에는 부장유물이 풍부하고 상석이나 석곽의 규모가 큰 경우가 많다. 그러한 예로서는 여수 평여동 산본(이영문·최인선·정기진 1993) 적량동 상적(이영문·정기진 1993), 오림동(이영문·정기진 1992), 화장동 대통 '가군'지석묘(이동희 2000) 등이다. 구획석이 있는 경우는 여수 화장동 대통 24~27호 석곽과 여수 평여동 다군-3호와 가군-1호 등이다.

이에 반해 여수반도에서 부장유물이 빈약한 지석묘군이나, 보성강유역의 대부분의 지석묘군은 등고선이나 물의 흐름과 평행하여 상호 병렬적인 양상을 보여준다. 이러한 예로서 여수반도에는 여수 화장동 화산(최인선·이동희 2000), 화장동 대통 '나'군(약물고개)(목포대박물관 1996), 미평동 죽림(최인선·조근우 1998), 돌산읍 세구지(조현종·장제근 1994), 미평동 양지 지석묘(임영진·조진선·서현주 1998)등이 있고, 보성강유역에는 보성 죽산리 하죽 '다'군(송정현·이영문 1988a), 대광리 신기(이청규 1987), 순천 오봉리 '다'군(윤덕향 1987), 순천 신평리 금평 지석묘(임병태·최은주 1987)등이 있다. 특히 보성강 유역에서 가장 우월한 위신재가 확인된 순천 우산리 내우 지석묘군(송정현·이영문 1988b)의 8호와 38호 지석묘에 있어서도 다른 묘곽과 큰 차이 없이 동일한 장축방향을 하고 있다.

보성강유역인 주암댐 수몰지구의 경우, 58기가 조사된 우산리 내우에서는 비파형동검 2점·옥류 10점·석검 17점·삼각형석도·유구석부 등의 유물이 출토되었다. 지석묘 수나 유물에서 가장 중심적인 지석묘 묘역이다. 다음으로 26기가 조사된 보성 덕치리 지석묘에서는 비파형 동검과 청동촉이 각 1점, 석검 7점 등이 발견되었고, 31기가 조사된 보성 죽산리 하죽 '다'군 지석묘에서는 석검 9점 등이 출토되었다. 여타 지석묘군(23개지역)에서는 석검이 없거나(9개군), 1점(6개군), 3~4점(2개군)이 발견되어 상당한 차이가 보이기에 상기한 세 지석묘군은 지배집단의 묘역으로 판단하는 견해가 있다(이영문 2000b). 이 가운데 보성 덕치리 지석묘(윤덕향 1988) 1호는 군집된 지석묘와 일정한 거리를 유지하고 독립 배치되어 있는데, 석검 등이 부장된 군집 지석묘와는 달리 비파형동검이 출토되고 있다. 또한 1호 지석묘만이 유일하게 지석이 고인 기반식이고, 묘곽 장축방향도 예외적으로 타 묘곽과 직교하는 방향이어서 주목된다. 이러한 점에서 보면 보성 덕치리 지석묘군은 보성강유역에서 차별성이 뚜렷하다. 하지만 보성강유역에서 이러한 예는 덕치리 지석묘군에 한하고, 여수 화장동 대통 '가'군이나 평여동 지석묘처럼 구획석이 조성된 경우도 없다. 더구나 위신재가 더 풍부하고 지석묘군이 가장 밀집된 우산리 지석묘군에서의 양상은 보성강유역의 위계화가 전반적으로 미약했다는 것을 시사한다. 즉, 우산리 내우의 비파형 동검이 출토되는 묘곽은 친족집단 내에서 타 묘곽에 비해 어느 정도의 우월성은 인정하겠지만, 같은 지석묘 열내에 속해 있기에 아직 집단에서 벗어나지 못한 미약한 위계성을 반영하고 있다.

이와 같은 관점에서 살펴보면, 지석묘 위계화의 변화 양상이 보성강유역과 남해안지역에서 각기 다르다. 즉, 남해안 지역이 더 세분화된다. 대표적인 유적별로 남해안 지역의 발전단계를 설정하여 보면 아래와 같다. 이러한 구분은 부장유물 중에 우월한 위신재의 비중, 지석묘의 규모, 묘곽의 배치상에 근거한 것이다.

〈전남 남해안 지역 지석묘의 제유형〉

Ⅰ. 여수 화장동 화산 지석묘 유형- 여수 화장동 화산·대통 '나'군, 여수 미평동 양지, 미평동 죽림, 여수 돌산 세구지 지석묘 등

Ⅱ. 여수 월내동 지석묘 유형-여수 월내동 지석묘

Ⅲ. 여수 화장동 대통 '가'군 지석묘 유형- 여수 화장동 대통 '가'군, 여수 오림동, 여수 평여동 '가'·'나'·'다'군

Ⅳ. 여수 적량동 지석묘 유형 - 여수 적량동 지석묘

Ⅴ. 보성 동촌리 지석묘 유형 - 보성 동촌리 지석묘

이와 같은 분류를 보면, Ⅰ유형이 가장 빈도수가 높고 상위 유형으로

갈수록 적어진다. 이는 지석묘군 사이의 우열관계를 반영하는 것이다. 부장유물이 풍부한 상위단계로 갈수록 지석묘군의 수치가 적어지는 것은 그만큼 위계화가 진전된 것을 뒷받침하고 있는 것이다.

본고에서 Ⅰ→Ⅴ유형으로의 지석묘 사회의 발전을 언급하고 있지만, 각 유형이 편년적으로 명확히 구분되는 것은 아니다. 다만 Ⅰ유형의 지석묘가 상대적으로 빨리 출현하고, Ⅴ유형의 지석묘가 가장 늦은 시기에 한정됨은 인정할 수 있다. 한편으로 Ⅰ유형의 지석묘는 가장 늦은 시기까지 잔존한다. Ⅱ~Ⅳ유형의 시초는 Ⅰ유형보다는 조금 늦을 것으로 보이지만, 상당기간 공존하였을 것이다. 그래서 Ⅰ~Ⅴ유형의 지석묘가 어떤 시기에 공존했을 때, 그 차이점이라면 부와 권위를 가지면서 좀 더 중심적인 역할을 한 집단일수록 부장유물이나 위계화가 진전된 양상을 보이는 상위단계에 해당될 것이라는 점이다.

1. 여수 화장동 화산 지석묘 유형(Ⅰ유형)

Ⅰ유형의 지석묘군은 위신재로서 비파형동검이나 다량의 옥이 없고 석검, 석촉, 소량의 옥정도의 부장유물에 한한다. Ⅰ유형은 묘곽의 장축방향이 등고선이나 물의 흐름과 나란하여 상호 병렬적인 양상이어서 어떤 중심적인 주체가 보이지 않는다. 대표적인 유적으로 여수 화장동 화산과 화장동 대통 '나'군 지석묘군을 검토해 보자.

화장동 지석묘군(최인선·이동희 2000)은 훼손되기 전에는 지석묘군이 등고선 방향인 동-서 방향으로 2열·6기가 배열되어 있었다. 조사 결과 6기의 지석묘 외에 상석이 없는 석곽 10기가 확인되었다. 상석이 없는 석곽묘 중에도 적석, 구획석, 지석묘와의 상호관계에서 보면 상석이 있었다고 추정

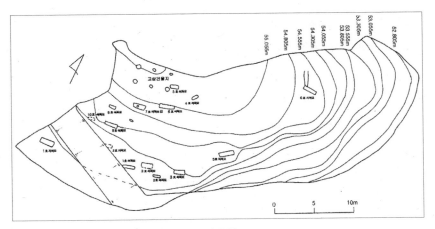

[도면 1] 여수 화장동 화산 지석묘군 묘곽 배치도(I 유형)

되는 경우가 있다. 아무튼 상석이 없는 석곽들도 상석이 있는 석곽과 같이 등고선 방향인 동서 장축을 이루고 있어 일정한 기획성이 엿보인다.

이 지석묘들과 석곽묘들은 석곽의 축조방법, 바닥석과 뚜껑돌 상태, 구획석·적석, 장축방향, 규모, 인접도 등에 의해 세분이 가능하다. 즉 1호 지석묘, 9~10호 석곽묘 /1~2호 석곽묘/ 3호 석곽묘, 3·5호 지석묘/6~8호 석곽묘/4~5호 석곽묘 등의 구분이 그것이다. 묘곽의 변천을 보면 지하식에서 반지하식 혹은 지상식으로 바뀌고, 석곽형에서 위석식으로 전이된다. 출토 유물은 마제석검 1점(3호 석곽묘), 마제석촉 6점, 유구석부편 1점, 숫돌편 1점, 무문토기편(공열토기, 이중구연단사선문토기 포함), 홍도편 등이다. 화산 지석묘군을 보면 석검이 3호에서만 발견되었다. 3호는 훼손된 측면이 있기는 하지만 입지적으로나 규모로 보아 두드러진 면은 없다. 오히려 구조상으로는 잘 축조된 1·2호 석곽묘나 구획석이 둘러진 1호 지석묘가 더 우월해 보인다.

한편, 화장동 대통 '나'군(약물고개) 지석묘(목포대박물관 1996)는 동-서 방향의 세장한 낮은 구릉 정상부에 7기의 지석묘가 있다. 이 지석묘의 배열은 구릉의 방향과 일치하는 동-서 방향 2열로 배열되어 있었다. 상석이 없는 11기의 묘곽이 추가로 확인되어 총 18기의 묘곽이 조사되었다. 묘곽 배치는 상석의 배치와 일치하는 동-서 방향으로 3열을 이루고 있다. 출토유물로는 관옥 3점(4-2호), 유병식 석검 3점(3-3호, 5호, 6호), 석촉(3-1호, 6호), 숫돌(3-2호), 석착(3-1호) 등의 석기류와 무문토기 1점 등이 출토되었다. 위신재로 볼 수 있는 관옥이나 석검이 출토된 석곽은 규모나 바닥시설, 뚜껑돌 등에서 타 석곽보다 우월한 면이 보이지 않는다. 특히 바닥시설의 경우는 거의 대부분 할석이나 판석을 이용하여 차별성이 없다. 이상과 같은 I유형의 지석묘군은 발전 단계상 가장 이르고, 지석묘가 축조되는 마지막 시점까지 지속되고 있다. 물론 시기적으로도 빠를 가능성이 크다. 이를테면 여수 화장동 화산 지석묘군에서 이른 시기의 이중구연단사선문토기(최인선·이동희 2000)가 출토되었고, 화장동 대통 '나'군(약물고개)·지석묘에서 방사성탄소연대가 기원전 9세기로 이른 시기이다(이영문 2000a). 이 유형은 부장유물이나 유구에서 두드러진 차별성이 보이지 않기에 공동체적 유제가 잔존한 단계이다. 그러므로 같은 지석묘사회이지만 I유형이 대다수를 차지하는 보성강유역권은 지석묘 축조 전기간에 걸쳐 완만한 사회발전단계를 거친 셈이다. 반면에 여수반도를 중심으로 한 남해안 지역은 부장유물이나 유구에서 여러 유형이 확인되기에 좀 더 역동적인 사회발전단계를 거쳤다고 볼 수 있다.

2. 여수 월내동 지석묘 유형(Ⅱ유형)

Ⅱ유형의 지석묘군도 I유형과 같이 위신재로서 비파형동검이나 다량

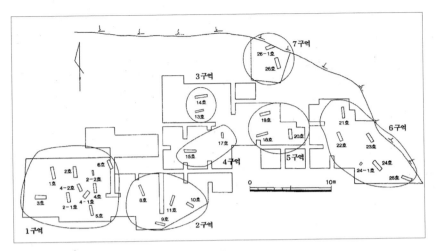

[도면 2] 여수 월내동 지석묘군 묘곽 배치도(Ⅱ 유형)

의 옥이 없고 석검, 석촉, 소량의 옥 정도의 부장유물에 한한다. Ⅰ유형은 묘곽의 장측방향이 등고선이나 물의 흐름과 나란하여 상호 병렬적인 양상을 보여주는데 반해, Ⅱ유형은 묘곽의 장축방향이 부분적으로 상호 직교하는 유기성이 보이고 부장유물에 있어서도 중심적인 묘곽에서 석검이 2점 출토되기도 한다. Ⅰ유형보다는 위계화가 진전된 단계로 판단된다.

월내동 지석묘(국립광주박물관 1992)는 원래 35기 이상의 고인돌 상석이 있었다고 하지만 조사 당시에는 훼손되어 26기의 상석이 있었다. 26기의 상석 중에서 하부유구가 제대로 확인된 것은 4기이다. 매장주체부는 모두 31기로서 7개 구역으로 세분된다. 상석은 비교적 소형이어서 가장 큰 상석이 10.5톤이고, 가장 작은 상석이 0.6톤에 불과하다. 묘곽의 장축방향은 남-북 방향이 전체의 ⅔, 나머지 ⅓가량이 동-서 방향으로서 장축의 설정에서는 일정한 규칙성이 없다. 출토유물은 마제석검 11점, 마제석촉 13점, 석부 4점, 유구석부 6점, 숫돌 13점, 갈돌 8점, 갈판, 돌낫, 돌끌, 대팻

날 등의 석기류와 공열토기, 홍도 등의 토기류이다.

1-2·4-5·7구역에서, 각 구역내의 석곽들은 상호 나란하지 않고 직교하는 방향으로 배치되어 있다. 이 구역들에서 비파형동검과 옥류는 아니지만, 마제석검이 1점 내지 2점이 출토됨은 적량동이나 화장동 대통 '가'군에 비해서는 낮은 수준이지만 위계화가 관찰되는 것이다. 군집은 화장동 대통 '가'군이나 적량동보다 많지만 유물상이나 상석을 포함한 지석묘의 규모가 소형이라는 것은 집단간에 차이가 있다는 것을 의미한다.

월내동의 세분된 구역을 검토해 보자. 각 구역은 동일 친족집단에 의해 여러 세대에 걸쳐 축조된 것으로 판단된다. 우선 Ⅰ구역이 석곽의 숫자가 많으면서 긴밀한 친연성이 보이므로 공동체의식이 잔존한 단계이다. 서로의 구획석을 공유하거나 4호와 4-1호, 4-2호 등 3기는 하나의 구획석 안에 조성되어 극히 가까운 친연관계에 있음을 보여준다. 3호를 제외하고는 거의 동일한 석곽 장축장향인데, 유물이 빈약하다. 반면에 2·4·5구역은 석검 등의 위신재가 풍부하고 석곽의 장축방향이 동일하지 않고 직교하는 방향이다. 그리고 한 구역내에 있는 묘곽의 숫자가 Ⅰ구역보다 더 소수이기에 집단내에서 지석묘군에 매장되는 피장자가 더 축소됨을 보면 위계화가 진전되어 가는 것으로 보인다. 또한 2구역보다는 4·5구역이 석곽의 숫자는 더 적으면서도 석검이 모두 위신재로 부장되고 있다. 4구역 내에서는 피장자간에 주종관계가 보이고 있다. 즉 묘곽의 장축방향이 특이한 15호(동-서 장축)가 일반적인 묘곽 장축 방향을 가진 17호(남-북 장축)보다 규묘가 크고 석검이 2점으로서 많다. 2구역의 경우, 돌널주변에 깐돌과 둘레돌을 갖춘 8호가 부장유물이 풍부하고 단순 돌무지(9호)이거나 돌널만 있는 10, 11호는 부장유물이 빈약하다.

3. 여수 화장동 대통 '가'군 지석묘 유형(III유형)

III유형은 공동체 내 특정 소집단이 별도의 묘역을 만들고 그 중에는 청동기를 독점한 중심적인 개인이 존재하는 단계이다(권오영 1996). 또한 비파형 동검이나 다량의 옥을 부장한 묘곽을 중심으로 하위의 묘곽이 직교하는 유기적인 배치상이 확인된다. 대표적인 유적으로 화장동 대통 '가'군, 여수 오림동, 여수 평여동 지석묘 등이 있다.

화장동 대통 '가'군 지석묘(이동희 2000)는 모두 27기로서 27호 지석묘를 제외하고는 모두 등고선과 동일한 동북-서남 방향이다. 그런데 27기의 지석묘 가운데 하부구조가 잔존한 11기의 묘곽을 살펴보면 조금 다른 양상이 보인다. 즉 11기의 묘곽 가운데 8기의 묘곽 장축이 등고선과 일치하는 방향이고, 23·26·27호는 특이하게 등고선과 직교하는 방향에 가깝다. 이는 묘곽의 장축이 등고선 방향이라는 일반적인 틀에서 벗어나는 경우라 하겠는데, 26호에서 비파형동검이 출토되고 26호를 중심으로 24~27호를 따로이 구획하는 구획석이 존재한다는 점과 관련지어 보면 주목할 만하다. 24~27호를 구분 짓는 구획석 내에서 보면 24호·25호의 묘곽과 26·27호의 묘곽은 직교하는 형태이다. 이렇게 구획석 내에서 묘곽 방향이 상호 직교하는 경우는 여수 평여동 '가'군 지석묘(이영문·최인선·정기진 1993)에서도 살펴볼 수 있다. 두향(頭向)에 있어서, 구획석 밖에 있는 23호 석곽을 제외하고 24호와 25호의 두향이 구획석의 중심에 있는 26호 석곽을 향하고 있다. 그리고 지석묘군의 한쪽 모서리에 위치한 27호의 경우는 상석과 석곽이 등고선의 방향과 직교하여 24~27호의 서북쪽 구획석과 더불어 지석묘군의 서남쪽 구획의 의미도 있는 것 같다. 이러한 점에서 구획석 내에서 중심적인 지석묘는 26호라고 할 수 있다. 비파형동검이 출

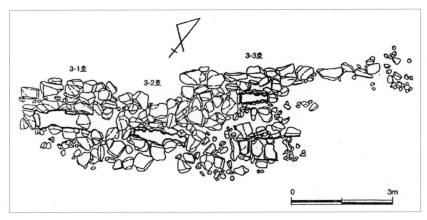

[도면 3] 여수 화장동 대통 '가' 지석묘군 3~3-2호 묘곽 배치도

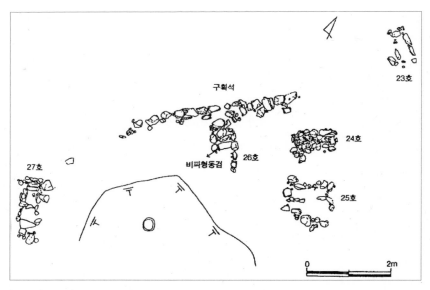

[도면 4] 여수 화장동 대통 '가' 지석묘군 23~27호 묘곽 배치도(Ⅲ 유형)

토된 26호는 조사 당시에 이미 훼손되어 석곽의 규모가 명확하지 않지만, 너비로 본다면 가장 규모가 커서 다른 석곽과는 차별성이 보인다(도면 4).

한편, 대통 '가'군 3호~3-3호의 4기 묘곽이 구획석으로 구분되어 있다

(도면 3). 3호~3-3호 구획석과 24~27호 구획석의 차이점이라면, 전자는 구획석과 석곽이 동시에 축조된 후 구획석끼리 연접하여 구획석을 갖는 개별 석곽의 조합상을 보이는 점이다. 반면 후자는 석곽(石槨)보다 석렬(石列)의 레벨이 높아 4기의 지석묘를 축조한 후에 석렬을 설치했다는 점이다. 이 경우 구획석은 24~27호 지석묘를 다른 공간과 뚜렷이 구분한다는 의미를 가질 것이다. 또 하나 차이점이라면 3호~3-3호의 경우 구획석 내에 위치한 석곽의 장축 방향이 등고선과 동일한 일반적인 형식이고 유물이 빈약한데 비하여, 24~27호 구획석 내의 석곽들이 전체 지석묘군 중 가장 풍부한 유물부장상을 보여주며, 그 가운데에서도 비파형동검을 부장한 26호 석곽을 중심으로 석곽이 배치되고 있으며, 26호 석곽의 장축방향은 특이하게 등고선과 직교하는 방향이어서 인위성이 돋보인다는 점이다.

친족집단인 지석묘군 내에서 24~27호와 3호~3-3호는 각기 구분되는 소집단으로 보인다. 특히 24~27호 집단은 다른 피장자들보다 더 많은 부나 권위를 가졌을 것이다. 즉 지석묘 축조사회에서 쉽게 구할 수 없는 위세품인 비파형동검을 부장하고, 주변에서 인위적으로 가져온 흙을 다지면서 묘역을 조성하고, 26호 지석묘를 중심에 둔 구획석 내에는 다른 지석묘와는 달리 상당량의 토기편이나 석기편이 발견되어 향연이나 제사의식이 행해졌음을 알 수 있다.

이처럼 같은 구획묘라고 하더라도 동일한 석곽 장축방향과 두향을 보이며 부장유물에서 별다른 차이가 없는 경우(3호~3-3호)와 구획석 내에서 중심적인 석곽을 중심으로 석곽의 장축 방향이 직교하는 등의 인위적인 성향이 돋보이고 부장유물에서 뚜렷한 차별성이 보이는 경우(24호~27호)와는 분명히 다른 위계화를 간취할 수 있는 것이다. 특히 24~27호는 지석묘군에서 가장 서남쪽에 위치하여 화장동 대통 지석묘군이라는 집단 묘역 내에서 구분화되는 과도기에 해당할 것이다.

그리고, 3호~3-3호⇒24~27호로의 위계상의 변화가 관찰되듯이 축조
순서에서도 3호~3-3호보다 24-27호가 늦은 것으로 판단되는 것이다. 화
장동 화산 지석묘군에서도 그러하지만 누세대에 걸쳐 지석묘군이 조성되
었음을 본다면 3호~3-3호 지석묘가 이르고 24호~27호 지석묘가 느려 동
쪽에서 서쪽으로 석곽이 조성되어 갔음을 추론할 수 있다. 전자는 동일방
향의 석곽이 병렬적으로 구획석에 의해 연접되었음은 공동체 의식이 강
한 것이고 후자쪽은 묘곽이 상호 직교하여 상대적인 위계관계가 설정되
고 있다. 즉 비파형동검이 출토된 26호가 主가 되는 셈이다. 중요 출토유
물로는 3-1호 석곽에서 마제석촉 1점, 3-3호 석곽에서 소옥 1점, 24호 석
곽에서 관옥 15점 및 마제석촉 1점, 26호 석곽에서 비파형동검 1점 등이
다. 이외에 석곽내부와 주변에서 무문토기편이 출토되었으며, 24~27호
석곽 주변에서는 공렬토기편과 토제어망추 3점이 출토되었다.

한편 오림동 지석묘(이영문·정기진 1992)는 산 사이에 형성된 조그마한 분
지 가운데의 대지상에 자리잡고 있다. 9기의 상석 중에 3기는 묘곽이 파

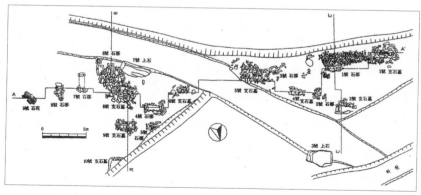

[도면 5] 여수 오림동 지석묘군 묘곽 배치도(Ⅲ 유형)

한국 지석묘문화와 복합사회의 형성

괴되어 그 구조를 알 수 없다. 주변에서 6기의 묘곽이 노출되어 모두 15기의 묘곽이 확인되었다. 8호 지석묘 서쪽으로는 묘곽의 장축이 동-서 방향이고, 6호 석곽 동쪽에는 남북장축만이 확인되는데 묘곽들은 서쪽에서부터 동쪽으로 축조되고 있다. 그리고 장축방향에서 볼 때 묘곽은 석곽형에서 석관형으로 변화되었음을 알 수 있다(도면 5).

여기서 주목되는 것은 비파형동검이 출토된 8호 지석묘에 잇대어 6호 석곽묘의 매장주체부가 직교하고 있다는 점인데, 8호 지석묘가 좀 더 유력한 피장자로서 주체가 된다. 또한 두 적석이 접하면서 타원형으로 적석 가장자리를 구획하고 있어, 두 묘곽은 혈연적으로 긴밀한 관계가 있는 것으로 판단된다. 8호 지석묘와 6호 석곽에서 묘곽의 선후관계를 추론해 보면, 비파형 동검이 출토된 8호 지석묘가 먼저이고, 출토된 6호 석곽이 좀 늦게 축조되었다. 8호 지석묘와 6호 석곽묘는 축조방법은 유사하고 장축 방향이 직교하는 것은 거의 시기차가 없다고 하겠다.

다음으로 여수 평여동 지석묘(이영문·최인선·정기선 1993)를 살펴보자. 평여동 '가'군의 경우 주변 묘곽들이 방형구획석이 있는 1호 묘곽보다 모두 후대에 축조된 것으로 조사과정에서 확인되었다. 1호 묘곽의 출토유물은 유구석부와 토기편에 불과하지만 군집의 중심에서 상석과 석곽의 규모가 두드러지고 방형구획석이 있는 것이 특이하다. 그리고 1호보다 뒤늦게 마련된 5호 석곽이 1호와 직교하는 점이 주목된다. 보고자는 '가'군-1호 주변 석곽이 신분적으로는 낮지만 혈연관계가 있는 자로 추정하였다(도면 6).

평여동 '나'군 지석묘에서는 2호에서 비파형동검이 출토되었다. 4호 묘곽이 2호와 직교하는 방향이며, 4호에서는 관옥 4점과 석촉 2점이 출토되었다. 평여동 '다'군 지석묘는 7기의 묘곽이 3호 지석묘를 중심으로 배치되어 있다. 3호 지석묘는 타원형의 적석구획석이 있고, 환옥 2점과 관옥

136점이 출토되었다. 주목되는 것은 3호 지석묘와 인접하여 5호 석곽이 직교하는 방향으로 배치되어 있다는 점이다.

이처럼 여수 평여동 지석묘군에서, 대롱옥·소옥·환옥 등이 무더기로 나온 묘곽의 주위에 상대적으로 유물이 빈약하여 부가적으로 축조된 듯한 묘곽은 상위계층과 가까운 가족으로서 여자나 연령이 낮은 자의 무덤으로 추정된다(이영문 2001). 이는 지석묘의 피장자가 지석묘 사회가 발전함에 따라 가부장적 세대공동체의 장 이외에도 그 가족까지 확대되었음을 시사한다.

4. 여수 적량동 지석묘 유형(IV유형)

적량동 지석묘(이영문·정기진 1993)에서는 7점의 비파형동검이 출토되어 단일유적에서는 가장 집중성을 보이고 있다. 앞 단계의 지석묘에서도 위신재가 출토되었지만 그 양상을 보면 상대적으로 탁월하다. 즉, 한 세대가 아니라 누세대에 걸쳐 비파형동검이 출토되고 있음은 계속적으로 우월한 지위를 유지했다는 것을 반증한다[84].

특히, 7호 지석묘에서는 완형의 비파형동검이 출토되어 편으로 출토된

---

84) 신전장이 가능한 규모의 대형 석곽, 개석을 판석으로 덮은 경우, 바닥석으로 잔자갈과 판석을 깐 묘곽에서 주로 동검 등의 위신재가 출토되고 있다. 비파형동검이 출토된 2호 석곽의 남쪽 적석층에서는 무문토기가 집중적으로 발견되어 무덤 축조전후에 제의가 행해진 것으로 판단된다. 그리고 묘곽의 배치상에서도 주목되는 면이 있다. 즉 제1구역에서 비파형동검이 출토된 2호 석곽에 직교하게 1호와 2-1호 석곽이 배치되고, 제3구역에서는 비파형동검이 출토된 9호 석곽에 직교하게 8호 석곽이 배치되며, 제4구역에서는 16호 석곽이 13호(비파형동검 출토)·14호·15호 석곽과 직교하고 있다. 이처럼 같은 구역의 친족내에서도 특정의 인물이 부각되고 있어 계층화가 진전되었음을 알 수 있다.

다른 지석묘와는 차별성이 있으며, 대형의 지석이 고이고 있는 전형적인 기반식으로 다른 지석묘군의 경우라면 묘표석으로 추정될 만하다. 7호 지석묘는 한쪽 가장자리에 위치하여 개인의 묘가 거대화되고 군집에서 이탈해가는 지배계층의 모습을 보여준다는 점에서 Ⅲ유형보다는 더 발전된 모습이라고 판단된다. 이러한 양상은 군집묘곽에서 단독묘곽을 가진 지석묘로 변화되었다는 일반적인 견해로 보면 혈연적인

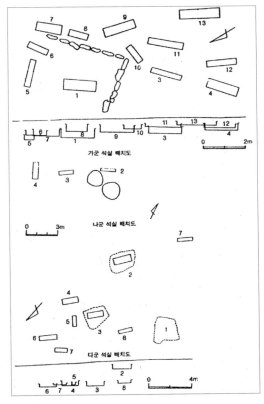

[도면 6] 여수 평여동 지석묘군 묘곽 배치도(Ⅲ 유형)

공동무덤의 성격을 띤 지석묘 사회의 변화를 의미한다(이영문 1999). 그리고 동쪽에 치우친 2호 지석묘가 묘표석이나 축조 집단의 상징물로서 여겨지고, 그와 인접한 2호 석곽에서 이른 시기에 해당하는 이중구연단사선문토기가 출토되었기에 적량동 지석묘군은 동쪽에서 축조되기 시작하여 가장 서쪽에 있는 7호 지석묘 쪽으로 향한 것으로 판단된다. 이러한 점에서도 7호 지석묘는 시기적으로 가장 늦으면서도 가장 우월한 양상을 보여준다고 하겠다.

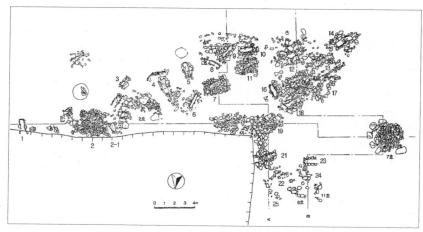

[도면 7] 여수 적량동 지석묘군 묘곽 배치도(IV 유형)

"고대종교의 지도자는 권위를 상징하는 물품들을 원거리 교역망을 통해 입수하므로 경제를 통제하는 권한도 가진다. 그래서 위신재로서 비파형동검(7점)과 비파형동모가 출토된 적량동 일대에 종교와 경제를 총괄하는 중앙행정부서가 자리한 것"으로 추정하는 견해가 있다(최정필 1997). 이러한 측면에서 본다면, IV유형은 독립된 대형 지석묘 단계(V유형) 이전의 군집 지석묘에서는 가장 발전되었을 것이며 가장 주도적인 역할을 수행한 중심지라고 판단된다.

상기한 내용과 관련하여 남해안 지역 지석묘 축조집단의 해양활동에 대해 살펴보자. 여수 화장동 대통 '가'군 유적에서 비파형동검이 출토된 26호 주변에서 3점의 토제 어망추가 출토된 점이나, 여수 월내동 21호(1점), 여수 적량동 7호 석곽(1점), 고흥 한천(2점)·장덕(1점)·석봉(24점) 지석묘(목포대박물관·순천대박물관·국립광주박물관 1999)에서도 어망추가 확인되었다. 이러한 어망추가 남해안 지석묘 축조집단의 성격을 대변해주는 것은 아니지만, 농경 외에도 어로활동 등에 많은 비중을 두었음은 분명할 것이다. 청동기시대에 이르러서는 일반적으로 농경이 본격화되었다고 하지만 해안변이나 도서지역은 예외였을 것이다. 오늘날에도 해안이나 도서지역은 반농반어이거나 어업을 주로 하고 보조적인 방편으로 농업을 택하는 경우가 많다(국립박물관 1992). 철기가 도입되고 농경기술이 발달하여 안정적으로 식량이 확보되기 전까지는 해안가에서 어업에 대한 의존도는 상당했을 것이다. 그리고 한반도에서 비파형 동검의 빈출지역이 여수반도나 고흥반도 같은 해안지역이라는 점은 활발한 해상활동을 통하여 중국의 요녕지방 등지와 원거리 문화교류가 있었음을 추론해 볼 수 있는 것이다. 비파형동검문화의 중심권역인 요녕지방과는 한반도 북부지역을 통한 육상로에 의한 문화의 전파가 아니라, 해상로가 이용되었다는 것은 비파형동검과 밀접한 관계에 있는 미송리형토기의 분포가 평양지역 이남을 넘지 못하는 것에서도 뒷받침된다(이건무 1992. 126-132쪽). 이렇듯 비파형동검문화는 해양문화와 밀접한 관련성을 띠었을 것이다. 이렇게 해양을 통하여 선진문화를 좀 더 용이하게 접할 수 있었던 점이 여수반도를 비롯한 남해안 일대가 내륙인 보성강유역보다 위계화가 더 진전된 원인일 것이다.

전남지역에서 지석묘 발굴이 많이 이루어진 곳이 주암댐 수몰지구와 여수반도 지역이다. 여수반도에서는 구 여수시를 중심으로 하여 100여기 정도가 발굴조사된 반면, 주암댐 수몰 지구에서는 400여기에 가까운 많은 수의 지석묘가 발굴되었다. 그런데 내륙지역인 보성강유역은 58기의 군집지역인 순천 우산리와 인근의 보성 덕치리 지석묘에서만 비파형동검이 출토되었을 뿐이어서 그 전체조사 수량과 비교하면 비파형동검이나 옥류 등의 우월한 위신재의 양은 극히 미약하다. 이에 반해 여수반도일대는 조사된 지석묘의 수에 비해서 많은 청동기[85]와 옥류의 위신재들이 확인되었다. 이러한 점에서 해안지역은 어로를 하면서 외부와의 교류가 활발하였고, 내륙지역에 비해서는 선진지역으로 볼 수 있을 것이다. 단적으로 여수 적량동과 순천 우산리 지역과 비교해보면 주목되는 점이 유추된다. 즉 적량동은 그 지석묘 수에 비해 위신재가 많을 뿐만 아니라 완형의 비파형 동검이 출토되어, 피장자는 대외 교역창구를 담당하던 집단으로 추정된다. 반면 우산리의 경우는 보성강유역에서는 유력세력임에는 틀림없으나 여수 적량동 등지의 해안세력과의 교역을 통해 2차적으로 위신재를 획득하였다고 보여진다. 이는 우산리나 덕치리의 비파형동검이 파손품이거나 재가공할 만큼 희소성이 강했던 데 반해, 적량동의 경우에는 완형의 비파형동검뿐 아니라 동모(銅鉾)까지 출토된 점에서 분명한 차이점이 있는 것이다.

5. 보성 동촌리 지석묘 유형(V유형)

전남 동부 해안지역에서는 지석묘 사회의 마지막 단계로서 대형의 매장주체부를 갖추고 있는 보성 조성면 동촌리 지석묘(국립광주박물관 2001)가 있어 주목된다. 지석묘는 약 1m 가량의 거리를 두고 2기가 확인되었다. 이 지석묘는 낮은 설상대지에 위치하는데, 배후를 막아주는 북쪽의 방장산을 제외하고는 시각적인 장애물이 없어 조성면과 득량면은 물론 고흥반도 일부지역을 포함한 득량만 일대를 한 눈에 조망할 수 있는 조건을 구비하고 있다. 규모에서는 차이가 있으나 기본적인 축조방법이 동일한

---

85) 지금까지 여수반도에는 모두 15점의 비파형동검과 1점의 비파형동모가 출토된 바 있다.

점으로 보아 동시기에 축조된 것으로 추정된다. 매장주체부는 토광을 2단으로 파고 판석을 사용하여 거대 석실을 만든 지하식으로 바닥에는 잔자갈을 깔았다. 석실 윗쪽에는 개석을 2단으로 덮고 켜켜이 마사토와 적석층을 3단으로 층을 이루며 채웠다. 1호 지석묘 상부에는 폐가옥이 있었기에 상석을 확인할 수 없었으나 2호 지석묘에서는 상석이 잔존하고 있었다. 1호 지석묘는 방형(10.4×9.5m)으로 굴광하였으며, 석실의 규모가 길이 210㎝, 너비 100㎝, 깊이 80㎝ 이다. 출토유물은 관옥 40점, 무문토기편, 마제석촉 1점 등이다. 한편, 2호 지석묘는 장방형(8.5×5.9m)으로 굴광하였으며, 석실의 규모가 길이 212㎝, 너비 75㎝, 깊이 104㎝ 이다. 도굴되어 출토유물은 없다.

동촌리 지석묘는 창원 덕천리 지석묘(이상길 1993)처럼 지하에 거대한 매장주체부(석관)와 여러 겹의 적석이 이루어져 있어 일반적인 지석묘보다는 훨씬 대규모이다. 그 시기는 창원 덕천리 지석묘의 경우와 같이 늦은 단계로 판단된다. 박순발은 덕천리 지석묘군이 지석묘사회의 마지막단계로서 대략 기원전 4세기대로 보고, 세대공동체간에 우열이 생기면서 유력한 세대공동체의 가장의 주도로 일정한 지역을 통합한 농경공동체의 장이 부상할 무렵의 지석묘로 보고 있다(박순발 1997). 편년에 있어 동촌리 지석묘가 송국리형 주거지를 파괴하고 축조된 점에 근거하면 상대적으로 늦은 시기의 지석묘임을 알 수 있다. 또한 동촌리 1호 지석묘의 매장 주체부(석관형)내에서는 소형 관옥(管玉)이 다량 출토되었다. 이러한 소형 관옥은 세형동검 초기 유적인 아산 남성리(현병삼·이건무 1977)와 예산 동서리(지건길 1978) 석관묘에서도 다량 확인되었기에 동촌리 지석묘가 늦은 시기의 유적임을 방증한다. 그리고 동촌리 지석묘의 매장주체부가 석관형이라는 점도 세형동검 초기 분묘인 석관묘와 통하고 있다. 이러한 점을 종

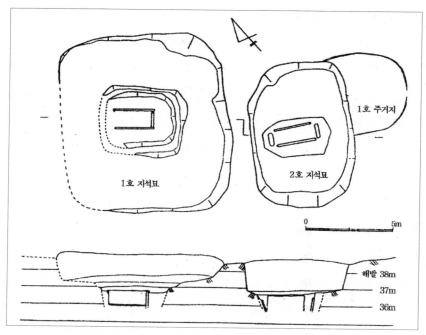

[도면 8-1] 보성 동촌리유적 유구 배치도(V 유형)

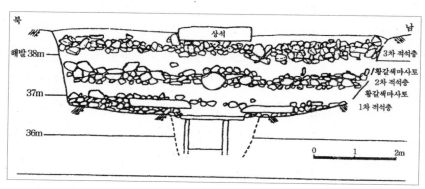

[도면 8-2] 보성 동촌리 2호 지석묘 축조 모식도(V 유형)

합해 보면 동촌리 지석묘는 기원전 4~3세기대로 편년할 수 있다.

소수의 유력자를 위하여 이렇게 거대한 지석묘를 축조한 것은 지배·피지배계층이 형성된 단계임을 시사한다. 여수반도나 고흥반도에서 우월한 위신재를 부장하던 집단의 마지막 단계로서 보성 동촌리 지석묘의 출현은 자연스러운 발전양상으로 판단된다. 이것은 보성강유역에서 주로 확인되며 지석묘 사회의 마지막 단계로서의 소형 위석식 묘곽과는 많은 차이가 있다. 보성강 유역에서는 미약한 위계성으로 볼때 보성 동촌리 지석묘와 같은 발전된 지석묘가 출현하기 곤란하였을 것으로 판단된다.

이상과 같이, 보성강유역과 남해안 지역에서 지석묘 말기 단계의 양상은 2가지로 구분된다. 즉 소수이지만, 보성 동촌리 같이 거대한 지하 매장주체부를 갖는 경우와 보성 죽산리나 여수 화장동 화산 지석묘의 마지막 단계에서 부분적으로 확인되듯이 소형의 위석형과 토광형으로 축소되는 경우가 그것이다. 전자에 비해 후자는 상대적으로 많은 비율을 차지하고 있다. 이는 지석묘 사회 내에 위계화가 상당히 진전되어, 지석묘 축조 전반기와는 달리 소수의 유력 지배층과 다수 일반민의 관계라고 추정할 만큼 신분상의 분화가 나타났음을 의미한다. 부언하면 보성 죽산리나 여수 화장동 화산 지석묘 말기 단계에 위석형 묘곽을 쓰는 피장자는 동일 지석묘군의 석곽형 묘곽을 사용했던 이른 시기 피장자의 지위보다 상대적으로 더 격하되었다고 보여지는 것이다.

한편, 지석묘 축조 말기에 농업의 확대로 농민들의 시간과 노동력이 더 생산적인 곳에 치중되어 노동력이 많이 소모되는 상석이 생략되었다는 견해가 있다(이송래 1998, 25-26쪽). 이 주장은 소형의 위석식 지석묘에는 해당될 수 있다.[86) 하지만 이와는 대조적으로 소수지만 지석묘 말기에 거대한 지하 매장주체부를 조영하는 보성 동촌리 지석묘 같은 경우를 주목할 필요가 있으며, 이와 같은 예는 지금은 극소수이지만 추가로 조사될 가능성이 있다.

이와 같이, 적어도 전남 동부지역에서 지석묘 축조 말기에는 다수의 소형 위석식(혹은 토광형)과 극소수지만 부장품이 풍부하고 대규모의 매장주체부가 있는 지석묘로 분화되는 양상이 나타난다고 하겠다. 지석묘 축조시기 말기에 위석형이나 토광형이 축조되는 지석묘군은 지석묘가 소군집이거나 부장유물이 빈약하여 위계화가 미약한 Ⅰ유형의 마지막 모습인 경우가 많다. 이러한 경우의 위석형이나 토광형의 묘곽 피장자는 선대로부터 계속 축조되던 지석묘군에 매장된 것이고, 동시기에 우월한 지석묘군에서 분리되어 새로이 축조되는 보성 동촌리 지석묘 같은 경우는 유력한 세대나 개인으로 볼 수 있다. 부언해 보면, 여수 화장동 화산 지석묘군의 늦은 시기에는 석곽이 깊지 않고 유물이 미약하다. 또한 묘곽의 규모도 소형화되고 상석도 사라져 간다. Ⅰ유형인 화산 지석묘군의 후기에 위석형 같은 소형의 묘곽이 축조될 무렵에는 유력한 세대나 개인은 Ⅲ·Ⅳ유형의 유력한 지석묘군에서 점차 분리되어 독립된 구릉에 보성 동촌리 같은 거대 지석묘(Ⅴ유형)를 축조하였을 것이다.

이러한 점에서 위석형이 가장 빈도가 높은 보성강 유역은 그 만큼 사회 발전이 느렸고 위계화가 진전되지 않았음을 의미한다. 물산이 풍부하고

---

86) 순천 우산리(최성락·고용규·안재철 1993)의 경우, 위석식 묘곽의 상석은 소형화된다. 여수 화장동 화산(최인선·이동희 2000)의 가장 늦은 4~8호 석곽묘나 여수 오림동(이영문·정기진 1992)에서 가장 늦은 시기인 6~9호 석곽은 모두 상석이 없었다고 보여진다.

외부의 선진문물을 접하기 용이하였던 남해안 지역은 상대적으로 사회발전이 역동적이었다고 볼 수 있겠다.

보성 동촌리 지석묘는 현재 2기가 확인되어 밀집 분포상을 보이지 않으며, 주변의 농경지를 조망할 수 있는 낮은 구릉상에 있다. 이는 하위계층인 다수 농민을 아우르는 상징적인 입지인 셈이다. 송국리형 문화의 후기가 되면서 대형의 기반식(남방식) 지석묘를 쓰는 계층은 상위계층으로 판단되고 있다(하인수 2000). 이렇듯 말기가 되면서 유력한 지석묘는 군집묘에서 벗어나 독립된 구릉에 독립적으로 입지하여 지하에 거대한 매장주체부를 만들고 있는 것은 곧 이은 세형동검기의 분묘와도 비슷한 양상이다.

세형동검 부장묘 단계는 유력 개인이 취락의 일반성원으로부터는 물론이고 자신이 속한 소집단으로부터의 분리, 분묘 입지에서의 특출성과 분묘의 구조면에서의 차이, 부장품, 특히 금속기의 독점현상도 두드러진다. 이러한 현상은 취락내부 최상위자와 여타 성원간의 사회경제적 지위의 격차가 더욱 심화되었음을 의미한다. 혈연적 원리로 구성된 대집단이나 취락 내에서 특정한 소집단이 우위를 점하며 묘역을 분리시켜 나가고 마침내 개인의 돌출로 이어지는 현상은 보편적이어서 청동기시대 요동반도의 몇 유적과 일본 야요이시대 무덤에서도 확인된다(권오영 1996).

6. 종합적 검토

이와 같이, 지석묘 축조사회는 평등사회를 벗어나 점차 위계화가 진전되어 계층사회화의 과정으로 볼 수 있다. 전술한 바와 같이 Ⅰ유형부터 지석묘의 피장자는 전체 주민 가운데 일부의 세대 혹은 세대공동체 장 정도의 계층에 한한다고 보여진다. 이후에 점차 위계화가 진전되어 소집단

(유력한 세대나 세대공동체)이 전체 지석묘군(친족집단)에서 벗어나는 Ⅲ~Ⅳ유형 부터는 족장사회의 시초로 보여진다[87].

Ⅰ~Ⅱ유형에는 지석묘에 피장되지 못하는 계층과 피장되는 계층의 구분이 있지만, 아직은 묘곽의 배치상이나 부장유물에서 위계화가 미약했다고 하겠다. Ⅰ~Ⅱ유형(특히 Ⅰ유형)은 전체 지석묘군 중에 상대적으로 비율이 높아, 이러한 유형의 지석묘는 초기부터 축조되기 시작하여 말기에까지 지속된 경우가 많았을 것이다. 여수반도에서 Ⅰ유형의 유적으로서 비교적 군집된 화장동 대통 '나'군 (약물고개)이나 화장동 화산 지석묘군은 이른 시기의 석곽형에서 늦은 시기의 위석형이나 상석이 없는 석관형(석곽형)으로의 흐름이 확인된다. 아울러 보성강유역에서도 가장 밀집된 군집을 보여주는 순천 우산리 내우, 보성 죽산리, 보성 덕치리 등의 지석묘군에서는 시기적으로 앞선 석곽형 묘곽에서 말기의 소형 위석형 묘곽으로의 변천이 엿보인다[88].

그런데, Ⅲ유형 이후의 발전단계를 보면 2부류로 나뉘어진다. 우선 오림동 같이 마지막 단계에 부장유물이 빈약하고 상석과 적석이 없이 석관묘(혹은 석곽묘)계통으로 끝나는 경우[89](이영문·정기진 1992)는 축조집단이 더 이

---

87) 최정필은 적량동 지석묘(필자의 Ⅳ유형)의 사회형태는 집단노동력을 동원하여 축조된 거대한 건축물이 결여된 반면에 지배계층 개개인의 무덤과 부장품이 일반인들과 다른 점을 볼 때 개인적 성향이 강한 족장사회로 판단하고 있다(최정필 1997).
88) 묘곽 배치에서 시기적으로 앞선 석곽형 묘곽에서 일단병식 석검이 출토된다. 반면 시기적으로 늦은 묘곽군에서 삼각형 석도와 유구석부가 출토되고, 인접된 유구에서는 퇴화된 석검이 발견되고 있다(이영문 1997).
89) 전남 동부지역에서 지석묘 상석 없이 발견된 석관묘(석곽묘)는 적석시설이 없는 경우이며, 지석묘의 한쪽에 서 확인되는 것이 일반적이다(이영문 2000b).

상 발전하지 못하고 도태된 것으로 보인다[90]. 그래서 Ⅳ유형에 해당하는 적량동 축조집단과 같은 우월한 집단에 흡수되었을 가능성도 있다. 두번째 부류는 화장동 대통 '가'군과 같은 지석묘로서 마지막 단계에 늦은 시기의 위석형이나 석관형이 확인되지 않은 계통이다. 후자는 마지막 축조단계의 모습이 보이지 않는 다는 점에서 보성 동촌리 단계로 발전했을 가능성이 있는 것이다.

한편, 보성강유역에서는 앞으로의 조사 결과에 따라 변동의 여지는 있지만, Ⅰ·Ⅱ유형이 대부분이다. 현재로서는 Ⅲ유형의 지석묘군은 보성 덕치리 등 극소수에 한하기에 남해안 지역보다 위계화가 미약함을 보여주고 있다. Ⅰ·Ⅱ유형이 대부분이라는 것은 그 만큼 사회발전 속도가 느렸음을 의미한다.

마지막으로, 각 유형에 대한 편년을 검토해 보자. 본고에서 Ⅰ→Ⅴ유형으로의 지석묘 사회의 발전을 언급하고 있지만, 각 유형이 편년적으로 명확히 구분되는 것은 아니다. 현재까지 전남지역에서 조사된 지석묘에 대한 편년은 대부분 개괄적으로 이루어졌고, 절대편년이 있는 자료는 극히 드물다. 기존에 발굴조사된 대부분의 지석묘는 송국리형문화요소에 근거하여 기원전 6~4세기라는 편년관을 그대로 적용하였다. 그러나 최근에 절대 연대측정치를 적극 활용하여 송국리형문화의 상한을 기원전 8세

---

90) 적량동 지석묘에서도 상석과 적석 없이 확인되는 석관묘(혹은 석곽묘)가 있지만, 오림동의 경우와는 다르다. 보고자에 의해서 2구역에 포함된 3~5호 석곽은 지석이나 적석이 없을 뿐 아니라 2호 지석묘 상석의 규모를 감안하면 상석을 놓을 공간이 못된다. 그리고 장축 방향도 적석이 있는 묘곽과는 큰 차이를 보인다. 그래서 3~5호 석곽은 후대에 끼워 들어 왔을 가능성이 크다. 그런데 이 늦은 시기의 석곽들에서는 동검이 부장되어 있어 오림동과는 차별성이 있다. 따라서 적량동 지석묘 축조집단은 축조되는 마지막 시점까지 우월한 지위를 지속적으로 유지하였다고 보여진다.

기 혹은 전기후반까지 올리는 경향이 있다(이영문 1999;송만영 2001). 그래서 기
존에 6~4세기로 설정되어 왔던 전남지방의 많은 지석묘의 편년이 상향
조정될 가능성이 크다. Ⅰ유형의 지석묘는 전술한 바와 같이 가장 이른
시기에 나타났다고 보여지지만, 아울러 가장 늦은 시기까지 이어진다. 상
한은 여수 화장동 대통 '나'군(약물고개) 지석묘의 방사성 탄소연대치인 기
원전 9세기까지 올려볼 수 있다. 한편 하한은 세형동검·점토대토기·흑
도 등이 지석묘에서 출토되는 초기 세형동검문화기까지로 볼 수 있는데,
실연대로는 기원전 3~2세기이다(이영문 1999). Ⅱ~Ⅳ유형의 시초는 Ⅰ유형
보다는 조금 늦을 것으로 보이지만, 상당기간 공존하였을 것이다. 왜냐하
면 유물상으로 유사한 면이 많기 때문이다. 그래서 Ⅰ~Ⅴ유형의 지석묘
가 어떤 시기에 공존했을 때, 그 차이점이라면 부와 권위를 가지면서 좀
더 중심적인 역할을 한 집단일수록 부장유물이나 위계화가 진전된 양상
을 보이는 상위단계에 해당될 것이라는 점이다. 지석묘가 밀집된 전남지
방에는 지석묘의 규모나 부장유물을 보면 1개 면이나 1개 동에 소수의 중
심적인 지석묘 군집이 있어 일정 범위내의 지석묘군 사이에도 우열관계
가 있었음을 알 수 있다. 예컨대 4개 지석묘군이 발굴조사된 여수 화장동
의 경우 대통 '가'군 지석묘(이동희 2000)가 중심이고, 화산지석묘(최인선·이동
희 2000)와 대통 '나'군(약물고개) 및 '다'군 지석묘(목포대박물관 1996)가 하위에 해
당한다. 즉 군집된 대통 '가'군 지석묘(본고의 Ⅲ유형)는 나머지 3개의 지석묘
군(본고의 Ⅰ유형)보다 더 낮은 구릉 하단부에 입지하며 넓은 공간을 차지하
고 있다. 또한 지석묘의 수량이 상대적으로 적은 3개 군집지역은 석곽의
장축이 등고선과 나란하여 병렬적이고 유물이 상대적으로 빈약하다. 반
면 27기의 지석묘가 조사된 대통 '가'군 지석묘에서는 비파형동검과 다량
의 옥이 출토되어, 3개 소군집 지석묘군보다 상위의 집단임을 시사한다.

이상과 같이 일반적으로 지석묘가 밀집된 경우가 중심 집단이다. 지석묘가 많다는 것은 그만큼 해당 친족집단의 수가 많고 경제적으로 우월하여 풍부한 부장유물을 매납할 수 있어 위계화가 진전될 수 있는 바탕이 마련되기 때문일 것이다.

한편, Ⅴ유형은 앞에서 살펴본 바와 같이 상대적으로 늦은 시기(기원전 4 ~3세기대)에 한정될 것으로 판단된다. 이러한 각 유형에 대한 논의는 차후에 지석묘에 대한 좀 더 면밀한 발굴 조사와 절대연대의 축적에 따라 보완될 수 있을 것이다.

Ⅴ. 맺음말

지금까지 전남지역, 특히 위계화가 유물상이나 매장주체부의 구조상에서 차별성이 보이는 전남동부지역을 중심으로 지석묘의 밀집 원인, 피장자, 사회발전단계 등의 문제에 대해서 살펴보았다. 요컨대 전남지역의 지석묘사회는 평등사회라기보다는 위계화가 점진적으로 진전되는 단계의 연속이며, 후기에는 족장사회(chiefdom society)로 진입하였다고 판단된다.

전남지역은 지석묘의 보고이다. 기왕에 주로 거시적인 접근이 이루어져 왔으며, 아직도 지석묘사회에 대한 인식은 초보단계를 크게 벗어나지 못하고 있다. 즉 현재까지는 지석묘의 분포·입지·형식·출토유물·편년 등에 대한 연구가 중심이 되어 왔고, 사회복원에 관한 논의는 미미하였다. 우리나라 지석묘사회에 대한 연구가 진전되려면 사고의 전환이 필요하다. 즉, 지석묘는 많이 조사·연구되었으나 정작 지석묘 사회의 본질에 대해서는 모르고 있다. 따라서 지석묘뿐만 아니라 동시기의 주거지 등의 생활유적이나 생산유적이 더 조사되고, 민족지학(ethnology)의 도움을 받는다면 당시 사회를 좀 더 입체적으로 밝힐 수 있을 것이다.

그리고, 한반도 내에서도 지역마다 청동기시대의 묘제가 다양하여 지역별로 지석묘가 동일한 격으로 기능하지는 않았을 것이다. 따라서 지석묘 사회의 발전단계 논의는 한반도라는 공간내에서도 지역적으로 좀 더 세분화될 수 있는 것이므로 타 묘제와의 관계 속에서 면밀한 연구가 뒤따라야 한다. 아울러, 전남지방 지석묘 사회의 심층적인 연구를 위해서는 지역적으로 한정된, 예컨대 시·군 단위의 좁은 범위에서 지석묘의 정확한 분포, 입지, 밀집도, 지석묘군간의 상호관계, 매장주체부 간의 배치와 부장유물 등의 여러 속성을 유기적으로 검토하여 종합적인 접근이 이루어져야 하겠다. 이러한 미시적인 접근을 바탕으로 전남지역 전체 지석묘를 조망하는 것도 필요하다.

본고에서의 논의는 시론적인 성격이 강하다. 향후, 지석묘뿐만 아니라 관련 취락에 대한 좀 더 풍부한 자료의 증가와 더불어 지석묘간의 세부적인 편년이 이루어진다면 한층 더 나은 결과가 도출될 수 있을 것이다.

「전남지방 지석묘사회와 발전단계」,『호남고고학보』15집, 호남고고학회, 2002.

영산강유역 마한 초현기의
분묘와 정치체의 형성

I. 머리말

최근 영산강유역을 중심으로 초기철기시대~원삼국시대초기의 분묘들이 적지 않게 조사되었다. 종래에는 단발적으로 확인되었지만, 최근에는 함평 신흥동, 광주 성덕유적, 나주 구기촌 유적과 같이 군집된 토광묘들이 확인되어 주목된다. 아울러, 중국 동북지방과 관련된 유물이 확인된 석관묘가 함평에서 출토되어 마한의 기원과 관련하여 새로운 시각을 제시해 준다.

기원전 3~2세기대에 단독으로 확인되던 초포리, 대곡리 적석목관묘 유적과 달리, 최근에 확인된 토광묘들은 기원전후한 시기에 군집되어 나타난다는 점에서 전남지역 마한 소국의 성립과 관련하여 중요한 단서를 제공할 것으로 보인다.

전북서부지역에서의 토광묘유적들은 영산강유역과 비교하여 더 이른 기원전 3~2세기대에 군집을 이루고 확인된다. 이에 비해 영산강유역은 기원전 1세기이후가 중심이다. 전북서부지역 토광묘 유적에 대한 연구는 최근 발굴 성과에 힘입어 활발한 편이다(한수영 2015, 송종열 2015, 김승옥 2016). 이에 비해 영산강유역의 초기철기시대~원삼국시대 초엽의 분묘 유적의 발굴조사가 최근에 활성화된 탓에 제대로 된 정리가 이루어지지 않았다.

본고에서 다루는 범위는 점토대토기와 세형동검문화기의 유물이 주로 확인되는 분묘들이며, 그 중심 연대는 기원전 3세기~기원후 1세기대이다. 마한 초현기 분묘는 토착의 지석묘 외에 새로이 유입된 적석목관묘, 토광(목관)묘, 주구토광묘 등이 있다.

마한 초현기 분묘는 2단계로 나누어 볼 수 있다. 먼저, 세형동검과 원형점토대토기가 주로 공반되는 1단계로 기원전 3~2세기대가 중심이다. 지석묘, 적석목관묘, 석관묘 등에서 원형점토대토기와 세형동검문화기의 유물들이 출토된다. 원형점토대토기는 주지하듯이 중국동북지역에서 유래한 것으로 초기철기시대의 사회변동을 이해하는데 중요한 유물일뿐더러 마한사회의 형성과 밀접한 관련이 있다. 원형점토대토기는 기존 토착사회인 지석묘에서도 확인되므로 과도기 양상을 가장 잘 이해할 수 있는 유물이다. 2단계는 삼각구연점토대토기단계로, 기원전 1세기~기원후 1세기대가 중심이다. 관련된 묘제로는 토광(목관)묘와 옹관묘가 중심이다. 특히, 초기철기시대 옹관묘에서는 송국리형토기와 삼각구연점토대토기가 동반되고 있어 무문토기(송국리형토기)가 늦은 단계까지 존속되고 있음을 확인할 수 있다.

한편, 본고에서 영산강유역의 마한 초현기의 분묘를 정리하면서, 그와 연동하여 마한 정치체의 형성과 관련해서도 언급하였다. 즉, 세형동검문화·점토대토기문화와 더불어 외래 묘제(적석목관묘·토광묘)·철기·외래 위세품의 등장을 주목하여 영산강유역의 마한 정치체(읍락과 소국)의 형성이라는 관점에서 접근해 보고자 한다.

본고는 영산강유역권을 중심으로 다루었지만, 문화적 양상이 유사한 탐진강유역권의 고고학적 자료도 일부 포함시켰음을 밝혀둔다.

II. 영산강유역 마한 초현기의 분묘

1. 지석묘

1) 전남서부지역 마한 초현기의 지석묘

전남서부지역[91] 점토대토기와 세형동검 관련 유물이 출토된 주요 지석묘를 정리하면 다음과 같다.

⟨표 1⟩ 전남 서부권 마한 초현기 지석묘

유적명		주요 유물	시기	참고문헌
영암 장천리 1호		석제검파두식, 세형동검편	기원전 3-2세기	최성락 1984
영암 엄길리 5호		흑도, 삼각구연점토대토기	기원전 2-1세기	이영문 외 2013
나주 월양리 4호		원형점토대토기, 무문토기	기원전 3-1세기	마한문화연구원 2014
나주 운곡동 다-1호		세형동검편, 주조철착, 석촉	기원전 2세기	김정애 외 2008
장흥 송정리	'가'군 서 1, 서 2, 서 4호	원형점토대토기편, 흑도, 유경식석촉	기원전 3-2세기	이영문 외 2007
	'나'군 16호	동과편	기원전 3-2세기	이영철 외 2005

---

91) '전남서부지역'은 영산강유역 외에도 인접하여 문화적 양상이 유사한 탐진강유역권(장흥·강진) 도 포함한 것이다.

유적명		주요 유물	시기	참고문헌
장흥 갈두 '가'군 50호		삼각형석촉	기원전 3-2세기	이영철 외 2006
강진 수양리 9호		두형토기, 무문토기 저부편	기원전 2-1세기	최성락 외 2007
강진 영복리 10-1호		흑도, 석촉, 무문토기편	기원전 2-1세기	서성훈·이영문 1983
광주 매월동 동산	가군-5호 석곽	원형점토대토기, 무문토기편	기원전 3-1세기	임영진 외 2002
	나군-5호 지석묘, 1호 석곽	두형토기편, 원형점토대토기편, 무문토기편		

(1) 광주 매월동 유적(임영진 외 2002)

광주 매월동 동산 가-5호 석곽묘(도면 1-4), 나-5호 지석묘(도면 1-3), 나-1호 석곽묘 등에서 원형점토대토기편, 두형토기편 등이 무문토기편과 공반되었다. 보고자는 매월동 동산 지석묘군의 하부구조 형식 변화 및 점토대토기와의 상관관계를 검토하여 대부분의 지석묘를 기원전 3~1세기대로 편년하고 있다.

(2) 나주 운곡동 유적(마한문화연구원 2008·2011)

운곡동 송국리형 주거지와 관련지을 수 있는 전형적인 분묘는 지석묘일 것이다. 운곡동 '다-1호'지석묘에서 세형동검편·주조철착·석촉이 공반되어 주목된다(도면 1-2).

인근의 화순 대곡리와 함평 초포리유적에서 철기가 출토되지 않음을 고려하면 운곡동에서는 함평 초포리유적 이후 단계에도 지석묘가 축조되고 있음을 알 수 있다. 따라서 운곡동 Ⅱ-청-33호 송국리형 주거지와 Ⅰ-청-11호 주거지 출토 점토대토기단계의 유물과 부합되는 분묘가 인근에

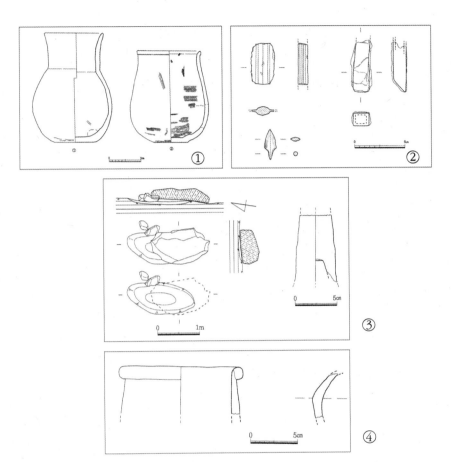

[도면 1] 영산강유역 기원전 3~1세기 지석묘 출토유물
① 영암엄길리5호 ② 나주운곡동다-1호 ③ 광주매월동나-5호 ④ 광주매월동가-5호

서 확인된 셈이다. 요컨대, 나주 운곡동에서는 초기철기시대에도 지속적
으로 지석묘와 송국리형 주거지가 축조된 것이다.

(3) 나주 월양리유적 (조근우 외 2014)

나주 월양리 지석묘는 총 24기가 조사되었다. 상석은 1기만 확인되었고, 23기는 하부구조만 확인되었다. 완만한 고개마루에 입지한다. 하부구조의 형태는 석관형이 5기, 석곽형이 12기로 석곽형이 주를 이룬다. 하부구조와 군집상태로 보아 석곽형 → 석관형으로, 깊이가 낮은 것 → 깊은 것 →구조가 허술하면서 깊이가 낮은 것으로 변화하는 양상을 보인다. 또 석관형은 길이가 긴 것 → 짧은 것으로 변화된다. 실제로 석관형 및 뚜렷한 벽석이 보이지 않는 석곽형 Ⅲ형이 구릉 상부에 자리하여 구릉 하부에서 상부로 축조가 이루어졌음을 알 수 있다. 원형점토대토기가 바닥에 깔려 출토된 4호 매장주체부는 많이 훼손되었지만 석곽형(Ⅲ형)으로 추정된다.

총 9기에서 무문토기와 원형점토대토기 등의 토기류와 석촉, 석창, 석검, 석도 등의 석기류가 출토되었다. 보고자는 지석묘군의 하한을 기원전 1세기경으로 편년하였는데, 원형점토대토기를 근거하였다. 원형점토대토기는 대개 기원전 4세기후반~2세기대로 보고 있지만(박진일 2000), 전남

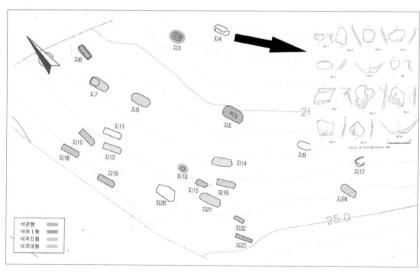

]도면 2] 나주 월양리 지석묘군 및 4호 지석묘 출토유물

지역 세형동검문화와 관련된 유적·유물은 발전 I 기 이후에 해당되어(조진선 1999) 월양리유적 4호 지석묘의 연대는 기원전 3~1세기경으로 볼 수 있다는 것이다(도면 2). 이 지석묘군에서는 1기에서만 상석이 확인되어 지석묘군이 비교적 늦은 단계임을 시사한다. 1기의 상석은 집단 매장시설임을 알리는 묘표석의 역할을 한 것으로 보인다.

이러한 늦은 단계의 매장주체부를 포함한 지석묘군들은 우리나라에서 지석묘가 가장 밀집된 전남권역에 적지 않게 분포할 것으로 보인다. 그렇지 않으면, 남한의 3만기 지석묘 가운데 2만기가 전남에 분포하는 것을 설명하기가 어려워진다.

(4) 장흥 탐진댐 수몰지구의 점토대토기문화기 지석묘

전면적인 발굴조사가 이루어진 탐진댐 수몰지구에서는 점토대토기, 흑도, 두형토기, 삼각형석도, 동과편 등이 출토되는 지석묘들이 확인되었다.

장흥 갈두 4군 취락을 점토대토기문화기의 송국리형 주거지로 본다면, 동시기에 탐진강유역에서 점토대토기문화기 지석묘는 송정 '가'군(西)에서 확인 가능하다.

즉, 송정 '가'군(西) 7기 중 3기에서 흑도·점토대토기가 출토되었다. 나머지 4기에서는 유물이 출토되지 않았는데, 늦은 단계의 지석묘에서 유물이 없는 경우를 감안하면 송정 '가'군(西)은 점토대토기문화 유입기에 지석묘가 축조되기 시작했다고 볼 수 있다(도면 3).

요컨대, 점토대토기문화가 들어온 것이 청동기시대 취락의 마지막 단계에 일부 유물이 유입된 것이 아니라 종래 인식보다 비교적 이른 단계부터 시작되었다면, 초기철기시대에 송국리형 주거지와 분묘가 상당기간 지속되었음을 의미한다.

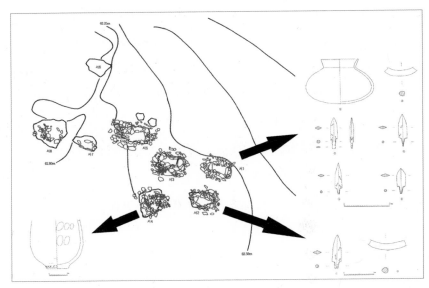

[도면 3] 장흥 송정리 가-서지구 지석묘군 및 출토유물

　탐진강유역의 송정 '가'군 지석묘만을 보면, 지석묘군 축조 말기에 점토대토기문화가 일부 유입된 것이 아니라 점토대토기문화유입기에 지석묘군이 왕성히 축조되었음을 알 수 있다.

　탐진강유역 지석묘의 연대를 가늠하는데 중요 유물은 동과편이나 흑도, 점토대토기와 같은 세형동검문화기(점토대토기문화기)의 유물들이다. 탐진강유역에서 세형동검문화기의 유물이 출토되는 시기는 Ⅰ~Ⅴ기 중 Ⅲ기부터이다. 세형동검문화가 전남지역까지 확산된 시기를 고려하면(조진선 2005), Ⅲ기의 연대는 기원전 3세기대가 될 것이다. 탐진강유역에서 지석묘는 Ⅳ·Ⅴ기에 폭발적으로 증가하고 있는 점을 고려하면 지석묘의 하한연대는 기원전후 이후까지 내려갈 가능성이 제기되고 있다(조진선 2008).

　이러한 탐진강유역 지석묘의 편년관은 호남지역 초기철기시대~원삼국시대 공백기를 설명해 줄 수 있다. 이는 전남지방에 왜 지석묘가 타지역에 비해 월등히 많은가에 대한 설명이기도 하다. 세형동검문화기가 전남지역 지석묘 단계 중 말기가 아니라 중후기 단계라고 본다면 전북지역에 비해 전남의 지석묘가 많은 것도 설명이 가능하다.

전북(특히, 서부권)에는 초기철기시대 토광묘가 전남보다 훨씬 더 많이 확인되고 있다. 전남지역에는 초기철기시대 토광묘가 전북에 비해 빈약하여, 동시기에 지석묘를 축조하고 있었기에 현재 훨씬 더 많은 지석묘가 잔존하고 있다고 보아야 한다.

탐진강유역 지석묘 문화의 마지막 단계(V기)에는 상석이 커지는 군집과 상석이 작아지는 군집으로 대별된다. 때로는 군집 안에서도 초대형 상석을 사용한 지석묘와 소형 상석 또는 상석이 없는 지석묘로 양극화되는 경향을 보인다. 이러한 양상은 IV기부터 지석묘사회에 큰 변동이 있었을 가능성을 보여주며, 이에 따라 지석묘 군집 상호간에 격차가 발생하기 시작한 것으로 보이며 V기에는 그 양상이 더욱 뚜렷해진다. IV기 이후에 본격화된 지석묘사회의 변동은 세형동검문화의 유입과 접촉에 기인하는 것으로 판단된다(조진선 2008).

탐진강유역 지석묘문화에서 조진선 분류 IV기는 전남지역에서 초기철기가 유입되는 기원전 2세기 이후에 해당하므로 사회적으로 큰 변혁이 있었던 것으로 보인다. 즉, 계층의 분화가 심화되어 새롭게 유입된 적석목관묘나 재래의 대형 지석묘를 사용하는 상위 계층이 있는가 하면, 종래 지석묘 군집 내에 소형 상석이나 상석이 없는 소형 매장주체부에 부장품이 거의 없는 중간 계층이 있을 것이고, 하위층은 무덤을 사용하지 못하는 계층이었을 것이다.

2) 전남지역 지석묘의 특수성

우리나라 지석묘 분포현황에서 주목되는 것은 전남지방의 지석묘가 전체 지석묘 수의 절반을 초과한다는 점이다(57.6%). 전남지방의 지석묘가 다른 지방에 비해 특이하게 많다는 점은 여러 관점에서 접근해 볼 수 있지만, 가장 중요한 것은 다음과 같이 요약해 볼 수 있다(이동희 2002).

전남지역에 지석묘가 타지역에 비해 월등히 많은 가장 큰 원인은 가장 늦은 시기까지 지석묘가 축조되었다는 점을 우선 언급할 수 있다. 금강중하류역이나 전북서부일원에서 토광묘에 세형동검과 점토대토기가 부장될 무렵에, 지석묘가 집중된 전남에서는 그러한 유물이 지석묘에 등장한다는 것은 초기철기시대까지 지속적으로 지석묘사회가 영위되었음을 의미한다.

전남지역에서 지석묘가 청동기시대의 주된 묘제로서 타지역에 비해 가장 오랫동안 사용된 이유는 한반도의 끝이어서 새로운 문화의 변화에 둔감하였다는 점과 더불어 폐쇄성이 오래 지속되었다는 측면을 지적할 수 있다. 이는 삼국시대에 이르면 다른 지역에서는 청동기시대나 초기철기시대 이래의 옹관묘가 다른 묘제의 부수적인 묘제로 전락하는데 비해, 전남지역에서는 옹관묘가 대형화될 정도로 한 묘제가 쉽게 바뀌지 않는 특성과도 궤를 같이 할 것이다. 같은 한반도의 남단이지만, 전남지역은 지석묘 이외에 석관묘나 토광묘 등 송국리형 묘제가 적지 않게 사용된 경남지방과는 차이점을 보이고 있다. 즉, 문화가 호서지역에서 영남지역으로 흐름은 어느 정도 확인되나 한반도 서남부 끝인 전남지역에는 그러한 양상이 미미하다는 점이다. 이는 지정학적으로 경남지방이 일본열도로 넘어가는 문화흐름의 통로역할을 한데 비해, 전남지역은 그러한 배출구가 없었다는 점에서 한번 들어온 묘제문화가 쉽게 바뀌지 않고 오랫동안 지속되는 특징을 나타낸다고 볼 수 있다.

2. 석관묘

1) 함평 상곡리 유적(한국문화재재단 2016, 이동희 2017)

〈표 2〉 영산강유역 마한 초현기의 석관묘

유적명	입지	수량	출토유물	시기	참고문헌
함평 상곡리	구릉 정상	4기	소형 경형동기(鏡形銅器) 4점(1호)	B.C 3세기	한국문화재재단 2016

발굴조사 결과, 초기철기시대 석관묘 4기가 확인되었다.

초기철기시대 석관묘는 모두 등고선과 직교하게 축조되었다. 1·4호 비해 2·3호는 매우 소형이다. 바닥시설은 1·4호가 할석시상인 반면, 2호는 판석시상이고 3호는 무시설이다. 유물은 1호에서만 출토되었다.

1호 석관묘는 묘광 내에 평면 표자형의 석관을 마련하였으며, 할석시상을 전체에 시설하였다. 묘광규모는 길이 206, 너비 75, 깊이 43㎝이다. 시상의 중앙부 북쪽에서 소형 경형동기(鏡形銅器) 4점이 출토되었다. 경형동기는 우리나라 최초 출토사례이며, 오목면의 가장자리에 뉴가 1개씩 부착되어 있다. 4점 모두 형태(원형)와 크기(6.4×6.2㎝)가 동일한 것으로 보아 동일한 틀을 이용한 밀납주조법으로 제작된 것으로 추정된다. 오목면 가장자리와 볼록면은 반사율이 뛰어나게 잘 연마되어 있고, 꼭지와 가장자리의 사용흔으로 보아 피장자가 생전에 몸에 매달었던 것을 부장한 것으로 보인다(도면 4).

계통상 중앙에 뉴가 부착된 중국동북지방의 길림 후석산 석관묘와 심양 정가와자 6512호 출토품과 연결되며, 시기적으로 이들 직후인 기원전

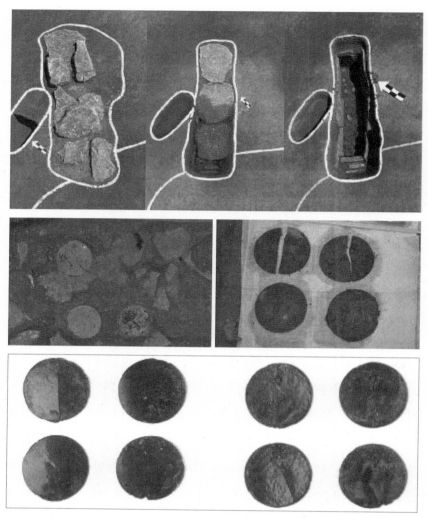

[도면 4] 함평 상곡리 1호 석관묘 및 출토유물

3세기대로 추정된다. 중국동북지방과 달리 꼭지(紐)가 중앙이 아니라 가장자리에 위치하므로 중국제작기술이 전해져 함평주변에서 제작되었을 가능성도 있다. 피장자는 지역사회의 유력자 혹은 제사장으로 보인다.

3. 적석목관묘(적석석관묘)

기원전 3~2세기대의 적석목관묘는 구릉에 단독으로 분포하는 것이 특징이다. 최근에 영산강유역에서 적지 않은 구제발굴이 이루어졌고, 화순 대곡리와 백암리 유적 주변에 대한 정밀조사가 이루어졌지만 추가로 확인되는 적석목관묘는 보이지 않는다. 이는 적석목관묘가 기원전 3-2세기대에 해당 권역에서 소수의 특별한 계층에서만 축조된 무덤이라고 보아도 무방할 것이다. 이러한 적석목관묘는 현재까지는 전남동부권에서 확인되지 않는다.

〈표 3〉 영산강유역 적석목관묘(적석석관묘)

구분	입지	수량	출토유물	시기	참고문헌
화순 대곡리	구릉	1기 (단독)	세형동검 5, 팔주령 2, 쌍두령 2, 동부 1, 동사 1, 세문경 2	B.C. 3세기말	국립광주박물관 2013
화순 백암리	구릉	1기 (단독)	세형동검 3, 동과 1, 정문경 1, 삼각형석촉 1, 관옥 3, 흑도편 1	B.C. 2세기 (전반)	조현종·은화수 2005
함평 초포리	구릉	1기 (단독)	세형동검 4, 중국식동검 1, 동과 3, 동모 2, 유견동부 1, 동사 1, 동착 2, 간두령 2, 쌍두령 1, 병부동령 1, 지석 2, 검파두식 2, 세문경 3, 천하석제식옥2	B.C2세기 초~B.C2세기전반	국립광주박물관 1988

1) 함평 초포리(국립광주박물관 1988)

표고 20~30m의 평지성 구릉지대에 입지한다. 마을 진입로를 포장하기 위한 작업 중 발견되었는데, 석관의 크기는 장축 190㎝, 단축 55㎝로 부정형의 장방형을 이루고 있다. 석관은 지표하 55㎝ 깊이를 바닥으로 만들었

으며 벽은 할석을 이용하여 축조하였다. 가장 많이 남은 곳이 5단이다. 묘
광 내에는 원래 100여개 이상의 돌들이 채워져 있었다고 하므로 석관 상
부에 적석을 한 적석석관묘로 추정된다. 바닥에는 목관흔적으로 추정되
는 흑갈색의 부식토가 깔려져 있다. 침향은 천하석제식옥의 위치로 보아
남동침이며, 頭廣足狹의 형태를 보이고 있다. 부장품은 묘광내 바닥, 할석
과 묘광 사이 벽, 내부 퇴적토에서 각기 출토된 양상을 보인다(도면5-3).

2) 화순 대곡리(국립광주박물관 2013)

대곡리유적은 비봉산 북쪽 자락의 구릉(설상대지)에 독립되어 1기가 위치
한다. 즉, 적석목관묘가 확인된 곳은 주변 산자락보다 북서쪽으로 200m
정도 돌출된 해발 50m 정도의 구릉 정상부에 위치하고 있다.

적석목관묘는 풍화 암반층을 2단으로 파내어 묘광을 조성하였으며, 묘
광의 장축은 동-서향으로 구릉의 등고선과는 직교한다. 대곡리유적의 매
장주체시설은 바닥에 'U'자형으로 남겨진 회백색점토와 목관재에서 보이
는 계단상의 턱 등으로 보아 통나무관으로 판단된다. 대곡리유적은 2단
굴광에 매장주체시설인 통나무관을 놓고 1단 굴광에는 적석부를 갖춘 전
형적인 적석목관묘이다. 우리나라에서 적석부와 함께 통나무관이 실물
자료로 확인된 적석목관묘는 화순 대곡리유적이 유일하다(도면5-1).

3) 화순 백암리(조현종·은하수 2005)

저평한 구릉의 정상부(해발 68m)에 1기가 단독 입지한다. 매장주제부의
장축방향은 등고선과 직교한다. 백암리유적은 훼손이 심하여 자세한 내
용은 알 수 없으나 구덩이 내에서 돌들의 존재를 통해 화순 대곡리유적과
유사한 적석목관묘로 추정된다. 수습된 유물은 한국식동검3, 동과1, 정문

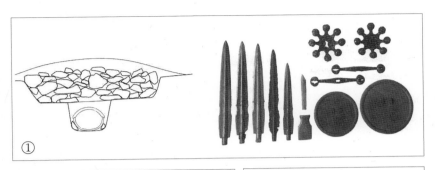

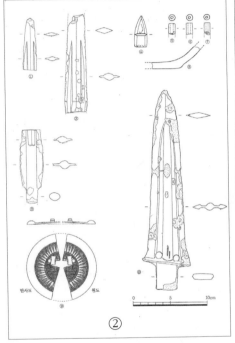

[도면 5] 영산강유역 적석목관묘 및 출토유물
① 화순대곡리 ② 화순백암리 ③ 함평초포리

경1, 관옥3, 삼각형석촉1, 흑도편 등이다(도면 5-2).

　백암리 한국식동검은 봉부가 길고 등대가 봉부까지 길게 이어져 공주,
연기,당진,장수 등지의 유적에서 철기가 출현한 이후의 동검들에서 많이

보이는 특징을 갖추고 있어 기원전 2세기(전반)대로 추정된다.

4. 토광묘

〈표 4〉 영산강유역 마한초현기 토광묘

| 유적명 | 입지 | 수량 | 출토유물 | | 규모
(길이×너비
×깊이(㎝)) | 시기 | 참고문헌 |
			토기류 외	금속류, 옥			
영광 수동	구릉 사면	1	무문토기호	새무늬청동기, 방제경, 철도자, 무문토기호, 옥	243×75 ×35	A.D1세 기후반-2 세기전반	이기길 외 2003
영광 군동·라-B	구릉 사면	3	발형토기, 원형점토대토기, 오리문양토기, 삼각형점토대토기, 개	철모	192~271 ×94~118 ×19~48	B.C 1세 기~A.D1 세기	최성락외 2001
함평 신흥동	구릉 사면	9	흑도장경호, 장경호, 옹, 호,발	철부, 철겸, 철검, 철모, 관상철부, 철사, 동경, 옥	225~398 ×76~149 ×5~47	B.C 1세 기~A.D1 세기	이영철 외 2016
광주 관동	구릉 사면	1	원형점토대토기		188×44× 16	B.C2~1 세기	양해웅 외 2008
광주 성덕	구릉 사면	7	삼각점토대, 호형토기, 발, 옹형토기		178~250 ×88~120 ×18~44	B.C 1세 기~A.D1 세기	이영철외 2008a
광주 수문	구릉 사면	2	흑도장경호, 장경호, 삼각점토대, 뚜껑, 호형토기		255~260 ×150~ 160×30	B.C 1세 기~A.D1 세기	이영철외 2008b
광주 복룡동	평지	3	삼각구연점토대 토기	貨泉50여점,유 리옥78점,철겸	208~213 ×82~87× 10~27	A.D1 세기중후 반	동북아 지석묘연 구소 2016
나주 구기촌	구릉 사면	10	삼각구연점토대토 기, 흑도장경호	우각형동기,삼 각형동기,검파 두식, 철검, 철모, 철부 등	241~301 ×81~122 ×5~65	B.C 1세 기~A.D1 세기	김경칠외 2016

유적명	입지	수량	출토유물		규모 (길이×너비 ×깊이㎝)	시기	참고문헌
			토기류 외	금속류, 옥			
나주 도민동	구릉 사면	1	원형점토대토기		130×53× 15	B.C 1 세기	한미진 외 2012
장성 월정리	구릉 사면	3	석검, 삼각형석촉, 흑도장경호,삼각 구연점토대토기, 장경호		194~254 ×74~90× 28~63	B.C 1세 기~A.D1 세기	박수현외 2016

1) 나주 구기촌 유적(김경칠 외 2016)

구기촌유적에서는 초기철기시대~원삼국시대 목관묘 10기가 발굴조사되었다. 목관묘의 장축방향은 서쪽 구릉 사면부에 위치하는 1~9호는 등고선과 평행하며, 동쪽 구릉 사면부에 위치하는 10호는 등고선과 직교한다. 구기촌유적의 목관묘는 지금까지 전남지역에서 조사된 유적 중 가장많은 기수가 조사되었으며, 토기류와 함께 청동기와 다양한 철기류가 다량 출토되어 호남지역의 초기철기시대에서 원삼국시대로의 전환기에 공백으로 남아 있던 기원전후의 문화상을 살펴볼 수 있는 중요한 자료이다. 구기촌유적 목관묘의 연대는 기원전 1세기~기원후 1세기까지로 볼 수 있다. 마한지역에서 단조 철기류가 등장하는 시점은 가평 달전리유적을 제외하고 기원후 2세기 이후이다. 그런 면에서 구기촌유적의 단조 철기류는 중요한 의미가 있다. 기존 호남지역에서 출토된 철기 자료는 대부분 주조 철기류로 구기촌유적 출토품과 비교하는데 어려움이 있으며 오히려 창원 다호리 유적 등 영남지역에서 출토된 철기와 유사성이 보이며, 철기와 공반되는 청동기도 영남지역, 일본, 낙랑(漢)에서도 출토 예가 있어 이 지역들과의 교류관계 등을 볼 수 있는 중요한 자료이다. 출토유물은 토기류 13점, 청동기류 5점, 철기류 12점, 석기류 1점 등 모두 31점이다(도면 6).

2) 함평 신흥동유적(이영철 외 2016, 도면 7-1)

9기의 토광묘가 확인되었다. 구릉 서사면부에 입지하는데, 장축방향은 등고선과 직교한다. 매장 방식을 보면, 보강석을 이용한 형식(1기), 목관묘 (5기), 직장묘 (3기) 등으로 구분이 가능하다.

출토유물의 부장양상은 관내, 묘광내 보강토, 관 상부 보강토로 구분된다. 관내 부장유물은 토기, 청동기, 철기, 옥 등 다양한 기종이 확인되나, 관외 부장유물은 토기에 한한다. 부장유물 가운데, 토기류는 호남지역에서 확인되는 형식임에 비해, 철기류는 호남지역에서 확인되지 않는 신기종 (철검·철모·판상철부)이 다수 확인된다. 출토된 단조철기는 호남지방에서 거의 확인할 수 없으나 영남지역의 대구 팔달동유적, 경주 조양동유적, 경주 황성동고분 등지에서 출토되는 철기류와 그 맥락을 같이하고 있다.

단조철기 중 영남에서 확인되는 기종은 철검, 철모, 판상철부 등이다. 전북지역 철기는 주조계가 주류이며 단조철기는 소량 확인된다. 철검은 나주 구기촌 9호 토광묘에서 출토된 바 있는데, 대구 팔달동 57호 목관묘 출토품과 같은 형식이다.

4~5호에서 출토된 철모와 판상철부 등이 대구 팔달동 유적과 그 형식을 같이 하고 있어 영남지역과의 교류를 상정해 볼 수 있다. 철기 외에 동경과 청동의기가 공반되어 주목된다.

방사성탄소연대 측정 결과, 기원전 1세기~기원후 1세기대가 중심연대이다.

3) 광주 성덕(이영철 외, 2008a, 도면 7-2)

해발 37~40m 구릉의 정상부에 7기가 약간의 거리를 유지하며 위치한다. 4호를 제외하고 모두 등고선과 나란한 방향이다. 토광묘 내에서 목관의 흔적은 보이지 않는다. 7호 주거지는 송국리형주거지를 파괴하고 축조되었다. 유물은 삼각형점토대토기·발형토기·옹형토기 등 토기류에 한하여 상대적으로 빈약하다. 옹형토기와 호형토기는 저부에 낮은 굽이 있다. 출토유물 중 삼각형점토대토기, 긴 경부를 형성한 호형토기는 초기철기시대의 광주 수문 1호 토광묘, 영광 군동 B-3호 토광묘 출토품과 유사하다. 1호 토광묘 출토 삼각구연점토대토기의 기형과 구연부 형태로 보면, 광주 복룡동 토광묘 출토품(기원후 1세기중후엽)과 유사하다.

5. 주구 토광묘

영광 군동 A-18호 주구토광묘는 매장주체부가 토광이고 토광 주위로 폐쇄형 주구가 돌려져 있으며 매장주체부 관위에 부장된 것으로 보이는 흑색마연토기 1점이 출토되었다. 주구의 규모는 장축 776, 단축 676, 너비 32-112, 깊이 8-32cm이다. 토광의 규모는 길이 228, 너비 112, 깊이 28-48cm이다. 목관 규모는 길이 184, 너비 112cm이다. 토기로 보면 기원전 1세기대로 편년된다(도면 8-1).

6. 옹관묘(도면 8-2,3,4)

기원전 1세기대에 광주를 중심으로 영산강유역권에 합구식옹관묘가 활발히 조성된다. 호남지역에서 익산 어양동 옹관묘(1기)를 제외하고는 모두 영산강유역에 집중된다.

단옹식이나 삼옹식도 소수 있지만 대부분 2개의 토기로 구연을 맞댄 합구식이다. 합구식 옹관묘는 대개 70~100cm내외로 유소아용으로 추정

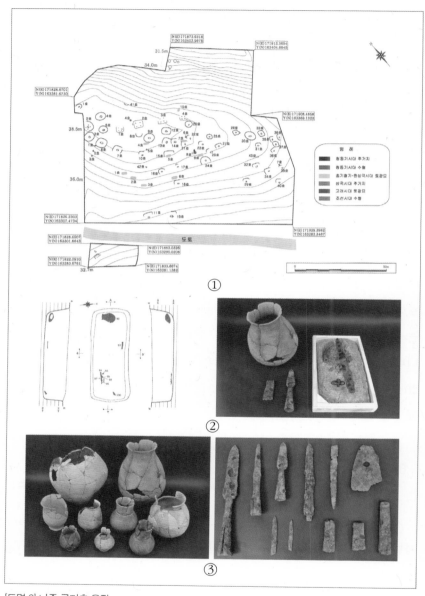

[도면 6] 나주 구기촌 유적
① 유구배치도 ② 9호 목관묘 및 출토유물 ③ 구기촌 목관묘 출토 토기류 및 철기류

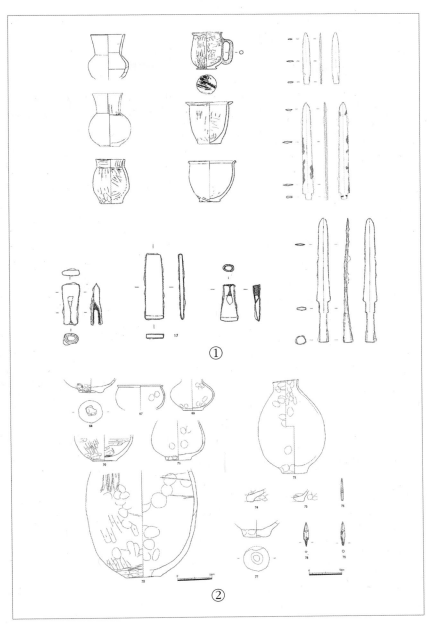

[도면 7] 함평 신흥동(①) 및 광주 성덕(②) 목관묘유적 출토유물

된다. 유물이 없거나 부장유물이 소형토기에 한한다.

〈표 5〉 영산강유역 마한 초현기의 옹관묘

구분	수량	형식	옹관에 사용된 토기	출토유물	시기	참고문헌
광주 신창동	53기	횡치 합구식	삼각형점토대토기+ 송국리형토기	소형토기	기원전 1세기	김원룡 1964
광주 평동	9기	횡치 합구식	경질무문토기(옹형, 호형토기) +(변형)송국리형토기		기원전 1세기(?)	호남문화재 연구원 2012
광주 장자	3기	횡치 합구식	삼각형점토대토기+ (변형)송국리형토기	소형토기 (발형토기)	기원전 1세기	이영철외 2008
광주 운남동	4기	횡치 합구식	삼각형점토대토기+ 송국리형토기	소형토기	기원전 1세기	조현종외 1996
무안 인평	1기	횡치 합구식	삼각형점토대토기+ (변형)송국리형토기		기원전 1세기	최성락외 1999
함평 장년리	3기	횡치 합구식	파수부무문토기+ (변형)송국리형토기	소형토기 (장경호)	기원전 1세기	최성락· 이헌종 2001
함평 송산	6기	횡치 합구식	삼각형점토대토기+ 송국리형토기		기원전 1세기	호남문화재 연구원 2007

옹관에 사용된 토기의 다수가 '삼각형점토대토기+송국리형토기' 조합 상이어서 주목된다. 예컨대, 광주 운남동 1호 옹관묘는 횡치합구식인데, 대옹은 짧게 외반된 구연과 축약된 저부, 동체 중앙에 최대경이 위치한 송국리형토기의 양식을 충실히 따르고 있다. 무안 인평 1호 옹관의 경우, 무문토기와 삼각구연점토대토기를 사용한 합구식 옹관이다. 인평 1호 옹 관의 소옹은 무문토기(변형 송국리형토기)로 구연은 짧게 외반되어 마무리되 었다. 이러한 양상으로 보면, 영산강유역에 기원전후한 시기까지 송국리 형토기 및 송국리형 문화가 존속되었음을 의미한다.

이와 같이 영산강유역 마한 초현기의 옹관묘에서 송국리형 외반구연토기와 삼각구연점토대토기가 공반되는 것은 전남지역 마한사회의 정체성을 대변한다. 토착의 송국리형토기(문화)와 새로이 유입된 점토대토기(문화)가 200~300년간 공존했음을 의미한다. 이를 감안하지 않으면 마한초현기의 문화를 제대로 파악할 수 없을 것이다.

III. 분묘를 통해 본 영산강유역 마한 정치체의 형성

1. 영산강유역 마한 초현기 분묘의 피장자의 성격

1) 함평 상곡리 석관묘로 본 마한 초현기 분묘의 기원[92]

함평 상곡리 석관묘에서 기원전 4~3세기대의 중국 동북지역 출토품과 연결시킬 수 있는 청동유물이 출토되었다. 이와 관련한 기원 문제를 검토해 보기로 한다.

문헌사료와 고고자료를 종합해 보면 韓 또는 馬韓은 극동아시아 북부에서 기원전 4세기 무렵에 한반도 중남부지역으로 남하해 온 점토대토기문화를 기반으로 하였으며, 점토대토기문화는 최초 해로를 통해 한반도 중남부지역에 정착하였을 가능성이 높다(박순발 2016).

기존에, 고대사학계에서 馬韓의 성립시기에 대해서 기원전 2세기초 준왕의 남래시기와 관련짓거나 혹은 그보다 좀 더 이른 시기로 보는 견해가 있어 왔다.

---

92) 이와 관련된 내용은 필자의 글(이동희 2017)을 인용하였음을 밝혀둔다.

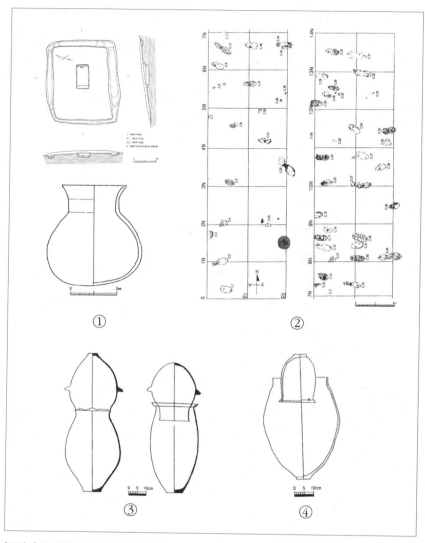

[도면 8] 영산강유역 주구토광묘 및 옹관묘
① 영광군동A-18호 주구토광묘 ② 광주신창동 옹관묘배치도 ③ 신창동 17·40호 ④ 광주 운남동 4호

하지만, 燕將 秦開 관련 전쟁기사를 보면, 준왕의 남천 이전부터 간헐적으로 중국동북지역에서 정치적 변고가 있을 때 일단의 세력들이 남하

했음을 시사한다. 즉, 요녕지방의 원형점토대토기문화가 한반도로 파급될 수 있었던 계기에 대하여 고조선과 연의 군사적 충돌일 가능성이 제기된 바 있다(박순발 1993·1998).

연나라 장군 진개(秦開)가 동호 및 고조선을 침공하여 2,000여리를 획득한 시기가 연나라가 전성기를 일구었던 昭王(기원전 311-279재위)때임을 감안하면(이병도 1976), 기원전 4세기말~3세기초 무렵이다. 이 시기가 중국동북지방 및 서북한에 있어서 정치적 격변기이었음은 분명하다.

기존에 검파형동기를 포함한 다뉴조문경단계의 청동기는 충남지방에 국한되어 확인되었다. 하지만, 최근 발굴자료로 보면 그 범위가 함평(상곡리), 군산(선제리)93) 등의 호남서부까지 확대되고 있다. 따라서 기원전 4~3세기 격변기에 중국동북지방의 일부 세력들이 충남지방 뿐만 아니라 호남서부권에도 이주하였음을 알 수 있다.

이러한 중국동북지방과 관련된 청동의기 출토 무덤을 토착인이 문화를 수용한 사례로 보기는 어렵다. 왜냐하면, 유물 조합상의 특이성 뿐만 아니라, 무덤의 장축방향이 토착무덤과 뚜렷한 차이를 보인다. 즉, 종래 지석묘의 장축방향은 등고선과 나란한데 비해 청동의기 출토 무덤은 등고선과 직교한다는 점이다. 더구나 군산 선제리 분묘는 해안에서 멀지 않은 구릉 능선 상에 독립적으로 위치하고 있다는 점에서 이주민일 가능성을 더해 준다.

이처럼 기원전 4~3세기대의 초기철기시대 분묘 유적·유물이 산발적

---

93) 군산 선제리에서 구릉능선상에 원형점토대토기문화기 석곽묘 1기가 발굴조사되었다. 장축방향은 등고선과 직교하는 남-북방향에 가깝다. 출토유물은 검파형동기, 세형동검, 소형동부, 동사 등의 청동기와 흑색마연장경호, 원형점토대토기 등의 토기류, 천하석제 소옥 등이다(전북문화재연구원 2016).

으로 호서·호남서부지방을 중심으로 확인되고 있다. 현재로서는 그 사례가 많지 않지만, 이러한 유적이 우연히 발견된 경우가 많다는 점에서 그 무렵에 더 많은 주민들이 이주하였을 가능성은 높다. 당시 선진 기술과 문화를 가진 세력들이 중국동북지방 혹은 서북한지방에서 한반도 서남부 지역으로 이주하였다면, 토착 세력들에게 많은 자극을 주었을 것이며 그에 따라 마한 정치체의 형성에도 큰 영향을 끼쳤을 것으로 보인다.

2) 적석목관묘의 피장자

적석목관묘 가운데 2차례 발굴조사된 화순 대곡리 유적을 중심으로 피장자의 성격에 대해 살펴보기로 한다. 적석목관묘의 입지가 대곡리의 여러 지석묘군들을 아우르는 듯한 돌출한 구릉 상부에 위치하여 지석묘와의 유기적인 관련성으로 보면, 대곡리 적석목관묘 집단이 지석묘 후기 단계에 대곡리 지석묘 집단들을 통괄하는 가장 유력한 세력으로 돌출했을 가능성이 높다(도면 9).

한편으로는, 이주민일 가능성도 제기될 수 있다. 즉, 적석목관묘는 기원전 200년 전후한 시기에 갑작스럽게 출현하고 단독으로 입지하며, 기존 지석묘와 다른 세형동검문화 유물조합, 이질적인 통나무관이 있는 적석목관의 구조, 등고선과 직교하는 매장주체부의 장축방향 등으로 본다면 이주민일 가능성이 있다. 중국동북지방 뿐만 아니라, 대전 괴정동·예산 동서리 등의 호서 서부권에 이주한 세력의 이차적인 이주 가능성도 배제할 수 없다.[94]

---

94) 영산강유역 적석목관묘 피장자에 대해서는 전남대 조진선교수와의 토론이 도움이 되었다.

3) 기원전3~2세기 전남서부권(영산강유역권)과 전남동부권의 수장묘
의 차이

청동기시대 후기의 지석묘 가운데 매장유구의 묘광을 2~3단으로 파고 매장주체부 위에 적석을 갖춘 사례는 경남에서 주로 보인다. 즉, 창원 덕천리, 마산 진동리 등의 경남지역의 대형 묘역식 지석묘는 청동기시대 말기의 지배층화되는 과도기의 묘제로 파악된다.

전남에서 유일하게 묘광을 다단으로 굴광하고 대형매장주체부를 축조한 지석묘는 동부권의 보성 동촌리유적에서 볼 수 있다. 청동기시대후기~초기철기시대 과도기분묘인 보성 동촌리유적과 화순 대곡리유적은 전남동부권과 전남서부권을 대표한다. 모두 주변 지석묘군들을 아우르는 탁월한 구릉 상부에 입지한다는 공통점이 있다. 외부 문물이나 이주민과의 접촉이 더 빈번했던 전남서부권에서는 대전 괴정동, 아산 남성리, 예산 동서리 유형의 적석목관묘와 세형동검류가 출토된 반면, 동부권에서는 적석목관묘와 관련유물이 보이지 않고 지석묘의 하부구조가 초대형화된 양상으로 나타난다.

아무튼, 대곡리와 동촌리유적은 무덤구조나 2단의 굴광에 적석을 했다는 공통점 외에도, 기원전 3~2세기 무렵이라는 시기는 중국동북지역에서 원형점토대토기문화가 한반도 서남부지방으로 파급되던 무렵이다. 새로운 점토대토기문화와 세형동검문화는 기존 지석묘 사회에 문화적 충격을 주었을 것이며 호서 서부와 해안평야지대로 이어지는 전남 서부권은 일부 이주민의 영향으로 새로운 적석목관묘를 수용한 것으로 보인다. 이에 비해, 산지가 많고 교통이 불편하며 문화적으로 보수성이 더 강한 전남 동부권은 외양은 종래의 지석묘 상석을 유지하고 하부 매장주체부만 대형화되고 적석을 수용한 지석묘가 축조된다. 이러한 대형 지석묘가 전남동부권에서 남해안에 접하고 해양 교통이 편리한 보성 조성면 동촌리에서만 확인되고 내륙인 보성강·섬진강유역에는 보이지 않음은 보성 동촌리가 영산강유역이나 경남남해안지역과 해상교통로로 이어질 수 있는 남해안권에 위치하여 문화적 교류가 가능했다고 본다. 동촌리 유적이 대형화된 지석묘로 전환된 것은 자체 성장도 있었겠지만, 적석목관묘 등이 조영되는 점토대토기문화의 영향도 클 것이다.

4) 영산강유역 마한 초현기 옹관묘의 피장자

광주 성덕유적과 장자유적은 인접해 있는데, 기원전 1세기를 전후하여 성덕유적에서 토광묘 7기, 장자유적에서 옹관묘 3기가 확인되었다.

이러한 토광묘와 옹관묘는 동시기에 성인묘와 소아묘가 상호 유기적 관계속에서 인접해 있었다고 파악된다. 유물로 보면 성덕 토광묘에서는 삼각구연점토대토기 등 토기류와 석촉 등이 적지 않게 출토된 데 비해, 옹관묘에서는 소형토기 1점에 불과하다. 규모로 보면 토광묘는 성인의 신전장이 가능하지만, 옹관묘는 소아 정도만 매장이 가능하다. 입지에 있어서도 토광묘는 구릉의 정상부에 자리하는데 비해, 옹관묘는 구릉 사면에 자리한다.

하지만, 유물은 빈약하더라도 기원전후한 시기에 무덤을 조성할 수 있다는 점에서, 옹관묘의 피장자를 하위층으로 보기는 어려울 것이다. 전근대사회에 유아사망률이 높은 것을 감안하면 더욱 더 그러하다.

성덕유적의 토광묘와 장자유적의 옹관묘는 약 200~300m 거리만 이격되어 있어 성인과 소아를 구분해서 매장한 것으로 피장자는 모두 같은 집단일 것으로 보인다. 이는 청동기시대와는 다르다[95]. 비슷한 시기에 옹관묘만 군집된 예로는 함평 송산(6기), 광주 운남동(4기), 광주 평동(9기), 광주 신창동(53기)유적 등을 거론할 수 있다.

청동기시대와 달리, 어려서 죽은 유소아묘는 별도의 공간 특히 입지가 탁월한 구릉 정상부가 아닌 야산 사면 눈에 띄지 않는 곳에 매장한 것으로 보인다. 초기철기시대 즉, 마한 초현기 이후에는 유소아묘는 어려서 죽어 혈족의 중심묘역에 매장하지 않는 관습이 적용되었을 가능성이 있다. 이러한 관습은 청동기시대보다 초기철기시대에 들어 계층화가 더 진전되어 묘역을 구분하려는 사회적 분위기와 관련될 수 있다. 조선시대나 근현대에도 이러한 유아묘의 처리는 유사하다.

이와 관련하여, 우리나라의 전통적인 애장에 대해 살펴본다. 전근대사회에는 아기사망률이 높았기 때문에 마을별로 애장터가 있었다고 한다. 마을 근처 후미진 산골에 주로 매장하였다고 한다. 애장은 선영을 사용하지 않는데, 일찍 죽은 아이는 가족 일원으로 보지 않기 때문이다. 사람들은 평상시에 애장터에 가는 것을 꺼린다. 옹기를 관으로 사용한 것은 짐승에 의해 시신이 훼손되는 것을 막고, 시신의 영혼이 나와 악귀가 되는 것을 방지하려는 의도라고 한다(배도식 2014).

전근대사회에 취락별로 애장터가 있었다는 사실을 고려하면서, 애장터의 크기를 보면 그 집단의 규모도 유추해 볼 수 있을 것이다. 이러한 점에서 광주 신창동과 광주 장자유적은 비교된다. 3기의 옹관묘가 확인된 장자유적 인근에는 기원전 1세기대의 토광묘(7기)가 있지만 출토유물이 토기에 한하여 빈약한 편이다. 이에 비해 신창동유적은 주목할 필요가 있다.

---

95) 청동기시대에는 지석묘·석관묘에 인접하여 옹관묘가 축조되는 경우가 많다.

신창동 옹관묘는 신창동유적 범위 중 가장 북쪽 가장자리에 위치하여, 애장의 일반적인 입지와 연결된다. 4×28m의 범위에서 총 53기의 옹관묘가 발견되었다(도면 8-2). 신창동유적은 기원전 100년~기원후 100년 무렵에 전남지역 마한 초현기의 생활문화를 해명할 수 있는 자료가 다량으로 출토되었다(국립광주박물관 2012). 즉, 토기가마, 환호, 밭, 주거지, 저습지 등의 유구가 확인되었으며, 벼농사와 목칠기 등을 전문적으로 생산하던 대규모의 마을이 형성되었을 것이다. 옹관묘가 유적 가장자리에서 대량으로 발견됨은 인근의 별도 지역에 신창동 집단의 묘역(토광묘군)이 확인될 것으로 보인다. 우리나라에서 가장 탁월한 기원전 1세기대 생활유적이며, 외래유물, 소아용의 대규모 옹관묘역을 참고하면, 지배층의 집단거주지나 대규모 묘역도 향후 발견될 것으로 보인다. 다수의 외래유물(중국계 청동촉, 낙랑토기, 야요이토기)을 교역할 수 있고, 벼농사와 목칠기의 전문화, 일정 공간에 정연하게 배치한 최대의 소아 옹관묘군 등을 참고하면 기원전후한 시기에 신창동 유적 인근에 국읍에 준하는 마한 소국의 중심지가 있었을 것이다. 향후 조사성과를 기대해 본다.

2. 분묘를 통해 본 영산강유역 마한 정치체의 형성

1) 분묘로 본 기원전후 마한 정치체의 위계

출토유물과 분묘의 군집도 등으로 보면, 영산강유역 토광묘의 위계는 3류로 구분해 볼 수 있다. 즉, Ⅰ·Ⅱ류는 상대적으로 군집도가 높은데, 상위층의 분묘가 일정 구역에 군집하는 것은 안정적인 정치체의 형성을 의미한다고 하겠다. Ⅰ·Ⅱ류는 동경·철검·철모·철부 등 금속기류와 외래계유물의 다과에 의해 구분이 가능한데, 국읍과 읍락의 핵심취락으로 볼 수 있다. 이에 비해, Ⅲ류는 상대적으로 군집도가 낮고, 출토유물이 토기류나 석기류에 한하여 읍락내의 일반 촌락과 관련지어 볼 수 있다. 이를 정리해 보면 다음과 같다.

〈표 6〉 분묘(목관묘)로 본 기원전후 영산강유역 마한 정치체의 위계

구분	대표유적 (기수)	주요 유물	위계
Ⅰ류	나주 구기촌(10)	청동기, 칠기, 철기, 토기 외래계유물(위세품) 비중 높음	국읍의 핵심취락
Ⅱ류	함평 신흥동(9)	청동기, 철기, 토기	읍락의 핵심취락
Ⅲ류	광주 성덕(7), 광주 수문(2), 장성 월정리(3)	토기	일반취락

상기한 내용을 유물을 중심으로 다시 정리하면 다음과 같다.

Ⅰ류(토기류+금속류+칠기류, 외래계유물 비중 높음) : 국읍의 핵심취락

Ⅱ류(토기류+금속류) : 읍락의 핵심취락

Ⅲ류(토기류) : 읍락 내 일반취락

상기한 Ⅰ~Ⅲ류 가운데 국읍의 지배층 분묘로 추정되는 나주 구기촌에 대해 좀 더 살펴보기로 한다.

전술한 바와 같이, 나주 구기촌 유적은 목관묘의 군집도가 가장 높으며, 금속기류, 외래계유물이 상대적으로 가장 많다. 구기촌유적의 단조 철기류는 창원 다호리 유적 등 영남지역에서 출토된 철기와 유사성이 보이며, 철기와 공반되는 청동기도 영남지역, 일본, 낙랑(漢)에서도 출토 예가 있어 이 지역들과의 교류관계 등을 볼 수 있는 중요한 자료이다.

기원전후한 시기가 되면 공동체의식 속에 축조되던 지석묘가 소멸되고

철기문화가 본격화되는 단계이다. 이 시기의 대표적인 분묘인 나주 구기촌 유적의 가장 큰 특징은 기원전 1세기~기원후 1세기에 걸쳐 탁월한 위세품을 갖춘 군집 목관묘의 등장이다. 이는 기원전 3~2세기대에 단발적으로 축조되던 적석목관묘와는 전혀 다른 모습이다.

기원전후한 시기에 종래와 달리 우월한 위세품을 갖춘 목관묘의 군집은 지배적 친족집단이 일정한 공간을 장기적으로 점유한 것을 의미하며(이희준 2002), 마한 소국의 지배집단과 관련지어 볼 수 있다.

나주 구기촌유적과 비슷한 성격을 가진 완주 갈동유적은 토기류와 청동기, 철기류 등이 공반되고 있는 유적으로, 무기류는 주로 청동기이고, 철기류는 대부분 농공구이다. 하지만 구기촌은 철서(괭이형철기)와 철부를 제외하면 모두 무기류이다. 이는 갈동유적에서 보이는 청동기(무기류)가 구기촌에서는 철기로 변화되는 양상이다. 특히 만경강유역권에서 보이지 않던 철검과 철모 등이 출토되어 갈동보다는 늦은 단계로 보인다. 갈동유적의 중심연대는 구기촌유적보다 이른 기원전 2세기대이다.(김경칠 외 2016)

구기촌유적의 토광묘는 기원전 1세기~기원후 1세기 무렵으로 편년된다. 이 시기는 한군현이 설치되면서 낙랑군과 교류가 시작되면서 한 및 낙랑의 문물이 유입되는 시기이다(김경칠 2009). 이와 같이, 기원전 1세기 이후 漢 및 樂浪과의 교류가 활성화되면서, 전남지역도 정치체의 성장이 본격화되었다고 하겠다.

구기촌유적이 속해 있는 나주 왕곡면 양산리 일대는 마한의 소국으로 비정되는 나주 반남면과 세지면 사이에 접해 있어 주목된다(표 7 참조).

<표 7> 나주지역 마한 소국 비정지에 대한 제설

소국명	비정 지명	현재 지명	참고문헌
不彌國		나주시	이병도 1976
速盧不斯國	羅州 潘南縣	나주시 반남면 일대	정인보 1935
臣雲新國	羅州 安老縣	나주시 세지면 일대	정인보 1935, 천관우 1989

더구나, 왕곡면 양산리는 5~6세기 나주지역 정치체의 중심지인 반남면 신촌리와 다시면 복암리의 중간 지점에 위치하여 지정학적으로 매우 중요한 거점이다. 그리고, 왕곡면 양산리 구기촌유적은 영산강 본류와도 지근거리에 위치하여, 대외교류에도 유리한 위치라고 볼 수 있다.

이외에 목관묘유적은 아니지만, 국읍의 핵심취락과 관련시킬 수 있는 신창동 및 군곡리유적을 언급할 수 있다.

광주 신창동 유적은 우리나라에서 가장 대표적인 기원전 1세기대 생활유적이며, 외래유물, 소아용의 대규모 옹관묘역을 참고하면, 지배층의 집단거주지나 대규모 묘역도 향후 발견될 것으로 보인다. 즉, 다수의 외래유물(중국계 청동촉, 낙랑토기, 야요이토기)을 교역할 수 있고, 벼농사와 목칠기의 전문화, 일정 공간에 정연하게 배치된 최대규모의 소아 옹관묘군 등을 참고하면 기원전후한 시기에 신창동 유적 인근에는 국읍에 준하는 마한 소국의 중심지가 있었을 것이다.

해남 군곡리 패총의 경우, 그 규모가 200×300m이고, 면적은 약 2만평에 이른다. 철기류, 복골, 소옥 등 장신구, 중국화폐인 貨泉 등이 발견된 바 있다. 해양교류상의 요충지에 자리한 유적의 입지나 패총의 규모로 보면 인근 지역에 초기 정치체와 관련된 대규모 핵심취락이 있었음이 분명하다.

2) 영산강유역 마한 초현기 정치체의 발전단계

영산강유역 분묘와 출토유물에 근거하여 정치체의 발전단계를 구분하면 2단계로 설정할 수 있다.

(1) 1단계(기원전 3~2세기) : 읍락 형성기

군집되지 않은 적석목관묘(석관묘)나 보성 동촌리 같은 거대 매장주체부를 가진 묘제가 나타나며 새로운 수장의 등장과 관련지을 수 있다. 원형점토대토기 및 세형동검 문화와 관련되며, 소국의 전단계 기초정치체인 邑落이 형성된다[96]. 대표적인 유적은 화순 대곡리, 함평 초포리 적석목관묘와 보성 동촌리 지석묘 유적이다.

기원전 3세기는 중국동북지역에서 원형점토대토기문화가 한반도 서남부지방으로 파급되던 무렵이다. 새로운 점토대토기문화와 세형동검문화는 기존 지석묘 사회에 문화적 충격을 주었을 것이다. 전남 서부권의 적석목관묘는 호서서부 및 전북서부지역으로부터 2차적 인구 이동으로 축조되었을 가능성도 배제할 수 없다.

세형동검문화 및 원형점토대토기문화를 가진 새로운 세력에 의해 촌락단위의 지석묘사회가 재편되면서 새로이 확대된 지역 통합체를 읍락(town)이라 부를 수 있다(박순발 1998).

초기정치체인 읍락은 제정일치사회였을 것이다. 즉, 세형동검류 외에도 동경, 청동령이 확인되고 있어 그러한 사실을 뒷받침된다. 소국형성기와 달리, 적석목관묘는 군집되어 있지 않고 산발적으로 확인되어, 권력에

---

96) 이희준(2000)은 영남지역에서 청동기시대에는 기초 정치체인 읍락이 아직 성립되지는 않고 형성과정이고, 초기철기시대에 이르러 읍락이 성립한 것으로 파악한 바 있다.

일정한 한계가 있었던 것으로 보인다. 대곡리 적석목관묘가 주변 8개 지석묘군집 앞에서 농경지를 내려다보는 독립된 구릉에 입지하는 점에서도 (도면 9), 피장자는 농경공동체의 우두머리[97]이면서 제사장으로서 기능한 것으로 보인다. 이 단계에도 기층사회에서는 여전히 지석묘나 무문토기가 공존하고 있었던 것으로 판단된다.

(2) 2단계(기원전 1세기~기원후 1세기) : 소국 형성기

기원전 100년경은 한반도에 있어 특별한 의미를 가진다. 즉, 서북한 지역에서는 위만조선이 멸망하여 유이민들의 남하가 있었는데, 남래지는 대개 영남지역으로 파악되고 있다. 고조선에 이어 한사군이 설치되고 낙랑군을 통해 漢代 문물의 본격적 파급을 계기로 남한지역에서 소국이 형성되기에 이른다(권오영 1996, 박순발 1998).

이성주(1998,2000)는 기원전 1세기경 한반도 남부에서 목관묘가 집단화되기 시작하고 자체적인 철기제작이 시작된다는 점을 들어 그 때를 삼한의 시작, 즉 진·변한의 개시점으로 보았다. 목관묘의 집단화는 지배적친족 집단의 거점이 새롭게 마련되었을 가능성을 시사하며, 그 거점은 국의 중심으로 상징성을 갖는 장소에 입지했을 것이다.

영남지역의 일부 목관묘군의 상한을 기원전 2세기후반까지 소급하는 견해도 제시되었는데, 대표적인 예가 경산 임당, 대구 팔달동유적이다(이희준 2002).

---

97) 박순발(1997)은 창원 덕천리지석묘군이 지석묘사회의 마지막단계로서 세대공동체간에 우열이 생기면서 유력한 세대공동체의 가장의 주도로 일정한 지역을 통합한 농업공동체의 장이 부상할 무렵의 지석묘로 보고 있다.

이러한 점을 참고하면, 전남지역도 목관묘의 집단화가 시작되고 단조 철기가 다량 출토된 나주 구기촌유적 단계부터 소국의 개시기로 볼 수 있다. 즉, 국읍과 읍락이 유기적으로 연결된 소국 형성기의 묘제는 나주 구기촌·장성 월정리·함평 신흥동 등에서 확인된 목관묘유적이 거론될 수 있다. 이 가운데 구기촌유적은 유물이 가장 탁월하여 읍락 가운데 상위인 국읍에 해당될 것이다.

2단계의 대표적인 토기는 삼각구연점토대토기이다. 구기촌유적의 상한은 기원전 1세기대이지만, 중심연대는 기원전후한 시기이므로 변진한 지역보다 조금 늦을 수 있다. 실제로, 구기촌의 위세품 가운데 적지 않은 유물이 변진한지역에서 확인되고 있기에 영남지역 혹은 낙랑과 연계된 영남지역의 영향으로 파생되었을 가능성이 있다. 전술한 바와 같이 변진한의 목관묘 군집이 기원전 2세기후반까지 소급된다[98]는 점을 고려하면, 전남지역의 마한 소국의 형성은 한 단계 늦을 가능성이 있다.

이 무렵의 생활유적으로는 광주 신창동유적이 대표적이며 마한생활상을 알 수 있는 다량의 유물이 출토되었다. 즉, 기원전 1세기를 전후하여 새로운 문물의 파급이 확대되고 정치체의 성장이 두드러진다고 할 것이다.

같은 전남지역이라도 정치체의 형성은 지역성이 있었을 것이다 즉, 선진문물과 접촉이 더 용이했던 서남해안 및 영산강유역이 좀 더 빨랐을 것이고 내륙에 위치한 섬진강유역권이 좀 더 늦었다고 볼 수 있다. 섬진강

---

98) 영남내의 다른 지역보다 상대적으로 이른 것으로 나타나는 대구-경주간 지구의 초기철기문화 (구정동,입실리)의 양상은 낙랑 설치 이전에 한반도 서북지방으로부터 전국계 철기문화를 지닌 집단이 내륙을 통해 유입되었음을 시사하며, 그 이주민은 기술혁신과 인구증가를 통해 이 지역 국의 진화에 크게 기여했을 것이다. 철은 자연적으로 구분된 진·변한의 작은 지형적 단위들인 각 지역에서 촌락들이 국으로 통합되는데 결정적 역할을 하였을 것이다(이희준 2002).

유역에 상대적으로 더 많은 지석묘가 분포하는 것도 이와 무관하지 않을 것이다.

이와 관련하여, 정치체의 형성이 좀 더 빨랐다고 판단되는 전북서부권을 살펴보기로 한다. 완주·전주를 중심으로 한 만경강유역권에는 기원전 3세기후반대에 토광(목관)묘로 통일되고 중대형 군집묘가 출현한다. 군집묘 내부와 군집묘 간의 사회적 계층화가 본격 출현하는 단계이다. 기원전 2세기대에는 신소재의 주조철기가 분묘에 부장되며 분묘군이 양적으로 성장하고 사회적 위계화는 더욱 심화된다. 대표적인 유적은 완주 신풍, 갈동유적이다. 기원전 1세기이후에는 옹관묘가 묘제로 채택되며 군집묘의 수와 규모가 급감한다. 기원전 2세기대의 사회의 질적 변환은 고조선 준왕의 남천과 관련된다. 기원전 1세기대이후부터는 영산강유역 일대가 삼각형점토대토기문화의 중심지로 부상한다(김승옥 2016).

이와 같이, 기원전 2세기대(초엽)에는 선진적인 문물을 가지고 남하한 준왕세력에 의해 만경강유역에 小國이 형성되었을 것이다. 즉, 기원전 198년에 위만에 의해 나라를 뺏긴 고조선 준왕이 남분하여 '韓王'이 된 정치체는 '箕準國'이다. 익산·전주 지역은'기준국'의 중심지였을 것으로 보인다(박순발 2016).

익산·전주 일대 대규모 목관묘군과 다량의 청동기·철기문화는 동시기에 남한의 어느 지역에 비해서도 가장 이르고 선진적이다. 전남지역에서 이와 비견되는 사례가 구기촌유적이다. 전북서부권보다 1세기 이상 늦어 영산강유역에 등장한 셈인데, 집단 군집묘와 다량의 청동기·철기유물 등의 위세품은 상호 유사하다.

전북서부권의 소국 형성은 고조선 유이민세력에 의한 정치체의 이식이라고 볼 수 있는데 반해, 전남(서부)지역의 소국 형성은 자체적인 발전이 더 큰 역할을 하였을 것이다.

전남지역과 비교하여 만경강유역권의 특징 중 하나는 기원전 3~2세기 대의 토광묘가 다수 보이지만 지석묘가 희소하다는 점이다. 이는 토광묘의 파급이 활성화되면서 지석묘의 축조가 약화되었다는 것을 의미한다. 즉, 토광묘 집단에 의한 사회 계층화의 진전으로 공동체의식의 소산인 지석묘문화의 쇠퇴는 상호 불가분의 관련성이 있는 것이다. 역으로, 전남지역은 기원전 3~2세기대의 토광묘가 희소하다는 점에서 지석묘와 송국리형 문화가 늦은 시기까지 존속했다고 보아야 한다.

3) 분묘로 본 화순지역 마한정치체의 형성과 발전

화순지역의 초기철기시대~삼국시대 고분의 분포를 통하여 화순지역 마한 정치체의 형성과 발전과정을 개략적으로 살펴보고자 한다.

(1) 화순 대곡리 적석목관묘 유적과 주변 지석묘와의 상관관계(도면 9)

대곡리유적은 비봉산 북쪽 자락의 구릉(설상대지)에 독립되어 1기가 위치한다. 즉, 적석목관묘가 확인된 곳은 주변 산자락보다 북서쪽으로 200m 정도 돌출된 해발 50m 정도의 구릉 정상부에 위치하고 있다.

대곡리 적석목관묘유적의 인근에는 모두 8개 군집의 지석묘가 밀집해 있는데, 대곡리 유적이 이 지석묘들보다 앞에 자리하여 지석천변에서 가장 넓은 평야지대(농경지)를 조망하는 탁월한 독립구릉에 해당한다. 전술한 바와 같이, 지석묘 군집에서 늦은 단계는 기원전 3~2세기 혹은 기원전 1세기까지 잔존할 수 있다는 점에서 동시기에 축조된 대곡리 적석목관묘의 입지와 출토유물은 탁월한 것이다. 공동체의식이 강한 지석묘사회 속에서 기원전 3~2세기대에 농경 공동체의 首長으로 등장한 적석목관묘의 탁월한 입지는 상징적인 의미를 가지고 있을 것이다.

이러한 양상은 전술한 전남동부권의 보성 동촌리유적과 인근 여타 지석묘유적과의 상관관계와도 유사하다(이동희 2008).

화순 대곡리 적석목관묘 인근의 대곡리 일대(반경 1km)에는 모두 9개군 72기가 분포하고 있어 다른 어떤 지구보다도 밀집도가 높다. 이 가운데 대곡리 내대곡 '다'군 지석묘(28기)와 대곡리 외대곡 '가'군 지석묘(17기)가 가장 밀집되어 있다. 그런데 이 지석묘군들은 대곡리 적석목관묘유적과 근거리에 위치하고 또 바로 지근거리에 내대곡 유물산포지가 위치하여 주목된다(임영진·조진선 2005). 내대곡 유물산포지에서는 무문토기편뿐 아니라 원형점토대토기편이 출토되어 대곡리 적석목관묘와 유기적으로 관련되는 생활유적으로 볼 수 있다.

대곡리 지석묘군(9개군 72기)과 대곡리 적석목관묘와의 상관관계에 대해서는, 전술한 바와 같이 두 가지 가능성을 상정할 수 있다. 먼저, 지석묘군이 밀집된 내대곡 '다'군 지석묘나 대곡리 외대곡 '가'군 지석묘 집단이 대곡리 적석목관묘를 축조한 세력이 될 수 있고, 또 하나는 내대곡 유물산포지에 새로이 정착한 이주세력이 대곡리 구릉 말단부에 적석목관묘를 축조했을 가능성이 있다.

이와 같이 대곡리 적석목관묘의 피장자가 이주민인지 토착인인지 논란이 있을 수 있다. 아무튼 기원전 3세기후반~2세기대의 지석묘 후기 단계에 해당하므로, 양 묘제는 분명히 공존시기가 있다. 대곡리에서 적석목관묘의 위치와 주변 지석묘와의 공간적 분포상을 보면 적석목관묘는 지석묘 앞에 돌출한 구릉에 자리하여 지석묘를 통할하는 입지이므로 유기적 관계를 상정하지 않을 수 없다. 이주민이든 토착세력이든 적석목관묘의 입지, 지석묘와의 공간적 분포상에서의 탁월, 새로운 유물 조합상 등으로

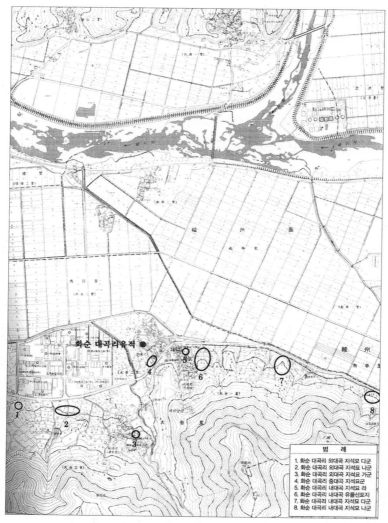

범 례
1. 화순 대곡리 외대곡 지석묘 다군
2. 화순 대곡리 외대곡 지석묘 나군
3. 화순 대곡리 외대곡 지석묘 가군
4. 화순 대곡리 중대곡 지석묘군
5. 화순 대곡리 내대곡 지석묘 라
6. 화순 대곡리 내대곡 유물산포지
7. 화순 대곡리 내대곡 지석묘 다군
8. 화순 대곡리 내대곡 지석묘 나군

[도면 9] 화순 대곡리 유적과 주변 지석묘군 배치도

보면 기층 지석묘집단을 통솔하는 농경공동체의 우두머리이자 제사장의
역할을 수행한 것으로 보인다.

(2) 화순 대곡리·백암리 적석목관묘 유적과 읍락의 범위(도면 10)

전술한 바와 같이, 화순지역의 마한 초현기의 정치체 발전과정도 읍락단계와 소국단계를 구분하여 논할 수 있다[99].

하나의 읍락은 산천을 경계로 분리되는 범위, 구체적으로 오늘날의 1~2개 면단위 정도의 범위라고 볼 수 있다. 권오영(1996)은 보성강유역을 대상으로 한 연구에서, 읍락의 규모를 직선거리 7㎞ 내지 13㎞ 정도로 본 바 있다. 따라서 평균 10㎞내외로 보아도 될 것이다.

대곡리와 백암리 적석목관묘유적이 분포하는 화순 도곡면과 능주면은 지석천유역권으로 같은 생활권역이다. 도곡면과 능주면은 직선 10㎞ 범위내에 포함된다. 따라서 도곡면과 능주면을 포함한 지역을 읍락의 범위로 보고자 한다.

하나의 읍락을 '대공동체'라고 한다면, 그 아래의 여러 단위촌락으로 어우러진 집단을 '소공동체'로 설정할 수 있다[100]. 읍락은 여러 단위촌락으로 이루어진 소공동체가 다수 모인 대공동체이다(이동희 2008)[101]. 이러한 틀을 화순 도곡면과 능주면에 적용하면 다음과 같다.

능주면 백암리유적과 도곡면 대곡리유적은 지석천을 사이에 두고 약 4㎞정도 이격되어 있어 별개의 소공동체라고 볼 수 있다. 다만, 대곡리에

---

99) 『삼국지』동이전의 내용을 단계화하여 보면 삼국의 국가발전과정은 읍락단계-국단계-국연맹 단계(삼한단계)-부체제단계-중앙집권체제 단계로 정리할 수 있다(노중국 2017).

100) 박순발(1998)은 괴정동 단계(기원전4~3세기)의 한 또는 마한사회는 종래 지석묘사회의 촌락들이 2~3개 정도 통합된 읍락사회이고, 원삼국시대에 이르면 삼국지 위지 동이전의 내용처럼 70여개의 국으로 나타난다고 보았다.

101) 일본에서 기원전 2~1세기에 성립된 국을 후대의 국과 구분하기 위해 '구니'라고 하는데, '구니'는 여러 단위촌락으로 이루어진 소공동체가 다수 모여서 구성된 대공동체이고 국은 대공동체인 '구니'가 다수 모인 대공동체군이다(寺澤薫 2000).

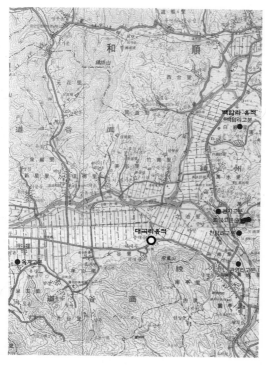

[도면 10] 화순 대곡리·백암리 적석목관묘 유적과 5~6세기 고분 위치도

서 탁월한 유물이 출토되었고, 대곡리 일대에 더 많은 지석묘군이 집중되어 있고, 대곡리 앞의 평야가 더 넓다는 점에서 대곡리유적이 백암리유적보다는 상대적인 우위를 보인다. 따라서 대곡리 일대의 소공동체가 읍락의 중심이 되었을 것이다.

읍락내에 우월한 소공동체의 핵심취락인 대곡리 주변에는 다수의 촌락이 있을 것인데 지석묘로 유추해 볼 수 있다.

전술한 바와 같이, 대곡리유적의 주변으로만 9개군집(72기)이 자리하고 있다.

영산강유역권에서 화순은 내륙에 해당하지만, 대곡리유적이나 백암리유적의 위치를 보면 영산강유역의 가장 큰 지류의 하나인 지석천을 통해 서쪽으로 나주 및 영산강 본류와 긴밀히 연결되기에 서해안의 점토대토기문화나 세형동검문화가 유입되기에 적합한 지정학적 위치이다. 이러한 점에서 적석목관묘와 세형동검문화가 동시에 확인되는 것으로 파악된다. 아울러, 인근에 세계문화유산인 효산리·대신리지석묘군이 지석묘 밀집지를 형성하고 있는 것은 이곳 기층세력의 위상을 반영하는 것이며 그러한 배경에서 대곡리·백암리 적석목관묘 유적이 등장하게 되었을 것이다.

(3) 화순지역 馬韓 小國과 그 중심지(도면 11)

화순 도곡면 대곡리유적과 능주면 백암리 유적은 화순군에서 나주로 이어지는 영산강지류인 지석천변인데, 이곳은 화순에서 가장 넓은 평야지대를 형성하고 있다. 이러한 점에서 도곡면·능주면 일대에 마한의 1개 소국(如來卑離國 또는 一離國)으로 비정되는 것(신채호 1925, 정인보 1935, 천관우 1989)은 자연스럽다.

발굴의 미흡으로 적석목관묘 다음 단계인 기원전후 이후의 토광(목관)묘가 보이지 않는다. 다만, 5~6세기대의 고총고분이 도곡면과 능주면의 경계지점인 지석천과 화순천 합류지점을 중심으로 집중되어 마한 소국 연장선상의 수장층의 고분으로 추정할 수 있으며, 기원전후한 시기의 수장층의 토광묘도 이 부근에 있었을 것으로 판단된다. 5~6세기대 고총고분들은 백제의 직접지배 이전단계로 파악되는데, 최근에 천덕리 회덕고분이 발굴조사된 바 있다.

화순군내 직경 20m 이상의 대형

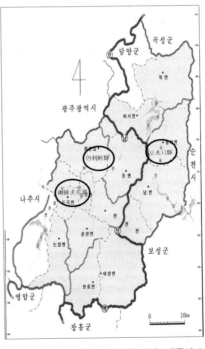

[도면 11] 백제 영역하의 화순군지역 1개군과 2개현의 위치

고분들은 능주천과 화순천이 만나 지석천을 이루는 지역을 중심으로 반경 5㎞ 내에 분포한다. 현재 5개군 7기가 확인되는데, 능주면 백암리·원지리·천덕리 회덕 고분·관영리 고분 등이 그것이다. 천덕리 회덕고분군에는 3기가 분포하고 나머지는 단독으로 분포한다. 이 고분들 가운데 백암리 고분을 제외하고는 모두 근거리에 인접하여 주목된다(임영진·조진선 2005).

요컨대, 화순군에서 능주면 원지리·천덕리 회덕·관영리일대에 고총이 집중되고 있어 이곳을 마한 소국 지배층 묘역의 연장선에서 볼 수 있다. 이러한 고총들은 화순 대곡리 적석목관묘 유적과도 근거리에 위치하여 주목된다. 또한, 현재 능주면사무소가 지석천변의 관영리에 소재한다는 것도 참고가 된다.

화순군지역이 백제 영역에 들어간 뒤로, 지금의 화순읍 지역에는 仍利阿縣, 능주지역에는 爾陵夫里郡, 동복지역에는 豆夫只縣이 설치되었다고 한다(김동수 1998).

백제 영역하의 화순군지역에 1개군과 2개현이 확인되므로 마한 소국 단계에는 하나의 국읍 아래에 2개 이상의 읍락이 있었다고 보여진다. 적석목관묘 다음 단계의 묘제가 뚜렷하지 않아 소국단계의 분묘 양상을 뚜렷이 알 수 없지만 5세기후반대에 이르러 고총이 능주면과 도곡면 경계에 위치한 지석천일대에 집중적으로 분포하는 것을 보면 그 이전 소국단계의 國邑 위치를 가늠케 한다. 이에 비해 백제의 縣이 설치되었던 화순읍이나 동복면 지역에는 고총이 뚜렷하지 않아 상대적으로 열세였음을 알 수 있다.

IV. 맺음말

이상과 같이, 영산강유역 마한(馬韓) 초현기 분묘의 발굴성과를 정리하고, 마한 정치체의 형성과정에 대하여 검토하였다. 본고에서 다룬 마한 초현기 분묘는 점토대토기 및 세형동검문화기의 유물이 주로 확인되는 유적을 대상으로 하였다.

즉, 기원전 3세기~기원후 1세기대 조성된 분묘를 마한 초현기 분묘로 설정하면서 세부적으로 2단계로 나누어 정치체 형성에 대하여 살펴보았다. 1단계(기원전 3~2세기대)는 '읍락(邑落) 형성기'로, 토착묘인 지석묘 외에도 외래계 무덤인 적석목관묘·석관묘 등이 조영되는데, 특히 외래 묘제와 관련 문화의 등장은 토착 세력들에게 자극이 되면서 마한 정치체 형성에 큰 영향을 끼친 것으로 보인다. 2단계(기원전 1세기~기원후 1세대)는 '소국(小國) 형성기'이며, 이와 관련된 분묘로서 목관묘·옹관묘 등을 검토하였다. 영산강유역의 2단계 소국 형성에서 漢(樂浪)·전북서부권·영남지역 정치체의 영향도 분명히 있지만, 토착세력의 자체적인 성장도 고려되어야 한다.

한편, 마한 정치체 내의 위계를 I~III류로 구분하여 각기 국읍(國邑)의 핵심취락, 읍락(邑落)의 핵심취락, 일반취락으로 나누었는데, 그 구분 근거는 청동기·철기 및 외래계 유물의 다과(多寡)이다.

「영산강유역 마한 초현기의 분묘와 정치체의 형성」,
『호남고고학보』57, 호남고고학회, 2017.

순천 동천유역의
복합사회 형성과정 연구

I. 머리말

최근 전남동부권에 대한 활발한 고고학적 조사성과로 전남동부권에 대한 관심이 증대되고 있다. 특히, 가야와 백제 관련 고분과 산성에 대한 발굴조사 성과가 주목된다. 전남동부권은 전남서부권(영산강유역)과 달리 가야문화권에 속했던 시기가 있었음이 최근 밝혀지고 있고, 백제의 영역화와 관련지어 고고학적 연구가 진행되고 있다.

기존에 순천지역에 대한 정치체 형성과정에 대한 본격적인 연구는 없었고, 전남동부지역을 대상으로 거시적인 복합사회 형성과정에 대한 연구는 진행된 바 있다(이동희 2005). 최근에는, 전남동부지역의 삼국시대 취락(박미라 2007·권오영 2008·한윤선 2010)과 가야 토기(이미란 2008)에 대한 개별적인 연구가 진행되고 있다. 아울러, 최근 활발히 발굴조사되고 있는 가야유적에 대한 관심이 집중되어 연구성과물이 이어지고 있다(박천수 2006b·이동희 2010). 순천 검단산성·여수 고락산성·광양 마로산성 등의 백제산성에 대한 발굴조사가 이루어지면서 전남동부권의 백제산성에 대한 연구도 진척되고 있다(최인선2000·박태홍2004).

이와 같이 전남동부권을
대상으로 한 개별 주제에 대
한 연구는 최근 활발히 진행
되고 있지만 고고학적 자료
를 정리하여 국가형성기 정
치체의 성장과정에 대한 연
구는 미흡하였다. 이러한 점
에서 특정유역권을 대상으로
한 통시적인 복합사회 형성
과정에 대한 고고학적 연구
는 필요한 시점이다.

본고는 전남동부권역의 중
심도시인 순천시를 관통하는

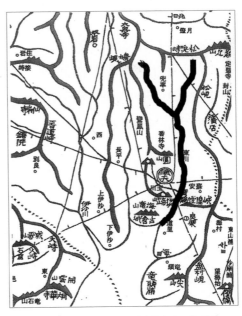

[도 1] 순천 동천유역권 위치도 (대동여지도 참조)

동천유역권을 대상으로 지석묘가 축조되는 청동기시대부터 백제에 편
입되는 6세기대까지의 고고학적 자료를 대상으로 정치체 형성과 변천양
상을 살펴본다. 최근 활발한 발굴조사로 청동기시대부터 삼국시대(백제)
에 이르기까지 복합사회형성과정에 대한 고고학적 논의가 가능하게 되
었다.

순천 동천은 전남동부권의 중심도시인 순천시의 중심부를 흐르는 하천
이다. 길이가 27.8㎞이고, 유역 면적이 371㎢이다. 동천유역권은 구 순천
시, 서면 등 순천의 중심부이며, 직경 15~20㎞ 정도이다. 호남정맥을 경
계로 순천시 주암면 등의 보성강유역권과는 구분되며, 남해안에 접하고
있어 예로부터 해양교통이 발전한 곳이다(도 1).

1개 읍락에 준하는 공간을 대상으로 청동기시대 지석묘와 취락, 원삼국시대 취락과 분묘, 가야의 고분, 백제의 산성과 고분 등을 중심으로 복합사회형성과정을 살펴볼 것이다. 즉, 촌락이 기본 생활단위인 지석묘사회로부터 읍락이 형성된 삼한사회, 그리고 가야연맹체와 백제영역화를 거치면서 고대국가형성기에 주변부인 순천의 정치체 변동상황을 고고학적으로 검토하는 것이다.

Ⅱ. 분석 대상 개관

동천유역권은 정치체가 형성되기 시작하는 청동기시대부터 삼국시대에 이르기까지 고고학적 자료의 분포상을 검토해 보면 4개 권역으로 세분할 수 있다. 주요대상유적은 청동기시대 지석묘와 주거지, 원삼국시대의 주거지와 분묘, 가야와 백제의 고분과 산성 등이다(도 2). 이에 대해 상술하면 다음과 같다[102].

1. 동천하류권(조례동·연향동·덕암동·왕지동 일대)

동천 하류권에는 조례동·덕암동·연향동을 중심으로 7개군 48기의 지석묘가 분포하고 있다. 이 가운데 발굴조사된 지석묘 유적은 조례동 신월지석묘군·신월지석묘군 Ⅱ, 연향동 대석유적 등이다.

조례동 신월 지석묘군은 4기가 발굴조사되어 마제석검 2점과 마제석촉 1점이 확인되었다. 조례동 신월유적에서는 지석묘 외에 4세기후반~5세

---

102)　필자의 글(이동희 2014)을 일부 인용하여 동천유역의 고고자료를 정리하였음을 밝혀둔다.

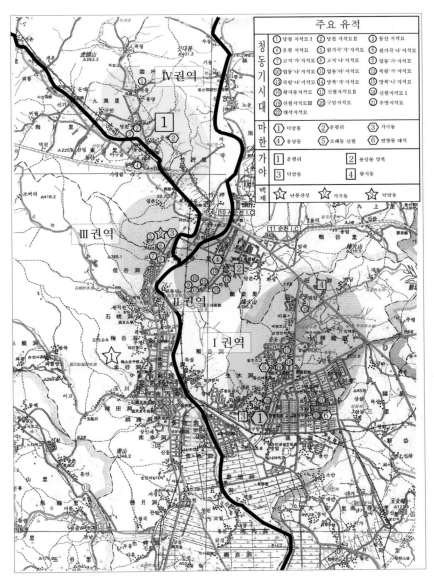

주요 유적

청동기시대			
① 당천 지석묘 I	② 당천 지석묘 II	③ 동산 지석묘	
④ 운평 지석묘	⑤ 원가곡'가'지석묘	⑥ 원가곡'나'지석묘	
⑦ 고지'가'지석묘	⑧ 고지'나'지석묘	⑨ 업동'가'지석묘	
⑩ 업동'나'지석묘	⑪ 업동'다'지석묘	⑫ 죽림'가'지석묘	
⑬ 죽림'나'지석묘	⑭ 망복'가'지석묘	⑮ 망복'나'지석묘	
⑯ 황지동지석묘	⑰ 신월지석묘 II	⑱ 신월지석묘 I	
⑲ 신월지석묘 III	⑳ 구암지석묘	㉑ 우명지석묘	
㉒ 대석지석묘			

마한		
① 덕암동	② 운평리	③ 가곡동
④ 용당동	⑤ 조례동 신월	⑥ 연향동 대석

가야		
1 운평리	2 용당동 망복	
3 덕암동	4 황지동	

백제		
☆ 난봉산성	☆ 가곡동	☆ 덕암동

[도 2] 순천 동천유역 권역구분 및 주요 유적
 I 권역(동천하류권) II 권역(동천중류권, 용당동일대) III권역(동천중류권, 가곡동일대) IV권역(동천 중상류권)

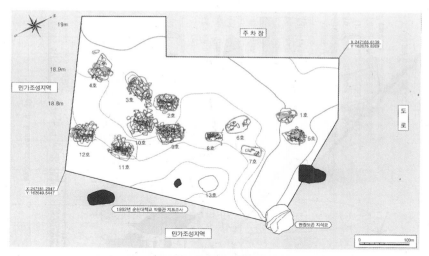

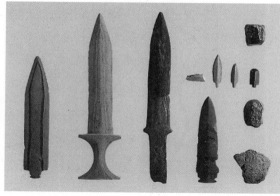

[도 3] 순천 조례동 신월 지석묘군 Ⅱ 유구배치도 및 출토유물

기 전반대의 주거지 3기가 조사되었다. 조례동 신월 지석묘군Ⅱ에서는 13
기가 조사되었는데, 출토유물은 석검 4점·석촉 3점·무문토기편 등이다
(도 3).

연향동 대석유적에서는 지석묘 2기와 청동기시대 주거지 2기, 원삼국
시대 주거지 9기 등이 조사되었다. 지석묘에서는 무문토기편만 출토되었

고, 원삼국시대 주거지에서는 기원전후한 시기부터 2세기대까지의 삼각 구연점토대토기를 포함한 경질무문토기와 방추차, 석촉, 숫돌, 석도 등이 발굴되었다.

한편, 순천 덕암동 유적은 대단위취락으로서, 1~3세기대의 환호 3 기·패총, 청동기시대 송국리형 주거지 1기, 1~5세기대의 주거지 238기, 삼국~통일신라시대 분묘 12기가 조사되었다(마한문화연구원 2010).

덕암동유적은 해발 46.5m의 독립 구릉에 위치하며 주변은 낮은 구릉 과 충적지가 형성되어 있다. 서쪽으로는 순천시내를 관통하는 동천이 흘 러 순천만으로 유입된다. 이러한 위치는 식수, 해산물을 포함한 식량자원 등을 풍부하게 취득할 수 있는 환경이다. 이는 유적 곳곳에서 상당량의 패각들이 확인되는 점에서도 확인된다. 또한 유적의 정상부에서는 이 일 대가 잘 조망되기에 시야가 넓게 확보되는 유리한 위치이다. 이러한 환경 적 요인으로 유적일대 구릉은 장기간에 걸쳐 취락지로서 지속적으로 이 용되던 것으로 파악된다.

주거지는 크게 4기로 구분된다. Ⅰ기는 경질무문토기만 출토되는 시기 로 환호가 이용되는 단계이다. 주거지 평면형태는 대부분 원형계이다. Ⅰ 기는 1~2세기대로 편년된다. Ⅱ기는 경질무문토기와 타날문토기가 공반 되는 시기로 북쪽정상부에 주거지가 집중되어 있으면서도 남서·남동쪽 까지도 분포범위가 넓어진다. 평면형태는 대부분 원형계이고 방형계는 소수이다. 3세기대로 볼 수 있다. 환호는 내부퇴적이 진행되고 있으나 그 구조는 남아 있었던 것으로 파악된다. Ⅲ기는 타날문토기가 정형화되어 발달한 시기이며, 회청색경질토기가 점차 증가한다. 4세기대로 편년된 다. Ⅲ기후반(4세기후반)에 접어들면 아라가야계유물이 나타난다. 평면형태 는 여전히 원형계의 점유율이 높다. Ⅳ기는 토기의 기종이 다양해지고 회

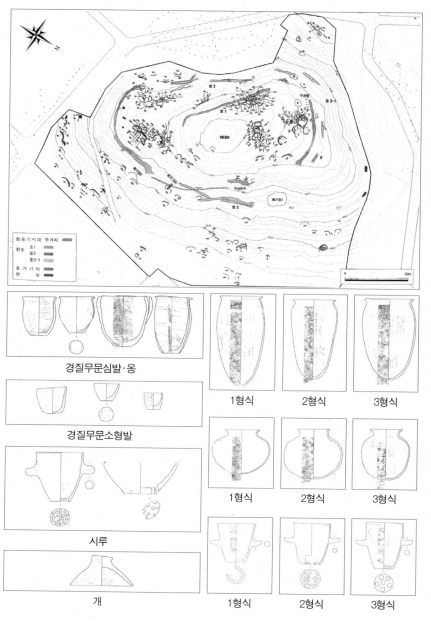

[도 4] 순천 덕암동 취락유적 배치도 및 출토토기(左下: 경질무문토기 / 右下: 타날문토기)

청색경질토기의 비율이 증가하며 가야·백제 등 외부 교류에 의한 다양한 유물이 보인다. 주거지 입지는 낮고 완만한 경사면에 남향을 선호한 것으로 파악된다. 평면형태는 방형계의 비율이 증가하며 4주식 주거지가 확인된다. 이 시기는 4세기말~5세기후엽으로 편년된다(도 4).

환호는 구릉의 7~9부 능선에서 조사되었다. 모두 3기이며, 호 1이 가장 먼저 축조되었고 구릉전체를 둘러싸고 있는 호 2와 2-1이 호 1폐기 이후에 조성된 것으로 파악된다. 조성시기는 호 1의 경우 삼각구연점토대토기(후기) 사용단계, 호 2와 2-1의 경우 경질무문토기 사용단계로 판단된다.

토기가마 1기가 확인되었는데 가마 내부에서 적갈색연질토기가 출토되었다. 유물 양상으로 보면 Ⅳ기 주거지들과 관련될 것으로 보이며, 호형토기나 장란형토기를 자급자족했을 가능성도 있다. 시기는 5세기중후엽으로 파악된다.

분묘는 6세기대의 석곽옹관묘 1기, 옹관묘 1기, 석곽묘 4기, 7-8세기대의 석곽묘 6기 등이다. 이중 주목되는 분묘가 6세기전엽경의 (소)가야계 석곽묘 2기와 백제계 석곽묘 2기 등이다.

그리고, 순천 왕지동 고분군에서는 수혈식 석곽묘 8기가 조사되었다. 중심연대는 6세기전반으로 편년되며 대가야계 토기류가 다수를 차지한다. 백제계 토기도 일부 확인되어 백제영역화가 이루어진 6세기2/4분기에도 지속적으로 묘역이 조성되었다.

2. 동천 중류권(가곡동 일대)(마한문화연구원 2008·2009)

가곡동 일대에서는 4개군 40기의 지석묘군집(7기/3기/18기/12기)이 모두 발굴조사되어 묘곽 19기가 확인되었다. 출토유물은 석검 8점, 석촉28점, 지

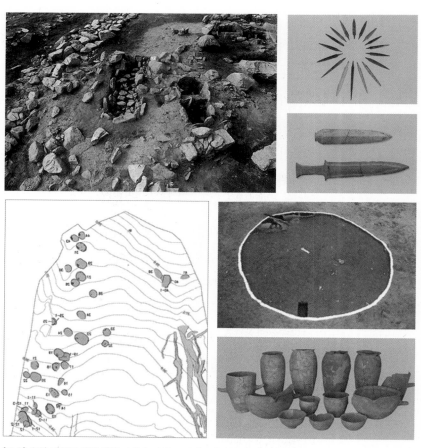

[도 5] 순천 가곡동 유적 청동기시대 지석묘 및 출토유물 (上) 순천 가곡동 유적 3~5세기 주거지 및 출토유물 (下)

석, 석부, 석착, 삼각형석도 등의 석기류와 무문토기,공열토기,구순각목문토기,홍도 등의 토기류, 청동촉편 1점 등이다. 지석묘는 공반된 주거지보다 조금 늦은 기원전 6~3세기대로 편년된다(도 5).

청동기시대 주거지는 모두 27기이며, 3기를 제외하고는 모두 타원형구덩이가 있는 송국리형주거지이다. 방형계 주거지에서 공열문토기, 구순

각목문토기, 단사선문토기 등이 확인되어 원형계 주거지보다는 선행하는 것으로 판단된다.

삼국시대 주거지는 모두 32기가 조사되었으며 방형계 1기를 제외하고는 모두 (타)원형계이다. 내부시설은 노지,벽구,단시설 등이 보인다. 주거지는 3단계로 구분되는데, Ⅰ기는 3세기후반, Ⅱ기 4세기대, Ⅲ기 5세기 전반대이다. 주거지 규모로 보면 소형 13기, 중형 6기, 대형 1기로 구분된다(도 5). 이 가운데 대형인 23호 주거지(4세기대)는 거치문토기와 외래계토기(아라가야토기)가 출토되어 타 주거지와 구분되는데, 동시기에도 부와 권위에 따라 대형 주거지와 외래계토기를 사용하는 상위층이 있었음을 의미한다.

삼국시대 무덤으로는 백제 석실묘 및 석곽묘 4기, 옹관묘 1가 발굴조사되어 단경호, 발 등의 토기류와 관정 등의 철기류가 확인되었다. 6세기 중후엽대로 편년되어 백제가 전남동부지역을 편입한 직후로 파악된다.

백제고분은 입지·출토유물이나 군집도로 보아 토착세력과 관련된 무덤으로 보인다. 출토유물이 토기류와 관정에 한하며 위세품이 없다(도 11).

3. 동천 중류권(용당동 일대)

용당동은 업동, 죽림, 망북 등 3개 자연마을로 이루어져 있다. 용당동에서는 훼손된 것을 포함하여 모두 7개군 50기 이상의 지석묘가 존재한 것으로 파악된다.

이 가운데 용당동 죽림 '가'군 지석묘군이 발굴조사된 바 있다(순천대박물관 1997). 모두 5기가 조사되었는데, 이 중 5호는 기반식(남방식)이지만 선돌(立石)과 같은 형태로 하부에 매장주체부가 뚜렷하지 않아 특이하다(도 9).

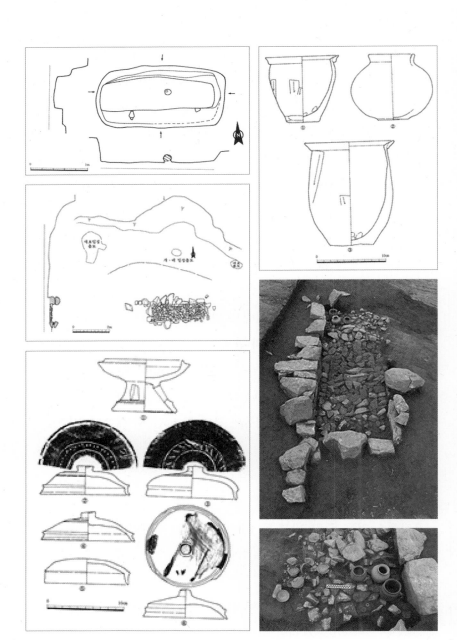

[도 6] 순천 용당동 유적 (上: 목관묘 / 下: 석곽묘)

용당동 망북유적에서는 원삼국시대 주거지 8기, 목관묘 1기, 구상유구 1기, 6~7세기대 석곽묘 4기 등이 조사되었다(순천대박물관 2001). 목관묘는 삼각구연점토대토기가 확인되는 기원전후한 시기의 것이다. 목관묘는 순천인근에서 가장 이른 단계의 토광묘로서, 마한의 상한과 무관하지 않다(도 6).

원삼국시대 주거지는 전체의 일부만 조사되어 전모를 알 수 없지만 낮은 구릉부에 밀집성을 보이고 있다. 경질무문토기와 타날문토기가 공반되는 예가 많으며 평면형태는 타원형계가 대다수이다. 2~4세기대로 편년된다. 원삼국시대 구상유구는 일부만 조사되어 명확하지 않지만 환호의 일부로 볼 수도 있다. 수습된 유물 중에는 외래계의 아라가야 고배가 확인된다.

석곽묘 중 1호는 소가야계통으로 파악된다. 즉, 등고선과 나란한 수혈식 석곽묘와 눈썹형溝, 소가야계 토기류(단각고배·개·파배 등)는 서부경남지역에서 주로 확인된다. 소가야계 유물 외에도 일부 백제계 유물도 확인되어 백제 영역화무렵의 무덤으로 파악된다. 1호 석곽묘는 6세기 2/4분기 무렵으로 편년된다.

용당동 망북유적에서 소가야계 석곽 뿐만 아니라 통일신라시대까지 이어지는 누세대의 무덤이 확인되고, 1호 석곽묘에서 대도나 이식, 다량의 철기류와 토기류로 보면 석곽묘의 피장자는 용당동일대의 토착 유력세력으로 파악된다.

4. 동천 중상류권(서면 운평리·동산리·선평리)

1) 청동기시대

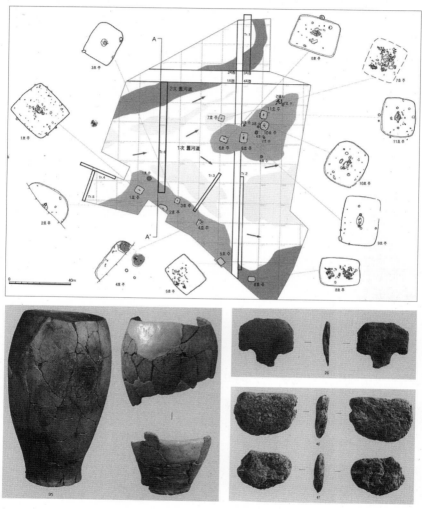

[도 7] 순천 선평리 강청유적 청동기시대 취락배치도 및 출토유물

순천시 서면 운평리·동산리·선평리 일대에는 모두 4개군 40기의 지석묘가 확인되었다. 특히 운평리에는 2개군 25기가 확인되어 집중도가 높다.

생활유적으로는 서면 선평리에서 청동기시대 전기 장방형 주거지 3기와 중기 송국리형 주거지 8기 등 모두 11기의 청동기시대 주거지가 발굴조사되었다. 선평리 청동기시대 주거지는 동천 중상류역의 충적대지에 자리하고 있다. 출토유물 가운데에는 곰배괭이, 부리형석기, 석도편 등은 농경과 직접적인 관련성을 보이는 유물이다. 서면 선평리 일대의 지형은 감입곡류하천의 영향으로 잦은 범람이 이루어지고 이러한 과정에서 풍부한 유기물이 제공되어 비옥한 토질이 형성되었다. 또한 역층을 비롯한 사질성층, 실트층이 분포하는 전반적인 지층구조는 배수가 상당히 용이한 지형적 특징을 가진다. 풍부한 유기물과 배수 및 용수공급의 용이성은 농경과 관련한 생활 패턴에 이로한 환경이 조성되어 적잖은 영향을 주었을 것이다(대한문화유산연구센터 2011).

서면 선평리 일대의 충적대지의 일부만 조사되었음에도 청동기시대 전기에서 중기의 주거지가 지속적으로 확인되는 것으로 보면 일찍부터 농경에 유리한 환경이었음을 알 수 있다(도 7).

2) 4~6세기 운평리유적(순천대박물관 2008·2010·2014)

운평리유적에서는 4세기 이후의 고분이 다수 확인되었다. 즉, 4~5세기대 주거지 2기, 4세기후반~5세기중엽 재지 토광(목곽)묘 15기 및 석곽묘 1기, 5세기말~6세기전엽의 대가야계 봉토분 10여기(5기 발굴) 및 석곽묘 21기 등이다.

운평리 고분은 무덤의 구조와 출토유물에 근거해 보면, 재지계와 가야계로 대별해 볼 수 있으며, 가야계는 소가야계와 대가야계로 구분된다.

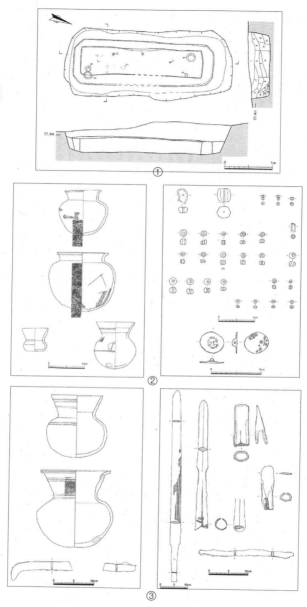

[도 8] 순천 운평리 목곽묘(재지계) 및 출토유물
① 8호 목곽묘 ② 8호 목곽묘 출토유물 ③ 2호 목곽묘 출토유물

이를 정리해 보면 다음과 같다.

I 단계(재지계) - 목곽묘 (4세기 후반~5세기 전반)

II 단계(소가야계) - 1차 2호 토광묘(5세기 중엽)

III 단계(대가야계) - 봉토분 및 주변 석곽묘(5세기말~6세기 전반)

재지 토광(목곽)묘 중 8호는 이중곽의 구조가 확인되었고 토기류 외에 방제경과 금박유리구슬을 포함한 700여점의 옥이 출토되어 대가야의 정치적 영향 이전의 4세기후반대 토착 지배층의 무덤으로 파악된다(도 8).

소가야계의 2호 토광묘(1차)가 전단계에 비해 뚜렷한 차이점이라면, 철제무기류(철겸2점, 철검 1점, 철모 1점, 철부 2점 등)가 급증한다는 점이다. 이는 피장자의 위세를 보여주는 것이기도 하지만 당시 사회정세가 급변하고 있음을 시사한다.

한편, 대가야계 고분은 해발 60~100m의 설상형 대지에 위치하며, 주변의 서천변 넓은 충적평야를 조망하는 곳에 입지하고 있다. 현재 확인되는 고분의 봉분은 직경 10~20m, 높이 1~3m로 중형급 고총이다. 능선의 중심부에 고총이 자리하고 주변부에 소형 석곽묘가 입지하는 것은 대가야와 흡사하다.

지금까지 운평리고분군에서는 5기의 중형급 고총이 발굴조사되었다. 발굴조사된 봉토분 가운데 규모가 큰 2,3,4,5호분은 주능선상에 자리하고, 비교적 규모가 작은 1호분은 가지능선에 입지한다. 입지, 규모, 순장이나 배장여부, 위세품, 편년 등을 살펴보면 다음과 같다.

<표 1> 발굴조사된 운평리 대가야계 봉토분 현황

호수	입지	직경	형식	순장	배장	위세품	편년 (초축)	비고
M1	가지능선	10m	수혈식	0	4		6세기 전엽	
M2	주능선	18m	횡혈식	6	6	통형기대 3, 금제이식(수하식) 2, 마구류, 유자이기 1	5세기 말	최고 수장
M3	주능선	14m	수혈식	0	0	금제이식 2, 마구류	5세기 말	
M4	주능선	14m	수혈식	1	3	통형기대 2, 금제이식(수하식) 2, 마구류	6세기 전엽	최고 수장
M5	주능선	14m	횡혈식	0	0	금제이식 2, 마구류	6세기 전엽	

고분의 규모와 위세품은 대체로 비례하는 양상을 보인다. 아울러 주구나 봉토에서의 제의 유물 빈도수도 위계차를 반영한다. 특히, M2호와 M4호분이 주목된다. 즉, M2호와 M4호분은 수장급 무덤에서만 확인되는 통형기대와 금제수하부이식이 출토된 바 있다. 더구나 2호분과 4호분은 같은 주능선에 자리하며 주변을 조망할 수 있는 탁월한 자리에 입지하고 있다. 그 중에서도 M2호분은 순장과 배장곽이 12기나 확인되어 5세기말 대가야와 교섭당시의 최고 수장으로 파악된다.

6세기전엽에 조영된 M1호와 M4호분을 비교했을 때 통형기대(4호분)를 제외한 나머지 일반 토기는 대가야계 토기를 모방했다는 공통점이 있다. 더구나 봉토를 감싸는 周溝도 있어 유사하다. 차이점은 M4호분이 주변을 조망할 수 있는 탁월한 입지이고, 금제수하부이식2점·통형기대 2점·마구류 등의 위세품이 있다는 것이다. 여기에 1호분에 없는 순장묘가 확인된다는 점이다. M4호의 피장자는 순천지역이 백제의 직접지배하에 들어가는 시점 전후한 무렵에 대가야계 위세품을 부장한 사타국[103]의 마지막 왕으로 파악된다.

이와 같이, 운평 고분군은 비교적 짧은 2세대 정도 대가야와 교섭관계를 가진 순천의 최고수장층의 묘역이며 백제의 진출과 함께 쇠락한 것으로 보인다. 조사된 5기의 고분 중에서 탁월한 입지와 위세품, 순장묘를 가진 M2호분과 M4호분이 2대에 걸친 최고 수장묘로 추정할 수 있다.

요컨대, 운평리 집단은 4세기후반대 마한단계의 목곽묘에서부터 5세기말~6세기초엽의 가야계 석곽묘까지 계기적으로 이어진다. 이는 운평리 유적의 조영집단이 4세기대이후부터 백제가 전남동부지역을 영역화하는 6세기전반까지 누세대적으로 순천지역의 중심집단으로 자리잡고 있었음을 보여준다. 5세기후엽~6세기초엽에는 대가야계 묘제와 위세품들이 확인되어 대가야 연맹체내에 편입된 것으로 파악된다.

Ⅲ. 복합사회 형성과정

4단계로 구분하여 순천 동천유역의 복합사회형성과정을 살펴볼 수 있는데 각 단계는 다음과 같이 정리해 볼 수 있다.

Ⅰ단계- 청동기시대 지석묘사회(촌락단계) : 4개 촌락 단위의 소공동체로, 촌락간에 두드러진 우월관계가 보이지 않는다.

Ⅱ단계- 마한(읍락단계) : 동천 중상류역권과 동천 하류권의 2개 대공동체

---

103) 사타(국)에 대해서는 뒤에서 상술하겠다.

로 구분해 볼 수 있다. 지금까지의 조사성과로는 1~3세기대에
는 남해안과 인접한 동천 하류권이 좀 더 활발한 대외교역활동
을 전개하며 우위를 보이고, 4세기(후반)이후에는 동천 중상류
권역인 운평리 일대가 농경의 활성화에 따른 부축적으로 수장
층이 형성된 것으로 보인다.

Ⅲ단계- 가야(연맹체) : 4세기후반 이후 동천 중상류권인 서면 운평리권
역에 수장급 묘가 들어서며 6세기초엽까지 누세대적인 중심묘
역이 축조된다. 대가야연맹체에 포함된 시기는 5세기후엽~6
세기초엽이다.

Ⅳ단계- 백제(군현) : 6세기 중엽 이후 순천과 순천만을 조망할 수 있는
동천 하류역 인근에 百濟郡의 治所가 설치된다. 새로운 치소의
설치는 종래 토착 지배층을 견제하려는 백제의 의도도 있었던
것으로 보인다.

1. Ⅰ단계- 지석묘축조단계

시간적 범위는 기원전 8세기경부터 기원전 2·1세기까지이다. 지석묘
분포상과 발굴조사된 지석묘집단, 취락유적 등을 검토하여 단위지역권을
설정한다.

단위지역권은 자연 지형에 따른 촌락단위이며, 순천시 용당동(7군 50기)/
조례동·덕암동·왕조동·연향동(7군 48기)/ 가곡동(4군 40기)/ 서면 선평리·운
평리(4군 40기) 등의 지석묘군으로 구분된다.

지석묘나 취락의 분포상, 출토유물 등으로 보면 단위지역권별로 비교
적 균질적이어서 특별히 두드러진 촌락은 보이지 않는다. 조례동과 가곡

동 지석묘에서 상대적으로 많은 지석묘가 발굴조사되어 석검 등이 확인
되었지만, 전남동부권에서 석검은 탁월한 위세품으로 간주하기 어렵다.
왜냐하면 전남동부지역은 타지역에 비해 석검의 출토 빈도가 높기 때문
이다. 용당동의 경우, 조사된 지석묘 수가 5기에 불과하고 그 중 3기의 지
석묘가 이동된 상태였다. 동천 상류역은 발굴조사된 예가 없어 상론하기
어렵지만, 지석묘 군집상으로는 큰 차이를 상정하기 어렵다.

〈표 2〉 동천유역에서 발굴조사된 지석묘 현황

권역	유적명	지석묘수	출토유물	비고
동천하류역	조례동 신월	4	석검 2, 석촉 1	
	조례동 신월 II	13	석검 4, 석촉 2, 석착 1, 무문토기편	
	연향동 대석	2	무문토기편	
동천중류역 (용당동)	용당동 죽림	5	없음	입석형 지석묘 포함
동천중류역 (가곡동)	가곡동 고지 '가'군 지석묘	7	석검 2, 석촉 3, 무문토기편	
	가곡동 고지 '나'군 지석묘	3	석촉편 2	
	가곡동 원가곡 '가'군 지석묘	18	청동촉편 1	입석형 지석묘 포함
	가곡동 원가곡 '나'군 지석묘	12	석검 2	

한편, 단위 촌락별로 立石이 확인되는 경우가 있는데, 용당동·가곡
동·서면 선평리[104] 등지에서 확인된 바 있다(도 9).

---

104) 선평리 입석은 현재 멸실되었다.

[도 9] 순천 동천유역 입석형 지석묘 (上: 용당동 / 下: 가곡동)

예컨대, 가곡동에서 가장 밀집된 원가곡 '가'군 지석묘(18기)에서는 거대한 입석형의 거석 1기(42톤)가 군집의 동쪽 가장자리에 별도로 자리하고 있어 주목된다. 이 입석형 거석기념물은 단위 촌락의 집단 영역을 표시한 것으로 판단된다. 이 立石形 지석묘는 멀리서도 잘 보이기에 주목되는 것이다. 그리고 용당동 죽림지석묘군에서도 군집의 서쪽 가장자리에 입석형 거석이 1기(15톤) 확인된다.

이러한 입석형 지석묘의 특징은 굄돌(支石)은 뚜렷이 확인되지만 매장주체부와 유물이 확인되지 않아 일반적인 무덤이 아니라는 점이다. 그리고 지석묘군의 가장자리에 우뚝 솟아 있어 주변에서 잘 보인다. 가곡동과 용당동은 동천을 경계로 구분되는데, 이러한 입석형 지석묘가 모두 동천을 바라보는 방향에 위치한다는 점에서도 경계의 기능과 무관하지 않을 것이다.

이러한 입석형 지석묘의 기능은 촌락의 입구나 경계 그리고 성역에 세운 솟대와도 일맥 상통한다고 볼 수 있다. 가곡동과 용당동이 인접한 행정구역이라는 점에서 오늘날의 동·리(촌락)단위로 집단적 토지공유제가 성립되었을 가능성이 있다.

〈표 3〉 순천 동천유역 입석형 지석묘 현황

유구명	규모(단위:㎝) 길이×너비×높이	지석수	매장 주체부	출토 유물
가곡동 원가곡 '가'군 1호	306×266×333	6	없음	없음
용당동 죽림 5호	246×151×277	7	없음	없음

2. II단계- 마한단계[105]

이 단계는 기원전후부터 5세기 중엽까지로 볼 수 있다. 묘제는 토광묘로 변화되고 지석묘와 송국리형 주거지가 소멸된다. 원형계 주거지가 다수를 차지한다. 동천유역권에서 마한단계는 전·후기로 대별할 수 있다.

순천 동천유역권은 동천유역을 중심으로 하나의 권역을 형성하고 있기

---

105)　II단계 내용의 일부는 필자의 글(이동희 2014)을 인용하였음을 밝혀둔다.

에 읍락의 조건에 부합한다[106]. 동천유역권이 國邑인지 여부는 상론하기 어렵지만, 6~7세기 百濟의 전남동부지역 영역화 시기에 여수의 2개현(원촌현·돌산현)과 광양의 1개현(마로현)을 아우르는 百濟 郡(사평군)의 중심지이고 여수·광양에서 유일하게 대규모 가야계 고분군이 형성되고 있다는 점에서 여수·광양보다 상위의 읍락인 것은 분명하다. 따라서 大邑落 혹은 國邑으로 볼 수도 있다[107]. 동천유역권은 해안가를 끼고 있을 뿐만 아니라 전남동부권의 교통의 요지이므로 그러하다. 이러한 순천 동천유역권과 여수 2개현·광양 1현 등의 위치는 '임나사현(任那四縣)'의 비정지[108]와도 거의 일치하며, 그 중심은 동천유역권의 '사타'로 파악된다.

1) 전기(1~3세기)

1~3세기대에 순천 덕암동 유적의 환호· 패총· 주거군의 밀집도 등을 보면 덕암동 일대가 동천하류권을 중심으로 한 대공동체의 중심취락으로 볼 수 있다. 남해 바다를 조망할 수 있는 구릉에 자리하여 입지가 탁월한 덕암동 취락[109]은 유구나 유물로 보면 동시기에 확인된 유적 가운데 가장 선진지역이다.

대규모 취락은 읍락의 핵심취락이며 읍락 거수(渠帥)는 대규모 취락에서 배출되었을 것이다(권오영 1995). 1~3세기대에 동천유역권에서 이에 부합하는 유적은 현재로서는 덕암동유적이 유일하다.

---

106) 사로국을 구성한 6개의 村(邑落에 대응)의 명칭 앞에 모두 산과 천이 부기된 사실은 이 시기 邑落이 산천을 경계로 하였음을 상징적으로 보여준다(권오영 1995).

107) 일반적인 읍락의 규모가 10㎞ 미만인데 비해, 동천유역권은 직경이 15×20㎞에 달한다.

108) 임나사현에 대해서는 후술하겠다.

109) 해역을 중심으로 일부 고지성 취락이 분포하는 것은 외부세력의 접근이 주로 수로를 통해 이루어지고 있었으며 수로를 통한 위협이 상대적으로 높았음을 의미한다(이현혜 1996).

덕암동유적의 환호는 구릉의 7~9부 능선에 위치한다. 모두 3기이며, 구릉 정상부쪽 기반층 대부분이 암반이어서 굴착은 깊게 이루어지지 않았다. 암반이 단단한 부분은 깊이가 매우 얕게 확인된다. 환호의 너비나 깊이로 보면 방어의 기능보다는 주거공간을 외부와 경계짓는 의미가 더 큰 것으로 파악된다(마한문화연구원 2010).

덕암동의 환호는 읍락단위의 제의나 농경의례가 이루어질 때 가장 적합한 장소였을 것이다. 1~3세기대의 덕암동 유적은 환호취락이 발달한 단계로 경질무문토기와 원형계주거지가 활발히 사용된 단계이다. 해안과 연계된 세력으로서 보성 금평패총이나 보성 조성리 패총과 같이 남해안의 패총마을[110]로 거점 중심촌임은 분명하다. 지석묘사회에서의 단순한 촌락사회의 촌이 아니라 (소)읍락 정도의 공간을 관할하는 중심촌락, 즉 大村으로 보아도 무방하다[111].

대부분의 패총마을이 일반 취락과 달리 정치·경제·군사적으로 중요한 기능을 가진 곳은 분명하다. 이 가운데는 국읍 또는 읍락이 중심취락으로 추정되는 곳도 있고 수로교통을 연결하는 포구로서 그리고 해역감시기지로서 그 중요성이 부각된 곳도 있다. 패총마을에는 지배계층을 비롯하여 선박관리와 운항, 교역품 관리 등 전문기술을 가진 주민들이 거주하고 있었을 것이며 일반취락과 달리 생업활동의 형태도 다양했을 것이다(이현혜 1996).

---

110) 패총의 숫자와 분포상태만으로도 패총을 일반 취락민들이 남긴 생활유적으로 보기는 어렵다. 김해만에서 소지역마다 한두곳씩 패총이 분포하지만 구야국·금관가야의 국읍이 있었다고 생각되는 대성동 고분 부근에만 봉황동,회현리,대성동,삼계동 등 다수의 패총유적이 있다(이현혜 1996).

111) 원삼국~삼국시대 전남동부권에서 취락은 대체로 대촌,촌,소촌으로 구분이 가능하다. 동시기를 기준으로, 촌단위는 10~20기의 주거지, 대촌은 30기 내외이거나 그 이상, 소촌은 10기 미만의 주거지가 공존한 것으로 상정할 수 있다(이동희 2014).

정치체의 성립과 관련지을 수 있는 가장 중요한 지표는 취락의 장기 지속성이다. 즉 어떤 시점에 와서 한 지역내에서 취락영위의 장기화가 전반적으로 관찰된다는 것은 곧 취락들 사이에 모종의 안정적인 구조가 일어났음을 시사하고, 그것이 확인되어야만 비로서 읍락체제의 지속적 유지를 상정할 수 있다(이희준 2000). 덕암동유적의 주거지가 기원전후한 시기부터 5세기(특히, 1~3세기)까지 장기적이면서 집중성을 보이는 것은 읍락의 성립과 관련지을 수 있는 사항이다.

요컨대, 1~3세기대의 덕암동 환호취락은 3단계 취락으로 나눌 수 있는 근거가 된다. 대촌 하위에 촌과 소촌을 상정하면 동천 중하류역에 하나의 (소)읍락을 추정할 수 있다. 동천유역권에서 촌의 실체는 가곡동이나 용당동 정도가 가능하고 소촌은 조례동 신월 주거군을 거론할 수 있다.

〈표 4〉 동천유역에서 발굴조사된 마한단계 취락유적 현황[112]

권역	유적명	기수	평면형태	입지	편년	취락분류	비고
동천 하류역	덕암동	239	원형계: 159 방형계: 70	구릉	1~5세기	대촌	환호·패총 (1~3세기), 토기가마(5세기)
	조례동 신월	2	원형계: 2	평지	4세기	소촌	
	연향동 대석	9	원형계: 9	평지	1~2세기	촌	

---

112) 용당동 망북유적은 도로구간만 조사된 한계가 있다. 구릉 위쪽으로 주거지가 이어지고 있어 실제 주거지수는 수십기에 달할 것으로 보인다. 그리고, 연향동 대석유적도 조사된 주거유적 주변으로 경지정리가 이루어져 실제 주거지수는 더 많았을 것으로 보인다.

권역	유적명	기수	평면형태	입지	편년	취락분류	비고
동천 중류역	용당동 망북	8	원형계: 7 방형계: 1	구릉	2~4세기	촌	
	가곡동	32	원형계: 31 방형계: 1	선상지	3~5세기	촌	

〈표 5〉 동천유역 마한계 주거지의 단계별 문화상

단계	연대	유물상	평면형태	주요 유적
I	1~2세기	경질무문토기 (삼각구연점토대 토기 포함)	원형계 (일부 송국리형 주거지 잔존)	연향동 대석, 덕암동 I 기
II	2세기 후반 ~3세기	경질무문토기와 연질계 타날문토기 공반	원형계	덕암동 II기, 용당동 I 기, 가곡동 I 기
III	3세기 후반 ~4세기	경질무문토기 감소 연질계 타날문토기가 주류 회청색경질토기 등장	원형계가 주류 일부 방형계 유입	덕암동 III기, 용당동 II 기, 가곡동 II 기
IV	4세기 후반 ~5세기	연질계 타날문토기 회청색경질토기 비중 높아짐 가야계, 왜계유물 등장	방형계(4주식 포함)가 주류 원형계 잔존	덕암동 IV기, 가곡동 III기

2) 후기(4~5세기)

4세기 이후에는 4주식 주거지가 영산강유역으로부터 유입되고 동천 중상류권역인 서면 운평리 세력이 성장한 시기이다. 4세기(후반)대 이후에는 운평리 일대에 지배층의 묘역이 조성된다. 이 세력은 5세기후엽이후에는 대가야연맹체 산하의 '사타(국)'의 지배층무덤으로 계기적으로 이어진다.

이러한 점에서 보면, 4세기(후반)대에는 동천 하류권에서 서면 운평리 일대로 거점의 이동이 이루어졌다고 볼 수 있다. 1~3세기대에 동천 중상류권에 덕암동에 필적하는 거점취락이 있었는지 여부는 발굴조사가 미진하여 명확하지 않다.

동천 하류역의 덕암동유적의 환호가 3세기무렵까지 지속된다. 환호의 기능이 끝난 이후 4세기후반대부터 운평리에 동천유역의 상위층의 무덤이 밀집되어 축조되고 있음을 보면, 동천 하류역의 덕암동집단이 운평리 일대의 동천 상류역으로 이동되었을 가능성도 배제할 수 없다[113].

이와 관련하여, 기후 변화와 해수면 변동에 대해 살펴보자. 원삼국시대에는 철제농기구를 이용한 상당한 수준의 농경이 이루어졌음에도 불구하고 패총들이 성행하였던 근본적인 원인은 기후 한냉화에 따른 농경의 어려움에 있었을 가능성이 높을 것이다(서현주 2000).

지금까지의 연구 성과를 종합해 보면, 고대 한반도 일대의 해수면은 기원전후경의 얼마간은 지금보다 낮았다가 서서히 상승하여 3~5세기를 거치면서 최고조에 도달한 다음 상당기간 지속되었을 가능성이 높다(황상일 1998, 최광희 2009, 임영진 2012).

3세기에 들어오면 해수면의 상승을 통해 추정되는 바와 같이 온화한 환경의 도래로 인하여 농업생산성이 증대되기 시작하면서 침체되었던 사회가 새로운 발전을 시작하였을 것이다. 영산강유역권의 고분 사회는 4~5세기대에 본격적으로 발전하게 되는데 이는 지속되는 온난화에 기인하는 바가 적지 않았을 것이다. 영산강유역의 경우, 중류지역에 위치한 나주 복암리 일대는 영산강의 수위 상승에 따라 5세기후엽경부터 내륙 수운의 중심지가 될 수 있었으며 이와 같은 지리적 잇점을 살림으로써 영산

---

113) 4세기후반대에 근초고왕의 남정이 일시적 강습이었다 하더라도, 그 여파는 상당하여 기존 질서를 와해시킬 수 있는 적지 않은 충격을 주었을 것이다.

강 유역권의 교통과 물류의 중심지이자 정치적 중심지로 부상할 수 있었을 것이다(임영진 2012).

이와 같은 맥락에서, 같은 전남 남해안권인 동천유역권도 해수면 상승에 따라 중상류역에 위치한 운평리·선평리 일대는 교통과 물류의 중심지가 되고, 주변의 넓은 충적평야지대는 농업생산성을 증대시켜 부와 계층의 분화·정치적 성장의 토대가 되었을 것이다.

다시 말하면, 동천 하류역인 덕암동 일대에 비해, 서면 운평리 일대는 해안으로부터는 좀 더 내륙으로 들어왔지만 서면 일대에 넓은 농경지가 있다는 장점이 있다. 4세기 이후 농경의 활성화에 따른 부축적으로 수장층의 묘역이 형성된 것으로 보인다.

4세기후반~5세기중엽경에 운평리유적에서는 목곽묘가 다수 확인된다. 현재까지 조사된 목곽묘가 15기이지만, 추가로 더 확인될 가능성이 높다. 아무튼 동천유역권에서 이 무렵에 무덤이 집중된 곳은 운평리유적에 한한다. 더구나 방제경·금박유리옥·철검 등의 위세품을 보면 운평리유적은 동천유역권에서 4세기후반~5세기중엽경에 최상위층의 묘역으로 볼 수 있다. 다시 말하면 4세기후반 이후에 동천유역을 통할하는 중심세력은 동천의 상류역에 자리한 순천 운평리세력이라고 볼 수 있다[114].

4세기후반~5세기중엽대에는 외래계의 방제경·금박유리옥 등의 위세품 뿐만 아니라, 아라가야·소가야 유물이 출현하고 있어 바다를 통한 교역도 활발히 이루어졌음을 알 수 있다.

---

114) 현재까지의 발굴성과로는 운평리와 용당동 토광묘를 제외하고는 마한단계의 무덤유적이 명확하지 않다. 향후에 추가로 무덤유적이 확인되겠지만, 유물상이나 후대(5~6세기대) 고분유적과의 연계성으로 보면 운평리유적보다 상위의 무덤은 없을 것으로 보인다.

<표 6> 동천유역에서 발굴조사된 마한단계 분묘유적 현황

권역	유적명	기수	매장주체부	출토유물	편년
동천중류 (용당동)	용당동 망북	1기	목관묘	홍도, 삼각형점토대토기	기원전 1세기 후반
동천상류	운평리	16기	목곽묘(15기) 수혈식석곽묘 (1기)	토기(양이부호·장경호· 단경호·광구소호·완), 철기(철도자·철겸·철부· 철촉·철모·철검), 옥(금박유리 옥·소옥·곡옥), 단뉴경	4세기 후반 ~5세기 중엽

3. III단계 - 가야(연맹체)단계

5세기후엽부터 6세기 초엽에 걸친 범위로, 한시적으로 (대)가야 연맹체 단계에 들어간 시기이다. 순천을 포함한 전남동부권이 (대)가야 영향권에 들어간 무렵에 대한 기존 연구성과를 정리해 보면 다음과 같다[115].

1) 전남동부지역과 대가야

(1) 관련 문헌자료의 검토

日本書紀 繼體紀 6년(512년)條에 任那四縣(上哆唎·下哆唎·娑陀·牟婁)의 백제에 양도기사[116] –

이는 결과적으로 백제가 임나국의 4현을 빼앗은 것이니, 원래는 그곳

---

115) 전남동부지역과 대가야와의 관계에 대해서는 필자의 글을 인용하였음을 밝혀둔다(이동희 2004).

116) "六年冬十二月 百濟遣使貢調 別表請任那國上哆唎 下哆唎 娑陀 牟婁四縣 … 依表賜任那四縣"

이 任那, 즉 (大)加耶의 범위에 해당한다는 셈이 된다.

任那四縣의 위치에 대해서는 여러 의견이 제시되었는데[117], 최근에는 전남동남부지역을 임나사현으로 비정하고 있는 설이 주류를 이루고 있다 (전영래 1985, 이근우 1994, 김영심 1997, 김태식 2000b, 문안식 2002, 이동희 2004). 임나사현은 기문과 대사지역을 공략하기 위한 일종의 교두보 역할을 하였으므로 기문·대사와 가까운 지역이다. 기문이 백제와 대가야 사이에 공방이 치열하던 남원지역이고 대사가 하동지역이라고 한다면, 임나사현도 기문·대사와 인접해 있는 곳일 가능성이 높기 때문에 섬진강하구의 서안, 즉 전남동부지역에 해당한다(김영심 1997). 특히 전영래(1985)는 임나사현의 구체적인 위치까지 언급하고 있어 주목된다. 즉 上哆唎는 麗水半島, 下哆唎는 여수 突山島, 娑陀는 順天, 牟婁는 光陽(馬老縣)으로 추정하고 있는데, 이 견해는 점차 인정되는 추세이다.

(2) 대가야세력의 진출과 그 배경

낙동강 하류지역이 5세기초 이후로 신라의 통제를 받는 상황에서 가야 제국은 섬진강을 통해서 대외교역을 이루었던 듯하며 대가야가 479년에 중국 南齊와 교역을 이룬 통로도 바로 하동을 통해서였던 것으로 추정된다. 아울러 섬진강서안의 勿慧(광양)와 達已(여수)를 포함한 우륵 12곡에 거론된 지명들은 5세기 후엽 가실왕 때 이래 그 소국들이 대가야 중심 후기 가야 연맹의 소속국이었다고 보는 견해가 참고된다. 이러한 점에서 대가야가 전남동부지역으로 영향력을 미친 시기의 상한을 5세기 후엽으로 볼 수 있다.

---

117) 자세한 내용은 다음의 글을 참조(김태식 2002, 『미완의 문명 7백년 가야사』, 푸른역사)

대가야세력이 섬진강 하구로 내려왔을 때 西岸과 東岸 양쪽으로 진출할 수 있는 기회가 있었다. 그런데 섬진강 서안으로 더 적극적으로 진출한 것은 상대적으로 서안의 토착세력이 약했다는 것을 반증하는 것으로 보인다. 즉, 전남동부지역은 영산강유역이나 경남서남부지역과 달리 5세기대까지 독자적으로 지역연맹체를 형성할 만한 주체적인 역량을 갖추지 못하였기에 대가야계 세력이 용이하게 진출할 수 있었던 배경이었다고 판단된다.

(3) 전남동부지역과 대가야의 관계

대가야연맹체의 성격은 좁은 의미의 대가야(고령의 반파국)가 맹주국이며 각 구성국은 독립성을 유지하되 어느 정도의 上下관계 속에 놓여 있었던 것으로 파악된다. 그 상하관계의 강약은 고령으로부터의 지리적 원근과 각 세력의 강약에 따라 결정되었을 것이다. 진주의 경우 수정봉·옥봉 고분군의 하위 취락 고분군이라 할 수 있는 가좌동 고분군에는 고령양식 토기가 나오지 않아 고령과 진주의 연계는 수장층을 중심으로 한 연계라고 볼 수 있다(이희준 1995). 이러한 관점에서 보면, 전남동부지역은 고령에서 원거리에 해당하며 대부분 거점지역에서만 대가야토기나 묘제가 확인되고 있기에 수장층을 중심으로 한 연맹관계일 것으로 보인다.

한편, 전남동부지역에서의 대가야토기의 분포양상과 묘제를 보면 박승규의 확산유형 가운데 III형에 속한다. 즉 대가야토기의 확산이 이루어지지만 재지의 묘제 또는 재지토기양식과 공존하는 것으로 보아 대가야 중심집단으로부터 독립적인 자치권이 보장된 지역집단으로서 대가야와 연맹관계를 유지하고 있는 것이다. 類例로는 남원 월산리·두락리, 진주 수정봉·옥봉, 합천 삼가, 의령 경산리 유적 등이 있다(박승규 2003).

이와 같이 대가야계 토기가 출토되는 고분군은 대가야세력이 전남동부 지역으로 진출하는 과정에서 대가야와 관계를 맺은 토착 세력이 조영한 것으로 판단된다(박천수 2003).

2) 순천 운평리유적과 사타(娑陀)

순천 운평리유적은 임나사현의 하나로서 順天으로 비정되는 娑陀(김태식 2002)의 중심 고분군으로 추정된다. 운평리 유적은 전남동부지역의 대표적인 대가야계 고총 고분군이다. 운평리 고분군 바로 인근에는 '가라골'(秋洞)이 있어 주목되는데, 지명상으로도 (대)가야와 밀접한 관련성을 가진다. 백제시대 순천의 지명이 '사평'이었고, 최근에 조사된 순천 왕지동·덕암동·검단산성 등지에서도 대가야계 석곽묘나 토기들이 빈출되고 있기 때문이다. 이러한 점에서 순천 일대를 임나사현의 사타와 연결시키는 것은 문제가 없다고 판단된다.

운평리고분군으로 대표되는 전남동부지역의 대가야계 고분의 숫자가 작고 소규모인 것은 전북동부나 경남서북부지역과 달리 대가야가 영향력을 끼친 기간이 상대적으로 짧았다는 것을 의미한다. 그 만큼 대가야가 임나사현에 대한 장악력이 약했고, 한편으로 토착 수장층의 자치권이 강했으며 토착문화가 꾸준히 지속되었음을 의미한다.

대가야에 의한 직접지배가 이루어진 곳은 이제까지의 재지 수장세력이 폐절되고 새로운 곳에 갑자기 고총이 조영되는 현상이 발생한다고 한다(박천수 2006b).

순천 운평리 고분군은 동일묘역에서 4세기대의 재지 토광묘로부터 소·대가야계 묘제를 거쳐 백제 영역화시점까지의 묘제와 토기가 꾸준히 이어지고 있다. 이는 운평리고분군이 4세기부터 6세기에 이르기까지 토착 수장세력의 묘역이라는 것을 뒷받침하는 것이다. 이는 대가야의 정치적 영향력에 의해서 새로운 곳에 고총이 출현한 것이 아니라 토착세력의 묘역에 대가야계 묘제와 토기문화가 유입된 것임을 보여주는 것이다. 이는 순천지역에 대한 대가야의 정치적 영향이 직접지배가 아니라 간접지배[118]나 상하연맹관계임을 시사하는 것이다[119]. 이는 재지수장층의 自治를 용인되는 선에서 대가야와 토착세력이 정치적 동맹관계를 맺은 것을 의미한다. 요컨대, 전남동부지역은 대가야의 직접지배라기보다는 토착 首長을 통한 간접지배이거나 상하연맹관계로 이해하는 것이 적절할 것이며, 고고학적 양상도 그에 부합하고 있다. 운평리고분군의 고총들에서 대가야계 세장방형 석곽묘와 위세품(통형기대, 이식, 마구류 등)의 출토는 고령의 대가야와 순천 사타국과의 정치적 동맹관계를 뒷받침하는 것이다.

3) 동천유역권에서의 가야고분의 위계(도 10)

5세기말~6세기전엽에는 동천 중상류역인 운평리집단을 상위층으로 하여 계층구조가 일원화된다. 운평리고분군은 일본서기 임나사현(任那四縣)에 나오는 '사타'의 지배층 무덤으로 파악된다. 동천유역권에서 이 무렵의 高塚은 이곳에 한한다. 운평리집단의 산하 고분으로는 동천 중류역의 용당동고분, 동천 하류역의 왕지동고분이나 덕암동고분 등이 있다. 이들 고분은 상대적으로 소규모이고, 위세품이 빈약하다. 즉, 규모·구조·유물

---

118) 간접지배는 지방관이 아닌 재지 首長을 통한 지배방식인데, 공납차원의 조세의무 부담, 독자적인 대외교섭권은 없으나 대내적인 자치권은 허용된다(김영심 2003).

119) 김세기는 남원, 구례, 진주를 간접지배지역으로 보고, 섬진강 하구인 하동은 직접지배지역으로 보고 있다(김세기 2003:256-258). 『일본서기』에 하동은 529년까지 대가야가 점유하고 있었는데 비해, 전남동부지역은 512년에 비교적 쉽게 백제에 넘어간다. 이는 그만큼 임나사현에 대한 대가야의 영향력이 다른 지역에 비해 상대적으로 미약했음을 보여주고 있다.

위계	유구명	유구	출토유물	권역
I층 (최상위)	운평리 2호분			동천 상류역
II층 (중상위)	용당동 1호분			동천 중류역
III층 (중하위)	왕지동 2호			동천 하류역

[도 10] 순천 동천유역 가야고분의 위계

에서 운평리고분군이 탁월하여 위계차를 짐작할 수 있다. 덕암동 고분은
6세기 초엽의 소가야계 고분이 있지만 군집을 이루지 못하고 입지도 북

사면이다. 하지만, 덕암동 고분 주변에서 (소)가야계 통형기대가 확인됨으로써 동천하류역에서 일정한 영향력을 가진 유력층으로 파악된다. 덕암동 (소)가야계 고분의 존재는 앞 단계의 덕암동 취락의 연장선상에서 볼 수 있겠다.

'사타(국)'의 상한은 운평리 토광(목곽)묘로 알 수 있다. 운평리 토광묘는 4세기후반대부터 군집화가 이루어지는데, 이 무렵부터 누세대적 지배층의 묘제가 형성된 것으로 보인다. 이 무렵은 마한의 연장선상이며, 3호 토광묘 출토 동경이나 1,000여점에 달하는 옥 등으로 보면 수장층이 존재했음을 알 수 있다.

운평리 유적에서는 5세기대에 소가야와 교류하면서 철기류(철검과 철촉)가 다수 보이는 좀 더 역동적인 사회모습이 보인다.

〈표 7〉 동천유역에서 발굴조사된 가야계 고분 현황

권역	유적명	고분기수	매장주체부	출토유물	편년
동천 하류역	덕암동	석곽묘 2기	수혈식 석곽묘	토기(통형기대·장경호·대부장경호·단경호), 철기(철겸·철도·철검·철부·물미·꺽쇠)	6세기 전엽
	왕지동	석곽묘 8기	수혈식 석곽묘	토기(장경호, 단경호, 유개장경호,대부단경호, 파수부완, 개, 배, 고배), 철기(철도자, 철겸, 철촉)	6세기 전반
동천 중류역 (용당동)	용당동 망북	석곽묘 1기	수혈식 석곽묘	토기(파배, 고배, 단경호, 개), 금동제이식, 방추차, 철기(철겸, 철도, 철부)	6세기 전엽

권역	유적명	고분기수	매장주체부	출토유물	편년
동천 상류역	운평리	고총 5기 (석곽묘 3기, 석실묘 2기)	수혈식 석곽묘(3기) 횡혈식 석실묘(2기)	금제이식, 마구류(판비, 운주, 등자, 재갈), 토기(통형기대, 발형기대, 단경호, 유개장경호, 유개대부파수 부완, 개, 고배, 대부파수배), 철기(유자이기, 철촉, 철도, 철도자, 살포, 철모, 철부, 철겸, 꺾쇠, 교구), 옥(소옥, 곡옥, 환옥)	5세기 말 ~6세기 중엽
		석곽묘 21기	수혈식 석곽묘	토기(광구장경호, 단경호, 유개장경호, 대부장경호, 파수호, 파수대부완, 심발형토기, 개, 배, 고배, 병), 방추차, 어망추, 철기(철도자, 철겸, 철촉), 옥(소옥, 곡옥)	

　요컨대, 동천 중상류역인 운평리집단이 4세기후반부터 동천유역권의 주도세력인 것은 분명하다. 전단계에 가장 우월한 집단이었던 덕암동 취락에서 3세기 후반 혹은 4세기 전반대에 환호가 소멸하는 것과 궤를 같이 한다고 볼 수 있다.

　4세기부터 백제의 영역화 이전인 6세기 초엽까지 동천유역권에서 운평리유적을 제외하고는 군집을 이루거나 위세품이 보이는 고분이 보이지 않는다는 점은 주목할 만하다.

　운평리집단의 성장은 4세기 이후 농경이 본격화되면서 넓은 충적평지를 가진 서면 운평리·선평리 일대의 입지와 무관하지 않을 듯하다. 동천 하류역은 바다와 근접하여 해양교통은 편리하지만 농경지가 좁고 양호하지 않다. 아울러 운평리 바로 앞에 자리한 선평리(船坪里)에는 조선시대까지 배가 드나들었던 '배들마을'이 있어 해양교통도 활발하였던 것으로 보인다.

위계	유구명	매장주체부 형식	매장주체부규모 (길이×너비×깊이㎝)	위세품	권역
I층 (최상위)	운평리 2호분	횡혈식 석실	517×253×78(잔존)	금제이식, 마구류, 통형기대, 유자이기	동천 상류역
	운평리 4호분	수혈식 석곽묘	457×110×100(잔존)	금제이식, 마구류, 통형기대, 옥	
II층 (중상위)	덕암동 6호	수혈식 석곽묘	453×113×40(잔존)	통형기대, 鐵刀, 鐵劍	동천 하류역
	용당동 1호	수혈식 석곽묘	315×97×47(잔존)	금동제이식, 鐵刀	동천 중류역
III층 (중하위)	왕지동 2호	수혈식 석곽묘	218×50×22(잔존)	위세품 없음	동천 하류역

4. IV단계 : 백제 영역화 단계

　백제의 전남동부지역 및 섬진강유역진출에 대한 문헌자료로는 『日本書紀』가 참고된다. 즉, 『일본서기』계체기 6年(512년) 12월조에 任那四縣의 할양기사가 나오는데, 이는 결과적으로 백제가 임나국의 4현을 빼앗은 것을 의미한다. 전술한 바와 같이 임나사현의 위치에 대해서는 여러 의견이 제시되었으나, 최근에는 전남동남부지역(순천·여수·광양)으로 비정되고 있다.

　『일본서기』에 보이는 백제의 전남동부지역에 대한 진출기사는 최근에 발굴조사된 고고학적 자료로도 뒷받침된다. 즉, 전남동부지역에서 백제계 유물이 최초로 등장하는 것은 6세기 전반기(웅진기 후기)인데, 이와 관련

---

120) III층을 하위층이 아닌 중하위층으로 설정한 것은 무덤을 쓸 수 없는 (최)하위층을 염두에 둔 구분이다.

해서는 광양 용강리 고분이나 여수 고락산성 출토유물이 방증자료이다. 즉, 백제고분인 광양 용강리 출토 유물 중 이른 단계는 웅진기 후기에 해당하며, 여수 고락산성에서 출토된 6세기 2/4분기의 대가야계 토기가 백제산성인 고락산성이 축조된 직후에 유입된 것으로 판단되기 때문이다(이동희 2007).

이처럼 백제가 전남동부지역을 영역화한 이후, 바로 순천의 중심부인 동천 유역권에는 사평군이 설치된다. 백제 사평군의 치소는 동천 하류역에 가까운 난봉산성으로 비정되고 있다. 郡城인 난봉산성은 400~500m 정도의 縣城보다는 규모가 커서 길이가 736m에 달한다.

백제는 동천중상류역인 운평리유적과는 상당히 이격된 공간이자, 입지적으로 남해안을 조망할 수 있는 난봉산으로 옮겨 군의 치소격인 난봉산성을 축조한다[121]. 난봉산성 산자락에서 내부가 넓은 석실이 도굴되었다는 전언을 통해 보면 횡혈식 석실분이 있었던 것으로 보인다. 郡의 치소 위상에 준하는 고분이다.

〈표 9〉 전남 동남부권 백제 군현의 위치와 백제 산성, 임나사현 비정지와 비교

郡	縣	현재 위치	치소 (관련 산성)	임나사현 비정지
歃平郡		순천시(동천유역)	난봉산성 (둘레 736m)	사타(娑陀)
	猿村縣	여수시 북부	선원동토성 (둘레 474m)	상다리(上哆唎)
	突山縣	여수시 남부	월암산성 (둘레 249m)	하다리(下哆唎)
	馬老縣	광양시	마로산성 (둘레 550m)	모루(·牟婁)

121) 백제 郡城의 설치 장소가 남해안을 조망할 수 있는 입지인 동천하류역을 중시한 면도 있겠지만, 종래 토착유력세력(동천상류역)을 견제하려는 의도도 포함되었을 수 있다.

이전 단계에 지배층이었던 운평리집단은 백제 영역화 이후에 그 세력을 유지하지 못한 것으로 파악된다. 즉, 운평리에는 6세기 2/4분기 이후

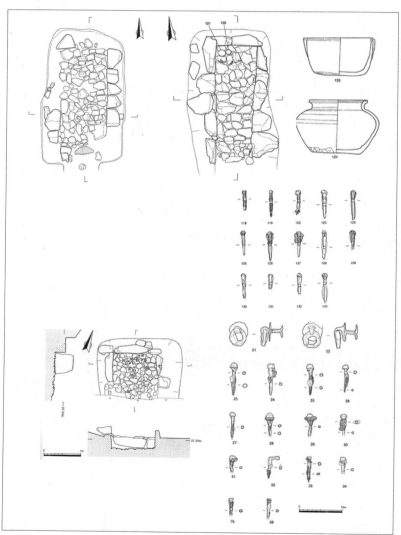

[도 11] 동천유역의 백제고분(上: 가곡동 / 下: 덕암동)

에는 고총이 축조되지 못한다. 아울러, 6세기 1/4분기에 축조된 운평리 1호분에 6세기 중엽경의 백제토기가 부장된 소형 배장묘가 추가된 것으로 보아도 그러한 추정은 가능하다.

가곡동·덕암동 등지에는 6~7세기대의 백제계 횡구식 석실묘들이 산발적으로 확인되고 있다. 백제계 석실묘는 가야계 수혈식 석곽묘와 달리 매장주체부의 장축방향이 등고선과 직교하고 횡구식이 다수를 차지한다. 백제계 석실묘에서는 유물이 빈약한데, 약간의 토기류(단경호,개배,병 등)와 관에 사용된 관고리와 관정 정도의 유물에 한한다. 이러한 고분은 규모나 출토유물로 보아, 토착세력과 연계된 무덤으로 보인다(도 11).

〈표 10〉 동천유역에서 발굴조사된 백제 고분 현황

권역	유적명	기수	매장주체부	출토유물	편년
동천 하류역	덕암동	1기	횡구식(?) 석실묘	관고리, 관정	6세기중엽 ~7세기중엽
동천 중류역	가곡동	3기	횡구식석실묘	토기(발, 단경호), 관정	6세기 중후엽

〈표 11〉 전남동부권에서의 가야계와 백제계 고분의 구분

	매장주체부			주요 출토유물	편년	비고
	장축방향	형식	장폭비			
가야계 고분	등고선과 평행	수혈식 석곽묘	3:1 이상 (세장방형)	금제이식, 마구류, 토기 (기대, 장경호, 파배, 고배), 철기(유자이기, 살포, 철도, 철검, 철모, 철부), 옥, 꺽쇠	5세기말 ~6세기중엽	후장
백제계 고분	등고선과 직교	횡구식 석실묘	2:1~2.5:1 (장방형)	토기류 (병, 개배, 발, 단경호), 관고리, 관정	6세기중엽~ 7세기중엽	박장

[도 12] 전남 동남부권 백제 군현의 위치와 임나사현 비정지

　백제중앙과 연계된 세력은 광양 마로산성 아래의 광양 용강리 횡구식 석실묘같이 백제산성과 세트관계를 가진다. 사평군의 지배층은 순천 난봉산성 산자락인 매곡동 일대에 자리할 것으로 판단된다.

　백제가 전남동부지역을 영역화한 이후, 순천·여수·광양에는 1郡 3縣 이 설치된다. 공교롭게도 백제 영역화 직전인 가야연맹체 단계의 임나사 현 위치와 거의 일치한다(표 9, 도 12).

　순천 동천유역에 설치된 삼평군은 인근의 여수·광양 일대의 3개현을 관할한 중심이었다. 가야연맹체 단계에 임나사현 중 '사타'에서만 가야계 고총이 확인됨은 전남동남부권에서 동천유역의 중요성을 단적으로 보여주는 것이다. 아울러, 삼국시대에 郡이 설치된 곳은 대개 三韓의 國邑이 있었던 곳이라는 일반론에 비추어 보면, 馬韓 이래 순천 동천유역권의 위상을 추론케 한다.

IV. 맺음말

기존에 호남지역에서 영산강유역권이나 전남동부권 등 포괄적인 범위를 대상으로 복합사회형성과정을 연구한 경우는 있었지만, 1개 시군 정도의 소지역권을 대상으로 하는 경우는 거의 없었다. 소지역권, 단위 유역권별로 고고학적 자료를 통한 복합사회 형성과정에 대한 좋은 선례가 될 수 있다. 이러한 성과가 집적되면 촌락단위에서 읍락이나 소국으로의 형성과 발전, 그리고 개별소국의 고대국가로의 편입과정에 대한 고고학적 연구의 지침이 될 수 있다.

본문의 내용을 요약해 보면, 다음과 같다.

순천 동천은 전남동부권의 중심도시인 순천시의 중심부를 흐르는 하천이다. 본 연구는 청동기시대 지석묘와 취락, 원삼국시대 취락과 분묘, 가야의 고분, 백제의 산성과 고분 등을 활용하여 동천유역권의 복합사회형성과정을 살펴보았다. 즉, 촌락이 기본 생활단위인 지석묘사회로부터 읍락이 형성된 마한사회, 그리고 가야연맹체와 백제영역화를 거치면서 고대국가형성기에 주변부인 순천의 정치체 변동상황을 고고학적으로 검토하였다.

순천을 비롯한 전남동부권은 6세기 이후에야 고대국가(백제)에 편입되기에 비교적 늦은 5세기대까지 소지역권내에서 자체적인 정치체 성장을 한 특이한 지역이다.

동천유역권은 남해안에 접하고 있어 예로부터 해양교통이 발전한 곳이다. 동천유역권은 하나의 읍락으로 보기에는 규모가 큰 편인데, 전남동부권의 중심이라는 지정학적 특수성에 비추어보면 마한단계에는 대읍락 혹은 국읍, 가야연맹체단계에는 '사타국'으로 성장한 것으로 보인다.

동천유역권을 4개 권역으로 설정하여 청동기시대부터 백제에 편입되는 6세기대까지 각 권역별 유구와 유물을 단계적으로 살펴보고 권역별 우열과 위계를 검토하였다. 청동기시대에는 병렬적인 집단 구조에서 원삼국시대 이후에 계층화가 진전되면서 읍락의 중심취락이 등장한다. 4세기 이후에는 1개 권역에 고분군과 위세품이 집중되는 양상을 보이며, 가야연맹체하의 소국단계를 거쳐 6세기 전반대에 백제 행정구역에 편입된다.

3세기대까지는 해안에 인접한 동천하류권에 중심지가 있다가 4세기 이후에는 동천상류권으로 중심지가 이동한다. 백제 영역화 이후에는 다시 남해안이 조망되는 동천 하류권에 郡의 치소성이 설치된다. 순천 동천유역권이 백제 군현체제에서 군으로 편입됨은 이 일대가 전남동남부권의 중심지였음을 뒷받침하는 것이다.

「순천 동천유역의 정치체 성장과 변동 과정」,『중앙고고연구』18,
중앙문화재연구원, 2015.

보성 조성리유적과
읍락 형성과정

I. 머리말

조성리 유적은 전남 보성군 조성면 조성리의 '금장산'(해발 60m)이라는 정상부가 평탄한 야산과 그 주변의 완만한 경사지로 현재 논·밭으로 경작되고 있다(도면 1). 유적의 주변으로는 비교적 넓은 평야지대가 위치하고 있다. 평야지대의 북쪽과 동쪽은 주월산, 방장산 등 해발 500m가 넘는 산들이 능선을 형성한다. 조성면과 득량면은 연접하면서 같은 해안 분지를 이루고 있으며, 남쪽으로는 득량만과 접해 있다.

조성리 유적은 넓은 평야의 가운데에 위치하여 입지가 탁월하며, 남쪽으로는 바다와 인접하여 선사시대부터 중심지였다고 볼 수 있다. 조성리 유적에서 확인된 취락은 밀집되었을 뿐만 아니라, 주거지 간에 중복이 심하여 장기간에 걸쳐 많은 사람이 거주했음을 알 수 있다.

조성리유적은 3차례 발굴조사를 통하여 환호, 패총, 주거지, 토광묘, 생산시설 등이 어우러진 삼한단계의 핵심취락유적임이 밝혀졌다(도면 1). 발굴조사 성과를 요약하면 다음과 같다.

2001년에 이루어진 1차 발굴조사에서는 기원전후한 시기부터 5세기대까지의 환호, 패총, 주거지 등의 유구가 복합적으로 확인되어 馬韓 邑落과 관련된 중심지로 파악되었다. 즉, 경질무문토기와 단면삼각형의 점토대토기가 출토되는 단계부터 회청색 경질토기와 적갈색 타날문토기가 출토되는 주거지 33기 조사되었고, 패총, 환호, 구상유구, 수혈유구 등이 확인된 바 있다(최인선 외 2003).

2차 발굴은 환호, 패총이 있는 핵심취락(구릉 정상부)의 주변부에 대한 조사로서, 청동기시대 주거지 2기, 철기시대(馬韓) 주거지 8기, 수혈유구 8기 등의 유구를 확인하였다. 비교적 좁은 공간에서 청동기시대와 철기시대의 생활유적들이 확인되어 조성리유적의 시공간적 범위의 일단을 파악할 수 있었다(이동희 외 2009).

3차 발굴조사에서는 경질무문토기와 목재편들이 퇴적된 저습지가 확인되었다. 저습지에서는 부엽공법을 이용한 시설물 가운데 가장 오래된 보(洑)시설이 조사되었다. 저습지유적의 중심연대는 기원전후한 시기이다(대한문화유산연구센타 2009).

본고에서는 조성리유적의 조사성과를 정리해 보고, 조성리 유적이 자리한 득량만권에서의 읍락의 모습과 그 형성과정에 대하여 살펴보려고 한다. 특히, 환호와 토광묘, 패총, 집단주거지가 확인된 보성 조성면 조성리유적을 중심으로 하여 조성면·득량면 해안분지의 邑落 형성에 대하여 이 지역의 지석묘 밀집지와 관련지어 계기적으로 검토하려고 한다. 조성면에서는 지석묘 말기의 거대한 지배자의 무덤이라고 볼 수 있는 동촌리 지석묘가 발굴조사되어 지석묘사회에서 마한사회로의 전환과정을 살펴볼 수 있는 곳이다. 하지만 당시 사회의 중층적인 구조를 파악하기에 용이한 분묘, 특히 상위 계층의 묘제가 조사된 바가 드물어 어떤 결론을 내리기에는 아직 미흡한 실정이다.

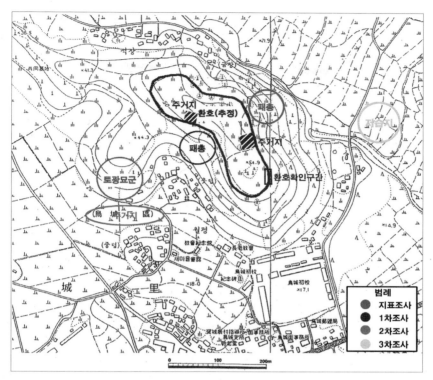

[도면 1] 보성 조성리 유적 위치

[사진 1] 보성 조성리 유적 원경

Ⅱ. 조성리 유적 개요

1. 발굴조사 성과

1) 주거지

(1) 유구

1차 조사에서 마한 주거지 33기, 2차 조사에서 청동기시대 주거지 2기, 마한 주거지 8기 등이 확인되었다. 본고에서는 마한단계 주거지를 중심

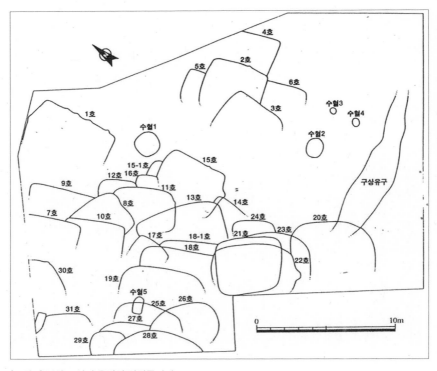

[도면 2] 보성 조성리 유적의 밀집주거지

으로 살펴보기로 한다.

주거지의 평면형태는 크게
원형계와 방형계로 나누어지는
데, 원형계가 이른 시기이고, 방
형계가 늦은 단계이다. 주거지
는 좁은 면적에 밀집분포하고
있으며, 주거지간에 중복된 경

[사진 2] 보성 조성리 유적 밀집 주거지(1차 발굴조사)

우가 많다(도면 2). 장축방향은 대부분 동-서이다.

내부시설은 노지, 벽구, 주공 등이 있다. 노지는 대부분 주거지의 한쪽
벽면에 치우쳐 있으며, 노지의 구조는 소토만 남아 있는 경우가 대부분으
로 무시설식으로 판단된다. 폐기양상은 자연폐기된 경우가 많지만, 일부
주거지는 화재에 의한 폐기로 판단된다.

주거지 출토 토기는 경질무문토기와 적갈색 연질타날문토기, 회청색
경질타날문토기 등으로 구분된다. 기종상으로 완, 심발, 장란형토기, 호
형토기가 주를 이루고 고배(두형토기)도 확인되고 있다.

(2) 단계 구분

주거지의 평면형태와 내부시설, 중복상태, 출토유물 등에 근거해 보면
크게 2기로 구분할 수 있다.

I 기는 주거지의 평면형태가 타원형계이고, 경질무문토기(삼각구연점토
대토기, 경질찰문토기)가 출토되었다(도면 3). 조성리 주거지에서 출토된 삼각구
연점토대토기는 그 출토량은 소수이지만 (표 1)에서 보는 것과 같이 점토대
의 형식에서 뚜렷한 차이를 보이고 있다. '가'형식은 점토대의 하단이 기
벽에 밀착되지 않아 점토대의 형태가 뚜렷이 관찰되는 형태로 해남 군곡

리패총 Ⅱ기층(최성락 1987)에서 가장 많은 비율을 차지하는 A Ⅰ식에 해당하며 전남동부지역에서는 광양 도월리유적(윤정국 2008), 순천 용당동 망북유적(최인선·이동희 2001)에서 출토된 예가 있다. '나'형식의 경우 하단을 손으로 눌러 기벽에 밀착시켜 점토대의 흔적만 남아 있는 형태로 군곡리 패총 Ⅳ기층에서 가장 높은 비율을 차지하는 AⅢ식에 해당하는 것으로 전남동부지역에서는 순천 연향동 대석유적(최인선 외 1999), 보성 금평유적(임영진 외 1998)에서 출토된 예가 있다. '다'형식은 구연부의 외반 각도로 보면, 군곡리 패총에서의 AⅢ식과 함께 Ⅳ기층에서 주로 출토되었다. 이상의 내용을 종합해 보면 조성리 출토 삼각구연점토대토기는 '가'형식에서 '나·다'형식으로 변화됨을 알 수 있다.

〈표 1〉 조성리 유적(2차) 출토 삼각구연점토대토기와 형식

형식	가	나	다
출토지	4-1호	4호	7호 수혈
도면			

경질찰문토기는 군곡리패총 Ⅳ·Ⅴ층에 출토되고 있으며 A.D 2세기 전반으로 편년된다. 이러한 점에서 Ⅰ기의 시간적 범위는 기원전 1세기대부터 A.D 2세기(전반)대까지로 설정할 수 있다.

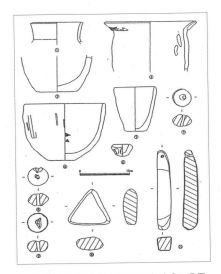

[도면 3] 보성 조성리 19호 주거지 및 출토유물

II기는 주거지의 평면형태가 타원형계와 말각방형계가 함께 나타나고 있지만, 방형계의 비율이 더 높다. 4세기대에는 서해안 마한권역에서 빈출되는 4주식의 방형주거지가 출현한다. 유물은 경질무문토기와 타날문토기가 공반하는 단계이지만, 타날문토기의 비율이 점차 증가한다.

각 주거지에서는 장란형토기가 1점 이상씩 출토되고 있다. 장란형토기를 중심으로 살펴볼 때, 전형민(2003)에 의하면 구연이 동체에서 바로 꺾여 단순 외반하고, 동체의 세장도가 1.52~2.7에 해당하는 형식(AI형, BI형)이 큰 시간차를 두지 않고 3~4세기대에 나타나는 것으

[사진 3] 보성 조성리 주거지 I기 출토유물

[사진 4] 보성 조성리 주거지 II기 출토유물

로 파악되고 있다.

한편, 구상유구(1차 발굴조사)에서는 소가야계의 발형기대와 삼각투창고배가 출토되어 조성리 유적에서 가장 늦은 5세기 중엽경에 편년된다.

2) 환호

시굴조사를 통해 2개 지점에서 환호의 흔적을 확인하였다. 규모는 너비 390㎝, 깊이 200㎝이며 단면형태는 'U'자형이다(도면 4). 환호가 위치한 곳의 지형은 구릉정상부의 평탄면에서 단을 이루며 급한 경사로 내려가다가 완만한 사면이 시작되는 부분이다. 환호 내부 출토유물은 경질무문토기가 주를 이룬다.

조사가 일부밖에 이루어지지 않았지만, 환호는 구릉 정상부의 평탄면바로 아래를 일주하는 것으로 파악되고 있다. 환호의 전체 평면 형태는 장

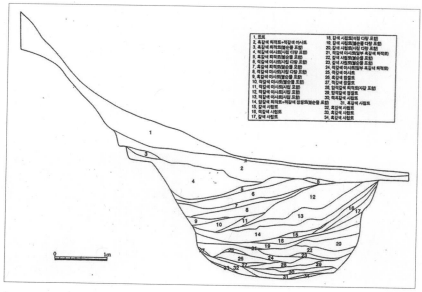

[도면 4] 보성 조성리 유적 환호 단면도

타원형으로 추정되고 있다(도면 1).

환호의 경우, 호남지방에서는 그 예가 드물다. 반면 영남지방에서는 청동기시대부터 나타나고 있으며, 일본에서는 많은 수의 환호가 조사된 바 있다. 한반도에서 조사된 환호의 단면은 보통 V자

[사진 5] 보성 조성리 유적 환호 근경

형과 U자형, 제형(梯形) 등으로 나누어진다. 검단리유적의 경우 대부분 V자형이지만 일부는 U자형을 이룬다. 창원 덕천리 유적, 양산 다방리 패총 등은 모두 V자형의 단면을 보이고 있다. 단면이 U자형인 경우는 봉황대 유적의 삼한단계의 환호 외에, 창원 가음정동 유적 등이 있다.

조성리유적에서 조사된 환호는 토성이나 석성이 출현하기 이전의 원시적 방어시설로서 초기 정치체의 출현과 밀접한 관련이 있을 것으로 보인다.

3) 패총

조성리 유적 중심 구릉상에서 3개소의 패총 외에 남쪽 해안가 주변에서 1개소의 패총(조성리 석부 패총)이 추가로 확인되었다. 이러한 패총들은 금장산 구릉을 중심으로 한 핵심취락의 규모나 위상과 밀접한 관련이 있다.

시굴조사된 패총은 금장산의 서쪽 경사면에 자리하는데, 그 범위가 40×25m(약 1,000㎡)에 달한다. 시굴조사 결과, 패총의 가장자리임에도 불구하고 패각층의 두께가 106㎝에 달하고, 패각층 아래로도 목탄이 함유된 230㎝의 퇴적층이 형성되어 있다. 패각층에서는 뼈화살촉, 방추차, 방형토제품 등과 토기류가 출토되었는데, 토기는 삼각구연점토대토기를 비롯한

[사진 6] 보성 조성리 유적 패총 시굴조사 근경 및 출토유물

경질무문토기류가 대다수를 차지한다. 패각에서는 주로 꼬막과 굴이 확인되었으며, 패각의 최하층에서는 공열토기편이 출토되었다. 이 패총의 중심연대는 기원전 1세기대부터 기원후 3세기무렵까지 해당되므로 원형계 주거지 및 환호와 관련된다.

4) 목관묘(추정)

2002년에 조성리 유적 주변 순환도로 개설 중 유적의 서쪽 사면부에서 鐵鉾·鐵劍·黑陶 壺 등의 일괄유물이 출토되었다(도면 5). 유구는 유물조합상으로 보면 목관묘로 추정된다.

조성리 유적의 일괄유물은 창원 다호리유적이나 대구 팔달동 유적(영남문화재연구원 2000)과 유사하다. 이 가운데 비교적 편년이 잘 된 다호리유적과 비교검토해 보기로 한다. 먼저, 흑도호는 전체적인 器形이나 帶狀의 底部로 보면 다호리 유적에서 가장 이른 단계로서 기원전 1세기 2/4분기로 편년된다. 철검은 안재호 분류 Ⅰb1식(短鋒·中細形·短莖式)으로 기원후 1세기 1/4분기로 비정된다(안재호 2000). 이와 같이 토기와 철기류는 약간의 시기차를 보여주고 있다. 흑도호가 좀 더 늦은 시기까지 부장되었을 가능성을 염두에 두면, 중심연대는 기원전후한 시기로 볼 수 있다. 조성리 출

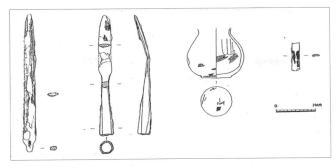

[도면 5] 보성 조성리 유적의 토광목관묘 출토유물

[사진 7] 보성 조성리 목관묘(추정) 출토유물

토 흑도호와 유사한 기형은 창원 다호리 34호분 출토품(이건무 외 1993)이 있는데, 공반된 토기 중에는 늦은 단계의 삼각구연점토대토기가 있다. 다호리나 팔달동의 토광목관묘가 밀집분포한다는 점에서 조성리 유적도 같은 양상이었을 것으로 보인다.

5) 생산 및 의례 유구

2009년 3차 발굴조사에서 확인된 목조구조물은 구하도의 좁아지는 부분에 설치되었던 것으로 물의 사용을 용이하게 할 수 있는 부엽공법의 보(洑)시설로 추정된다. 상부가 결실되었지만 하부구조는 비교적 온전한 상태로 남아 있고 현재까지 보고된 부엽공법을 이용한 시설물 가운데 가장 오래된 것으로 확인되었다. 보의 설치는 경작과 관련된 수리시설이 발달되었음을 시사한다.

河道는 수자원 확보에 필수적인 요건 중 하나로 당시 농경생활과 관련된다. 하도 주변에서 여러 종류의 탄화곡물이 확인됨으로써 조사대상지역 주변이 고대부터 농경지로 활용되었을 가능성을 높여준다.

한편, 하도 곡류지점에서 상당량의 경질무문토기(편)들이 출토되었다. 구하도 내에서도 다른 곳과는 다르게 다량의 유물이 한정적 지점에 집중된 점, 노출된 유물은 폐기 및 파손상태에서 볼 때 유수로 인한 자연스런 폐기가 아닌 의도적인 폐기로 추정되며, 목탄층에서 여러 종류의 탄화곡물이 확인되는 점 등을 고려했을 때 특정목적을 수행하기 위한 儀式의 결과로 판단된다. 이러한 행위가 이루어지는 시점은 층위상 하도의 유로가 막혀 습지화되는 과정에서 이루어진 것으로 보인다. 연대는 삼각구연점토대토기 등의 유물로 미루어 보면 기원전후한 시기로 추정된다.

2. 조성리 유적의 성격

이상과 같이 조성리는 환호, 밀집 주거지, 패총, 토광묘, 생산유구 등이 확인된 복합유적이다. 유적의 중심연대는 기원전 1세기~기원후 3세기에 해당한다.

조성리 유적에 대한 발굴조사는 그 전체 범위에서 아주 일부에 한정되어 실시되었지만 주거지의 밀집도는 매우 조밀하였다. 예컨대, 1차 발굴조사에서 30×18m(540㎡) 넓이에서 주거지가 31기가 중복되어 조밀하게 확인되었다(도면 2). 17㎡당 1기의 주거지가 자리할 만큼 밀집도가 높다. 조성리 유적이 소재한 구릉과 사면이 400m×250m정도이므로 면적이 100,000㎡는 족히 된다. 조사한 지역이 특별히 주거지가 밀집되었을 것으로 판단하여, 40㎡당 1기의 주거지가 있었을 것으로 보면 2,500기의 주거지가 추정된다. 이들 주거지에서 동시대성을 감안해도 적어도 100기 이상의 주거지가 동일 시기에 분포하고 있었다고 보여진다. 아직까지 전체 조사가 이루어지지 않았지만, 이렇게 밀집된 주거지를 상정하는 것은 구릉과 사면 전체에 걸쳐 많은 유물들이 수습되기 때문이다. 더구나 구릉의 경사면이 끝나는 지점의 단면에서도 주거지가 다수 있음을 실견하였으므로 현재 논으로 경작되는 지역까지 주거지가 계속 연장될 가능성이 크다. 따라서 조성리유적의 면적은 예상보다 훨씬 광범위할 것으로 판단된다.

정치체의 성립과 관련지을 수 있는 가장 중요한 지표는 취락의 장기 지속성이다. 즉 어떤 시점에 와서 한 지역내에서 취락영위의 장기화가 전반적으로 관찰된다는 것은 곧 취락들 사이에 모종의 안정적인 구조가 일어났음을 시사하고, 그것이 확인되어야만 비로소 읍락체제와 읍락 통합체제의 지속적 유지를 상정할 수 있다(이희준 2000). 조성리 유적의 주거지가 기원전 1세기부터 기원후 3세기대까지 장기적이면서 집중성을 보이는 것은 邑落의 성립과 관련지을 수 있는 사항이다. 조성리에서는 삼각구연점토대토기를 포함한 경질무문토기가 대량으로 출토되는 대규모 패총이 발견되어 주목된다. 추가 발굴조사를 거쳐야 확실한 성격을 가늠하겠지만, 조성리 유적은 기원전후한 시기에 이미 대규모 패총을 형성할 만큼의 인구가 집중되었던 중심지였음을 추론케 한다.

조성리유적이 중심에 자리하고 있는 조성면과 득량면에 걸친 평야지대는 남해안에 접하고 있어, 보성군의 다른 지역보다는 더 우월한 입지적인 조건을 갖추고 있다. 즉 북서쪽으로 300~500m의 비교적 높은 산맥이 이어져 타지역과 구분되며, 남해안에 접하여 고흥군 대서면 서쪽 일부 지역까지 뻗치는 넓은 평야지대이다. 조성면에서 득량면에 이르는 평야지대는 간척한 범위를 제외하더라도 10×2㎞ 정도의 평지가 펼쳐지는 비교적 넓은 공간(20㎢)이다.

그리고 조성리 유적과 관련지어지는 冬老古城에서 백제유민들이 일본으로 건너갔다는 견해(전영래 1998)는 이 지역이 해양교통상의 요지임을 시사하는 것이다.

조성리유적은 그 입지상, 남해안에서 중국과의 교역 루트의 일개 거점일 가능성이 크다. 中國에서 三韓이나 倭까지의 통로가 해상을 통해 이루어졌음이 고고학적 자료로 알려져 있다. 즉 중국의 화폐인 王莽의 貨泉이나 한나라 화폐인 五銖錢이 남해안을 통해 나타나고 있다. 출토된 예로는 해남 군곡리패총에서 貨泉이, 여수 거문도에서 오수전이, 제주도 산지항 유적에서 오수전·대천·화천이, 창원 성산패총에서 오수전이, 김해 회현리 패총에서 화천이 각각 발견되었다(최몽룡 1985; 최성락 1997). 이러한 사실을 염두에 두면 조성리 일대는 남해안에 위치한 교역의 중심지로서 핵심 읍락으로 성장하는 기반이 되었을 것이며, 조성리 일대로부터 내륙 각지로 선진문물이 전파되었을 것으로 보인다. 조성리유적에서 확인된 대규모 패총의 조사가 이루어지면 대외교역 유물이 발견될 것으로 보인다.

해남 군곡리 패총, 웅천 패총, 김해 부원동·봉황동 패총 등의 위치를 보면 모두 중국 군현에서 서남해안을 거쳐 일본열도로 가는 해로 교통의 요지이다. 패총마을이 일반 취락과 달리 정치·경제·군사적으로 중요한 기능을 가진 것은 분명하며, 이 중에는 국읍 또는 읍락의 중심 취락으로 추정되는 곳도 있고 수로교통을 연결하는 포구로서 그리고 해역감시기지로서 그 중요성이 부각된 곳도 있다. 패총마을에는 지배계층을 비롯하여 선박관리와 운항, 교역품 관리 등 전문기술을 가진 주민들이 거주했을 것이며 일반취락과 달리 생업활동의 형태도 다양했을 것이다(이현혜 1996). 조성리유적에서도 패총에 대한 시굴조사만 거쳤으므로 명확하지는 없지만, 패총의 규모나 주변의 유구·유물로 보면 해로 교통의 요지이기에 읍락의 핵심취락으로 정치·경제·군사적으로 중요한 거점임을 알 수 있다.

기원전후한 시기에 조성면·득량면 해안분지에서 조성리가 가장 중심적인 취락임을 감안하면, 생업에 종사하지 않고도 생활을 유지하는 상위계층이 조성리 유적 환호내에 거주하고 있었음을 시사한다[122]. 조성리와 유사한 성격의 사천 늑도나 해남 군곡리유적에서는 倭나 中國製의 원격지 유물이 출토되어 교역의 산물로 파악된다. 이러한 유물은 중심집단을 통해 교역되고 주변의 읍락이나 촌락에 재분배되는 것으로 보인다. 이러한 측면에서 보면, 조성리집단도 동일하게 중심집단으로서 그러한 역할을 수행했던 것으로 판단된다. 즉 경제적인 측면에서의 재분배뿐만 아니라, 종교·군사적 업무에서 주도적 역할을 통하여 다수 지역민들의 상위층으로 자리매김한 것으로 보인다.

다음 장에서는, 조성·득량면 해안분지에서 조성리유적이 핵심 환호집락으로 등장하는 과정을 고고학적 자료로 유추해 보기로 한다.

---

122) 남해안 일대에서 조사된 원삼국시대의 패총들은 대부분 바다를 바라보는 구릉지역에 자리하고 있기에 농경에 필요한 충분한 경작지를 확보하기 어려웠을 것임에도 불구하고 거의 모든 패총에서 상당량의 시루가 출토되고 있다는 사실은 패총 주민들이 필요한 곡물을 수입 혹은 공급받았거나 패총이 아닌 다른 지역에서 직접 경작하였을 것임을 암시해 준다.(임영진 외 1998)

Ⅲ. 조성·득량 분지에서의 읍락형성과정

보성 조성면·득량면에서의 읍락형성과정을 살펴보기 위해 기존에 발굴조사된 울산 검단리와 김해 봉황대유적을 참고해 보기로 한다.

청동기시대와 원삼국시대의 대표적인 환호취락인 울산 검단리유적(부산대박물관 1995)과 김해 봉황대유적(부산대박물관 1998)을 비교해보면 다음과 같다. 검단리는 산자락의 비교적 평탄한 구릉에 자리한다. 이에 반해 김해 봉황대유적은 산자락이 아니라 산기슭에서 떨어져 주변이 평지이고 바다와 인접한 독립구릉(해발 46.5미터)에 입지한다. 봉황대의 입지는 청동기시대의 주변 촌락과는 구분되는 위치임을 상징적으로 보여준다. 즉 청동기시대의 취락에서 벗어나 지배층을 중심으로 새로운 방어취락에 자리하여 다른 집단과 구분하였다. 여기서 주변 촌락이란 앞단계의 지석묘단계의 단위집단이라고 볼 수 있다. 김해에서는 내동이나 구지봉, 서상동 지석묘 등이 등간격을 이루고 있어 각기 별개의 촌락단위라고 볼 수 있다. 이 가운데 가장 우월한 집단이 돌출하여 봉황대유적으로 이동한 것으로 판단된다. 울산 검단리나 김해 구지봉·내동·서상동 지석묘 집단은 지석묘인근의 촌락을 기반으로 한 소지역집단으로, 읍락의 하위단위라고 볼 수 있다.

이러한 양상은 보성 조성면·득량면 분지에서의 고고학적 성과와도 거의 일치한다.

주거지 혹은 취락으로 당시 사회를 복원하는 것이 이상적이지만 조사의 미흡과 조사가 일부 진행되었더라도 주거지나 취락의 전모를 알 수 없다는 점에서 지석묘군이 가장 밀집된 전남지역의 경우, 취락단위별로 지석묘군을 조성했을 것이라는 견해(이동희 2002a)를 참고하여 지석묘군을 근거로 취락의 대강을 짐작할 수 있다.

지석묘의 분포상을 보면, 조성면에 23개군 209기, 득량면에 14개군 39기 등 37개군 248기가 산재한다. 里 단위로 보면 조성면 구산리(4개군 51기)·매현리(4개군 49기)·봉릉리(5개군 41기)·대곡리(2개군 17기)·은곡리(2개군 23기)·동촌리(2개군 2기)·우천리(4개군 33기)·축내리(7기), 득량면 예당리(5개군 16기)·도촌리(3기)·마천리(2개군 4기)·송곡리(1개군 20기)·오봉리(5개군 13기) 등으로 구분된다. 이 가운데 구산리, 봉릉리, 매현리가 가장 밀집도가 높은데, 환호취락이 자리한 조성리 유적은 이 3개 里의 중심부에 있는 독립 구릉이다(사진 1, 도면 1·6).

조성면·득량면 분지내에서의 지석묘를 지형에 근거하여 소권역별로 구분해 보면 다음과 같다. 즉 송곡리·오봉리/예당리·동촌리/도촌리·마천리/봉릉리/우천리/대곡리/구산리·축내리/은곡리/매현리 등으로 세분된다. 이러한 구분은 당시의 촌락과 밀접하게 관련될 것으로 보인다.

村落은 하나의 村과 여러 개의 小村으로 구성되어 있다고 볼 수 있는데(이희준 2000), 상기한 소권역별 단위에서 가장 많은 지석묘군을 촌, 나머지를 주변 소촌으로 설정할 수 있다. 촌에 해당하는 개별 지석묘군은 대개 10기 이상의 상석이 확인되는데, 장기적으로 지석묘가 축조된 경우이다. 이에 반해 10기 미만이며 소촌에 해당하는 집단은 母村에서 분기된 子村이거나 短世代적인 경우라고 볼 수 있다(이동희 2007).

하나의 읍락을 '대공동체'라고 한다면, 그 아래의 여러 단위촌락으로 이루어진 집단을 '소공동체'로 설정할 수 있다. 득량면·조성면의 해안분지 일대가 나중에 하나의 읍락으로 발전한다고 했을 때, 해안분지의 서부와 동부는 각기 소공동체라고 할 수 있다.

득량면·조성면 해안분지일대에서 서부의 지배층 무덤을 상정한다면 동촌리 지석묘(송의정 외 2003)라고 할 수 있다. 동촌리는 지금의 행정구역상

[도면 6] 보성 조성면·득량면 해안분지일대 지석묘 및 환호집락유적

으로는 조성면에 속하고 있지만, 조성면의 가장 서쪽 가장자리이고 예당리·동촌리권과 조성면 봉릉리권 사이에 있는 덕산리에 지석묘가 없어 일정한 구분이 되고 있다(도면 6).

여기서 동촌리 지석묘에 대해 자세히 살펴보자(도면 7·8).

동촌리 지석묘는 전남 남해안 지역에서 지석묘 사회의 마지막 단계로서 대형의 매장주체부를 갖추고 있어 주목된다. 지석묘는 약 1m 가량의 거리를 두고 2기가 확인되었다. 이 지석묘는 낮은 설상대지에 위치하는데, 배후를 막아주는 북쪽의 방장산을 제외하고는 시각적인 장애물이 없어 조성면과 득량면은 물론 고흥반도 일부 지역을 포함한 득량만 일대를한 눈에 조망할 수 있는 조건을 구비하고 있다. 규모에서는 차이가 있으나 기본적인 축조방법이 동일한 점으로 보아 동시기에 축조된 것으로 추

정된다. 매장주체시설은 토광을
2단으로 파고 판석을 사용하여
거대한 석실을 만든 지하식으로
바닥에는 잔자갈을 깔았다. 석
실 윗쪽에는 개석을 2단으로 덮
고 켜켜로 마사토와 적석층을 3
단으로 층을 이루며 채웠다. 1호
지석묘 상부에는 폐가옥이 있었
기에 상석을 확인할 수 없었으
나 2호 지석묘에서는 상석이 잔
존하고 있었다. 1호 지석묘는 방
형(10.4×9.5m)으로 굴광하였으며,
석실의 규모가 길이 210㎝, 너비

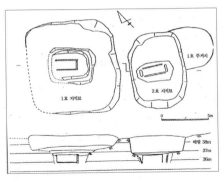

[도면 7] 보성 동촌리 유적 유구 배치도

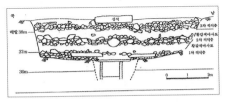

[도면 8] 보성 동촌리 2호 지석묘 축조 모식도

100㎝, 깊이 80㎝ 이다. 출토유물은 관옥 40점, 무문토기편, 마제석촉 1
점 등이다. 한편, 2호 지석묘는 장방형(8.5×5.9m)으로 굴광하였으며, 석실의

[사진 8] 보성 동촌리 유적 원경(송의정 외, 2003)

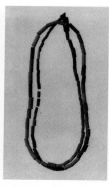

사진 9. 보성 동촌리 유적 조사후 전경 및 1호 지석묘 출토 유물(송의정 외, 2003)

규모가 길이 212cm, 너비 75cm, 깊이 104cm 이다. 도굴되어 출토유물은 없다.

동촌리 지석묘는 창원 덕천리 지석묘(이상길 1993)처럼 지하에 거대한 매장주체부(석관)와 여러 겹의 積石이 이루어져 있어 일반적인 지석묘보다는 훨씬 규모가 크다.

그 시기는 창원 덕천리 지석묘의 경우와 같이 늦은 단계로 판단된다. 박순발은 덕천리 지석묘군이 지석묘사회의 마지막단계로서, 世帶共同體간에 우열이 생기면서 유력한 世帶共同體의 家長의 주도로 일정한 지역을 통합한 農耕共同體의 長이 부상할 무렵의 지석묘로 보고 있다(박순발 1997).

동촌리 지석묘도 덕천리 지석묘와 같이 청동기시대 늦은 단계로 파악되고 있는데, 구체적인 편년에 대해 살펴보자. 동촌리 지석묘가 청동기시대 중기의 송국리형 주거지를 파괴하고 축조된 점에 근거하면 청동기시대 후기에 해당한다고 볼 수 있다. 청동기시대 후기는 원형점토대토기문화로 특징지워지는데, 전남지역의 원형점토대토기문화기는 대체로 기원전 3~2세기대로 편년된다. 이와 관련하여 전남동부지역에서 최근 대규모 지석묘군이 발굴조사되고 절대연대가 측정된 유적을 참고할 필요가 있다. 60기 이상의 지석묘군이 발굴조사된 여수 화동리 지석묘의 경우, 그 절대편년이 기원전 5~1세기에 해당되고 있다(이동희·이순엽 2006). 이와 같이 지석묘의 하한이 다른 지역보다 늦은 것은 전남동부지역의 지석묘가 전국에서 가장 밀집된다는 점과 무관하지 않을 것이라는 견해(이동희

2002a · 2002b)와 일맥 상통한다.

동촌리 지석묘와 같이, 소수의 有力者를 위하여 거대한 지석묘를 축조한 것은 지배·피지배층이 형성된 단계임을 시사한다. 여수반도나 고흥반도에서 우월한 위세품을 부장하던 집단의 마지막 단계로서 보성 동촌리 지석묘의 출현은 자연스러운 발전양상으로 판단된다. 이는 지석묘 사회의 마지막 단계에 특징적인 소형 위석식 묘곽과는 대조적인 양상이다.

보성강유역과 남해안 지역에서 지석묘 말기 단계의 양상은 2가지로 구분된다. 즉 소수이지만 보성 동촌리 같이 거대한 지하 매장주체부를 갖는 경우와 보성 죽산리나 여수 화장동 화산 지석묘의 마지막 단계에서 부분적으로 확인되듯이 소형의 위석형과 토광형으로 축소되는 경우가 그것이다. 전자에 비해 후자는 상대적으로 많은 비율을 차지하고 있다. 이는 지석묘 사회 내에 위계화가 상당히 진전되어 소수의 유력 지배층과 다수 일반민의 관계라고 추정할 만큼 신분상의 분화가 나타났음을 의미한다. 부언하면 보성 죽산리나 여수 화장동 화산 지석묘 말기 단계에 위석형 묘곽을 쓰는 피장자는 동일 지석묘군의 석곽형 묘곽을 사용했던 이른 시기 피장자의 지위보다 상대적으로 더 격하되었다고 보여지는 것이다(이동희 2002a).

지석묘 축조 말기에 농업의 확대로 농민들의 시간과 노동력이 더 생산적인 곳에 치중하여 노동력이 많이 소모되는 상석이 생략되었다는 견해가 있다(이송래 1998). 이 주장은 적어도 소형의 위석식 지석묘에는 해당될 것이다[123]. 하지만 이와는 대조적으로, 소수지만 지석묘 말기에 거대한

---

123) 순천 우산리(최성락·고용규·안재철 1993)의 경우, 위석식 묘곽의 상석은 소형화된다. 여수 화장동 화산(최인선·이동희 2000)의 가장 늦은 4~8호 석곽묘나 여수 오림동(이영문·정기진 1992)에서 가장 늦은 시기인 6~9호 석곽(석관)은 모두 상석이 없었다고 보여진다.

지하 매장주체부를 조영하는 보성 동촌리 지석묘 같은 경우를 주목할 필요가 있다.

이와 같이 적어도 전남 동부지역에서 지석묘 축조 말기에는 다수의 소형 위석식(혹은 토광형)과 극소수지만 부장품이 풍부하고 대규모의 매장주체부가 있는 지석묘로 분화되는 양상이 나타난다고 하겠다. 지석묘 축조시기 말기에 위석형이나 토광형 묘곽의 피장자는 선대로부터 계속 축조되던 지석묘군에 매장된 것이고, 동시기에 우월한 지석묘군에서 새로이 분리되어 독립된 구릉에 축조되는 보성 동촌리 지석묘 같은 경우는 유력한 세대나 개인으로 볼 수 있다.

보성 동촌리 지석묘는 현재 2기가 확인되어 밀집 분포상을 보이지는 않으며, 주변의 농경지를 조망할 수 있는 낮은 구릉상에 있다. 이는 하위계층인 다수 농민을 아우르는 상징적인 입지인 셈이다. 송국리형 문화의 후기가 되면서 대형의 기반식(남방식) 지석묘를 쓰는 계층은 상위계층으로 판단되고 있다(하인수 2000). 이렇듯 말기가 되면서 유력한 지석묘는 군집묘에서 벗어나 독립된 구릉에 독립적으로 입지하여 지하에 거대한 매장주체부를 만들고 있는 것은 세형동검기의 분묘와도 비슷한 양상이다.

세형동검부장묘단계에서는 유력 개인이 취락의 일반성원으로부터는 물론이고 자신이 속한 소집단으로부터의 분리, 분묘 입지에서의 특출성과 분묘의 구조면에서의 차이, 부장품, 특히 금속기의 독점현상도 두드러진다. 이러한 현상은 취락내부 최상위자와 여타 성원간의 사회경제적 지위의 격차가 더욱 심화되었음을 의미한다. 혈연적 원리로 구성된 대집단이나 취락 내에서 특정한 소집단이 우위를 점하며 묘역을 분리시켜 나가고 마침내 개인의 돌출로 이어지는 현상은 청동기시대 요동반도의 몇 유적과 일본 야요이시대 무덤에서도 확인된다(권오영 1996).

이상과 같이, 동촌리 지석묘는 지석묘 축조 말기에 득량면의 여러 지석묘 집단(촌락단위)에서 가장 우월했던 한 집단의 세대공동체가 동촌리로 이동하여 거대한 지석묘를 축조했을 가능성이 크다. 지석묘 축조말기에는 종전에 지석묘를 사용하던 다수의 집단들은 소형의 상석과 위석형·석관형 묘곽을 쓰게 되고, 소수의 지배계층은 동촌리식 지석묘나 적석목관묘를 축조했다고 판단된다(이동희 2002a). 득량면에서 발굴조사된 송곡리지석묘군을 보더라도 늦은 시기의 묘곽은 석관형·위석형이고 소형 상석이 사용되었다. 예컨대 1호 석관에서는 원형점토대토기가 출토되고 있다(임영진 외 2003).

동촌리 바로 남쪽에 지명상 '관터'가 있어 계기적으로 중심지라는 점이 연결성을 가지며, 동촌리 바로 서쪽이 예당리인데 이곳 또한 현재의 득량면 소재지라는 점이 주목된다.

동촌리 지석묘의 편년이 기원전 3~2세기대에 해당하므로, 읍락의 원초적인 모습인 소공동체의 연대와도 관련된다. 요컨대 기원전 3~2세기대에 읍락의 하위단위인 소공동체가 형성이 되고 기원전 1세기대에 대공동체인 읍락이 성립되었다고 판단되는 것이다.

한편, 득량면의 동쪽인 조성면에 대해 살펴보자. 환호 집락이 발견된 조성리 유적의 주변에 조성면·득량면에서 가장 지석묘가 밀집된 구산리, 봉릉리, 매현리 등이 자리하고 있다는 점은 주목된다(도면 6). 이 가운데 봉릉리 유적의 경우, 비파형동모가 지표수습된 바 있어 유력한 세력이었음을 뒷받침하고 있다. 조성면·득량면 분지에서 상대적으로 동쪽에 치우친 조성면이 더 경지면적이 넓고 지석묘가 더 밀집되어 있다. 이러한 점에서 보면 동촌리지석묘단계인 기원전 3~2세기 무렵에 조성면 동쪽에도 동촌리지석묘 정도이거나 더 우월한 무덤이 존재했던 것으로 보인다. 그래서 이러한 무덤과 관련된 지배층이 동촌리세력을 규합하여 조성리유적을 조성한 것으로 판단된다.

조성리유적의 위치는 이 지역 전체을 지배하거나, 적어도 영향력를 미친다는 것을 의미한다. 반면에 전술한 동촌리 지석묘의 위치는 득량만에 연해 있는 지역에서 서쪽에 치우쳐 있으며, 구릉의 말단부에 위치한다. 그래서 득량면 연안지역에서 서쪽에 한해 영향력을 미치는 정도였을 것으로 보인다. 이러한 점에서 동촌리 지석묘가 축조될 당시인 기원전 3~2세기 무렵에는 조성리 유적 인근에도 동촌리 지석묘 축조집단에 준하거나 더 우월한 집단이 있었을 가능성이 크다. 다시 말하면 조성리 일대가 邑落의 중심이 되기 이전 단계, 즉 동촌리 지석묘의 연대이자 마한의 맹아기인 기원전 3~2세기 무렵의 조성·득량 일대에는 2개의 중심취락이 분립되어 있었다고 판단되는 것이다. 이후에 조성리에 환호가 조영되는 시점인 기원전후 시기에는 2개의 중심취락이 조성리 일대의 핵심취락을 중심으로 序列化된 것으로 보인다. 이와 같이 득량만 일대에서는 지석묘 축조단계부터 시작하여 점진적인 성장을 통하여 초기정치체인 邑落이 나타나는 단계까지 발전한 것으로 파악된다. 따라서 조성리 주변에서 동촌리 단계나 다음단계의 지배층 묘제가 확인되면 좀 더 밀도있는 논의가 가능할 것이다.

조성리와 동촌리의 공통점이라면 종전에 지석묘가 밀집되었던 곳(촌락단위)에서 일정한 거리를 둔 새로운 자리이고, 주변을 조망할 수 있는 탁월한 입지라는 점이다. 이는 마을 단위의 혈연사회에서 점차 벗어나 지연단위의 지배자가 등장하고 있음을 보여주는 상징적인 입지인 것이다. 특히 조성리 유적의 경우는 독립구릉에 자리하고 있어 김해 봉황동유적과 입지가 유사하다.

전술한 바와 같이 보성 동촌리유적을 기원전 3~2세기로 본다면, 시기적으로 영산강유역의 함평 초포리(이건무·서성훈 1988)나 화순 대곡리(조유전 1984)유적 단계와 연결시킬 수 있다. 초포리와 대곡리 유적에서 세형동검·청동의기와 함께 피장된 적석석관묘의 주인공은 神權政治의 지배자로 볼 수 있다. 한 사회내에서 주술적인 지배자의 등장이라는 것은 점차 공동체적인 사회조직을 와해시키는 단계로 진전시키는 것이다. 지석묘 사회와는 다른 지배·피지배관계가 성립하는 것이다. 함평 초포리나 화순 대곡리의 단계[124]에서는 더 이상 지석묘 축조사회에서 드물게 보이던 위세품의 수준이 아니라, 한 개인을 위해서 다량의 무기와 청동의기가 부장되는 새로운 사회가 도래한 것이다. 또한 적석목관묘가 지석묘처럼 군집하는 것이 아니라 독립적으로 입지한다는 점은 공동체에서 구별되는 지배자의 분묘임을 간접적으로 시사해 준다.

IV. 맺음말

본고는 보성 조성리 유적의 조사 성과를 정리해 보고, 득량만 일대의 해안분지라는 제한된 공간을 대상으로 지석묘 축조 단계부터 조성리 유적이 핵심취락으로 등장하여 邑落이 형성되는 과정을 고고학적 자료로

---

124) 초포리와 대곡리에서 출토된 유물은 청동팔주령, 精文鏡, 세형동검, 동과, 중국식 동검, 동착, 동사, 간두령, 쌍두령 등이다. 출토유물상에서 보면 지석묘사회에서 보이지 않던 청동 방울이나 정문경이 새로이 등장하여 주목된다. 이러한 유물은 이 지역에서 농경사회가 발전하면서 農耕儀式과 宗教儀式을 주재하는 제사장의 등장을 의미한다고 하겠다. 이러한 제사장은 종교적인 의식을 주재하면서도 정치적인 우두머리라는 점에서 神政治의 출현을 상징한다(김정배 1986).

살펴보았다. 득량만에 자리한 보성 조성면과 득량면은 산지와 바다로 둘러 쌓여 자연적 경계를 이루고 있어 주목된다. 아울러 이곳은 백제시대에 冬老縣으로 비정되고 있어, 마한단계에는 주요한 읍락으로 보아도 무방하다.

전남동부지역에서 마한사회의 개시는 철기와 경질무문토기, 토광목관묘, 송국리형 주거지의 소멸과 밀집된 원형계 주거지의 등장, 패총, 환호 등의 고고학적인 특징과 관련지울 수 있다.

조성리유적은 기원전 1세기를 상한으로 하여 목관묘, 패총, 환호, 밀집된 주거지 등을 특징으로 하는 핵심취락으로 등장한다. 이는 지배적 친족집단의 거점이 새롭게 마련되었을 가능성과 관련되며, 그 거점은 읍락의 중심으로 상징성을 갖는 장소에 입지한 것으로 판단된다.

조성리유적의 중심연대가 기원전후한 시기이고, 3세기대에는 환호가 폐기된다. 이는 조성리 유적일대가 후대(3세기대)의 國과 구분되는 읍락규모의 정치체의 중심지로 볼 수 있다. 읍락은 여러 단위 촌락으로 이뤄진 소공동체가 다수 모여서 구성된 대공동체이고 國은 대공동체인 읍락이 다수 모인 대공동체군이다. 읍락은 직경거리 10여km 미만인데 비해 國은 그 직경이 10km를 초과한다는 점에서, 조성리유적은 적어도 기원후 1~2세기대에는 남해안 거점 읍락의 핵심취락으로 볼 수 있을 것이다.

「보성 조성리유적의 성격」, 『고대 동북아시아의 수리와 제사』, 학연문화사, 2011.

古 대산만 지석묘 사회와 다호리 집단

Ⅰ. 머리말

본고에서 다루는 공간적 범위는 창원시 의창구 동읍·북면·대산면 및 김해시 진영읍·한림면 일원이다. 지금은 이곳이 2개 지자체로 구분되어 있지만 고대사회에서는 고 대산만[125]으로 동일한 소문화권을 형성한 지역이다. 다시 말하면, 고대사회에 창원지역은 고 마산만에 연해있는 창원분지와 동읍을 중심으로 하는 고대산만이 각기 별개의 정치집단일 가능성이 높다(이동희 2019b).

필자는 고 대산만을 대상으로 덕천리유적 등의 지석묘 축조사회와 변한 소국의 하나로 추정되는 다호리 목관묘 축조집단과의 유기적인 연결고리를 찾고자 한다. 즉, 종래 지석묘와 원삼국시대의 목관묘세력에 대해 이질적으로 생각해 왔는데 그 접점을 찾고자 하는 것이다.

이처럼, 고 대산만에는 전국적으로 유명한 덕천리유적과 다호리유적이

---

125) 다호리유적이 번성했던 기원전후한 시기에는 동읍,대산면,진영읍 일대 저지대에는 바닷물이 들어 왔던 만(灣)으로 추정된다(임학종 2007:1-13).

[그림 1] 고 대산만의 위치

존재한다. 각기 청동기시대 말기(초기철기시대)와 원삼국시대 초기의 대표
적인 유적이지만, 적극적으로 그 관련성을 찾고자 하는 시도는 거의 없었
다[126]. 시대를 달리한다고 파악하여 전자는 청동기시대 전공자들이, 후자
는 원삼국시대 이후의 전공자들이 각기 다루고 있어 그 간격을 메우지 못
하는 실정이다. 고 김해만에서 지석묘문화와 목관묘문화가 계기적인 발
전상을 보이는 점[127]에서도 유추되듯이(이동희 2019a), 고 김해만에서의 덕천
리유적과 다호리 유적의 연결 고리를 찾아야 할 때가 되었다.

---

126) 고대산만, 특히 동읍 일대의 대형 지석묘군과 변한권에서 가장 위세품이 탁월한 다호리 목관
묘군과의 관련성에 대해서 인지는 했지만(안홍좌 2016, 김양훈 2016) 고고학적인 관점에서 세
밀한 접근은 미약했다.

127) 예컨대, 지석묘문화의 마지막단계로 파악되는 대성동 구릉의 84호 석개토광묘(목관묘)가 목
관묘와 시기적으로 중첩된다.

지석묘사회를 검토할 때, 우리나라 전체나 영남지역, 혹은 경남지역 등으로 거시적이고 광역의 공간을 대상으로 살펴보는 것도 필요하지만 지석묘 축조를 위해 인력이 동원되는 실질적인 범위인 1~2개 읍락 규모의 공간을 대상으로 정밀한 연구도 필요하다. 이 정도의 규모는 후대의 변한·가야사회의 1개 정치체와도 연결되기에 그러하다.

창원 동읍·김해시 진영읍 일대를 포함한 고대산만 일원을 530년경에 멸망한 가야 소국의 하나인 '탁기탄(啄己吞)'으로 보는 견해(이영식 2016)도 있어, 그 이전단계부터 하나의 변한(弁韓) 소국으로 볼 수 있다.

이러한 변한·가야 소국의 성장은 그 직전 단계인 지석묘사회와 무관하지 않기 때문에, 동읍을 중심으로 한 지석묘사회와 변한 수장의 무덤인 다호리 목관묘 집단과의 관련성은 대단히 중요하다.

Ⅱ장에서는 고대산만 지석묘를 정리해 보고, 발굴조사된 덕천리유적을 중심으로 대형 지석묘가 다수 확인되고 거점 취락으로 추정되는 봉산리·용잠리 집단과의 관련성을 살펴보았다. 덕천리 1호 지석묘를 종래 수장으로 보는 관점에서 탈피하여 의례와 관련된 제사장으로 보고자 한다.

Ⅲ장에서는 다호리 세력을 기원전 1세기(전반)대 이주민으로 보고, 덕천리 지석묘군의 늦은 단계의 유구·유물과의 비교를 통하여 관련성을 파악하고자 시도하였다.

Ⅱ. 고대산만의 지석묘 사회

1. 고대산만의 지석묘 개요

〈표 1〉과 같이 고 대산만에는 현재 19개소 48기가 확인되는데 훼손된 4기를 포함하면 52기이다. 하지만, 진영역 부근(설창리)에서 일제강점기때 조사되었지만 현재 유실된 사례 등 후대에 경작·공사 등으로 멸실된 경우도 감안되어야 한다.

〈표 1〉고 대산단 지석묘 일람표(창원문화원2018, 국립김해박물관·두류문화연구원 2020)

소재지			잔존기수	원래기수	상석규모(단위:㎝)	형식	입지	비고
시군	읍면	유적명						
창원시	대산면	우암리	1	1	160×125×53	바둑판식?	평지	성혈 19개
	북면	월백리	1	1	346×123×139		고갯마루	
		외감리	3	3	214×168×166		구릉 말단부	성혈 1개
					310×184×134			
					143×87×34			
	동읍	산남리	4	4	335×285×63	바둑판식	구릉 말단부	성혈 4개
					143×135×49	개석식?		성혈 2개
					214×184×63	개석식?		
					163×138×29	개석식?		
		봉곡리	1	1	260×194×107	바둑판식?	구릉 말단부	
		금산리	1	2	211×156×59	개석식?	구릉 말단부	
		화양리	4	4	330×230×100	바둑판식	구릉 말단부	조망권 탁월 묘역시설?
					200×158×68	개석식?		
					154×100×23	개석식?		
					124×95×10	개석식?		
		신방리	3	3+	210×153×35		구릉의 정상	조망권 탁월 상석 이동됨
					310×200×45			
					216×120×55			
		용잠 1구	2	2	456×285×260	바둑판식	충적대지 해발 7.8-8.3m	2기는 273m이격 성혈 5개(1호), 4개(2호)
					494×173×87			

소재지			잔존기수	원래기수	상석규모 (단위:cm)	형식	입지	비고
시군	읍면	유적명						
창원시	동읍	용잠 3구	1	1	550×381×109	바둑판식	구릉 말단부	조망권 탁월
		용잠 6구	2	3	278×235×67	개석식	구릉 말단부	성혈 5개
					144×122×25	바둑판식		상석 유실
					546×333×83	개석식?		성혈 7개
		봉산리	7	8	616×313×150	바둑판식	구릉 말단부 해발 34-37m	長舟形 평면형태
					311×300×65	개석식		발굴됨.성혈 10여개
					557×300×70	바둑판식		성혈 35개
					210×190×75	개석식		
					214×156×45	개석식		
					150×144×20			성혈 6개
					137×80×50	바둑판식?		
					185×95×34			1호에서 200m이격
		용정리	6	6	574×419×204		구릉말단부 해발 32-41m	성혈 15개
					210×120×57			
					214×123×128			
					197×151×75			
					278×173×53			
					153×145×56			
		덕천리	5	5	460×300×190	바둑판식	구릉 하단부와 평지의 경계 해발16-20m	대규모 구획묘, 성혈10
					230×190×35			
					210×120×49	바둑판식		성혈 4
					450×170×140	바둑판식		성혈 4
					280×160×100			성혈 5
김해시	진영읍	사산리	1	1	420×270×60	바둑판식	독립구릉정상부	
		본산리 용성	2	3	200~240×130 ~140×30~60	바둑판식 개석식?	구릉 정상부 각 1기	동쪽 구릉 상부의 1기는 파괴됨
		신용리	1	1	280×230×90	개석식?	구릉 끝 사면	
		설창리 (진영역부근)	?	?	?	바둑판식	?	파괴됨

지석묘문화를 통해 본 복합사회 형성과정

소재지			잔존기수	원래기수	상석규모 (단위:cm)	형식	입지	비고
시군	읍면	유적명						
김해시	한림면	퇴래리 상소업	3	3	길이 200~240	바둑판식 개석식	구릉 끝 사면	

2. 군집도에 따른 지석묘군의 성격

고대산만 일대의 지석묘들은 군집도에 따라 3유형으로 나눌 수 있다. 즉, A군(5기 이상), B군(2~4기), C군(1기) 등으로 구분된다. 각 군집별로 그 성격을 살펴보기로 한다.

1) A군 (5기 이상)

A군은 고 대산만에서 중심집단이라고 할 수 있다. 지석묘가 가장 밀집된 전남지역의 경우, 중심집단은 수십기에 달하지만 경남지방, 특히 고대산만에는 군집도가 상대적으로 낮다.

고 대산만의 경우 5기 이상인 경우는, 봉산리 8기, 용정리 6기, 덕천리 5기[128] 정도이다. 여기에 용잠리(3개군 6기)까지 포함시킬 수 있다. 고대산만에서 타 지역에 비해 대군집이 거의 보이지 않는 것은 상대적으로 지석묘의 존속기간이 길지 않았다고 볼 수도 있다. 현재로서는 청동기시대 전기로 올려볼 수 있는 적극적인 자료는 희소하다. 이는 지석묘문화의 파

---

128) 비교적 폭넓게 발굴조사가 이루어진 덕천리지석묘군의 경우, 지석묘 5기 외에 주변에서 15기 이상의 석곽묘·(석개)토광묘가 확인되었다. 따라서 다른 지석묘군의 경우도, 발굴조사가 이루어지면 지표상의 지석묘 이외에 상석이 없는 더 많은 매장주체부가 확인될 것이다.

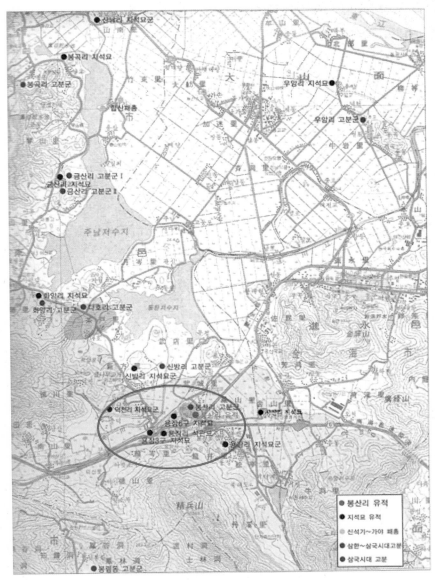

[그림 2] 고 대산만 일대 지석묘군·고분군 분포도 및 중심지석묘군(○)(국립김해박물관 2010)

급이 타지역에 비해 상대적으로 늦었을 가능성이 있다. 향후 조사 성과를 기대해 본다.

그런데, A군은 대개 봉산리·용잠리를 중심으로 반경 1㎞ 내에 모여 있다는 점이다. 그리고 길이 4.5m 이상의 초대형의 상석도 봉산리(2기)·용잠리(4기)·덕천리(2기)·용정리(1기)에만 존재한다는 점이 주목된다. 이러한 점에서 보면 고대산만에서 지석묘 축조를 위해 더 많은 노동력을 동원할 수 있는 핵심세력은 봉산리·용잠리·덕천리 일대라고 볼 수 있다. 초대형의 봉산리·용잠리·덕천리 지석묘 상석(표 1참조)을 이동하기 위해서는 거의 고대산만의 주민 전체가 동원되어야 할 규모이다.

대형의 지석묘가 군집되어 있다는 것은 다른 지역보다 조금 더 이른 시기에 사람들이 정착했고 더 많은 주민이 거주하는 大村이었을 가능성이 있다. 봉산리·용잠리 일대에 다수의 주민들이 거주할 수 있는 것은 당시에도 고대산만에서 가장 넓은 가경지가 있었음을 유추해볼 수 있는데 현재 동읍의 중심지가 용잠리인 것도 그러한 추정을 뒷받침한다. 아울러 고대산만을 통한 수로 교통을 이용하여 대외적인 교류가 활발히 이루어졌다고 볼 수 있다. 이에 대해서는 4절에서 상술하겠다.

2) B군(2~4기)

B군은 2~4기 정도의 지석묘가 군집된 경우로, B군의 일부는 A군(母集團)에서 파생된 子集團인 경우도 있을 것이다. A군에 비해 지석묘 수가 적으며, 그 위치가 A군에 비해 낙동강변에 좀 더 가깝다. 일부 지석묘군의 입지는 청동기시대 당시에 섬으로 볼 수 있는 지역도 포함되어 있다.

이처럼 지석묘군의 수가 적고 상석도 상대적으로 소규모인 것은 A군에 비해 권위가 낮은 집단으로 분류되고 촌락의 규모도 작았을 것이다.

인도네시아 지석묘에 대한 인류학적인 조사 성과를 통해 보면, 母集團에서 宗家계열은 남고 종가계열이 아닌 경우, 일정 시기가 지나면 별도의 마을로 이동하여 별도의 지석묘군(子集團)을 조성하는 것으로 파악되고 있다. 그리고, 지석묘 축조시에 모촌에서 자촌에게 인력 동원 요청시에 응해야 하는 의무가 있다고 한다(가종수 외 2009).

상대적으로 밀집도가 높은 A군을 제외한 나머지 B군은 일정한 간격을 보이고 있다. 즉, 1~2㎞를 거리를 두고 분포하고 있는데, 이는 지석묘 축조 당시의 개별 촌락 위치를 추정케 한다(그림 2).

3) C군(1기)

C군은 지표상에는 1기의 지석묘에 불과하다. 하지만, 정밀 발굴조사가 이루어지면 지석묘 주변에 석관묘 등 다른 매장주체부가 확인되는 경우가 적지 않으므로 매장주체부 관점에서 보면 소군집인 경우도 있을 것이다. 아무튼, B군보다 더 소규모의 집단으로서 비교적 단기간에 조성된 묘역으로 볼 수 있다.

그런데, 1기의 지석묘 가운데 입지적으로 특이한 경우가 있다. 즉, 고갯마루나 전망이 탁월한 구릉 상부에 입지한 경우이다.

먼저, 고갯마루 입지인데 고대산만에서는 북면 월백리 지석묘가 대표적이다. 동읍 화양리에서 월백로를 따라 북면 월백리 방향으로 넘어가는 고갯마루에 위치하는데 비교적 대형의 상석(346×123×139㎝)에 속한다(창원문화원 2018:54). 고갯마루에 있는 대형의 지석묘는 매장주체부가 없는 경우가 적지 않은데 이러한 경우는 立石과 같이 이정표나 집단간의 경계의 역할을 하는 거석기념물로 기능했을 가능성이 높다(이동희 2007:14-15).

다음으로, 언급할 수 있는 지석묘는 독립 구릉정상부에 자리하거나 전망이 탁월한 곳에 입지한 경우이다. 용잠 3구 지석묘의 경우, 대형의 지석묘군이 밀집된 봉산리·용잠리 지석묘군의 후면인 서북쪽 구릉 위에 1기가 위치한다. 주변 지형에 비해 상대적인 고지로 전방의 하천과 들판을 멀리 바라볼 수 있는 조망이 탁월한 곳이다. 상석의 길이가 5.5m로서 고대산만에서 가장 큰 상석 중 하나이고, 바둑판식이어서 돋보인다. 아울러, 넓은 평지의 돌출된 독립구릉정상부에 자리한 사산리 지석묘도 주목된다. 바둑판식이며 상석의 길이가 4.2m에 달해 대형에 속한다. 상기한 사산리 지석묘와 용잠 3구 지석묘는 고대산만을 조망하기에 탁월한 입지이다.

중국 요녕지방이나 서북한지역에서 규모가 아주 크고 단독으로 분포하는 탁자식 지석묘는 제단의 기능으로 추정되고 있다. 즉, 이러한 탁자식 지석묘는 주변을 조망할 수 있는 탁월한 입지(구릉이나 산중턱)에 일정한 거리를 두고 1기 정도만 확인된다는 점이다. 이러한 지석묘는 회의·축제·제사 등의 행사를 행하는 집단의 구심점이 되었던 장소에 세웠던 상징물의 성격으로 축조한 것이다(우장문 2013). 한강 이북의 탁자식 지석묘의 기능은 한강 이남으로 오면 바둑판식 지석묘나 立石이 그 기능을 대신한다고 볼 수 있다(이동희 2017:85-91).

요컨대, 사산리나 용잠 3구 지석묘(그림 2 참조)는 모두 고대산만 최상의 유력세력인 봉산리, 용잠리 집단 주변 0.5~1㎞이내의 전망이 탁월한 구릉 위에 독립적으로 자리하여 고대산만이 조망되며 집단 공동의 의례가 행해진 제단이나 기념물로 추정해 볼 수 있다. 이러한 제단을 만든 주체는 봉산리·용잠리 등 고대산만의 핵심세력으로 보인다.

3. 발굴된 지석묘군의 검토

1) 봉산리 유적(국립김해박물관 2010)

8기의 지석묘 가운데 2호 지석묘만 발굴조사되었다. 2호 지석묘에 대한 조사 결과, 거대한 규모의 계단식 3단 토광을 시설하고 적석층, 매장주체부(석곽)가 확인되었다. 이러한 형태는 인근의 덕천리, 김해 율하, 마산 진동리, 사천 이금동, 보성 동촌리 등지에서도 발굴조사된 바 있다. 봉산리 2호 지석묘는 그 규모나 구조, 특징으로 보아 동읍 일대에 살고 있었던 유력 수장급 무덤으로 볼 수 있다(국립김해박물관 2010: 58~59). 2호 지석묘 주변 지역에 대한 발굴조사 결과, 파괴된 석관(곽)묘 3기를 확인하였다.

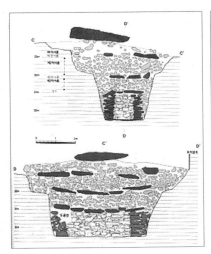 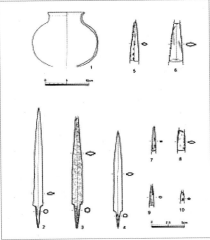

[그림 3] 봉산리 2호 지석묘 및 출토유물(국립김해박물관 2010)

<표 2> 발굴된 봉산리 지석묘 및 석관묘 일람표(국립김해박물관 2010)

	상석크기(㎝)	굴광규모(㎝)	매장주체부 크기(㎝)	출토유물	비고
2호 지석묘	350×284×75	924×502×403	320×110×130	홍도 1, 석검편 1,석촉 8	성혈 23, 목관 흔적
1호 석관묘	·	133×53×15	·	·	바닥석 외 파괴됨
2호 석관묘	·	폭 100㎝	·	·	대부분 파괴됨
3호 석관묘	·	길이 270㎝	·	석부편1	대부분 파괴됨

2) 용잠리 유적(삼강문화재연구원 2012)

청동기시대 무덤군은 (추정) 묘역식 지석묘를 중심으로 주변에 석개토광묘 5기가 위치하며 서쪽으로는 상석으로 추정되는 석재 3매가 확인된다. 모두 이동된 상석은 길이 100-280㎝, 너비 80-120㎝, 두께 30-40㎝이다. (추정) 묘역식 지석묘는 파괴되어 구획석단과 주구만 남아 있다. 평면형태는 장방형이며, 규모는 잔존길이 25m, 잔존너비 7m이다.

<표 3> 용잠리 석개토광묘 일람표(삼강문화재연구원 2012)

호수	굴광규모(㎝)	출토유물	비고
21호 석개토광묘	160×53×10	적색마연호편	삭평으로 잔존깊이가 얕음
22호 석개토광묘	220×66×11	석검 1, 적색마연호 1	삭평으로 잔존깊이가 얕음
23호 석개토광묘	235×84×43	석검 1, 석촉 1, 적색마연호 1	
24호 석개토광묘	179×88×51	석검 1, 석촉편 1, 적색마연소형발 1	
37호 석개토광묘	224×99×41	적색마연소호 1	

3) 덕천리 유적(경남대학교박물관 2013)

(1) 개요

조사 결과, 지석묘 5기, 석곽묘 12기, 석개토광묘 5기, 지석묘의 묘역시설 등이 확인되었다. 여러 기의 무덤들이 동서 90m, 남북 300m의 범위 안에만 분포되어 있어 이곳이 당시의 단위묘역으로 파악된다.

1호 지석묘는 8×6m 크기의 구덩이를 3段으로 파고 그 4.5m 아래에 석곽을 축조하였다. 석곽 위에는 네 겹에 걸쳐 모두 17매의 뚜껑돌과 800여개의 돌이 덮여 있었고, 맨 나중에 35톤가량의 상석을 얹은 구조이다(그림 6). 1호 지석묘의 주위를 둘러싼 석축시설은 국내 최초로 확인된 대규모 묘역시설로, 현재 동서 17.5m, 남북 56m의 규모가 남아 있다. 1호 지석묘의 묘광보다는 적으나, 2호나 5호 지석묘도 2단으로 묘광을 파서 무덤을 만들고 여러 장의 뚜껑돌을 덮고 적석을 한 점은 1호 지석묘와 같다. 1호 주변에 배치되어 있는 석곽묘나 석개토광묘에서 단도마연토기·마제석검·마제석촉 등의 유물이 출토되지만 무덤의 크기 면에서는 지석묘보다 훨씬 소형이다(그림 5).

유적에서는 재가공한 비파형동검(16호)을 비롯하여 마제석검 3점, 마제석촉 36점, 단도마연토기 9점, 관옥 172점이 출토되었는데, 2호 지석묘에서만 165점의 관옥이 출토되었다(그림 15). 또한 2호 지석묘에서는 목관으로 사용되었던 것으로 여겨지는 나무들과 칠편이 확인되었고, 11·16호에서는 인골의 일부가 확인된다. 1호 지석묘 외곽의 석축시설 주위 곳곳에서 수많은 무문토기편과 석착, 숫돌 등의 유물이 수습되었는데, 이러한 유물들은 무덤을 조영하거나 피장자를 매장할 때 매장의례를 치르면서 의도적으로 폐기시킨 것으로 추정되지만, 그 이후에도 지속적인 의례행

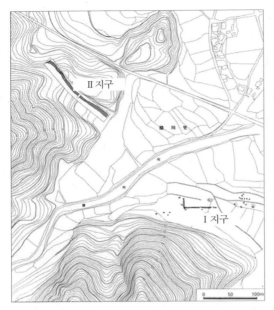

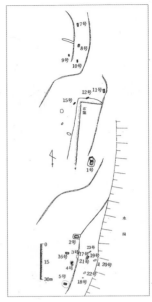

[그림 4] 덕천리 I 지구(분묘), II지구(환호) 위치도(경남대학교박물관 2013)

[그림 5] 창원 덕천리유적의 분묘 배치도(이상길 1996, 일부 수정)

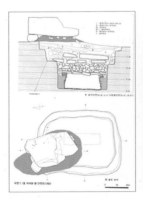

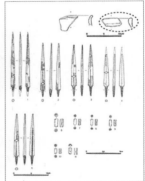

[그림 6] 덕천리 I 호 지석묘 및 출토유물(경남대학교박물관 2013)

위와 신앙의 대상이 되었음을 의미한다.

한편, 묘역에서 200m 정도 떨어진 건너편 구릉에서 환호시설이 확인되어 주목된다(그림 4).

<표 4> 덕천리 유적 분묘 일람표(경남대학교박물관 2013)

	상석규모 (cm)	지석묘 형식	굴광규모 (cm)	매장주체부 크기(cm)	매장주체 부 장축	출토유물	비고
1호 지석묘	460×300 ×190 (35톤)	바둑판 식	770×570× 450	300×95× 135	남-북	관옥 5, 석촉22	묘역시설59×8.2m 3단 묘광과 3중 개석과 적석, 봉토
2호 지석묘	230×190 ×35	개석식	570×380× 170	270×90×90	동-서	관옥 165, 적색마연토기 1	2단 묘광과 다중 개석과 적석, 봉토
3호 지석묘	210×120 ×49	바둑판 식	-	-	-	-	성혈 4개
4호 지석묘	450×170 ×140	바둑판 식	-	-	-	삼각형점토대 토기 1	성혈 4개
5호 지석묘	280×160 ×100	개석식	285×170× 100	120×40×50	동-서	적색마연토기 1	2단 묘광과 다중 개 석과 적석, 봉토
6호 지석묘	226×135 ×108	-	-	-	-	-	조사자는 지석묘가 아닌 것으로 판단
7호 석곽묘			290×110	240×65×25	남-북	석검 1, 석촉 4, 적색마연토기 1	목관 존재 가능성
8호 석곽묘			230×140	120×40×50	남-북	적색마연 토기 1	목관 존재 가능성
9호 석곽묘			150×65	110×35×35	남-북	-	
10호 석곽묘			200×90	165×35×38	남-북	적색마연 토기 1	
11호 석곽묘			310×160	240×65×70	남-북	석검 1, 석촉 4, 적색마연 토기 1	목관 흔적, 인골, 두향 -북쪽
12호 석곽묘			230×114	186×40×35	북동 -남서	소형발형 토기 1	
13호			-	-		무문토기편 1	의례 관련 시설?
14호			-	-			의례 관련 시설?

	상석규모 (cm)	지석묘 형식	굴광규모 (cm)	매장주체부 크기(cm)	매장주체 부 장축	출토유물	비고
15호 석곽묘			225×80×20	-	북동 -남서		유구 일부 훼손
16호 석곽묘			290×185	230×70×75	동-서	동검 1, 석검 1, 적색마연 토기 1	川石 이용, 인골, 頭向 -동쪽
17호 석곽묘			317×177× 85	205×50×55	남-북	석검 1, 석촉 1, 석부 1, 적색마연 토기 1	치아, 頭向 북쪽
18호 석개토 광묘			212×54×30	-	북서 -남동	-	개석 4매
19호 석개토 광묘			243×98×40	-	북동 -남서	적색마연 토기 1	2단 묘광, 개석 3매
20호 토광묘			200×80×37	-	남-북	-	
21호 석개토 광묘			190×85×35		동-서	관옥 1, 석촉 5, 적색마연 토기 1	목관 추정, 석촉-관옥은 보강 토내 출토
22호 석개토 광묘			215×85	-	북동 -남서	소형발형 토기 1	목관 추정, 개석 3중
23호 토광묘			215×48×18	-	북동 -남서	대부발 (컵모양)1	

(2) 구조로 본 덕천리 분묘의 유형 구분

보고자는 덕천리 분묘를 구조적인 측면에서 다음과 같이 3유형으로 구분하고 있다.

1유형- 상석의 존재, 단을 지은 묘광, 여러 겹의 개석, 개석상부 적석, 봉토처럼 덮은 적색 토, 지하 깊숙이 조성된 매장주체부 : 1,2,5호(그림 7)

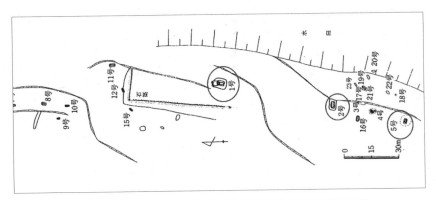

[그림 7] 덕천리 분묘군 내 1유형(1,2,5호 지석묘) 배치도(경남대학교박물관 2013 수정)

2유형- 판상석으로 평적 수적 또는 석곽형 : 7, 8, 11, 16, 17호(그림 8)

3유형- 석개토광형: 19~23호(그림 9)

5기의 지석묘 상석 중 1, 2, 5호 3기에서만 매장시설이 확인된다(1유형). 비슷한 구조적 특징을 가진 1, 2, 5호는 동일선상에 일렬로 배치되어 주목된다. 특히 1호묘는 한 개인의 분묘가 극단적으로 확대된 예이다. 상석을 갖춘 2, 5호묘는 1호묘에 비해 규모는 작으나 기본적으로 구조에 있어서는 3자가 동일하고 남-북 일렬로 배열되어 있어 상호 밀접한 관계를 보인다. 1, 2, 5호는 구조적인 측면에서 밀접하게 연결시킬 수 있으나 1호와 2·5호 간에는 매장주체부의 장축방향이 서로 다르다(그림 7). 1호 지석묘에 잇댄 북쪽의 분묘들은 석곽형이며 대개 남-북향이고 2·5호 지석묘가 있는 남쪽의 매장주체부는 석개토광형이며 동-서향이 다수이다.(이상길 1996:101-102, 경남대박물관 2013:182-183)

보고자는 이러한 매장주체부의 장축방향을 집단차를 반영하는 것으로 추정하였다. 하지만, 필자는 이러한 차이를 약간의 시기차이로 보고자 한다.

즉, 유물로 보아서는 큰 시기차이는 없지만 3단계로 세분해 볼 수 있다. 중앙의 1호 지석묘가 가장 이른 것은 주변의 분묘들이 모두 1호 지석묘를 기준으로 분포하기 때문이다. 북쪽의 평적한 석곽묘에 비해 약식화된 석개토광묘가 늦은 것이 일반적인 견해이고 덕천리유적에도 적용된다. 석개토광묘는 매장주체부 규모가 비교적 소형이고 장축방향의 정형성이 북쪽보다 떨어진다는 점에서도 후행한다고 본다. 또한 석개토광묘는 배치상 석곽묘에 잇대어 있다는 점에서도 더 늦은 단계로 파악된다. 따라서 지석묘를 제외한 북쪽의 석곽묘와 남쪽의 석개토광묘를 비교해 보았을 때 북쪽이 먼저 축조되었다는 것이다. 북쪽의 석곽묘들이 1호 지석묘의 묘역장축방향과 동일하다는 점에서도 그러하다. 아울러, 석개토광묘가 많이 확인된 남쪽 군집의 4호 지석묘에서 삼각구연점토대토기가 출토된 점에서도 가장 늦은 단계임을 시사한다.

남쪽 군집의 매장주체부는 동-서 장축이 다수를 차지하고 있어, 유실된 1호 지석묘 남쪽 묘역을 전제로 하여 에워싸는 형상이어서 유기적인 관련성을 암시한다(그림 9). 북쪽 군집은 공간이 좁아 등고선과 나란한 남-북향을 지향하였고 남쪽 군집은 동-서방향의 공간이 상대적으로 넓어 1호

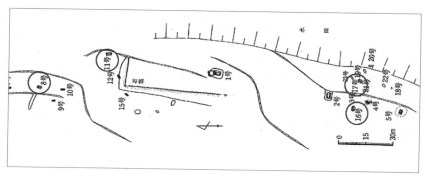

[그림 8] 덕천리 분묘군 내 2유형(8,11,16,17호 석곽묘) 배치도(경남대학교박물관 2013 수정)

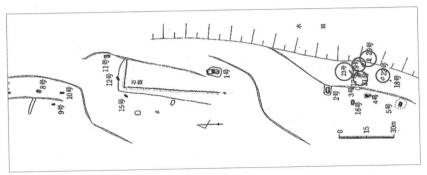

[그림 9] 덕천리 분묘군 내 3유형(19~23호 석개토광묘) 배치도(경남대 박물관 2013 수정)

지석묘를 에워싸는 형상으로 매장주체부가 배치된 것으로 보인다.

다만, 북쪽 군집이 모두 끝나고 남쪽 군집으로 옮겨간 것으로 보지는 않는다. 북쪽에 석곽묘가 조영되는 동시에 2호 지석묘와 같은 다단굴광의 지석묘는 동시에 축조된 것으로 추정된다. 그렇게 보는 이유는 북쪽군집의 석곽묘나 2호 지석묘 등이 공히 벽석을 판상석으로 평적하고 있기 때문이다.

세밀히 따지면, 1호 지석묘 남쪽군집에서는 1호 지석묘의 묘역과 동일축에 있는 2호 지석묘, 북쪽 군집과 동일하게 남-북 장축이고 판상석을 평적한 17호 석곽묘, (변형)비파형동검이 출토되고 매장주체부가 큰 16호 석곽묘(그림 10) 등이 비교적 이른 단계이고, 17호 주변에 자리하면서 규모가 작은 석개토광묘가 가장 늦은 단계로 볼 수 있다. 17호를 에워싸고 있는 18~23호 (석개)토광묘 가운데에서도 17호와 인접한 매장주체부에서 유물이 일부 확인되고 멀어질수록 유물이 확인되지 않는다는 것은 규모가 큰 17호가 먼저 축조되고 17호를 전제로 해서 18~23호가 연동되어 축조되고 있음을 의미한다(그림 8 참조).

이처럼, 지석묘문화의 마지막 단계에는 규모가 작은 석개토광묘가 다

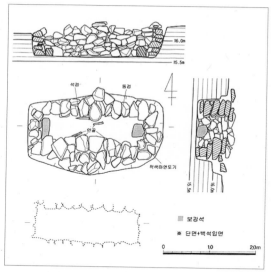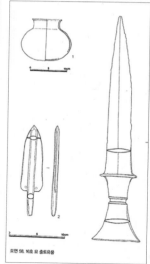

[그림 10] 덕천리 유적 16호 석곽묘 및 출토유물 (경남대학교박물관 2013)

수이고 유물이 빈약한 것이 특징이다. 석개토광묘가 가장 늦은 단계로 볼 수 있는 근거 중 또 하나는 석개토광묘 중 가장 외곽에 자리하면서 유물이 없는 20호는 석개(石蓋)도 없는 토광묘라는 점에서 원삼국시대 목관묘와 연결된다는 점에서도 그러하다.

가장 늦은 단계에는 유물이 보이지 않거나 토광묘이고, 석개토광묘의 늦은 단계에는 종래 전통적인 부장토기인 홍도가 아니라 발형토기로 변하고 있다. 기존의 적색마연토기를 부장하는 풍습이 변질되었음을 의미한다. 예컨대, 22호 석개토광묘의 소형 발형토기, 23호 토광묘의 대부발, 12호 소형 발형토기 등이다(그림 11,18). 12호 석곽묘의 소형 발형토기는 내외면 모두 적색을 띠고 있어 홍도의 변형품으로 볼 수 있기에 석곽묘 중

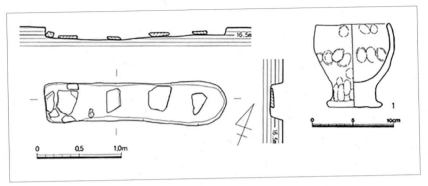

[그림 11] 덕천리 유적 23호 석개토광묘 및 출토유물 (경남대학교박물관 2013)

에서 늦은 시기로 파악된다[129].

북쪽 군집에서도 장축이 남-북 방향에서 틀어진 경우(12호)나 벽석의 정형성이 떨어지고 규모가 작고 유물이 빈약한 15호 석곽묘는 늦은 단계로 보인다. 12·15호는 공히 1호 지석묘 석축 묘역의 북쪽에 인접해 있다(그림 9 참조).

1호 지석묘 묘역 북쪽에 인접되어 있는 12·15호묘가 가장 늦은 단계에 축조되었다는 것은, 초대형 1호 묘역식 지석묘 축조 당시에는 경외의 대상으로 근접할 수 없는 기념물이었지만 점차 그러한 기억이 흐트러진 이후에 12, 15호묘가 1호 지석묘 옆으로 다소 침범한 모습이다.

늦은 단계로 파악한 12호묘를 재검토해보자. 12호묘는 1호 지석묘 석축시설 외부 구(溝)의 북쪽 굴광을 파괴하고 축조되었으며, 장축방향은 동-서향에 가까운 북동-남서향이다. 장축방향의 흐트러짐은 기존 분묘 축조 패턴의 변형으로 볼 수 있다. 토층으로 볼 때 석축의 바깥쪽 구가 완전히 매몰된 이후에 축조된 유구이다. 북쪽 군집 석곽묘들이 대개 남-북

---

129)   최말기의 토기에 대해서는 뒤에서 상술하기로 한다.

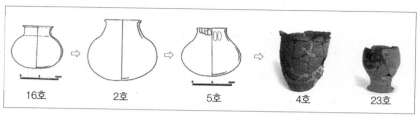

[그림 12] 토기로 본 덕천리 분묘의 상대 편년

장축이라는 점, 그리고 벽석을 횡평적한 것과 달리 장축방향이 다르고 벽석 하단을 와수적한 점이 변형된 후기 단계로 볼 수 있다. 더구나 유구에 사용된 석재의 재질과 형태로 보아 1호 지석묘 주변 석축의 석재 일부를 빼서 분묘 축조에 이용한 것으로 파악된다(경남대박물관 2013:123).

요컨대, 덕천리유적의 늦은 단계 매장주체부는 (석개)토광묘인 경우가 많고 석곽묘의 경우 벽석을 와수적하며, 유물상으로는 유물이 빈약하거나 홍도 대신 발형토기나 대부발을 부장한다는 말기적 특징을 보인다. 이러한 점에서 상대적으로 늦은 단계가 많은 남쪽 군집의 4호 지석묘에서 삼각형점토대토기가 출토되는 것은 이해가 되는 바이다.

이처럼, 덕천리유적에서 가장 늦은 단계인 (석개)토광묘는 다호리유적으로 대표되는 신문물인 목관묘문화의 영향이 일정부분 있다고 본다면 기원전 1세기대까지 내려볼 수 있겠다. 지석묘 말기단계가 희미하게 되는 것은 철기 및 이주민 유입과 맞물려 이데올로기 혼란 양상과 무관하지 않을 것이다.

4. 고대산만의 지석묘 사회

고대산만에서 발굴조사된 지석묘 유적은 덕천리, 용잠리, 봉산리 유적 등이다. 이 가운데 덕천리 유적만이 전모가 조사되어 그 유구나 유물을 제대로 파악할 수 있기에 본고에서는 덕천리유적을 중심으로 고대산만의 지석묘 사회를 심도있게 살펴보고자 한다.

1) 덕천리 지석묘군의 성격

(1) 기존 덕천리 지석묘 피장자에 대한 제견해

발굴 보고자는 덕천리 1·2호 지석묘의 경우, 동시기에 최상위의 수장층과 관련짓고 있다(경남대학교박물관 2013).

한편, 박순발은 세대공동체간에 우열이 생기면서 유력한 세대공동체의 가장의 주도로 일정한 지역을 통합한 농업공동체의 장(長)이 부상할 무렵의 지석묘들 중 대표적인 예로 덕천리 지석묘군을 들고 있다. 지석묘사회의 마지막단계로서 기원전 4세기로 비정한 바 있다. (박순발 1997:21)

이수홍은 창원 덕천리(1호), 김해 구산동(A2-1호), 김해 대성동(1호) 등의 지석묘를 영남지역의 대표적인 수장묘로 보고 유적의 연대를 초기철기시대까지 내려 보았다. 좀 더 구체적으로, 그 중심연대를 기원전 3세기대로 보고 기원전 2세기대까지 내려올 수 있다고 추정하였다. 이러한 무덤들은 사천 이금동유적·창원 진동유적 등 군집성이 돋보이는 대규모 묘역식 지석묘군과는 차별되는 수장 출현의 현상이며 1인을 위한 단독묘라고 보았다(이수홍 2019:33-41).

(2) 거대 묘역식 지석묘를 지배계층의 정치적 위상으로만 보아야 하는가?

이처럼, 덕천리 1호 지석묘와 같이 1기의 분묘를 조성하는 데에 투입된 노동력을 감안한다면 이 시기 지배계층의 위상으로 보아야 한다는 견해

(이상길 1996 · 2006)가 다수이다.

　그런데, 덕천리 1호가 최상위 수장층의 개인 무덤이라면 왜 그 규모와 유물이 일치하지 않는가? 왜 더 소형의 무덤에서 비파형동검이나 석검이 출토되는가? 이는 1호 지석묘와 주변 묘역이 집단의 의례적 기념물이지 순수하게 개인 지배층의 무덤으로 보기 어렵다는 점을 의미한다. 집단 속의 개인이지 집단에서 개인이 도드라진 상태가 아니다. 더구나 1호 지석묘는 묘역의 한가운데가 아닌 남동쪽으로 치우쳤고 분묘의 북서쪽 묘역 시설 내부는 특별한 시설 없이 빈 공간 그대로이다.

　또한, 동서 120m, 남북 250m의 덕천리 묘역에서 주거지가 1기도 발견되지 않아 인근의 용잠리유적(120×50m공간)에서 무덤6기와 함께 주거지 15기, 고상건물지 22동 등이 함께 발견된 것과는 차별성이 뚜렷하다. 덕천리 묘역에서 1호 지석묘의 길이가 60m나 되어 전체 묘역의 1/3을 차지하고 있어 덕천리 유적 특히 1호 지석묘는 특별하고 신성함이 드러난다.

　대형 지석묘가 개인 권력을 과시하기 위한 무덤이라고 한다면 그러한 권력이 세습되어 대형지석묘가 누세대적으로 조성되어야 할 것이다. 덕천리지석묘는 오직 1호에서만 대형의 묘역이 갖추어져 있고 거기서 일정한 의례를 행하였다. 지석묘의 조영은 집단에 따라 일정한 차이가 있었을 것이다. 즉, 집단에 따라 특별한 사회적 지위를 가진 개인의 무덤으로 누세대적으로 조성된 곳도 있는 반면에, 집단을 대표하는 조상신의 무덤과 의례의 장소로서 1기 혹은 소수만 조성한 경우도 상정할 수 있다(이재현 2003:29~30).

　이러한 견해를 참고하여 고대산만에 적용해 보기로 한다. 즉, 세속적인 권력을 보여주는 초기 수장층의 묘역으로서의 봉산리 지석묘군과 고대산만이라는 공동체(초기 읍락) 전체의 안녕을 기원하고 집단을 통합하는 기능으로서 의례의 상징물 겸 그것을 주관하는 제사장의 무덤으로서의 덕천리 지석묘군을 구분하여 살펴보고자 한다.

2) 초기 수장묘로서의 봉산리 지석묘군과 집단 의례의 상징물로서의 덕천리 지석묘군

고대산만에서 대형 지석묘군은 다음과 같이 두 유형으로 구분해 볼 수 있다.

① 대형 지석묘가 누세대적으로 조성된 초기 수장묘 : 봉산리 지석묘군
② 의례의 중심으로서 거대 묘역이 있는 지석묘 : 덕천리 지석묘군(1호)

(1) 봉산리 지석묘군과 덕천리 지석묘군의 비교

덕천리 묘역은 전체가 조사되었고 봉산리 지석묘군은 8기의 지석묘 가운데 1기만 조사되어 상호 비교의 제한성이 있다. 봉산리유적은 지석묘의 군집도가 높은데 비해 기존에 발굴된 2호 지석묘에서는 대규모 묘역은 보이지 않는다. 봉산리유적은 지석묘간의 간격이 10~30m에 불과하여 덕천리 유적과 같은 길이 60m 이상의 대규모 묘역식 지석묘를 조영할 수 있는 공간적 여지는 없다.

<표 5>에서처럼 봉산리 2호에서는 정치적 권위를 상징하는 석검이 출토되었지만, 덕천리 1호에서는 의례와 관련시킬 수 있는 관옥류[130]가 다수 확인되어 차이를 보인다.

---

130) 목걸이로 사용될 수 있는 옥류가 다수 출토된 무덤은 제의와 관련된 피장자일 가능성이 높다 (이양수 2004:52).

2개 지석묘군의 가장 큰 차이점은 봉산리 지석묘군은 누세대적으로 대형의 지석묘가 군집되어 조영된 데 비해, 덕천리유적의 거대 묘역식 지석묘(1호)는 집단의 상징물로서 단발성이라는 점이다.

〈표 5〉 발굴된 봉산리 2호 지석묘와 덕천리 1호 지석묘의 비교

	덕천리 1호 지석묘	봉산리 2호 지석묘
입지	교통로상에서 벗어나 외진 곳	고대산만의 중심 구릉
주변 시설	환호 존재- 소도 추정	고상가옥 밀집- 물류창고 추정
상석 규모	460×300×190cm	311×300×65cm
다중묘광, 개석	3단 계단식	3단 계단식
기단	기단 규모 : 59×18.2m	확인되지 않음
유물	관옥5, 석촉22	석검(편) 1, 홍도 1, 석촉 8
특징, 피장자	전체 묘역의 중심이고 가장 먼저 축조, 의례를 주관하는 제사장	집단의 수장

(2) 봉산리유적과 덕천리유적과의 관련성

고대산만에서의 공간적 위치, 군집도나 상석 크기 등을 고려했을 때, 상기한 봉산리 지석묘군과 함께 용잠리 지석묘군이 핵심취락으로 파악된다. 이에 비해, 덕천리유적은 전자의 유적들에서 파생된 유력 세력으로 파악된다.

즉, 유물상으로 보아도 시기적인 선후관계는 봉산리 일대가 앞서는 것으로 판단된다. 예컨대, 봉산리유적에서는 석관묘 출토품으로 추정되는 이단병식 석검이 수습된 바 있고 함안식 적색마연호(외반 구연에 경부 내경)보다 이른 단계의 적색마연호(외반 구연에 경부 직립)가 봉산리 2호 지석묘에서 출토되었다(그림 13). 덕천리에서 봉산리 2호와 동일한 적색마연호는 이른

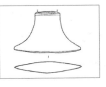

[그림 13] 창원 봉산리 2호 지석묘(좌) 및 석관묘(우) 출토유물

단계의 16호 석곽묘에서만 확인되고, 나머지 대부분은 청동기시대 후기 후반의 가장 늦은 단계 함안식 적색마연호이거나 초기철기시대의 유물이 다수를 점한다(그림 12). 덕천리 1호분의 경우에도, 매장주체부에서의 세장형유경식석촉, 묘역(구 내부 석축부)에서의 두형토기·점토대토기편 등이 확인되어 송국리문화기 가운데에서도 늦은 단계로 보아야 한다(그림 6·17).

봉산리유적은 분포도에서 보면 중심부의 거대한 지석묘인 1,3호 지석묘(길이 5.5~6.2m)가 상대적으로 이른 단계이고, 발굴조사된 2호 지석묘는 가장 자리에 위치하면서 상석의 크기가 중형(길이 3.1m)으로 군집내에서 중후기로 보아야 한다. 이러한 관점은 기존 지석묘군 연구성과에서도 그러하다. 즉, 지석묘군 내에서 대형의 상석들이 먼저 만들어지고 주변부에 중소형 상석들이 나중에 조영된다(이동희 2007·2011).

덕천리에서 가장 이른 단계로 파악되는 1호 지석묘와 16호 석곽묘는 봉산리 지석묘군에서 중간단계에 해당하는 2호 지석묘와 동시기로 추정된다. 봉산리 지석묘군이 끝나고 덕천리 지석묘군이 시

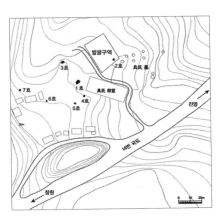

[그림 14] 창원 봉산리 지석묘군 배치도 및 2호 지석묘의 위치(국립김해박물관 2010)

작된 것이 아니라 봉산리유적 중간단계의 어느 시점에 덕천리유적이 조성된 것으로 보인다.

이처럼, 덕천리 지석묘군이 봉산리 유적 등에 비해 상대적으로 늦어 봉산리 유적 등에서 덕천리집단이 파생되었다고 보았을 때, 덕천리 지석묘군의 성격에 대해 다음과 같은 2가지 가능성이 제기될 수 있다.

① 기존의 핵심취락이자 모촌이었던 봉산리,용잠리 지석묘군 등지에서 이동한 핵심엘리트층(수장층)의 별도 묘역
② 대규모 묘역식 지석묘 외에 환호가 인근에 위치한 점에서 봉산리·용잠리 지석묘군의 통괄하의 제의의 공간이자 제사장의 묘역

상기한 2가지 안 가운데 필자는 후자가 더 가능성이 높다고 생각한다.

첫째, 덕천리유적의 특징 중 하나는 용잠리 유적과 달리 묘역에 인접하여 다른 주거지 등 생활유적이 전혀 보이지 않아 신성시했음을 알 수 있다. 덕천리유적은 주 교통로와 어느 정도 이격되어 특별히 한적하고 고립된 곳을 택해 조성했음을 알 수 있다. 덕천리유적은 험준한 구룡산의 동사면의 산간분지에 위치한다. 실제로, 나머지 지석묘 유적들은 현재의 도로를 따라 분포하거나 인접하고 있는데 비해 덕천리는 주 교통로에서 벗어나 있다. 또한 덕천리묘역에서 200m정도 이격된 구릉에 환호시설이 있어 제의행위와 관련지어 볼 수 있다.

둘째, <그림 2>를 보면 고대산만에서 지석묘군 옆에 고분군이 자리하는 규칙성이 일반적이다. 이러한 조합 관계는 (유력) 촌락단위별로 지석묘뿐만 아니라 고분군을 축조했음을 의미한다. 그런데, 덕천리 지석묘군은 그러한 일반적인 지석묘군-고분군 조합상과 달리 지석묘군만 조영되고

후대의 고분군이 없다는 것이다. 그러한 점에서 덕천리 고분군은 특별한 의미를 갖는다.

봉산리,용잠리의 핵심취락은 고대산만의 여러 집단들을 통솔하는 방편으로 의례를 택한 것으로 보인다. 즉, 덕천리 1호 같은 거대묘역식 지석묘를 조성하는데 읍락규모의 인력을 동원하면서 의례과정을 통해 읍락규모의 여러 집단을 통제하는 수단으로 삼았다고 볼 수 있다. 그 과정에 제사장이 중요한 매개체 역할을 한다.

그런데, 필자는 덕천리 1호 지석묘의 경우, 거대 묘역이 먼저 만들어지고 후대에 제사장의 무덤이 조성된 것으로 본다. 무엇보다도, 1호 지석묘가 묘역의 중심이 아니라 한쪽에 치우쳐 자리잡고 있다는 점에서 그러하다. 최근에 조사된 경산 대학리 묘역식 지석묘(동북아문화재연구원 2016) 등의 유적에서도 동일한 양상이다. 이는 제단으로서의 묘역이 먼저 만들어지고 그 이후 단계에 무덤이 축조되었을 가능성이 제기될 수 있다. 혹은 우리가 확인하지 못하였지만, 당시에 제단 중심부에 어떤 시설물이 있었을 가능성도 배제할 수 없다. 만약, 동시기라면 왜 매장주체부가 묘역 중심부에 배치되지 못하였는지에 대한 면밀한 검토가 있어야 한다.

이러한 점에서, 덕천리 1호 묘역지석묘는 공동체의 의례용 제단이 먼저 만들어지고 해당 제사장의 사후에 한쪽 가장자리에 매장된 것으로 보인다. 이러한 추정은 매장주체부의 크기는 1호와 유사하지만 위세품이 더 탁월한 2호 지석묘(그림 15)에 묘역이 전혀 보이지 않는 점에서도 뒷받침된다.

이와 관련하여, 매장주체부가 없이 장방형 제단만 남아 있는 산청 매촌리나 경주 전촌리, 대구 진천동유적을 검토할 필요가 있다. 이러한 예들은 덕천리 묘역 지석묘의 성격을 재고할 수 있는 좋은 자료이다.

한편, 거대한 덕천리 1호 묘역식 지석묘가 축조되는 시점이 점토대토기문화(세형동검문화)의 파급 시기와 무관하지 않다는 점을 검토할 필요가 있다.

3) 점토대토기문화(세형동검문화)의 유입과 덕천리 묘역식 지석묘는 관련성이 있는가?

"새로운 세형동검문화(점토대토기문화)와 유이민의 유입은 지석묘에서와 같이 무덤의 조성에 대규모의 집단 노동력이 동원되는 의례적 현상이 없어지고 대신에 청동제 위신재의 대량생산과 광범위한 유통, 무덤에서 개인 부장물의 현격한 증가 등 개인의 위신이 강조되는 사회성격으로의 변화라고 할 수 있다."(이재현 2003:32)

상기한 견해와 같이 세형동검문화의 영향으로 지석묘사회가 위축된다고 보는 것이 다수의 견해이다. 이러한 견해는 세형동검문화가 상대적으로 일찍 출현하고 그 문화가 비교적 폭넓게 확인되는 호서나 호남서부권은 가능할 수도 있다. 즉, 대전 괴정동유적이나 화순 대곡리, 함평 초포리 등의 유적에서는 청동제 위세품 등이 다량 발견되어 개인의 위신이 강조되는 사회성격을 보인다. 그런데 비교적 늦게 세형동검문화가 나타난 경남지방의 경우, 적용할 수 있을지 의문이다. 예컨대, 창원이나 김해 지역의 경우, 김해 구산동, 창원 덕천리 등의 거대 묘역식 지석묘가 세형동검문화 및 점토대토기문화 영향하에 더욱 더 활성화된다는 점이다. 경남권의 경우는 세형동검문화 유입시에 그 이주민이 호남·호서에 비해 소수여서 토착문화에 동화된 것으로 보인다. 그 증거가 호서, 호남에서 보이는 이주민의 주된 무덤인 적석목관묘가 보이지 않는다는 것이다. 오히려 경남, 특히 창원·김해의 대규모 묘역식 지석묘에 세형동검·점토대토기 관련 유물이 부장된다는 점은 기존 지석묘 축조 세력이 주도가 되어 세형동검문화를 수용하는 셈이다. 기원전 3~2세기대에 대규모 이주민이 유입된 것으로 보이는 전북서부지역에는 지석묘 자체가 희소하다[131]. 이는 전북서부권의 경우, 새로운 문화를 가지고 온 다수 이주민이 지석묘 축조문화를 쇠퇴·소멸시키는 역할을 했다는 것이다. 이에 비해 이주민의 영향이 미미하다면 반대방향으로 진행될 것이다. 즉 토착문화가 지속되면서 새로운 세형동검문화를 일부 수용하면서, 기존 토착문화를 강화하는 방향이다.

점토대토기(세형동검)문화가 늦게 나타난 영남 동남부지역, 특히 김해·창원 일대는 다른 지역에서 축조가 중단된 기념물적 성격의 지석묘의 축조가 늦은 시기까지 지속된다(이성주 2018:91). 즉, 고김해만의 묘역 지석묘는 이상길 분류 마지막 단계에 속한다. 묘역이 극단적으로 확대되며 매장주체부도 대형화되고 지하화경향이 뚜렷하다. 송국리문화 만기로 이미 점토대토기문화와 접하고 있었던 시기이다. 철기와의 접촉도 상정할 수 있다. 김해 율하유적, 김해패총D구, 창원 덕천리유적 등이 대표적인 예이다 (이상길 2006:74, 이동희 2019:56~57).

이처럼, 청동기시대 최말기와 초기철기시대에 묘역식 지석묘가 대형화하게 된 이유를 살펴볼 필요가 있는데, 이와 관련하여 다음의 견해는 주목된다. 즉, "초기철기시대에 다량의 청동제 위세품과 철기류를 부장한 (적석)목관묘는 호서와 호남 서부권에서 주로 확인되지만, 영남권에서는 거의 보이지 않는다. 그리고, 대형 묘역식 지석묘와 묘역식 제단은 주로

---

131) 이에 비해, 점토대토기문화의 유입이 적었던 전북동부권은 전북서부권에 비해 지석묘의 수가 많이 확인되고 있다.

원형점토대토기가 출토된 유적과 근거리에서 발견된다. 지석묘를 축조 했던 집단은 새로운 이질적인 문화요소와 조우하게 되는데, 우두머리들 은 개인의 능력과 사적소유를 강조하는 새로운 이데올로기를 수용하기보 다는 종래 사회구조를 지탱했던 공동체유형을 강화하는 방향을 선택하면 서 덕천리 1호와 같은 대규모 제단(묘역식 지석묘)을 축조한 것으로 보인다. 이러한 수장의 권위 강화는 사적인 권력의 출현과는 그다지 상관이 없었 을 것이다[132]. 즉, 대규모 묘역식 지석묘의 등장은 차별적 권력을 소유한 지도자의 출현을 의미하는 것이 아니라 개인을 강조하는 새로운 이데올 로기의 유입에 대한 기존 질서를 유지하려는 자들의 방어적 기제를 의미 했을 가능성이 크다".(박해운 2019:103-121)

요컨대, 고대산만에서 종래 거점취락인 봉산리·용잠리 일대 세력이 원 형점토대토기문화(세형동검문화) 유입기에 덕천리에 별도의 제의공간을 만 들고 기존 질서를 유지하려는 전략을 택한 것으로 본다.

전술한 바와 같이, 산청 매촌리·밀양 살내 유적 뿐만 아니라, 삼각구연점 토대토기단계의 경주 전촌리 묘역식제단 등 매장주체부가 없는 기념물의 존재는 공동체 유지를 위해 의례를 중시한 것이지 개인 수장의 권력을 보 여주는 상징물로 보기는 어렵다. 따라서, 거대 묘역식 제단이 있는 덕천리 1호 지석묘를 수장의 무덤으로 바로 연결시키는 것은 재고되어야 한다.

4) 고대산만에서의 君長과 天君의 기원

3세기대의 기록인『삼국지』위서 동이전에서는 國邑에서 '國'을 다스리

---

132) 덕천리 1호 매장주체부가 아닌 주변 석곽묘에서 최고위세품인 (변형)비파형동검이 출토된 것 에서도 뒷받침된다.

는 '君長'과 국읍 내 소별읍인 蘇塗에서 제사를 주관하는 '天君'이 구분되고 있다. 전자가 세속적이고 정치적인 우두머리라면, 후자는 司祭인 셈이다.

상기한 군장과 천군에 대한 내용은 3세기대 기록이므로 군장과 천군의 존재의 하한을 의미하는 것이다. 따라서 그 상한에 대해서는 고고학적으로 밝혀야 한다.

다호리 유적과 같이 목관묘의 군집 현상은 삼한 소국이 형성되었음을 의미한다(이희준 2011:71). 기원전1세기대의 다호리 1호 목관묘의 피장자는 국읍의 최고 우두머리인 君長으로 볼 수 있다.(최성락 2008:314)

이러한 관점을 조금 더 상향해 보기로 한다. 이상길(2000:48-49)은 한국식 동검문화(점토대토기문화)단계에 祭政의 분리가 이루어졌을 것이라고 추정하였다. 즉, 한국식 동검기가 되면 소도와 같은 특정 공간도 형성되어 제사장이 별도로 존재했을 가능성, 즉 제정의 분리가 이루어졌을 것으로 보았다. 이를테면, 신앙적인 측면을 가진 청동기 매납의 대상이 의기류가 아니라 무기가 중심을 이루는 것은 종교적 사제가 아니라 정치적인 성향의 권력자나 지배층에 의해 주도되어 집단의 대표자인 수장에 의한 범 공동체적 차원의 의례였을 것이다. 청동무기의 매납을 주재한 수장은 여러 취락을 포괄하는 읍락 규모 집단의 長이라고 추정하였다. 매납 행위의 주도자가 의기를 소유한 종교 직능자가 아니라 무기를 소유한 지배계층 또는 권력자일 가능성을 제시한 것이다.

이러한 점을 고려하면, 한국식 동검문화기에 고대산만에서의 정치적 권력자인 首長이 통괄하는 읍락 규모의 제의와 그에 따른 제사장이 존재했을 가능성은 높다.

고김해만에서 점토대토기문화기(한국식동검문화기)는 읍락형성기로 보고 있다(이동희 2019a). 다호리 국읍 이전의 고대산만에서의 읍락형성기에도 미약하지만 군장과 천군의 존재를 상정해 보고자 한다.

지석묘군집에 근거해 보면 고대산만에는 10여개의 촌락단위가 존재하는데, 이 가운데 봉산리,용잠리 집단이 핵심취락이라고 볼 수 있다. 봉산리,용잠리 일대는 간척되기 전에 고대산만에서 가장 넓은 가경지가 있는 공간이다. 특히, 최근에 조사된 용잠리유적은 봉산리지석묘군에서 서북쪽으로 300m 떨어져 근거리에 위치하여 밀접한 관계가 있는데, 고상가옥이 다수 발견되어 잉여산물이나 물류 창고시설로 볼 수 있다.

즉, 용잠리유적에서는 비교적 좁은 공간(150×50m)에 대한 조사였지만 밀집된 송국리형주거지(15기)와 고상건물지(22동), 구상유구 등이 확인되었다. 주거지와 고상건물지간에는 중복된 경우가 드물어 거의 동시 공존하였다고 본다. 그리고, 주거지보다 고상건물이 더 많다는 점은 주목되어야 한다. 이는 개별 주거에 속한 창고가 아니라 수혈주거에 거주하는 사람들이 고상건물을 관리했을 것으로 판단한다.

고상건물지의 기능을 살펴보면, 장방형 또는 세장방형의 평면형태를 가진 대형 고상건물지는 공공건물로, 규모가 작은 것은 개별 주거에 속하는 창고로 보는 경향이 있다. 창고로서의 고상건물은 무문토기시대 중기 취락부터 점차 증가하고 있는데, 이러한 현상은 송국리문화기에 발달한 농경과 관련지을 수 있으며 용잠리의 고상건물은 핵심 취락의 창고시설로 볼 수 있다. 용잠리취락은 창고가 많은 것이 특징인데, 거점의 창고군을 관리하는 취락으로 볼 수 있다. (조현정 2012:347~353)

아울러, 창고시설에 바로 연접하여 습지가 확인되어 고대사회에는 수로교통이 용이한 곳이었음을 알 수 있다. 이렇듯 밀집된 송국리형주거지와 고상건물지로 유추해 보면 청동기시대 후기에 용잠리,봉산리 일대에 거점취락이 자리하고 있었고 덕천리에서 출토된 비파형동검과 같은 위세품도 이러한 수로 교통을 통해서 입수되었을 가능성이 높다. 용잠리·봉산리 일대에 거점취락이 자리하고 있었던 것은 전술한 바와 같이 고대산만에서 지석묘가 가장 밀집되고 거대한 상석이 분포하는 것에서도 뒷받침된다.

고 대산만에서 교역창구로서의 용잠리의 역할은 기원전 1세기대에는 다호리 세력의 성장과 연계되어 있다고 본다. 다호리에서 확인된 다수의 중국계 유물이 이를 방증한다. 용잠리·봉산리, 다호리 일대의 농업 생산력과 교역 창구로서의 역할은 이 일대에 재화가 집중되었음을 의미하는데, 군집된 지석묘와 목관묘의 존재로 뒷받침된다.

요컨대, 고대산만에서 다호리 세력 이전의 봉산리·용잠리 지석묘 축조 집단에 대해 초기적이지만 정치적 권력자인 君長 직전단계의 우두머리로 상정해 볼 수 있다. 봉산리·용잠리 일대의 우두머리는 집단지향적인 수장이라는 점에서 다호리 1호묘와 같은 개인지향적인 수장과는 차별성이 있다. 즉, 봉산리·용잠리 지석묘의 외양적 규모는 대형이지만 유물이 빈약하고, 다호리 1호묘는 무덤의 규모는 상대적으로 소형이지만 개인의 위세품이 탁월하다는 점에서 다르다.

한편, 덕천리 지석묘군은 위치상 봉산리·용잠리 지석묘군과 좀 다르다. 즉, 후자는 정병산 북쪽 자락의 넓은 공간에 위치한데 비해, 덕천리 지석묘군은 구룡산의 동쪽 자락에 위치하면서 중앙천과 경계로 후자와 구분되며 1㎞ 정도 떨어져 있다. 그리고, 덕천리는 교통로상에서 좀 벗어난 외진 곳이어서 봉산리·용잠리 일대와는 차별적이고, 후대에 고분군으로도 이어지지 않는다.

발굴조사된 봉산리 2호 지석묘와 비교하여, 다단의 계단식 매장주체부는 동일하지만, 거대 묘역식 지석묘는 덕천리 1호에서만 확인되었다. 그리고, 1,2,5호는 규모가 점차 축소되기는 하지만 봉토가 있는 외관상 돋보이는 지석묘로서 타 지석묘군과 차별성을 보인다. 더 주목되는 것은 인접하여 환호가 확인되어 제의공간과 관련지어 볼 수 있다. 즉, 덕천리 묘역에서 200m 이격되어 환호시설이 확인되었지만 주거지가 거의 확인되지 않아 의례공간 즉 蘇塗의 원초적인 모습을 추정해 본다(그림 4). 이러한 점에서 덕천리 1호 지석묘는 단순히 정치적인 首長으로 단정할 것이 아니라, 『삼국지』위서 동이전에 보이는 국읍 내 소별읍인 蘇塗에서 제사를 주관하는 天君과 관련지어 볼 여지가 있다[133]. 환호공간으로 대표되는 소도를 제사장만 출입하는 신성한 공간이라면, 1호 묘역식 지석묘 일대는 공동체 다수가 숭배하는 제의공간으로 구분해 볼 수도 있다.

성역으로서의 소도 관련 유적은 일본 대마도에서도 일부 확인되어 한국 고대사회에 적용해 볼 수 있다. 즉, 대마도에는 특수 촌락의 형태로 동반부에는 神社가 있는 聖地가 존재하고, 서반부에는 민가로 구성되어 있는 구역에 주목하여 그것이 別邑과 같은 성격으로 파악된다(문창로 2017:13). 이러한 점을 원용하면, 덕천리유적도 현재 확인된 환호(소도)와 제사장의 묘역 이외에 얼마간의 거리를 두고 취락 공간이 별도로 조성된 소별읍을 상정할 수 있다.

김철준은 소도의 발생 배경을 청동기문화에서 철기문화로의 변천과정에서 나타나는 신·구 문화의 갈등 양상에서 찾았다. 즉, 소도지역으로 도망한 사람을 잡지 못했던 현상은 당시 철기문화가 성립시키고 있던 새로운 사회질서에 대항하는 반동적인 성격을 내포한 것으로 파악했다. 철기문화를 가진 이주민과 청동기문화의 토착민들 사이에서 예견되는 갈등

---

133) 소도를 '별읍'이라 칭한 것은 '天君'이 거주했던 특별한 곳이기 때문이다(문창로 2017:13).

과 대립을 조절·발산시켜 주는 완충적 역할이라는 것이다(김철준 1975, 문창로 2017). 이러한 견해는 전술한 필자의 해석과 맥락이 통한다.

한국식동검문화기(점토대토기문화기)에 정치적 수장과 제사장을 구분하고, 정치적 수장이 거점취락에서 누세대에 걸쳐 연속적인 분묘군을 축조하는 반면 제사장은 별개 영역권에서 斷續的 신분을 유지한 것으로 본 견해(이양수 2004:50)는 봉산리지석묘군을 정치적 수장에, 덕천리 1호 지석묘를 제사장으로 보려는 필자의 견해와 유사하다.

정치적 수장과 제사장은 배타적이지 않고 상호 보완적이라고 할 것이다. 즉, 덕천리 1호 지석묘의 거대 묘역은 덕천리 집단이 주체가 되어 만든 것이라 보기 보다는 고대산만의 중심집단인 봉산리·용잠리 집단이 주도가 되어 제의 공간을 조성하여 의례·제사로 대공동체(읍락 규모)를 통괄하는 이데올로기로 활용한 것으로 보인다.

요컨대, 덕천리 지석묘군의 경우, 세습성은 미약하고 거대한 묘역을 가지고 있고 의례 관련유물들이 확인되고 있어 의례의 상징물로 볼 수 있다. 즉, 단순한 수장층의 무덤이 아닌 공동체의 의례용 기념물이면서 동시에 해당 제사장인 '天君'의 무덤이 조영된 경우라고 하겠다. 이는 서양 중세의 종교적 성전인 성당 내에 사제(주교)의 무덤이 있는 경우와도 맥락이 통한다.

5) 제사장의 위상 변화

상기한 바와 같이, 덕천리 1호 지석묘는 의례용 제단이자 제사장의 무덤으로 활용되었다고 보았다. 2단 묘광과 봉토를 가져 1호 지석묘와 맥락이 통하는 2호 지석묘 피장자도 1호 지석묘의 연장선에서 보아야 한다. 즉, 단순한 정치적 수장이라기보다는 집단통합을 도모하는 제사장으로 보는 것이 합리적이다. 1, 2호 지석묘에서 석검이 아니라 관옥이 특징적인 위세품으로 출토된 점을 고려하면 이 관옥이 제사장의 상징적 위세품으로 볼 수 있다. 세속적인 수장을 강조하려면 석검이나 동검이 있어야 하지만 그것이 없다. 1, 2호 지석묘가 배치상 같은 축을 이루는 점에서도 그러하다. 다만, 1 → 2 → 5호로 갈수록 상석 및 매장주체부의 규모가 작아지고 유물이 빈약해지는 것은 제사장의 격이 약화되는 것과 관련될 듯하다. 특히, 5호 지석묘 축조 무렵에는 다호리에 소국을 다스리는 정치적 首長(君長)이 출현하는 점에서도 뒷받침된다.

5호 제사장의 마지막 단계에 매장주체부가 축소되고 일반적인 부장품인 적색마연토기로 끝난 것은 제사장의 권위가 매우 약화되었음을 의미한다. 5호의 공간적 위치도 남쪽 가장자리에 치우쳐 가장 늦은 단계로 볼

[그림 15] 덕천리 2호 지석묘 및 출토 관옥(경남대학교박물관 2013)

수 있다. 적색마연토기
의 형식도 가장 늦은 단
계이다. 즉, 5호 앞단계
인 2호 지석묘 출토 적색
마연호가 송국리문화 말
기의 함안식적색마연호
(배진성 2008)이기에 그보다
변형 형식인 5호 지석묘
출토 적색마연호(그림 16)
는 초기철기문화가 유입
된 이후의 최말기로 보아

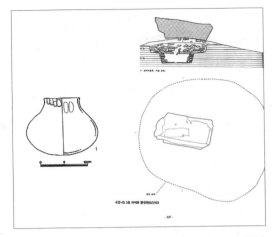

[그림 16] 덕천리 5호 지석묘 및 출토유물(경남대학교박물관 2013)

야 한다. 이렇듯 5호 제사장의 권위가 약화된 시점이 다호리의 시작 단계
와 무관하지 않으리라 본다. 새로운 철기와 중국계 문화를 가지고 온 다
호리의 세속적인 수장의 등장은 기존 토착민의 의례 행위를 약화시켰을
것이다. 그래서 5호 단계는 기원전 1세기대로 보고자 한다. 위치상 2호와
5호 사이에 위치한 4호에서 삼각구연점토대토기가 나온 것은 그 시기를
가늠할 수 있는 중요한 자료이다.

제사장으로 추정되는 5호 피장자는 전통적인 적색마연토기를 사용하
지만, 종래 2호 지석묘와 같은 제사장의 위세품인 의례용 목걸이는 사라
진다. 이는 새로운 사회구조로 급변했음을 의미한다.

6) 덕천리 유적 동검·석검 부장묘의 특징과 피장자

덕천리 유적 전체에서 석검,동검이 출토된 무덤은 7,11,16,17호 등 4기
이다. 이 무덤들의 특징은 석개토광묘가 아닌 모두 석곽묘라는 점이며,

모두 석곽의 길이가 2m를 초과하는 대형이라는 점이다. 덕천리유적에서 매장주체부의 길이가 2m를 초과한 무덤은 상기한 4기 이외에 1,2호 지석묘에 한한다[134](표4 참조).

이러한 석곽묘들은 일정한 거리를 두고 분포하며, 다호리세력의 등장 시기와 관련지을 수 있는 석개토광묘가 축조된 이후에는 석검이 사라진다. 이는 전통적인 지석묘사회의 문화와 권위에 큰 변동이 있었음을 의미한다.

석검이 출토된 4기의 석곽묘 가운데, 16호 석곽묘는 석검 이외에도 비파형동검이 출토되어 주목받은 무덤이다. 즉, 재가공한 비파형동검, 함안식 적색마연호보다 이른 형식의 적색마연호 등으로 보아 덕천리유적에서는 가장 이른 단계로 볼 수 있지만 비파형동검을 재가공했고 전세기간을 고려하면 타 유적에 비해 이른 단계로 보기도 어렵다[135].

16호가 특별한 것은 일반 석곽묘 가운데에서는 가장 폭이 넓고 깊다는 점이다. 아울러 유일하게 하천석으로 벽석을 축조했다는 점이 주목된다.

석검이나 동검이 1점 정도 부장되는 지석묘와 석관묘의 사례는 초보적인 군사적인 지도자임을 상징한다는 견해(이청규 2019:15)가 제시된 바 있다.

청동기시대의 대표적인 위세품으로 인정되는 동검과 석검이 출토된 무

---

134) 1, 2호 지석묘는 상석이나 2·3단 묘광, 봉토 등도 특별하지만 매장주체부의 크기가 각기 300,270㎝에 달한다는 점에서 다른 지석묘와 차원을 달리한다.

135) 부여 송국리 석관묘나 여수 일대 지석묘 출토 비파형동검은 원가공품이다. 이에 비해, 재가공품(진동리 출토품)이거나 삼차가공품(短小化되었거나 葉狀을 이룬 것, 사천 이금동 D-4호 출토품이 지표) 혹은 최종 가공품으로서의 산청 매촌리 35호묘 출토품은 더 이상 검으로서의 기능에 종지부를 찍고 소품(촉 혹은 착과 같은)이면서 별도의 용도로 전환된 것이다(최종규 2012:338). 이처럼, 경남의 비파형동검은 2,3차 가공품이 많아 호서나 호남지방의 비파형동검에 비해 전반적으로 늦게 편년되어야 할 것이다.

덤이 대형의 지석묘가 아니라 지석묘 주변의 석곽묘라는 점은 모든 연구 자들이 궁금해하는 내용이다. 이러한 석검,동검묘가 관옥이 다수 확인된 제사장을 에워싸는 것은 당시 사회구조를 이해하는데 도움이 된다.

덕천리 묘역에서 16호 피장자가 1호 지석묘와 같은 거대 지석묘에 매 장되지 못한 것은 당시 사회가 의례 공동체가 강조된 사회이고 일반 주민 들을 통합하는 매개체가 제사장이었음을 의미한다. 그렇다면, 덕천리 1 호 지석묘 주변에 상석이 없이 동검 혹은 석검이 출토된 대형 석곽묘는 제사장을 보필하면서 소별읍을 유지·관리하는 우두머리로 상정해 볼 수 있다.

Ⅲ. 고대산만 지석묘집단과 다호리 세력과의 관련성

1. 다호리 유적 개요

다호리유적에서 발굴조사된 목관묘는 지금까지 모두 151기(김양훈 2016:210)에 달하며, 기원전 1세기대부터 기원후 2세기 전반까지 조영된 것 으로 추정된다. 弁韓의 1개 소국의 지배층 분묘로 파악되며, 중국계 유물 이 다수 확인되는 등 토착 지석묘 집단과 전혀 다른 새로운 원삼국시대의 개시를 알리는 상징적인 유적이다.

특히, 다호리 1호묘는 전통적인 세형동검과 동모를 포함하지만 상당량 의 부장유물이 한군현과의 교섭을 통해 입수한 것이고 이전에는 부장된 적이 없었던 철제 농기구와 철제무기가 다량으로 부장되고 있다. 이와 같 은 부장양상은 동시기의 다른 지역이나 이후의 시기에도 보기 어렵기에 당대 변진지역 최고위계의 수장묘이며 國邑에 상당할 것으로 추정된다(이청규2002, 이성주 2008).

다호리 목관묘 출토 동경,오수전,칠기,붓,부채,목기 등 다양한 유물은 피장자의 신분이나 중국과의 교역을 보여줌과 동시에 문자의 사용 등 이전 시기에 비해 한층 발전된 사회상을 보여주는 증거이다(최성락 2008:312).

2. 다호리 세력의 出自

〈그림 2〉를 보면 고대산만에서 지석묘군 옆에 고분군이 자리하는 규칙성이 일반적이다. 즉, 우암리지석묘-고분군, 봉곡리 지석묘-고분군, 금산리 지석묘-금산리 고분군 I · II, 화양리 지석묘-고분군, 신방리 지석묘-고분군, 봉산리지석묘군-봉산리 고분군 등이다.

이러한 조합 관계는 (유력) 촌락단위별로 지석묘 뿐만 아니라 삼국시대 고분군을 축조했음을 의미한다. 그런데, 다호리고분군의 경우, 근거리에 지석묘군이 확인되지 않는다. 즉, 다호리고분군과 제일 가까운 화양리지석묘군은 1㎞ 이상 이격되어 있다. 또한, 나머지 고분군은 대부분 삼국시대 고분군인데 비해 다호리유적만 삼한~삼국시대 고분군이라는 점이 차별적이다. 원삼국시대, 즉 변한 단계의 목관묘는 일정 공간(읍락 단위)에서 제한적으로 분포하므로 다호리의 군집된 목관묘 유적은 변한 1개 소국의 수장층 묘역으로 보아도 무리가 없다.

이처럼, 다호리유적에는 인접하여 별도의 지석묘군이 없어 이주민의 후예일 가능성이 크다. 즉, 다호리에 전 단계의 지석묘군이 없이 갑자기 이질적인 대규모 목관묘군이 등장함은 새로운 집단이 이동해왔을 가능성을 시사한다.

다호리세력의 출자에 대해서는 이주민설과 토착주민설로 구분된다. 즉, (중국계) 이주민설(이재현 1992, 김양훈 2016), 서북한 주민들이 남하한 후 토착 주민들과 결합했을 것으로 보는 견해(임효택 1992), 주민의 이동보다는 기존 주민들이 기원전 1세기경에 중국과 교역했다고 보는 토착주민설(최성락 2008) 등이 있다.

이와 관련하여, 위만조선에 정권을 빼앗긴 고조선 準王의 남천기사나 『삼국지』위서 동이전에 辰韓이 秦役을 피해 온 사람들로 구성되었다는 기록을 참고할 필요가 있다. 아울러, 기원전 108년에 고조선의 멸망은 다수의 이주민을 양산하였을 것이다. 이처럼 중국이나 서북한에서의 정치적 격변은 선진문물을 가진 세력들의 이주를 상정케 한다.

기원전 1세기에 다호리 일원에서 이질적인 무덤인 목관묘와 중국계유물이 갑자기 등장하고, 자체적인 철기·칠기 등의 제작기술을 보유한 집단은 토착세력의 자체적인 성장이나 교류로 보기는 어렵다. 기원전 1세기대를 중심으로 목관묘가 갑자기 등장하기 시작했다면 기원전 108년 서북한에서의 고조선 멸망에 따른 유이민의 이동을 자연스럽게 상정할 수 있다.

다호리유적보다 조금 더 이른 시기에 등장한 낙동강 중류역의 초기 목관묘 피장자도 한반도 서북부지역으로부터의 이주민으로 보는 설이 우세하다. 대표적인 예로 대구 월성동 목관묘유적을 들 수 있다. 19기의 목관묘 상당수에서 철제 단검 1점씩 부장되는데, 기원전 2세기말·1세기초로 추정되는 단검은 서북한 계통으로 파악된다.(이청규 2015:335)

다호리 목관묘집단이 밀집한 공간은 기존 토착세력인 지석묘 축조집단을 피해 자리한 것도 그러한 관점을 뒷받침한다. 즉, 다호리유적은 화양리지석묘군과 신방리지석묘군에서 각기 1㎞ 정도 이격된 중간지점에 해당한다(그림 2 참조).

이처럼, 서북한 이주민계통으로 추정되는 초기 다호리 세력이 중국계 위세품이 다수 확인되면서 급성장하게 된 것은 이주 전에 거주했던 서북한과의 연결고리가 그 배경이었던 것으로 보인다. 즉, 이주민 가운데 일부는 漢 또는 樂浪과 연계된 세력이 있었을 것이다.

변진한에서 가장 이른 시기부터 유력한 세력의 하나였던 다호리 세력이 이주집단만의 힘으로 성장하였을 것인가? 초기 목관묘를 조영한 집단은 이주민이겠지만 점차 토착민과 혼인 관계 등을 통하여 융합했을 것이므로 일정 시기 이후의 다호리 목관묘 집단에는 토착민들이 점차 포함되었을 것이다. 이는 이주민인 수로왕 후손들이 토착의 구간(九干) 세력과 혼인한 기사에서도 유추할 수 있다. 다호리 이주민세력은 혼인관계 등을 통해 토착민들과 우호관계를 맺고 주변으로 세력을 확대한 것으로 보인다. 철제 무기류 등 선진문물을 가진 신진 세력은 고대산만 일대의 통합의 주체로 성장하였고 주변세력과 분쟁보다는 화합과 회유를 통해 통합을 지향했으리라 판단한다.

다호리 인근의 유력 토착세력은 전술한 바와 같이, 봉산리·용잠리·덕천리 등의 대형 (묘역식)지석묘를 축조하던 집단으로 볼 수 있다. 다호리 이른 단계에 보이는 삼각구연점토대토기가 덕천리 유적에서 확인됨은 이주민세력과 토착세력과의 교류를 보여주는 중요한 자료이다. 즉, 지석묘가 종료된 이후에 다호리 집단이 시작된 것이 아니고 일정 기간의 과도기를 거쳤음을 알 수 있다.

다호리일대는 토착의 지석묘군이 보이지 않으면서 고대산만이라는 수로교통에 유리한 지정학적 입지를 갖고 있다. 이것이 한군현과 밀접한 관련성을 가진 다호리 이주민 집단이 이곳에 정착한 배경이기도 하다.

3. 덕천리 지석묘군의 분석을 통해 본 다호리세력과의 관련성

덕천리 지석묘군은 2단계로 구분해 볼 수 있다. 즉, Ⅰ기는 원형점토대토기문화(세형동검문화기)가 파급되는 시기와 관련될 것이며, Ⅱ기는 삼각구연점토대토기문화와 관련되며 다호리세력과의 상호 교류가 있었던 것으로 보인다.

1) Ⅰ기 : 기원전 3~2세기

원형점토대토기 및 세형동검 문화가 들어오는 단계이다. 호서나 호남 서부지역에서는 중국동북지방으로부터 적지 않은 이주민이 유입되고 관련 묘제인 적석목관묘나 점토대토기문화(세형동검문화)가 빈출된다. 이에 비해 경남지방은 그러한 신문물이나 이주민의 유입이 뚜렷하지 않고 적석목관묘도 거의 보이지 않는다. 오히려, 토착 지석묘세력이 점토대토기 문화를 수용하는 정도라고 볼 수 있는데, 김해 내동 지석묘에 세형동검이 부장되는 사례가 대표적이다.

변형 비파형동검이 출토된 덕천리 지석묘 유적의 상한을 기원전 3세기 무렵까지 내려보는 견해를 참고하면[136](이수홍 2019), 경남지방은 호남과 호서지역에 비해 비파형동검이 비교적 늦은 시기까지 사용되었다. 덕천리 Ⅰ기에 세형동검이 보이지 않는다는 점도 그러하다. 고대산만 일대에서 세형동검은 철기류와 동반되는 다호리유적에서 주로 보인다는 점에서 비교적 늦게 유입된다. 그만큼 다호리세력이 형성되기 이전에는 경남지역,

---

136) 김해 신문리 유적 3호묘와 창원 진동리 고인돌에서도 변형 비파형동검이 출토되었는데 '진동리식 동검'이라고 불리는 것으로 초기철기시대로 편년된다(이양수 2016, 이수홍 2019).

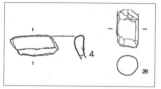

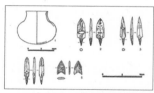

덕천리 1호 지석묘 외곽 묘역시설 출토   덕천리 환호 내 출토   덕천리 7호묘 출토유물

[그림 17] 덕천리 분묘 Ⅰ기 주요 유물(경남대학교박물관 2013 수정)

특히 고대산만은 문화적 보수성이 돋보이는 곳이다.

덕천리 7호·21호묘에서 출토된 삼각형 석촉은 점토대토기 단계에 해당하며(이수홍 2019:37), 덕천리 1호 지석묘 주구 내부나 지석묘군과 관련된 환호유구에서는 두형토기가 출토되었다(그림 17). 이 두형토기는 나중에 유입되었다기보다는 기존 무문토기가 지속되는 가운데 일부 두형토기가 같이 사용되었다고 보는 것이 전체적인 맥락과 합치될 것이다. 덕천리 Ⅱ기의 늦은 단계(석개토광묘 단계)까지 삼각형점토대토기와 함께 (발형)무문토기가 존속한 점에서도 그러하다.

그리고, 덕천리유적 Ⅰ기에서 주로 보이는 함안식 적색마연호(경부내경 적색마연호)가 송국리형 주거지를 파괴하고 조성된 석관묘에서 빈출하고 송국리형문화가 종말을 고하는 후기후반으로 편년(배진성 2008)되므로, 경부내경 적색마연호의 2차 주변지인 창원 덕천리나 김해 율하리의 경부내경 적색마연호 부장 무덤은 청동기시대 후기후반을 넘어선 단계로 볼 수 있다(김미영 2019 :469).

2) Ⅱ기 : 기원전 1세기

삼각구연점토대토기가 성행하는 시기이다. 덕천리 4호 지석묘에서 삼각형점토대토기가 출토되었는데, 이상길(2006)은 덕천리 유적이 이미 초기철기시대와 접점을 이루는 시기에 도달한 것으로 파악한 바 있다(김미영 2019 :469).

고대산만에서 삼각구연점토대토기가 출토되는 대표적인 유적은 다호리유적인데, 덕천리 늦은 단계에 해당한다. 전술한 바와 같이, 덕천리 지석묘군 내에서 늦은 단계의 석곽묘나 (석개)토광묘 단계와 관련된다. 이 단계에는 4호 지석묘에서 삼각형점토대토기가 확인되기도 하고, 적색마연토기가 거의 사라지고 석곽묘·(석개)토광묘(12,22,23호) 등의 무덤에서 다호리의 삼각구연점토대옹의 영향을 받아 발형의 무문토기가 제작되어 부장된 것으로 보인다. 예컨대, 굽의 흔적이 일부 확인된 12,22호묘 출토품은 다호리Ⅰ기의 굽이 있는 삼각형점토대옹의 모방품이라고 볼 수 있다(그림 18).

특히, 덕천리 23호가 주목되는데, 석개(石蓋)가 없는 순수 토광묘로서 덕천리의 마지막 단계에 해당한다. 23호 출토 대부발형토기는 종래 지석묘의 일반적인 부장용토기였던 적색마연호와 달리 대각이 부착된 새로운 기형으로 높이가 10.6㎝이다. 이와 유사한 형식이 다호리 9호분 출토 대부주머니호(대부옹)인데, 높이도 10.5㎝로서 거의 같다(그림 19). 다호리 9호 출토품의 소성도는 일반 무문토기와 거의 같고 구연부는 변형(삼각형)점토대가 부가된 것이다(이건무 외 1989:39-40). 안재호는 다호리 9호 출토 대부주머니호(대부옹)를 와질토기 출현기로서 무문토기의 기형에 환원염으로 소성된 것

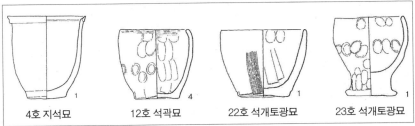

[그림 18] 덕천리 분묘 Ⅱ기 주요 유물(경남대학교박물관 2013)

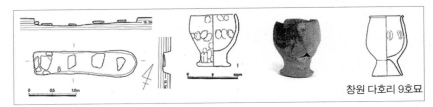

[그림 19]덕천리23호묘 유물(左,경남대박물관2013) 및 다호리9호묘 유물(右,이건무 외 1989)

으로 보고 다호리 I 기(기원전 1세기 2/4분기)로 설정한 바 있다(안재호 2000:209-238).

덕천리 23호 출토품은 구연이 부드럽게 내만하여 다호리 9호 출토품과 유사한데 다만 점토띠는 모방하지 못하는 기술적 한계를 보여준다. 덕천리 12호의 발형무문토기도 삼각구연점토대옹을 모방하려했지만 구경부를 살짝 내만하는 것으로 마무리하고 삼각구연은 제대로 처리하지 못한 것으로 보인다(그림 18 ,19).

이와 관련하여, 대성동유적 1호 지석묘 내부 충전석에서 무문토기 완이 출토된 사례를 참고할 필요가 있다. 이 토기는 청동기시대의 일반적인 무문토기와는 이질적이다(그림 20). 기형으로만 보면 와질토기 완과 같은 형태이다(이수홍 2019:33-41). 이러한 사례야말로 청동기시대 말기와 원삼국시대를 이어주는 중요한 자료이다.

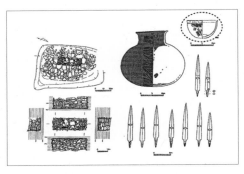

[그림 20] 김해 대성동 1호 지석묘 및 출토유물(이수홍 2019)

이러한 점에서 덕천리 II 기는 다호리 초기(I 기) 이주민집단과의 교류가 있었다고 판단되며, 그 중심시기는 기원전 1세기대로 보인다.

덕천리 지석묘 묘역의 남

쪽에 위치한 4호 지석묘 상석 하부에서 삼각형점토대토기 1점이 출토되었다. 다호리 세력과 연계되어 있고 신문물의 상징물 중 하나인 삼각형점토대토기가 거의 완형으로 출토됨은 이주민과의 접촉을 상징적으로 보여주는 지석묘 마지막 단계의 모습이라고 하겠다. 덕천리 묘역에서 지석묘와 매장주체부가 북쪽에서 남쪽으로 이동하는 점을 고려하면, 남쪽에 치우쳐 있는 4호 지석묘는 늦은 단계로 파악된다(그림 5 참조).

벽석을 와수적하여 늦은 단계의 석곽묘인 12호에서 출토된 소형의 발형 무문토기는 내외면 모두 적색을 띠고 있어 적색마연토기의 대용품으로 부장되었다고 보아도 무리가 없다(그림 18). 부장품이 희소하거나 없는 후기 단계의 석곽묘나 석개토광묘도 이 부류에 포함할 수 있다.

전술한 바와 같이, 덕천리 유적의 5기의 지석묘 가운데 상석의 존재, 단을 지은 묘광, 여러 겹의 개석, 개석상부 적석, 봉토처럼 덮은 적색토, 지하 깊숙이 조성된 매장주체부가 확인된 경우는 1, 2, 5호에 한한다. 1호 → 2호 → 5호 순으로 축조되는데, 마지막 단계인 5호 지석묘에서는 1, 2호 단계에서 다량으로 보이던 의례적인 용도의 관옥이 보이지 않고 적색마연토기 1점만 출토되었다(그림 16). 그리고 5호 지석묘는 매장주체부의 규모가 1, 2호 지석묘에 비해 절반 이하로 소형화되면서 종전의 제사장의 권위가 약화되었는데, 그 배경에는 다호리세력의 출현과 그 영향이 있었다고 하겠다.

4. 다호리 세력의 성장 배경과 그 기원

다호리는 주남저수지 남쪽 구릉지대로서, 이곳의 지명유래 중 주목되는 것은 '짝지'와 '분지등'인데 각기 '나루터'와 '물물교환 장소'라고 한다.

이러한 점에서 다호리 일대는 남북으로 연결된 낙동강 교통로의 중간 기착지 중 하나였을 것이다(김양훈 2016:219).

수로교통의 중요성이 사라진 지금도 고대산만의 중심인 동읍은 철로와 고속도로가 모두 통과하는 교통의 요지이다. 이러한 교통의 결절점으로서의 장점은 고대사회까지 소급될 수 있어 고대사회의 거점지역이었다고 하겠다.

이처럼, 고대산만의 동읍 일대세력의 성장은 고대산만을 통한 교역과 연계해 볼 수 있다. 즉, 동읍 일대는 낙동강 뱃길의 주요관문으로 낙동강 중·하류역을 연결하는 중간지점으로 함안 등의 경남 내륙으로도 쉽게 접근할 수 있는 교통의 결절점이다. 기원전후한 시기에 다호리 일대는 내륙의 변·진한 집단, 한군현(낙랑군), 일본 등 여러 지역 세력들이 모여 들었던 한반도 남부 교역과 중계무역의 중심지였을 것이다(안홍좌 2016:149·154).

이러한 교역의 중심지로서의 역할은 고대산만의 중심인 동읍일대에 집중된 거대 지석묘가 축조되는 시기까지도 소급할 수 있을 것이다. 즉, 동읍 일대에서 지석묘가 가장 밀집된 봉산리·용잠리 일대가 본격적으로 조사되지 않아 단언할 수는 없지만 덕천리유적 조사 결과, 다량의 관옥이나 비파형동검은 외래계 위세품이라는 점에서 다호리유적 이전단계에도 이 일대가 교역의 중심지였음을 추정해 볼 수 있다.

낙동강유역에서 출토된 세형동검, 철기, 전한경과 방제경, 주조철부와 판상철부 등으로 보아 기원전 2세기대의 고고자료는 대구-경주지역에 주로 분포하지만 기원전 1세기경에는 낙동강유역전체로 확대되고 기원후 2세기부터는 낙동강하류인 김해지역이 대외교류의 중심지가 된다. 이러한 전후 맥락을 통해 보면, 다호리유적은 서남해안을 거쳐 해로를 통해 유입되는 문화의 영향보다는 육로를 거쳐 들어온 문화의 영향을 더 많이

받았을 것이다.(최성락 2008:315)

실제로, 낙동강중류역인 대구 월성동·팔달동 유적에서는 기원전 2세기대까지 올라가는 초기 목관묘유적이 확인되고 있어(박진일 2013:129-137), 한반도 서북부지방에서의 이주민이 낙동강중류역을 거쳐 창원 다호리 일대로 남하한 것으로 보인다. 전한경이 경남 남해안이 아니라 경북내륙지역과 다호리일대에서 주로 출토되는 점도 그러한 가능성을 높여준다. 동경 이외에도 동검·동모·동전·장신구 등 청동기가 대구·경산 등 낙동강 중류역 분묘 출토품과 유사하다는 점(이청규 2008)에서도 뒷받침된다.

변한의 1개소국 내 국읍의 핵심취락[137]과 관련된 것으로 추정되는 다호리 세력은 철생산과 교역으로 성장하였을 것이다. 조금 더 후대이지만 고대산만의 여래리와 하계리에는 제철유적 뿐만 아니라 도로·유통시설까지 확인되어 주목된다(안홍좌 2016:151-154).

외부세력과의 교섭을 주도하여 확보된 물자를 독점하거나 다른 읍락 수장들에게 재분배함으로서 주변 읍락을 통제했을 것이다. 국읍의 수장인 주수는 최상위 계층으로 청동기와 철기 사용을 통해 경제적 부를 확보하고 정치적·제의적 권위를 과시하였을 것이다. 특히, 다호리 1호 피장자는 동시기의 변한의 제세력에 비해 한군현과의 대외교섭을 독점하여 경제적 부를 쌓으면서 부각된 것으로 파악된다. 이는 다호리 일대가 한군현 및 진한과의 교섭이 쉬운 지정학적 입지조건, 한군현의 수입물품인 철 공급이 가능한 점 등에서 유추할 수 있다(김양훈 2016:223-224).

요컨대, 고대산만의 다호리세력의 성장배경은 낙동강 중하류역을 연결

---

137) 國邑은 지금의 1개 시·군 단위의 공간적 범위 내의 여러 邑落 중 대읍락이며, 주변 읍락을 통괄할 수 있는 삼한 小國의 정치·경제·군사·종교적 중심지라고 볼 수 있다(권오영 1996).

하는 수로교통의 요지라는 지정학적 조건이 가장 큰 장점이라고 할 수 있는데, 이를 바탕으로 한 진한, 한군현, 왜 등과의 대외교섭 및 철생산과 유통 등을 함께 거론할 수 있다. 아울러, 남강유역을 통해 경남 서부 내륙까지 통하는 수로교통의 결절점이라는 이점은 청동기시대 후기의 지석묘 사회까지 소급될 수 있을 것이다. 용잠리 지석묘유적에서 함께 발견된 다수의 고상가옥을 물류 창고로 볼 수 있다는 점에서도 그러하다.

IV. 맺음말

상기한 내용을 정리해 보면 다음과 같다.

본고에서 다루는 공간적 범위는 창원시 동읍·대산면 및 김해시 진영읍 일원이다. 이 지역은 고대사회에 고대산만(古大山灣)으로, 동일한 소문화권을 형성하였다. 필자는 고대산만을 대상으로 덕천리 유적 등의 지석묘 축조사회와 변한(弁韓) 소국(小國)의 수장층(首長) 무덤으로 추정되는 다호리 목관묘(木棺墓) 축조집단과의 유기적인 연결고리를 찾고자 하였다. 고대산만은 지석묘 축조를 위해 인력이 동원되는 실질적인 범위인 1~2개 읍락(邑落) 규모의 공간이고, 이 규모는 변한(弁韓)·가야(加耶)사회의 1개 소국과도 연결된다.

고대산만에서 지석묘의 밀집도가 가장 높고 대외 교류의 거점인 봉산리·용잠리 집단이 중심 취락으로 추정되며 초대형 지석묘인 덕천리 1호의 피장자는 거점취락과 연계되어 제사를 주관한 사제(司祭)로 보았다. 즉, 봉산리·용잠리 일대의 우두머리는 정치적인 수장(首長)이고 덕천리 1호로 대표되는 피장자는 공동체의 제의를 주관하는 제사장으로 추정하였다.

봉산리·용잠리 일대의 우두머리는 집단지향적인 수장이라는 점에서 다호리 1호묘와 같은 개인지향적인 수장과는 차별성이 있다.

점토대토기(세형동검)문화가 늦게 나타난 영남 동남부지역, 특히 창원·김해 일대에 거대한 묘역을 갖춘 지석묘는 초기철기시대로 편년되고 있다. 이 시기에 지석묘를 축조했던 집단은 새로운 이질적인 문화요소와 만나게 되는데 우두머리들은 개인의 능력과 사적 소유를 강조하는 새로운 이데올로기를 수용하기보다는 종래 사회구조를 지탱했던 공동체유형을 강화하는 방향을 선택하면서 덕천리 1호와 같은 대규모 묘역식 지석묘를 축조한 것으로 보인다. 즉, 고대산만에서 종래 거점취락인 봉산리·용산리 일대 중심세력이 점토대토기문화 유입기에 덕천리에 별도의 제의공간을 만들고 기존 질서를 유지하려는 전략을 택한 것으로 파악된다.

한편, 다호리 집단의 주축 세력을 기원전 1세기(전반)대에 고조선 멸망 후 남하한 서북한계 유이민으로 보았다. 초기 목관묘를 조영한 집단은 이 주민이겠지만 점차 토착 유력세력과의 혼인관계 등 화합을 통해 통합을 지향했으리라 본다. 덕천리 지석묘군의 늦은 단계(기원전 1세기대)의 매장주체부 및 유물과의 비교를 통하여 다호리세력과 덕천리 세력 간의 교류가 있었음을 알 수 있었다. 고대산만의 거점 지석묘 집단과 다호리 세력은 모두 낙동강 수로를 통한 교역의 중심지로서 성장하였을 것이다.

향후, 다호리 세력 직전 단계의 고대산만의 핵심 토착 집단인 봉산리·용잠리 일대의 지석묘가 전면적으로 발굴조사되어 당시 사회가 정치하게 복원되기를 기대한다. 아울러, 고대산만의 변한·가야 소국으로 추정되는 주조마국(?)·탁기탄국(?)의 실체가 드러나기를 간절히 바란다.

「고 대산만 지석묘 사회와 다호리 집단」, 『호남고고학보』67, 호남고고학회, 2021.

古 김해만 정치체의 형성과정과 수장층의 출현

- 구야국의 성립과 관련하여 -

Ⅰ. 머리말

본고에서는 구간사회의 기원인 지석묘축조사회로부터 목관묘가 출현하고 구야국(가락국)의 국읍이 성립하는 단계까지 검토하고자 한다. 이러한 과정에서 집단의 우두머리(수장)의 성격이 지도자로부터 지배자로 점차 전환되는 과정도 함께 살펴볼 것이다.

"가락국은 9개의 촌락 혹은 읍락(9干)이 연합하여 국을 형성하였고, 국의 통치는 수로왕이 최고 통치자가 되어 기존 정치체의 지배세력인 9간을 중앙의 지배세력으로 편입시켰다"(이재현 2003:181)

상기한 내용이 기존 구야국(가락국)의 형성과정을 보는 학계의 견해 가운데 주류를 이룰 것이다. 그런데 고김해만의 정치체 형성은 간단하지 않다. 즉, 9개의 구간사회를 촌락과 읍락 가운데 어디에 소속시킬 것인지, 촌락에서 읍락으로의 성장과정을 고고학적으로 파악하는 것이 가능한지 등 검토해야 할 사항이 많다.

본고에서 다루는 고김해만은 고대사회에서 남해로 흘러드는 소하천 또는 섬을 단위로 수개의 지역으로 분리된 상태로 존재하였을 것이다(박영민

2012:85). 김해시 북쪽에 자리한 진영읍 일대는 지석묘 축조 단계에는 지리적인 여건과 거리면에서 고김해만과는 별개의 세력으로 파악된다(이현혜 1996:152). 현재 행정구역으로 보면, 진영읍·한림면·생림면·상동면·진례면 등은 김해시에 포함되지만 고김해만 논의에서는 제외하고자 한다. 수계가 구분되는 것이 가장 큰 이유이고, 고김해만의 주촌면과 인접한 진례면에서 지석묘가 확인되지 않는 것도 간과할 수 없다. 보다 더 큰 이유는 가야 후기에도 진영읍 및 창원시 동읍 일대는 별개 정치체로 파악하는 견해가 적지 않으므로, 그 이전 단계인 구간사회에서는 고김해만을 별도로 다루어야 한다고 판단했기 때문이다.

그리고, 본고에서 언급하는 '정치체'와 '수장'의 개념을 먼저 정의하고 논의를 전개하도록 하겠다.

『삼국지』위서 동이전에 邑落이라 표현된 것들이 기본적인 정치체이다(이희준 2000b:89). 읍락은 핵심 촌락(大村)과 주변의 여러 촌락(村)이 결합된 구조로 볼 수 있다. 오늘날의 행정구역으로 보면 1~2개 면(面) 정도의 공간적 범위이다.

한편, '수장'(首長)이라는 용어는 각 사회의 '우두머리'라는 뜻이다. 기존에, 한반도 남부 청동기시대부터 원삼국시대에 이르는 각 시기의 대표 수장묘에서 출토된 유물의 성격을 분석하여 그런 유물들이 상징하는 수장권의 성격이 권위(authority)에 의한 지도로부터 권력(power)에 의한 지배로의 변화과정을 살펴본 바 있다(이희준 2011:36-37).

권력보다는 권위의 성격을 강하게 띤 청동기시대 수장의 리더십이 이념 기반만을 갖춘 데서 시작해서 초기철기시대로 가면서 그 이념 기반이 강화되는 한편 경제 기반이 서서히 중대되었고 그를 바탕으로 무덤의 군집화가 반영하듯 수장 및 그 동족으로 구성된 엘리트층이 형성된후 원삼국시대에 들어 그런 경제기반은 더욱 강화되었으며 이윽고 무력기반이 완전히 갖추어짐으로써 명실상부한 수장권의 제도화가 이루어진다(이희준 2011:71).

기존에 변진한사회나 금관가야의 형성과정을 검토한 연구를 보면, 목관묘 문화 이후 단계만 보는 경우가 많아, 그 이전 단계인 지석묘문화와의 유기적인 관련성을 치밀하게 다룬 경우는 드물었다. 예컨대, 김해 대성동·양동리 목관묘군은 대개 기원 이후로 편년되는데, 연구자들이 구야국을 논할 때 목관묘 이후만 다룬다. 이에 비해 인접한 창원 다호리 유적은 기원전 1세기대에 소국의 논의가 시작된다. 이러한 공백기에 대해 종래 깊이 있는 논의가 미약하였다.

종래 영남지역의 지석묘축조사회와 한국식동검문화·점토대토기문화 단계를 구분해 보는 의견도 있었지만, 최근 발굴조사를 통해 그 구분이 모호하다는 점이 밝혀지고 있다. 특히, 김해지역의 경우 지석묘문화에 한국식동검문화·점토대토기문화가 유입되고 있음이 뚜렷하여 별도의 단계로 구분하기 어렵다. 즉, 지석묘축조사회의 후기 단계와 한국식동검문화·점토대토기문화는 동반되고 있어 지석묘축조사회가 비교적 늦게까지 지속될 가능성이 높다. 이 단계에서는 토착 지석묘사회가 유지되는 가운데 청동기 등 새로운 문물이 수용되는 면이 강하여 종래의 의례적 성격의 사회가 지속된 것으로 보인다.

본고는 지석묘가 축조되는 촌락 단위로부터 초기정치체인 읍락의 형성과 소국의 성립에 이르기까지의 과정을 고고자료에 근거하여 검토할 것이다. 즉, 지석묘 축조단계, 한국식동검 유입에 따른 토착 지석묘 사회와 새로운 문화의 혼합 단계, 목관묘 축조라는 새로운 묘제의 출현 등의 획기를 거치면서 계층분화와 읍락 및 국읍의 등장과 소국의 형성과정에 대해 고고자료로 재해석하고자 한다. 목관묘의 군집양상은 읍락의 핵심취락을 중심으로 정치적 통합을 이루었음을 의미한다. 지석묘와 목관묘 집단의 상호 관련성, 피장자의 문제도 함께 살펴보고자 한다.

필자는 지석묘 축조단계와 한국식동검문화기를 단절적으로 봐서는 안되고 상호 밀접한 관련성 속에서 토착문화와 외래문화가 융합 발전한 것으로 파악한다. 아울러, 조만강유역의 양동리 세력과 해반천 유역의 대성동 세력간의 우열관계, 즉 국읍의 위치에 대한 논쟁도 재검토하고자 한다.

본고를 진행하면서 주거와 취락도 언급해야 하지만, 관련 자료가 적어 주로 지석묘·목관묘등 분묘유적과 환호·패총 등의 생활유적, 출토유물에 근거하여 논의를 전개하고자 한다. 그리고 일부 문헌 기사, 예컨대 수로왕과 구간 관련 기록 등도 참고할 것이다.

Ⅱ. 지석묘, 구간사회, 읍락형성기

1. 고김해만 지석묘

1) 지석묘 현황

<표 1>에서 보는 바와 같이, 고김해만에는 훼손된 지석묘까지 포함하면 120기 이상이 있었다고 추정한다. 지석묘는 후대에 멸실된 경우도 있고 발굴조사가 이루어지면 수치가 증가하는 경우가 많기에 향후 그 숫자는 늘어날 가능성이 높다. 예컨대, 장유면 율하지구의 경우, 대규모 택지조성으로 전면적인 조사가 이루어져 비교적 많은 수의 청동기시대 분묘가 확인되었다. 즉, 지표상에 확인된 지석묘 상석은 5기 정도였으나 발굴

조사 결과, 추정 지석묘 33기, 석관묘 49기, 토광묘 22기 등이 노출되었다. 따라서, 타 지역도 전면 조사가 이루어지면 동일한 양상을 보일 가능성이 크다.

〈표 1〉고김해만 연안지역 지석묘 유적 현황(창원문화재연구소·동아대박물관 1993, 이재현 2003, 이재현 외 2012, 이영식 2016 참고)

유적명	기수	추정기수	상석크기 (길이/너비/두께)	입지	형식	수계	비 고
김해시 삼계동 신명	수기	수기	?	구릉	불명	해반천 유역	
김해시 내동	3+	3+	3.1-3.4/2.5-2.7/0.4-0.9m	평지	기반식		3기 외 여러 기 멸실 세형동검, 흑도, 홍도출토
김해시 구산동 구지봉	1	1	2.5/2.5/0.4m	구릉 정상	기반식		
김해시 구산동 1079	1	1	10/4.5/3.5m	평지	기반식		350톤, 85m 길이 세장 방형 부석은 국내 최대
김해 대성동	1	1	잔존길이 3m, 잔존두께 0.7m	구릉 정상	?		
김해시 서상동	1+	7	4.6/4.4/1.4m	평지	개석식		1800년경 지석묘 7기 (길이 4-6m)
김해시 서상동 수로왕릉	2+		2-4.2/1.6-2.4/0.6-1.4m	평지	개석식 (?)		
김해시 회현리	3(?)	3(?)	3.9/1.8/0.4m(대형)	구릉 정상	개석식 (?)		석관묘 7기, 토광묘 1기, 옹관묘 3기 발굴, 세형동검, 동사, 관옥(옹관묘출토)
김해시 명법[138)]1동	12-13기	12-13기	?	구릉	?	칠산 지구	두 지석묘군 사이의 거리는 약 1.5km 이격
김해시 명법2동	8-10기	8-10기	?	구릉, 경사면	?		

---

138) 명법 지석묘군은 대성동고분박물관(이재현 외 2012)의 재조사 결과, 지석묘가 아닐 가능성도 제기된 바 있다.

유적명	기수	추정기수	상석크기 (길이/너비/두께)	입지	형식	수계	비고
주촌면 내연리	2	2	2/1.5/0.6m	평야	?		300m간격 두고 분포
주촌면 선지리 내선	1	1	2/1.3/0.7m	구릉 정상	기반식		
주촌면 원지리 석칠	8	8	길이 1.2-3.6m	구릉	개석식		상석 비교적 소형
주촌면 원지리 국계A	8(?)	8(?)	길이 2.7-3.4m, 두께 2m(대형)	산기슭	?		
주촌면 원지리 국계B	7(?)	7(?)	길이 2.5-3.2m, 두께 1.1-1.8m	산기슭	?	조만강 상류	
주촌면 덕암리 용곡	1	1	?	평지	불명		논 개간중 파괴됨
주촌면 천곡리 내연	2	2	2/1.5/0.6m	평지	기반식		마을 입구와 끝에 각 1기
주촌면 천곡리 연지	2+	7	3.5/2.2/1.5m 대형 4.5/3/1.5m	평지	기반식		200m 이격, 원래 7기 마제형청동기 출토
주촌면 망덕리	?	?	?	?	?		일제강점기때 조사
주촌면 양동리 가곡	3	5	?	평지	불명	유하천, 대청천 유역	멸실
장유면 유하리	2		길이 3.3-3.5m	평지	기반식		가곡지석묘와 일렬 배치
장유면 무계리 광석	2	2	6.1/2.9/1.3m	구릉	기반식		2기 거리 20m. 석검, 석촉 8, 관옥 3, 청동촉 3점
장유면 관동리 죽림	3+	3+	3.2/1.6/0.9m	산기슭	?		
장유면 율하리	33기	33기	1-4.2/0.8-2.4/0.4-1.8m	구릉, 평지	개석식	율하천	상석 5기 잔존, 석관묘 49기, 토광묘 22기, 옹관묘 1기, 세형동검
장유면 신문리	?	?	?	?	?		
대동면 대감리 감내	1+	수기	2.6/1.6/1.0m	평지	개석식	예안천	경지정리로 여러 기 멸실 석검 1, 석촉 2점 출토
대동면 괴정리 지라	4기	7기 이상	?	평지	?		칠성바위로 불림, 4기 잔존
녹산면 구랑리 (현 부산시 강서구 녹산 미음동 분절마을)	3-4 기	3-4기	길이 2-4m, 두께 0.4-0.6m	(정자 나무 아래)	기반식, 개석식	녹산 지구	파괴됨

2) 고김해만 지석묘 축조사회의 경제적 배경

기존에, 고김해만 정치체 형성의 요인이 농경이 아니라 해양을 통한 교역이나 어업이 주된 생업이었을 것이라는 견해가 제기된 바 있다. 즉, 구야국 형성기에는 고김해만의 바다 수위가 높아 현재의 김해평야일대는 농경지로 사용할 수 없었다는 것이다(안춘배 외 1990).

김해지역의 해수면은 4,100년전 후빙기에 최고도로 상승하여 이 시기 김해지역은 거대한 고김해만이었는데, 이와 같은 海進은 1,700년 전까지 이어졌으며 당시의 해수면은 해발 0~2m 선에 이를 것으로 추정하고 있다(곽종철 1990, 전옥연 2013).

이러한 점을 고려하면, 구야국 성립 이전으로 대외교역 집단의 출현연대를 올려 볼 수 있기에 대외교역이 구야국 형성에 주요 원인이라고 볼 수 있다(이성주 1993·2002). 이는 고김해만이 남강유역같이 강변 충적대지를 바탕으로 농경에 의한 잉여산물이 발생하는 곳이 아니라는 점을 의미한다. 고김해만은 기원 이후 鐵産業이 본격화되기 이전에는 半農半漁 생계 방식에 交易으로 성장했을 가능성이 높다.

이와 관련하여 근래 발굴조사된 구산동 취락은 중요한 유적이다(경남고고학연구소 2010). 점토대토기문화가 주로 보이는 구산동 취락에서 다수의 야요이계 토기가 동반되었는데 그 중심시기는 야요이시대 중기 전반에 해당한다. 왜계유물과 함께 왜계 집단거주지가 있었다고 파악되고 있어 당시에 고김해만에서의 활발한 교역을 상정할 수 있다.

고김해만의 경우, 그 이전에도 교역을 한 전통은 분명히 확인된다. 즉, 김해 수가리 패총에서 흑요석제 타제석기는 이미 신석기시대에 일본 九州지역과의 교역이 이뤄졌고, 내동지석묘에서 돌대문토기는 일본열도와의 교역을 보여주며 내동지석묘나 회현동 옹관묘에서 출토된 한국식동검과 동사, 무계리지석묘에서 출토된 청동촉 같은 청동유물의 존재는 원거리교역이 실재하였음을 시사한다. (이영식 2016:392)

3) 고김해만 지석묘의 시기와 특징

최근 발굴조사 성과를 보면, 청동기시대 전기후반대의 채문토기가 출토되는 지석묘가 김해 율하지구에서 소수 확인되고 있다(경남발전연구원 역사문화센터 2009). 하지만, 김해지역 지석묘의 중심연대는 청동기시대 후기(송국리식문화단계) 가운데에서도 후반에 집중되고 있다. 청동기시대 후기 후반은 초기철기시대와 시기적으로 중첩되는 면이 있다. 예컨대, 해반천유역의 내동지석묘에서는 한국식동검과 흑도장경호 외에 야요이시대 중기초의 토기류들이 출토된 바 있다(김용탁 외 2017:71-72).

이러한 점을 고려하면, 고김해만에서 지석묘의 전파 양상은 낙동강하류역에 가까운 장유면 율하리 일대에서 내륙인 해반천 유역으로 진행되었을 가능성이 높다. 늦은 단계의 지석묘가 해반천유역에 집중한다는 점에서도 그러하다.

해반천 유역 지석묘의 특징 중 하나가 묘광을 깊이 파고 내부에 석곽을 축조한 다음 석곽 상부의 공간을 다중 개석 혹은 적석을 채우는 방식이다. 그 예로는 내동 1,2,3호, 대성동 구릉 상부 지석묘, 봉황대(회현리) 지석묘 등이 이에 해당한다(이성주 2018:77).

이처럼, 김해만의 가장 중심권역인 해반천유역의 지석묘 축조 전성기는 초기철기시대일 가능성이 크다. 내동 지석묘는 한국식동검과 흑도로 보면 초기철기시대로 파악된다. 내동 2호 지석묘에서 단도마연토기의 형식으로 기원전 4~3세기로 추정한 바 있는 있지만(임효택·하인수 1988), 동반된 야요이식토기로 보면 초기철기시대로 내려 보아야 한다. 대성동 구릉상의 지석묘 출토 마제석촉과 단도마연토기도 늦은 형식이어서 기원전 4세기 이전으로 보기 어렵다. 김해 중심권역의 지석묘는 대부분 늦은 단계이다(이성주 2018:77-80). 김해 내동 한국식동검은 기원전 3세기, 지석묘와 동반된 회현리 옹관묘 출토 한국식동검은 기원전 2세기대로 편년된 바 있다(이청규 1997:73).

김해지역 묘역식 지석묘는 대개 이상길 분류 마지막 단계인 Ⅲ기에 해당한다. 즉, 묘역이 극단적으로 확대되며 매장주체부도 매우 커지고 지하화 경향이 뚜렷하다. 매장주체부가 대형인데 비해 묘역이 소멸하는 현상도 나타난다. 송국리문화 후·만기로, 이미 점토대토기문화와 접촉하고 있었던 시기로 판단된다. 김해 율하유적, 김해패총 D구, 창원 덕천리유적이 대표적인 예이다. (이상길 2006:74)

요컨대, 점토대토기문화가 비교적 늦게 출현한 영남 동남부지역은 다른 지역에서 축조가 중단되고 없어진 기념물적 분묘의 축조가 늦은 시기까지 지속되는 듯하다.(이성주 2018:91)

4) 늦은 단계 묘역식 지석묘의 계통과 의미

한반도 서남부지역 초기철기시대 적석목관묘의 경우 목관과 봉토를 제외하면 2단 굴광의 깊은 토광, 그 내부에 돌을 채우거나 사용하는 등 창원 덕천리·보성 동촌리 등 늦은 지석묘 하부구조와 흡사하다 (김용성 2016:28).

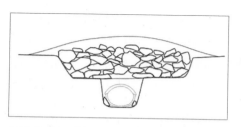

[그림 1] 화순 대곡리 적석목관묘 모식도(국립광주박물관 2013)

남한에서 한국식동검문화기에 적석목관묘의 중심지역은 호서와 호남 서부지역으로 중

국 동북지역에서의 이주민이
나 그 문화의 영향으로 보고 있
다. 한반도 남부지방에서 적석
목관묘가 뚜렷하지 않은 곳은
경남지방과 전남동부지역 등
이다. 필자는 전남동부권의 보
성 동촌리나 경남 김해의 대성
동·율하리, 창원의 덕천리 지
석묘 등에서 확인된 이단굴광

[그림 2] 김해 율하리 A2-19호 지석묘(경남발전연구
원 2009)

에 적석을 한 구조는 상기한 적석목관묘를 모방한 토착유력세력의 무덤
으로 본다. 즉 한국식동검문화기의 토착유력세력은 지석묘 외관은 그대
로 두어 거대 上石을 사용하지만, 내부구조를 적석목관묘 형식으로 바꾸
고 때로 대형의 묘역식 지석묘를 마련하여 토착세력의 위상을 높여 새로
운 이주민이나 신문물을 가지고 온 세력들에 대응하려는 지석묘축조세력
의 마지막단계의 모습이 아닌가 추정해 본다. 김해 율하 지석묘 주변 석
곽묘에서 한국식동검이 출토됨은 기존 토착세력의 묘제가 유지되는 가운
데 신문물만 받아들인 당시 김해 지역의 상황을 보여준다. 이곳에는 한반
도 서남부지역과 달리 북방 이주민의 직접적인 영향은 없고 한국식동검
등의 일부 유물만 유입되는 양상을 보인다.

다시 말하면, 고김해만에서 이단 굴광의 깊은 토광, 그 내부에 돌을 채
운 율하리 지석묘의 경우, 지석묘 주변 석곽묘에서 세형동검이 출토되고
있어 적석목관묘 단계임을 보여준다. 한반도 서남부지역에서는 준왕 등
의 도래지로 파악되는 등 직접적인 이주민이 상정되어 중국동북지방의
적석목관묘와 흡사하지만, 이 단계에 그러한 이주민이 희소했던 경남 김

해 지역의 경우 적석목관묘의 내부구조를 모방하고, 토착 묘제인 지석묘를 거대하게 외형을 꾸미면서 자신들의 위세를 내세우려는 전략을 채택한 듯하다.

김해지역에서 점토대토기단계의 전형적인 적석목관묘나 목관묘가 확인되지 않고 있다. 이는 일부 점토대토기문화를 가진 이주민이나 관련 문화가 파급되었더라도 그 규모나 영향력이 미약하여 서남부지역(호서·호남지방)과 달리 김해 토착의 지석묘축조집단이 새로운 문화를 포용한 것으로 보는 것이 합리적이다. 지석묘나 지석묘 주변 석관묘나 옹관묘에서 세형동검, 점토대토기류가 출토되는 것이 그 방증이다.

요컨대, 고김해만에서 지석묘 마지막단계인 점토대토기문화기에 가장 거대화된 묘역지석묘는 토착 지배층의 보수적인 묘제 관념을 보여준다고 하겠다. 즉, 서남부지역과 달리, 점토대토기단계에 대규모 이주민이 없었던 김해 등 경남남부지역 및 낙동강하류역에는 철기문화가 본격화되는 시기 직전까지 토착세력이 보수적인 지석묘 축조 문화를 유지했다고 판단된다.

5) 지석묘 축조 사회의 위계

(1) 단위 지석묘 축조집단간의 비교

지석묘의 분포상으로 보면, 지석묘 축조사회는 邑落보다는 村落의 형태에 가깝고 촌락간에 뚜렷한 위계를 상정하기 어렵다는 견해가 제시된 바 있다.(이희준 2000)

김해지역 지석묘들은 소지역별로 대규모 군집상을 보이지 않는다. 많아야 7-8기 정도이고, 1~2기씩 일정한 거리를 두고 분산되어 있다. 상석이 사라진 경우를 감안하더라도 군집도가 낮다. 지석묘 축조한 기간이 길지 않아 인구나 세력의 집중도가 높지 않았다고 볼 수 있다.(이현혜 1996:157)

고김해만의 전체 지석묘군이 모두 발굴조사된 것도 아니고 파괴된 지석묘도 있을 것이므로 현재 시점에서 단정적인 결론을 내리기는 쉽지 않다. 다만, 대형의 상석이나 대규모 묘역식 지석묘의 존재는 많은 노동력을 동원한다는 점에서 일반 지석묘와는 차별성을 부여할 수 있다.

고김해만의 여러 지석묘군을 공간적 분포권으로 구분해 보면, 구김해시(해반천유역) 2개소(서상동·구지봉·대성동·회현리 / 내동·삼계동), 주촌면 2개소(양동리·망덕리 / 원지리·천곡리), 장유면 2개소(유하리·무계리 / 율하리), 칠산(명법동), 대동면(감내리·지라), 녹산면(현 부산시 미음동) 1개소(분절) 등 9개 권역으로 나누어 볼 수 있다(그림 3 참조).

이 가운데, 비교적 대형의 상석이 확인된 예는 해반천 유역의 서상동·구산동·회현리 지석묘, 조만강 유역의 주촌면 천곡리·연지리, 장유면 무계리·율하리 지석묘 등을 들 수 있다(표 1 참조). 지석묘의 상석 무게는 동원한 인력과 비례하므로 대형 상석일수록 1개 촌락이 아닌 여러 촌락을 동원해야 하는 것이므로 그 만큼의 해당 집단의 영향력을 의미한다.

그리고, 지석묘 상석도 크고 군집도가 높은 지석묘군은 해반천유역의 서상동 지석묘군과 조만강상류역의 천곡리 연지[139]· 원지리 지석묘군 등이다. 상석도 대형이면서 군집도가 높은 지석묘군은 촌락의 위세와 지속성을 겸하고 있다. 따라서, 단순한 촌락 단위가 아닌 주변 촌락에 지속적인 영향력을 행사할 수 있어 촌락 → 읍락 과도기의 양상을 살펴볼 수 있

---

139) 연지 지석묘는 원래 7기로서 군집도가 높아 다수의 엘리트층이 존재한 큰 취락일 가능성이 높다. 석곽 규모도 대형(길이 200㎝, 너비 77㎝, 깊이 48㎝)이다.

는 유적이다. 고김해만에서 대표적인 읍락(혹은 국읍)의 핵심취락인 대성동과 양동리 유적이 각기 해반천유역의 서상동 지석묘군 및 조만강상류역의 천곡리 연지·원지리 지석묘군과 인접하다는 점에서 상호 밀접한 관련성이 있을 것이다.

요컨대, 지석묘의 군집과 수는 목관묘 축조단계이전의 촌락의 규모와 위상을 보여준다. 지석묘 군집과 수를 보면(표 1 참조), 결국 주촌면(조만강 상류)과 구 김해시(해반천유역)이 우세하다. 이러한 지석묘군의 군집도는 철기문화 유입 이후의 목관묘의 군집도와도 거의 일치한다. 즉, 해반천유역의 대성동 목관묘군 및 조만강상류역의 양동리 목관묘군이 그러한 상황을 대변한다. 상기한 2개 지역에서 초기 정치체인 邑落으로의 성장이 빨랐고, 邑落 단계 首長의 출현과도 밀접한 관련성이 있다.

이와 같이, 지석묘 축조 사회는 촌락 단위로 규모 차이가 있어 규모가 큰 거점마을을 중심으로 일정한 통제와 협력관계가 형성되었을 것이다. 특히, 해반천유역의 구 김해시 권역은 가야의 성립전 시기부터 김해지역에서 가장 큰 중심 마을을 형성했고 이러한 조직적 기반 아래서 구야국이 탄생했을 것이다.(이재현 외 2012:100)

다시 말하면, 구간(九干)으로 분립되었다고 해서 동일한 힘의 균형 보다는 權威와 富의 차이, 집단 크기의 차이에 의해 촌락 단위별로 위세의 불균형이 있었을 것이다.

한편, 유물상으로 보면, 당시 위세품으로 파악할 수 있는 청동기류(한국식동검·청동촉·동사·마제형청동기 등)를 거론할 수 있다. 청동기 출토 지석묘는 해반천 유역의 내동·회현리, 장유면 무계리·율하리, 주촌면 천곡리 연지 등으로 해반천유역(구김해시)과 조만강 중상류역에 주로 분포한다.

청동유물은 해로를 통한 교역에 의해 주로 유입된 것으로 본다면(이영식 2016:371), 고김해만에서 청동유물이 출토된 지석묘는 유력한 집단 즉 구간의 범주에 넣을 수 있다고 본다. 전체 조사가 이루어지지 않아 한계성은 있지만, 이러한 청동유물 출토 지석묘는 일정한 거리를 두고 자리하고 있어 유력한 촌락 단위로 파악된다. 여기서 주목되는 것은 이러한 청동기 출토 지석묘의 다수는 대형이나 초대형 상석이라는 점이다.

대규모 묘역식 지석묘는 해반천유역의 구산동 지석묘(1기)**[140]** 외에 발굴 조사가 가장 폭넓게 이루어진 장유면 율하리 일대에서 가장 많은 숫자가 확인되었다. 아직 다른 군집에서의 대규모 발굴조사가 이루어지지 않아 단언할 수는 없지만 현재 상황으로서는 율하리 일대의 지석묘군이 군집이나 상석의 크기·청동기 출토 양상 등을 보면 지석묘군을 축조한 촌락 중에는 우세한 집단 중 하나라고 볼 수 있다.

요컨대, 지석묘 군집과 상석의 무게, 출토유물 등으로 보면 고김해만의 여러 지석묘군 가운데 해반천 유역의 서상동·구산동·회현리 집단, 조만강 상류지역의 천곡리·원지리 집단, 조만강 중류역의 무계리·율하리 집단 등이 여러 촌락 가운데 우세한 집단으로 보인다. 이러한 우세한 지석묘 축조집단은 읍락형성기에도 선도적인 역할을 한 세력으로 파악된다.

(2) 단위 집단 내 위계

지석묘 축조사회의 위계는 축조집단 단위간의 비교도 필요하지만, 단위집단 내에서도 위계가 확인되는지 여부를 살펴보아야 한다.

고김해만에서 가장 광범위하게 발굴조사된 유적이 장유면 율하리 유적이다. 율하리 유적에서 조사된 청동기시대 묘제는 총 106기인데, 이중 지

---

140) 구산동 묘역식 지석묘에 대해서는 뒤에서 상술할 예정이다.

석묘는 33기, 석관묘 49기, 목관묘 및 토광묘 22기, 옹관묘 1기, 기타 1기 등이다. 율하리 유적에서 지석묘와 석관묘의 관계를 보면, 대개 지석묘가 석관묘에 비해 규모가 크고 독립적인 곳에 위치한다. 지석묘는 묘역시설을 갖추고 있을 뿐만 아니라 무덤배치에 있어서도 석관묘와 구별된 지역에 군집하거나 독립된 곳에 위치한다(윤호필·고민정 2009).

축조 공력을 감안한다면 지석묘가 다른 묘제보다는 상위에 자리매김할 수 있다. 하지만 지석묘와 기타 묘제가 큰 틀에서는 같은 묘역을 사용하고 있어 후대의 계급사회를 논할 수는 없다. 단지, 같은 혈족내에서 권위와 부에 의한 차이 정도로 볼 수 있다.

이와 유사한 예로 마산 진동리유적을 들 수 있다(하승철 2008). 청동기시대 후기의 진동리유적에서는 단위묘역에 묘역식 지석묘와 석관묘가 일정한 거리를 두고 입지한다. 묘역식 지석묘를 상위층에, 석관묘를 중위층으로 보고, 여기에 무덤에 매장되지 못하는 계층을 감안하면 미약하지만 3계층으로의 분화의 시발점이다. 즉, 같은 친족집단내에서도 부와 권위에 의해 서서히 계층이 분화되는 양상으로 파악할 수 있다.

이와 같이, 묘역식은 규모나 외관면에서 아무런 부가시설이 없는 석관묘와는 차이가 크다. 산청 매촌리·마산 진동리·진주 이곡리 등의 묘역식 지석묘의 예를 보면 묘역식 지석묘와 그 주변의 일반 석관묘 사이에는 어느 정도 공간 분리현상이 보인다. 시기차가 거의 없다고 보면 동일지역에 상이한 묘역과 상이한 구조를 보이는 것은 위계차라고 밖에 설명할 수 없다. 이는 인도네시아 숨바섬에서 상위층의 지석묘는 장식적이거나 규모가 크고, 하위층은 장식이 없거나 소규모인 것과 비교된다(이동희 2011:24).

하지만, 지석묘와 석관묘의 묘역이 뚜렷이 분리되지 않는 경우도 있어, 지석묘·석관묘 축조사회를 3계층으로 명확히 구분하기에 미흡한 점도 지적될 수 있다(이동희 2007:119-120). 즉, 지석묘나 석관묘에 피장된 경우와 무덤을 쓰지 못하는 계층 등은 뚜렷이 구분되지만 3계층으로의 구분은 아직 과도기 단계에 있다고 보아도 될 것이다. 지석묘 축조사회가 개인의 권력보다는 공동체 속에 존재하는 개인의 권위를 의미하는 것으로 본다면, 권력에 기반한 지배층이 명확히 성립되지 않았음을 방증하는 것이다 [141]. 유물상으로 보아도, 지석묘 출토유물이 석관묘 출토유물에 비해 절대적 우위를 점하지 않고 있는 점에서도 그러하다.

2. 九干社會- 공간적 범위와 지석묘 피장자의 성격-

문헌사에서는 가락국의 九村의 각 村을 邑落으로 파악하거나(노중국 2017:98), 九干을 각 읍락의 首長으로 보는 견해가 제시된 바 있다(이현혜 1996:158).

그런데, 지석묘 축조 집단을 구간사회를 구성하였던 소규모 집단(촌락집단)으로 추정하는 견해(이영식 2016:378)도 있다. 그렇다면 단위 지석묘 축조집단을 읍락사회로 볼 수 있는지 여부를 검토해 보아야 하는데, 구간사회의 개별 공간적 범위가 관건이다.

구간사회를 현 김해시 전체로 보는 견해도 있지만(이영식 2016), 『삼국사기』 열전 내 「김유신비문」에 김유신의 출자를 설명하는 가운데 '수로왕이 구지봉에 올라 가락구촌을 바라 보았다'라고 한 기사(이영식 2016:353)를 참고할 필요가 있다. "왕이 구지봉에 올라 가락구촌을 바라 보았다" 라고 했을

---

141) 지석묘는 개인의 위신이나 권력을 강조하는 측면보다는 공동노동을 통한 집단의 통합과 집단 전체를 상징하는 의례적 측면이 강하다(이재현 2003:171).

때 구지봉에서 볼 수 있는 곳은 고김해만에 한한다. 이러한 점에서 보면 구간을 지금 행정구역상의 김해시 전역을 포함하는 것은 적절하지 못하다. 그리고, 고김해만과 김해시 북쪽인 진영읍 일대지역과의 경계지점에 위치한 진례면에 지석묘가 거의 확인되지 않는 것은 양지역의 공간적 구분에 참고가 된다. 수계에서도 진영읍 일대 지역과 고김해만은 뚜렷이 구분된다.

이렇듯, 진영읍 일대는 무문토기문화단계에는 지리적인 여건과 거리면에서 고김해만과는 별개의 세력이었다고 볼 수 있다(이현혜 1996:152). 따라서 지석묘 축조 단계의 구간사회는 고김해만에 국한시킬 수 있는데, 그 공간적 범위는 해반천유역(구김해시), 조만강유역(주촌면·장유면), 구김해군 녹산면(현 부산시 미음동), 예안천유역(대동면) 등지이다.

현 지석묘 분포권으로 구분해 보면 九干社會의 개별 공간적 분포는 구김해시(해반천유역) 2개소(서상동·구지봉·대성동·회현리 / 내동·삼계동), 주촌면 2개소(양동리·망덕리 / 원지리·천곡리), 장유면 2개소(유하리·무계리 / 율하리), 칠산(명법동), 대동면(감내리·지라), 녹산면(현

부산시 미음동) 1개소(분절) 등 9개 권역으로 나누어 볼 수 있다.

이러한 권역에 근거해 보면, 1개면 단위에 1~2개소의 구간사회의 단위집단을 설정해 볼 수 있다. 1개면 단위에 1개소의 단위집단이 있는 경우는 고 김해만에 바로 연해 있고 가경지가 좁은 편이다. 이에 비해 1개면 2개소의 단위집단이 있는 곳은 조금 더 내륙에 위치하며, 하천과 충적대지를 끼고 있어 곡간지에 경작의 공간이 상대적으로 더 넓었을 것으로 판단된다. 따라서 이러한 곳에서는 좀 더 많은 인구가 거주하였을 것이다.

일반적인 읍락의 범위는 직경 7~13km정도, 즉 오늘날의 1~2개 면 단위의 공간적 범위로 보는 견해가 제시된 바 있다(권오영 1995:39). 이러한 견해

를 참고하면, 구간사회로 추정되는 각 단위 권역을 바로 읍락에 대응시키는 것은 무리이다. 다시 말하면, 지석묘 축조 사회의 마지막 단계정도에 2개 이상의 단위 권역을 통합했을 때 최초의 정치체인 읍락의 출현을 기대할 수 있다. 2개 이상의 단위 권역을 통합하는 범위는 1개면 혹은 그 이상의 공간적 범위가 되는 것이다. 결국, 단위 권역으로 이루어진 지석묘군들의 축조단위는 촌락단위로 볼 수는 있어도 읍락단위로 보기는 어렵다.

요컨대, 구간사회는 기본적으로 읍락 단계의 정치체가 아닌 촌락단위로 보아야 하며, 지석묘 피장자는 해당 촌락의 지도자(村長)이자 제사장으로 파악할 수 있다. 즉, 지석묘의 피장자는 촌락 단위의 우두머리로서 지배자층으로 나아가는 초보적인 首長이라고 볼 수 있다[142].

이처럼, 노동력이 많이 소요되는 지석묘는 개별 촌락 단위의 우두머리의 무덤으로 판단되는데 '구간'과 관련지을 수 있다. 지석묘는 사회적 분화를 반영하는 개인의 무덤이지만, 동시에 사회의 통합을 위한 의례행위인 대규모 집단노동의 결과물로 보는 것이 일반적이다.(이재현 2003:30) 즉, 지석묘 축조사회의 피장자는 초월적인 개인이 아니라 집단 속의 개인이라는 점이 간과되어서는 안 된다. 지석묘는 단위 촌락의 우두머리 무덤이자 집단의 상징물 겸 숭배의 대상이다[143].

---

142) 단위지역에 대한 전면적인 발굴조사가 이루어진 남강유역의 경우(동아대학교박물관 1999), 청동기시대 주거지는 총 520기이고 무덤은 180기 정도이다. 주거지로 당시 인구를 추론해 보면 2500명 정도로 볼 수 있다. 무덤의 숫자는 예상 인구의 1/10에도 미치지 못하므로 피장자는 당시 일반 구성원으로 보기 어렵다는 결론에 도달한다(김광명 2001, 이동희 2007). 180기의 무덤 중에는 지석묘와 석관묘로 다시 구분되는데, 더 많은 노동력이 소요되는 지석묘는 단위 촌락의 우두머리로 보아도 무리가 없다.

143) 최초 지석묘를 축조할 때 거대한 상석을 쓰는 경우가 적지 않은데, 집단의 지도자 겸 집단의 상징물로 파악할 수 있다.

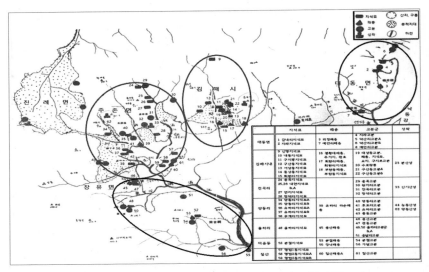

[그림 3] 공간적 분포권으로 본 고김해만 지석묘군의 구분(이현혜 1996 일부 수정)

    한편, 구간 중 각각의 우두머리가 통솔하는 개별 단위집단의 공간적 범
위를 구체적으로 살펴볼 필요가 있다. 이와 관련하여, 지명으로 추론한
다음의 견해는 주목된다.

    "근래 부산시 강서구에 편입된 녹산에는 구랑동이라는 지명이 지금도
존재하는데 이전에는 김해군 녹산면 구랑리로서 구랑촌이라고 하였다.
김해지역에서 현존하는 지명 가운데 구간과 관련될 듯한 유일한 지명이
다. 같은 포구내의 해안에는 범방패총과 분절지석묘가 확인된 바 있어 구
랑에는 구간사회의 일부가 존재하였을 가능성이 높다. 같은 포구내 해안
의 동쪽으로 가달고분군이 발굴되어 구간사회에서 비롯된 지역적 전통이
가야시대까지 지속되었음을 의미한다. 녹산지역에 남아 있는 지명은 我
刀干과 彼刀干과 관련이 있는 유래를 가지고 있다. 또한, 회현리 패총 부
근의 얕은 고개에는 여시고개라는 지명 전해지는데, 여시는 유수(留水)로

표기되었다고 한다. 이러한 점에서 이 지역에는 留水干에 관련된 지명 전승이 있었던 것으로 볼 수 있다. 이곳에서는 회현리 패총 형성 이전 시기에 해당하는 지석묘·옹관묘·석관묘 등의 분묘가 조사된 바 있다"(이영식 2016:359).

녹산면 구랑동 일대는 고김해만에 연한 작은 분지형이며, 생활공간의 직경은 2km정도이다. 이러한 범위로 유추해 보면, 구간사회를 구성하는 개별 공간 범위가 오늘날의 촌락 범위와 거의 일치한다. 따라서 녹산면 일대에서 분절지석묘가 확인되고 뒤이어 가야시대의 가달고분군이 이어지고 있어, 청동기시대부터 하나의 촌락단위가 존재했음을 의미하고 구간사회의 일원이었다고 볼 수 있다.

3. 邑落의 形成

1) 고김해만 한국식동검문화·점토대토기문화의 유입과 토착사회의 변화

기존에 지석묘 사회와 한국식동검문화의 전환기에 대해 다음과 같은 입장이 일반적이다.

즉, "지석묘 축조사회는 개인적인 위신이나 지위를 나타내는 것이라기보다는 집단전체의 통합을 강조하는 의례적인 성격이 강하다고 할 수 있다. 이러한 사회는 외부적인 충격으로 인해 더 이상 진전되지 못하고 새로운 변화를 맞이한다. 그것이 유이민의 유입과 한국식동검문화의 성립이다. 한국식동검문화의 성립은 지석묘에서와 같이 무덤의 조성에 대규모의 집단노동력이 동원되는 의례적 현상이 없어지고 대신에 청동제 위세품의 대량생산과 광범위한 유통, 무덤에서 개인부장물의 현격한 증가 등 개인의 위신이 강조되는 사회성격으로의 변화이다"(이재현 2003:32).

이러한 일반론은 이른 단계의 한국식동검문화와 이주민이 뚜렷이 확인되는 호서나 호남 서부지역에서는 어느 정도 적용이 가능할 것으로 본다. 하지만, 이러한 논리를 고김해만에 그대로 적용할 수 있을지는 논의의 여지가 있다. 필자는 지석묘 사회에 있어서는 대체로 동의하지만, 한국식동검문화와 유이민의 유입에 따른 파급 효과에 대해서는 견해가 조금 다르다.

왜냐하면, 고김해만의 경우, 한국식동검문화가 유입되었지만 그러한 문화가 지석묘 축조사회에 흡수되는 양상을 보인다. 즉, 읍락 형성기의 주체는 토착세력으로 보아야 할 것이다. 점토대토기문화가 유입되지만, 그 정체성을 보여주는 묘제로서 토착의 지석묘가 유지되고 극대화되고 있기 때문이다. 만약 점토대토기문화를 가진 이주민이 주류를 점했다면 이주민의 무덤인 적석목관묘나 목관묘가 확인되어야 하지만 그러한 양상은 거의 보이지 않는다.

고김해만에서 원형점토대토기 출토 주거지는 있지만, 관련 분묘는 적석목관묘 계통이 아니라 지석묘나 석관묘 등의 토착 묘제이다(박진일 2015:16, 표 2,3 참조).

즉, <표 2>에서 보는 바와 같이 구산동유적의 경우, 토착 주거지인 송국리형 주거지에 외래 요소인 원형점토대토기가 유입되지만 기존의 석기류가 그대로 사용된다. 다시 말하면, 새로운 원형점토대토기문화는 유입되었지만, 종래 생활 이기로서의 석기류는 그대로 사용되는 것으로 보아 주거민의 다수는 토착민이며 점토대토기문화기까지 토착문화가 지속되었음을 의미한다. 요컨대, 점토대토기문화는 토착문화에 일부 영향은 있지만 기존 정치체나 생활 방식을 급변시킨 것은 아니다. 그리고, 청동기시대의 송국리형 주거지가 점토대토기문화기에도 그대로 잔존하고 있음을 알 수 있다.

〈표 2〉 고김해만 원형점토대토기문화기 주요 주거지 출토유물 일람표 * ( )는 토착계 유물

유적명	유구명	출토유물	비고
대청	3·17호 주거지, 1호 수혈	원형점토대토기, 조합우각형파수, 두형토기, 뚜껑, (유구석부)	
홍동	1호 주거지	원형점토대토기, 야요이 전기말 토기	
구산동	2호 주거지	원형점토대토기, (석검, 석창)	송국리형 주거지
	3호 주거지	원형점토대토기, (반월형석도편)	
	6호 주거지	원형점토대토기, 두형토기, 조합형우각형 파수부호, (반월형석도편)	
	11호 주거지	원형점토대토기, 삼각형석촉, (석착, 일단경식석촉)	송국리형 주거지

〈표 3〉 고김해만 점토대토기문화기 주요 분묘와 출토유물 일람표

유적명	유구명	출토유물
내동 지석묘	1호 지석묘	한국식 동검, 흑색마연장경호
	2, 3호 지석묘	단도마연토기, 야요이시대 중기전반토기
율하리	B-9호석관묘	한국식 동검
회현리	3호 옹관묘	한국식 동검, 동사
대동면 예안리	?	한국식 동검

한반도 서남부 지역과 달리, 김해지역은 한국식 동검과 관련된 적석목관묘 같은 전형적인 중국 동북지방이나 서북한 지역 묘제가 보이지 않는다(표 3 참조). 그 대신, 지석묘나 송국리문화 관련 유구 속에서 한국식동검과 점토대토기문화가 포함되어 출토되고 있다. 이는 한국식 동검과 점토대토기문화가 유입될 때 이주민이 있었더라고 주도적이지 않고 토착문화

에 흡수되었음을 의미한다. 완주 갈동 등지의 기원전 3-2세기대 집단 토광묘 같은 대규모 이주민이 없었음을 의미한다.

다만, 율하리나 대성동 구릉의 2단 굴광식 거대 지석묘나 묘역식 지석묘의 형태로 보면 서남부지역에서 보이는 이단굴광형을 보이고 있어 신문물의 일부를 채용한 듯하다. 이렇듯 점토대토기문화 영향속에 묘역식 지석묘와 같이 무덤의 규모가 대형화된 것은 계층분화의 일단을 엿볼 수 있다. 여기서 주목되는 것은 초대형의 묘역식 지석묘가 출현한다는 것인데, 대표적인 예가 구산동 지석묘이다. 이는 신문물의 영향에 대한 토착세력의 보수적 움직임이자, 공동체 의례 속에 축조되던 지석묘가 개인의 위세를 내세우는 수장층으로 전환되는 과도기 양상을 잘 보여주는 경우라 할 것이다. 즉, 점토대토기문화와 한국식동검문화 등의 신문물이 들어왔음에도 고김해만의 주축세력은 토착세력임을 보여주는 대표유적이 구산동의 초대형 묘역식 지석묘이다.

요컨대, 이 단계는 지석묘 축조사회의 연장선이면서 한국식동검문화와 점토대토기문화가 유입되는 과도기이다. 일부 이주민이 있었더라고 지석묘축조사회를 변화시킬 만한 큰 변화는 없었을 것으로 판단한다. 즉, 토착문화 속에 신문물을 수용하는 단계이다. 이 단계에 지석묘 매장주체부나 외형적인 묘역이 확대되는 것도 이 단계이다. 이러한 양상은 새로운 문화의 파급에 대한 토착지석묘 사회의 보수적 반응이라고 본다. 아직, 공동체적 의례가 유지되지만, 서서히 개인의 위세를 강조하는 수장이 출현하는 과도기로 볼 수 있다.

2) 邑落 形成期의 考古學的 檢討 -해반천유역을 중심으로-
필자는 고김해만에서 읍락 형성기를 지석묘 축조 후기인 점토대토기문화기로 본다. 왜냐하면, 고고학적 성과가 많이 축적된 해반천 유역을 중심으로 살펴보았을 때, 종래 촌락단위의 지석묘 축조 단계와는 고고학적 양상이 뚜렷이 구별되는 특징들이 보이기 때문이다. 즉, 해반천 일원은 구지봉을 중심으로 수로왕의 건국신화가 전해지는 신성한 곳인데, 구산동·대성동·봉황동 일원에서 복합사회의 진전을 보여주는 여러 고고학적 증거들이 확인된다.

(1) 구지봉 신앙과 의례공동체의 범위

구지봉은 동쪽에 김해의 진산인 분산을 배후에 두고 서쪽과 남쪽으로는 해반천과 대성동고분군, 봉황대와 임호산, 그리고 고김해만(당시 바다)를 조망하기에 좋은 입지이다. 이곳에 수로왕 등장 이전의 구지봉 지석묘 1기가 자리한다. 지석묘를 축조하던 사람들이 굿판을 벌이며 풍요를 빌던 곳이다. 굿을 벌이는 '굿봉'에서 '구지봉'이 되었을 것이다(이영식 2014b).

이처럼 구지봉은 수로왕의 강림 이전부터 구간사회의 성스러운 구역으로서 존재하였다(이영식 2016:366). 즉, 구지봉에서 구지가가 구간사회인들에 의해 불려지며 주술적 제의가 이곳에서 행해졌고 이곳에 환호가 둘러져 있음은 이곳이 소도와 같은 신성한 곳임을 추론케 한다. 구지봉을 둘러싸는 청동기시대 후기 대형 환호유적은 '김해 수로왕비릉 주차장부지 내 유적'(경남발전연구원 2004)에서 확인되었다. 최근에도 구지봉을 감싸는 청동기시대(후기) 환호의 일부가 국립김해박물관 담장 부근에서 추가로 조사된 바 있다(강산문화연구원 2018).

구지봉 구릉 정상부에 1기의 지석묘가 외따로 자리하는 것은 특이한 입지인데, 다른 지역의 예를 참고하면 매장주체부가 없는 제의 목적의 상징적인 기념물일 가능성이 있다. 구지봉을 두른 환호나 구지봉 정상부의 지

[그림 4] 구지봉 지석묘의 입지와 근경(이재현 외 2012)

석묘의 상징성 등으로 보면, 적어도 청동기시대(후기)부터는 이곳을 신성
시했음을 의미한다. 구지봉의 지정학적 입지나 역사성을 고려해도 적어
도 해반천유역을 아우러는 공간을 포함하는 제의권을 설정할 수 있겠다
(그림 4).

고김해만 지석묘 가운데 입지상 구릉 정상부에 단독으로 위치한 것은
구김해시의 구지봉, 주촌면의 선지리 내선 지석묘를 들 수 있다. 두 기의
지석묘는 각기 해반천과 조만강 상류에 자리하여 주변 지역을 조망할 수
있다는 점에서 흡사하다. 선지리 내선 지석묘는 마을 북쪽 해발 22m의
독립 구릉 정상부에 위치한다. 그리고, 구지봉 지석묘는 해발 42m 최정
상의 바로 남쪽 구릉 정상부에 자리한다. 또 하나 공통점은 모두 기반식
이어서 시각적으로 도두라져 보인다는 점이다.

주변지역을 조망할 수 있는 구릉 정상부에 독립적으로 존재하는 지석
묘는 상징적인 기념물일 가능성이 높다. 구지봉의 경우, 주변을 감싸는
환호시설도 확인되어[144] 소도와 같은 신성한 의례공간으로 볼 수 있다.
이러한 점에서, 구지봉과 내선 지석묘가 있는 구릉 정상부는 해당 유역권

---

144) 내선지석묘 주변도 발굴조사가 이루어지면 환호가 나올 가능성이 높다고 판단한다.

의 공동체 집단의 의례공간으로 볼 수 있어, 해당 유역권은 의례공동체 권역으로 파악할 수 있다. 인근 촌락에서도 의례에 참여하는 신성한 공간 이었다고 본다면, 지금의 읍면 단위가 하나의 의례공동체로서 읍락의 시 원이 되었을 가능성이 있다. 이러한 상징적인 지석묘가 고김해만에서 읍 락이나 국읍으로 거론되는 조만강중상류역과 해반천유역에 각기 1개소 씩 구릉 정상부에 입지한 것은 큰 의미가 있다고 하겠다.

언덕이나 산 위에 단독 조성된 지석묘는 집단 영역이나 자원에 대한 권 리를 나타내기 위한 상징물로 해석된다는 점에서도(이재현 외 2012:100), 구지 봉과 내선 지석묘는 읍락 형성기의 상징물로서 큰 의미가 있다.

이렇듯 촌락단위를 넘는 의례공동체의 범위를 관장하는 지도자는 곧 이은 삼한 소국의 首長으로 가는 길목에 해당하여 지도자에서 지배자로 넘어가는 과도기 단계로 볼 수 있다.

(2) 해반천 동안의 핵심취락과 환호

구지봉과 대성동 고분군 사이에는 청동기시대(후기)의 2개소의 환호가 확인되고 있다. 1개소는 전술한 바와 같이 구지봉을 감싸는 환호이고, 다 른 하나는 현재의 김해여자중학교를 에워싸는 대성동 구릉 동쪽의 환호

[그림 5] 대성동 구릉 동쪽의 환호 및 출토유물(경남문화재연구원 2007)

(경남문화재연구원 2007)이다[145].

전자는 구지봉의 상징성을 감안하면 신성한 공간을 구획하는 의례적인 목적이 강할 것이다. 이에 비해, 후자는 평지의 다중환호(4중열)라는 점에서, 의례적인 측면 외에도 방어적인 목적에서 조성되었을 가능성이 있다[146].

대성동 구릉 동쪽 환호에서 출토된 소형의 적색마연원저호(그림 5)는 동체부와 구경의 구분이 약하게 표현되나 동체에서부터 자연스레 외반하여 구연부가 형성되며 동최대경이 하위에 위치한다. 송영진 분류 Ⅳ식(송영진 2003)에 해당하는데, 송국리 문화 말기 단계이면서 점토대토기문화기와도 연결될 것이다.

향후 전면적인 발굴조사가 이루어져야 명확해지겠지만, 이곳이 해반천 동안(東岸) 핵심 집단의 거주공간일 가능성이 높다. 이 환호집단은 김해여자중학교 바로 남쪽으로 고김해만에서 가장 밀집된 지석묘군 가운데 하나인 서상동 지석묘군과 대성동 구릉의 지석묘 등과 밀접히 관련될 듯하다(그림 8 참조). 전술한 바와 같이, 서상동 지석묘군의 중요성은 상석의 크기가 고김해만에서 구산동 지석묘 다음으로 초대형인데, 독립된 구산동 지석묘의 특수성을 감안하면 군집된 지석묘 중에서는 최대형에 속한다(표 1 참조). 초대형의 지석묘 상석은 그것을 운반하는데 많은 노동력이 소요되므로 해당 집단의 위세를 보여준다.

평지에 자리한 서상동 지석묘군과 달리 김해여중 환호 서남쪽에 독립 구릉(대성동고분군 위치) 위에 자리한 대성동 지석묘 1기는 구지봉 지석묘와

---

145) 해반천유역의 환호에 대해서는 두류문화연구원 정현광 실장의 조언이 많은 도움이 되었다.
146) 이성주는 대성동 구릉 정상부에 자리한 기념물적 지석묘와 그 동편 저지에 대규모 공력으로 축조된 다중환호는 긴밀한 관련성을 가졌을 것으로 보았다. 다만, 이 다중환호의 성격을 송국리문화기부터 의례의 중심지로 파악하였다(이성주 2018:81-86).

함께 입지가 독특하다. 대성동 구릉은 애꾸지(애기 구지봉)라고 불리면서 구지봉과 마주보는 입지라는 점에서 상호 밀접한 관계를 암시한다. 억측하자면, 구지봉 지석묘가 의례와 관련된 상징적 기념물이라면 대성동 지석묘는 서상동 지석묘군의 연장선에서 주변을 아우르는 우두머리의 존재를 시사한다. 실제로, 대성동 지석묘에 대한 발굴조사 결과, 비교적 늦은 단계의 묘역을 갖춘 다단굴광에 적석을 한 구조이며, 인접하여 배장묘로 추정되는 1기의 석관묘가 확인되었다. 지석묘의 묘광 규모는 길이 840㎝, 너비 510㎝, 깊이 330㎝이고, 매장주체부인 석관은 길이 300㎝, 너비 110㎝, 깊이 110㎝로 초대형이다. 석재 충전도 5중으로 이루어졌다. 지석묘에서는 적석마연호 1점, 마제석촉 28점 등 다량의 유물이 출토되었지만 인접한 석관묘에서는 출토유물이 없다. 이러한 대성동 구릉 정상부의 지석묘는 그 입지나 규모 등에서 평지에 있던 서상동 지석묘군에서 벗어나 구릉 위에 우뚝선 우두머리의 기념물로 볼 수 있다. 지도자에서 지배자로의 과도기 단계의 우두머리의 무덤이자 집단의 상징물일 가능성이 높다.

이성주는 대성동 구릉 동쪽 환호 주거민들이 대성동, 봉황동(회현리) 동남부, 부원동의 낮은 구릉지의 지석묘를 축조하였을 것으로 보았다. 이 일대 청동기시대 취락은 송국리 시기에 시작되지만 점토대토기 단계에 주

[그림 6] 대성동 구릉 정상부 지석묘(대성동고분박물관 2016)

거지 수가 급증하고 있어(최종규 2010) 봉황대와 그 동남쪽 구릉 일대 점유가 본격화되는 시점을 점토대토기 단계부터라고 본다면(이성주 2018:79), 대성동 환호와 지석묘의 축조시기를 점토대토기단계로 보아도 무리가 없다.

같은 맥락에서 점토대토기문화기에 구산동 초대형지석묘가 축조되고, 동시기에 봉황대 구릉 일대까지 점유가 본격화된 것은 대성동 환호 세력의 해반천 전역에 걸친 영향력의 확대라고 볼 수 있다. 그렇다면 이 무렵 이 핵심취락의 영향력 확대 즉 읍락이 형성되는 단계로 보아도 무리가 없을 것이다.

(3) 대외교역과 해반천유역의 성장

김해지역이 체계적으로 대외교역의 중심지 역할을 한 것은 철기가 본격적으로 생산되고, 이와 더불어 영남지역 특유의 청동기를 생산하는 기원전 1세기 무렵부터라고 보는 견해가 있다. (이재현 2005:70)

하지만, 그 이전 단계에도 그러한 모습은 있지 않았을까?

즉, 김해지역은 낙랑군 설치 이전부터 일본열도와의 교류가 이루어졌고, 낙랑군 설치 이후에도 지속되었음이 고김해만 일대 유적에서 출토된 야요이계토기의 존재를 통해 알 수 있다. 고김해만 일대 유적에서 다수의 야요이계 토기들이 출토된다. 예컨대, 김해 흥동주거지, 장유리주거지, 구산동주거지, 회현리패총의 옹관과 청동기·야요이계 토기 등이 있다. 출토 수량에서 보면, 고김해만 일대에서 출토된 야요이계 유물의 수량이 늑도유적에서 출토된 야요이계 유물의 수량에 결코 뒤지지 않는다. (홍보식 2014:236-248)

이러한 야요이계 토기 출토유적 가운데 대표적인 회현리 패총과 구산동유적을 중심으로 고김해만의 초기 대외교역양상에 대해서 검토해 보고자 한다. 이와 관련하여 다음의 견해는 주목된다.

　"한반도 남부에서는 기원전 3세기를 전후하여 야요이계토기가 나타나기 시작하는데 이는 회현리패총의 김해식 옹관 자료(야요이전기말-중기초)를 통해 짐작할 수 있다. 회현리 패총은 고김해만에 면하여 북부구주와 근접한 지점이다. 3호 옹관에서 세형동검과 동사가 발견됨으로써 많은 일본 연구자가 청동기의 입수와 관련된 왜인의 존재를 상정하였다. 기원전 3세기말에는 점토대토기와 청동기의 본격적인 일본열도 전래와 함께, 한반도 남부에서는 야요이계토기가 출현하는 점에서 양자의 관계는 상호 직결된다고 볼 수 있다. 기원전 3세기 중후엽(야요이전기중엽)부터 점토대토기인들이 일본열도로 이주한 다음에 왜인들이 그들과 구축한 새로운 관계속에서 기원전 3세기말에 한반도로부터 청동기를 가져오게 되었을 것이다. 일본열도에서 청동기생산이 개시됨(기원전 2세기전엽)과 더불어 직접 한반도로 건너와 청동기 혹은 청동 원료를 입수하려는 왜인들이 나타났다고 볼 수 있다".(井上主稅 2006:49-50)

　구산동 취락에서 야요이토기와 점토대토기가 공반된다는 점에서 상기한 견해는 설득력이 있다. 청동 원료나 여타 교역품들을 원하는 왜인들이 1차적으로 거쳐야 할 곳은 고김해만이었을 것이다. 그러한 가정을 뒷받침하는 자료가 구산동 취락이다[147].

　구산동취락에서 확인되는 야요이토기의 다수는 유사 야요이토기의 범주에 속한다. 구산동유적의 유사 야요이토기의 출토 시기는 원형점토대토기 늦은 단계에서 삼각형점토대토기의 단순기에 해당한다. 한반도 남

---

147)　한편, 구산동 야요이계 집단의 거주 목적을 원료철의 확보와 철기생산 기술의 습득 혹은 금속 공인을 데려가려는 목적도 있었을 것으로는 보는 견해도 있다. (武末純一 2010:172)

부에서 확인되는 유사 야요이토기는 일본에서 이러한 토기를 사용했던 집단의 활동범위의 확대와 관련이 있을 것이다(예지은 2011:87-89).

이와 같이, 구산동유적에서는 야요이 중기 토기를 기반으로 하는 대규모 외래집단이 보이는 것이 특징이다. 이러한 야요이토기는 대개 야요이 중기전반(기원전2세기경)의 토기가 중심이다. 능도유적의 전성기와 거의 일치한다. (박진일 2015:21-39)

능도유적에서는 전체 무문토기중에 야요이토기가 10%에 미치지 못하는 것에 비해, 구산동 A1 구역 무문토기 중 야요이토기의 비중은 70-80%에 달한다. 이에 대해 武末純一은 구산동 유적을 야요이토기를 사용하는 집단의 주거지로 보았다(武末純一 2010 ; 박진일 2015:20-21).

김해 구산동 취락유적이나 김해 흥동유적 등에서 나온 야요이토기는 당시 김해지역의 교역양상을 잘 보여준다. 특히, 구산동취락유적의 왜계유물은 교역중심지에서의 외래인의 상호 호혜적 集住상황을 시사한다. (김권구 2016:180-187)

이렇듯, 야요이 중기전반경에 김해 구산동취락에서 능도유적보다 더 많은 왜계 유물이 출토되는 점을 고려하면 능도가 남해안의 최대 거점 항구일 무렵 김해도 중요한 한 축을 형성했을 것이다. 해양교통로상에서 능도에서 왜로 가려면 고김해만을 반드시 거쳐야 했으며, 왜인들의 다수가 구산동일대에 거주하였음은 교역의 필요성과 관련될 것이다.

전술한 바와 같이, 고김해만의 생업은 농업에 치중하기보다는 고김해만의 지형적 특징상 半農半漁의 생계방식에 교역의 비중이 적지 않았을 것으로 것이다. 특히, 해반천유역의 구산동 취락에서 다수의 야요이계토기의 출토 왜인들의 集住는 해반천 일대가 교역의 거점이었으며 그와 관련한 財貨의 축적이 해반천유역 핵심 세력의 성장의 밑거름이 되었던 것으로 보인다.

야요이토기와 점토대토기가 공반되는 즈음에 해반천유역의 중심지에
축조되는 것이 초대형 묘역식 지석묘인 구산동 지석묘이다.

(4) 구산동(A2-1호) 지석묘와 그 축조 배경

고김해만에서 최대형의 지석묘는 구산동 A2-1호 지석묘이다. 즉, 이 지
석묘의 상석은 길이 10m·너비 4.5m·최대 높이 3.5m이며, 무게는 무려
350톤에 달한다. 아울러 묘역시설은 길이 85m, 너비 19m로서 국내 최대
규모의 묘역식 지석묘이다(경남고고학연구소 2010).

그렇다면 이 초대형 구산동 지석묘를 축조한 주체는 누구일까? 이에 대
해 이성주는 "김해 중심권역의 집단들이 분지 전체를 대상으로 문화경관
을 조성한 것으로, 그 중심지는 대성동고분군 동편 다중환호가 발견된 저
평한 대지"로 파악하였다(이성주 2018:80).

필자도 이에 대해서는 동감한다. 구산동 초대형 지석묘는 지석묘 축조
단계 중 가장 후대에 만든 해반천유역 통합체의 상징물로 볼 수 있을 것
이다.

[그림 7] 김해 구산동 묘역식 지석묘(경남고고학연구소 2010)

전술한 바와 같이, 구산동 묘역식 지석묘는 점토대토기단계로 파악되는데, 하부구조를 발굴조사하지 않아 정확한 매장주체부를 확인하지 못하였다. 다만, 초대형의 묘역과 상석으로 보면, 단순한 개인의 무덤이라기보다는 무덤 겸 제단역할을 하는 기념물일 가능성이 높다[148].

이에 대한 부연 설명이 필요하다. 구김해시 일대, 즉 해반천유역은 지석묘 유적 간 직선거리는 1~3㎞ 정도 이격되어 있다. 각 유적 단위별로 취락이 형성되었다고 보면, 해반천유역에는 최소 3개 이상의 촌락이 형성되어 있다고 볼 수 있다.(이재현 2003:24)

즉, 해반천 동안의 회현리·서상동·대성동일원/해반천 서안의 내동·구산동 일원/해반천북쪽의 삼계동 일원으로 구분하면 3개 촌락 정도로 구

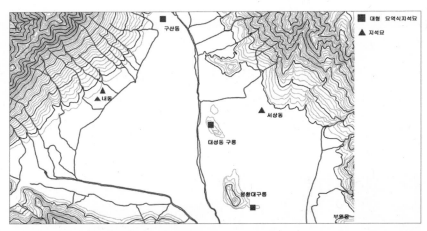

[그림 8] 해반천 유역 주요 지석묘의 분포(이성주 2018 일부 수정)

---

148)　황해도 오덕리 송신동에는 지석묘군 중앙에 적석제단이 보이고 있다. 대형 적석묘역을 가진 지석묘는 본래 무덤과 제단의 기능이 공존하는데 지석묘 축조가 보편화되고 대단위의 묘역군이 형성되면서 제의만을 위한 적석제단이 출현한다고 한다(오대양 2014). 구산동 묘역식 지석묘 주변에도 여러 일반 지석묘들이 확인되고 있다는 점에서 참고할 만하다.

분할 수 있다. 지석묘 축조 이른 시기에는 별개의 촌락단위로 유지되었겠지만 점토대토기문화가 유입되는 지석묘축조말기에 이르면 해반천 동안의 세력을 중심으로 의례 및 정치적 공동체가 형성되는 것으로 파악된다. 이 가운데 중심이 된 집단은 해반천 동안의 회현리·서상동·대성동일원의 집단으로, 지석묘들의 군집도가 가장 높아 많은 인구가 거주하였으며 다른 촌락에 비해 大村이었다고 볼 수 있다.

구산동 지석묘에 접한 구산동취락을 봉황동(회현리)유적의 하위 취락으로 추정하는 견해(김권구 2016:179)가 제시된 바 있는데, 김권구는 유물과 취락 규모로 보아 봉황동(회현리)-구산동-예안리와 흥동 유적 등으로 3단계의 취락위계로 보았다.

회현리 지석묘의 배장묘로서 옹관묘에서는 동검2점, 동사 7점,관옥 3점 등이 출토되었다. 회현리 옹관묘는 기원전 2세기대로 편년된다.(이청규 1997:73, 박진일 2015:20)

회현리 옹관은 왜계 옹관이고 유물이 대부분 토착계이다. 그리고 이 옹관묘는 토착의 지석묘의 배장묘로 존재하고 있어[149] 구산동 일원에 정착한 왜인과 관련될 것으로 추정해 본다. 다수 왜인 가운데 이곳에 정착한 왜인이면서 회현리 지석묘 묘역에 매장되었다면, 혼인관계 등을 통해 토착 우두머리 세력과 밀접한 관계를 맺었을 것이다. 이러한 점에서 접근해 보면, 해반천 동안의 회현리·대성동세력은 구산동 취락에 대해 일정한 통제권을 가진 것으로 파악된다.

아직 하부구조가 조사되지 않아 확언하기는 어렵지만, 구산동 지석묘

---

149) 회현리(봉황대)지석묘(국립김해박물관 2014)는 묘역식 지석묘이며 묘역 주위에는 석관이 배장되고 묘역 안에는 옹관이 추가되었다고 볼 수 있다(이성주 2018:77).

는 적어도 해반천유역의 모든 주민들을 동원한 기념물이자 해반천유역을 통제할 수 있는 우두머리 무덤일 가능성이 높다. 당시 왜와 교류 거점이자 인구밀집지역인 구산동 평지에 이 기념물을 축조한 것은 신문물이 들어오는 과도기에 토착 유력세력을 중심으로 지역민들을 통합하려는 의지로 보인다.

해반천 동안의 서상동·대성동·회현리(봉황동) 인근 세력의 주도하에 해반천 서안과 북쪽의 내동·구산동·삼계동 세력을 통합하는 상징물로서 구산동에 거대 지석묘를 축조했을 것이다. 구산동 지석묘의 위치는 해반천 동안과 해반천 서안의 가운데에 자리하여 해반천유역권을 통할한다는 상징적인 의미가 있다.

촌락단위가 아니라 적어도 1개 읍락 규모의 인력을 동원해야만 상석의 이동이 가능하다는 것은 그만큼의 영향력을 행사한 집단과 그 집단을 움직이는 유력층이 형성되었음을 의미한다. 이러한 구산동 지석묘 상석을 이동할 수 있는 배경은 구산동취락에서 보이는 왜인들의 존재와 무관하지 않다. 즉 왜와의 교역을 통한 재화의 축적과 관련될 것이다. 구산동 지석묘는 구야국 직전 단계의 읍락 단위의 우두머리층(수장층)의 형성을 잘 보여주는 고고학적 자료이다.

다시 말하면, 점토대토기문화기에 구산동의 초대형 지석묘를 만든 경제력은 농경보다는 교역의 이윤이 더 큰 역할을 했을 것이다. 구산동 지석묘는 대외교류(한반도서남부지역·중국·왜 등)를 진행하면서 외부집단에 보여주는 위세적 상징물이 아니었을까 추정해 본다.

마지막으로, 구산동 A2-1호 지석묘의 연대에 대해 살펴보기로 한다. 구산동 지석묘는 송국리문화기인 A2-1호 주거지를 파괴하고 축조되었다. 이러한 측면 이외에 공반유물을 고려하여, 보고자는 구산동 A2-1호 지석묘의 하한이 삼각형점토대토기 단계까지 내려올 것으로 보았다(최종규 2010). 박진일은 구산동 인근의 내동 지석묘 출토 한국식 동검·흑도장경호와 야요이 중기 토기 등을 근거로 김해지역 지석묘 조영은 삼각형점토대토기단계인 기원전 2~1세기까지 내려올 가능성이 충분하다고 보았다(박진일 2015:21).

전술한 바와 같이, 교역의 거점인 구산동에 초대형 지석묘를 축조할 수 있었던 경제적 배경으로 대외교역을 언급한 바 있다. "일본열도에서 청동기생산이 개시됨(기원전 2세기전엽)과 더불어 직접 한반도로 건너와 청동기 혹은 청동 원료를 입수하려는 왜인들이 나타났다."(井上主稅 2006:49-50)는 견해를 참고하면, 축조시기를 기원전 2세기 전엽경을 전후한 시기로 추정해 볼 수 있다. 이 거석 기념물은 축조 뒤에도 상당기간 동안 지역민들에게 숭배의 대상으로서, 제의행위가 지속적으로 이루어졌을 것이다.

요컨대, 구산동 지석묘는 해반천 東岸의 세력이 주축이 되어 공동의 의례 행위를 통해서 고김해만의 여러 촌락들을 통제하고자 하는 의지에서 축조한 거석 기념물일 가능성이 높다. 다시 말하면, 이 지석묘 축조는 대외 교류를 통해 외래 신문물이 유입되는 상황에서 토착의 정체성을 지키려고 기존의 의례공동체를 통해 해반천유역의 전체 집단을 결집하려는 의지의 표현이 아니었을까 추정해 본다.

(5) 소결 : 해반천유역의 읍락 형성

지석묘 축조집단과 관련되는 구간사회는 기본적으로 촌락 단위로 구분되었으며 우열이 있으나 독립성도 있었다. 한국식동검문화의 파급과 함께 구간사회의 유력 촌락을 중심으로 의례공동체 과정을 통해 읍락형성기를 거쳤는데, 특히, 대성동·회현리·구산동 일원의 해반천유역에서 그러한 양상이 두드러진다.

해반천유역을 중심으로 살펴보면, 읍락의 맹아를 유추할 수 있는 고고학적 현상은 구지봉 환호·대성동 환호·대성동 지석묘·구산동 지석묘 등이다. 특히, 구지봉과 대성동 환호·구산동 지석묘 등은 여러 촌락을 아우르는 상징적인 의례의 중심이 형성됨을 암시하고, 대외교역의 활성화로 경제력이 뒷받침되면서 핵심취락 및 우두머리(수장)의 등장과 함께 읍락 형성이 진행된 것으로 보인다. 해반천유역에서 핵심취락은 대성동 환호 취락 및 봉황대(회현리) 취락과 관련될 것으로 본다. 해반천유역의 핵심취락과 직결된 구산동 지석묘의 피장자 혹은 축조세력은 1개 읍락의 범위에 해당하는 해반천유역을 통할하는 우두머리이자 제사장으로 볼 수 있다.

의례의 중심지와 정치적 중심지는 상당한 연관성을 갖는다(이성주 2018:91). 해반천유역의 경우, 점토대토기문화기에 의례적 환호의 존재와 거족적인 제의의 공간인 거대 지석묘는 의례의 중심지이면서 정치적 행위의 시원적인 상징물이라고 볼 수 있다.

요컨대, 구지봉·대성동 환호나 구산동지석묘의 예를 보면 의례적 공동체 범위가 읍락 정도의 공간적 범위를 포괄한다. 물론, 이 단계에도 개별 촌락들은 일정한 자치권을 유지하였으므로 후대에 구간(九干)으로 표현되지 않았나 추정된다. 이러한 느슨한 의례적 공동체를 정치적 공동체로 묶은 것은 철기문화를 가진 목관묘 축조세력의 출현과 관련될 것이다. 다시 말하면, 병렬적이고 의례적인 측면이 강한 초기 읍락 단계에서 상·하 종적인 읍락체제의 완성 즉, 정치적 의미가 강화된 읍락의 완성은 선진 정치체제를 경험한 이주민인 목관묘 축조세력의 출현이후로 볼 수 있을 것이다.

Ⅲ. 목관묘의 출현과 구야국의 성립

1. 김해지역 목관묘 현황과 분포상의 특징

고김해만 지석묘가 촌락단위별로 분산적인 분포를 보이는데 반해, 목
관묘의 분포양상은 집중도가 높은 편이다(표 4). 특히, 대성동과 양동리에
목관묘의 집중도가 높은데, 모두 읍락이나 국읍의 핵심취락으로 추정되
는 곳이다. 대성동과 양동리 목관묘의 경우, 조사가 덜 이루어졌기에 향
후 추가 조사가 이루어지면 더 많은 수의 목관묘가 확인될 것이다. 이는
특정 핵심취락에 집중적인 목관묘의 분포를 보이는 것이며 이는 권력의
집중과 무관하지 않을 것이다.

〈표 4〉 고김해만 목관묘 일람표(이재현2003·2018, 심재용2007, 김영민2008, 박영민2012)

유적명	기수	주요 유물	편년	동반 묘제		비고
				목곽묘	석곽묘	
대성동	71+	와질토기, 철촉, 철모, 유리, 칠기, 청동팔찌, 부채	1세기 중엽[150] -2세기 중엽	91+	40+	구지로, 가야의 숲 포함
양동리	41+	와질토기, 방제경, 변형세형동검, 철검, 철촉, 유리옥	상한-기원전 2세기 후엽 중심연대는 2세기 전반	451+	30+	
망덕리	3+	무문토기, 와질토기, 철검, 철모, 철부	기원전 1세기	320+	50+	

---

150) 현재까지 대성동 일대에서 가장 이른 시기 목관묘인 구지로 23호에 대해 기원후 1세기 전엽으
로 보는 견해도 있다(박진일 2015:30).

유적명	기수	주요 유물	편년	동반 묘제		비고
				목곽묘	석곽묘	
내덕리	2+	와질토기, 통형동기, 광형동모, 동경, 파수부동검	2세기 전반	18+	42+	

　예컨대, 해반천유역(구 김해시 권역)에서 대성동 일원에서는 많은 수의 목관묘·목곽묘·석곽묘들이 확인되지만, 삼계동 화정고분군(목곽묘12기, 석곽묘24기)·두곡고분군(목곽묘8기, 석곽묘59기)에서는 목관묘가 전혀 확인되지 않고 고분군의 규모가 작아 대성동고분군 축조세력의 산하에 있는 촌락집단으로 보인다. 이처럼, 삼계동 화정고분군과 두곡고분군의 묘제상의 변화를 보면 중심취락이 아닌 일반 취락의 경우 목관묘를 사용하지 못하는 특수 상황이 보이고 목곽묘, 석곽묘 순서대로 그 수가 증가한다는 점을 알 수 있다. 삼계동 두곡고분군과 인접하여 삼계동 신명지석묘군이 분포하고 있어 이곳은 청동기시대 이래 동일한 단위 촌락 집단의 연속성으로 보아도 될 것이다.

　또한, 조만강 상류역인 주촌면 망덕리 고분군에서는 목곽묘와 석곽묘가 수백기 발견되었지만 목관묘가 3기밖에 없다는 것은 목관묘의 특수성을 뒷받침한다. 이에 비해, 망덕리에서 1.5-2㎞정도 이격되고 읍락(혹은 국읍)의 핵심취락인 양동리 고분군에서는 다수의 목관묘, 목곽묘, 석곽묘 들이 지속적으로 확인되었다. 이러한 점에서 망덕리 고분군은 양동리고분군 하위의 촌락단위 집단으로 보아야 할 것이다. 위세품에서도 양동리고분군이 망덕리고분군에 비해 우세하다. 양동리고분군과 망덕리고분군 사이의 거리가 청동기시대의 지석묘군의 간격과 대동소이하여 청동기시대 이래의 단위집단의 무덤이 개별적으로 지속됨을 알 수 있다. 다만, 핵심취락에서만 목관묘가 집중된다는 점이다. 요컨대, 지석묘 다음 단계인 목관묘 축조 집단은 당시 상위 집단에 한정된다고 보아도 무방할 것이다.

2. 목관묘의 등장과 피장자의 성격

1) 목관묘의 등장 시기

현재까지의 자료로 보면 고김해만의 목관묘의 출현 시기는 기원전 2세기후반(양동리 70호)이나 기원전 1세기전반대(망덕리 I지구 2호)로 소급된다. 그런데, 양동리 70호나 망덕리 I지구 2호 목관묘는 단발적으로 확인되어 군집묘로 파악되지 않는다. 이러한 점에서, 김해일원은 남부지역에서 군집 목관묘의 등장[151]이 늦었던 지역 가운데 하나라고 볼 수 있다. 즉, 마한권역에서는 전북 완주 일대에서 기원전 3~2세기대에, 낙동강중류역(금호강유역) 일원의 진한 권역에서 기원전 2세기(후반)~1세기대에 이미 군집 목관묘가 등장하는 것과는 뚜렷이 구분된다.

이렇듯, 영남지역에서 군집 목관묘의 출현 경로를 보면 진한에서 변한으로의 흐름이 확인된다. 변한 권역에서 가장 이른 군집 목관묘 유적은 창원 다호리·함안 도항리 등지로 그 상한이 기원전 1세기대로 편년되는데, 낙동강 수로를 통해 낙동강중류역에서 파급되었을 가능성이 높다. 이러한 전파 경로를 본다면 낙동강하류역에 자리한 고김해만의 군집 목관묘의 출현이 늦은 것은 이해가 되는 바이다.

기존에, 고김해만에서 군집 목관묘의 출현 시기가 이른 곳이 대성동 일원인데 기원후 1세기 (중엽)경이다. 그런데, 대성동 구릉 정상부 91호 목곽

---

151) 군집된 목관묘의 출현이 중요한 것은 三韓 小國의 성립과 밀접한 관련이 있기 때문이다(이희준 2000a).

묘 도굴갱에서 출토된 주머니호 등의 유물로 보면(대성동고분박물관 2016), 기원전 1세기 후반대까지 소급될 수 있다. 향후, 대성동 일원에서 기원전 1세기 후반까지 올라갈 수 있는 목관묘가 발견될 수는 있지만 군집묘가 확인될 수 있는지는 명확하지 않다.

前漢시기 銅鏡이 주로 낙동강중류역의 경북지방이나 창원 다호리 일원에서만 확인되고, 고김해만에서는 後漢시기 銅鏡이 주로 보이는 것은 목관묘의 출현과도 상호 연동될 것으로 본다. 여러 정황상, 창원 다호리나 함안 도항리 목관묘군과 같이 기원전 1세기 전반대까지 올라갈 수 있는 목관묘 군집이 고김해만에서 발견되기는 어려울 것이다.

이처럼 고김해만에서 새로운 묘제인 목관묘군의 확산이 전북서부권이나 낙동강중류역보다 늦다는 것은 전 단계의 묘제가 오랫동안 지속되었다는 것을 방증하는 것이다. 예컨대, 대구 칠곡 심천리 목관묘군에서는 한국식 동검과 원형점토대토기가 출토되었는데, 이러한 유물 조합은 고김해만에서는 대개 지석묘나 석관묘에서 보인다.

이와 관련하여, 기원전 3~2세기대에 남한지역에서 가장 빨리 목관묘 군집이 조영된 전북 완주·익산 등 전북 서북부 일원에서의 지석묘군 밀집도가 전북 동부권에 비해 매우 떨어지는 것은 시사하는 바가 크다. 즉, 새로운 묘제인 목관묘 군집의 확산이 늦은 곳(전북 동부권)은 종래 축조되던 지석묘나 석관묘를 계속 사용한다는 것이다. 동일한 맥락에서 접근한다면, 고김해만에서 지석묘의 하한은 기원전 2~1세기대까지 내려볼 수 있겠다. 과도기의 묘제가 뚜렷하지 않고 유물상으로 구분하는 것이 용이하지는 않지만, 고김해만에서 기원전 2세기후반~기원전 1세기대를 지석묘/목관묘 교체기로 보는 것이 합리적이다. 향후 조사성과를 기대해 본다.

요컨대, 경북 내륙지방과 달리, 고김해만에서는 목관묘 문화의 확산이 늦었기 때문에 지석묘문화가 상대적으로 오래 지속되었고 초대형 묘역식 지석묘가 축조되었던 것으로 보인다.

2) 목관묘 피장자의 계통과 성격

기원후 1세기대에 김해 대성동에 등장한 목관묘 집단이 이전부터 김해 지역에 있던 목관묘 집단의 세력이 강성해진 것인지 외래적 요인에 의해 등장한 것인지 여부는 명확히 밝혀진 바는 없다. (박진일 2015:41)

고김해만, 특히 해반천유역에서 기원전 2세기 혹은 기원전 1세기 무렵 까지 지석묘문화가 지속된 상황에서 새로운 목관묘의 출현은 외래 이주 민일 가능성이 대단히 높다. 일반적으로 묘제는 쉽게 바뀌지 않는 문화적 속성을 가지고 있다는 점에서도 그러하다.

영남지방 목관묘는 묘제의 기본적인 모습이나 장례와 관련지우면 중국 중원에서 성립된 묘제가 변용된 것이다. 목재를 장구로 사용하고, 보강토 를 사용하며, 목개 없이 매토하고, 깊은 묘광, 방대형의 봉분 등 모두 중원 목관묘와 목곽묘의 요소이다. 다만, 남향 또는 동향을 선호한 피장자의 두향은 중원의 것과 분명하게 다른 토착적인 요소이다(김용성 2016:39).

문헌과 결부시켜 보면, 목관묘를 축조한 고조선 유이민 집단의 주요 세 력이 경주지역에 자리하여 사로국의 성립과 관련되었음을 유추할 수 있 다. 즉, 군집을 이룬 목관묘군은 기원전 2세기말 이래 영남 각지에서 전 개된 대규모 이주민의 유입과 이를 계기로 새로이 등장하는 수많은 정치 체의 존재를 뒷받침하며 사로육촌의 등장 배경도 이러한 맥락에서 접근 하고 있다. (이현혜 2008:211, 김용성 2016:33)

고조선이 멸망한 후 기원전 100년경에 영남지방으로의 이주민 사례는 대구 일대의 목관묘유적에서 보이는데, 철기제작기술을 가진 이주민의 흔적이 뚜렷이 확인된다.

대표적인 예로 대구 월성동 목관묘 유적을 들 수 있다. 금호강유역은 청동기 이외에 단조철기를 대대적으로 수용하였는데, 그 배경에는 서북한지역으로부터의 철제품에 그치지 않고 실제로 기술을 보유한 장인이 도래하였던 것으로 보인다. 이를 입증하는 것이 바로 진천유역의 월성동 목관묘유적이다. 19기 목관묘의 상당수에서 청동기는 부장되지 않고 철기, 그 중에서도 철제 단검 1점씩 부장되고 있다. 기원전 2세기말·1세기초로 편년되는 철제단검은 서남한지역에서 거의 발견되지 않아 서북한계통으로 파악된다.(이청규 2015: 335)

또한, 대구 칠곡 심천리 목관묘는 교통로인 이언천변에 인접해 2기가 분포하고 부장품은 목관묘 유입초기에 해당하는 한국식동검과 원형점토대토기가 출토되었다. 유입초기 유물을 소량 부장한 소수의 무덤이 주요 교통로에 인접해 분포하고 있어 이주민이 일시적으로 정착해 조성한 무덤으로 추정된다.(신영애 2015:233)

기원전 2세기초 무렵 위만에 밀려 남래한 준왕의 이주지가 익산이나 완주 일대의 군집된 목관묘로 파악되듯이, 대구~경주 일원에서 기원전 2세기말~기원전 1세기전반대에 해당하는 이른 단계의 목관묘는 한사군 설치 후의 고조선 유이민과 관련지어 볼 수 있다.

김해 지역 목관묘의 피장자도 동일한 맥락에서 볼 수 있다. 김해지역의 목관묘는 기원전 1세기대에도 소수 있지만 대개 기원후 1세기 이후에 등장하고 있어 한사군 설치 이후 시기차를 두고 이동한 고조선계 이주민일 가능성이 높다.

변한·가야지역에서 토착세력과 차원이 다른 철제 무기체계나 선진문물을 가진 이주민이 내려오면서 북방지역에서의 고대국가 경험이 구야국의 성립에 큰 도움이 되었을 것이다. 그러한 상황을 묘사한 것이 토착 유력세력들(구간)이 수로왕을 추대하는 것으로 볼 수 있다. 이는 공동체 의식이 잔존하던 사회에서 지배자로서의 수장이 처음 출현했다고 본다.

요컨대, 구간사회의 통합과 가락국의 성립은 구간집단과 수로집단의 교체, 지도자에서 통치자로의 변신으로 해석된다. 분묘의 형식 자체가 지석묘에서 목관묘로 변경되는 과정에 문화담당 주체의 교체를 상정하는 것이 타당할 것이다.(이영식 2016:412~413)

하지만, 영남지방 목관묘군 피장자를 모두 이주민으로 볼 수는 없다. 즉, 영남지방 목관묘군 피장자는 영남지방으로 이주한 집단인 경우와 재지집단으로서 목관묘를 받아들인 두가지 경우로 구분해 볼 수 있다(김용성 2016:30).

수로왕과 구간 사이의 관계가 우호적이라는 점에서도 갈등보다는 통합과 융합의 관점에서 보아야 할 것이다. 그러한 점에서 목관묘의 피장자도 자연스레 혼인을 통하여 이주민과 토착민이 섞이고 토착민의 聖所 부근(대성동 일원)에 군집을 이루면서 목관묘를 조성하였을 것이다. 즉, 구간세력과 수로왕집단과의 혼인 기사가 시사하듯, 토착 엘리트층도 점차 혼인 등의 과정을 거쳐 목관묘를 축조했을 것이다.

가락국 건국신화에 보이는 아도간과 수로의 관계를 고려한다면 새롭게 이주해온 수로집단이 토착집단인 구간사회를 일방적으로 정복하였던 것 같은 과정은 상상하기 어려울 듯하다. 아도간의 집단은 가락국이 성립되고 일정한 시기가 경과한 후에까지도 왕비를 내는 유력한 세력으로 잔존하였다[152](이영식 2016:367).

---

152) 이주민은 남성 위주이고 토착 유력세력의 여자를 맞이하여 아내를 삼는 것은 세계 어디서나 일반적인 사례이다.

대구·경산지역 목관묘는 3단계로 구분했을 때 2단계에 가장 많은 무덤이 축조되는 것으로 확인된다. 증가 요인은 지속적인 이주민 유입에 따른 인구증가도 있겠지만 이보다는 지석묘와 석관묘 등 기존 묘제가 더 이상 축조되지 않고 목관묘 중심으로 전환된 것이 더 큰 요인으로 판단된다(신영애 2015:227).

이러한 견해는 고김해만에도 적용할 수 있다. 즉, 수로왕집단과의 혼인관계 기사에서 유추할 수 있듯이 토착세력이 이주민(지배층)의 무덤을 모방하는 측면도 있고 새로운 위정자들은 많은 노동력이 소요되는 돌무덤을 지양하고 목관묘나 토광묘를 권고했을 가능성이 있다. 즉, 철기문화를 가진 이주민 집권 세력의 입장에서 巨石 무덤은 경제적으로 낭비라고 인식했을 것이며 더 생산적인 업무에 종사하기를 원했을 것이다(이송래 1999). 격변하는 철기사회가 도래하면서 공동체 의식속에서 만들어지는 지석묘 계열은 사라지고 점차 축조가 용이한 목관묘계열로 바뀌게 되면서 점차 주변으로 파급되었을 것이다.

이러한 과도기에 토착의 돌무덤과 목관묘의 구조가 혼용된 경우도 있다. 예컨대, 대성동 구릉 위의 84호(석개목관묘)는 가장 늦게 남은 돌무덤의 흔적이 있는 목관묘 계열로 보인다. 대성동 84호는 유물상에서 토착의 석검·석촉·단도마연토기 등의 석기·토기류와 新來의 철부·유리 등이 유물이 섞인 독특한 무덤이다. 유구상으로 보면 토착의 석개구조와 새로운 목관구조가 결합된 것이다. 이 무덤의 입지도 대성동 구릉 상부의 지석묘처럼 전통적으로 신성시한 애꾸지(애기 구지봉) 구릉에 자리했고, 가장 오랫동안 옛 무덤 양식을 고수했다는 점에서 제사장 등의 특별한 신분의 엘리트

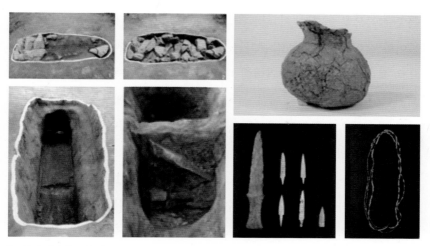

[그림 9] 대성동 84호 석개목관묘 및 출토유물(대성동고분박물관 2013)

층 무덤으로 추정된다[153].

　84호에서 출토된 포타쉬유리는 대개 원삼국기 분묘에 부장되어, 3세기 이후에 급감한다(권오영 2014:153-155). 포타쉬유리로 본다면 84호의 연대는 기원전 1세기대를 상한으로 하고 하한을 기원후 2세기대로 볼 수 있다. 아무튼, 대성동 84호묘는 목관묘가 파급되는 상황에서 토착세력의 재래 무덤양식이 마지막으로 잔존한 사례라고 하겠다. 아울러 84호는 송국리형 문화의 특징을 갖는 석기·토기 조합이 점토대토기문화가 유입되면서 사라지는 것이 아니라 기원전후한 시기까지 존속할 수 있다는 점을 보여주는 중요한 자료이다. 지석묘(석관묘)축조문화·점토대토기문화·목관묘문화

---

153)　토착의 돌무덤계 무덤이 애꾸지에 조영되는 거의 동시기에 목관묘가 대성동 구릉에 올라오지 못하고 구릉 아래에 주로 축조됨은 이주민세력이 토착세력의 聖地를 인정해 주는 것이며(이성주 2018), 이주민 세력과 토착세력의 평화적 관계를 시사한다.

를 단절적으로 볼 것이 아니라 완만한 과도기를 갖는다는 점을 의미한다.

이와 같이, 토착 지석묘 문화는 기원전 2·1세기까지도 일부 존속한 것으로 보이며, 기원후 1세기대에 대성동을 중심으로 목관묘 집단이 강성해지면서 해체되었을 것이다(박진일 2015:40). 고김해만에서 가장 많은 목관묘가 지속적으로 확인된 대성동유적 일대가 이주민집단이 정착한 곳이라고 보아도 무방할 것이다.

1세대를 15-20년으로 산정했을 때, 목관묘군에서 1세대에 5기 내외의 무덤이 조성되는 것으로 보아 다수 촌락 구성원 중 일부 엘리트만이 매장되었을 것으로 보는 견해가 있다.(이청규 2015:345). 이와 같이, 세대별 목관묘 수로 보면, 피장자는 지배층과 및 그 일족과 관련되는 인물로 제한되었을 것이다.

현재까지 대성동 일원에서 기원 이후의 목관묘군만 확인되는 것은 해반천유역에서 지석묘와 석관묘 문화가 늦은 시기까지 지속되었고, 그만큼 지석묘 축조집단의 보수성이 강했음을 암시하는 것이다[154]. 이는 기원전의 목관묘가 일부 확인되는 양동리·망덕리 유적 등 조만강 중상류역과는 양상이 상이하여 두 개의 유역권의 상황이 조금 달랐을 가능성이 있다. 점토대토기문화가 파급되는 시기까지도 지석묘를 유지하려는 강한 보수성이 해반천유역의 특징인데, 이러한 점 때문에 기원전 2세기후반~기원전 1세기 무렵에 양동리·망덕리유적에서 목관묘가 소수 유입될 무렵에도 보수성을 유지했다가 기원전후한 시기에 강력한 철기문화를 가진 유이민이 도래해 오는 무렵에서야 타의에 의해 묘제가 전환되었을 가능

---

154) 김해시 여러 지석묘 집단 중 현재로는 대성동유적을 중심으로 한 인근의 지석묘집단이 가장 강성해 보이고, 그러한 것이 늦은 목관묘 등장시점과 연동될 가능성이 있다. (박진일 2015)

성을 상정해 본다.

3) 집단별 위계 분화

고김해만에서 목관묘가 주로 축조되는 기원전후~2세기전반대까지 집단별로 위계를 구분한다면 3개 등급으로 위계화를 엿볼 수 있다. 즉, 양동리나 대성동같이 대규모 목관묘를 축조할 수 있는 국읍이나 읍락의 핵심 엘리트층, 망덕리고분군의 목관묘 축조집단 같이 국읍이나 읍락에 부용적인 중위집단, 목관묘를 제대로 축조할 수 없는 하위집단 등의 구분이다.

지석묘 축조 시기에 촌락단위별로 분산되어 지석묘를 축조하는 단계에 비해, 목관묘를 사용하는 집단의 수는 줄어든 셈이다. 따라서 목관묘 축조단계에 목관묘 피장자는 해당 읍락에서 상위계층이면서 수장층과 관련될 것이다. 즉, 종래 지석묘축조단계에 지석묘 피장자가 해당 촌락집단의 지도자급이라면 목관묘 축조 단계에는 군집된 목관묘 피장자는 해당 읍락의 지배층인 수장과 그 일족이라고 볼 수 있다.

요컨대, 청동기시대에 촌락단위로 조영되던 지석묘가 원삼국시대에 목관묘가 한 곳에 집중되는 것은 지배적 친족집단의 권력이 강화됨을 의미한다고 하겠다. 대규모 목관묘군의 조성은 축조집단의 결집이나 세력 집중을 보여주는 것이다(신영애 2015:202~230). 목관묘군이 축조되는 군집수가 지석묘나 목곽묘에 비해 소수인 것은 철기문화가 본격화되는 시점에 새로운 지배층의 일반민에 대한 통제책이 작용했을 가능성도 제기될 수 있다.

대규모 목관묘군의 등장은 초기 정치체, 즉 읍락 내 다수 취락이 결집하든 읍락의 핵심취락의 엘리트층만 매장되든 간에 해당 읍락권역을 통제할 수 있는 권력을 가진 정치체가 완성되었음을 의미한다[155]. 조만강유역과 해반천유역별로 양동리와 대성동 목관묘군의 등장은 각 읍락단위가 성립되었음을 의미한다.

목곽묘군에 비해 목관묘군의 수가 더 적다는 점은 주목된다. 즉, 고김해만에서 목곽묘는 예안리 등 여타 많은 군집이 있지만 밀집된 목관묘군은 양동리와 대성동에 한정된다. 이는 목관묘의 피장자는 제한적인 집단 즉 읍락의 핵심집단만 사용했음을 알 수 있다. 따라서 양동리·대성동 유적을 보면, 기원전후~2세기전반에 밀집된 목관묘군의 피장자는 읍락의 수장층 집단에 제한되었음을 알 수 있다.

이와 같이 목관묘 단계의 사회는 철기나 청동기 등 위세품의 생산과 유통을 통해 특정집단이 주변 타 집단보다 우월한 경제적 위치를 차지하게 되고, 집단 내부에서도 소유물이나 위신에서 개인간 격차가 심화되었다. 이 시기부터 경제력과 사회적 위신이 어느 정도 세습되었을 가능성이 크다. 하지만 정치적 권력에서는 일정한 한계가 있어 대중동원이나 무덤의 입지에서의 배타적 차별의 정도에까지는 이르지 못하였다. 이러한 당시의 사회·정치상에 대하여 계층화는 어느 정도 진행되었지만 지배-피지배의 단계까지 이르지 못한 상태로 파악하는 견해도 있다(신경철 1995). 이러한 점에서 보면, 무덤의 양상이『三國志』위서동이전 韓傳의 "國邑有主帥 邑落雜居 不能善相制御"의 거주형태와 일맥 상통하다고 볼 수 있다. 아직까지 국읍의 주수는 지도자적인 성격이 잔존하였고 일반대중과 분리되어 배타적인 권력과 지위를 갖는 통치자의 면모는 미약하다는 해석이다(이재

---

155) 대규모 목관묘군은 단일 취락이 아니라 읍락에 대응된다는 견해는 이미 제시된 바 있다. (강봉룡 1994, 문창로 2000, 이희준 2004, 이청규 2015)

현 2003:93).

지배-피지배 계층의 명확한 구분은 지배층의 묘역이 구릉 정상부의 탁월한 입지로 분리되고 다량의 유물을 부장하는 대형 목곽묘 출현기에 되어서야 뚜렷해진다.

3. 구야국의 성립

1) 구야국(가락국)의 건국 연대

三韓의 國은 國邑을 중심으로 주변 邑落들이 결합한 지역정치체로 정의되고 있다. 국읍의 성립시기와 기반에 대해서는 한국식 동검문화기의 청동의기를 중시하는 입장과 기원전 1세기 이후의 철기 생산과 목관묘군의 형성을 중시하는 입장으로 대별된다. 전자는 김종일(1994)·박순발(1998)·이청규(2000) 등의 연구가 해당되고, 후자는 권오영(1996)·이희준(2000a)의 견해가 대표적이다. 이희준은 목관묘군이 형성되기 이전의 단독묘는 부장유물이 아무리 탁월하다고 해도 취락이 장기적으로 영위되지 못했음을 나타내는 것으로 보아 小國이 성립되었다고 볼 증거가 되지 못한다고 주장하였다(이재현 2003:46).

전술한 두 부류의 견해들은 일견 상충되는 면도 있지만, 지역성을 고려하면 그 간격을 좁힐 수 있다. 즉, 청동의기와 한국식동검문화 뿐만 아니라 이주민이 더 일찍 유입된 중서부지역의 경우는 영남지방보다 좀 더 이른 시기에 국읍의 성립 시기를 논의할 수 있다고 본다. 하지만, 고김해만의 경우, 한국식 동검문화가 유입되었음에도 지석묘사회가 그 문화를 흡수하여 지속되는 점을 고려하면 후자의 견해가 더 적절할 것으로 본다. 서남부지역에서 원형점토대토기나 한국식동검이 출토되는 기원전 3~2

세기대 이주민계의 적석목관묘나 토광묘가 확인되는데 비해, 영남지방에서는 그러한 경우가 극히 드물다는 점은 시사하는 바가 크다. 다시 말하면, 원형점토대토기문화기에 서남부지역은 다수의 이주민의 유입과 함께 토착묘제와 구분되는 새로운 묘제로의 변화가 보이는 반면, 경남지방 특히 김해지역에는 그러한 양상이 극히 미약하다.

〈표 5〉 구야국(가락국)의 건국 연대에 대한 제견해

주창자	구야국의 건국연대와 주요 내용
이현혜 (1984)	기원전 1세기후반경에 철기문화를 가진 수로집단이 토착 지석묘 축조집단을 통합함
백승충 (1989)	와질토기의 출현,한군현과의 교역을 통한 중국제 문물의 유입, 철기의 보급 등에 주목하여 이러한 현상들이 기원후 1세기초엽에 나타날 수 있다고 보고 가락국기 건국연대(기원후 1세기 중엽)를 인정
김태식 (1993)	양동리 7호분에서 다량의 철제무구류가 출토되는 점에 근거하여 건국시기는 2세기 전반
심재용 (2007)	대성동 목관묘 단계(1세기후반-2세기전반)가 구야국의 형성기이며, 낙랑-왜와의 중개무역에 의해 성장하였다고 봄
김영민 (2008)	김해 내덕동 광형동모나 양동리유적의 광형동모·방제경 등을 왜와 구야국의 교섭에서 유입된 것이라면 구야국의 상한은 2세기 전엽 이전
김권구 (2016)	기원후 1세기경의 김해 대성동 가야의 숲 3호 목관묘 등은 유력자의 등장을 암시하며, 기원전후한 시기에 김해지역의 유력자로 주변취락을 통합하고 낙랑·왜와 교류를 하면서 철을 수출하고 분배하는 양상이 보이는데 이것을 '國'으로 봄
이성주 (2018)	대성동 유적의 분묘역 조성, 봉황대 일원의 집주가 본격화된 것은 원삼국시대 초기부터(삼각형점토대토기단계)이며 이때가 국읍 형성의 기점

구야국의 건국 연대에 대해서는 〈표 5〉와 같이 다양한 견해가 제시되어 있다.

필자는 기원전 1세기 후반경에 철기문화를 가진 수로집단이 토착 지석묘 축조집단을 통합했다는 이현혜(1984)의 견해에 대체로 동의하지만, 현재까지의 고고학적 성과로는 이주민과 관련지을 수 있는 지배층의 묘제인 목관묘 군집이 대성동 일원에서 기원후 1세기 이후에 해당하여 약점으로 작용한다. 다만, 대성동 구릉 상부에서의 수습유물을 보면 목관묘의 상한이 기원전 1세기 후반대까지 소급될 가능성을 배제할 수는 없다. 하지만, 현재로서는 목관묘의 군집화는 기원후 1세기대로 보는 것이 안정적이다.

즉, 고김해만 일원은 한반도 서남부지역이나 경산 임당·대구 팔달동·성주 예산동·창원 다호리 유적과 달리, 목관묘군이 집단화하고 장기 지속적인 양상을 보이는 것은 비교적 늦은 기원 이후 이므로 구야국의 성립은 기원후 1세기대로 보는 것이 현재의 고고학적 성과와 부합한다. 한편, 이성주는 "대성동 유적의 분묘역 조성과 봉황대 일원의 집주가 본격화된 것은 원삼국시대 초기부터(삼각형점토대토기단계)이며 이것을 국읍 형성의 기점으로 잡아도 문제없다. 봉황대가 적어도 점토대토기단계부터는 최소한 상징적인 측면에서라도 김해지역 정치체의 중심구역으로 인정되어 왔을 가능성이 크다".라고 주장한 바 있다. 즉, 원삼국시대에 들어서서 종래 중심지구인 대성동 구릉 주변 저지에 분묘군을 배치하고, 봉황대 구릉 하단을 에워싸는 환호가 축조되어 봉황대 중심지구로의 이주 가능성을 제시하였다. (이성주 2018:81-86)

그런데, 이러한 견해는 향후 고고학적 성과가 추가되어야만 가능하다. 즉, 현재까지의 고고학적 성과로는 삼각형점토대토기단계의 목관묘 군집이 대성동에서 확인된 바 없어 논의를 확대하기에는 무리가 있다. 또한 읍락형성기에 해당하는 구산동 지석묘와 관련 취락인 구산동 유적에서 늦은 단계의 원형점토대토기와 삼각구연점토대토기가 확인되는데 이 무렵의 묘제는 목관묘가 아니라 지석묘나 석관묘일 가능성이 높다. 구산동

취락의 늦은 단계에 해당하는 시기에 봉황대 중심지구로 핵심세력이 이주했다면 목관묘 세력과는 부합하지 않는다. 다시 말하면, 국읍의 출현을 목관묘의 출현과 연결짓는다면 현재 상황으로는 대성동 목관묘 분묘역 조성 세력과 봉황대 집주 세력은 일치하지 않는다는 것이다. 다만, 봉황대 일대(회현리)에는 기원전 2세기대에 이미 토착 유력 세력에 의해 분묘가 조성된 바 있기에 토착세력이 봉황대에 미리 터전을 잡은 상황에서 이주 목관묘세력과의 결합이라면 가능하다. 향후 조사성과를 기대해 본다.

2) 구야국의 중심지 : 대성동집단과 양동리집단과의 관계

(1) 기존 연구현황

고김해만에서 구야국의 국읍 위치에 대한 논쟁은 현재까지 지속되고 있다. 즉, 대성동고분군이 중심이 되어 양동리집단을 통할했다는 견해(신경철 2000, 심재용 2007)가 있는가 하면, 3세기후반 혹은 4세기 이전 단계까지는 양동리고분군의 규모나 외래 위세품에서 대성동고분군보다 우위에 있었기에 양동리가 구야국의 국읍이었다는 견해(임효택 1993, 홍보식 2000·2014, 김영민 2008)가 있다.

먼저, 양동리세력과 대성동세력의 관련성에 대한 홍보식의 견해를 인용해 보면 다음과 같다. "1세기후반부터 3세기 전반까지 낙동강 하류의 대외교류는 양동리고분군을 조영한 집단이 중심이 되어 낙랑·대방이 주도하는 대외교류 시스템에 편입된 모습을 확인할 수 있다. 3세기말이후가 되면 외래계 유물은 대성동고분군에 집중하였다. 3세기말 이후부터 양동리고분군에서 외래계 유물의 출토 수량과 부장 고분의 수가 현저히 줄어든다. 외래계 유물 수량 감소와 병행해서 유구 규모도 줄어들면서 초대형 묘가 조영되지 않는다. 양동리유적에서 외래계 유물의 감소 현상과는 반대로 대성동고분군에서 외래계 유물의 수량과 부장 고분수가 증가한다. 3세말이후 양동리고분군 부장 외래계 유물은 대성동고분군 조영 집단이 입수하여 양동리고분군 조영 집단에 재분배하였을 것으로 보인다"(홍보식 2014:240-249).

이에 대한 반론으로, 심재용은 다음과 같은 견해를 제시하였다.

"구야국시기(1세기후반 이후)부터 금관가야시기(3세기후엽 이후)까지 국읍은 계속 대성동집단이었음이 확실하다. 예컨대, 대성동 45호 목곽묘의 예를 보면 양동리 162호를 압도할 목곽묘가 대성동에 존재할 가능성이 높기에 구야국의 중심지를 대성동으로 비정할 수 있다. 하지만 읍락에 대한 국읍의 영향력이 구야국시기에는 크게 미치지 못하다가 금관가야시기가 되면 읍락들은 국읍에 종속된다. 구야국 시기는 대성동·양동리 집단을 정점으로 하면서 집단간 역학관계도 상·하위집단이 느슨하게 연계된 피라밋 구조였다면 금관가야시기는 집단간 최상·상·하위 집단으로 복잡해지고 종속성이 강해진 피라밋 구조로 볼 수 있다. 대표적인 하위집단으로는 칠산동고분군을 들 수 있다".(심재용 2007)

이 견해에서는 대성동에 양동리 162호 등의 일부 단계(2세기후엽)가 현재 보이지는 않지만, 대성동 구릉이 후대 기와 가마나 경작 등으로 많이 훼손되었고 아직 대성동유적의 전체가 조사되지 않았다는 점을 강조하고 있다.

이와 같이 현재까지의 고고자료로는 접점을 찾기가 쉽지 않다. 가장 큰 걸림돌은 아직 대성동과 양동리유적에 대한 발굴조사가 완전히 이루어지지 않았기에 속단하기가 이르다는 것이다.

(2) 종합적 검토

이성주는 구야국의 중심지에 대하여 다음과 같은 견해를 제시한 바 있다. 즉, "정치체의 중심지는 장기적 과정을 통해 형성되고 중심지적 요소가 누적되고 강화되는 과정에서 발생한다. 양동리집단의 패권이 대성동집단으로 옮겨왔다는 설명보다 구산동-대성동-봉황동 일대의 중심지적 기능이 지속적으로 강화되는 과정에서 중심지의 부상을 설명할 수 있다"(이성주 2002:14). 또한 "국읍을 국의 영역 안에서 인구가 집중되고 정치·경제·종교, 혹은 제의적 구심점의 역할을 한 중심취락의 존재"라고 보았다(이성주 2018:75).

이러한 국읍의 정의와 관련하여 구야국의 국읍을 고고학적으로 재검토해보기로 한다.

먼저, 인구 문제에 있어서는 관련 취락 조사가 완전히 이루어져야 하겠지만 현실적으로는 불가능하다. 이러한 보완책으로, 청동기시대 지석묘부터 가야시대까지의 분묘유적, 원삼국시대 패총, 환호유적 등을 통시적으로 검토해야 취락의 존재를 추정해 볼 수 있다. 고김해만에서 지석묘가 가장 밀집된 곳 중 하나가 서상동·회현리 일원이다. 그리고 상석의 규모도 서상동 지석묘가 가장 대형이어서 많은 노동력을 동원해야 축조가 가능하므로 주변에 다수의 취락이 존재해야만 한다. 구야국 시기와 관련된 패총도 해반천 동안에 가장 집중되어 전체 12개소의 패총 가운데 봉황동 주변에서만 4개소가 집중되어 있다. 주변에 생활 쓰레기장이 많고 그 패각의 두께가 두텁다는 것은 장기적으로 많은 사람이 거주했다는 것인데 이와 관련된 대표적인 유적이 김해 회현리 패총이다. 공동체의례 혹은 방어시설로 추정되며 정치체성장과 밀접한 관련이 있는 환호 시설도 구지봉과 대성동 주변, 봉황동 일대에서 집중적으로 확인되고 있다. 이러한 환호는 조만강유역에서도 향후 발견될 가능성은 있지만, 현재까지는 해반천유역이 가장 두드러진 양상을 보인다.

특히, 구산동에 350톤에 달하는 한국 최대의 묘역식 지석묘는 최소한 1개 읍락 이상의 노동력이 동원되어야 하는 거족적인 집단 상징물이다. 이러한 기념물은 경쟁관계에 있는 조만강유역에는 확인된 바 없다. 구산동 지석묘가 원형점토대토기 후기에서 삼각형점토대토기 단계로 편년되고 있어, 적어도 이 무렵에는 해반천유역의 구산동,대성동,봉황동 일대 집단이 고김해만에서 우위에 있었다고 보아도 무방할 것이다. 이와 관련하여 구지봉의 수로왕 관련 건국신화나 환호 등의 상징적 의례공간이 고김해만에서는 독보적이다는 점도 점토대토기문화단계에는 해반천유역이 적어도 정치·의례의 중심지임은 틀림없다. "의례의 중심지와 정치적 중심지는 상당한 연관성을 갖는다"(이성주 2018:91)는 견해는 주목할 만하다.

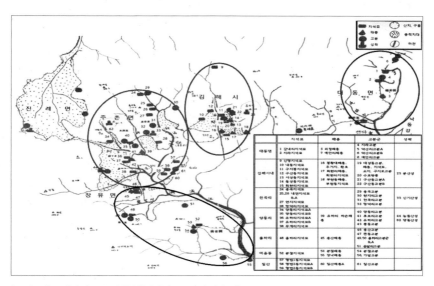

[그림 10] 고김해만 邑落의 구분(이현혜 1996 일부 수정)

이와 같이, 김해 봉황동·대성동 일원을 중심으로 해반천 일원의 국읍 범위는 직경 4~5㎞ 정도로 볼 수 있다. 같은 맥락에서, 조만강 중상류지역(주촌면 양동리 일원)[156]과 조만강 중하류지역(장유면 율하리 일원), 예안천유역(대동면 일원)도 각각의 읍락 범위로 볼 수 있다(그림 10 참조).

다음으로, 경제적인 측면을 검토해 보기로 한다.

전술한 바와 같이, 구산동의 초대형 지석묘의 축조 배경을 점토대토기문화기에 구산동 취락을 중심으로 한 대외교역을 통한 富의 축적을 언급한 바 있다. 이와 함께, 사천 늑도와 연계하여 대외교역을 살펴볼 필요가 있다.

기원전 2-1세기까지만 해도 남해안의 대외 거점 항구는 늑도였지만, 1세기 중엽 이후에 그 역할을 김해가 받으며 크게 성장한다. 김해의 가락국이 철의 공급을 매개로 대 중국 교역의 주도권을 차지하게 되면서 서북한의 한군현과 일본열도의 왜를 연결하던 '늑도교역'은 쇠퇴하기 시작했고 2세기 중엽이 되면 더 이상의 흔적을 남기지 않는다. (이영식 2014:29-34)

늑도의 쇠퇴는 수로왕 집단으로 대표되는 이주민세력에 의한 고김해만(특히, 해반천유역)의 장악으로, 고김해만이 왜와 낙랑을 잇는 가장 핵심적인 교역항으로 등장하였음을 의미한다. 늑도를 대신해 구야국이 중국·왜와의 대외교역의 중심으로 등장하는 1세기 중엽 이후는 고김해만에서 처음으로 대성동 일대에서 목관묘군이 군집된다는 점에서 변한 소국단계로서의 구야국과 그 중심인 국읍의 성립을 의미한다 하겠다.

늑도세력의 배후에 다호리 목관묘 집단을 상정한 견해를 참고하면(이창

---

156) 심재용은 양동리유적을 중심으로 한 주촌면 일대 읍락의 범위를 양동리유적을 대촌으로 하고 농소리 유적, 유하리 하손패총, 후포리고분군, 천곡리고분군, 망덕리고분군을 각각 소촌으로 보았다. (심재용-2007)

희 2016), 1세기 이후 수로왕으로 대표되는 대성동 목관묘 축조 이주세력의 등장[157]은 곧 고김해만이 늑도세력을 대신하는 새로운 국제교역항의 성행이자 다호리·늑도 세력의 쇠퇴, 그리고 구야국의 성립을 웅변한다.

주지하는 바와 같이, 구야국의 가장 큰 성장 배경은 대외교역과 더불어 제철기술이라 할 수 있다.

『삼국유사』 탈해왕 조에 보이듯이 탈해는 스스로를 가리켜 冶匠이라고 하여 제철기술을 보유한 집단임을 밝히고 있다. 따라서 이를 격퇴한 수로집단 역시 그에 상응하는 제철기술을 보유하고 있었던 것으로 생각할 수 있다. (이영식 2016:396)

3세기 중엽경에 편찬된 삼국지 위지 동이전에 구야국의 탁월한 제철기술과 교역 내용의 시원은 결국 제철기술을 가진 이주민 집단과 무관하지 않을 것이다. 즉, 1세기 중엽 이후 늑도의 교역거점으로서의 위상을 빼앗고 낙동강하구와 낙랑-왜를 연결되는 지정학적 위치의 김해에서 제철과 교역의 거점을 마련한 것은 수로왕으로 대표되는 북방 이주민 집단과 관련될 것이다. 이러한 집단은 대성동 목관묘군 및 철기제작기술의 등장과 직결된다.

하지만, 현재까지의 고고학적인 성과에 근거한 양동리 국읍설도 쉽게 무시할 수 없다.

상기한 여러 견해를 고려한다면, 대성동 29호분 단계 이전에는 대성동 목관묘세력이 해반천유역만 주로 통제하는 정치체로도 볼 수 있다. 그리고 거의 동시기에 양동리 일원에도 읍락단계의 정치체가 기원후 3세기대

---

157) 하지만, 목관묘 집단의 김해로의 유입을 다호리집단의 이주로 보는 견해(이창희 2015)에는 찬동하지 않는다.

어느 시점까지 병립하고 있기 때문이다. 즉, 3세기 후엽 대성동 29호 이전단계까지는 양동리집단과 대성동집단은 병렬적인 존재로 파악할 수 있다. 이와 관련하여 다음의 문헌기사가 주목된다.

『三國志』韓傳에는 "國邑의 통솔자인 主帥가 주변 邑落을 제대로 통제하지 못한다"고 기술되어 있다. 이러한 삼국지 기사가 대개 3세기전반대까지의 삼한에 대한 내용이므로, 3세기후엽으로 편년되는 대성동 29호분 이전단계의 대성동세력과 양동리세력과의 관계를 잘 설명하는 기사라고 파악된다. 즉, 3세기중엽경까지는 대성동세력과 양동리세력은 각기 해당 읍락에 대한 자치권이 강하였고, 상호 지배·종속적인 관계는 미약했음을 시사한다.

"변, 진한 정치체의 통합과 확대과정은 특정지역에서 주변지역을 정복이나 예속시키는 형태라기보다는 대등한 정치체간에 연합 혹은 통합을 통해 보다 큰 정치체로 발전해 갔다"(이재현 2003:188) 는 점을 고려하면 대성동세력과 양동리세력간의 관련성을 유추해 볼 수 있다.

다만, 유물상으로 보면 양동리고분군과 대성동고분군은 약간의 차이를 보이는데 해당 집단의 성격을 이해하는데 도움이 된다. 즉, 양동고분군에서는 옥·유리구슬류·청동정 등과 같은 의기류가 많고, 대성동고분군에서는 철정의 집적과 철제 무기류 등이 현저하다(이영식 2016:419). 이러한 점에서 보면, 대성동 세력은 정치적 중심지, 양동리세력은 종교적·의례적 중심지 역할을 했을 가능성도 있다.

요컨대, 三韓의 '國'은 복수의 邑落들로 이루어진 단위이지만 그 읍락들 사이에는 완전한 통속이 이루어지지 않은 연맹체적 성격이 강하여서(주보돈 1995:140), '國'보다 오히려 읍락이 기본적인 정치적 단위로 볼 수도 있다(이희준 2000b:89).

Ⅳ. 맺음말

본고에서는 고김해만을 중심으로 구간사회의 기원인 지석묘축조사회
로부터 목관묘가 출현하고 구야국(가락국)의 국읍이 성립하는 단계까지 살
펴보았다. 정리해 보면 다음과 같다.

지석묘 축조집단과 관련되는 구간사회는 기본적으로 촌락 단위로 구분
되었으며 우열이 있으나 독립성도 있었다. 한국식동검문화의 파급과 함
께 구간사회의 유력 촌락을 중심으로 의례공동체 과정을 통해 읍락형성
기를 거쳤는데, 특히, 대성동·회현리·구산동 일원의 해반천유역에서 그
러한 양상이 두드러진다. 읍락의 맹아를 유추할 수 있는 고고학적 현상은
구지봉 지석묘와 환호시설, 대성동 환호시설, 구산동의 초대형 지석묘 등
과 관련된다. 구지봉이나 구산동지석묘의 예를 보면 의례적 공동체 범위
가 읍락 정도의 공간적 범위를 아우를 정도이다. 이 단계에도 개별 촌락
들은 자치권을 유지하였으므로 후대에 구간사회로 표현되지 않았나 추정
된다. 의례의 중심지와 정치적 중심지는 긴밀한 연관성을 갖는다. 즉, 해
반천유역의 경우, 한국식동검문화기에 의례적 환호의 존재와 거족적인
제의의 공간인 거대 지석묘는 의례의 중심지이면서 정치적 행위의 시원
적인 상징물이라고 볼 수 있다.

기원전후한 시기에는 이주민과 관련된 목관묘 군집의 출현과 함께 삼
한 소국의 하나인 구야국 성립 단계에 이르렀다. 대성동일원에서 목관묘
군집의 등장과 수로왕의 건국신화는 무관하지 않을 것이다. 읍락형성기
나 구야국 성립과정에서 경제적 배경은 '고김해만'이라는 대외교역의 거
점으로서의 지정학적 특수성이 큰 역할을 하였다고 판단한다.

현재까지, 대성동 일원에서 기원 이후의 목관묘 군집만 확인되는 것은

해반천유역에서 지석묘와 석관묘 문화가 비교적 늦은 시기까지 지속되었고, 그만큼 지석묘 축조집단의 보수성이 강했음을 암시하는 것이다. 즉, 점토대토기문화가 파급되는 시기까지도 지석묘를 유지하려는 강한 보수성이 해반천유역의 특징이다.

이러한 과정에서 집단의 우두머리(首長)의 성격은 지도자로부터 지배자로 점차 전환되었을 것이다. 즉, 지석묘 축조사회는 개인의 위세보다는 집단전체의 통합을 강조하는 공동체 지향의 수장이고, 구간사회를 통합한 목관묘 축조집단은 개인 지향의 수장으로서 본격적인 정치체가 형성된 단계이다(이청규 2019:14-16). 한국식동검문화의 파급에 따라 토착 지석묘 사회가 읍락형성기로 서서히 접어들지만 구간사회의 촌락단위가 그대로 독자성도 유지하고 있어 과도기단계로 보인다. 완만한 혈연적·의례적 공동체를 정치적 공동체로 전환시킨 것은 철기문화를 가진 이주민과 관련될 것이며 고고자료로서는 목관묘 군집과 관련될 것이다. 즉, 의례적인 측면이 강한 병렬적인 읍락 단계에서 종적인 국읍·읍락 체제로의 점진적인 전환, 즉 정치적 의미가 강화된 읍락의 완성은 철기문화를 가지고 선진 정치체제를 경험한 북방 이주민의 영향이 컸다고 볼 수 있다.

고김해만의 목관묘는 기원전에는 희소하고 대개 기원후 1-2세기대에 해당한다. 현재까지의 조사 성과로 본다면, 고김해만의 여러 유적 가운데 목관묘가 가장 집중되고 장기지속성이라는 측면에서 보면 양동리고분군보다 대성동고분군이 좀 더 상위에 위치한다고 하겠다. 하지만, 유물상으로 본다면 3세기중엽경까지는 대성동세력과 양동리세력은 우열을 가리기 어려워 각기 해당 읍락에 대한 자치권이 강하였고, 상호 지배·종속적인 관계는 미약한 면도 있다. 즉, 양동고분군에서는 옥·유리구슬류·청동정 등과 같은 의기류가 많고, 대성동고분군에서는 철정의 집적과 철제 무기류 등이 현저하다. 이러한 점에서, 대성동 세력은 정치적 중심지, 양동리세력은 종교적·의례적 중심지 역할을 했을 가능성도 있다.

이렇듯, 목관묘 단계 사회는 정치적 권력에서 일정한 한계성도 보인다. 즉, 당시 계층화는 어느 정도 진행되었지만 무덤의 입지에서의 배타적 차별의 정도에까지는 이르지 못하여 지배-피지배의 명확한 단계에 이르기까지는 어느 정도의 시간이 소요된다. 목관묘 단계는 일반대중과 분리되어 배타적인 권력과 지위를 갖는 통치자의 면모는 미약한 측면이 있다는 것이다. 지배-피지배 계층의 명확한 구분은 묘역이 구릉 정상부의 탁월한 입지로 분리되고 다량의 유물을 부장하는 대형 목곽묘 출현기가 되어서야 두드러진다.

「고김해만 정치체의 형성과정과 수장층의 출현」, 『영남고고학』85, 영남고고학회, 2019.

지석묘 문화의 비교

한국과의 관련성으로 본 일본 지석묘 문화의 재검토

Ⅰ. 머리말

일본 지석묘는 한국과 가까운 구주 북서부지방에 대부분 위치하고 있어 동북아시아에서 지석묘의 중심인 한국에서 전파되었음을 유추해 볼 수 있다.

일본의 지석묘에 대한 일본연구자들의 연구성과는 다른 고고학 분야, 특히 고분에 비해 매우 빈약한 편이다. 이는 지석묘의 분포가 구주 일부지역에 제한되었다는 측면과 무관하지 않을 것이며, 피장자가 한반도와 직간접적으로 관련되었을 것이라는 선입견때문에 일본연구자들이 적극적으로 나서서 연구하지 않는 면도 있을 것이다. 일부 학자들은 한반도의 문화적 영향을 애써 축소하려는 의도도 감지된다. 왜냐하면, 일본입장에서는 일본 구주에 한정되어 분포하여 이주계 문화라는 선입견이 작용하는 듯하다. 한편으로는 한반도와의 관계보다는 繩文文化와의 연계성을 강조하는 일본 연구자도 있다.

한국 연구자들도 일본 지석묘에 대해 크게 관심을 두지 않는 분위기이다. 이는 한반도 지석묘(3만여기)보다 그 수가 매우 적고(600여기) 한반도에서 파생된 아류문화라는 선입견이 작용하여 본격적인 연구는 진행되지 않고 있다.

　이와 같이 한반도문화의 일본열도 전파루트상에 있는 구주 북서부지역의 지석묘는 한국과 일본 양국에서 모두 홀대받고 있는 셈이다.

　그런데, 실상 일본 구주 지석묘의 전파와 전개양상은 그렇게 단순하지 않아 좀 더 심화된 연구가 필요하다. 즉, 한반도 남부에서의 전파배경, 한반도남부 지석묘와의 비교, 일본 구주에서의 지석묘 발전단계, 소멸 원인, 피장자의 성격 등 세부적으로 다루어야 할 문제가 많다.

　본고에서는 일본 구주에서의 지석묘의 발전단계를 구분하여 접근하고자 한다. 즉, 처음 파급되어 이주민(渡來人)과 직결된 단계, 일본에서 토착화하면서 이주민과 토착민들이 함께 사용하는 단계, 마지막으로 상석만 잔존한 標石墓 단계로 구분하고자 한다.

　일본 학자들 중 일부는 일본 지석묘를 자체 발전의 관점으로 보면서 한국과의 유기적 관련성을 소홀히 취급하거나 비교검토가 미흡하다. 그래서 본고에서는 한국과의 연계성에 중점을 두고 일본 지석묘 문화를 재검토하고자 한다.

Ⅱ. 일본 지석묘 연구현황 검토

1. 분포

　일본 지석묘는 발굴조사 결과 지석묘로 밝혀진 것은 599기 정도(1997년 기준)이다. 시기는 繩文만기·彌生조기부터 중기까지 지속된다.

일본에서 지석묘는 구주 북서부에 집중분포한다. 현재 행정구역으로는 福岡縣, 佐賀縣, 長崎縣에 해당한다. 이외에 구주 서남부인 熊本縣, 鹿兒島縣에서도 일부 지석묘가 분포한다. 구주 이외에서 확인된 유일한 예는 本州의 山口縣 나카노하마(中ノ浜)유적에서 지석묘가 발견되었는데 이 유

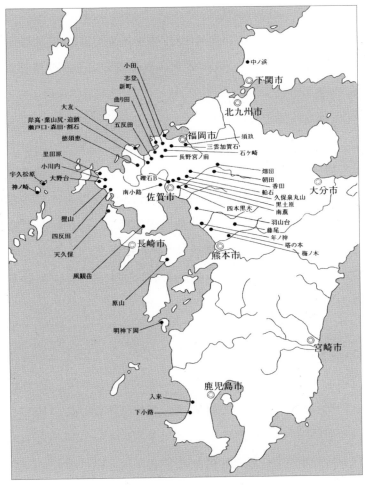

[도 1] 일본의 지석묘 분포도(太田 新 2014)

적은 북부구주에 인접하고 있다(平郡達哉, 2004)

한반도에서 일본으로 지석묘가 전파된 것은 주지의 사실인데, 그 중간 경로에 위치한 대다도나 이끼(壹崎)섬에는 지석묘가 분포하지 않아 주목된다. 이는 다음과 같은 측면에서 고려해 볼 수 있다. 즉, 지석묘 축조와 稻作은 불가분의 관계였기에 지석묘와 농경기술을 가진 이주집단은 벼농사에 불리한 대마도나 이끼섬에는 정착하지 않았다고 볼 수 있다.

대개 1-10基의 지석묘로 구성되지만, 福岡縣 新町遺蹟, 佐賀縣 久保泉丸遺蹟, 長崎縣 原山遺蹟은 50기 이상의 지석묘로 이루어진 대규모 유적이다.(古門雅高 2003)

2. 입지

대개 충적평야의 微高地와 구릉에 입지하는 것이 많지만 日本만의 특징도 보인다. 즉, 우쿠마츠바라(宇久松原)·오오토모(大友)유적과 같이 바다 옆의 砂丘 위에 입지한 것이나 하라야마(原山)와 후우칸다케(風觀岳)와 같이 표고 200~250m 정도의 구릉 위·山 鞍部에 입지하는 경우도 있다(平郡達哉, 2004).

3. 지석묘의 기원

〈표 1〉과 같이 일본 지석묘의 起源에 대해서는 한반도 남부라는 것은 대체로 공감한다. 다만, 세부적으로 서남부지역(전남지역)과 동남부지역(경남지역) 여부에 대해서는 의견이 나누어진다.

<표 1> 일본 지석묘 원류에 대한 제견해

번호	일본 지석묘 원류	주창자 및 참고문헌
1	한반도 남부	森貞次郞 1969, 甲元眞之 1978
2	한반도 서남부(석관형), 한반도 동남부(토광형)	西谷正 1980
3	한반도 서남부(전라남도지역)	本間元樹 1991
4	남강유역	端野晉平 2001
5	영남 남해안지역	中村大介 2007
6	충청도와 전남, 영남지역	정한덕·이재현 1998

本間元樹(1991)는 지석묘 시기와 분묘군을 구성하는 葬法의 조합으로 분류하여 일본의 지석묘는 한반도의 전남에서, 제주도 및 五島列島를 거쳐서, 長崎縣의 서북부에 전래되었다고 보았다. Ⅰ기에는 개석식과 기반식 지석묘가 공존하고, Ⅱ기이후 기반식지석묘가 주류가 된다고 보았다.

그런데, 서북구주 지석묘의 하부구조는 판식석관이 주체를 이룬다는 점에서 호남지방 남해안의 것과 다르다. 그리고, 석관묘만으로 구성된 묘역도 영남지방 남해안에서 보이기에 구축재료의 전환이 인정된다면 福岡平野와 그 주변에서 빈출되는 목관묘군 등 역시 이 지역에서 도입되었을 가능성이 높다(中村大介 2007).

서북구주에 초기 지석묘의 매장주체부로서 石棺이 많이 보이는 것은 한반도 남부와 연결지으면 석관묘가 빈출되는 경남과의 관련성을 검토할 수 있다. 같은 남부지방이지만 경남지방에서는 매장주체부로서 석관의 형태가 전남지방에 비해 많은 편이다. 즉, 경남지방에서는 송국리형 묘제로서 석관묘와 석개토광묘가 별도로 조영되는 비율이 높은데 비해, 전남지방에서는 그러한 예가 소수이다.

그런데, 분묘의 구조로 본 지석묘의 원주지 추정은 어느 정도 제한이 있으므로 지석묘와 밀접한 관련이 있는 일본 송국리형 주거 문화의 원류를 살펴볼 필요가 있다.

〈표 2〉 일본 송국리형 주거문화의 원류에 대한 제견해

번호	일본 송국리형 주거문화 원류	주창자 및 참고문헌
1	한반도 남부	이홍종 2005
2	김해·함안지역, 남강유역	안재호 2006
3	사천지역	이종철 2006
4	남강유역과 김해지역	端野晉平 2008
5	영남지방	유병록 2010

일본 북부 구주에서 보이는 이른 시기의 송국리형주거가 원형 평면에 內柱孔式 주거도 있지만 外柱孔式의 송국리형주거가 대세를 이루고 있기 때문에 경남 남해안권에 분포하는 남해안 일대의 송국리형취락으로부터 직접적 영향을 받았을 것으로 추정된다(李宗哲 2015, 395-396쪽).

李宗哲은 사천 이금동의 주거지가 일본의 발전송국리형주거와 관련이 있다고 보고 경남 남해안권으로부터의 영향 관계를 언급하였다.(李宗哲 2006) 사천 이금동의 조사 이후 마산·창원·김해·거제 등 경남 남해안권에서 조사예가 증가하여 현재 총 20기에 이른다. 이금동식 주거가 일본으로 파급되었을 가능성은 더욱 탄력을 받고 있다.(李宗哲 2015)

안재호는 이금동식 주거를 이금동 유적에서 가장 늦은 시기에 축조된 것으로 상정하고 일본 발전 송국리형주거의 祖形이거나 서로 관련성이 밀접한 주거로 본다.(안재호 2009)

이러한 연구성과를 종합하면, 일본 지석묘의 원류는 경남 남해안권과 관련지어 보는 것이 가장 합리적이다.

4. 외형상의 형식

일본에서 卓子式 支石墓는 없다. 약간의 蓋石式이 확인되고 대부분은 基盤式이다.

탁자식 지석묘가 일본에 존재하지 않는다는 것은 탁자식 지석묘가 일본에 지석묘가 전파된 시기보다 이른 시기에 한반도에서 존재한 탓인지, 아니면 늦은 시기에 유행했어도 일본과 인접한 우리나라 남부지방에는 분포하지 않았기 때문에 전파되지 않았는지에 대해서 확언하기 곤란하다. 심봉근은 전자에 무게를 두고 있다(심봉근 1999, 197쪽).

하지만, 필자는 후자의 견해가 더 적절하지 않을까 한다. 남한지역에서 탁자식은 중부지역에서 주로 확인되고 있다. 그런데 송국리형 농경문화의 중심지는 탁자식이 거의 없는 충청이남 지방이고, 지석묘의 형식이나 부장방식, 지리적 인접도 등을 감안하면 이주민의 다수는 한반도 남부, 특히 경남지역이라고 생각한다면 그러하다.

구주 지석묘의 원류인 한반도 남부에는 기반식이 개석식과 혼재할 뿐 일본과 같이 많은 기반식이 존재하지 않는다. 이렇듯 한반도에 비해 기반식의 수가 특이하게 많은 것은 대형 상석을 조영하지 못하는 단점을 相殺하려는 의도, 다시 말하면 무덤을 크게 보일려는 과시용이 있지 않았을까 한다. 즉, 한국에 비해 큰 상석을 옮길 여건이 못되니 상석을 도드라져 보이게 하기 위해 지석을 놓아 보완했던 것으로 보인다. 그리고 구주의 지석묘가 砂丘에 입지한 경우가 종종 있는데 해안변 사구는 연약지반이기에 지반을 보강한다는 측면에서 안정적인 구조를 유지할려는 현지적응과정에서 支石을 적극적으로 사용했을 가능성도 있다.

일본학계에서는 기반식이 먼저이고, 개석식이 늦다는 선입견이 있는 듯하다(小池史哲2011).

이는, 일본내에서 지석묘의 자체적인 발전과정을 중시하는 관점으로 파악된다. 일본 구주 지석묘의 원류인 한반도 남부에서는 기반식과 개석식이 혼재되어 있는 것이 대부분이다. 물론, 일본에서 標石墓를 쓰는 늦은 단계에 간략화되는 과정에서 支石이 생략되고 상징적인 지석묘의 상석만 남은 것(개석식)은 사실이지만, 이는 마지막 단계의 예외적인 경우로 보아야 한다.

5. 상석(上石)의 규모

일본 지석묘의 상석 규모는 한국 지석묘 상석에 비해 소형이다. 즉, 한반도 남부지역의 상석 체적이 3~7㎡인데 비해 일본은 길이 2m미만이 다수이고 체적이 1~2㎡ 정도인 것이 대부분이다.(端野晉平2003, 平郡達哉, 2004)

이와 같이, 한국 지석묘는 상석의 규모가 비교적 대형에 속하는데 비해서, 일본 지석묘는 성인 10여명 정도이면 쉽게 움직일 수 있는 비교적 소형의 석재를 사용한다(심봉근 1999, 200쪽).

이는 이주민의 수가 다수를 점하지 못한 상태에서 농경공동체가 완전히 정립되지 않은 일본 구주의 사정상, 지석묘 축조시에 한국에서와 같이 다수를 동원할 수 있는 공동체 시스템이 갖추어지지 않았음을 시사한다. 즉, 지석묘를 축조하기 위해서는 지석묘 상석의 채취·이동·매장주체부의 축조 등 여러 단계가 유기적으로 연결되어야 하는데, 이러한 시스템이 한국에 비해서는 빈약했을 것이다.

6. 지석묘의 묘역구성

북부구주 지석묘의 묘역구성으로 보면 대부분이 열상으로 구성되어 있다. 열상 구성 중 밀집형은 죠몽문화에서도 보이지만 그것은 동일본에서 많이 확인할 수 있는 것이며(中村大介 2007), 서일본에서는 한반도 청동기문화와의 접촉을 통해 처음으로 도입되는 형태이다.(甲元眞之 1997)

이와 같이, 북부구주 지석묘군의 묘역구성이 밀집형이 아닌 열상 배치라는 것은 단순한 문화교류가 아닌 한국에서의 이주민의 존재를 짐작케한다. 한국에서는 밀집형보다는 열을 짓는 지석묘군들이 다수 확인되는데, 일정한 방향으로 형식변화가 관찰되며 그것은 시간성을 반영하는 것으로 파악된다[158].

7. 지석묘의 매장주체부

甲元眞之(1978)는 지석묘 내부주체를 箱式石棺, 土壙, 甕棺, 配石土壙으로 분류하고, 내부 주체 가운데 토광이 분포하는 범위가 석관보다 넓은 것과 석관을 주체로 하는 지석묘군 중에는 토광을 주체로 하는 것도 섞여 있으므로 석관보다 토광이 선행한다고 보았다.

이는 구주지역 내에서만 고려한 다소 평면적 접근방법이다. 매장주체부의 선후 관계는 그 수가 많다고 선후행을 정해서는 안되고 전체적 맥락

---

158) 인도네시아 숨바(Sumba)섬의 린디(Lindy)지석묘군은 3列을 보이는데, 중심열이 길며 나머지 양쪽 가장자리 열은 짧은 편이다. 중심열은 가장 웅장하면서 씨족의 종손계열의 무덤을 축조한다(이동희 2011).

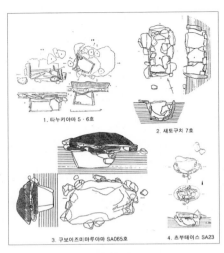

[도 2] 일본의 지석묘 매장주체부 형식
(1·2 : 석관형, 3 : 토광형, 4 : 옹관형)(平郡達哉 2004)

과 유물적 접근이 우선이다. 한반도 남부지역과의 관련성으로 보면 석관이 선행하다가 축조하기 쉬운 토광으로 변화했다고 보는 것이 더 합리적일 것이다. 즉, 지석묘의 기원지인 한반도 남부에서의 지석묘 매장주체부의 다수는 석관이나 석곽이다. 석관과 일부 (석개)토광이 전파되었지만 일본에 정착하면서 축조가 쉬운 토광이 더 광범위하게 파급되었다고 보는 것이 합리적이다.

이러한 점에서 다음의 견해는 주목할 만하다.

즉, 西谷正(1980)은 일본의 지석묘를 내부주체를 중시해서 Ⅰ형식(석관형), Ⅱ형식(토광형), Ⅲ형식(옹관형), Ⅳ형식(배석형)으로 분류하고 가장 오래된 지석묘의 대부분이 Ⅰ형식이고 그 중심은 서북구주에 있다고 보았다. Ⅰ형식은 승문시대 종말기(미생시대 조기)에 한반도 서남부에서 동남부지방을 경유하여 서북구주로 전래한다고 추정하고, Ⅱ형식은 한반도의 동남부에 조형을 가지고 미생전기에 성행한다고 보았다.

이와 관련하여 이른 단계의 지석묘가 비교적 많이 발견된 長崎縣 지석묘의 매장주체부를 살펴볼 필요가 있다. 長崎縣에서 石棺의 비율이 압도적으로 높고 長崎縣의 남쪽으로 갈수록 토광묘의 비율이 상대적으로 높아진다(정한덕·이재현 1998). 이는 長崎縣 북쪽에 지석묘가 처음 파급되고 남쪽으로 가면서 토광묘 비율이 높은 것은 토착화됨을 의미한다고 하겠다.

<表 3> 일본 지석묘 매장주체부 선후관계에 대한 제견해

번호	매장주체부 선후관계	주창자 및 참고문헌
1	土壙 先, 石棺 後	森貞次郎 1969, 甲元眞之 1978
2	石棺 先, 土壙 後	西谷正 1980, 森田孝志 1997
3	매장주체부는 시기차이를 보이지 않음	岩崎二郎 1987, 本間元樹 1991

8. 장법(葬法)

일본학계에서는 九州의 지석묘가 외형상 한반도 남부 지석묘 형태에 유사하지만 매장주체부는 토착 요소인 굴장이 많다는 인식이 지배적이다 (平郡達哉 2004, 100쪽). 즉, 일본 지석묘에서 屈葬이 많아 이주민(渡來人)보다는 繩文人과 연결짓고자 하는 의중과 무관하지 않을 것이다.

하지만, 최근 한반도 남부지역 지석묘 조사성과를 보면 신전장보다 오히려 굴장의 비율이 높다. 청동기시대 영남지역 분묘유적 출토 인골의 매장방식에 대한 연구성과를 보면 <표 4>와 같다.

<표 4> 영남지역 청동기시대 분묘 장법(신석원 2017)

자세	연령						성별		합
	유아	소아	약년	성년	숙년	노년	남성	여성	
신전장	0	0	0	4	1	2	7	1	8
굴장	1	1	1	6	2	2	7	3	10

이상과 같이 인골이 확인된 영남지역 청동기시대 분묘를 분석한 결과, 신전장보다 굴장이 선호되었음을 알 수 있다.

한편, 석실규모로 본 전남지역 지석묘 장법의 비율을 살펴보면, 신전장 40.1%, 굴장 42.2%, 세골장·유아장 17.7%로서 신전장보다 오히려 굴장의 비율이 높다. 굴장은 석실 규모가 길이 110~160㎝, 너비 40~45㎝인 경우에 가능하며, 길이 100㎝내외, 폭 50㎝이상인 것도 굴장으로 충분하다고 보았다. 굴장은 내륙보다는 남해안 지역의 비율이 가장 높다(이영문 2002, 338-342쪽). 일본의 지석묘의 기원지가 한반도 남해안과 관련된다는 점에서 장법에서도 연계성이 돋보인다.

요컨대, 굴장은 한반도 남부지방에서 신전장보다 더 많이 활용된 장법이었음을 알 수 있다. 따라서 구주지방의 지석묘 매장방식이 굴장이 많다고 해서 죠몽문화와 관련짓는 것은 재고를 요한다.

전술한 바와 같이, 일본 구주의 지석묘 상석은 소형이어서 한반도의 그것에 비해 1/3 정도가 대부분이다. 매장주체부 규모도 1m를 넘는 것이 적다. 그래서 매장방식에서도 굴장이 일반적이고, 굴장을 하기 위해 큰 매장주체부를 구축할 필요가 없고. 그것에 따라 상석도 매장주체부 규모에 대응한 것을 올린 것으로 판단하는 것이 일본학계의 견해로 파악된다 (平郡達哉 2004).

오히려 그 易으로 생각해 볼 필요가 있다. 즉, 공동체의식속에서 大形上石을 쓰던 한반도 남부에서의 이주민(도래인)이 일본내에서는 소수로 전락한 상황에서 많은 인력을 동원해 대형상석을 축조한다는 것 자체가 어렵다. 매장주체부를 덮는 상석이 작아지므로 매장주체부도 같이 작아진 것으로 볼 수 있다. 다시 말하면, 이주민은 신전장·굴장 모두를 인지했겠지만 비교적 소형의 상석을 주로 이용하다보니 굴장을 선호하게 된 것으로 보인다.

물론, 혼인 등을 통해 토착민들과 내세관을 공유하면서 繩文人들이 종래 사용하던 굴장의 풍습을 자연스레 받아들인 면도 있을 것이다.

9. 출토유물

일본 지석묘 출토 유물은 토기류, 석기류, 옥류, 조개제품 등으로 대별
해 볼 수 있다. 이러한 유물 가운데 한반도에서 기원을 구할 수 있는 요소
는 첨근(尖根)일단경식 석촉과 벽옥제 관옥, 토기 부장풍습 등이다. 이에
비해, 재지의 승문문화 계통을 잇는 유물은 무경삼각형석촉, 경옥제 대주
(大珠), 팔찌로 사용된 조개제품이 있다(平郡達哉 2004·2018).

본고에서는 부장품 가운데 가장 많은 비율을 점하는 토기, 대표적인 위
세품인 벽옥제 관옥, 유물의 부장 위치 등에 대해서 한국과의 관련성에
주목하면서 검토하고자 한다.

1) 벽옥제 관옥

한반도계의 대표적인 위세품이 벽옥제 관옥이다. 관옥은 한반도 남부
에서 가져왔을 가능성이 높다(九州大學文學部考古學硏究室 1997). 토기는 현지 양
식으로 쉽게 변하는 데 비해 관옥같은 위세품은 피장자의 정체성을 보여
주는 대표적인 유물이다.

2) 토기

일본 지석묘 출토 토기류는 소형호, 옹, 고배, 완형토기 등이다. 가장
많이 보이는 것은 소형호이며, 칠을 하고 마연된 것이다(平郡達哉 2004). 그
런데, 이러한 토기류의 다수는 한반도와 관련되지 않고 일본 현지 양식을
따른다는 것이다.

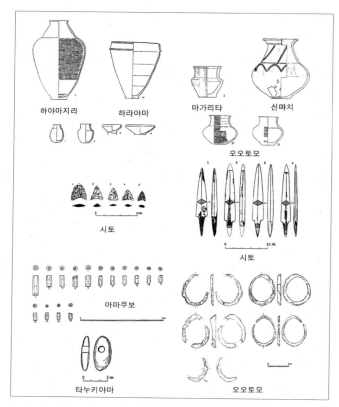

[도 3] 일본의 지석묘 출토유물(平郡達哉 2004)

송국리문화와 관련된 대부분의 유적들이 북부구주의 福岡縣과 佐賀縣으로 집중된다. 송국리문화의 또 다른 핵심요소인 송국리형토기는 분포상에서는 주거지의 분포권과 함께 하지만, 그 숫자가 비교가 되지 않을 정도로 미미하다. 즉, 구주지방에서 송국리식토기가 출토되지만 그 예가 적고(5예) 송국리형 주거지 내에서 출토된 예가 전혀 없다는 점이 특이하다. (유병록 2010, 61쪽).

이와 같이, 일본에서 송국리형 주거지, 농경, 지석묘의 조합상은 보이지만 송국리식 토기는 매우 빈약하다.

송국리형 주거지 내에서의 토기는 구주 토착적인 것이 많다. 이는 토기가 깨지기 쉬운 동산이라는 점에서 굳이 이동의 필요성이 적었을 것이고 더구나 일정 시간이 지난 상태에서 매장된 분묘에서의 출토 토기는 대부분 현지 양식을 사용했을 것이다.

이와 관련하여, 6~7세기대 백제계 이주민과 연계되어 있는 近畿지역 횡혈식석실묘 및 출토유물을 살펴보기로 한다.

近畿지역 횡혈식석실묘에 부장된 유물 중 타지역에서 보이지 않는 최대의 특징은 피장자가 착장한 귀금속제 장신구, 토제 모형 취사기 세트이다. 나라분지 남부, 오사카의 一須賀고분군 滋賀의 大津 일대에 집중되는 경향을 보인다. 도래 전승이 남아 있거나 백제 이주민계 취락과 관련성을 지닌 곳이 많기 때문에 횡혈식 석실묘와 함께 전형적인 백제계 이주민 문화로 인정되고 있다(권오영 2017).

大津市 도래인 관련 유구는 6세기후반부터 7세기초에 해당하는 백제계 穹窿形 횡혈식 석실과 大壁建物을 들 수 있다. 穴太野添古墳群에서는 우편수식 횡혈식석실이 조사되었다. 토제 모형 취사기와 은제 동곳이 출토되었다. 6기 모두 유물 내용과 출토양상이 동일한 모습을 보인다. 그런데 주목되는 것은 토기에 있어서는 백제계 유물이 아니라 토착의 土師器, 스에키가 출토된다는 점이다(西中久典 2017).

이와 같이, 장신구·의례용품 등 위세품과 달리 토기는 깨지기 쉬운 동산이기에 이주 후에 현지화하기 가장 쉬운 유물로 파악된다.

그런데, 토기에 포함된 한반도적 요소가 미약한 사실을 근거로 도래인이 재래문화의 규제하에 있었다는 주장이 제기된 바 있다.(田中良之 1986)

이주한 농경민의 수적인 문제로 해결하기보다는 농경문화체계를 일본 승문인들이 왜 받아들였냐를 생각하면 소수가 다수를 통제하였다고 보아도 무방하지 않을까? 새롭게 등장한 주거형이라도 그 지역에 맞게끔 자연스럽게 변화될 수 밖에 없을 것이다. 때문에 이를 가지고 재지계가 문화주도층이라고 보는 것은 무리한 해석이다. (이홍종 2010)

전술한 바와 같이, 현지토기가 많다는 것은 이주민이 많지 않았다는 점 외에도 생활용품이기에 쉽게 현지 문화에 동화되었다고 보는 것이 합리적이다.

이와 관련하여 金關丈夫의 견해(金關丈夫 1971)는 주목할 만하다. 즉, "초기의 이주자는 세계각국 어디서든 같겠지만 거의 대부분이 남성이며 그들이 간 곳의 여성을 받아들여 새로운 사회를 만들었기 때문이다." 라고 하여 도래자가 남성이고 토기제작자인 여성은 재래의 승문인이었기에 승문식토기의 계보를 이었다고 보는 것이 적절할 것이다.

하지만, 구주북부지방에 있어 한반도 남부 도래인으로부터의 토기 영향이 없는 것은 아니다. 즉, 호의 출현, 단도마연토기의 영향, 공렬기법 등을 들 수 있다.

黑川式期부터 板付1式까지의 시기에 있어 도래적 요소의 하나로서 호(壺)의 출현을 들 수 있다. 호는 夜臼式期에 출현하며 黑川式까지의 西日本繩文土器 중에서는 보이지 않는 기종이다. 기형에서도 한국무문토기에 있어서 단도마연토기와의 유사도가 높고 단도의 정제품도 많은 것에서 壺의 기원은 재래의 전통이 아닌 한국무문토기에서 구하여야 할 것이다. (沈奉謹 1980) 옹에 뚫려진 공렬은 한반도 남부의 전기무문토기옹에 보여지는 수법과 유사한 것인데 북부구주를 중심으로 보이고 있으며 그 시기는 黑川式期부터 板付1式까지 이른다. (田中良之1986)

3) 유물의 위치

한국 지석묘의 경우, 유물은 묘실 내부에서 출토되는 것이 대부분이나 일본에서는 예외는 있지만, 상석 아래 개석 위쪽인 지석 사이에 있는 예가 많다(沈奉謹 1999, 202쪽).

한국 청동기시대 묘제에서 관외부장된 석검의 성격을 벽사로 추정된 바 있으며, 관외부장풍습은 한국에서는 영남지역 특히 경남지역에서 주로 확인된다(平郡達哉 2006).

경남지역에서의 공헌·관외부장예로는 함안 오곡리 32호, 마산 진동 3·30호, 창원 신촌리 Ⅰ-9호, 거제 농서 1호 등이 있는데, 경남 해안지역에서 보이는 묘광 모서리 부분의 바깥쪽에 부장하는 풍습이 糸島市 신마치유적(4·9호묘 등)에서 여러 사례들이 확인되고, 양산 소토리 7호에서 개석 위에 올리는 것은 佐賀平野의 久保泉丸山 SA016 등에서 확인된 사례들이 있다(中村大介 2006, 武末純一·平郡達哉 2009).

이렇듯 공헌유물이 비율이 높은 일본과 연계될 수 있는 한국의 특정지역은 경남권이라고 볼 수 있다. 관외 부장풍습을 보면 구주 지석묘의 원류는 경남지역일 가능성이 높다.

구주 지석묘 출토유물 가운데 가장 많이 보이는 것은 마연된 소형호이다(平郡達哉 2004). 일본토착화가 진행되면서 기형에서는 차이가 있지만, 경남 남해안 일대에서도 단도마연토기의 부장 풍습 빈도가 높은 것을 보면 상호 관련성이 엿보인다.

10. 지석묘의 소멸 배경

일본에서 지석묘의 조영이 끝나는 원인에 관해서는, 북부구주에서 목관묘의 보급, 長崎縣을 중심으로 하는 西九州에서는 板付ⅡB식 토기의 유입에서 보듯, 새로운 문화의 파급에서 구하고 있다(大庭孝夫 2000, 古門雅高 2003)

일본 구주지방에서 지석묘의 성행기는 彌生 조기~전기무렵이다. 彌生 중기에 들어서면 점차 소멸단계로 접어든다. 이러한 점에서 지석묘의 축조가 감소되는 획기는 야요이전기말로 볼 수 있다.

彌生 전기말에, 한반도 점토대토기문화와 세형동검을 비롯한 청동제무기가 들어오면서 무기부장이 일반화되고 옹관묘가 증가하며, 중기 후엽의 소위 '왕묘'가 출현하는 단계에는 각지에서 상위 계층의 무덤에 중국제 문물과 청동제 무기, 철제 무기가 부장되어 전쟁이 성행하던 시대였음을 알려준다.(中村大介 2009)

이와 같이 彌生 전기말~중기에 걸쳐 한반도에서 청동제무기, 철제무기가 유입되고 전쟁의 성행, 계층 분화의 본격화 단계로 접어든다.

특히, 철기도입에 따른 계층분화의 진전과 분쟁의 증가로, 지배층 입장에서는 공동체의식속에 상석을 옮기는 작업은 노동력의 낭비로 여겼을 것이다. 잉여농산물의 생산 증가를 강조하는 철기시대의 지배 엘리트들은 그들의 지휘하에 있던 노동력을 지석묘 축조와 같은 비생산활동에서 생산활동으로 재배치시켰고, 노동력이 많이 필요한 기존의 지석묘 대신 간단하게 축조할 수 있는 석관(곽)묘, 목관묘, 옹관묘, 토광묘 등의 묘제가 등장한다(이송래 1999, 이영문 2002).

彌生 중기의 철기도입기에는 북부 구주에 대형의 분구묘가 조성된다. 즉, 계층화의 진전에 따른 수장층의 분구묘 축조는 북부구주에서 지석묘 축조를 대체하여 뚜렷한 분구로서 수장층의 위세를 보여주게 된다. 예컨대, 彌生 중기 요시노가리 유적에서 옹관묘를 매장주체부로 한 대형 분구

묘의 출현은 철기 유입단계에 수장층이 권력을 보여주기 위해 가시적인 대형 분구를 선호했음을 시사한다. 이러한 대형분구묘의 출현과 지석묘의 종말은 궤를 같이한다.

권력층이 옹관묘를 매장주체부로 하는 분구묘로 전환되면서 표석 지석묘가 일부 잔존하는 단계를 거쳐 완전히 소멸된다.

요컨대, 일본 구주에서 지석묘가 종말을 고하는 이유는 지배층의 거대 분구 선호와 옹관묘의 성행, 이주민의 토착화, 채석의 불편, 철기문화 유입에 따라 지배층이 노동력을 더 생산적인 농경에 투입한 측면 등을 거론할 수 있다.

III. 한국과의 관련성으로 본
　　일본 지석묘의 전파와 전개과정

일본 지석묘 연구자들의 고민거리는 다음과 같이 요약될 수 있다.

"일본 지석묘에는 아직 해결되지 못한 문제가 존재한다. 먼저, 한반도에는 예외적인 하부구조가 존재한다. 예컨대, 옹관 내지 호관(壺棺)이 그러하며 長崎縣 등에서 볼 수 있는 소형의 방형 석관도 그러하다. 더욱 불가사의한 일은 지석묘라고 하는 외래의 묘제를 채용하고 있음에도 불구하고 도래자가 아니고 서북구주의 승문시대인의 계보를 잇는 사람들이란 점이다. 이처럼 한반도와 일본의 지석묘에는 그 양상이 다르며, 이러한 문제를 합리적으로 설명하기에는 아직 자료의 부족을 들 수 있다"(古門雅高 2003).

상기한 일본 지석묘연구의 고민거리를 요약하면, 한반도 지석묘와 비교하여 하부구조가 상이하고, 확인된 인골이 토착인에 가깝다는 것이다.

이외에도 상석, 출토유물, 배치상 등도 거론될 수 있을 것이다. 하지만, 자료가 부족한 것이 아니라 합리적인 해석을 못하는 것이 아닐까 연구자 스스로 반성해 보아야 한다.

따라서, 본고에서는 지석묘가 일본에 파급된 배경과 그 후 어떠한 변화 과정을 거쳤는지 단계 구분을 해보고 지석묘 전개과정에 있어 피장자의 위상에 대해 검토하고자 한다.

1. 미생문화(彌生文化)형성기 이주, 도작농경, 지석묘

야요이문화 형성기에 한반도에서의 이주는 크게 두 단계로 나누어 볼 수 있다. 그 첫 단계는 농경문화로서 미생문화를 추동시킨 송국리문화이며, 다음 단계는 새로운 청동기제작술을 가지고 송국리문화를 뒤따라온 점토대토기문화라 할 수 있다(유병록 2010).

지석묘와 관련된 이주의 중심시기는 송국리문화단계로 보아야 할 것이다.

일본 초기지석묘는 한국지석묘의 Ⅲ단계(송국리형 문화기)의 특징과 일치하고 북구주 출토 마제석검이나 석촉도 바로 이 시기의 전형적 형태이다. 송국리형토기·삼각형석도 등도 분포범위가 일치한다. 따라서 일본 지석묘 출현 배경에는 바로 송국리형문화의 확산과 밀접한 관련을 지님을 알수 있다(정한덕·이재현 1998).

일본 학자들의 일부는 지석묘가 한반도 남부에서만의 주민들의 이주가 아닌 九州 海人들이 수용한 것이라고 보는 다소 불합리한 논리를 펴고 있다. 지석묘와 송국리형주거지, 농경문화, 마제석기류나 벽옥제 관옥 등이 세트로 한반도와 가까운 구주 북서부에서 보이는 것은 단순한 모방은 아니라는 것을 의미한다. 지석묘와 밀접한 관계를 보이는 농경문화나 송국리형 주거문화가 단순히 모방해서 일본에서 토착화되는 것이 가능할까?

지석묘와 밀접한 관련이 있는 벼농사 기술은 이주민의 존재없이 海人들의 단순한 모방으로해결될 문제가 아니다.

일본 지석묘 입지조건에서 평야주변에 집중한다는 데서 지석묘 사용자가 도작 농경과 관련하고 있음을 시사한다. 즉, 이전 시대인 죠몽시대의 유적이 대부분 하구나 해안의 산기슭 또는 산중에 위치한데 비하여 지석묘는 모두 농경이 가능한 대소 평야를 낀 대지상에 위치한다. 이는 죠몽인이 산과 바다에서 수렵, 어로생활을 생업으로 삼았으나 지석묘를 조영한 사람들은 평야에서 농경생활을 주업으로 삼았음을 의미한다. 그리고 지석묘와 함께 도작농경이 시작된 것을 증명하는 농경도구와 탄화미 등이 초기 지석묘와 분포지역을 같이 하면서 출현한다(심봉근 1999).

도작농경은 눈에 보이지 않는 고도의 기술과 복잡한 과정을 필요로 한다. 이것에 생소한 사람이 처음 보고 선뜻 행하기란 불가능하다. 일본에서 도작농경의 시작은 죠몽만기에서 야요이초두로 편년되는 유우스식 초기단계로 파악된다. 도작농경과 함께 한반도 남부부터 서북 구주지역으로 전래된 문화요소는 지석묘·석관묘·목관묘·방직기구·마제석기·청동기·단도마연토기·목제농구 등을 들 수 있다. 요컨대, 일본의 도작농경은 한국 남부지역에서 稻作과 田作을 상시로 하던 일부 주민이 국내의 피치 못할 사정에 의해서 현해탄을 건너 북부 구주지방에 정착하면서 현지 주민인 죠몽인과 같이 도작농경을 시작했고 그것이 곧 유우스기에 상당하는 시기였을 것이다. (심봉근 1999, 143-149쪽)

2. 지석묘 축조집단의 이주 배경

이주는 많은 비용과 위험을 수반하기 때문에 절대 즉흥적으로 이루어지지 않는다. 이주의 요인은 크게 원거주지에서의 push factor와 이주목적지로부터의 pull factor로 구분할 수 있다. 전자는 원거주지에 주민이 더 이상 머무는 것을 방해하는 요인이며, 후자는 주민이 이주를 하는 데에 있어서 이주목적지가 제공하는 요인들이다. 이주를 하게끔 하는 요인과 조건이 있다고 해서 반드시 주민이 이주를 한다는 보장은 없으며 있다고 하더라도 원거주지의 모든 주민이 이주를 하는 것이 아니라 그들의 일부만이 새로운 곳을 찾아 떠나는 것이 일반적이다.(김장석 2002, 10쪽)

1) push factor

한반도(남부)에서 지석묘 축조집단이 일본으로 건너가게 된 계기는 여러 가지 정치·경제적 요인이 있을 수 있는데, 대표적인 요인을 정리해 보면 다음과 같다.

먼저, 한반도의 남강유역과 낙동강하류역을 중심으로 한 무문토기 중기의 송국리형 문화가 기후변화에 의해 일본으로 이주한 결과, 한반도의 청동기 및 도작농경이 북부구주에 전달되었다는 견해인데, 거기에는 한반도 사람의 일본 도래를 전제로 한다(端野晉平 2015).

이처럼, 송국리문화기에 기후환경(한랭기)이라는 연구 결과를 고려한다면, 한반도 남부의 일부 송국리집단이 농경에 적합한 새로운 환경을 찾아 이주하였다고 보는 견해도 유효하다.(이홍종 2010)

또 하나 거론할 수 있는 것은, 정치적 격변이다. 예컨대, 기원전 4-3세기경 연나라와 고조선의 전쟁의 결과, 유이민의 연쇄적 이동의 가능성이

다. 즉, 연과 고조선 전쟁의 결과 한반도 북부 → 한반도남부 → 구주로의
유이민의 연쇄적 발생 가능성이다(유병록 2010).

2) pull factor

재래주민과의 사이에 마찰을 낳지 않고 이주할 수 있었던 것은 이주민
(도래인)측에서는 그 이전부터 교류와 이주를 통해서 이주지의 정보를 축
적하고 있었던 것으로 보인다. 재래자측에서는 교류를 통해서 알게 된 도
작농경과 관련 선진 문화에 대한 기대가 있었을 것이다(田中良之, 1992).

이와 관련하여, 일본측에서 도작기술과 청동제작기술을 수용하고자 선
진기술자 초대방식으로 좋은 대우를 약속하면서 일부 한반도 남부인들의
이주를 유도했을 가능성이 있다.

일본측에서 금속기인 청동기 제작 기술에 대한 선망이 있어 여러 곳에
서 공인들을 초빙하였을 가능성이 제기된 바 있다(이창희 2009).

일본측의 유인책이 있더라도 이주에 동참한 집단은 한반도 남부집단
중에서도 주류측보다는 상대적으로 소외된 층이 더 많을 것으로 판단된
다. 즉, 정치적으로 밀리거나 경제적으로 어려운 사람들이 일본이라는 새
로운 땅에서 새로운 도전을 했을 가능성이 높다.

3. 일본 지석묘의 전개과정

古門雅高(2003. 274쪽)는 지석묘가 한반도에서 일본으로 전파되고 바로 일
본적 변용이 있었다는 것은 명백하다고 보았다. 즉, "지석묘의 내부 주체
가 토광이나 목관·석관·석개토광·옹관 내지 호관(壺棺) 등의 종류가 있는
점에서 수용하는 측에 주체성이 있었다. 이러한 일본적 변용에서 보면 지

석묘를 한반도 사람들이 일본에 도래해서 직접 시행한 묘제였다고 하는 전제로는 설명에 난점이 많다. 출토 인골도 그것을 잘 말해주고 있다. 그러나 도래인의 역할을 배제하는 것도 문제는 많다. 약간의 도래인의 존재를 인정하면서 야요이조기의 일본인 각각 지역에서 주체적으로 지석묘를 수용하였고, 자신들의 장례행위 속에서 뿌리내렸다는 것으로 이해하는 편이 현재 밝혀져 있는 고고학적 사실로 볼 때에도 이해하기 수월하다".

이러한 견해는 일본측 학자들의 다수가 주장하는 바이다. 이주민이 많지 않았다면 묘제가 이동후에 현지화하는 것이 일반적이다. 그래서, 지석묘의 상석·매장주체부·출토유물 등을 분석하여 단계 구분한 후 혼혈 등을 통한 토착화과정을 살펴볼 필요가 있다. 초기 것은 한반도와 유사한 양상을 보일 것이다.

이러한 관점에서 일본 지석묘는 3단계로 구분해 접근해 볼 수 있다. 즉, 처음 파급되었을 무렵에 기원지와 유사한 형식의 초창기단계, 두 번째 일본내에 토착화되면서 자체 발전하는 단계, 마지막단계는 상석만 남고 매장주체부가 완전히 일본화되는 단계로 대별할 수 있다.

이에 대해 부연 설명하면 다음과 같다.

초기에는 대형의 지석묘 상석·출토유물·하부구조 등에서 한국과 유사한 것은 1세대 이주민으로 보아야 할 것이다(1단계). 몇세대 내려가면서 공동체의식의 산물인 상석의 채석·이동은 거추장스럽고 소수 이주민과 다수 재지민의 혼혈이 이루어지면서 상석은 상징적인 존재로 변화되어가고 상징적 상석 하나에 여러 매장주체부가 있는 것으로 서서히 바뀌고 유물과 매장주체부는 현지화되어 간다. 특히, 매장주체부는 옹관이 주로 채택된다(2단계). 마지막 단계에는 지석묘의 여러 요소 중 상석만 남은 標石墓가 되면서 매장주체부나 유물은 대부분 일본화된다. (3단계)

이처럼 일본 지석묘를 입지·상석·매장주체부·유물 등에 근거하여 3단계로 구분하여 논의를 전개하기로 한다.

1) 1段階

上石이 비교적 크고, 한반도 남부지역과 매장주체부의 형식(석관,목관)이 유사하고, 한반도계 유물인 마제석검·마제석촉·관옥 등의 유물세트가 잘 보인다. 또한 풍요를 상징하는 性穴도 초기단계의 지석묘 상석에서 주로 확인된다. 입지는 단독으로 구릉에 입지하는 경우가 많은데, 독립된 장소에 상징물로 조성되었다면 집단의 리더로서의 상위층을 암시한다. 이러한 예는 한반도에서도 자주 확인된다.

이러한 입지는 소수의 엘리트가 선진문물을 매개로 주도적 역할을 한 상징적 의의가 있지않을까 한다.

1단계는 이주한 이후 초창기인 1세대(혹은 2세대)에 해당하는 1기 내지 소수 지석묘가 해당될 것이다. 초기 지석묘에서는 한반도 남부와 거의 동일한 입지나 상석의 크기, 유물에서 확인된다. 유물의 경우, 석기류나 관옥 등 한반도 남부의 특징적인 유물이 보이지만, 토기는 일본현지의 토기가 부장된다. 전술한 바와 같이, 토기는 이주민이라도 수년 혹은 십여년뒤에 묻힐 무렵에는 현지민의 토기를 사용했을 가능성 높다는 점을 감안하여야 한다. 즉, 부장유물상에서 토기는 석기류·관옥과 구분해 보아야 한다.

한국 남부지방의 지석묘와 거의 동일한 이주민 1~2세대의 지석묘는 대부분 후쿠오카 糸島半島와 나가사키 사세보만 인근에서 주로 확인된다.

(1) 후쿠오카 미쿠모카가이시 지석묘(三雲加賀石)- (太田新 2014)

이토국왕무덤으로 유명한 삼운남소로 유적 북방 500m에 위치한다. 충

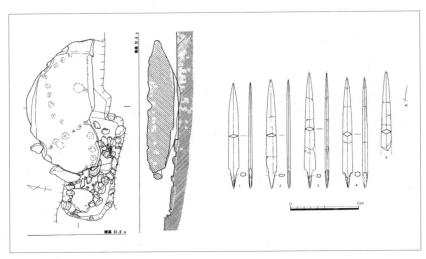

[도 4] 후쿠오카현 미쿠모카가이시 지석묘 및 출토유물

적평야가 내려다 보이는 하안단구 위 표고 31m에 위치한다. 1기이며, 기반식이다. 상석 크기는 길이 2.04, 폭 1.5, 두께 0.45m이며. 상석위에 성혈이 주목된다. 하부구조는 배석토광(配石土壙) 구조이다. 조약돌이 깔린 토광은 관대시설일 것이다. 한국계의 유경식마제석촉 6점이 출토되었다.

(2) 후쿠오카 이타요우에(井田用會) 지석묘(국립나주문화재연구소 2011, 太田新 2014)

미쿠모카가이시 지석묘(三雲加賀石)와 인접해 있다. 1기로서 糸島(이토시마)지역에서 최대형이다. 길이355, 너비302, 두께 70cm로서 화강암제 편평석이다. 지석묘에서 관옥 22점, 상식석관에서 세장형석촉1점이 출토되었다. 마제석촉의 형식 등을 통해 유스(夜臼)식-이타쓰케(板付) I 식 시기로 보고 있다. 20여개의 많은 성혈(性穴)이 확인되어 주목된다.

요컨대, 표고 18m 내외 미고지에 단독입지·상식석관·성혈·벽옥제관옥과 마제석촉의 출토·화강암제 거대 상석 등은 한국 남부지역의 지석묘

[도 5] 후쿠오카현 이타요우에 지석묘 및 출토유물

와 거의 동일한 특징을 보이고 있다. 성혈의 경우, 전통 신앙과 관련되어 이주민이 아니면 만들어질 수 없는 현상이다.

현재, 이 지석묘는 三社神社 경내로 이동되어 숭배의 대상이 되고 있다. 이는 일본인들이 거석과 지석묘에 피장된 수장층에 대한 오랜 신앙을 보여준다고 하겠는데, 이주민들의 위상을 짐작케 한다. 초기 대형 지석묘 주변에는 예외없이 거의 신사가 확인되는데, 이는 지석묘가 후대에 지속적으로 신앙의 대상이 되었음을 의미한다. 아울러, 이주민들의 후손들이 계속 관리하였을 가능성이 높다.

(3) 나가사키 아마쿠보(天久保) 지석묘(國立羅州文化財硏究所 2011, 太田新 2014)

나가사키 사세보만의 입구에 가까운 西岸으로, 해발 40~50m의 구릉상에 입지한다. 지석묘 3기와 주변에 상식석관묘 6기가 확인되었다. 3호 지석묘에서 벽옥제관옥 15점, 2·3호 지석묘·6호 상식석관묘에서 각목돌대문 토기편이 출토되었다.

지석묘의 하부구조가 나가사키현 지역의 일반적 특징인 상식 석관이며 1~3호 상석 모두 가공 흔적이 보인다. 2호 지석묘에서는 주체부의 측벽을 이용한 소아용이라고 생각되는 소형 석관이 존재하고 1개 상석아래에 많은 매장시설이 있다.

아마쿠보 지석묘의 입지상 특징은 해변에 인접한다는 것이다. 또 한반도계 각목돌대문토기가 출토됨은 가장 이른 단계 이주지임을 시사한다. 즉, 각목돌대문토기가 출토된 나가사키 사세보만 일대가 일본내에서 한국계 지석묘가 가장 일찍 전파된 지역 중 하나일 것이다.

일본 구주지방을 중심으로 水田農耕을 영위하는 최초 야요이문화는 원형 평면에 내주공식 주거형이 확인되고 刻目突帶文土器가 출토된다는 점에서 경상도지역에 거주했던 열세 세력에 의해 시작되었을 가능성이 제기된 바 있다. (이홍종 2002, 이종철 2015)

사세보만에 인접하고 구릉상 입지, 지석묘와 상식석관묘의 조합, 대형의 상석(길이 2m, 너비 1.2~1.5m, 두께 0.5m), 한반도계 무문토기편·관옥 등은 이주민 1세대를 가장 잘 보여주는 유적이다. 특히, 지석묘와 석관묘의 조합상은 남강유역을 포함한 경남 남해안 권역과 깊은 관련성을 시사한다. 예컨대, 진주 내촌리 유적에서는 지석묘 1기 주변으로 6기의 석관묘가 에워싸는 배치상을 보여준다.

2) 2단계

이주민이 건너갔더라도 1~2세대 정도는 원주지에서의 지석묘 축조습관을 답습하지만 3세대 이후로 내려갈수록 현지의 묘제와 융합하는 것은 일반적인 문화 접변양상이라고 볼 수 있다. 지석묘 축조집단이 점차 토착화되어가는 것은 현지인과의 혼인에 의한 측면도 고려할 수 있을 것이다. 이러한 점에서 보면, 2단계 유적이 가장 많을 것이다.

입지는 1단계와 달리 충적대지나 사구에서도 확인된다. 상석이 점차 소형화되고 매장주체부가 한반도 남부의 전형적인 석관 구조에서 변형되어 토착적 요소가 강한 옹관 등의 형식이 주로 보인다. 그리고 유물도 한반도계통의 일부 위세품을 제외하고는 토착적 요소가 다수를 점한다.

지석묘 매장주체부로 옹관이 채용되거나 지석묘 주변에 옹관묘가 조성됨은 이주민의 현지화이자 토착민과의 혼인과 무관하지 않을 것이다.

구주 지석묘에서 2단계에는 대형옹관이 매장주체부로 주로 확인된다.

대형옹관(높이 78cm이상)은 야요이 전기후반의 하쿠겐식(伯玄)을 지표로 한다. 그 분포권은 후쿠오카현 서부와 사가현 남부의 사가평야에서 현해탄 연안의 가라쓰부터 요부코, 나아가 나가사키현 시마바라 반도 및 규슈 중부의 구마모토 평야 북부를 중심으로 한다. 규슈 서북부에서 지석묘의 분포와 겹치는 경향이 있다(常松幹雄 2010).

이 중 대형옹관이 성립한 지역은 이토시마지역이었을 가능성이 높다(橋口達也 2010). 이토시마지역은 한반도와 가장 가까운 교섭창구로서 지석묘의 형식상 한국 남부지방과 흡사한 형식들이 확인되는 일본 지석묘의 초기 형식들이 많고, 이타즈케유적이 있는 곳이기도 하다.

농경문화를 가진 이주민이 넘어와 처음에 한반도와 동일한 전형적인 지석묘를 사용하기도 하지만, 2-3세대 지나면서 내부 매장주체부를 축조가 용이한 옹관묘로 전환시킨 것으로 보인다. 옹관이 특별히 북부구주에서 대형화되는 것은 지석묘의 매장주체부인 석관이나 목관의 대용으로서 석관·목관에 준하는 크기를 필요로 하였기 때문일 것이다. 이주민이 2-3세대 내려가면서 혼인관계가 이루어지고, 석관 제작의 불편함에 따라 그에 대한 대용으로 죠몽시대의 옹관을 개량해서 사용한 것으로 보인다.

부언하면, 목관의 제작에는 대형원목의 벌채부터 이를 가공하는 공정이 필요하고 석관도 석재의 확보와 운반에 노동력이 요구된다. 이 때문에 피장자는 집단내에서도 상위계층으로 한정된다. 반면 옹관은 대형토기의 생산기반이 있으면 양산이 가능하고 제작에 필요한 노동력도 목관이나 석관에 비하면 비교도 안될 정도로 절감할 수 있다(常松幹雄 2010).

북부 규슈의 야요이토기는 무문양토기라고 별칭되는 것처럼 타 지역의 토기와 비교하여 거의 문양을 갖지 않는다(井上裕弘, 2010). 이러한 북부 규슈의 야요이토기의 특징은 한반도에서 기원한 무문토기의 영향일 가능성이 높은데, 옹관도 동일한 맥락일 것이다.

이처럼, 대형 옹관의 등장에는 지석묘, 무문토기 문화가 상당한 영향을 끼쳤다고 보여진다. 즉, 대형화된 옹관을 조성한 것은 이주민의 역할과 문화적 영향력이 지대하였음을 뒷받침한다. 채석 및 석관 조성의 불편과 함께 토착화와 혼혈이 이루어지면서 토착적인 옹관의 대형화가 진행된 것으로 보인다. 초기 대형옹관이 서북구주에서 지석묘의 분포권과 겹치는 것은 큰 의미가 있다.

(1) 志登(시토)지석묘(국립나주문화재연구소 2011, 太田新 2014)

糸島(이토시마) 평야의 중앙부, 해발 6m의 충적대지에 입지한다. 지석묘 10기 중 4기가 하부조사되었고 주변에서 옹관묘 8기가 확인되었다. 기반식이다. 상석의 크기는 최대 2.1×2.1m, 최소 1.5×1.2m로서, 중형에 해당한다. 하부구조는 묘광 내부에 圍石한 配石 토광으로 추정된다. 이러한 매장주체부는 한반도 남부의 전형적인 석관 구조에서 일부 변형된 형식이다. 옹관묘는 夜臼式, 板付 I 式 병행기의 야요이조기에서 중기에 이르는 것이다. 지석묘 내부에는 옹관이 보이지 않고, 지석묘 옆에 옹관묘가 배치되어 있다. 이러한 점을 고려하면, 이주민 세력이 토착세력과 융합하는 과정을 보여주는 자료로 볼 수 있다.

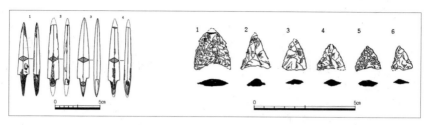

[도 6] 시토 지석묘 출토유물(좌 : 8호 마제석촉 , 우 : 6호 타제석촉)

시토지석묘에서는 마제석촉(4점)과 타제석촉(6점)이 출토되었는데 上石의 재질과 관련하여 주목할 만하다. 마제석촉은 8호에서 출토되었는데 상석의 재질이 화강암이고 가장 두꺼우며(65cm), 타제석촉이 출토된 6호 상석은 현무암이라는 점에서 차이점이 보인다. 한국에서 선호한 화강암에서 유엽형 마제석촉이 출토되고, 현지에 비교적 흔한 현무암 상석의 지석묘에서 일본 토착의 타제석촉이 구분되어 출토됨은 어떠한 의미를 부여할 수 있지 않을까 한다. 즉, 이주민의 현지화가 이루어지면서 혼인에 의한 문화접변이 있었지만, 이주민 후손이 그 정체성을 유지하고자 한 일면을 유추해 볼 수 있다. 아울러, 매장주체부가 한국의 전형적인 석관계가 확인되지 않으므로 이주민 2·3세대 이후로 파악된다.

(2) 이시가사키(石ヶ崎) 지석묘(국립나주문화재연구소 2011, 太田新 2014)

石ヶ崎 유적에서는 지석묘 1기, 옹관묘 23기, 토광묘 3기 등 27기의 분묘가 확인되었다. 이 지석묘가 한국과의 관련성이 높은 것은 다음과 같은 몇가지 점 때문이다. 먼저, 입지에서 표고 30m의 구릉 위에 자리하고, 상석은 윗면이 배와 같이 휘어진 부채모양의 화강암으로 크기는 지름 221cm 너비 213cm, 두께 30~60cm 이다. 구릉에 입지하고 배모양의 화강암 상석은 전형적인 한반도 남부의 일부 지석묘와 동일하고, 상석과 매장주체

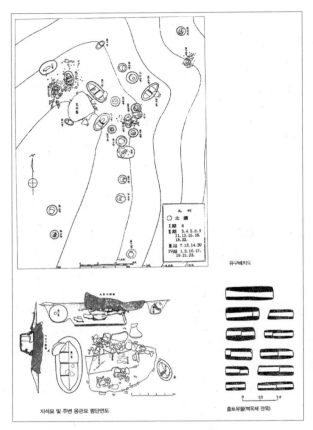

[도 7] 이시가사키 지석묘 및 출토유물

부(길이 180cm, 너비 60cm, 깊이 64cm)의 크기도 일반적인 일본의 지석묘보다 큰 편이다. 벽옥제의 대형관옥(11점)이 대부분 석실내에서 확인되고 그 형태가 부여 송국리의 요녕식 동검과 동반된 관옥과 동일하다. 지석묘 시기는 옹관묘와 토광묘의 일부는 夜臼式期까지 소급되고 다른 옹관묘는 彌生 전기 후반부터 중기 중엽까지 해당한다.

夜臼式期부터 彌生 중기 중엽까지 조영된 토광묘, 옹관묘군 내 중앙부의 고지에 지석묘 1기만 존재한다는 것은 묘역의 표식적 존재와 함께 관옥을 가진 집단의 우두머리 무덤일 것으로 추정된다. 매장주체부는 조잡한 돌로 둘러싸인 상자식 석관으로 보인다(太田新 2014).

입지·상석의 재질과 규모·매장주체부 규모· 한국제로 파악되는 관옥의 부장양상 등으로 보면, 石ヶ崎 지석묘 피장자는 한국계 이주 집단의 우두머리로 파악된다. 게다가, 지석묘를 둘러싸고 있는 옹관묘들에서 벽옥제의 대형관옥과 마제석검 切先片이 확인되고 있어 유물의 傳世가 확인되고 있다. 따라서 옹관묘의 피장자는 지석묘 피장자의 후손으로서 묘제는 축조가 용이한 옹관묘로 바뀌지만 초기 이주민 조상을 숭배하는 조상숭배신앙과 위세품의 전세로 지석묘 축조집단과 그 후손들의 단면을 살펴볼 수 있는 중요한 유적이다.

3) 3단계

일본 구주 지석묘의 3단계는 지석묘의 변형인 표석묘(標石墓)로 대표된다. 이 단계는 지석묘에서 지석들이 퇴화한 형태를 보인다(小池史哲 2011). 즉, 일본 지석묘의 마지막 단계에는 매장주체부가 대개 대형옹관이며, 支石이 안 보이고 上石은 형식적인 표석으로서의 기능을 갖게 되는데, 야요이중기후반(須玖Ⅱ식)에 소멸한다(平郡達哉 2004).

마지막 단계에는 매장주체부와 상석이 상하 일치하지 않고 상석 하나를 두어 묘표석의 역할을 하고 하부에 다수의 토착계 매장주체부가 분포하는 말기적 속성을 보인다. 일본에서 표석묘의 대표적인 예를 살펴보기로 한다.

(1) 福岡 스구오카모토(須玖岡本)지석묘

옹관묘 약 1m 위에 大石(上石) 등이 있었으며, 옹관 내에서 동모, 약 30

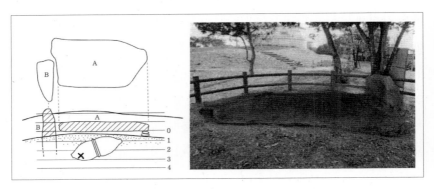

[도 8] 후쿠오카현 스구오카모토 표석묘

점의 한경, 옹관 밖에서 세형동검 등이 출토되었다. 상석은 길이 333㎝, 폭 181㎝, 두께 30㎝ 내외의 화강암 재질이다. 낮은 분구묘상의 분구와 거석표식을 가진 야요이시대 중기후반의 옹관분묘로 노국왕묘(奴國王墓)로 추정된다. 출토유물로 보면 같은 시기의 이토시마지방 三雲南小路의 왕묘와 일치한다(국립나주문화재연구소 2011, 太田新 2014).

상석이 도래인 초기 단계의 것으로 볼 수 있을 정도로 대형이다. 이주민 후손세력의 상징적인 상석의 잔존모습이라 할 것이다. 내부구조는 모두 현지식으로 변하더라도 가장 오래 변하지 않은 상징인 상석은 그대로 유지하는 모습이다. 이는 고구려 적석총의 마지막단계에 최고지배층의 무덤의 변화와 비교해 볼 수 있다. 즉, 고구려 귀족층들은 서서히 신묘제인 봉토석실분으로 변화되지만, 최고지배층인 왕족은 평양으로 천도하기 전까지 적석총의 내부는 수혈식석곽에서 횡혈식석실로 바뀌더라도 그 외양은 적석을 그대로 유지하여 왕족층 묘제의 보수성과 정체성을 대변하는 것과 같은 맥락이다.

야요이 중기 후반경의 수장묘는 대개 대형 분구묘로 바뀌는데 비해, 須玖岡本 지석묘는 특별한 경우이다. 이러한 점에서도 이 지석묘는 도래인계의 유력세력으로서 수장의 지위에 오른 인물로 추정해 본다. 유물상 최고위의 수장으로, 지석묘 축조집단을 조상으로 하였기에 上石을 오랫동안 유지한 것은 피장자가 이주민의 후손일 가능성이 높다는 것이다.

옹관묘를 하부구조로 하는 지석묘에서는 거의 부장품이 없어 須玖岡本 지석묘 부장품의 풍부함은 그 유례를 찾아볼 수 없다는 점에서도(小池史哲 2011), 피장자의 출자는 도래인의 후손일 가능성이 높다.

이 단계에 표석묘를 사용하는 수장층은 현지민과 혼인 등의 과정을 거쳤겠지만 이주민세력의 상당한 영향력을 짐작할 수 있을 것이다. 그러한 배경에는 도래인의 후손들이 주축이 되어 한반도와의 교섭을 주도하여 선진문물을 지속적으로 수용할 수 있는 시스템의 유지와 무관하지 않을 것이다. 예컨대, 須玖岡本 지석묘에서 동모, 약 30점의 한경, 세형동검 등이 출토된 것은 須玖岡本 지석묘세력이 한반도와의 교섭에 있어 주도적인 역할을 하면서 세력을 유지했다고 추론할 수 있다.

(2) 사가 후나이시(船石) 지석묘

얕은 구릉 위에 위치한다. 2기의 지석묘가 확인되었는데, 이 중 2호(船石)는 3개의 대형 지석이 있는 일본 최대의 지석묘 상석(길이 514cm, 너비 312cm, 두께 100cm)이다. 지석묘 주변에서 옹관묘 19기가 발굴되었다. 주변의 중기 전반 옹관묘는 지석묘를 향해서 옹관을 매장하고 있는 것으로 보아 그 상징적 기능을 엿볼 수 있다. 船石 아래에서는 뚜렷한 매장주체부가 확인되지 않아 주목된다. 이 지석묘는 야요이 중기전반에 해당하므로 지석묘 말기의 묘표석의 상징적 의미를 가지고 있다고 하겠다. 즉, 혈연적으로 이주민과 직간접적으로 연결된 후손들의 군집 묘역의 상징적인 표상으로 거대 상석을 중심부에 배치한 것으로 보인다.

(3) 기타 표석 지석묘

요시다케다카키(吉武高木)유적에서는 세형동검과 동모 등을 부장하는 중기 초두의 옹관묘와 목관묘 위에 대형 지석묘 상석에 필적할 만한 넓이의 석부(石敷) 표석이 있는데 지석을 가지고 있지 않다. 이 때문에 지석묘가 아니라 표석묘라고 부르고 있지만 이 유적 이외에도 지석이 없는 지석묘는 많다.(小池史哲 2011)

중기전반 이후의 옹관 위에 표석을 동반한 예는 지쿠시 평야와 가라쓰지역 등에도 확산되어 우키쿤덴(宇木汲田)유적과 후나이시(船石)지석묘와 같이 성인옹관을 하부유구로 가진 초대형 상석이 각 지역에서 거점적으로 분포한다. 아사다(朝田)지석묘, 사카미(酒見)의 기양석(磯良石), 미나미쇼지(南小路)지석묘, 도시노카미(年の神) 지석묘 등 외에 사카베(鹿部) 大石 등도 이와 같은 사례일 것이다(小池史哲 2011).

이와 같이 북부 구주 각지에서 거점적으로 분포하는 대형 상석의 표석묘는 이주민계 후손의 분묘일 가능성이 높다.

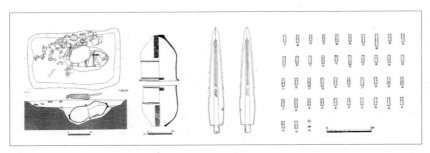

[도 9] 후쿠오카현 요시타케타카기 표석묘(K117호) 및 출토유물

(4) 소결

일본 고고학자들은 지석묘의 '지석(支石)'에 집착하는데, 실상 구주와 직

결되는 한반도 남부에서 '지석'이 있는 기반식 지석묘보다 오히려 개석식이 더 많다. 구주에 의외로 '지석'이 있는 기반식이 많은 편이다. 따라서 지석이 없는 표석묘라는 것도 지석묘에서 변형되었을 것이라는 관점에서 접근이 필요하다. 또한 한반도 남부에서 매장주체부가 없이 묘표석으로 사용된 지석묘가 더러 확인된다는 점은 주목해야 한다.

古門雅高(2003)는 지석묘 종말기 단계의 (북부)구주의 묘제 양상에 대하여 다음과 같은 견해를 피력하고 있다.

① "구주지역의 일본인은 야요이전기 말에는 이미 지석묘를 만들지 않게 되고 그 전까지 지석묘 내부주체였던 석관묘나 토광묘(목관묘 포함)만으로 분묘를 조성하였다".

② "성인용 대형옹관의 분포지역에는 지석묘의 상석과 같은 하부구조를 수반한 특정개인의 분묘가 출현한다. 이와 같은 중기전반의 대형옹관과 조합된 지석묘는 지석묘의 영향은 인정되지만 하부구조에 있어서는 직접적인 계보를 따르지 않기에 야요이조기의 지석묘와는 구별해야 한다".

이러한 의견에 대해 재검토해보기로 한다.

먼저, 古門雅高는 구주지역의 일본인 야요이전기말에는 이미 지석묘를 축조하지 않는다는 보았지만, 야요이시대 중기에도 지석묘가 축조되고 있다. 즉, 德須惠·船石·年の神·藤尾·入來·下小路 등의 유적이 보고된 바 있다(平郡達哉 2004).

두 번째 견해는 須玖岡本유적을 염두에 둔 의견으로 보인다. "중기전반의 대형옹관과 조합된 지석묘는 지석묘의 영향은 인정되지만 하부구조에 있어서는 직접적인 계보를 따르지 않기에 야요이조기의 지석묘와는 구별해야 한다".는 의견에는 공감하지만, 여기에는 부가적인 설명이 반드시 필요하다. 즉, 須玖岡本유적의 경우, 야요이조기의 지석묘와 구별은 해야 하지만 야요이조기의 연장선에서 특별한 의미를 부여해야 한다.

이와 관련하여, 한국 영남지방의 지석묘 축조 말기 사례를 들어보기로 한다.

"지석묘 축조 말기가 되면, 낙동강하류역에서는 기존의 지석묘·석관묘 이외에 새로운 형태의 토광묘·석곽묘 등 신묘제가 유행하고, 묘제의 종류가 다양화하는 특징을 보이는 반면에 지석묘는 일부 계층만 이용하는 등 그 수가 현격히 줄어드는 경향을 보인다. 한편으로 입지선정에 있어서 우월성과 독자성을 가질 뿐만 아니라 규모면에서 타묘제와 구별되는 신형식의 기반식 지석묘는 일부 계층의 묘제로 수용된다".(하인수 2003)

이와 같이, 영남지방의 지석묘 축조 말기에 묘제가 다양화되고 있지만, 지석묘는 일부 계층만의 묘제로 여전히 사용된다. 이는 종래 가장 지배적인 묘제였던 지석묘가 최상위층에서는 소멸되지 않고 한동안 사용되었음을 보여준다. 예컨대, 지석묘 최말기에 창원 덕천리와 같은 거대 묘역 지석묘가 잔존하는 것은 주목해야 한다. 일본 구주에서도 동일하게 지석묘가 상위층의 묘제로서 마지막 단계에 일부 잔존했다고 보아야 한다.

전술한 바와 같이, 고구려 적석총이나 백제 적석총의 말기 단계에 있어, 내부 매장주체부는 횡혈식으로 변화되지만 외양은 봉토가 아닌 종래 적석을 그대로 유지하는 것과 같은 맥락일 것이다. 따라서 야요이 중기까지 대형옹관과 조합된 지석묘(표석묘)를 사용하는 상위층은 이주민의 후손으로서 구주에서 유력한 수장층에 해당할 것으로 판단된다.

4. 인골 출토 지석묘의 재검토

일본 지석묘 중 인골이 확인된 유적은 福岡縣의 新町遺蹟(신마치), 佐賀縣 大友遺蹟(오오토모), 長崎縣 宇久松原遺蹟(우쿠마쯔바라) 등이며, 인골의 특징이 밝혀진 것은 10구 정도이다.

지석묘는 한반도 남부지역에 기원을 두지만 매장된 사람의 형질인류학적 특징은 재지의 죠몽인적인 형질을 가진 것으로 파악되고 있다. 일본 학자들은 왜 한반도 남부에서 전해진 지석묘에 죠몽인의 형질적 특징이 많은 인골이 출토되었는지 의문을 가진다(平郡達哉, 2004).

지석묘의 축조가 농경문화(稻作)와 밀접하게 관련되어 한국학계에서는 이주민을 상정하는 것이 일반적인데 반해, 일본 학자들 중에는 구주의 지석묘가 죠몽시대 이래의 어로문화와의 교류에 의해 수용되었다고 보는 견해가 적지 않다(高倉洋彰 1995, 中村大介 2007).

요컨대, 일본고고학계에서는 지금까지 확인된 소수 인골자료에 근거하여, 당시 구주에 살던 죠몽인 내지는 그 계보를 잇는 야요이인이 매장 풍습의 하나로서 지석묘를 받아들인 것으로 보는 시각이 강하다(古門雅高 2003).

이러한 일본고고학계의 관점은 일본 구주 지석묘의 수용에 있어 도래인(이주민)의 역할을 최소화하려는 의도가 있지 않은지 의구심이 들 정도이다. 그래서 인골이 확인된 유적인 福岡縣의 新町遺蹟(신마치), 佐賀縣 大友遺蹟(오오토모)을 중심으로 재검토해보기로 한다.

1) 佐賀縣 大友遺蹟

大友遺蹟의 상석은 대개 길이 2m 미만의 소형이고, 매장주체부의 다수

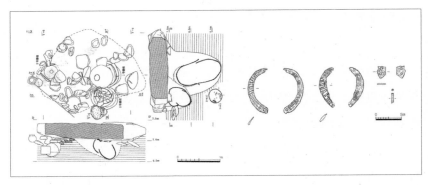

[도 10] 佐賀縣 大友遺蹟 2호 지석묘 및 출토유물

가 옹관묘이고 유물도 조개팔찌가 적지 않게 출토되어, 필자의 2단계 유적(야요이 전기)에 해당한다. 즉, 지석묘가 전파되고 일정 시기가 지난 시점 이후에 조성되었을 가능성이 높다. 따라서 大友遺蹟의 피장자들은 직접 한반도 남부와 접촉하여 새로운 묘제를 받아들인 것이 아니라 기존에 가장 이른 유적이 많은 이토시마지역과의 직간접적인 접촉(통혼 포함)을 통해 이 묘제를 수용한 것으로 파악된다. 이 단계에는 혼혈이 더욱 진전되었다고 볼 수 있다. 따라서 이 단계에 소수 이주민과 다수 토착인인 상황에서 소수의 인골로서 논의하는 것은 재고를 요한다.

일본 지석묘 중 인골 확인 유적은 福岡縣의 新町遺蹟(신마치), 佐賀縣 大友遺蹟(오오토모), 長崎縣 宇久松原遺蹟(우쿠마쯔바라) 등인데, 모두 입지가 모래언덕이라는 공통점이 있다.

宮本一夫는 이러한 지석묘 유적들의 입지 등으로 보아 종래부터 한반도 남부지역과 교류관계를 맺은 집단 즉 어민들이 새로운 묘제를 받아든 것으로 추정하고 있다.(宮本一夫 2003)

하지만, 세계 어디서나 지석묘의 축조는 농경사회의 공동체적 기념물로서 농경과 밀접한 관련이 있다. 지석묘는 상석의 채석과 이동, 석곽의 축조 등 여러 과정을 거쳐야 하고 상석의 채석과 이동은 전문 장인이 개입되므로 주민의 이주없이 단순한 모방으로 배운다는 것은 거의 불가능하다. 宮本一夫가 주장한 바와 같이 어로민의 무덤이라고 본다면, 한반도계 이주민이 일본 구주에 어느 정도 정착한 후에 토착 어민들이 이주민과 혼인 등의 긴밀한 접촉 후에 수용한 묘제라고 보는 것이 더 합리적일 것으로 본다. 즉, 이주민이 소수이고 다수 재지민과의 혼혈을 상정하면 확인되는 인골이 죠몽인적인 개체가 더 많은 것은 자연스럽다.

2) 新町유적(국립나주문화재연구소 2011, 太田新 2014)

표고 4~5m의 사구 위에 위치한다. 입지에서도 한반도에서는 모래언덕에 자리한 지석묘는 매우 드물다. 지석묘 상석이 있는 것은 10여기이다. 출토유물은 소형호·대형호·옹형토기 등으로 전형적인 이주민계 유물은 확인되지 않는다. 지석묘 하부유구에서는 성인용으로 목관묘 혹은 토광묘, 유아용으로 대형호를 사용한 옹관묘가 채용된다(太田新 2014). 이러한 하부구조가 한국 남부지방의 전형적인 석관·석곽계가 아니라는 점에서도 변형된 단계로 보인다.

다만, 新町유적의 이른 단계에는 지석묘가 묘역의 중심이고, 그 주위를 퇴화된석관, 토광묘가 에워싸고 있다(中村大介 2007). 이와 유사한 사례로는 한국 경남지방 지석묘유적, 예컨대 진주 내촌리유적 등을 들 수 있다. 이러한 점에서 新町유적이 일본에 토착화되면서 변형이 이루어지고 있지만, 무덤 배치상의 오랜 전통은 잔존하고 있다고 하겠다.

12기에서 14구의 인골이 발견되었다. 규슈대학 의학부에서는 인골은 총체적으로 저인골,저신장으로 죠몬성질의 서북구주 야요이인에 가깝다고 판단하였다. 9호 인골은 低上顔(저얼굴),低身長이지만 눈바퀴만은 죠몬

적이 아닌 도래인 성격을 띠고 있다고 한다. 이것은 신마치유적집단이 재
래인만에 의해 구성된 것이 아니고 이미 혼혈에 의한 도래적 형질을 가지
고 있었던 것을 보여주고 있다(田中良之 1992, 太田新 2014).

이는 필자가 주장한 내용이 옳다는 것을 뒷받침한다. 즉, 新町유적이 이
주민과 토착민이 혼인 등에 의해 결합된 이후의 모습을 보여주는 유적이
다. 이 단계에는 다양한 유구와 유물 의 조합상이 가능하다. 전술한 바와
같이 지석묘 매장주체부로 옹관이 채용되거나 지석묘 주변에 옹관묘가
조성됨은 이주민의 현지화이자 혼인에 의한 문화접변이라고 볼 수 있다.

3) 소결

한·일 간에 지석묘의 전파에 대해 이견이 상존한다. 즉, 일본학계에서
는 대개 죠몽인이 지석묘 문화만을 수용하였다는 견해가 강하다. 이에 대
한 뒷받침자료로는 지석묘 출토 일부 인골이 죠몽인으로 파악된다는 점
에서 그러하다. 반면, 한국학계에서는 야요이문화형성기에 한반도 남부
주민의 이주와 농경·송국리형주거양식·지석묘 등의 문화요소는 상호 밀
접한 관련성을 가진다고 본다. 요컨대, 일본 지석묘 피장자에 대해 일본
학계에서는 한국과의 관련성에 대해 적극적인 해석을 하지 않고 있다.

이러한 측면에는 제2차 세계대전 후 일본학계에서 민족주의와 일선동
조론(日鮮同祖論)의 반동으로 한국인과 일본인의 계통연구를 기피하는 풍토
가 조성된 것과 무관하지 않다(關根英行 2007)

이에 대해서는 아래의 최근 논고가 참고된다(關根英行 2016).

"일본고고학은 1910년대까지만 해도 인류학과 미분화 상태였으며 거
기에서는 일본인을 구성하는 핵심적 민족이 한반도에서 도래했다고 하는
견해가 정설이었다. 그러나 한반도 도래설은 곧 혼혈을 피해 순수 일본민

족의 혈통을 지키려는 우생학 세력에 의해 부정되면서 비주류 학설로 전락하게 되었다. 인종주의에 젖은 인류학설은 패전후 일본 학계에서 형성된 단일민족 패러다임의 부상에 편승하여 1980년대까지 연명되었다. 그 과정에서 1910년대 이전의 학설을 방불케 하는 도래설이 여러 차례 발표되었는데 이번에는 고고학자들이 이에 대해 부정적인 반응을 보였다. 대체로 고고학자들은 도래 규모를 작게 잡고, 나아가 도래인이 북부 규슈에서 죠몽인과 혼혈하고 인구를 늘린 후 일본 각지로 이동한 것으로 해석한다. 그리고 야요이 문화의 형성에서 주체가 된 것은 도래인이 아니라 죠몽인임을 강조한다. 일본 고고학자의 도래인 이해의 배경에는, '일본인'은 토착민이 외부민족을 동화하면서 형성되었고 '일본문화'는 토착민이 외부문화를 주체적으로 수용하면서 만들어졌으며 '일본국가'는 토착세력에 의해 수립되었다는 민족주의가 깔려있는 듯하다".

이와 같이, 다수의 일본 고고학자들은 도래인의 존재는 인정하지만 문화수용의 주체는 토착 죠몽인이라는 주장을 강조한다. 하지만, 일본 지석묘 마지막단계까지 잔존한 표석묘의 존재, 즉 분구묘가 아니라 표석묘로서 상석이 가장 늦게까지 잔존하는 수장묘는 이주민과 이주민의 후손이 많지 않았다고 하더라도 수장으로서 지위를 유지했고, 대규모 이주가 이루어지지는 않지만 야요이 농경사회의 형성에 막대한 영향력을 끼친 이주민의 역할과 중요성을 의미한다.

요컨대, 야요이문화 형성기에 도작농경·송국리형주거양식·지석묘 등이 조합상을 이루면서 새로운 문화가 출현하는데, 논란이 되는 소수 인골에 근거하여 전체 문화를 재단하려는 인식은 올바른 접근방법이 아니다.

그리고, 야요이시대 인골과 비교할만한 한국 남부에서의 청동기시대 인골자료가 거의 없다는 것은 간과되어서는 안된다. 즉, 청동기시대 한국인의 형질적 특징을 규명하거나 규정지을 수 있는 자료가 한국에는 아직 부족하다는 점을 인식하여야 한다(김재현 2017).

IV. 맺음말

일본 지석묘는 한반도와 가장 인접한 구주 서북부지역에 집중하고 있어, 그 지정학적 위치만큼 한일 고대관계사를 이해하는 데 중요한 자료이다. 그런데 그 중요성에 비해 한일 양국에서 너무나 소홀이 취급되고 있는 유적이다.

한·일 간에 지석묘 전파에 대해 異見이 상존한다. 즉, 일본학계에서는 대개 죠몽인이 지석묘 문화만을 수용하였다는 견해가 강하다. 반면, 한국학계에서는 야요이(彌生)문화형성기에 한반도 남부 주민의 이주와 농경·송국리형주거양식·지석묘 등의 문화요소는 상호 밀접한 관련성을 가진다고 본다.

일본 지석묘 피장자에 대해 일본 학계에서는 한국과의 관련성에 대해 적극적인 해석을 하지 않고 있다. 이러한 측면에는 제2차 세계대전후 일본학계에서 민족주의와 일선동조론의 반동으로 한국인과 일본인의 계통 연구를 기피하는 풍토가 조성된 것과 무관하지 않다.

본고는 종래 평면적인 시각에서 벗어나 지석묘 전파의 배경과 단계설정, 세부속성의 분석 등을 통하여 간과되었던 한국계 문화요소를 부각시키고 지석묘문화의 일본 토착화 과정을 단계별로 밝힘으로써 일본고대사회에서 일본 구주 지석묘문화의 중요성을 상기시키고자 하였다.

다수의 일본 고고학자들은 도래인의 존재는 인정하지만 문화수용의 주체는 토착 죠몽인이라는 주장을 강조한다. 하지만, 일본 지석묘 마지막단계까지 잔존한 표석묘의 존재, 즉 분구묘가 아니라 표석묘로서 上石이 가장 늦게까지 잔존하는 수장묘는 이주민과 이주민의 후손이 많지 않았다고 하더라도 수장으로서 지위를 유지했고, 대규모 이주가 이루어지지는 않았지만 야요이 농경사회의 형성에 막대한 영향력을 끼친 이주민의 역할과 중요성을 의미한다.

요컨대, 일본 지석묘는 한국 남부 이주민이 일본 구주에 정착하면서 도작농경과 함께 전파시킨 문화요소이며, 일본 고대사회 성장의 바탕인 彌生文化가 발흥하는데 막대한 영향력을 끼쳤다고 볼 수 있다.

야요이문화 형성기에 도작농경·송국리형주거양식·지석묘 등이 조합상을 이루면서 이주민(도래인)이 포함된 새로운 문화가 출현하는데, 논란이 되는 소수 인골에 치중하여 전체 문화상을 재단하려는 인식은 올바른 접근방법이 아니다.

「한국과의 관련성으로 본 일본 지석묘문화의 재검토」, 『영남고고학』82,
영남고고학회, 2018.

인도네시아 숨바섬과
한국 지석묘 사회의 비교 연구

I. 머리말

인도네시아 지석묘에 대해서는 1980년대에 김병모(1980·1981), 임영진(1981), 김명진(1988)에 의해 잠깐 소개된 이후, 관심의 대상에서 멀어졌다가 20여년이 지난 최근에 다시 주목받고 있다(가종수 2004, 송화섭 2004).

특히, 현재까지도 지석묘 축조가 진행되고 있는 숨바섬 지석묘는 인류학적으로 조사된 성과물이 나온 직후(가종수 2009), 한국 내에서도 그 중요성을 반영하듯 그와 관련된 연구물들이 연이어 출간되고 있다(하문식 2009, 우장문 2010, 조진선 2010). 지금까지 숨바섬 지석묘에 대한 연구는 인류학적 접근(가종수 2009)과 그에 대한 서평(하문식 2009), 개괄적인 자료소개(우장문 2010), 지석묘의 형식분류와 변천과정(조진선 2010) 등에 관한 내용이다. 그럼, 인도네시아와 숨바섬에 대해 간략히 살펴보기로 한다(가종수 2009).

인도네시아는 세계 최대의 도서국가로, 다섯 개의 주요섬을 포함한 약 1만 3,700여개의 섬들로 이루어져 있다. 동서 5,100㎞, 남북으로 약 1,880㎞에 걸쳐 있다. 그 면적은 한반도의 8배 이상에 달하고, 인구는 약 2억명을 상회하고 있다. 인도네시아는 섬마다 다양한 문화를 가진 다민족 국가로 알려져 있다. 인도네시아에서도 특히, 숨바섬이 위치한 동인도네시아는 섬마다, 그것도 한 섬 안에도 상이한 문화를 가진 여러 민족이 살고 있다(도면 1).

숨바(Sumba)섬은 인도네시아 공화국 동부의 섬으로 동서 길이 210㎞, 남북 폭 40-70㎞, 면적 11,150㎢(제주도의 약 6배)이며, 인구는 약 56만명(2005년 기준)이다. 남동쪽에는 가장 높은 원가산(1,225m)으로부터 산맥이 시작하고 산맥의 내부는 깊은 골짜기 및 언덕에 의해 고원지대가 형성되어 있다. 숨바섬의 기후는 동부와 서부지역이 약간의 차이가 있는데, 서숨바는 초원이 많아 비교적 시원하지만 동숨바는 비가 적은 건조한 지역이 많고 덥다. 숨바섬의 오래된 마을은 높은 산위에 있다. 물 문제를 비롯한 많은 어려움을 감수하고 사람들이 산 위에 사는 것은 어느 정도의 고도에서는 기후가 시원하고 정글의 세력도 약해서 인간이 살기 좋은 환경이 되며, 적의 공격으로부터 마을을 지키기 쉽기 때문이다. 이 때문에 동남아시아 각지의 고산부에는 많은 마을들이 형성되어 있다(도면 2).

이상과 같이 숨바섬은 인도네시아 列島에서 동쪽에 치우쳐 있는 작은 섬으로서, 문화흐름에 있어서도 가장 주변부에 해당한다. 대륙에서 건너온 지석묘문화가 먼저 유입된 인도네시아 서쪽의 수마트라와 자바 등에서는 지석묘가 잊혀진 선사문화이지만, 동쪽의 작은 섬인 숨바에서는 현재진행형이라는 점에서 인도네시아와 숨바섬은 인류학뿐만 아니라 고고학에서도 寶庫라고 할 수 있다. 현재까지 정확한 통계는 없지만, 숨바섬의 지석묘 수는 변형된 형식까지 포함하면 수만기에 달하는 것으로 알려져 있다.

본고는 지금도 지석묘 축조가 진행되고 있는 인도네시아 숨바섬과 2,000년전에 소멸된 한반도 지석묘사회와의 비교 고찰이다.

[도면 1] 인도네시아와 숨바섬의 위치

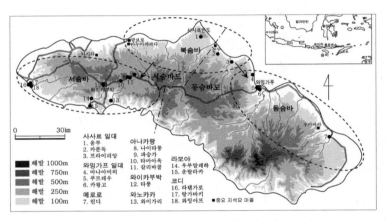

[도면 2] 숨바섬 지석묘 조영 마을의 위치와 지석묘 확산과정(조진선 2010)

巨石을 이용한 무덤이라는 점에서는 동일하지만, 시기·형식·장법 등 세부적인 면에서는 상이하다. 무엇보다도, 숨바섬은 18세기 중엽이래로 네덜란드의 간접적인 영향하에 있었고 상당수의 지석묘가 식민지 지배 이후(1906년)에 축조되어 많은 변형이 이루어졌다. 이러한 점에서 선사시대에 속하는 한반도 지석묘문화와는 적지 않은 이질감이 존재한다. 특히, 숨바섬의 지석묘는 금속기시대 이후에 대부분의 지석묘가 축조되었고,

19세기이후의 장식성이 가미된 지석묘가 많이 확인되고 있다는 차이점이 있다. 하지만, 숨바섬의 지석묘사회는 우리나라의 지석묘사회를 파악함에 있어 현존하는 가장 적합한 민족지자료임에 틀림없다.

우리나라와 숨바섬 지석묘가 연대는 다르지만 巨石을 이용한 무덤 조성이라는 점과 고등종교가 들어오기 전 조상숭배신앙과 연계되어 지석묘 축조가 시작되었다는 점은 동일하다.

본고에서는 한국과 숨바섬의 지석묘 축조사회를 몇 가지 항목으로 세분하여 유사점과 상이성을 비교 검토하고자 한다[159]. 주요 내용은 편년, 추가장 여부, 침향, 군집과 열의 의미, 주거공간과 묘역의 이격 여부, 피장자의 계층, 모촌과 분촌의 위계차, 촌락의 입지와 분쟁, 지석묘 소멸기의 제양상 등에 관해서다.

Ⅱ. 숨바섬과 한국 지석묘사회의 비교

1. 편년

1) 한국

한국 지석묘는 많은 발굴조사와 절대연대측정 등에 의해 편년상이 어느 정도 정립되어 있다. 즉, 대체로 상한연대를 기원전 10세기까지 올려볼 수 있으며, 하한은 원형점토대토기문화단계인 기원전 2세기대로 설정

---

159) 본고에서 특별히 주를 달지 않은 숨바섬 지석묘 설명은 2010년 2월의 인도네시아 답사시의 견문 내용이다. 아울러, 안내자이신 일본 就實大學 가종수 교수님의 조언이 있었음을 밝혀둔다.

할 수 있다(이영문 2002).

하지만, 지역에 따라 문화의 흐름이 지체된 곳은 기원전후 시기까지 지석묘가 잔존한 지역도 있을 수 있음은 감안해야 한다. 한반도에서 지석묘가 가장 밀집된 전남지역이 그러한 곳 중의 하나가 될 수 있으며, 실제로 가장 남쪽에 자리한 제주도 지석묘의 하한은 기원이후로 편년되고 있다.

2) 숨바섬

인도네시아 숨바섬의 편년은 발굴조사된 자료나 연대측정자료가 없어 파악하기가 어렵다. 다만, 인도네시아 제도의 거석유구는 금속기시대, 다시 말해 기원전 1000년기 후반에 동남아시아 대륙부와 인도네시아 사이의 교역과 영향에 의한 것이라는 지적이 있다(가종수 2009 : 76-87).

한편, 수마트라 섬 거석물의 경우, 돌멘·석관묘 등을 철기시대(기원전 500년 이후)로 편년한 바 있으나(Heine-Geldern 1945), 근래에는 기원전후부터 10세기 무렵까지 축조된 것으로 보는 견해(Soejono 1982)가 제시되었다. 그리고 자바섬의 Besuki지역의 한 지석묘에서는 9세기의 중국 토기가 확인되었다(Agus Aris Muunandar 2007). 이러한 점에서 보면, 수마트라와 자바섬의 지석묘 하한은 10세기까지는 내려간다고 볼 수 있다.

지석묘가 조상숭배와 유관하고, 서양문물(혹은 중국문물[160])이나 외래의 고등종교가 유입되면 쇠퇴한다는 것이 한반도나 숨바섬이 동일하다. 그러한 점에서 발리섬과 숨바섬을 비교할 필요가 있다.

발리섬은 자바섬 바로 동쪽에 자리하며, 숨바섬은 발리섬으로부터 동

---

160) 한반도 지석묘 사회의 종언과 관련하여 중국 전국시대의 철기문화의 유입과 중국 한무제에 의한 한사군의 설치와 관련짓는 견해는 참고할 만하다(김병모 1981).

쪽으로 약 400㎞ 이격되어 있다. 발리섬에 금속기 문화가 전래된 것은 기원전 3세기경일 가능성이 높다. 발리섬에서는 기원전 3세기부터 옹관이나 석관에 죽은 자를 매장하고 청동기·철기를 만들었고 벼농사를 지었을 것으로 추정되고 있다. 발리섬에서는 금속기시대의 토광묘와 옹관묘가 확인된다. 발리섬과 같은 옹관이 서자바, 남수마트라, 중남부 술라웨시, 렘바타, 동숨바 해안지역에서 발견되었다. 토기모양이나 제작 기법은 중부 베트남이나 필리핀에서 기원전 1500년에서 기원후 1000년에 걸쳐서 이어진 토기문화와 연결되는 것이다(가종수 2010: 56-62).

그리고 발리 섬 내륙부 각지에서는 큰 돌을 가공해서 만든 석관이 발견되었다. 발리섬의 석관은 금속기시대의 묘제이지만 그 연대에 대해서 발리박물관에서는 기원전 600년 -기원후 800년이라고 설명하고 있다(가종수 2010: 56-62).

따라서 수마트라와 자바섬의 지석묘가 종말을 고하기 전인 기원전 10세기 이전에는 자바섬 동쪽으로 지석묘가 파급되기 시작했을 것이다. 다만, 숨바섬의 지석묘문화가 플로레스섬을 거쳐 파급되었다는 점을 염두에 두면 소순다열도에서 비교적 늦게 지석묘가 축조되기 시작했을 것이다.

아울러, 전술한 바와 같이 발리섬이나 동숨바의 옹관묘 하한이 기원후 1000년경이고, 현재는 숨바섬에서 옹관묘가 전혀 사용되고 있지 않음을 보면 옹관묘와 거석문화가 계기적으로 교체되었을 가능성이 높다. 그러한 점에서 가설적이지만, 숨바섬의 지석묘의 상한을 잠정적으로 기원후 1000년으로 상정한다.

이와 더불어, 고등종교의 파급상황을 주목할 필요가 있다. 4~5세기경 이후가 되면 자바섬과 함께 발리에도 인도문화가 서서히 영향을 미치기 시작한다. 동남아시아 대륙이나 인도네시아 제도에 힌두교가 전파한 것은 인도 문화의 전체적인 확장에 의한 것이다.

5세기 후반 이후부터 불교와 힌두교가 발리 섬에 들어와 뿌리를 내리기 시작했다고 추정된다. 자바에서 가장 오래된 비문을 통해 5세기경부터 힌두교가 자바에 전해진 것은 확실하다. 발리에서 8세기부터 인도문화가 널리 퍼지고 있었던 것이 비문에 의해 알려져 있지만 본격적인 힌두교화(자바 힌두교)는 10세기말의 커디리 왕조(동부 자바) 지배하에 들어간 시대 이후부터라고 추정된다(가종수 2010 : 69~79).

이러한 맥락에서, 수마트라와 자바섬의 지석묘 하한이 10세기 무렵이라는 것은 5~10세기 무렵의 힌두교와 불교 등의 고등종교의 파급과 무관하지 않다.

요컨대, 자바 바로 동쪽의 발리섬에는 지석묘문화가 파급될 무렵에 고등종교가 전래되어 조상숭배와 관련한 지석묘문화가 정착하지 못한 것으로 파악된다.

숨바섬의 지석묘 상한과 관련하여 또 하나의 가설을 설정해 본다. 즉, 수마트라, 자바에서 전파된 지석묘 문화가 그 다음 전파 루트인 발리섬에는 정착하지 못하고 플로레스섬이나 숨바섬에서 성행하여 현대까지 지석묘 축조가 이어지고 있다.

요컨대, 발리섬에서는 수마트라·자바에서 파급되던 지석묘가 축조되지 못한 것은 5-10세기 무렵에 고등종교인 불교와 힌두교의 파급과 무관하지 않을 것이다. 이에 비해 고등종교가 19세기 이전까지 거의 파급되지 않았던 플로레스와 숨바 섬 등지에서는 조상숭배와 밀접한 관련이 있는 거석문화가 10세기 무렵부터 수용되고 활발히 축조되었던 것으로 보인다.

특히, 숨바섬의 지석묘가 가장 늦은 시기까지 존속한 것은 다음과 같은 역사적 사실과 무관하지 않다.

숨바섬은 인근의 티모르섬이나 플로레스섬과 비교하면 해외와의 교역이나 영향을 적게 받았던 섬이다. 숨바는 동인도네시아의 해역을 항해한 유럽 사람들에게 그다지 주목받지 않았다. 네덜란드 항해자들은 1613년에 처음으로 숨바 주변의 해역에 등장하지만 그 이후 주로 티모르섬을 무대로 포르투칼과의 사이에 세력 다툼을 펼쳤다. 또한 18세기 초엽까지 네덜란드의 항해자들은 숨바섬에 별로 관심이 없었다(가종수 2009:89).

숨바인들의 전설에 따르면, 숨바인들의 조상은 숨바와섬이나 플로레스섬에서 숨바섬 북쪽의 사사르로 이주한 후 점차 동쪽과 서쪽으로 퍼져 정착했다고 한다. 숨바는 19세기까지 파라잉(중핵마을)과 코다크(분촌)으로 구성되었으며, 파라잉은 촌락간의 전쟁을 대비해서 산 중턱이나 정상에 위치하고 있었다. 1906년 동숨바에 네덜란드 식민지 통치가 확립된 뒤 이러한 고지 마을의 건설이나 파라잉간의 전쟁이 금지되었다(가종수 2009).

최근, 숨바섬에서는 오래된 산정의 파라잉에서는 새로운 지석묘의 축조가 미미하고, 평지에서 많은 지석묘들이 축조되고 있다. 숨바섬의 지석묘는 1900년대 이후에 가장 많이 조영되어, 최근 20~30년 동안 전체 지석묘 중 절반 정도가 축조된 것으로 알려져 있다(가종수 2009 ; 요시다 야스히코 2009).

이러한 점을 고려하면 숨바섬의 지석묘는 20세기 이후에 폭발적으로 증가한 셈이다. 실제로 고지보다는 평지에 지석묘가 밀집되어 확인되고 있으므로 식민지 통치 이후에 훨씬 많은 지석묘가 축조되고 있음을 알 수 있다.

숨바인들의 조상이 처음 정착했다는 사사르반도의 움부마을의 지석묘는 개석식이나 변형 개석식, 위석식 등의 비교적 이른 단계의 형식만 확인되고, 늦은 단계의 柱形 支石을 가진 지석묘는 거의 확인되지 않는다. 이에 비해 20세기 이후에 평지에 조성된 지석묘에서는 주형 지석의 지석묘나 시멘트로 제작된 변형 지석묘들이 분포하고 있다.

2. 추가장 문제

한반도에서는 단독장이 일반적이며, 추가장은 매우 이례적이다. 추가장(횡구식)으로 추정되는 예로는 합천 저포 지석묘나 대구 상동 4~6호 지석묘 정도가 알려져 있다. 대구 상동 4호 지석묘는 북단벽을 川石으로 마감한 후, 그 외연으로는 자갈을 채워넣어 입구를 폐쇄한 것으로 추정된다(김광명 2004: 203). 저포리 E지구에서는 한벽의 축조방법이 다른 세 벽과 완전히 다를 뿐만 아니라, 횡구부의 폐쇄석처럼 보이는 구조가 확인되었다. 그리고 평안북도 묵방리유적에서는 평면형태가 방형에 가까운 장방형의 매장공간 한쪽에 치우쳐서 입구와 같은 시설이 설치되어 있다. 이러한 유구들의 매장방법이 횡구식이었는지, 축조는 횡구식으로 하였지만 실제 매장은 수혈식으로 하였는지는 명확하지 않다(이상길 2003 : 4).

요컨대, 한반도의 경우, 단독장이 주류를 이루고 추가장이 극히 희소하다고 볼 수 있다. 이는 실제 인골의 출토양상도 그러하다.

이에 비해, 전통적인 숨바섬의 지석묘사회에서는 기본적으로 추가장이며, 祖 - 孫이 같은 지석묘에 묻히는 풍습이 있다. 즉, 전통적인 방법으로 지석묘를 축조하면, 긴 시간이 걸려 2차장이 일반적이었다. 다만, 최근에 인도네시아 정부에서는 3일 이내에 시신을 매장하도록 권하고 있어 현재의 숨바섬 장례는 대부분 1차장이다. 기존의 지석묘를 재이용하거나 시멘트제 지석묘를 사용하면 3일 이내에 매장이 가능하다(가종수 2009).

이러한 차이는 다음과 같은 측면에서 접근해 볼 수 있다.

먼저, 한반도 지석묘의 피장자가 전체 주민 가운데 일부만 묻힌 것으로

[사진 1] 지상식의 석관형(라텐가로)   [사진 2] 횡구식 매장주체부(랑가바티)

파악되고 있는데 반해, 숨바섬의 지석묘는 모든 계층이 매장된 것과 관련
지어 볼 수 있다. 즉, 숨바섬에서와 같이 많은 수의 시신을 매장하기 위해
서는 추가장이 합리적이다. 다시 말하면 모든 계층이 매장되면서 공간의
부족을 해소하려는 의도와 이차장의 유행을 생각해 볼 수 있다. 이차장을
행하면 시신의 부피가 줄어들기에 여러 명이 하나의 매장주체부에 들어
갈 수 있을 것이다. 특히, 서숨바에서는 지상식의 석관형이 많아 추가장
이 용이한 구조이다(사진 1).

둘째, 기술적인 면도 고려해 볼 수 있는데, 숨바섬의 지석묘는 금속기
시대 이후의 무덤으로 파악되고 있기에 무덤 구조상 한층 더 발전된 횡구
식의 개념이 유입되어 있었을 것이며 석재가 연약하여 석관의 축조가 용
이한 점도 고려할 수 있다(사진 2).

3. 枕向

숨바섬의 지석묘사회에서 침향은 대개 北向으로 정형화되어 있다고 알
려져 있다. 프루레우나 카왕고 지석묘가 대표적인 예인데, 모두 북향을
한다. 이는 숨바섬 주민들의 조상의 기원에 대한 관념과 관련되어 있다.

즉, 숨바섬 각지의 전설을 종합하면, 숨바도민의 조상은 섬의 최북단에 있는 사사르 반도에 처음 정착하였다(도면 2). 그래서 사사르반도가 그들의 발상지가 되었고 현재도 사후 영혼의 귀결처로 믿고 있다(가종수 2009).

그렇다고 숨바섬의 지석묘 모두가 북향을 하는 것은 아니다. 이는 지형을 감안한 축조라는 것을 의미하며, 등고선방향으로 장축(렬)을 유지하는 것이 축조에 용이하기 때문이다. 특히, 최근에는 서구화가 이루어지면서 침향에 대한 의식이 흐트러지는 양상이다.

이에 비해 한반도에서의 침향에 대한 견해는 몇 가지가 제시된 바 있다. 먼저, 김원룡은 선사시대에는 동침이 압도적인데 이는 해가 뜨는 방향과 햇빛이 비처주는 방향이 생명을 부활시킨다는 사상에서 비롯된 것으로 보았다(김원룡 1974). 한편, 이융조는 중부지역 지석묘 발굴조사 성과를 근거로 지석묘의 침향이 일정한 방위보다는 유적의 지형적인 조건에 따라 정해진 것으로 보았으며 강과 밀접하게 관련된다고 파악하였다(이융조 1980). 그리고 지건길은 지석묘가 군집을 이루고 있는 경우 대개 河流나 山脈의 방향을 따라 일열 또는 수열을 이루게 되며 개개 지석묘의 장축은 대부분 지석묘의 배치방향 즉 하류나 산맥의 방향과 일치되는 것이 일반적이며, 이는 자연방위에 대한 개념보다는 주위의 지세가 보다 강하게 작용한 것으로 보았다(지건길 1983).

하지만, 이러한 일반론과 상이한 경우도 있다. 즉, 지형과 무관하게 좁은 공간에서 직교하는 경우가 그러한 예인데 이에 대해서는 혈연상의 친연관계나 위계성을 나타낸다는 견해는 주목할 만하다. 예컨대, 여수 화장동 대통유적의 24~27호 지석묘는 비파형동검이 출토된 26호를 중심으로 24호와 25호가 직교하는 방향으로 연접하고 있다(이동희 2002).

4. 군집과 열의 의미

한국이나 숨바섬에서 공히 열을 짓는 지석묘군들이 확인되며, 일정한 방향으로 형식변화가 관찰되며 그것은 시간성을 반영하는 것으로 파악된다.

이와 관련하여 숨바섬의 대표적인 중핵마을인 린디지석묘군을 살펴보자. 린디마을의 지석묘군은 3열을 보이는데 북동쪽에서 서남쪽으로 축조되고 있다. 중심열이 길며, 나머지 양쪽 가장자리 열은 짧은 편이다. 중심열은 가장 웅장하면서 씨족의 종손계열이 무덤을 축조하고 있다(사진 3).

린디마을에는 직계 종손의 8촌 정도까지만 남고, 나머지 방계는 분촌화하여 별도의 지석묘군을 축조한다고 한다. 전술한 바와 같이 전통적인 숨바섬의 지석묘사회에서는 기본적으로 祖-孫이 같은 지석묘에 묻히는

[사진 3] 린디마을 지석묘의 배치상태

추가장을 행하였다. 경제적으로 부유하지 않으면 대개 조부모 무덤에 매
장되지만, 富나 權威가 있는 사람은 새로운 지석묘를 만들기도 한다.

이러한 군집과 열의 양상은 한국 지석묘사회의 연구에도 시사하는 바
가 크다. 숨바섬 지석묘의 인류학적 자료를 원용해서 한국 지석묘사회에
적용해 볼 수 있다.

즉, 숨바섬과 같이 지석묘가 밀집된 전남지방의 경우, 일정한 공간, 예
컨대 1개 동리에 3~4개의 지석묘군이 있을 때, 지석묘군이 많고 부장품
이 풍부한 경우가 母村이며, 지석묘 수가 적은 군집이 分村의 무덤으로
볼 수 있다. 아울러 단위 지석묘군 내에 여러 열이 있을 때 가장 긴 열이
친족집단의 宗孫계열과 관련된 무덤일 것이라는 점이다.

지석묘 열과 관련하여, 최종규는 북미인디언인 이로쿼이族의 매장풍습
을 원용하여 사천 이금동지석묘유적의 列구조를 파악하고자 하였다. 즉,
북미인디언사회에서는 부부일지라도 出自를 달리할 경우 공동묘지의 다
른 列에 소속되며, 각 열은 母系原理에 의해 이루어진다는 점을 주목하였
다(최종규 2003).

그런데 인도네시아 숨바섬의 경우, 부계씨족공동체로서 夫婦가 같은
열에 소속된다. 지석묘축조사회가 기본적으로 가부장적 씨족공동체사회
로 보면 한반도 지석묘사회도 인도네시아와 같은 매장원리를 가졌다고
보는 것이 합리적일 것이다.

5. 묘역과 주거공간의 위치

숨바인의 사생관에 의하면, 사람들은 촌락 안에서 죽은 사람이나 조상
의 영혼과 공생하고 있다. 산 사람은 죽은 사람을 위해 돌멘의 거석분묘

를 조영하고, 그 안에 유해를 안치하는 것에 의해 드디어 이 세상에서의 죽은 사람의 생활이 끝났다고 간주한다. 죽은 사람의 영혼은 분묘에 안치되는 것에 의해, 「조상의 영혼이 사는 정신세계」에서 되살아난다고 생각하고 있다. 분묘를 만드는 것은 이 세상에 살아남은 사람들이 죽은 사람을 위해 행하지 않으면 안 되는 의무의 하나이다.(요시다 야스히코 2009)

이와 같이 숨바인에게는 삶과 죽음이 연계선상에 있는 일체관을 가지고 있다. 실제로 주거공간 내에 조상의 묘역을 만들고 있다.

숨바인에게는 죽음의 공간이 삶의 공간과 별개가 아니라 같이 영위되는 것이다. 따라서 그러한 관념이 추가장을 가능케 한 것으로 보인다. 祖-孫 단위로 여러 세대에 걸쳐 계속해서 추가장하는 것은 사자가 두려움의 대상이 아니라 후손과 공생한다는 관념의 소산으로 파악된다.

한편, 한국에 있어서 지석묘는 주거공간내에 있는 것이 아니라 일정한 거리를 두고 떨어져 있어, 무덤과 주거공간이 혼재하는 숨바섬과는 관념이 상이함을 알 수 있다.

이와 관련하여 한국지석묘의 장법을 살펴볼 필요가 있다. 석실규모로 본 전남지방의 장법을 보면 신전장 40.1%, 굴장 42.2%, 세골·유아장 17.7%이다(이영문 2002:338-342). 굴장 > 신전장 > 세골장·유아장 순이다. 이는 기본적으로 2차장(세골장)을 하는 숨바섬과는 차별성을 보인다.

한국에서는 굴장이 가장 많은 비율을 차지한다는 점이 주목된다. 굴장은 다음의 몇 가지 이유 때문에 행해진다고 한다. 즉, ① 운반에 편리하고 묘혈을 파는 노동력이 절약되며, ② 손이나 발을 굽히는 것은 당시 잠을 자거나 휴식을 하는 자세이고, ③ 모태 안에서의 자세이며, ④ 죽은 자나 혼의 활동을 구속하기 위함이다(渡邊照宏 1959). 이러한 굴장의 목적 가운데 '죽은 자나 혼의 활동을 구속하기 위함'은 死者를 두려움의 대상으로 보고 주거공간과 묘역을 구분하는 관념이 될 수 있다.

요컨대, 추가장을 하는 숨바섬은 세골장이 주류이며, 단독장을 하는 한
국에서는 굴장이나 신전장이 대세를 이룬다고 볼 수 있다. 이러한 장법의
차이는 주거와 묘역 공간과도 밀접한 관련성이 있을 것으로 보인다.

6. 피장자와 계층구조

1) 숨바섬

숨바섬은 초창기의 모습은 뚜렷하지 않지만 20세기에는 계층사회인 상
태에서 지석묘가 축조되었다. 계층화가 20세기 네덜란드 식민지 이후에
뚜렷이 진전되었다.

특히, 동숨바는 왕족과 귀족인 마람바, 사제 라토, 평민 카비후, 노예 아
타 등으로 나뉜다. 각각의 계층에 속하는 구성원은 각각의 계층에 속하는
역할이 존재하고, 지배계급(왕족,귀족,사제)를 중심으로 하는 촌락생활을 영
위한다. 이 계층구분은 세습적인 것으로 각 계층간에 신분이동은 거의 불
가능하다. 네덜란드 식민지 영향이 미약했던 서숨바는 동숨바에 비해서
비교적 평등사회에 가깝다(가종수 2009:106).

[사진 4] 프라이아왕(린디왕족마을) 지석묘

[사진 5] 린디 평민촌의 지석묘

[사진 6] 숨바섬 지석묘 3유형(요시다 야스히코 분류안)

무덤은 계층별로 구분된다. 예컨대, 동숨바 린디왕국의 프라이야왕마을은 왕족만이 모여사는 마을[161]로서 거대하면서도 장식된 지석묘가 열지어 분포한다(사진 4). 이에 비해 마을에서 얼마간 떨어진 평민마을의 지석묘는 소형이며 장식이 없는 지석묘이다(사진 5).

① 네 개의 지석 위에 상석이 올라가는 형식, ② 상자식 석관에 상석으로 뚜껑을 얹은 형식, ③ 네 개 이상의 자연석을 지석으로 하고 한 장의 상석이 올려진 형식 등이다. 동숨바에서는 수장과 귀족의 분묘로 많이 사용되는 것이 ①유형이고, 평민의 분묘에는 ②가, 노예분묘에는 ③유형을 사용하는 것이 일반적이다(요시다 야스히코 2009:272).

이러한 유형분류는 20세기 이후의 현상을 기준으로 한 것이므로, 그 이전의 양상을 파악할 필요가 있다.

이와 관련하여 주목되는 것이 ③ 유형인데, 소위 개석식으로 축조가 비교적 용이한 형식이다. 그런데 숨바섬에서 중핵마을이면서 첫 마을로 인정되고 있는 움부마을에서 이 유형이 가장 많으며, 개석식 이외에는 여러 판석으로 상석을 받치는 형식 정도이다.

---

161) 마을안에는 두 채의 관습가옥과 여덟 채의 왕족의 집이 있고, 약 100명(2005년 기준)의 주민 대부분은 전통 종교 마라푸신앙을 믿고 있다. 1912년의 린디 왕국에는 전 인구의 약 1/3에 해당하는 1,198명의 노예가 있었다고 한다. (가종수 2009:124)

움부마을은 최근 몇십년간 새로운 지석묘를 축조하지 않고 기존의 지석묘에 추가장만 지속하고 있으므로 그 원형이 가장 잘 남은 지석묘군집이라고 볼 수 있다. 움부마을이 라자계층이 있었던 지배층의 분묘형식이라면 잔존 형식은 요시다 야스히코의 분류와는 부합되지 않는다. 다시 말하면, 개석식은 이른 양식으로 계층화 진전이 미약하던 당시의 상황을 의미한다. 따라서 19세기까지만 해도 3~4계층의 분화는 없었다고 보는 것이 합리적이다.

실제로, 숨바섬에서 가장 이른 움부마을에서 가장 이른 단계의 개석식 지석묘가 주류를 이루고 있는데, 다른 마을에 비해 개석식이 월등히 많은 편이다. 그리고 숨바섬에 도래하기 이전의 플로레스 섬에서도 개석식 지석묘의 비율이 80%이상이라는 것은 시사하는 바가 크다.

이러한 점에서 요시다 야스히코가 분류한 것은 20세기 이후의 지석묘 유형과 계층상황을 의미하는 것으로 볼 수 있다. 그 상한은 20세기초에 숨바섬에 행정도가 설치된 후, 네덜란드 식민지 정부 비호로 '라자'의 권력기반이 강화된 것과 관련될 것이다.

1개 소왕국의 중핵마을인 프라이야왕마을에는 지금도 왕의 후손들에 의해 지석묘가 축조되고 있다. 경제적으로 여유가 없을 때에는 조부묘에 합장되고, 여유가 있으면 새롭게 지석묘를 축조하기도 한다. 마을 중앙에 매장공간이 자리하고 그 양쪽으로 2열로 가옥들이 열지어 있다. 매장공간은 대개 3열인데, 북동쪽의 이른 단계에는 개석식이 많고 서남쪽으로 올수록 대형화되고 장식물이 부가된 方柱形 支石을 갖춘 지석묘들이 확인된다.

린디왕국의 왕족마을인 프라이야왕마을의 지석묘군은 북동쪽에서 서남쪽으로 축조가 진행되는데 초기의 지석묘는 소형 개석식이 다수를 점하고 있다(사진 3 참조). 이는 린디왕국의 20세기초 이전에는 그 권한이 강력하지 않았으며 계층분화가 미약했음을 시사한다. 이러한 맥락은 앞서 살펴본 움부마을에도 그대로 적용된다.

인도네시아 공화국이 성립한 이후에 조성된 지석묘가 전체의 반이 넘는다는 견해(가종수 2009)를 참고하면, 20세기이후의 것이 다수를 차지하는 것은 틀림이 없다.

숨바섬이 1949년에 인도네시아 공화국에 포함된 이후, 전근대적인 신분사회가 해체되어가는 상황과 지석묘 수의 폭발적인 증가는 밀접한 관련이 있을 것으로 보인다. 다시 말하면, 19세기 이전에는 노예층의 지석묘 축조는 어려웠을 것으로 추정된다. 움부에 그대로 적용하면 움부에는 중핵마을 중심부에 노예층의 지석묘형식이 다수를 차지하는 불합리성이 발견된다.

이상과 같이 현재 알려진 계층구조로는 숨바섬 지석묘사회의 원초적 모습을 알 수 없다. 따라서 동숨바에 비해 네덜란드의 영향이 미약했던 서숨바를 주목할 필요가 있다. 다시 말하면, 네덜란드 식민지의 영향이 동숨바에 비해 늦었기에 비교적 그 원형이 잘 남았다는 점이다.

"서숨바의 마을은 여러 씨족으로 구성된 마을도 있지만, 코디와 와이제와와 같이 단일씨족으로 구성된 마을도 있다. 이러한 단일씨족으로 구성된 마을이 서숨바 사회의 원형일 것으로 추정된다. 네덜란드 식민지 정부에 의해서 19세기 이후에 형성된 '라자'의 직을 제외하면 종교적 권위를 가진 라토Rato(신관이면서, 출신 집단의 長)[162]의 체계만 있다. 즉, 서숨바에

---

162) '라토'라는 말은 신관이라는 의미와 더불어 충분히 경험을 한 양식있는 인물로서, 의례의 진행과 그 과정에서 필요한 마라푸계와 교신을 도모하는 제사장으로 알려져 있다. (가종수 2009:107)

있어서 마을을 넘어서는 단계의 정치적 지배자는 존재하지 않고 단지 종교적인 권위를 가진 순위매김된 라토만이 존재했다. 라토는 여러 가지 금기가 부여되어 적극적으로 정치적 권력을 행사하는 지배자가 될 수 없었다. 이러한 종교적 금기로 인해 라토는 정치적 권력자인 라자가 될 수 없었다. 서숨바에는 동숨바의 귀족층에 대응하는 계층이 없고 경제적·사회적인 계층분화가 이루어지지 않은 비교적 평등한 사회로 보고되고 있다. 하지만 평등한 사회로 보이는 서숨바에도 신관과 평민사이에는 엄연한 신분적인 구별이 있고, 노예도 존재했다. 서숨바에 정치적으로 큰 세력을 가진 왕국은 존재하지 않았지만 신관, 평민, 노예라고 하는 신분제도는 인정하지 않으면 안 된다. 서숨바는 20세기 초두에 식민지 정부에 의해서 라자를 중심으로 한 정치체계가 형성되었고 일부 지역에서는 정치적 수장이 존재하지 않는 비교적 평등한 사회질서가 유지되었다. 동숨바에는 각각의 수장사회에 수장(라자)이라고 하는 세습직이 존재했으며, 수장은 여러 촌락을 포함한 영역을 지배하고, 수장사회를 구성하는 모든 씨족에게 권위를 행사했다. 사회질서는 계층사회로 수장이 속하는 씨족은 귀족층을 구성하며, 그 이외의 평민층 씨족과의 사이에 상징적·사회적·경제적인 계층분화가 강화되었다. 숨바사회가 보다 중앙집권적이고 계급사회로 변화한 것은 네덜란드 식민지 정부의 정치적 관여에 의한 결과였다".(가종수 2009:102-103)

이상의 견해와 같이 외세의 영향이전 단계의 서숨바에서는 동숨바와 달리 신관, 평민, 노예라는 계층이 성립되어 있었다. 이를 한국 지석묘 사회에서 유추해 보기로 하자.

2) 한국

(1) 피장자[163]

우리나라 지석묘 사회의 발전단계에 대한 견해는 두 가지로 대별된다. 첫째, 지석묘는 사회의 모든 성원들이 그들의 묘제로 이용했다는 견해로서 사회적 계층화가 진전되지 않은 평등사회를 구성하고 있었다고 보는 것이다(지건길 1983; 이남석 1985; 송화섭 1994; 노혁진 1997). 둘째, 지석묘사회를 계급사회인 족장사회 단계로 보는 견해이다(최몽룡 1981; 홍형우 1994; 최정필 1997; 유태용 2000). 이러한 견해차는 현재까지도 지속되고 있다.

지석묘사회가 평등사회였다고 주장하는 학자들은 지석묘 출토 부장품 가운데 사회적 계층화를 가리키는 유물이 없다는 점을 근거로 삼고 있으며, 지석묘가 집단 구성원들이 자발적으로 참여한 협동작업에 의해 축조되었으며 일반주민들의 무덤으로 사용되었을 것으로 보고 있다.

하지만, 모든 성원들이 지석묘를 그들의 묘제로 사용했다는 주장에도 동의할 수 없다. 이에 대해 상술해 보면 다음과 같다.

최근의 연구에 따르면 지석묘는 경기도 502기, 강원도 338기, 충북 189기, 충남 478기, 전북 1,597기, 전남 19,068기, 경북 2,800기, 경남 1,238기, 제주도 140기, 북한 3,160기 등이 확인되었다(최몽룡 외 1999).

이 가운데 전남지방의 지석묘는 다른 지방에 비해 특이하게 조밀하여, 거의 자연부락 별로 하나 정도의 군집을 보이고 있다. 하지만 당시에 마을마다 지석묘가 있다고 해서 누구나 지석묘의 피장자가 되는 것은 아니다.

---

163) 우리나라 지석묘의 피장자에 대해서는 필자의 논문(이동희 2007)을 주로 인용하였음을 밝혀 둔다.

청동기시대의 단일 취락의 평균 호수를 15기 정도로 상정하고[164], 한 시점의 마을 주민 수를 계산해 보면 75명 정도이다(15가구×5명=75명). 핵가족인 경우에 2세대를 상정한다면 1개 마을의 한 世帶는 75명의 절반인 약 38명이다. 적어도 6世代 이상 지속된 적량동 지석묘(이영문·정기진 1993)의 경우, 한 세대당 38명의 주민중에서 3~7명이 매장되었다면 그 비율은 20%미만이다. 만약 적량동 지석묘군을 축조한 집단의 취락이 20~30동이라고 가정한다면 피장자의 비율이 10%에도 미치지 못하므로 지석묘군에 피장되는 숫자가 한층 더 줄어드는 셈이다. 아무튼 마을주민의 일부만 지석묘에 묻힐 수가 있다는 결론에 도달한다.

한편, 최근 단위지역에 대한 전면적인 조사가 이루어진 남강유역(동아대박물관 1999)을 보면, 청동기시대 주거지는 총 520기이고 묘는 180여기다. 1기의 주거지를 한 世帶로 보면 해당지역에는 대략 2000~2500명 정도의 인구가 추산된다. 무덤의 숫자는 예상 인구의 1/10에도 못 미치므로 묘를 당시 일반 구성원의 무덤으로 볼 수 없다는 결론에 도달한다(김광명 2001).

그러면 일반인들의 묘제는 어떠하였을까? 이에 대한 명확한 자료는 없지만, 다음과 같은 견해를 참고해 볼 수 있다. 즉 세형동검이 부장된 분묘의 주위에는 여타 매장시설이 보이지 않는 경우가 대부분이어서, 일반성원들은 간단한 토광묘에 묻혔거나 아니면 별다른 매장시설도 없이 처리되었을 것으로 보고 있다(권오영 1996). 따라서 세형동검문화기와 큰 시기 차이가 없는 지석묘 단계에서도 낮은 지위의 사람들은 별다른 매장시설 없이 처리되었을 가능성이 높다. 요컨대, 지석묘의 피장자는 청동기시대의

---

164) 지금까지의 연구성과를 보면, 청동기시대에 小村인 경우 10동 내외, 중심취락인 村의 경우에는 20~30여동이거나 그 이상이라고 한다(이희준 2000a; 이희준 2000b).

주민 중 일부 계층에 한한다고 볼 수 있다.

그러면, 하나의 군집 내에서 존재하는 매장주체부의 크기와 부장품의 차별성은 무엇을 의미하는가? 예컨대, 여수 화동리 안골 지석묘군의 경우, 3~4기 단위별로 석검이 출토되는데, 이는 적량동의 동검출토양상과 유사하다. 석검이 출토되는 묘곽은 다른 묘곽보다 대형이거나 중심되면서 석관형보다는 석곽형이다. 필자는 세대공동체의 長이 대개 지석묘의 피장자라고 판단한 바 있다(이동희 2002). 그래서 단위 지석묘군에서 3~5기 단위별로 연접해 있는 경우, 피장자는 동일세대의 세대공동체의 장으로 볼 수 있다. 거기서 석검이나 동검 같은 위신재가 출토되는 석곽은 대개 1기이므로 이 1기의 피장자는 여러 세대공동체에서도 지도자격이므로, 1개 친족집단의 우두머리 정도(大人)로 파악된다. 大人은 혈연적 지위에 의한 제한적·비공식적지도자라고 할 수 있고, 제사를 주관하는 大人(祭司長)으로서의 권위는 오랜 씨족사회의 전통에 기반을 두고 있다고 볼 수 있다(김병곤 2002)[165].

여기서 한국과 숨바의 지석묘사회를 비교해 보자.

전술한 바와 같이 비교적 평등한 사회로 보이는 서숨바에도 신관과 평민사이에는 신분적인 구별이 있고, 노예도 존재했다고 한다. 신관이 같은 친족집단내에서의 지도자로 본다면 평민층과 동일한 묘역내에 존재한 것으로 파악된다.

이를 한국 지석묘 사회에 적용해 보면, 지석묘에 매장되지 않는 계층(숨

---

165) 『三國志』「挹婁傳」 "…無大君長 邑落各有大人…",
　　 挹婁의 경우, 일찍이 부여에 복속되었으며 험한 자연 환경속에 조그마한 읍락을 이루어 생활한 것으로 보인다. 大君長이라고 하는 유력자는 어느 정도 성숙한 정치체계를 가진 사회에 존재하는 명호라면, 大人은 조그만 공동체 사회의 지도자를 일컫는 명호이다. (김병곤 2002)

바의 노예층)이 있고, 신관은 한국 지석묘사회에서 매장주체부나 부장품에서 상대적으로 우월한 무덤에 해당할 것이며, 나머지 무덤은 일반 평민에 해당할 것이다.

(2) 계층구조

그럼 한국 지석묘사회의 계층구조를 상술해 보기로 한다.

한국 청동기시대에 있어, 지석묘-석관묘-토광묘 순으로 신분적인 차이를 반영한 것으로 보는 견해가 제시된 바 있다(이영문 1999). 그런데 이러한 구분은 전남지방에 비해 지석묘가 상대적으로 적고, 타묘제(석관묘·옹관묘·토광묘)가 비교적 많이 확인된 충청·전북·영남지역에서는 가능하다[166]. 예컨대, 부여 송국리 석관묘에서는 비파형동검이 출토되어 상층의 무덤임을 보여주며, 그보다 하층의 무덤은 송국리에서 북쪽으로 2.5㎞ 떨어진 탄천면 남산리에서 확인되었는데, 유물이 빈약하고 묘제도 석개토광묘, 토광묘, 옹관묘 등이다. 이는 충남 일대에서는 상하층간에 묘제와 무덤구역이 차별성이 있었음을 시사한다(김길식 1994).

본고에서는 지석묘가 다른 지역에 비해 상대적으로 많고 발굴조사가 많이 이루어진 전남지방과 경남지방을 중심으로 지석묘 사회의 계층구조를 살펴보기로 한다.

특히, 전남지방은 타지방과 달리 지석묘가 주묘제로 사용되었다는 점

---

166) 전남지방, 특히 전남동부지역은 지석묘 외에 청동기시대 묘제가 거의 확인되지 않고 있다. 南韓에서 전남지방(약 2만기) 다음으로 지석묘 수가 많은 경북·경남·전북의 경우 각기 3000기 미만인데, 이는 면적에 대비하여 보아도 월등히 적은 수치이다. 전남지방의 인구가 타지역에 비해 2배정도 많다고 하더라도 10배 가까운 지석묘의 절대수는 쉽게 수긍이 가지 않는다. 이는 타 지역은 청동기시대 묘제 가운데 석관묘, 석개토광묘, 옹관묘, 토광묘 등의 비중이 상대적으로 높다는 점과 관련될 것으로 보인다(이동희 2002).

에서 인도네시아 숨바섬과 비교할 수 있는 좋은 자료이다.

① 전남지방[167]

전남지방(특히, 전남동부지역)에는 석관묘·옹관묘·토광묘가 극히 드물어 이영문의 견해를 따를 경우에는 하위층의 분묘가 적은 숫자이고, 상위층이 많은 역 피라밋 형태가 되어 문제점이 노출된다. 따라서 지석묘가 집중된 전남지역에서는 그러한 구분이 곤란하므로, 지석묘군내에서의 위계 설정이 필요하다.

이러한 맥락에서 보면, 전남지방을 제외한 타지방에서는 지석묘(석관묘)를 상층에, 석개토광묘·토광묘·옹관묘 등을 중층에, 무덤이 없는 하층으로 간주할 수 있다.

이에 비해 타묘제가 거의 없는 전남지방에서는 상층 아래의 계층도 일부 지석묘를 사용하였고, 다수의 하층만 무덤이 없었을 가능성이 크다. 이러한 점에서 보면 지석묘가 밀집된 전남지방과 타 지역과는 같은 지석묘일지라도 동일한 계층으로 볼 수 없다는 결론에 이르게 된다. 다시 말하면 지석묘가 상대적으로 적은 타지방의 경우는 지석묘 피장자를 상층으로 보아도 무리가 없다는 것이다. 이러한 점을 고려하면, 전남지방 지석묘 사회의 위계를 다음과 같이 셋으로 구분할 수 있다.

ⓐ 상석이나 매장주체부가 크고, 위세품이 부장된 계층
ⓑ 석곽이 비교적 작으면서 부장품이 없거나 빈약한 계층
ⓒ 지석묘에 매장되지 못하는 계층

---

167) 전남지방의 계층구조에 대해서는 필자의 논문(이동희 2007)을 주로 인용하였다.

지석묘가 청동기시대 모든 주민의 무덤이 아닌 상황에서, 유물이 출토되지 않은 석곽에 비해 동검이나 옥, 석검이 부장된 석곽묘의 존재는 하나의 집단내에서도 富나 權威에 근거하여 한 世代를 대표하는 유력자가 있었음을 의미한다.

그런데 지석묘사회를 3계층으로 명확히 구분하기에 미흡한 점도 지적될 수 있다. 즉 지석묘사회는 지석묘에 피장된 자와 그렇지 않은 경우의 2계층은 뚜렷한 데 비해, 지석묘군집내에서의 계층의 구분이 명확하지 않다. 예컨대 무덤의 크기나 형식, 유물에서 차이는 있지만 그것이 일률적이지 않고, 동일묘역을 사용한다는 점에서 그러하다. 다시 말하면, 일반적인 지석묘군을 보면, 위세품을 가진 지석묘가 지석묘군집내에서 두드러지지 않고 동일묘역에 존재하는 경우가 적지 않다는 것이다.

이에 비해 2계층에서 3계층으로 발전하는 과도기 단계(여수 평여동·화장동·봉계동·적량동 지석묘 등)가 여수반도 동북부지역에서 주로 확인되고 있어 주목된다. 즉, 단위 지석묘군내에서 특정 개인이나 소집단이 별도의 묘역을 만들고 A급 위세품을 부장한 예가 확인된다는 점이다. 예컨대 화장동 대통 지석묘군 24~27호, 여수 봉계동 월앙 d군, 적량동 상적 7호, 평여동 '나'·'다'군 등을 들 수 있다(이동희 2002).

이러한 계층 구분은 지석묘사회의 후기(세형동검문화기)에 가면 더 뚜렷해지는데, 이는 청동기시대 후기에 부와 권위가 확대 발전된 결과라고 하겠다.

이와 관련하여 보성 동촌리 지석묘(송의정 외 2003)에 대해 살펴보자. 세형동검문화기에 해당하는 보성 동촌리 지석묘는 지석묘사회 후기에 등장한 지배층의 무덤으로 판단된다. 동촌리 지석묘는 입지 뿐만 아니라 일반적인 지석묘의 축조와는 그 양상이 판이하게 다르다. 즉 상석을 올린다는

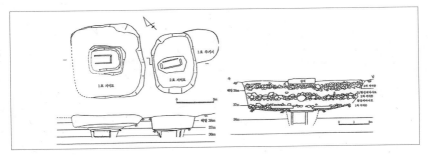

[도면 3] 보성 동촌리 지석묘 유구배치도(左)와 2호 지석묘 축조 모식도(右)(송의정 외 2003)

점에서는 같지만 하부 매장주체부의 축조에 앞 단계의 지석묘와는 비교가 안될 정도로 거대한 매장주체부와 적석을 조성하여 많은 노동력이 동원되었음을 알 수 있다. 도굴되었음에도 불구하고 40여점의 관옥이 출토된 바 있다. 따라서 동촌리 지석묘의 피장자(세형동검문화기)는 전단계의 지석묘와 달리 邑落 首長의 前身으로 파악된다(도면 3).

이 유형은 지석묘사회가 가장 발전된 단계로서 전 단계에 비해 계층구분이 분명해진다. 즉 동촌리 단계는 3계층이 명확해진다. 즉 일반적인 지석묘 군집과 이격되고 대규모 노동력이 동원된 소수의 대형 지석묘 피장자(동촌리 지석묘 유형)-일반 지석묘 피장자-무덤없는 자 등의 구분이 그것이다. 부언하면, 상위 1·2계층은 같은 묘제인 지석묘를 쓰더라도 입지와 내부구조·출토유물 등에 있어서 뚜렷이 구분된다.

요컨대 지석묘사회에서 보이기 시작한 맹아적인 3계층은 각기 원삼국시대(三韓時代)의 大人, 下戶, 生口로 연계·발전한 것으로 보인다[168].

---

168) 都出比呂志는 초기국가를 검토하면서 三國志 魏志 倭人傳에 의거하여 大人, 下戶, 生口라는 계층을 설정하고 있다(都出比呂志, 1998; 深澤芳樹 2000). 우리나라로 보면, 원삼국시대 후기에 3계층이 존재했다는 것인데 전남지역 지석묘사회에서도 그러한 계층구분의 맹아가 보인다고 할 수 있다.

한국 지석묘사회에서 희미하게 확인되는 3계층은, 네덜란드 식민지 이전 서숨바 지석묘 사회에서의 신관·평민·노예라는 계층 구분과 연계해 볼 수 있다.

② 경남지방

경남지방은 전남지방에 비해 청동기시대 묘제가 다양하게 구분되므로, 계층화가 좀 더 뚜렷해 보인다[169]. 특히, 마산 진동리유적(하승철 2008)의 경우, 청동기시대 늦은 시기에 한정되므로 계층화가 더 진전된 것으로 파악된다. 즉, 청동기시대 후기에 있어 진동리유적은, 단위묘역에 상위층이 묘역식 지석묘, 중위층이 묘역이 없는 석관묘를 쓰고 있어 같은 권역 내에서의 계층분화로 파악할 수 있다. 이는 숨바섬에서 상위층의 지석묘는 장식적이거나 규모가 크고, 하위층은 장식이 없거나 소규모인 것과 비교된다.

묘역식은 규모나 외관(경관)면에서 아무런 부가시설이 없는 석관묘와는 차이가 크다. 산청 매촌리(이진주·고용수 2009)나 마산 진동리·진북, 진주 이곡리 등의 묘역식 지석묘의 예를 보면, 묘역식 지석묘와 그 주변의 일반 석관묘 사이에는 어느 정도 공간 분리현상이 확인된다. 시기차가 거의 없다고 보면, 동일지역에 상이한 묘역과 상이한 구조를 보이는 것은 위계차라고 밖에 설명할 수 없다(도면 4).

같은 묘역내에 묘역식 지석묘와 석관묘가 일정한 거리를 두고 인접하고 있는 것은 상호 밀접한 관련 속에 있음을 시사한다. 이는 富와 權威에

---

169) 전남지방과 달리 경남지방에는 석관묘나 토광묘가 확인되기에 청동기시대에 지석묘-석관묘-토광묘 순으로 신분적인 차이를 반영한 견해가 유효하다고 하겠다(이영문 1999).

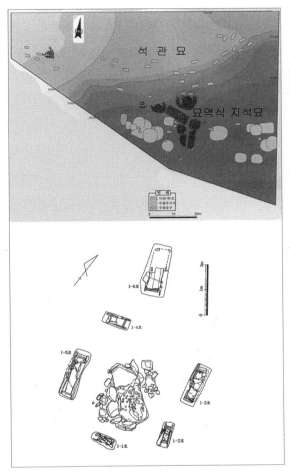

[도면 4] 산청 매촌리 유적(上, 우리문화재연구원 2011) 및 진주 내
촌리 유적(下, 동아대학교박물관 2001)

있어 차별성이 보이는 母村과 分村이 근거리내에서 같은 묘역을 사용했
다고 볼 수도 있지만, 중심부에 묘역식이 자리하고 주변부에 석관묘가 자
리하고 있는 것은 계층차가 발현된 것으로 파악된다. 이를 종족의 차이로
보는 것은 어렵다.

이와 관련하여, 진주 내촌리 청동기시대 무덤을 주목할 필요가 있다. 이 유적은 중심부에 지석묘 1가 있고 주변부에 6기의 석관묘가 에워싸고 있다(심봉근 2001). 이는 같은 친족집단내에서 중심적인 인물에 지석묘를 축조하고 배장된 피장자는 석관묘를 쓴 것으로 볼 수 있다(도면 4). 이것은 묘제가 다르다고 종족이 다른 것이 아님을 의미한다. 이를 원용해 보면, 매촌리나 진동리에서 묘역식 지석묘와 석관묘가 같은 묘역에서 분리되는 공간에 축조된 것은 종족이 다른 것이 아니라 같은 친족집단이면서도 상위의 모촌과 하위의 분촌과의 관계이거나 청동기시대 후기에 혈연집단내에서 서서히 계층이 분화되는 것을 의미한다고 파악된다. 이것이 두 계층으로 분화되는 과정이라고 본다면, 여기에 무덤에 매장되지 못하는 계층을 감안하면 三韓段階의 3계층으로 연결된다.

7. 母村과 分村의 위계차

서숨바의 전통적인 마을간에는 엄격한 계층제가 형성되고 있어, 마을의 격은 분묘의 형태나 기념물 등을 보면 쉽게 짐작된다. 권위가 있고 많은 分村을 거느린 중핵마을(母村)은 예전의 머리사냥에 대비해 모두 높은 산 위에 입지하고 관습가옥군이 거석광장을 중심으로 지석묘군을 둘러싼 것과 같은 모양으로 근접하여 세워져 있다. 관습가옥의 지붕은 숨바 특유의 높은 지붕으로, 키가 낮은 分家의 가옥과 쉽게 구별된다.

왕족의 권위가 남아 있는 동숨바와 다르게 서숨바에서는 지석묘의 조영은 마을 사람간에 마을이라고 하는 지연을 축으로 상호부조에 의해 행해진다. 거석을 끄는 데는 보통 하루에 몇 백명의 일손이 필요하기에 하나의 마을에서 사람들을 전부 조달할 수 없고 이웃의 몇 개 마을에 도와 줄 사람을 부탁하게 된다. 중핵마을의 경우 수많은 분촌으로부터 많은 사람들이 적극적으로 도와주기에 문제가 없지만 분촌의 경우에는 중핵마을의 도움은 선택적이기에 적대적인 씨족과도 협조해야 하므로 지석묘 축조가 용이하지 않다(가기야 아키코 2009 : 242-245).

이와 같은 중핵마을(모촌)과 분촌간의 상호 관련성은 한국 지석묘사회에서도 확인되는데, 발굴조사가 비교적 많이 이루어진 전남 여수반도를 살펴보기로 하자.

여수반도에서는 약 20개소의 지석묘군이 발굴조사되었다. 여수반도에서 발굴조사된 지석묘군의 입지와 유물상, 상석무게, 상석수, 하부구조수 등을 종합해 보면 〈표 1〉과 같다[170].

〈표 1〉 여수반도에서 발굴조사된 지석묘 현황(이동희 2007)

유적명	상석수	하부구조수	상석무게	입지	유물
오림동	9기	15기	2-33톤, 15톤 이상이 6기	곡간평지	동검 1점, 석검편 2, 옥 3, 유구석부 1, 암각화
적량동 상적	14기 이상	29기 이상	2-50톤	곡간평지로서 산기슭과의 경계	동검 7점, 동모1점, 관옥 5점
평여동 '가'군	9기	20기	1-40톤	산기슭끝의대지	소옥 2점, 석촉 2점
평여동 '나'군	9기	9기	〃	대지	동검 1점, 관옥 4점, 석촉 2점

---

170) 이와 관련된 내용은 필자의 글(이동희, 2007, 「여수반도 지석묘 사회의 계층구조」, 『고문화』제70집, 한국대학박물관협회)에서 인용하였음을 밝혀 둔다.

유적명	상석 수	하부 구조수	상석무게	입지	유물
평여동 '다'군	3기	8기	〃	평지	관옥 166점, 소옥 255점, 환옥 2점, 곡옥 2점
화장동 대통'가'	27기	11기		구릉의 하단	동검 1, 옥 16, 석촉 2점
화장동 약물고개	7기	19기		구릉	옥 3점, 석검 3점, 석촉 1점
화장동 대방	3기	-		고개마루	
화장동 화산	10기(?)	18기	2-15톤	구릉	석검 1점, 석촉 6점
미평동 양지	5기(?)	2기	1-7톤	산기슭, 해발	석검 1점
미평동 죽림 '다'	8기 이상	4기	4-14톤	고개마루와 사면	석검 1점
봉계동 월앙	10기	10기		곡간평지	동검 1, 석검 2, 석촉 1, 옥 15
봉계동 대곡	4기	5기		곡간평지	석검 2점, 석촉 7점
월내동	26기 이상	28기	0.6-10.5톤	고개마루	석검 11점, 석촉 13점
세구지	3기	3기		경사면의 대지	석검 1점
월하리	1기	1기	2.5톤	산기슭	
가장리 평촌	3기		1.5-12톤	산기슭	석검 2점
화동리 안골	20기(?)	63기 이상		곡간평지	석검 9점
관기리	5기	3기		산기슭	
소장리	5기(?)	12기		곡간평지	석검 1점

　지석묘의 수·상석무게·입지·부장유물 등을 분석해 보면 지석묘군집별 위계상은 다음과 같이 요약될 수 있다.

　예외적인 경우는 있지만, 대개 지석묘의 수가 많아 집단이 크고 상석이 대형이며 입지가 곡간평지나 구릉의 하단부에 자리잡은 집단이 부장유물이 풍부한 중심적인 집단으로 추정된다. 다만, 개별상석의 크기와 부장유물은 상호 일치하지 않는 경우가 적지 않아 상석의 규모와 부장유물의 관계에서는 개별 상석보다는 지석묘군 전체를 검토하여야 한다. 다시 말하면 집단별로 어느 정도 크기의 상석을 옮길 수 있는지는 그 집단의 위상을 대변해 준다고 할 수 있다. 그리고 채석지가 비교적 높은 산이라는 점에서 구릉의 상부나 고개마루에 비해 구릉의 하단부나 평지는 더 많은 노동력이 소요된다.

예컨대, 인접한 적량동과 월내동 지석묘 축조집단을 비교해 보면, 적량동 집단보다 월내동 집단이 유물이나 상석 규모 등에 있어서 열세하므로 친족집단간에 서열화가 이루어졌음을 알 수 있다.

여수반도에서 가장 우월한 위신재가 부장된 적량동집단은 교역의 중심지로서 재분배를 통하여 성장한 중심지이고 인근 마을들은 농경과 어로를 겸한 반농반어집단으로 판단된다. 적량동 집단은 이 주변 마을들의 잉여생산물을 모아 대외 교역창구로서의 역할을 했다고 판단된다. 그 증거가 외래계 위세품인 동검이다. 이와 관련하여 일본 야요이시대의 조사례는 주목된다. 즉 야요이 거점취락에서 원격지에서 가져온 토기가 발견되는 예가 많아 거점취락 부근에 입지하는 한시적인 소규모취락에는 비재지의 물자를 거점취락을 통해서 반입된 것으로 보는데 이러한 예가 재분배와 관련된다고 하겠다(佐々木憲一, 2000).

여수반도 동북부지역의 지석묘군들에서는 우리나라에서 가장 많은 A급 위세품들이 발굴조사되었다. 이 지역은 당시 최고 위신재인 비파형동검을 근거로 핵심 취락(적량동)과 2차 중심 취락(오림동, 화장동, 봉계동, 평여동 등)을 설정할 수 있다. 즉, 전자는 다수(7점)의 비파형동검을 부장하고 있고 후자는 1~2점씩의 비파형동검이 확인되고 있다. 그리고 이러한 핵심취

[도면 5] 여수 동북부 지역에서 발굴조사된 지석묘
① 월내동 ② 적량동 상적 ③ 평여동 산본 ④ 월하동 ⑤ 화장도오 대통 ⑥ 화장동 화산 ⑦ 화장동 약물고개
⑧ 화장동 대발 ⑨봉계동 월앙 ⑩ 봉계동 대곡 ⑪ 미평동 양지 ⑫ 미평동 죽림 ⑬ 오림동

락과 2차 중심 취락 주변에는 B·C급의 유물이 확인되는 하위집단들이 분
포하고 있다. 예컨대 화장동 대통 지석묘군 인근에도 하위 지석묘군들이

분포하고 있다(도면 5·6).

　여수 화장동에서는 4개 지석묘군이 있는데, 모두 발굴조사가 이루어져 좋은 참고자료가 된다. 이 4개 지석묘군은 대통, 약물고개, 대방, 화산 등이다. 대통 지석묘군이 중심이고 화산지석묘군과 약물고개 및 대방 지석묘군이 그 하위에 해당한다. 1個洞에 중심적인 지석묘 군집이 있어 일정 범위내의 지석묘군 사이에도 우열관계가 있었음을 보여준다. 즉 군집도가 높은 대통 지석묘군은 나머지 3개의 지석묘군보다 더 낮은 구릉 하단부에 입지하며 넓은 공간을 차지하고 있다(도면 5 참조). 또한 지석묘의 수량이 상대적으로 적은 3개 군집지역은 유물이 상대적으로 빈약하다. 반면 27기의 지석묘가 조사된 대통 지석묘군에서는 A급 위세품이 확인되어 나머지 3개 소군집 지석묘군보다 上位의 집단임을 알 수 있다(도면 6).

　한편, 지석묘 상석 이동에 따른 노동력 동원규모에 대해 살펴보자. 적

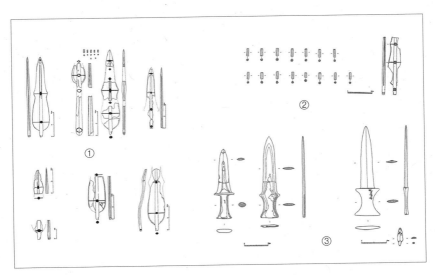

[도면 6] 여수 동북부지역 지석묘 출토 위세품
① 여수 적량동지석묘(A급 유물) ② 여수 화장동 대통지석묘군(A급 유물) ③ 여수 화장동 약물고개지석묘(B급 유물)

량동 지석묘군의 상석들은 지석묘 군집 단위별로 보면 여수반도에서 가장 큰 편에 속한다. 이 가운데 가장 대형의 상석(2호)은 50톤을 상회하고 있어 오늘날의 1개면 정도의 노동력이 동원되어야 한다. 이러한 노동력 동원 규모는 거의 후대의 邑落의 범위에 근접하고 적량동을 중심으로 한 비파형동검의 분포범위와도 거의 일치한다. 적량동 2호 지석묘는 묘곽이 없어 무덤이라기보다는 집단의 權威나 富를 상징하는 기념물로 판단된다. 기념물 건립에 들어간 노동력이 조직화된 집단의 크기를 대변해 준다는 견해(Timothy Earle,1987)는 주목할 만하다.

요컨대 지석묘군의 입지, 상석의 크기, 매장주체부, 유물 등의 제측면에서 탁월한 적량동 집단은 근·원거리 교역에 대한 주도권을 갖고 재분배기능을 행사하여 다른 지석묘군보다 상위집단으로 판단된다.

지석묘 축조사회를 평등사회라고 주장하는 견해의 맹점은 지석묘가 지배계층에 의한 인력동원이 아닌 공동체적 협동체제 아래서 축조된 것으로 인식한다는 점이다. 이는 다음과 같은 점에서 문제가 있다. 전술한 바와 같이 발굴조사된 내용의 분석 결과, 지석묘 군집단위별로는 상석의 규모와 부장품이 거의 비례하고 있음을 확인하였다. 이는 집단의 규모별로 계층화가 성립되어가고 있음을 웅변해 주는 것이다.

한국에서 지석묘의 규모로 母村과 分村(子村)의 경계를 나누는 것이 지역과 시기에 따라 상대적인 면은 있겠지만, 지석묘군이 밀집된 전남지역의 경우 20기 정도를 그 기준으로 상정해 본다. 상석이 20기 이상이면 하부구조가 50기 내외는 되고 10기미만의 지석묘 집단(分村 혹은 子村)에 비해 상대적으로 우월하다고 판단되기 때문이다.

8. 촌락의 입지와 분쟁

숨바의 촌락은 파라잉과 코타크 2개로 나뉜다. 파라잉은 수장사회의 사회적·지리적 중심에 위치해 있으므로 중핵마을이라고 표현할 수 있다. 분촌에 살고 있어도 사람들은 자신이 어느 파라잉 출신인지를 알고 있어, 의례나 싸움 등의 특별한 일이 있을 때에는 자신의 파라잉에 모인다. 파라잉 광장에는 지배자의 무덤이나 제단석이 세워져 있다. 파라잉은 단순 거주공간으로서의 촌락이 아닌, 사회적·제사적 공간으로서의 성격이 강하다. 파라잉은 네덜란드 정부가 촌락간의 전쟁을 금지시키기 전(1906년)까지는 높은 언덕 위의 요충지에 있어 주위가 돌담으로 둘러싸여 있는 군사적 중심지이기도 했다. 이러한 파라잉에 종속되어 있는 마을은 코타크라고 불린다. 대개 파라잉의 규모는 호수가 15~20호인데 비해, 코타크는 4~5호 정도이다(가종수 2009: 100).

이러한 숨바의 촌락에서 주목되는 것이 전술한 바와 같이 중핵마을(모촌)과 분촌(자촌)의 존재이며, 20세기초 네덜란드 식민지 정부에 의해 통제되기 전에는 호전적인 면이 보인다는 점이다.

숨바섬에서 산정에 자리한 대표적인 중핵마을은 동숨바의 프라이리앙

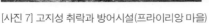

[사진 7] 고지성 취락과 방어시설(프라이리앙 마을)

[사진 8] 와이가리마을의 '아둥'(적의 수급을 걸어두는 기둥)

마을이다. 프라이리앙 마을은 야산 정상부에 자리하고 있는데 하천과 급경사로 둘러싸여 있고 정상부가 평탄한 천연의 요새를 이루고 있다. 마을의 면적은 길이 약 200m, 너비 80m 정도이다. 경사가 완만한 곳은 2중의 돌담장으로 에워싸고 있다(사진 7).

전술한 바와 같이, 숨바섬에서는 네덜란드 정부가 촌락간의 전쟁을 금지시키기 전(1906년)까지는 무력 다툼이 빈번했다. 고지성 취락과 돌담으로 둘러쌓인 방어시설, 그리고 머리사냥(사진 8) 등으로 보면 숨바족의 호전적인 면을 엿볼 수 있다. 이러한 이면에는 숨바섬의 지석묘축조사회가 한반도와 달리 금속기시대에 속한다는 것과 관련될 것으로 보인다.

다시 말하면, 한반도 청동기시대, 특히 남한의 청동기시대 당시 실제 사용된 도구는 석기가 대부분을 차지하고 희소한 청동기는 대개 위세품 내지 의례용품으로 사용되었다. 이에 비해 인도네시아 숨바섬은 금속기가 실제 도구로 사용되던 시기에 지석묘가 축조된 것으로 인정되므로 분쟁의 양상이 더 치열했을 것이다.

한반도에 있어 청동기시대에 전쟁의 존재를 상정할 수 있는 사례는 송국리유적이 유일한데, 송국리유적에서는 목책렬과 녹채시설, 망루 등의 방어시설이 조사되었다. 한반도에서 집단간의 치열한 전쟁은 초기철기시대가 되어서야 이루어졌다고 판단되며, 실제로 초기철기시대의 점토대 토기문화집단은 주로 고지성 취락을 형성하고 있다.(손준호 2009 : 96-97)

한편, 한국 청동기시대에 환호의 사례가 늘고 있지만, 방어보다는 공간을 구획하는 시설이나 의례의 용도로 보는 견해가 일반적이다(김도헌 2006).

그리고 취락의 입지에 있어서는 구릉도 있지만, 오히려 강변 충적대지에 더 많은 수의 밀집 주거지들이 자리한다. 예컨대, 진주 남강변이나 춘천 분지내의 충적대지에서 대규모 청동기시대 취락이 확인되었다.

춘천 분지내에서는 약 20개의 유적에서 225기 이상의 청동기시대 주거지가 조사되었다. 춘천지역 취락은 환호나 목책과 같은 방어시설의 부재와 충적대지라는 개방적 입지로 볼 때 상호 긴장관계가 거의 확인되지 않으며, 취락간의 관계는 개방적 상호 협력 또는 호혜적 관계라고 판단된다(김권중 2009). 이러한 점에서 보면, 한반도에서는 숨바섬과 달리 지석묘 축조 당시에 분쟁이 치열하거나 상시적이지 않았던 것으로 파악된다.

9. 지석묘 소멸기의 제양상

1) 한국

한국에서 지석묘 소멸은 한국문화사에서 획기적 사건이었으며 새로운 문화·사회 단계에 돌입했다는 것을 의미하는 분기점이다. 막대한 재산·시간·에너지를 소요했던 지석묘문화가 소멸된 배경에는 엄청나게 큰 문화·사회적 변동이 있었을 것이다(이송래 1999). 한국 지석묘의 소멸 배경과 관련한 제견해를 살펴보면 다음과 같다.

① 기원전 3·2세기경 초기철기시대 세형동검세력의 남하(김재원·윤무병

1967).

② 후진사회 체제에 머물러 있던 지석묘를 축조하던 집단들이 발전된 세형동검문화를 사용하는 선진집단의 사회체제와의 접촉에 의해 사회체제에 변화가 일어나 지석묘 건립의 사회적 기반인 공동협의체가 미약해짐에 따라 지석묘가 소멸됨(이남석 1985).

③ 청동기와 철기 그리고 잉여농산물 생산증가를 강조하는 철기시대의 지배 엘리트들은 그들의 지휘하에 있던 노동력을 지석묘 축조와 같은 비생산활동에서 생산활동으로 재배치시켰고, 노동력이 많이 필요한 기존의 지석묘 대신 간단하게 축조할 수 있는 석관(곽)묘, 목관묘, 옹관묘, 토광묘 등의 묘제가 등장(이송래 1999 : 이영문 2002).

①의 견해는 지석묘 하한과 관련하여 세형동검문화의 유입을 지석묘의 소멸 계기로 보는 원론적 입장이고, ②·③의 견해는 ①의 견해에서 한 발 더 나아가 정치경제적 부연설명이다. 요컨대, 지석묘 축조의 중단은 세형동검 및 철기문화의 등장으로 문화격변기를 겪었고, 공동체적 유제가 서서히 사라지고 개인이 강조되는 계급사회로의 급변과 무관하지 않을 것이다.

2) 숨바섬

숨바섬에서의 지석묘 축조는 전술한 바와 같이 조상숭배와 밀접한 관련이 있다. 촌락 중심부에는 거석 광장이 있고, 거석광장에는 지석묘들이 원형의 공간을 형성한다. 광장은 장례나 신년제 등의 제연의 공간이자, 마라프(Marapu)라는 토착 신앙의 중심 공간이다. 마라프 신앙과 조상숭배는 초자연적인 힘이 있다는 애니미즘과 연계되어 있다(사진 9). 수만기기의 지석묘와 거석기념물은 조상제사와 직결된다고 하겠다.

[사진 9] 거석광장(左:라텐가로, 右:나이따룽)

지금까지 지석묘문화가 잔존하는 숨바섬의 경우, 지석묘 축조의 급감은 서구문명의 유입으로 인한 현대화와 관련된다. 즉, 도시화와 고등종교(기독교)의 수용으로 조상숭배사상이 약화되고, 이기의 발전으로 돌 대신 시멘트제의 유사 지석묘 축조 등으로의 변화양상이 뚜렷하다(가종수 2009).

Ⅲ. 맺음말

이상과 같이 한반도와 인도네시아 숨바섬의 지석묘 문화를 단편적으로나마 비교해 보았다.

편년이나 피장자의 계층, 추가장 여부, 침향, 주거공간과 무덤공간의 이격 거리, 상석의 장식 유무 등에서 세부적으로 차이가 있음을 알 수 있다. 특히, 네덜란드 식민지 이후 숨바섬의 지석묘문화가 적지 않게 변형되었으므로, 서구 문물유입 이전 단계의 지석묘사회와 문화를 구분해서 보는 시각이 있어야만 우리나라 지석묘사회를 이해하는데 단초가 될 것이다.

아무튼, 우리나라 선사문화에 속하는 지석묘사회를 복원함에 있어 현재로서는 인도네시아 숨바섬의 인류학적인 조사와 연구만큼 중요한 것은 없으리라 본다. 따라서 한국 지석묘의 이해를 위해서는 대륙과 이격된 열도지역으로 과거의 유습이 오랫동안 남은 인도네시아 지석묘 및 그와 관련된 민족지 자료에 대한 지속적인 관심이 필요하다.

향후, 인도네시아의 학술발굴조사가 이루어져 유물과 편년, 세부 형식 등에 대한 연구가 추가되면 한층 진일보된 연구가 이루어질 것은 분명하다.

「인도네시아 숨바섬과 한국 지석묘 사회의 비교 연구」, 『호남고고학보』38,
호남고고학회, 2011.

전남·경남지역 청동기시대 묘제와 지역성

I. 머리말

기존에, 한반도 각지 지석묘의 개략적인 분포와 지석묘 사회에 대한 연구(최몽룡 외 1999), 각 지방별로 지석묘의 분포와 성격, 새로운 연구성과에 대한 검토(한국상고사학회 2003)가 있었다. 하지만 이러한 연구는 개별 광역지방자치단체별로 분절적으로 연구된 측면이 강하다.

본고는 지석묘가 많이 분포하고, 최근에 청동기시대 묘제가 가장 많이 발굴조사된 전남과 경남지방을 대상으로 청동기시대 묘제를 비교·검토하여 지역성과 그 의미에 대해서 살펴보고자 한다.

이를테면, 최근 창원 진동리와 사천 이금동 등의 지석묘유적에서 특이한 구조(대형 구획묘)가 발견되었는데, 이러한 구조가 단순한 지역성인지, 계층성을 반영하는지 여부에 대한 검토가 필요하다.

전남·경남지역에서의 지역적 구분[171]은 큰 산줄기와 강줄기에 근거한

---

171) 본고에서 광역시는 인접 道에 포함시켜 논의한다. 즉, 광주광역시는 전라남도에, 울산·부산광역시는 경상남도에 포함시키기로 한다.

면이 크다. 우선 전남지역은 호남정맥의 서쪽인 영산강·탐진강유역과 서해안 권역(Ⅰ권역), 호남정맥 동쪽의 동부내륙권인 섬진강·보성강유역(Ⅱ권역), 호남정맥 남쪽의 동부해안지역(Ⅲ권역) 등의 3개 지역권의 구분이 가능하다. 한편, 경남지역은 낙남정맥 남쪽의 남해안지역(Ⅳ권역), 내륙지역인 남강·황강·밀양강유역권(Ⅴ권역), 낙동정맥 동쪽지역(Ⅵ권역) 등의 구분이다(도면 2).

각 권역별로 해당 시·군 단위를 명시하면 다음과 같다.

즉, Ⅰ권역은 영광·함평·무안·장성·담양·광주·나주·해남·진도·신안·영암·장흥·강진·화순 등이다. Ⅱ권역은 곡성·구례, 순천·보성(보성강유역)등이고, Ⅲ권역은 순천·광양·여수·고흥·보성 등이다. Ⅳ권역은 하동·남해·사천·고성·충무·거제·창원(마산·진해)·김해 등이고, Ⅴ권역은 함양·산청·진주·합천·의령·밀양·창녕·함안 등이다. 마지막으로 Ⅵ권역은 울산·부산 등지로 가장 좁은 범위이다.

본고는 남해안지역을 6개권역으로 구분하고 청동기시대 묘제, 특히 지석묘문화의 지역성을 살펴본다. 아울러, 출토유물의 의미와 지역성·취락과 지석묘군의 상관관계·묘제로 본 계층구조의 지역성 등에 대해 검토하고자 한다.

Ⅱ. 묘제와 유물의 지역성

1. 지석묘 분포상의 지역성

남한지역의 청동기시대 묘제와 문화를 모두 동일한 잣대로 처리하는 것은 많은 문제를 야기할 수 있다. 왜냐하면 지역별로 청동기시대 묘제의 종류와 수(비율), 부장유물 등이 각기 상이하기 때문이다. 특히, 지석묘의 분포상은 지역별로 고르지 않고 편중된 것을 알 수 있다(도면 1). 우리나라 지석묘의 분포현황(1999년 기준)을 각 지역별로 살펴보면 다음과 같다(최몽룡 외 1999, 윤호필 2004).

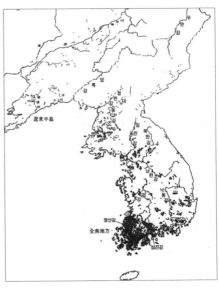

[도면 1] 중국동북지역과 한반도 지석묘 분포도(이영문 2002)

〈표 1〉각 지역별 지석묘 분포현황

	강원도	경기도	충북	충남	전북	전남	경북	경남	제주도	북한	합계
유적	91	259	78	129	185	2,208	533	304	37	-	3,824 개소
유적비율	2.4%	6.8%	2%	3.4%	4.8%	57.7%	13.9%	8%	1%	-	100%
유구	338	502	189	478	1,660	19,058	2,800	1,238	140	14,000	40,403 기
유구비율	1.1%	1.8%	0.6%	1.7%	6.2%	73%	10.6%	4.6%	0.4%	-	100%

분포현황에서 주목되는 것은 전남지방의 지석묘가 남한전체 지석묘 수의 73%라는 점이다. 전남지방의 지석묘가 다른 지방에 비해 특이하게 많다는 점은 여러 가지 관점에서 접근해 볼 수 있지만, 필자는 다음과 같이 몇 가지 가설을 제시한 바 있다(이동희 2002).

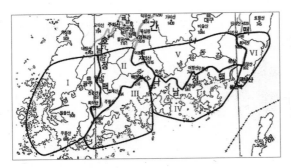

[도면 2] 전남·경남지역 문화권 구분

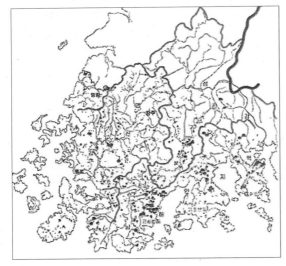

[도면 3] 전남지역의 山徑圖와 지석묘 분포(이영문 1993)

우선, 지석묘 축조단계에 전남지방이 다른 지역에 비해서 많은 사람이 거주하였을 가능성이 제기될 수 있다. 전남지역은 타 지역과 비교하여 인간이 거주하기에 양호한 자연 조건이기에 상대적으로 인구밀도가 높았을 것이다. 하지만 이러한 점은 전남지역의 지석묘 숫자가 다른 지역에 비해 너무나 월등하게 많기 때문에 부분적인 요소로만 간주되어야 할 것이다.

둘째, 지석묘가 비교적 장기간에 걸쳐 사용되었다는 점이 거론될 수 있을 것이다. 남한 지역의 지석묘 상한 연대는 최근에 기원전 10세기까지 소급되고 있다. 그런데 타지역에 비해 전남지역에서의 전기 지석묘나 주거지는 희소하고 송국리유형의 주거지와 무덤이 대부분을 차지하고 있으므로, 전남지방의 지석묘가 장기적으로 축조되었다는 점과 관련해서는 지석묘의 하한에 대해 살펴보는 것이 합리적이다. 즉, 전남지방의 청동기시대 묘제가 타지역에 비해 늦은 시기까지 사용되었을 가능성이 높다는 점이다.

전남지역 지석묘에서 위석식의 묘곽이 가장 늦은 단계라고 보고 있다 (최몽룡 1978). 이와 관련하여 산간 내륙지대인 보성강유역에서 위석식이 다른 지역보다 상대적으로 많다는 것은 주목할 만하다(이영문 1993). 이와 같이 전남지방에서 지석묘가 집중된 동부지역에 가장 늦은 형식인 위석형이 많다는 것은 보성강유역을 비롯한 전남동부지역이 한반도에서 가장 늦게까지 지석묘가 축조되어 지석묘가 많다는 것을 뒷받침하고 있다.

지석묘와 밀접한 관련성이 있는 송국리형 주거지가 오래 지속된 곳이 제주도와 더불어 전남남해안지역이다. 예컨대 순천 연향동 대석유적에서는 송국리형주거지에서 늦은 단계의 삼각구연점토대토기가 출토된 바 있다. 일반적으로 제주도를 제외한 남한지역 지석묘의 하한은 기원전 3~2세기로 알려져 있다. 하지만, 여수 화동리 안골유적의 절대연대도 그러하지만 전남의 일부지역에서는 기원전 1세기까지도 지석묘가 축조되었을 가능성이 있다. 지석묘군집에서 말기단계에서는 유물이 거의 출토되지 않는다는 점을 염두에 둘 필요가 있다는 것이다. 삼국시대에 유일하게 영산강유역에서만 늦은 시기까지 대형옹관묘가 존속하는 것도 전남지역 묘제풍습의 특수성을 보여주는 것이다.

세째, 다른 지역에서 빈출되는 청동기시대의 석관묘나 토광묘·옹관묘가 전남지방에서는 매우 희소하다는 점에 비추어 보면 청동기시대에 전남지방에는 지석묘만이 주묘제로 사용되었을 가능성이 높다[172]. 예컨대,

---

172) 전남 서북부지역을 중심으로 한 영산강유역의 일부지역을 제외하고는 지석묘가 청동기시대의 지배적인 묘제인 점은 부인할 수 없다.

금강유역이나 낙동강·남강유역에는 송국리형 묘제인 석관묘, 옹관묘, 석개토광묘 등이 상대적으로 빈출된다.

전남지역에서 지석묘가 청동기시대의 주된 묘제로 사용된 이유는 한반도의 끝이어서 새로운 문화의 변화에 둔감하였다는 점과 더불어 폐쇄성이 오래 지속되었다는 점과도 무관하지 않을 것이다. 이는 삼국시대에 이르면 다른 지역에서는 청동기시대나 초기철기시대 이래의 옹관묘가 다른 묘제의 부수적인 묘제로 전락하는데 비해, 전남지역에서는 옹관묘가 대형화될 정도로 한 묘제가 쉽게 바뀌지 않는 특성과도 궤를 같이 할 것이다. 같은 한반도의 남단이지만 청동기시대의 묘제로 지석묘 이외에 석관묘나 토광묘가 적지 않게 사용된 영남지방과는 차이점을 보이고 있다. 즉, 문화가 호서지역에서 영남지역으로 흐름은 어느 정도 확인되나 한반도 서남부 끝인 전남지역에는 그러한 양상이 미미하다는 점이다. 이는 지정학적으로 경남지방이 일본열도로 넘어가는 문화흐름의 통로역할을 한데 비해, 전남지역은 그러한 배출구가 없었다는 점에서 한번 들어온 묘제문화가 쉽게 바뀌지 않고 오랫동안 지속되는 특징을 나타낸다고 볼 수 있다.

2. 지석묘 문화의 지역성

1) 전남지역(도면 3~6)

지석묘조사가 가장 활발하게 전개된 전남지역에 한해 살펴보면, (표 2)와 같이 영산강유역·서해안지역, 섬진강유역(보성강유역), 남해안지역으로 문화권이 구분된다(이영문 1993).

<표 2> 전남지역 각 권역별 지석묘문화의 지역성

	영산강유역, 서해안지역(Ⅰ권역)	섬진강유역 (Ⅱ권역)	남해안지역 (Ⅲ권역)
지석묘 형식	기반식, 개석식, 일부 탁자식 확인	기반식, 개석식	기반식, 개석식
묘역식 지석묘	빈약	거의 없음	비교적 성행
타 묘제 존재 여부	석관묘, 석개토광묘	無	석곽묘(前期) 일부 확인
묘곽 구조	석관형이 주류	석곽형과 위석형이 성행	석곽형이 주류
부장유물 양상	박장	후장	후장
청동기 출토 양상	세형동검	비파형동검	비파형동검
석검 출토 양상	빈약	풍부	풍부
토기 문화	송국리형 토기	송국리형토기, 공열토기	송국리형토기, 공열토기

전남지역은 평야가 발달한 영산강유역·서해안지역이 서부를 이루고 산지가 발달한 섬진강(보성강)유역과 남해안지역이 동부를 이루고 있다. 세지역의 면적은 서해안과 영산강유역이 3/6정도이고 섬진강(보성강)유역이 1/6, 남해안지역이 2/6정도이다. 지석묘의 분포수량은 서해안·영산강유역과 남해안지역이 비슷하고 섬진강(보성강)유역은 전체의 1/6정도이다. 남해안지역과 보성강 중류지역의 군집밀도가 높은 편이다. 중심분포권에 있어 서부지역은 영산강중류지역인 나주 다시면 일대가 가장 중심지역이고 해남반도, 영광지역에 비교적 많이 분포한다. 섬진강유역은 보성강중류지역에, 남해안지역은 관산반도·고흥반도·여수반도에 각각 중심분포권이 형성되어 있다. 지석묘는 산과 인접한 평지에 가장 많이 분포하며, 구릉이 발달한 전남서부지역은 구릉에, 산지가 발달한 동부와 남해안지역은 산기슭에도 많은 지석묘들이 분포한다.(조진선 2004)

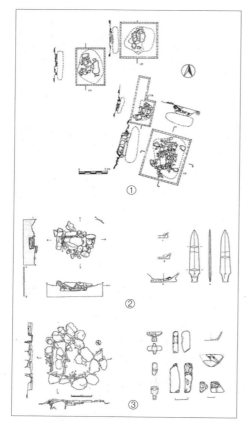

[도면 4] 전남서부권의 지석묘와 출토유물
① 영암 장천리 지석묘군 유구배치도 ② 나주 광동 1호 지석묘
(前期) ③ 영암 청룡리 3호 지석묘

상기한 바와 같이 전남지역만 하더라도 영산강유역·섬진강(보성강)유역·남해안지역 등이 각기 무덤의 형식과 부장유물이 구분된다.

영산강유역(Ⅰ권역)에서는 전북 고창에서의 탁자식(북방식) 지석묘가 서해안을 따라 전남 서부권인 영암, 무안, 장흥, 나주, 화순, 광주 등지까지 산재하고 있다는 점이 주목된다. 그리고, Ⅰ권역의 또 하나의 특징은 전남동부권과 달리 석관묘나 석개토광묘 등이 확인된다는 점이다. 이에 비해, 전남동부권은 청동기시대 중후기의 석관묘나 석개토광묘가 거의 없다는 점이 영산강유역(Ⅰ권역)이나 경남서부권과는 차별적이다. 이는 전남동부권이 경남지역에 비해 상석이 있는 지석묘가 많다는 점과 무관하지 않다.

이와 관련하여 청동기시대 주거문화에 대해서도 살펴볼 필요가 있다.

전남남해안지역 송국리형 주거유형에 있어, 서부권은 내주공의 주거 일색인데 비해, 동부권(여수·순천·광양권역)은 외주공의 주거와 타원형구덩이만 존재하는 주거로 구성되어 있어 지역색을 보인다. 이와 같이, 전남

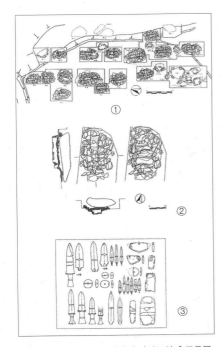

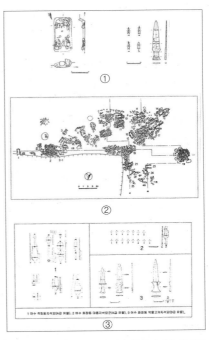

[도면 5] 전남동부 내륙지역의 지석묘와 출토유물
① 보성 죽산리 하죽지석묘 '다'군 유구배치도
② 보성 죽산리 하죽지석묘 '다'군 9호
③ 보성 죽산리 하죽지 석묘군 출토 석기류(이영문 2002)

[도면 6] 전남동부 해안지역의 청동기시대 묘제와 출토유물
① 순천 남가리 석곽묘(前期)
② 여수 적량동 지석묘군 유구 배치도
③ 여수지역 지석묘 출토유물

남해안 지역에서 서부권은 영산강유역을 비롯한 호남지역의 송국리형 주거문화의 범주에 크게 벗어나지 않고 있다. 반면, 전남남해안의 동부권은 경남서부권(남강유역권)과 인접해 있어 양지역간 문화교류가 다른 지역권에 비해 상대적으로 용이했을 가능성이 높다. 전남남해안의 동부권은 점이지대 혹은 문화적 동화나 융합의 성격이 강하다고 판단된다(이종철, 2009).

청동기시대에 호남지역은 중앙부를 가로지르는 호남정맥에 의해 서부지역은 가락동식토기문화권, 동부지역은 역삼동식토기문화권으로 구분되며, 전남남해안지역의 동부권인 광양, 여수반도는 역삼동식토기가 송

국리문화단계까지도 지속된다. 섬진강수계권에서는 대부분 송국리형주
거지이지만, 토기는 전기의 전통을 그대로 이어받아 역삼동식계통의 공
열토기가 주로 출토되고 있다. 전남남해안 동부권의 광양·여수지역에서
역시 송국리형주거지가 집중 분포하고 있지만, 토기에 있어서는 동부내
륙의 섬진강수계와 마찬가지로 전기의 전통을 그대로 이어받아 역삼동계
통의 공열토기가 출토되고 있다. 이는 주거지 뿐만 아니라 지석묘에서 출
토된 유물도 대부분 공열토기가 출토되고 있어(김규정 2009), 경남서부지역
과의 문화적 교류관계를 유추해 볼 수 있다.

2) 경남지역

〈표 3〉 경남지역 지석묘 유적 현황(윤호필 2004 참고)

경남 남해안	유적수	경남내륙	유적수	경남동해안	유적수
남해	24(6)	거창	22(2)	울산	32(6)
사천	24(3)	산청	33(4)	부산	8(3)
고성	25(3)	진주	32(21)		
통영	17	합천	7(3)		
거제	19(1)	함안	37(6)		
마산	8(3)	의령	9(2)		
김해	24	창녕	6(1)		
창원	24(9)	밀양	43(6)		
		양산	4(1)		
소계	165(25)	소계	193(46)	소계	40(9)
총계	총유적수 398, 시발굴조사유적수 (80)				

경남지역의 청동기시대 무덤은 경남내륙(강)과 경남남해안을 중심으로 밀집 분포하고 있다. 즉, 남해안지역이 전체의 절반 정도여서 해안지역에 무덤유적의 분포가 두드러짐을 알 수 있으며, 내륙에서는 남강유역이 위치한 서부경남지역의 밀집도가 높은 편이다. 전남의 해안지역과는 비파형동검이나 옥류의 출토양상, 그리고 지석묘의 제형식들이 다른 지역에 비해 상호 밀접한 관련성이 있다(경남발전연구원 역사문화센터 2010). 이러한 양상은 전남남해안지역에서도 동일하여 남해안에 자리한 고흥, 장흥, 여수 일대에서 지석묘군의 밀집도가 가장 높은 편이며, 비파형동검도 고흥, 여수 일대의 해안변에서 집중 출토되고 있다. 이와 같이, 지석묘문화가 해안변에서 성행했음을 알 수 있다.

중후기 묘제에서는 지역적으로 형태상 차이를 보이는데 지석묘의 경우, 경남지역에서는 석곽형보다는 석관형 석실이 많지만, 전남 동부지역에서는 석곽형 석실이 대다수를 차지하고 있어 지역적 차이가 있다(이영문 2011).

〈표 4〉 경남지역 각 권역별 지석묘문화의 지역성

	경남남해안지역 (IV권역)	경남내륙지역 (V권역)	경남동부해안지역 (VI권역)
지석묘 형식	기반식, 개석식	기반식, 개석식, 탁자식 (1기-거창 내오리)	기반식, 개석식
타 묘제	주구묘, 토광묘, 석관묘	주구묘, 토광묘, 석관묘	주구묘, 토광묘, 석관묘, 화장묘
매장주체부 형식	지하식 매장주체부 성행	지상식 매장주체부 성행	지상식 위석형 석관
부장유물 양상	후장	후장	박장
비파형동검	有	無	無

	경남남해안지역 (IV권역)	경남내륙지역 (V권역)	경남동부해안지역 (VI권역)
묘역식 지석묘	대형 묘역식 성행	묘역식 성행	묘역식 빈약
토기문화(후기)	송국리형토기	송국리형토기	검단리식토기

(1) 경남 남해안과 경남 내륙(도면 7~8)

서부경남에 있어 청동기시대 전기에 남강유역과 황강유역을 중심으로 지석묘가 축조되기 시작하여 각 수계별로 계기적으로 발전한다. 중후기가 되면, 남강유역과 황강유역에서는 지석묘의 구조가 변화하여 무덤으로서 기능하지 못하는 상징물로 변모하거나 소형화하는 경향을 보인다. 반면 남해안 지역은 중기부터 지석묘의 축조가 활성화되며 수십기에 이르는 벨트상의 공동묘지가 조성되며 초대형 묘역을 가지는 초대형 지석묘가 등장하는 등 지석묘의 위계화가 이루어진다. 남해안지역에서는 황강과 남강유역에서 확인되지 않았던 비파형동검이 부장되는 등 타지역과의 교류를 바탕으로 중심세력이 등장한다. 내륙지역과 남해안 지역의 묘역 조성 방법에 있어서, 내륙지역은 일반적으로 묘역시설을 연접시키지 않고 열을 맞추어 축조하고 있으나 남해안 지역에서는 묘역을 서로 연접시켜 열상 배치를 보이고 있다. 또한 매장시설의 장축방향이 내륙지역에서는 동일하나 남해안지역에서는 일부 직교되어 축조되는 것[173]도 상이한 점이다(박성훈 2006).

---

173) 전남남해안지역에서 매장시설의 장축방향이 직교하는 경우는 위계화의 진전과 관련지어 검토한 견해(이동희 2002)가 있다.

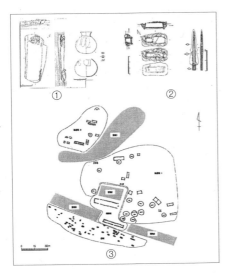
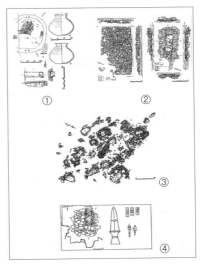

[도면 7] 경남 남해안지역의 청동기시대 묘제와 출토유물
① 고성 두호리 1호 토광묘(前期) ② 사천 이금동 D-4호 지석묘 ③ 사천 이금동 유적(묘역, 주거, 제사유구)

[도면 8] 경남 내륙지역 청동기시대 묘제와 출토유물
① 진주 옥방 8-7호 주구묘(前期) ② 진주 문산 이곡리 30호 지석묘(前期, 횡구식 매장주체부) ③ 거창 산포 지석묘군 배치도 ④ 진주 대평리 2호 지석묘

경남남해안과 경남내륙지역은 다양한 지석묘와 석관묘가 이용된다. 묘역을 갖춘 지석묘가 대단위 군집을 이루거나 묘역이 없는 석관묘가 2열 이상의 열상으로 분포하는 것이 일반적이다. 경남동해안의 검단리유형 분포권과 비교해서 가장 큰 특징은 매장주체부의 위치가 지하식이 많다는 점이다. 묘역을 갖춘 지석묘 중 매장주체부가 뚜렷한 지상식(합천 저포 5호, 진주 이곡리 30호)은 전기에 해당하는 경우가 많다. 경남남해안과 경남내륙지역에서의 송국리형문화가 수도작을 바탕으로 빠르게 확산되었다면 지석묘와 송국리형문화는 불가분의 관계이다. 송국리형문화 분포권에서 다종다양한 무덤이 확산되는 것은 유력자의 출현과 같은 사회적 계층화가 검단리유형 분포권보다 더 빠르게 진행되었기 때문일 것이다.(이수홍 2007)

한편, 다중개석과 다단토광의 구조를 가진 지석묘는 경남 남해안지역
에서 주로 확인되며 송국리형문화의 영향으로 보고 있다. 다단토광이나
다중개석의 형태는 지석묘뿐만 아니라 석관묘에서도 많이 나타난다. 매
장주체부에 대한 강한 밀봉의 의지를 보여주는 것이. 시신을 땅속 깊이
안치하고 그 위를 2중, 3중의 개석을 덮고 또 다시 적석하는 것은 경남(남
해안)지역에서 보이는 특징적 매장양식이다(윤호필 2004).

(2) 경남동해안(도면 9)

청동기시대의 경남지역은 전기에는 뚜렷한 문화권의 차이가 간취되지
않는다. 그러나 송국리형문화가 확산되는 시기가 되면 태백산맥을 경계
로 동서 양 지역의 문화가 뚜렷이 구분된다. 서쪽은 충청과 호남지방과
마찬가지로 송국리형문화의 분포권이며 태백산맥의 동쪽은 송국리형문
화가 미치지 못하고 전기의 흔암리형문화의 전통이 강하게 이어지는 곳
이다. 포항·울산·경주를 중심으로 하는 동남해안지역은 송국리문화와
동시기에 검단리유형의 문화가 전개된 곳이다. 양지역은 묘제에 있어서
도 뚜렷이 구분된다. 검단리유형은 주거지·토기·무덤 등에서 송국리형
문화와 구분된다. 주거지는 단수의 노지를 갖춘 장방형·방형계가 이용
되고 토기는 눌러찍은 낟알문이 시문된 심발형토기(검단리식 토기)가 사용된
다. 무덤은 소형석관(도면 9-5)과 지상식 위석형석관을 채용한 지석묘가 채
택된다. 검단리유형의 분포권은 포항·경주·울산·양산·부산을 잇는 동남
해안지역이며, 양산·김해지역은 송국리유형의 문화와 공존하는 접변지
역이다. 청동기시대 중후기에 검단리유형 분포권의 매장유구의 가장 큰
특징은 매장유구의 숫자가 타지역에 비해 확연히 적다는 점. 2007년 기
준, 울산지역에서만 발굴조사된 주거지가 1500기가 이르는데 비해 무덤

은 20기가 채 되지 않는 실정이다 (이수홍 2007).

葬法은 지역별로 상이하다는 것이 최근 연구에 의해 밝혀지고 있다. 즉, 남한지역의 경우, 송국리문화분포권과 그 외 지역 (검단리유형분포권)으로 구분이 가능하다. 예컨대, 강원지역·경북북부·태백산맥 이동의 영남지역(경주·울산 등지)의 경우, 소형 석관묘와 지상식 지석묘는 매장주체부의 규모나 구조로 볼 때 시신을 바로 안치하는 신전장은 아니고 火葬이나 洗骨葬과 같은 二次葬으로 보인다. 요컨대, 송국리문화 분포권은 신전장의 비율이 높고 검단리문화분포권에

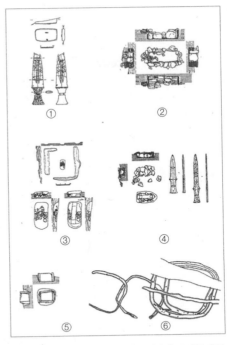

[도면 9] 경남 동부해안지역 청동기시대 모제와 출토유물
① 울산 굴화리 II-2호 토광묘(前期) ② 울산 교동리 수납 석곽묘(前期) ③ 울산 동천구 주구묘 ④ 울산 덕신리 석관묘 ⑤ 울산 신현동 황토전 2호 석관묘 ⑥ 울산 매곡동 신기 I 3~5호 주구묘(추정)

서는 이차장의 비율이 높다는 것이다(이수홍 2010). 즉, 청동기시대의 무덤 숫자가 상대적으로 많은 송국리문화분포권은 단독장을 시사하며, 이차장이 많은 검단리유형분포권은 추가장의 비율이 높다는 것이다.

실제로, 송국리문화권에서는 매장주체부의 크기를 보면 굴장이나 신전장이 유행한 것으로 파악된다. 예컨대, 석실규모로 본 전남지방의 장법을 보면 신전장 40.1%, 굴장 42.2%, 세골·유아장 17.7%이다(이영문 2002). 즉, 굴장 > 신전장 > 세골장·유아장 순이다. 실제 인골의 출토양상도 그러

하다.

전술한 바와 같이, 검단리유형 무덤의 가장 큰 특징은 송국리문화분포권에 비해 조사된 무덤의 숫자가 적다는 점이다. 이에 대해 무덤을 조영할 수 있는 계층이 적었을 가능성과 현재의 일반적 입지보다 특수한 곳에 매장했을 가능성이 제시된 바 있다.(황창한 2010)

이와 관련하여 경남 동남해안 권역에서 무덤의 조사예가 적은 이유에 대한 이수홍의 견해는 주목된다.

먼저, 지형이 삭평되는 구릉에서는 지하식의 구조만 발굴현장에서 현대까지 잔존한다는 점이다. 즉 지상식 혹은 얕은 수혈식 구조가 삭평되었을 가능성이 있는데 그것은 화장, 풍장, 세골장과 같은 이차장의 장법이 될 수 있다. 울산지역에서 확인되는 주구형유구가 주구묘라면 우리가 일반적으로 인식하는 무덤보다 그 숫자는 훨씬 많아질 것이다(도면 9-6). 둘째, 가옥장과 관련될 가능성이다. 검단리유형의 주거지는 타지역에 비해 화재로 폐기된 주거지의 비율이 높다. 화재주거지의 일부 혹은 전부를 가옥장의 화장행위로 본다면 취락내에 많은 주거지가 무덤으로 용도가 전용되었을 것이다. 적석이 이루어진 주거지는 대부분 화재로 폐기되었으며 시신을 화장할 때 의도적으로 돌을 쌓았을 것으로 보면, 화재는 폐기시의 의례와 관련될 것이다. 이 의례행위가 시신을 화장하는 행위일 가능성이 있다. 두가지 가능성 모두 화장이나 풍장, 세골장과 같은 이차장의 장법이 특징이다. 청동기시대 후기로 갈수로 판석석관묘나 할석 석관묘의 규모가 작아지는 것도 지하에 매장하는 구조의 무덤 역시 시신을 바로 안치하지 않았다는 것을 방증한다.(이수홍 2011)

최근, 검단리유형 분포권에 속하는 경주 석장동 유적(박영호 2010)의 구획묘 내에서 석관묘 1기(75x20cm)와 화장묘로 추정되는 유구가 확인되어 주목된다. 화장무덤으로 추정되는 수혈(길이 216, 잔존너비 175, 잔존깊이 10cm) 내부 바닥면에서는 전면에 걸쳐 목탄이 노출되었고 벽면에서는 적갈색으로 소결된 흔적이 관찰되었다. 목탄의 상면에서 3명에 해당하는 인골편들이 노출되었는데, 가지런하게 나무를 깔고 주검을 그 위에 놓은 후에 불을 피운 것으로 추정된다.

향후, 이러한 유구들이 더 확인된다면 검단리유형 분포권에서의 무덤 부재현상을 설명할 수 있을 것으로 기대된다.

3. 청동기시대 전기 묘제의 지역성

무문토기시대 전기의 무덤들은 대부분 밀집도가 낮아 배치 형태에 있어서 단독으로 나타나는 것이 많다. 중후기의 특징은 사천 이금동 지석묘와 같이 구획된 묘역들이 3열로 배치된 후 서로 부가 연접되면서 각 단위를 형성하는 규칙적인 배치이다. 청동기시대 전기에 속한 묘제에서 이단병식석검, 삼각만입촉, 적색마연토기, 또는 채문토기가 셋트를 이루고 있으나 채문토기를 관외 부장하는 부장풍습이 유행한다. (김현 2005)

이와 같은 부장유물 공반관계는 중후기에 와서 거의 찾아볼 수 없는데, 중후기에는 석실내 부장대를 마련하거나 석실 벽사이에 공간을 마련하는 경향이 많고 검과 촉의 공반되는 경우는 드물고 석검과 적색마연호를 1점씩 부장하는 풍습이 유행한다. (이영문 2011)

	전남서부 (Ⅰ권역)	전남남해안 (Ⅲ권역)	경남남해안 (Ⅳ권역)	경남내륙 (Ⅴ권역)	경남동부 (Ⅵ권역)
지석묘	나주 랑동 1호	순천 복성리 2호 고흥 석봉리 2호		합천 저포리 E7호·E8호 진주 이곡리 16·27·30·33호	
석곽묘 석관묘		순천 남가리	고성 두호리 2호, 사천 이금동 A-11호	진주 신당리 죽산, 진주 옥방 8-15호·8-16 호·8-20호, 진주 이곡리 41호,	울산 교동리수남
주구묘			사천 이금동 A10호· 이금동47호	진주 옥방 8-3호·8-5호· 8-7호·8-9호	
토광묘	나주 장동리		사천 이금동 48호·51호, 고성 두호리 1호	진주 이곡리 29호, 진주 소문리	울산 굴화리 Ⅱ-1·2호, 신천동1·2호

이상과 같이 청동기시대 전기묘제는 경남서부권에 집중되고, 전남동부 권·전남서부권·경남동부해안지역에서는 간헐적으로 확인된다. 요컨대, 남부지역에서 청동기시대 전기의 주거와 묘제는 경남서부권이 중심이라 는 것을 알 수 있다.

대평리형 석관묘(부분판석조 석관묘)는 경남 서부·남해안지역에서 전기에 성행한 형식이다(이주헌 2000). 그리고, 주구묘 혹은 주구석관묘의 분포권도 경남서부권에 집중한다. 그 외 분포지역으로는 강원영서지역, 영남동부

---

174) 이영문(2011)과 이수홍(2011)의 글을 참고함.

지역, 호서지역 등에 산재한다.

한편, 청동기시대 전기에 속하는 횡구식의 매장주체부는 경남서부권에서만 확인되고 있다. 즉, 진주 이곡리 30호와 합천 저포E지구 8호 등의 묘역지석묘에서 확인된다. 진주 이곡리 30호는 상석-묘역-매장주체부의 구조를 하고 있으며 묘역은 장방형이다(도면 8-2). 매장주체부는 지상에 설치되었다. 횡구부는 매장주체부의 서단벽에서 확인되었는데 2개의 막음돌을 이용하여 내부를 폐쇄하였다. 합천 저포E지구 8호는 상석이 유실되었으며 묘역은 장방형이다. 매장주체부는 지하식으로 설치되었다. 횡구부는 매장주체부의 양단벽에서 확인되었는데, 주통로는 서단벽으로 추정된다. 이러한 횡구식의 구조가 묘역지석묘의 구조나 축조방법 때문에 설치된 것일 수도 있지만, 기본적으로 매장주체부를 재사용하기 위한 특징적인 구조임을 감안할 때 추가장을 상정할 수 있다(경남발전연구원 역사문화센터 2010).

전남지방의 지석묘에는 아직 횡구식의 구조가 확인되지 않고 있다. 횡구식은 좀 더 복잡한 구조이고 규모가 커서 일반인들이 만들 수 없는 것으로 보인다. 일반적으로 경남지방 지석묘의 묘역이나 매장주체부가 전남지방의 그것에 비해 규모가 더 크고 성토흔적 등도 확인되고 있어 더 많은 工力을 들였음을 알 수 있다. 횡구식의 구조는 전남에서는 채용되지 않았지만, 경남지방은 지배층의 묘제를 쓰면서 일부 사용된 것으로 보인다. 다시 말하면, 경남지방은 지석묘수가 전남에 비해 적은데, 이는 경남지방의 지석묘 피장자층이 대부분 상층에 가깝다는 것을 의미하고 상층 아래에는 석관묘·석개토광묘 등의 하위묘제가 있다는 것이다. 이에 비해, 전남지방 지석묘의 피장자 계층이 영남지방에 비해 다양한 전남에서는 횡구식의 수용과 사용이 거의 없는 셈이다.

4. 석관묘의 지역성

석관묘의 분포는 전국적이지만, 특히 낙동강유역과 금강유역에 밀집분
포하고 있다. 이에 비해, 전남지역에서는 서해안권역에 일부 확인되지만
전남동부권은 거의 보이지 않는 지역성을 보인다.

최근, 남강댐 유역의 대규모 발굴조사에서 200여기의 석관묘가 조사되
었다. 전기 석관묘의 특징은 석관의 단벽과 묘광사이에 부장공간 칸을 마
련한 '凸'자형 평면구조를 가지며, 특히 채문토기를 관외 부장공간에 기본
적으로 1-2점 매납하고 있다는 점이다. 전기의 석관묘 중 주목되는 것은
진주 옥방8지구에서 확인된 3기의 주구석관묘(전기후반대)이다(도면 8-1). 중
후기의 석관묘에서는 석검·석촉 이외에 전형적인 단도마연토기옹을 부
장하는 예가 많다. 중후기의 석관묘는 대개 수기부터 수십기까지 군집을
이루면서 집단적으로 분포하고 있는 것이 특징이며, 산청 강루리·진주
옥방·창원 덕천리·함안 오곡리유적과 같이 토광묘·석곽묘·지석묘 등 타
묘제와 혼재하는 양상이 보인다.(하인수 2003)

지석묘에 비해 석관묘는 지역성이 더욱 뚜렷하다. 호서와 호남의 석관
묘는 판상석 4-5매를 연접해 세워 축조한 소위 송국리형 석관묘가 중심이
며 타묘제와 공존하는 것이 특징이다. 타묘제는 옹관묘와 토광묘로서 소
수이다. 부장유물은 희소하고 부장된 경우 석검이나 석촉이 있고 부장토
기는 없다. 이러한 석관묘는 지석묘 분포가 희박한 지역이나 지석묘 상석
을 구하기 어려운 저평한 구릉이 발달한 지역, 즉 금강유역·전북서부·영
산강유역에 주로 분포하고 있어 집단의 묘제선호도가 확연하게 나타난
다. 울산지역에서는 길이 50㎝내외의 소형 석관은 각 벽석을 1매 판석으
로 조립하고 1기씩만 분포하며 부장유물은 없는 것이 특징이다. 이 무덤

은 검단리유형의 대표적인 묘제이다. 이에 비해, 경남지역의 석관묘는 얇은 판석을 이용해 단벽과 장벽을 1매씩으로 조립한 것과 장벽을 2-3매로 연접한 것이 있다. 석관묘는 수기에서 수십기씩 군집을 이룬 것이 특징이다. 전술한 바와 같이, 부장유물은 검+촉+호가 셋트를 이룬 경우(前期)도 있지만, 대부분 석검 혹은 호형토기를 1점씩 부장하는 것(中後期)이 많다(이영문 2011).

5. 부장품으로 본 지역성

전기의 후장풍습과는 달리, 중후기에는 박장화되는 것이 하나의 특징이다.

석검의 부장풍습은 전지역에서 보이지만 영남과 호남동부지역에서 선호도가 매우 높다. 영남과 금강상류에서는 의기화된 유절식 이단병검과 일단병검이 많으며 전남 동부지역에는 유절식 이단병검은 보이지 않고 모두 일단병검만 확인된다. 경남과 전남의 남해안과 전남동부지역에서 병부가 과장된 석검, 세장화된 검신, 35cm이상되는 석검들이 발견되어 지역성을 반영하고 있다. 이에 비해 유절식 이단병검은 낙동강 중류와 경남 남해안지역에 집중된다.(이영문 2011)

동일한 석검 형식들이 교차하는 지역이 전남동부권과 경남서부권을 포함하는 범위라는 것(박선영 2004, 도면 10~11)은 청동기시대에 경남서부권과 전남동부권이 긴밀한 교류관계를 유지했음을 의미한다[175].

---

175) 이와 같이 경남서부권과 전남동부권의 청동기시대 유물의 교류상은 뒤이은 원삼국 및 가야문화권에서도 확인되기에 주목할 만하다.

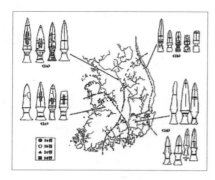

[도면 10] 이단병식(1단계) 석검의 지역별 분포
(박선영 2004)

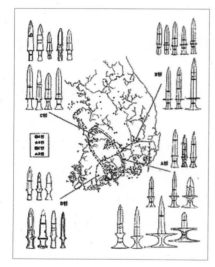

[도면 11] 일단병식 석검의 지역성(박선영 2004)

한편, 경남지역에서 비파형동검이 출토된 유적은 창원 덕천리, 사천 이금동, 창원 진동리 지석묘 등의 경남 남해안권역인데, 고흥·여수반도 등 전남 동부해안지역과 해양을 통한 교류가 상정된다

전남지역에서 채문토기는 순천 구산리, 순천 복성리 상비, 화순 장학리, 고흥 석봉리 등의 유적에서 출토되었는데 전남동부권을 중심으로 분포한다. 이는 인접한 경남 남해안지역을 포함한 경남서부권의 영향으로 파악된다.

그런데, 전남지역과 경남지역의 부장유물양상에 가장 큰 차이점의 하나는 홍도의 부장양상이다. 경남지역에서는 완형의 홍도가 부장되는 빈도가 높은데 비해, 전남지역의 경우는 완형의 홍도가 부장되는 경우는 희소하며, 片으로 출토되는 경우가 많다.

지역권별로 위세품이 동일하지 않다. 전술한 바와 같이, 전남동부지역에는 비파형동검이나 옥·석검 등의 위세품이 상대적으로 풍부한 반면, 전남서부권에는 비파형동검, 옥, 석검 등이 극히 빈약한 박장이다. 이는 지역별로 위세품과 부장품에 대한 관념이 달랐을 수가 있다는 것이다.

대규모 농경유적이 확인되어 타지역에 비해 사회경제적으로 뒤지지 않은 남강유역권에서는 최상의 위세품으로 알려진 비파형동검이 보이지 않는다. 이는 위세품이 지역에 따라 상이하므로, 동검-석검-홍도-석촉 순의 일률적인 가치를 부여할 수 없다는 것을 의미한다.

즉, 전남 남해안지역은 위세품을 통해 분묘간 위계가 어느 정도 나타나지만 영남 남해안 지역은 부장품이 아닌 분묘의 크기로 위계를 나눌 수 있다(배진성 2006). 이는 지배력을 표현하는 방식이 지역별로 다름을 나타내는 것이다. 경남 남해안지역에서는 마산 진동리, 사천 이금동, 창원 덕천리, 김해 율하리 유적 등에서와 같이 동검의 부장보다는 거대하고 돌출적인 묘의 규모로서 유력자의 힘을 과시한 것이다. (이상길 1996)

그리고, 개별 지석묘의 규모와 부장품이 상호 비례관계를 보이지 않는 경우가 적지 않은데, 이는 아직 개인보다는 개인이 속한 공동체가 강조된 사회여서 개인의 위계화가 제대로 정립되지 않았음을 의미한다. 개인의 위계화가 뚜렷이 돌출되는 것은 세형동검문화기의 묘제부터 점차 확인되기 시작한다.

6. 취락과 지석묘군의 상관관계

전남지역은 각 취락별로 지석묘군이 분포할 정도로 조밀하지만, 여타 지역은 그 밀집도가 상대적으로 떨어진다. 따라서 청동기시대 당시 각 마을 별로 개별 지석묘군을 조성했는지 여부는 지역별로 상이했을 가능성이 높다. 세대, 세대공동체, 개별 마을, 여러 마을(지역공동체)이 각기 지석묘군(내)의 어떠한 군집과 대응되는가에 대한 연구는 궁구해야할 과제이다.

이 문제는 지석묘군이 밀집된 전남지역과 여타지역은 구분하여 접근하여야 할 것으로 보인다. 즉, 지석묘군이 밀집되어 2만기가 확인된 전남지역의 경우는 개별 지석묘군과 마을이 대응할 가능성이 높은 데 반해, 여타 지역은 지석묘군과 지석묘의 수가 상대적으로 적다. 따라서 영남, 호서, 경기, 강원 등지의 지석묘군은 석관묘나 토광묘 축조 집단에 비해 상위집단으로 본다면, 단위 지석묘군은 중심취락과 관련지을 수 있지만, 복수의 취락들과 대응될 가능성도 있다.

전남지방은 전국에서 압도적으로 많은 수(2만여기)를 차지하는 지석묘가 분포하여 경남지방의 10배에 달한다. 전남지방에는 오늘날의 취락단위별로 1~수개소의 지석묘군이 밀집되어 있다. 1개군에는 평균 1,000기 이상이 분포되어 있고 정밀조사가 이루어질수록 그 수는 늘고 있다. 적어도 전남지방에서는 취락단위별로 지석묘군의 축조가 이루어진 것으로 파악하고 있다.

전남지방을 벗어나면 이러한 기준을 그대로 적용하기 곤란할 수 있다. 예컨대, 사천 이금동지석묘군의 경우, 단일군집으로서는 전남지방의 일반적 예보다 더 밀집된 양상을 보이고 있다. 하지만 이러한 지석묘 군집이 드문드문 존재한다는 점이 전남지방과의 큰 차이점이다. 다시 말하면 경남지방의 경우 몇 개 취락별로 하나의 지석묘군이 있다고 보면, 전남지방의 경우 거의 취락단위별로 하나 혹은 수개의 지석묘군이 있다. 지석묘의 절대수치상으로 보면, 경남지방은 지석묘숫자에서 전남지방(2만기)의 1/10밖에 되지 않는다. 요컨대, 전남지방의 경우 청동기시대에 살 만한 공간에는 여지없이 지석묘군이 분포하고 있어 취락단위로 지석묘군이 축조되었을 가능성이 크고, 이금동 지석묘군 같은 경남지방의 경우는 여러 취락에서 하나의 묘역을 공유한 것으로 판단된다. 따라서 지방별로 지석묘군의 매장풍습이 상이하였다고 보는 것이 합리적일 것이다.

실제로 영남지방에서는 지석묘군을 복수의 취락과 관련짓는 경향이 있다(이희준 2004). 이를 뒷받침하는 사례로 부석 묘역을 가진 지석묘들이 일정한 방향성을 가지고 연접축조되고 공반된 취락에 넓은 광장과 대형 굴립주 건물이 있는 이금동유적을 들 수 있다(도면 7-3). 건물용도가 해당취락의 주민에만 한정되지 않고 여러 취락이 연계된 어떤 공동체의 구성원 전체를 위한 것임을 강하게 시사하며 이금동취락은 그 중 중심적인 취락으로서 지석묘군은 여러 취락공동체의 매장의례를 비롯한 반복적 의례의 결과물로 이해하고 있다.(이성주 1999) 이는 한 지석묘군을 축조한 취락이 단순히 복수라는 점만이 아니라 구체적으로 하나의 중심취락과 다수의 주변 취락으로 이루어진 어떤 공동체 단위일 가능성을 지적한 견해로 보고 있다. 청동기시대에 조영된 일정규모 이상의 지석묘군은 취락마다 조영했다기보다는 농경의 단위이기도 했을 이러한 村落이 하나의 단위가 되어 조영한 경우가 한층 일반적이었을 것이다. 아니면 적어도 村규모의 취락이 조영하였을 것으로 추정하고 있다(이희준 2004).

그런데, 전남지방의 경우에는 사천 이금동유적과 같은 예는 보이지 않고 있다. 향후, 전남지방도 이러한 경우가 소수 있을 수 있지만 경남에 비해 10배가 넘는 지석묘수로 보면 기본적으로 경남과 전남은 지석묘축조 단위가 달랐을 가능성이 크다.

이와 같이 전남지방이 대개 개별 취락단위로 지석묘 축조가 이루어졌다면, 타지방과의 가장 큰 차이점인데 이는 그만큼 분립적이었다는 것을 의미하고 지석묘 수가 많은 것과 관련된다. 어떻게 보면, 지석묘숫자가 많은 것이 사회발전상으로는 정체성을 보여주는 자료라고 볼 수도 있다. 이를 테면, 전남서부에 비해 지석묘가 더 밀집된 동부지역의 마한사회의 개시가 상대적으로 늦다고 파악되는 점과도 궤를 같이 한다. 전남지방이 복합사회로의 발전이 지체된 것도 청동기시대부터 경남지방같이 복수의 취락단위로 지석묘축조가 이루어지는 사회구조가 아니라 더 하위인 취락단위의 구조가 근간이었기에 상대적으로 발전이 더뎌졌다고 볼 수 있다. 이러한 점에서 경남지역 지석묘하부구조의 규모나 정교성, 상석이 비교적 큰 것은 축조주체의 단위가 영남이 더 커서 동원되는 인력도 상대적으로 많았기 때문일 것이다. 전남에 비해 경남에서 대규모 묘역식 지석묘가 확인되는 것도 같은 맥락이다. 대표적인 예가 창원 진동리·덕천리, 사천 이금동, 김해 율하리·구산리 등의 유적이다.

　이러한 문제는 어려운 과제이므로 속단하기는 쉽지 않다. 향후, 단위 지역에 대한 전면적인 발굴조사가 이루어진 곳을 중심으로 취락과 지석묘군과의 관련성을 심층적으로 분석하여야 한다.

Ⅲ. 묘제로 본 계층구조의 지역성

　한국 청동기시대에 있어, 지석묘-석관묘-토광묘 순으로 신분적인 차이를 반영한 것으로 보는 견해가 제시된 바 있다(이영문 1999). 그런데 이러한 구분은 전남지방에 비해 지석묘가 상대적으로 적고, 타묘제(석관묘·옹관묘·토광묘)가 비교적 많이 확인된 충청·전북·영남지역에서는 가능하다. 예컨대, 부여 송국리 석관묘에서는 비파형동검이 출토되어 상층의 무덤임을 보여주며, 그보다 하층의 무덤은 송국리에서 북쪽으로 2.5㎞ 떨어진 탄천면 남산리에서 확인되었는데, 유물이 빈약하고 묘제도 석개토광묘, 토광묘, 옹관묘 등이다. 이는 충남 일대에서는 상하층간에 묘제와 무덤구역이 차별성이 있었음을 시사한다(김길식 1994).

본고에서는 지석묘가 다른 지역에 비해 상대적으로 많고 발굴조사가 많이 이루어진 전남지방과 경남지방을 중심으로 지석묘 사회의 계층구조를 살펴보기로 한다.

1. 전남지방[176]

전남지방(특히, 전남동부지역)에는 석관묘·옹관묘·토광묘가 극히 드물어 이영문의 견해를 따를 경우에는 하위층의 분묘가 적은 숫자이고, 상위층이 많은 역 피라밋 형태가 되어 문제점이 노출된다. 따라서 지석묘가 집중된 전남지역에서는 그러한 구분이 곤란하므로, 지석묘군내에서의 위계 설정이 필요하다.

이러한 맥락에서 보면, 전남지방을 제외한 타지방에서는 지석묘(석관묘)를 상층에, 석개토광묘·토광묘·옹관묘 등을 중층에, 무덤이 없는 하층으로 간주할 수 있다.

이에 비해 타묘제가 거의 없는 전남지방에서는 상층 아래의 계층도 일부 지석묘를 사용하였고, 다수의 하층만 무덤이 없었을 가능성이 크다. 이러한 점에서 보면 지석묘가 밀집된 전남지방과 타 지역과는 같은 지석묘일지라도 동일한 계층으로 볼 수 없다는 결론에 이르게 된다. 다시 말하면 지석묘가 상대적으로 적은 타지방의 경우는 지석묘 피장자를 上層으로 보아도 무리가 없다는 것이다.

이러한 점을 고려하면, 전남지방 지석묘 사회의 位階를 다음과 같이 셋

---

176) 전남지방의 계층구조에 대해서는 필자의 논문(이동희, 2007)을 주로 인용하였다.

으로 구분할 수 있다.

① 상석이나 매장주체부가 크고, 위세품이 부장된 계층
② 석곽이 비교적 작으면서 부장품이 없거나 빈약한 계층
③ 지석묘에 매장되지 못하는 계층

지석묘가 청동기시대 모든 주민의 무덤이 아닌 상황에서, 유물이 출토되지 않은 석곽에 비해 동검이나 옥, 석검이 부장된 석곽묘의 존재는 하나의 집단내에서도 富나 權威에 근거하여 한 世代를 대표하는 유력자가 있었음을 의미한다(도면 6-3).

그런데 지석묘사회를 3계층으로 명확히 구분하기에 미흡한 점도 지적될 수 있다. 즉 지석묘사회는 지석묘에 피장된 자와 그렇지 않은 경우의 2계층은 뚜렷한 데 비해, 지석묘군집내에서의 계층의 구분이 명확하지 않다. 예컨대 무덤의 크기나 형식, 유물에서 차이는 있지만 그것이 일률적이지 않고, 동일묘역을 사용한다는 점에서 그러하다. 다시 말하면, 일반적인 지석묘군을 보면, 위세품을 가진 지석묘가 지석묘군집내에서 두드러지지 않고 동일묘역에 존재하는 경우가 적지 않다는 것이다.

이에 비해 2계층에서 3계층으로 발전하는 과도기 단계(여수 평여동·화장동·봉계동·적량동 지석묘 등)가 여수반도 동북부지역에서 주로 확인되고 있어 주목된다. 즉, 단위 지석묘군내에서 특정 개인이나 소집단이 별도의 묘역을 만들고 A급 위세품(도면 6-3)을 부장한 예가 확인된다는 점이다. 예컨대 화장동 대통 지석묘군 24-27호, 여수 봉계동 월앙 d군, 적량동 상적 7호, 평여동 '나'·'다'군 등을 들 수 있다(이동희 2002).

이러한 계층 구분은 지석묘사회의 후기(세형동검문화기)에 가면 더 뚜렷해

지는데, 이는 청동기시대 후기에 부와 권위가 확대 발전된 결과라고 하겠다.

이와 관련하여 보성 동촌리 지석묘(송의정 외 2003)에 대해 살펴보자. 세형동검문화기에 해당하는 보성 동촌리 지석묘는 지석묘사회 후기에 등장한 지배층의 무덤으로 판단된다. 동촌리 지석묘는 입지 뿐만 아니라 일반적인 지석묘의 축조와는 그 양상이 판이하게 다르다. 즉 상석을 올린다는 점에서는 같지만 하부 매장주체부의 축조에 앞 단계의 지석묘와는 비교가 안될 정도로 거대한 매장주체부와 적석을 조성하여 많은 노동력이 동원되었음을 알 수 있다. 도굴되었음에도 불구하고 40여점의 관옥이 출토된 바 있다. 따라서 동촌리 지석묘의 피장자(세형동검문화기)는 전단계의 지석묘와 달리 邑落 首長의 前身으로 파악된다.

이 유형은 지석묘사회가 가장 발전된 단계로서 전 단계에 비해 계층구분이 분명해진다. 즉 동촌리 단계는 3계층이 명확해진다. 즉 일반적인 지석묘 군집과 이격되고 대규모 노동력이 동원된 소수의 대형 지석묘 피장자(동촌리 지석묘 유형)-일반 지석묘 피장자-무덤없는 자 등의 구분이 그것이다. 부언하면, 상위 1·2계층은 같은 묘제인 지석묘를 쓰더라도 입지와 내부구조·출토유물 등에 있어서 뚜렷이 구분된다.

요컨대 지석묘사회에서 보이기 시작한 맹아적인 3계층은 각기 원삼국시대의 大人, 下戶, 生口로 연계·발전한 것으로 보인다[177].

---

177) 都出比呂志는 초기국가를 검토하면서 三國志 魏志 倭人傳에 의거하여 大人, 下戶, 生口라는 계층을 설정하고 있다(都出比呂志, 1998; 深澤芳樹 2000). 우리나라로 보면, 원삼국시대 후기에 3계층이 존재했다는 것인데 전남지역 지석묘사회에서도 그러한 계층구분의 맹아가 보인다고 할 수 있다.

2. 경남지방[178]

　경남지방은 전남지방에 비해 청동기시대 묘제가 다양하게 구분되므로, 계층화가 좀 더 뚜렷해 보인다. 특히, 마산 진동리유적(하승철 2008)의 경우, 청동기시대 늦은 시기에 한정되므로 계층화가 더 진전된 것으로 파악된

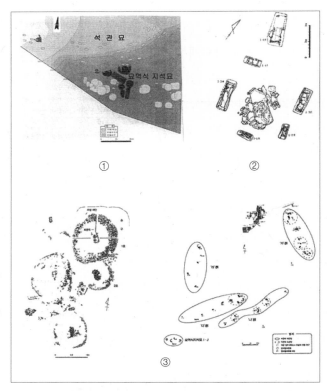

[도면12] 경남지역 지석묘와 석관묘의 관계
① 산청 매촌리유적 ② 진주 내촌리유적 ③ 창원 진동 A군 지석묘(좌) 및 석관묘군(우)

---

178)　경남지방에 대해서는 필자의 논문(이동희 2011)을 일부 인용하였음을 밝혀둔다.

다. 즉, 청동기시대 중후기에 있어 진동리유적은, 단위묘역에 상위층이 묘역식 지석묘, 중위층이 묘역이 없는 석관묘를 쓰고 있어 같은 권역 내에서의 계층분화로 파악할 수 있다(도면 12-3). 이는 인도네시아 숨바섬에서 상위층의 지석묘는 장식적이거나 규모가 크고, 하위층은 장식이 없거나 소규모인 것과 비교된다(이동희 2011).

묘역식은 규모나 외관(경관)면에서 아무런 부가시설이 없는 석관묘와는 차이가 크다. 동일지역에 상이한 묘역과 상이한 구조를 보이는 것은 위계차라고 밖에 설명할 수 없다.

산청 매촌리(도면 12-1)나 마산 진동리·진북, 진주 이곡리 등의 묘역식 지석묘의 예를 보면, 묘역식 지석묘와 그 주변의 일반 석관묘 사이에는 어느 정도 공간 분리현상이 확인된다. 시기차가 거의 없다고 보면, 동일지역에 상이한 묘역과 상이한 구조를 보이는 것은 위계차라고 밖에 설명할 수 없다.

같은 묘역내에 묘역식 지석묘와 석관묘가 일정한 거리를 두고 인접하고 있는 것은 상호 밀접한 관련 속에 있음을 시사한다. 이는 富와 權威에 있어 차별성이 보이는 母村과 分村이 근거리내에서 같은 묘역을 사용했다고 볼 수도 있지만, 중심부에 묘역식이 자리하고 주변부에 석관묘가 자리하고 있는 것은 계층차가 발현된 것으로 파악된다. 이를 종족의 차이로 보는 것은 어렵다.

이와 관련하여, 진주 내촌리 청동기시대 무덤을 주목할 필요가 있다(도면 12-2). 이 유적은 중심부에 지석묘 1가 있고 주변부에 6기의 석관묘가 에워싸고 있다(심봉근 2001). 이는 같은 친족집단내에서 중심적인 인물에 지석묘를 축조하고 배장된 피장자는 석관묘를 쓴 것으로 볼 수 있다. 이것은 묘제가 다르다고 종족이 다른 것이 아님을 의미한다. 이를 원용해 보면,

매촌리나 진동리에서 묘역식 지석묘와 석관묘가 같은 묘역에서 분리되는 공간에 축조된 것은 종족이 다른 것이 아니라 같은 친족집단이면서도 상위의 모촌과 하위의 분촌과의 관계이거나 청동기시대 후기에 혈연집단 내에서 서서히 계층이 분화되는 것을 의미한다고 파악된다. 이것이 두 계층으로 분화되는 과정이라고 본다면, 여기에 무덤에 매장되지 못하는 계층을 감안하면 三韓段階의 3계층으로 연결된다.

이상과 같이, 같은 지석묘를 사용했더라도 지역별로 그 피장자의 위상은 달랐다고 볼 수 있다. 다시 말하면, 지석묘가 밀집된 전남지방과 그렇지 않은 타 지역과는, 같은 지석묘의 피장자일지라도 동일한 계층으로 단정할 수 없다는 것이다.

예컨대, 여수반도에는 1,700여기의 지석묘가 분포하고 있다. 같은 남해안지방이지만 상대적으로 지석묘의 수가 적은 경남지방을 검토해 볼 필요가 있는데, 김해지역을 예로 들어보자. 김해지역에는 25개군 80기 정도의 지석묘가 확인된 바 있다[179]. 비슷한 면적의 여수와 김해에서 지석묘의 숫자가 20배 이상 차이나는 것은 양지역의 지석묘의 기능과 그 피장자에 대한 동등한 접근을 어렵게 한다. 요컨대, 경남지역의 지석묘의 피장자가 전남지역의 피장자보다 상대적으로 상위의 계층으로 볼 수 있다.

최근, 경남지역에서는 거의 정점에 달한 듯한 사천 이금동·창원 덕천리·진동 지석묘 등이 확인되어 지석묘 후기사회의 모습을 단편적으로 보여주는 사례이다. 이렇듯 정교하고 계획적인 거대한 묘역을 구축함은 보

---

179) 김해의 지석묘는 자연지리적 경계에 의해 크게 7개의 권역으로 구분할 수 있고 한 권역에는 2~10군데의 유적이 있다. 지석묘유적과의 거리는 대개 직선거리로 1~3㎞의 거리를 유지하며 분포한다. 현재의 마을 분포와도 비슷하여 청동기시대 마을의 분포상을 나타낸다.(대성동고분박물관, 2004)

다 발전된 복합사회의 양상을 반영한다.(김광명 2005)

송국리유형 후기단계에 김해(율하리·구산리), 창원(진동리·덕천리) 등지의 경남 남해안 권역에서 거대 묘역식 지석묘가 여러 기 확인됨은 특별한 의미를 부여해야 할 것으로 보인다. 즉, 이곳은 변한의 초기 정체체가 가장 이른 단계에 출현한 지역으로 주목되는 곳이다. 예컨대, 김해 구산리 1호 지석묘(경남고고학연구소 2009)의 경우는 길이 10m, 너비 4.5m, 최대높이 3.5m이며, 무게는 약 350톤이다. 아울러 묘역시설은 길이 85m, 너비 19m로서 국내에서 최대규모이다. 전남지역에서도 묘역식 지석묘가 있지만, 규모가 대개 10m미만이어서 대비된다. 특히, 묘역이 여러 단 쌓여 지상화된 구조는 경남지역에만 집중적으로 나타난다.

이와 같이 청동기시대 중후기에 경남 남해안 권역에서는 같은 경남지역의 여타 권역과 달리 대형 묘역식 지석묘가 빈출하고 있다. 이러한 모습은 변한의 가장 선진지역인 김해 구야국 성립과 밀접한 관련이 있을 것으로 보인다. 이러한 창원·김해지역의 거대 묘역식 지석묘는 창원 다호리나 김해 양동리 등지에서 나타나는 기원전 2세기대(후엽)부터의 지배층의 목관묘군이 출현하는 바로 전단계의 수장층의 묘역으로 파악된다. 기원전 2세기대에 소국이 출현하였다면, 기원전 3-4세기대의 지석묘축조집단사회단계에는 邑落이 형성되었다고 판단되며 대형 묘역식 지석묘집단은 邑落의 핵심취락과 무관하지 않을 것이다.

IV. 맺음말

이상과 같이 남해안에 연한 전남과 경남지역 청동기시대 묘제와 지역성에 대해 살펴보았다. 주요 내용을 요약해 보면 다음과 같다.

山經圖에 의해 크게 6개 권역으로 구분하였는데 각 권역별로 묘제의 지역성이 보인다. 양쪽 가장자리에 위치한 영산강유역권과 경남동부권역이 상대적으로 구분되는 특징을 보이고, 중간에 자리한 전남동부권과 경남서부권은 차이점도 보이지만 남해안을 통해 지속적인 교류가 이루어져 상호 관련성도 적지 않게 확인된다. 즉, 보성강유역권과 남강유역권은 내륙에 자리하여 상호 교류가 적었지만, 전남동부 남해안권역과 경남서부 남해안권역과는 밀접한 교류관계를 보여준다. 대표적인 예가 구획묘, 동검과 옥의 교류, 동일한 석검 형식 등이다. 아울러, 주거구조나 유물에 있어서도 유사한 양상을 보인다. 경남서부권과 전남동부권의 청동기시대 묘제와 유물의 교류상은 뒤이은 원삼국 및 가야문화권에서도 지속되기에 주목할 만하다.

전남지방에 특이하게 지석묘가 밀집한 것은 동시기에 타지방에서 적지 않게 확인되는 석관묘·석개토광묘 등의 묘제가 빈약한 것과 관련될 것이며, 상대적으로 늦은 시기까지 지석묘를 축조한 보수적인 전통도 하나의 원인일 것이다.

각 지역권별로 부장품과 위세품에 대한 관념도 달랐다고 판단한다. 예컨대, 전남 동부권은 위세품을 통해 분묘간 위계가 어느 정도 구분되지만 경남지역은 위세품보다는 분묘의 크기를 위계의 잣대로 볼 수 있다. 그리고, 개별 지석묘의 규모와 부장품이 상호 비례관계를 보이지 않는 경우가 적지 않은데, 이는 아직 개인보다는 개인이 속한 공동체가 강조된 사회여서 개인의 위계화가 제대로 정립되지 않았음을 의미한다. 개인의 위계화가 뚜렷이 돌출되는 것은 세형동검문화기 묘제부터 점차 확인되기 시작한다.

한편, 단위 지석묘군과 취락과의 관계에 있어서도 일정한 차이점이 보인다. 즉, 지석묘가 밀집한 전남지방은 개별 취락과 단위 지석묘군이 대응되는 경우가 많고, 지석묘수가 상대적으로 적은 경남지방은 복수의 취락과 지석묘군이 대응되는 것으로 보인다.

이와 연계하여, 계층구조에 있어서 전남과 경남지방과의 차이점을 살펴보았다. 지석묘수가 많은 전남지방의 경우는 지석묘 피장자 계층이 좀 더 폭이 넓다. 이에 비해 지석묘수가 상대적으로 적은 경남지방의 경우, 지석묘 피장자는 전남지방에 비해 상층에 비정해도 무리가 없고, 지석묘군과 일정한 거리를 유지하는 석관묘군은 지석묘군의 하위집단으로 보인다. 특히, 청동기시대 후기의 경남남해안지역에서의 대형 묘역식 지석묘 축조집단은 弁韓 정치체의 前身으로 파악할 수 있다.

「전남·경남지역 청동기시대 묘제와 지역성」, 『고조선단군학』29호,
고조선단군학회, 2013.

호남지방 점토대토기문화기의 묘제와 지역성

I. 머리말

한반도 남부지방에서 점토대토기문화의 존속기간은 기원전 4세기대부터 기원전후한 시점 혹은 기원후 1세기대까지로 볼 수 있다. 이 시기는 세형동검 및 흑도와도 밀접히 관련된다. 전기의 원형점토대토기문화에 뒤이어 후기에는 삼각구연점토대토기와 더불어 철기문화가 도래하는 역동적인 단계이다.

호남지방에서 점토대토기문화기의 묘제로 알려진 것은 적석목관묘(적석석관묘), 토광(목관)묘, 옹관묘, 주구묘 등이다. 기존에 호남지방에서 점토대토기가 존속되었던 시기의 묘제 연구는 소략하였다. 이를테면 적석목관묘나 석개토광묘를 토광묘에 포함하여 4·5세기대까지 통시적으로 접근하고 있기도 하다(한수영 1996 ; 최완규 2000 ; 한옥민 2000). 이러한 측면은 조사례가 부족하다는 점 외에도 점토대토기문화기의 인식부족에서 기인한 바도 있을 것이다. 청동기시대 후기와 철기시대 전기에 걸쳐 있는 점토대토기문화기는 청동기, 토기조합, 무덤 및 주거양상 등의 제 측면에 있어서 독자적인 특색을 보인다(노혁진 2001). 역사적으로는 三韓의 성립과 발전과도 궤를 같이한다. 그리고 기원후 1~2세기대의 호남지방의 묘제에 있어 일정한 공백기를 감안한다면(한수영 1996 ; 한옥민 2000) 점토대토기문화기는 다른 시대와 구분지을 수 있는 독립성이 있다.

그런데 상기한 바와 같이 기존에 인식되는 점토대토기문화기의 묘제가 호남지방에 있어서 그 시대의 묘제를 대표하고 있다고 보지는 않는다. 점토대토기문화기에도 청동기시대의 묘제가 잔존하고 있어, 지역마다 그 양상이 상이하였다고 판단되기 때문이다. 예컨대 전남 지역의 지석묘에서 세형동검이나 원형점토대토기가 출토되는 경우가 있고, 특히 전남동부지역은 지석묘가 비교적 늦은 시기까지 주된 묘제로 사용되고 있었된 점을 주목할 필요가 있다. 그리고 전북지역에서는 원형점토대토기초기문화와 관련있는 묘제로서 청동기시대이래의 석개토광묘나 석관묘에서 변형된 형식이 확인되고 있다. 한편 영산강유역의 전남서부지역에는 지석묘가 일부 지속되고는 있지만 상대적으로 이른 단계의 토광묘나 적석목관묘가 조사되고 있어 전남동부지역과도 차별성을 보인다. 요컨대 점토대토기문화기의 묘제에 있어 호남지방은 전북지역, 영산강유역(전남서부지역), 전남동부지역 등의 3개 지역권으로 구분할 수 있다. 이러한 지역성이 나타나게 된 배경과 묘제간의 위계성을 살펴보는 것도 본고의 목적이다. 그리고 본고에서 언급되고 있는 유적은 반드시 점토대토기가 출토되지 않았더라도 점토대토기와 공반되는 유물이 확인된 유적까지 포함하고 있음을 밝혀둔다.

Ⅱ. 여러 묘제의 검토

1. 적석석곽묘

익산 다송리유적(전영래 1975)이 대표적이다. 다송리의 적석석곽묘의 구조는 청동기시대의 석관묘의 변형된 양식으로 보인다. 즉 금강유역에서 일반적으로 보이는 판석을 세운 석관묘의 구조에서 할석을 평적한 구조로 바꾸고 있다. 다송리 적석석곽묘가 청동기시대의 석관묘와의 또 다른 차이점이라면 상대적으로 더 깊게 굴광하고 매장주체부를 마련한 점180)과 치석된 대형 개석 1매를 사용하여 여러 매의 판석을 개석으로 사용한 일반적인 석관묘보다는 더 정성을 기울였음을 알 수 있다. 아무런 바닥시설이 확인되지 않는 점도 전형적인 석관묘 양식와 비교하면 변형된 모습이다. 그리고 다송리 적석석곽묘의 개석 상부에는 할석이 쌓여 있었으며(積石), 할석 위에는 봉토가 있었다고 한다. 흑도와 무문토기가 足部에 부장된 것은 괴정동 적석목관묘(이은창 1967 ; 한국고고학회 1969)와 일맥 상통한다(전영래 1975). 괴정동 적석목관묘와의 차이점이라면 괴정동유적이 여의동유적과 같이 벽석의 구조가 석축이 아니라 불규칙한 크기의 할석을 다져 붙이는 방식이기에 목관을 전제로 한 외부 채움식 벽석이지만, 다송리유적은 할석을 평적하고 있다. 요컨대 청동기시대에 전남지역과 달리 전북지역에는 지석묘보다 석관묘나 석개토광묘가 유행하였기에 다송리유적은 석관묘전통을 계승하면서도 부분적으로 변형된 형식이라고 볼 수 있다.

---

180)　지하 약 1m 지점에서 장방형의 개석이 확인되었다.

2. 석개토광묘

전술한 다송리 유형의 적석석곽묘는 石蓋를 하고 벽석이 정연하다. 반면 전주 여의동 1호 석개토광묘(전영래 1990 ; 한수영 1996)는 석개하였지만 벽석이 정연하지 않고, 바닥석이 있다. 벽석이 축석한 것이 아니기에 대전 괴정동 적석목관묘와 같이 매장주체부에 목관의 존재를 시사한다. 즉 여의동유적은 벽석의 구조가 석축이 아니라 불규칙한 크기의 할석을 다져 붙이는 방식이기에 목관을 전제로 한 외부 채움식 벽석으로 볼 수 있다. 또한 안정되지 못한 채 드러난 할석들이 크기가 일정치 않고 벽석으로 이용되기에는 적합하지 않은 것이 다수이다. 또한 깊게 깊게 굴광(약 2m)하고 매장주체부를 마련한 점도 대전 괴정동 유적과 유사하다.

한편 대전 괴정동 적석목관묘와 전주 여의동 석개토광묘(1호)의 차이점은 목개(목관)와 석개로 차별성이 있다. 또 다른 차이점이라면 적석과 바닥석의 유무이다. 여의동에서는 훼손의 여지는 있지만 적석이 없고, 바닥석은 여의동에서만 확인되었다. 여의동 석개토광묘의 바닥석은 앞선 청동기시대의 석개토광묘에서도 일반적으로 확인되는 속성으로 여의동 2·3호에서도 보인다. 이러한 점에서 여의동 석개토광묘는 전시기의 석개토광묘의 속성(석개 및 바닥석, 2단 토광[181] 등)을 유지하면서도 대전 괴정동의 적석목관묘의 일부 속성(깊은 굴광 및 목관 외곽에 충전석의 존재 등)이 결합된 양식이다. 또한 유물상에서도 유사한 면이 많다. 그래서 여의동 1호는 여의동 2·3호와 달리 새로운 묘제와 유물의 영향을 받았던 것으로 보인다.

여의동 석개토광묘의 보고자는 다음과 같은 점에서 여의동유적이 대전

---

181) 이단 토광은 대전 괴정동유적에서도 확인되었기에 그 계통을 단정지을 수는 없다.

괴정동유적과 가장 유사하다고 보고 있다. 첫째, 타원형 묘광을 파고 다시 장방형 묘광을 설치한 점(이단토광), 묘광 벽면에 할석을 축석하지 않고 때려 붙이는 '장착'수법을 쓴 점, 괴정동의 묘광규모가 길이 2.2m, 폭 0.47m, 깊이 0.6m 로서 서로 비슷한 점, 둘째, 흑색장경호는 괴정동, 청원 비하리, 아산 남성리, 부여 구봉리 등에서 BI식 동검, 조문경을 표식으로 하는 유물과 공반하고, 셋째, 두 유적이 모두 조문경 범주의 다뉴경 2매씩을 공반하고 있는 점도 동일하며 배면문양도 같은 계열이다. 넷째, 여의동의 소형 선형동부(扇形銅斧), 동착 등은 괴정동에서는 볼 수 없었으나 아산 남성리, 예산 동서리, 부여 구봉리에서 동형의 동부가 나왔고 동착도 부여 구봉리, 대전 탄방동 등 금강유역권의 것과 흡사하다는 점이다(전영래 1990).

여의동 석개토광묘 3기 가운데, 1호는 부장유물과 축조방법에 있어서 2·3호와는 차이점을 보인다. 2·3호가 청동기시대의 일반적인 석개토광묘와 관련되어 벽석이 없는 반면, 1호는 벽면에 석축한 것은 아니더라도 할석을 다져 붙였기에 내부에 목관을 전제로 하여 목관 외부에 할석으로 충전하였다고 보여진다. 1호의 경우, 적석이 확인되지는 않았지만 조사 전에 이미 훼손이 심하였고, 구조나 유물상에서 대전 괴정동 같은 적석 목관묘와 유사하다. 또한 여의동 1호는 여의동 2·3호나 완주 반교리(안승모·유병하·윤태영 1996)와 같은 일반적인 석개토광묘보다는 깊이가 더 깊은 것이 특징이다. 이러한 깊은 굴광은 비슷한 시기에 동일한 유물상을 보여주는 대전 괴정동이나 아산 남성리와 연결된다. 개석도 대형판석을 사용한 여의동 1호는 일반적인 석관묘나 여의동 2호, 반교리 석개토광묘에서의 비교적 소형인 판석을 여러 매 사용한 것과는 차별성이 있다. 구릉의 정상부에 독립하여 입지하고 있는 1호에서는 흑도와 조문경이 출토되는 단계이지만, 구릉의 사면에 위치한 2호에서는 송국리형문화의 표식적인 일단병식 마제석검이 출토되어 더 이른 시기로 판단된다[182]. 그래서 여의동 1호와 2·3호가 상호 계기적인 연결은 가능하지만, 동일시기는 아니라고 판단된다[183]. 그리고 청동기시대의 석개토광묘가 대개 굴광한 평면형태가 장방형에 가깝다면 괴정동이나 여의동의 경우는 타원형이나 부정형에 가깝다. 반교리나 여의동 2·3호와 같은 석개토광묘는 군집성을 보이지만 여의동 1호나 괴정동, 예산 동서리 유적 등의 경우에는 독립되어 있어 차이점을 보이고 있다.

요컨대 여의동 1호와 2·3호 석개토광묘가 상호 계승적인 측면이 인정되지만, 1호가 개별화된 상위계층의 묘제임을 시사한다. 아울러 여의동 1호 석개토광묘는 재지적인 묘제의 요소가 있지만 새로운 묘제와 물질문화(세형동검 및 점토대토기문화)의 영향을 받았음을 알 수 있다.

3. 지석묘

지금까지의 조사성과로 보면 전남지역은 전북지역과 달리 지석묘에서 세형동검이나 원형점토대토기 등의 유물이 출토되어 차별성을 보여준다. 이는 전남지역의 지석묘가 특이하게 많아 장기적으로 사용되었고, 그 下限 또한 타 지방에 비해 더 내려온다는 것을 의미한다. 현재까지 호

---

182) 2호와 3호는 인접하고 있어 동일시기로 보여진다.

183) 유철은 여의동유적을 뚜껑돌이 있는 토광묘로 보고, 여의동유적이 토광묘계의 영향을 어느 정도 받았던 것으로 파악하여 석관묘에서 토광묘로의 이행을 의미한다고 보았다. 그리고 여의동은 석관묘축조단계의 사회에 토광묘라는 새 묘제가 영향을 미치므로 준왕의 남천이나 위만조선이 성립하는 어느 시기로 보아 그 연대를 기원전 2세기중엽으로 편년하고 있다(유철 1996). 그러나 여의동유적은 상대적으로 늦은 시기의 토광묘로 볼 것이 아니라 청동기시대 이래의 석개토광묘의 연장선에서 보아야 한다.

남지방에서 원형점토대토기문화와 관련지을 수 있는 지석묘는 보성 송곡리(전남대박물관 1997 ; 조진선 1997)·동촌리(국립광주박물관 2001 ; 은화수 2001), 순천 평중리(이영문 1984 ; 임영진·이영문 1992), 영암 장천리(최성락 1984), 강진 영복리(서성훈·이영문 1983) 지석묘 등이 있다.

이 가운데 보성 송곡리 지석묘 출토 원형점토대토기가 주목된다. 즉 지석묘군은 낮은 고개마루의 능선에 자리한다. 20기의 지석묘와 상석이 없는 5기의 매장주체부가 확인되었다. 고인돌군 사이에서 상석이 없는 3기의 묘곽이 확인되었는데, 이 중 1기의 석관형 묘곽 내부(1호)에서 원형점토대토기편이 출토되었다. 1호 묘곽은 상석과 적석이 없고 매장주체부가 석관형이라는 점에서 지석묘군에서 상대적으로 늦게 축조되었다고 판단된다. 지석묘군은 입지적 조건과 하부구조에 사용된 석재와 하부구조의 축조방법의 변화로 보아 시간적 선후관계를 가지는 것으로 파악되고 있다. 즉 대체로 고개마루에서 구릉정상으로 올라가면서 고인돌을 축조한 것으로 판단하고 있다. 1호 석곽이 구릉정상부에 가까운 곳에 있어 늦은 시기에 축조되었음을 알 수 있다. 구릉정상부쪽에서 후대의 옹관묘(1기)와 토광묘(3기)가 확인된 것도 이러한 가능성을 뒷받침하는 것이다.

이와 같이 송곡리지석묘군에서 원형점토대토기가 출토된 1호는 석관형이며, 가장 늦게 축조된 것이다. 그래서 이러한 예는 보성강유역의 지석묘 가운데 상대적으로 그 비율이 높고, 가장 늦은 매장주체부 형식인 위석식·토광형·석관형 등의 연대를 추정하는데 도움이 된다[184]. 원형점토대토기의 편년이 기원전 4세기(후반)~2세기(중엽)로 비정된다면(박진일 2000), 전남동부지역의 늦은 단계의 지석묘는 기원전 3~2세기까지 지속된 것으

---

184) 보성강유역의 위석식 묘곽에서는 출토유물이 거의 없어 편년에 어려움이 있다.

로 보아도 무리가 없겠다. 전남동부지역의 지석묘에서 위석형이나 석관형, 토광형의 묘곽 배치를 보면 기존의 석곽형 묘곽열의 가장 끝에 있거나 석곽형 묘곽 사이에 들어가 있다. 위석형 묘곽의 上石은 小形이어서 기존의 석곽형 묘곽이 축조된 다음에 나중에 배치된 것임을 알 수 있다. 보성 죽산리나 순천 우산리 지석묘가 대표적이다.

한편, 순천 평중리 지석묘와 영암 장천리 1호 지석묘 출토 세형동검은 결입부 이하에 등날이 없고 인부(刃部)와 기부(基部)가 둥글어 비파형동검의 전통을 이은 I식 세형동검이다(이영문 1993 : 168-169).

강진 영복리 지석묘 주변에서는 흑색마연토기편이 발견되었다. 김해 내동리지석묘(김정학 1983)에서도 흑색마연토기가 출토된 바 있어, 영복리 지석묘의 흑색마연토기는 지석묘와 관련될 가능성이 크다(이영문 1993 : 160).

그런데 지석묘의 지속연대에 대해 살펴보면, 전남지역 내에서도 전남 서부지역과 전남동부지역의 양상이 다르다. 이에 대해 상술해 보면 다음과 같다. 전남지역 지석묘에서 위석식의 묘곽이 가장 늦은 단계라고 보고 있다(최몽룡 1978). 이와 관련하여 산간 내륙지대인 보성강유역에서 위석식이 다른 지역보다 상대적으로 많다는 것은 주목할 만하다[185].(이영문 1993 : 130-131) 이러한 측면은 전남동부지역이 상대적으로 영산강유역을 비롯한 전남서부지역보다 지석묘가 많은 이유 중의 하나일 것이다. 전남지역의 지석묘들의 분포는 지형에 따라 다른데, 평야지대인 서해안이나 영산강

---

185) 보성강 유역에서 위석형 묘곽이 확인된 대표적 유적은 다음과 같다. 즉 순천 우산리(최성락 외 1993), 보성 시천리 살치 '나'군(최성락 1988), 보성 죽산리 하죽 '다'군(송정현·이영문 1988) 지석묘 등이다. 살치 '나'군에서는 17기의 묘곽 가운데 8기가 위석형이며, 죽산리 하죽 '다'군은 35기의 묘곽 가운데 위석형이 16기이다. 순천 우산리 지석묘에서는 모두 33기의 묘곽 가운데 석곽형 14기, 토광형 2기, 위석형 17기로서 위석형의 비율이 특히 높다.

유역(6331기, 38.7%)보다는 산악지대인 남해안이나 보성강유역(10,038기, 61.3%)에 지석묘가 훨씬 많으며 군집의 평균 분포수에 있어서도 전자와 후자가 각각 6.9기와 9.4기로 나타나 산악지대에서 지석묘가 더 성행하였음을 보여준다. 이는 농경을 배경으로 한 평야지대가 개방적이고 선진문화의 수용이 빠르기 때문에 전통적인 묘제인 지석묘를 축조한 사회보다 변화에 민감했다고 보는 견해는(이영문 1993 : 288) 참고할 만하다. 실제로 전남지역에서 세형동검기의 신묘제인 적석목관묘가 확인된 지역이나 세형동검과 세형동부 등의 용범이 확인된 곳이 영산강유역이나 전남서부지역이라는 점도 시사하는 바가 크다(임병태 1987). 요컨대 전남지역에서 지석묘가 집중된 동부지역에 가장 늦은 형식인 위석형이 많다는 것은 보성강유역을 비롯한 전남동부지역이 한반도에서 가장 늦게까지 지석묘가 축조되어 지석묘가 많다는 점을 뒷받침하고 있다.

전남지역의 지석묘가 타 지방에 비해 많은 것은 다음과 같은 점에서도 접근이 가능하다. 즉 다른 지역에서 빈출되는 청동기시대의 석관묘나 토광묘·옹관묘[186]가 전남지역에서 거의 확인되지 않는 점에 비추어 보면 청동기시대에 전남지역에는 지석묘만이 주묘제로 사용되었을 가능성이다. 다만 최근에 함평 용산리유적(최성락·김건수 2000)에서 석관묘 7기와 석개토광묘 3기가 조사되었다. 이 유적은 충청도나 전라북도에서 확인되는 석관묘나 석개토광묘와 연결되는 것으로 주목된다. 함평지역은 영광군이나 장성군과 더불어 전남 북서부지역에 위치하는데, 지리적으로 전라북

---

186) 1996년에 전남 곡성군 연화리(국립전주박물관 1996)에서 청동기시대의 옹관묘가 확인되어 주목된다. 그런데 옹관묘가 조사된 지역이 지석묘군 틈에 포함되어 있어 소아용의 매장시설로 추정되어 부수적인 묘제로만 인식하여야 할 것이다.

도지역과 큰 산맥없이 평야지대로 이어진다. 이들 지역에는 전남지역에서는 특이하게 북방식계통의 지석묘가 산재하고 있어, 상호 관련성을 엿볼 수 있다. 즉 북방식 지석묘나 석관묘가 북쪽에서 파생되어 왔다는 점과 북방식 지석묘의 매장주체부가 석관형이라는 사실은, 전남 서북부지역이 북방식 지석묘의 남한계선이고, 영산강유역이 보성강이나 남해안지역에 비해서 지석묘의 하부구조가 석관형이 많다는 점과 궤를 같이한다. 그리고 이들 지역에서 확인되는 지석묘의 수가 상대적으로 전남지역의 다른 시·군보다 적다는 점도 이들 지역에 석관묘나 석개토광묘가 부분적으로 유행했을 것이라는 관점과 무관하지 않을 것이다. 아무튼 전남지역에서 전남 서북부지역을 중심으로 한 영산강유역의 일부지역을 제외하고는 지석묘가 청동기시대의 지배적인 묘제인 점은 부인할 수 없다.

그리고 전남서부지역에는 영광 군동 4호와 같은 비교적 이른 원형점토대토기단계의 토광묘가 유입되어 전남동부지역에 비해 좀 더 이른 시기부터 지석묘가 종말을 고하였을 가능성이 있다.

전남지역에 비해 전북지역의 지석묘는 훨씬 적은 수치이다. 전북지역에는 현재까지 1,660기의 지석묘가 확인되었다. 전북지역에서 지석묘가 가장 밀집된 지역은 서해안에 인접한 고창지역인데, 전체 지석묘의 72%인 약 1,200기가 산재하고 있다(이송래 1999). 전북에서 가장 서남쪽에 치우쳐 있는 고창지역은 전남 서부 해안지역과 지리적·지형적으로 연접하고 있고, 지석묘의 밀집도가 대단하여 다른 전북지역과 달리 전남지역의 지석묘와 유사한 측면이 있다. 그래서 전남지역과 유사하게 비교적 늦은 시기까지 지석묘가 사용되었을 가능성이 있다.

한편, 전남동부지역에는 지석묘 사회의 마지막 단계로서 대형의 매장주체부를 갖추고 있는 보성 조성면 동촌리 지석묘(국립광주박물관 2001)가 있어 주목된다.

　보성 동촌리 지석묘는 단순히 원형점토대토기문화기의 유물이 혼입된 다른 지석묘에 비해 유구의 구조에서 특이하다. 동촌리 지석묘는 창원 덕천리 지석묘(이상길 1993)처럼 지하에 거대한 매장주체부(석관)와 여러 겹의 적석이 이루어져 있어 일반적인 지석묘보다는 훨씬 대규모이다. 그 시기는 창원 덕천리 지석묘의 경우와 같이 늦은 단계로 판단된다. 박순발은 덕천리지석묘군이 지석묘사회의 마지막단계로서 대략 기원전 4세기대로 보고, 세대공동체간에 우열이 생기면서 유력한 세대공동체의 가장의 주도로 일정한 지역을 통합한 농경공동체의 長이 부상할 무렵의 지석묘들로 보고 있다(박순발 1997). 동촌리 지석묘가 송국리형 주거지를 파괴하고 축조된 점에 근거하면 상대적으로 늦은 시기의 지석묘임을 알 수 있다. 전남지방, 특히 전남동부지역의 지석묘에서 석곽형보다 석관형이 지석묘군의 가장자리에 자리하면서 늦은 시기의 매장주체부임을 감안하면 동촌리 지석묘는 늦은 시기임을 뒷받침한다. 또한 동촌리 1호 지석묘의 매장주체부(석관형)내에서는 소형 관옥이 다량 출토되었다. 이러한 소형 관옥은 세형동검 초기 무덤인 아산 남성리(한병삼·이건무 1977)와 예산 동서리(지건길 1978) 유적에서도 다량 확인되었기에 동촌리 지석묘는 비교적 늦은 시기인 기원전 4~3세기에 편년할 수 있다. 그리고 보성 동촌리 지석묘는 지하 3m에 2단의 토광을 굴착한 점, 적석시설 등은 대전 괴정동의 적석목관묘와 연결되는 측면이 있다[187]. 양 유적이 비슷한 시기로 편년되기에 보성

---

187)　보성 동촌리 지석묘에서 석관형 매장주체부 내에 목관의 존재가 확인되지는 않았지만, 비슷한 구조의 창원 덕천리 지석묘의 석곽내에서 목관이 존재하고 있어 동촌리에서도 목관이 있었을 가능성을 배제할 수 없다.

동촌리 지석묘의 축조시에 괴정동과 같은 적석목관묘의 일부 속성이 채용되었을 가능성이 크다[188]. 한편 예산 동서리 적석석관묘의 경우는 판석재를 여러 매 세워 벽석을 마련한 석관형인데, 그 위에 나무판이 덮히고 적석된 것으로 판단된다(지건길 1978). 이러한 적석석관의 구조와 더불어 출토유물 가운데 다량의 관옥(104점)과 소옥(22점) 등은 보성 동촌리와 관련성이 보인다. 그래서 적석이 있고 깊은 이단 묘광을 보여주는 괴정동 적석목관묘와 더불어 예산 동서리 적석석관묘는 동촌리 지석묘의 하부구조와 밀접한 관련성을 보여준다. 요컨대 보성 동촌리 지석묘는 외형상의 상석은 그대로 유지했지만, 하부구조를 새로운 묘제의 것을 부분적으로 채용하는 지배층의 보수적인 측면을 견지하고 있다[189].

4. 적석목관묘

적석목관묘는 목관을 시설하고 그 위에 적석을 한 묘제이다. 현재까지 호남지방에서 적석목관묘라고 알려진 것은 화순 대곡리(조유전 1984), 함평 초포리(이건무·서성훈 1988), 장수 남양리(지건길 1990 ; 윤덕향 2000) 유적 등이다.

---

188) 이경순은 보성 동촌리와 흡사한 덕천리 지석묘의 출현에 대해서 다음과 같은 견해를 피력하고 있다. 즉 토광적석묘(적석목관묘)의 적석상태, 묘광의 깊이가 깊은 점, 목관의 존재 등과 유사한 구조를 가지는 점으로 볼 때 요녕지방이나 북방지역 토광적석묘의 한 갈래의 영향이 한반도 서남부지방까지 파급되어 최말기단계의 지석묘 사회까지 그 영향이 가미되었을 뿐만 아니라 괴정동 유형과 같은 토광적석묘가 출현한 것으로 보고 있다(이경순 1994).

189) 시대는 다르지만, 지배층의 묘제가 보수적인 면을 보이는 것은 고구려적석총에서도 확인된다. 예컨대 고구려적석총에서 늦은 단계의 지배층 묘제인 장군총은 외형상의 특징은 전통적인 형태를 취하지만, 내부 매장주체부는 새로운 양식인 횡혈식 석실분의 요소를 채택하고 있다.

이들 유적은 대개 기원전 3~2세기로 편년되고 있다[190].

　내부 구조를 보면 목관은 부식되어 거의 남아 있지 않고, 목관 외부와 토광 사이의 충전석 때문에 석곽묘로 보이기도 한다. 그렇지만 측벽은 대개 쌓은 것으로는 볼 수 없을 정도로 형태가 비정연하다. 그런데 그 세부 구조를 보면 상이한 양상들이 보인다. 적석목관묘의 토광 깊이와 段을 살펴보면, 대곡리가 이단토광이어서 전북지역의 여의동 석개토광묘나 호서지역의 이른 시기의 적석목관묘인 대전 괴정동 유적과 관련지어진다. 대곡리 다음 단계의 초포리와 남양리는 1단토광으로 변화한다. 그리고 토광의 깊이는 이른 시기인 대곡리유적이 130cm에 달하여 비교적 깊고, 상대적으로 늦은 초포리와 남양리는 50~60cm에 불과하다. 초포리와 남양리 단계에는 깊이가 얕아짐으로써 이단토광이 아니라 거의 수직에 가깝게 굴광하고 있다.

　목관의 구조는 명확치 않다. 다만, 화순 대곡리유적의 목관은 통나무관으로 밝혀졌는데, 이러한 통나무관은 남부지역 다호리 유적같은 원삼국시대 초기의 목관묘에서도 확인된다(이건무 1999). 매장주체부의 뚜껑시설을 보면 대곡리유적이 판석형의 개석이 상정되기에 여의동 석개토광묘나 다송리 적석석곽묘와 연결된다. 아울러 청동기시대 이래의 지석묘나 석관묘의 石蓋와도 관련되어, 전남지방의 이른 시기의 적석목관묘는 재지

---

190)　영남지방에서 알려진 적석목관묘는 경주 조양동 5호묘와 김해 양동리 70호묘, 대구 팔달동 유적 등이 있다. 그 외에 유구형태가 알려지지 않은 다수의 청동유물수습자료의 유구 중 상당수가 적석목관묘일 것으로 추정된다. 영남지방에서는 적석목관묘에서 상대적으로 늦은 단계의 삼각구연점토대토기가 출토되는 경우가 적지 않아, 중서부나 호남지역에서 이른 단계의 적석목관묘가 다수 조사된 것과는 상이하다. 특히 팔달동유적은 청동령 등 청동의기가 소멸되고 철기류가 다수 부장되고 적석구조가 점차 퇴조하고 있어 기원전 2세기후반~1세기 후반에 편년되고 있다(박승규 1998).

적인 무덤양식이 어느 정도 가미되었음을 의미한다. 이는 호서지방의 이른 시기의 대전 괴정동 적석목관묘와는 상이한 것이다. 그리고 목관 외부의 벽석을 보면 상대적으로 이른 대곡리유적의 경우가 초포리나 남양리에 비해 좀 더 정연하여 전 시기의 석관묘나 지석묘의 영향이 잔존하던 것으로 보인다. 한편 초포리나 남양리 단계에는 석개가 없이 목관이나 목개시설로 판단된다. 이와 같이 석개가 퇴화되는 것은 토광묘의 파급과 무관하지 않을 것이다. 적석목관묘는 대개 낮은 구릉에 입지하고 있지만, 상대적으로 늦은 시기로 비정되는 장수 남양리 유적은 강변의 넓은 평야지대에 자리하고 있다.

5. 토광(목관)묘

현재까지 조사된 토광(목관)묘로는 익산 신동리 2기(최완규 1998·2000), 순천 용당동 1기(최인선·이동희 2001), 영광 군동 2기(김영희2000 ; 한옥민2000 ; 최성락·이영철·한옥민·김영희2001), 익산 평장리 1기(전영래 1987 ; 한수영 1996 ; 유철 1996) 등이 있다. 이들 토광묘는 대개 구릉 사면부에 입지한다. 평면형태는 장방형 혹은 말각장방형이다. 영광 군동 토광묘의 장축방향은 등고선과 직교하고 있어 등고선과 나란한 용당동 토광묘와는 차이점이 보이지만, 동-서 장축방향이라는 점에서는 동일하다. 군동 유적의 경우는 '토광묘'라고 칭하고, 익산 신동리 유적은 아무런 시설을 하지 않은 '토광직장묘'로 표현하고 있다. 그런데 순천 용당동 유적을 보면 충전토의 존재로 목관이 있었음을 알 수 있다. 신동리유적의 보고자는 토광직장묘라고 보고 있지만 거의 삭평된 상태에서는 목관의 존재를 파악하기 어렵다. 용당동의 토광목관묘의 예를 보면 목관이 시설되었을 가능성이 크다. 또한 영광 군동 3

호 토광묘의 경우에도, 유물이 토광묘의 양쪽 장벽 가장자리에 위치할 뿐만 아니라 바닥면에서 회백색의 찰진 점토가 깔려 있어 목관의 존재를 시사한다. 그래서 대부분의 토광묘는 목관을 시설한 토광목관묘일 것으로 판단된다.

출토유물을 보면 신동리유적에서 세형동검과 철부·철사 등의 철기류, 삼각구연점토대토기 등이 공반된 반면에, 군동 3호 토광묘에서는 삼각구연점토대토기와 철모가, 군동 4호 토광묘에서는 원형점토대토기와 석착 등이, 순천 용당동 유적에서는 삼각구연점토대토기와 홍도가 출토되었다. 약간의 시기차는 있지만 세형동검과 철기류가 출토된 신동리유적이 상대적으로 상위의 묘로 판단된다.

연대상으로 보면 원형점토대토기가 출토된 영광 군동 4호 토광묘가 가장 이른 시기로 편년된다. 군동 4호 토광묘의 원형점토대토기는 동체대경이 중하위에 위치하고 구연단 내측은 내경하였다. 이러한 속성과 더불어 기고(器高)로 보면 보성 교성리 3호 주거지 출토품과 유사하여 기원전 3세기 전엽에 편년된다(박진일 2000). 지금까지 알려진 호남지방의 원형점토대토기 가운데서는 가장 이른 단계인 것이다.

한편 삼각구연점토대토기가 출토된 유적은 익산 신동리 토광묘 1·2호, 영광 군동 3호 토광묘, 순천 용당동 토광묘 등이다. 이들 삼각구연점토대토기의 편년과 관련하여 대구 팔달동 유적의 삼각구연점토대토기의 변천에 대한 논고를 참고해 본다(박진일 2001). 삼각구연점토대토기는 동체대경이 동체 중위에 있는 것(I식)과 동체상부 혹은 구연이 가장 넓은 것(II식)으로 나눌 수 있다. 동최대경이 중위에서 상위로 이동하고 기고에 비해 구경이 작은 것에서 큰 것으로의 변화를 상정한다. 형식을 좀 더 세분하면 I a식(I식의 동체, 기고에 대한 구연의 비가 1:0.7이하), I b식(I식의 동체, 기고에 대한 구연의 비가

1:0.7이상), Ⅱa식(Ⅱ식의 동체, 기고에 대한 구연의 비가 1:0.75~0.85), Ⅱb식(Ⅱ식의 동체, 기고에 대한 구연의 비가 1:0.85이상)으로 구분된다. 그리고 각 형식의 상대서열과 편년은 Ⅰa식(기원전 2세기후엽~1세기 1/4분기)→Ⅰb식(기원전 1세기 2/4분기)→Ⅱa식(기원전 1세기 3/4분기)→Ⅱb식(기원전 1세기 4/4분기)으로 볼 수 있다. 이러한 점을 고려하여 호남지방의 토광묘 출토 삼각구연점토대토기를 편년해 보자. 우선, 군동 3호 출토품은 기고에 대한 구연의 비가 1:0.74이고, 동최대경이 중위에 있어 기원전 1세기 2/4분기에 편년된다. 그리고 용당동 토광묘 출토 2점의 삼각구연점토대토기는 기고에 대한 구연의 비가 1:0.83-1.09이고, 동체대경이 동체상부 혹은 구연이 가장 넓다(Ⅱ식). 따라서 기원전 1세기 후반, 혹은 좀 더 범위를 축소하면 기원전 1세기 4/4분기에 비정된다. 그런데 신동리 출토품은 구연은 삼각형에 가깝지만 기형상 원형점토대토기와 연관되기에 팔달동유적의 삼각구연점토대토기보다는 이른 시기로 편년된다. 즉 동최대경이 중위가 아니라 중하위에 있고, 공반유물상에서 원형점토대토기의 연장선상에 있기에 기원전 2세기중엽으로 비정된다(박진일 2000).

이상과 같이 원형점토대토기가 부장되는 이른 시기의 영광 군동 4호 토광묘는 기원전 3세기까지 올려볼 수 있고, 늦은 형식의 삼각구연점토대토기가 출토된 용당동 토광묘 유적은 기원전 1세기 후엽으로 비정된다. 요컨대 토광묘 유적의 축조순서 및 편년은 영광 군동 4호(기원전 3세기 전반)→익산 신동리(기원전 2세기 중엽)→영광 군동 3호(기원전 1세기 2/4분기)→순천 용당동(기원전 1세기 후반) 순으로 볼 수 있다.

6. 옹관묘

옹관묘는 광주 신창동 53기(김원룡 1964), 광주 운남동 2기(조현종 외 1996), 무안 인평 1기(최성락·이영철·한옥민 1999), 함평 장년리 3기(최성락·이헌종 2001), 익산 어양동 1기 (호남문화재연구원 2001) 등이 조사되었는데, 익산 어양동을 제외하고는 모두 영산강유역이나 전남 서부지역에 집중되고 있다. 단옹식과 삼옹식도 소수 있으나 대개 合口式이다. 합구식은 대부분 송국리형 토기와 삼각구연점토대토기가 결합된 것이 다수이다. 옹관의 장축은 동-서 방향이 주류를 이루고, 두향은 동쪽이 많다. 대형이 아닌 소형 옹관이 집단적으로 분포하는 경우가 대부분이어서 상위신분의 묘제는 아닌 것으로 판단된다. 부장유물은 거의 없거나 토기에 한하는 박장(薄葬)이어서 그러한 추정을 뒷받침하고 있다.

옹관묘에 사용된 삼각구연점토대토기는 토광묘에 부장된 삼각구연점토대토기에 비해 대형이며, 대부분 동체대경이 중위에 있다. 또한 기고에 대한 구연의 비가 1:0.3~1:0.6정도인 경우가 많아 상한이 기원전 2세기 후엽까지 올라갈 가능성이 있다. 반면 운남동 4호 옹관묘인 경우에는 기고에 대한 구연의 비가 1:0.79이고, 구연이 동체대경보다 넓은 형식이어서 비교적 늦은 기원전 1세기 후반으로 비정된다(박진일 2001).

동시기의 토광묘와 비교해 보면 부장유물이 빈약하고, 규모도 훨씬 작은 편이다. 무덤 축조에 든 노동력을 감안하면 토광묘나 주구토광묘에 비해서 하위신분의 묘제일 것이다.

[도면 1] 주요 유적 분포도

1. 전주 여의동
2. 익산 다송리
3. 보성 송곡리
4. 순천 평중리
5. 영암 장천리
6. 강진 영복리
7. 보성 동촌리
8. 화순 대리리
9. 함평 초포리
10. 장수 남양리
11. 익산 신동리
12. 영광 군동
13. 익산 평장리
14. 순천 용당동
15. 광주 신창동
16. 광주 운남동
17. 무안 인평
18. 함평 장년리
19. 익산 어양동
20. 고창 광대리

범례
△적석석곽묘
□석개토광묘
▲지석묘
●목석목관묘
■토광묘
▼옹관묘
＊주구묘

한국 지석묘문화와 복합사회의 형성

이는 철기시대 후기 이후에 영산강유역 주구묘에서 옹관이 매장주체부가 아니라 주구에 배장되고 있는 점에서도 방증된다.

그리고 이들 옹관묘는 영산강유역에 집중되고 있어, 옹관묘가 거의 조사되지 않은 전남동부지역의 묘제가 달랐음을 시사한다. 즉 전남동부권은 용당동 토광묘에 이어 3~4세기대의 순천 요곡리·보성 송곡리·고흥 한천리·석봉리 토광묘들이 확인되고 대형옹관묘가 거의 확인되지 않고 있다. 이는 전남동부지역이 이른 시기부터 옹관묘보다는 영남지방과 같이 토광(목관)묘를 주묘제로 한 지역이었음을 의미한다.

7. 주구묘[191]

고창 광대리 7호 주구묘(원광대 마한·백제문화연구소 2000)에서는 원형점토대토기가 출토되었고, 영광 군동 18호 방형 주구묘(목포대박물관 1999 ; 한옥민 2000)는 비교적 깊은 토광안에 木棺을 갖추고 있으면서 흑도장경호가 출토되었다. 호남지역에서 가장 이른 시기에 편년되는 이들 주구묘는 철기시대 후기인 1~3세기의 호남지역 주구묘의 기원과 관련된다(임영진 2001).

현재까지 확인된 주구묘 가운데서 가장 이른 시기의 것으로는 보령 관창리 유적(윤세영·이홍종 1997)이 있다. "관창리 KM437 주구묘는 석관을 매장주체부로 하고, 원형점토대토기 1점, 요부(腰部) 이하가 결손된 흑색마

---

191) '주구묘'는 다른 무덤의 명칭과는 달리 주변시설에 주안점을 둔 용어이기에 호칭에 대한 문제점이 제기될 수 있다. 주구묘의 매장주체부가 토광묘인 경우가 많기에 주구토광묘라고 지칭하기도 하지만 매장주체부가 유실되어 확인되지 않는 경우도 있고, 보령 관창리 유적처럼 매장주체부가 석관이어서 이를 포괄할 수 있는 용어가 마땅하지 않다. 그래서 본고에서는 기존에 통용되는 '주구묘'라는 용어를 그대로 사용하기로 한다.

연장경호 1점, 방제경 2점, 다수의 대롱옥이 출토되었다. 원형점토대토기는 관창리유적에서는 KM404·KM423·KM437·KM470 등에서 출토되었으며, 그 중에 KM404·KM423·KM437은 매장주체부가 확인된 것들이다. KM404와 KM423은 철도자·철촉·철모 등 철기류가 공반하고 있다. KM437 주구묘는 대전 괴정동, 아산 남성리, 예산 동서리 석관묘 유적에서 출토되는 유물의 조합상과 거의 일치하고 있다. 그렇지만 세형동검을 비롯한 의기적인 청동기를 공반하는 괴정동 석관묘 등의 전형적인 원형점토대토기문화기보다 약간 뒤지는 시기로 볼 수 있다. 즉 원형점토대토기시기의 후기 혹은 말기에 철기문화의 영향을 받은 시기로, 기원전 2세기초로 편년된다"(이원광 2000).

이와 같은 견해를 참고하면 고창 광대리와 영광 군동 주구묘는 서해안을 통하여 충청도지역의 조기 주구묘와 연결되며, 관창리 이후 단계인 기원전 2~1세기로 추정되어 호남지역에서는 가장 이른 시기의 주구묘로 판단된다.

Ⅲ. 단계의 설정

점토대토기문화는 주지하듯이 원형점토대토기문화와 삼각구연점토대토기문화로 구분된다. 원형점토대토기는 대개 기원전 4세기에서 2세기대까지(신경철 1980 ; 한상인 1981 ; 박진일 2000), 삼각구연점토대토기는 기원전 2세기중엽부터 기원전후한 시기 혹은 기원후 1세기대에 각기 편년되고 있다

192)(신경철 1980 ; 한상인 1981 ; 정징원·신경철 1987 ; 안재호 1989 ; 박진일 2001).

호남지방의 점토대토기문화기 묘제를 유물상과 관련지어 보면 4단계로 구분된다. 아직까지 세부적인 편년이 이루어지지 않았고, 각 단계가 일정한 과도기를 거친다고 보여지기에 각 단계사이에는 단절적이지는 않다.

1. I 단계

I 단계는 다뉴조문경, 扇形銅斧[193], 青銅笠形飾具, 青銅圓形飾具, 세형동검, 소형의 관옥, 흑색장경호, 원형점토대토기 등이 확인된다. 한반도에 원형점토대토기와 흑색장경호가 등장하는 것은 세형동검을 위시한 각종 청동기와 그 궤를 같이하고 있다. 이러한 원형점토대토기 및 각종 청동기는 중국요녕지방에서 그 연원을 구할 수 있으며, 이러한 원형점토대토기문화는 당시 한반도와 중국의 고고학적 상황을 미루어 보아 중국 요녕지방에서 해로를 거쳐 한반도로 직접 유입되었다고 볼 수 있다(박진일 2000). I 단계는 편년상으로 기원전 4~3세기(전반)에 해당한다. 대표적인 유적으로는 전북지역에서 전주 여의동 1호 석개토광묘, 익산 다송리 적석석곽묘와 전남지역에서 세형동검[194], 원형점토대토기, 흑도, 소형 관옥

---

192) 본고는 기본적으로 기존의 편년관에 근거하고 있지만 수정의 여지가 있다. 특히 원형점토대토기의 上限의 경우, 남한지역 일부유적에서의 방사성탄소연대측정치가 기원전 5세기를 상회하고 있어 주목된다. 이러한 자료들이 축적되면 점토대토기문화의 출현시기가 상향조정될 가능성이 있다.

193) 扇形銅斧는 비파형동검문화기 이래의 유물이다. 비파형동검문화와 일정한 관련성을 가지는 선형동부가 有肩銅斧에 비해서는 이른 시기임이 분명하다.

194) 순천 평중리 지석묘와 영암 장천리 1호 지석묘 출토 세형동검은 결입부 이하에 등날이 없고 刃部와 基部가 등글어 비파형검의 전통을 이은 I 식 세형동검이다(이영문 1993).

등이 출토되는 지석묘[195]와 영광 군동 4호 토광묘 등이다. 이 단계에 호남지방은 호서지역과 달리 적석목관묘가 바로 등장한 것이 아니라 재지적인 묘제가 일정기간 지속되어 과도기를 거쳤음이 확인된다.

전주 여의동이나 익산 다송리 유적에서는 조문경과 선형동부, 흑색토기장경호가 공반되어, 기원전 4~3세기(한국식동검문화기 I 기)로 편년된다(이건무 1999). 여의동과 다송리 유적에서 원형점토대토기가 출토되지 않았지만 동시기의 비슷한 공반유물상을 보이고 있는 괴정동, 남성리, 동서리 등의 유적에서 원형점토대토기가 확인되었기에 같은 양상을 띨 것으로 보인다. I 단계에서 유일하게 기형을 알 수 있는 원형점토대토기는 영광 군동 4호 토광묘 출토품으로서, 기원전 3세기 전반경에 해당하는 비교적 이른 시기의 원형점토대토기이다. 보성 송곡리 지석묘에서도 원형점토대토기가 출토되었지만 편이어서 기형을 알 수 없다.

공히 I 단계에 속하지만 전남지역의 지석묘와 전북지역의 익산 다송리 적석석곽묘·전주 여의동 석개토광묘는 차별성이 있다. 전남지역의 지석묘에서 세형동검이 부장되는 것은 묘제의 변화는 없이 새로운 위신재로서 세형동검을 부장한 것에 지나지 않는다[196]. 다만, 보성 동촌리 지석묘의 경우는 상석을 제외한 지석묘의 하부구조가 대전 괴정동 적석목관묘나 예산 동서리 적석석관묘의 영향이 보이고 유물상에서도 부분적으로 유사성이 보이기에 일부 상위 지석묘는 새로운 묘제의 영향하에 변화하

---

195) 원형점토대토기나 흑도의 경우, 기형에 따라 편년의 폭이 있다. 전남지방 지석묘에서 출토된 원형점토대토기와 흑도는 片이어서 기형을 알 수 없기에, I 단계보다 연대가 더 떨어질 가능성도 배제할 수는 없다.

196) 전남지방에서 지석묘와 세형동검과의 관계는 기존의 지석묘 축조집단이 세형동검 등 청동기를 직접 제작하여 사용하였다기보다는 세형동검 등의 발달된 청동기를 받아들인 것으로 볼 수 있다(최성락 2002).

였음을 알 수 있다. 동촌리 지석
묘는 지하에 거대한 매장주체부
를 조성하고 있어 동시기의 위
석형, 토광형, 혹은 석관형의 말
기 지석묘 매장주체부에 대해서
는 상위의 지배층으로 판단되는
것이다. 반면 전북지방의 익산
다송리 적석석곽묘나 전주 여
의동 석개토광묘는 청동기시대
이래의 석관묘나 석개토광묘에
서 변형된 구조로서 대전 괴정
동 적석목관묘와의 관련성이 일
부 보이고 유물상에서도 종래의
청동기시대의 부장유물조합상

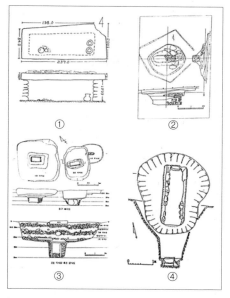

[도면 2] Ⅰ단계의 유구
① 익산 다송리 적석석곽묘 ② 전주 여의동 1호 석개토광묘
③ 보성 동촌리 지석묘 ④ 대전 괴정동 적석목관묘

과는 다른 다뉴조문경, 扇形銅斧, 흑색장경호, 笠形飾具, 圓形飾具 등이
확인된다[197]. 요컨대 유물상으로만 보았을 때, 전북지역의 여의동이나 다
송리 유적이 세형동검문화 및 원형점토대토기문화의 세례를 직접적으로
받았다면, 전남지방의 지석묘는 그러한 영향이 간접적으로 미쳤음을 시
사한다. 하지만 상기한 묘제로만 보았을 때는, 대전 괴정동의 적석목관묘

---

197) 익산 다송리와 전주 여의동 유적 출토 유물을 대전 괴정동이나 예산 동서리유적 등과 비교하
면 유사성이 있으면서도 차별성이 있다. 즉 양자는 다뉴조문경·흑도장경호·선형동부·소형관
옥 등의 출토유물에서는 거의 동일하지만, 자팔형동기·동탁·검파형동기·방패형동기 등은 후
자에게서만 확인된다. 이는 세형동검 및 원형점토대토기문화의 파급에 있어 호남지방이 주변
지역이었음을 시사하는 것이다.

와 달리 전시대의 묘제와 일정한 관련성을 보이기에 피장자들은 유이민이라기보다는 토착인일 가능성이 크다[198].

부언하면, I단계에는 지석묘, 석개토광묘, 적석석관묘 등의 청동기시대 묘제에 새로운 적석목관묘의 속성이 일부 도입되었지만, 청동기시대의 묘제를 계승하고 있다. 반면에 충남지역에서 괴정동 적석목관묘와 같은 원형점토대토기문화 초기단계의 신묘제가 과도기 과정이 없

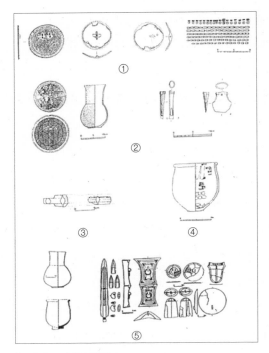

[도면 3] I단계의 유물
① 익산 다송리 적석석곽묘 ② 전주 여의동 1호 석개토광묘
③ 영암 장천리 지석묘 ④ 영광 군동 4호 토광묘
⑤ 대전 괴정동 적석목관묘

이 바로 출현함은 유이민의 이주와 관련된다고 하겠다. 따라서 적석목관묘를 축조한 원형점토대토기문화의 주체는 충남일원에 먼저 이주하였고, 이후에 점차로 점토대토기문화와 더불어 묘제가 호남지방에까지 파급된 것으로 판단된다. 호남지방에 있어서도 충남지역과 더 인접하고 청동기

198) 한반도 서남부지역에 분포하는 적석목관묘(적석석관묘)의 기원을 요녕지방이나 북방지역에 두고, 정치적 요인에 의하여 한반도로 이주한 유이민에 의해 묘제가 파급된 것으로 보는 견해가 지배적이다(이경순 1994).

시대에 지석묘보다는 석관묘나 석개토광묘가 유행하였던 전주와 익산 일원에 더 이른 단계이면서 대전 괴정동 적석목관묘와 유사한 묘제와 유물이 확인되고 있다[199]. 그래서 앞으로의 조사성과에 의하여 호남 서북부지방에서 대전 괴정동과 같은 적석목관묘가 조사될 가능성을 배제할 수는 없다.

보성 동촌리식의 대형지석묘가 경남과 전남지역에서만 확인되고 있는 것은 원형점토대토기문화와 더불어 적석목관묘의 전파가 북쪽에서 남쪽으로 이루어졌고 지석묘 전통이 오랫동안 잔존하였던 전남이나 경남지역에서 묘제의 결합현상이 발생하였기 때문인 것으로 생각된다. 다시 말하면 지석묘가 성행하였던 전남이나 경남 같은 지역의 상층 지석묘 축조집단은 지석묘 체제(구조)내로 신묘제를 흡수한 것이라고 할 수 있다.

한편 영광 군동 4호 토광묘에서는 기형상 기원전 3세기 전반기의 비교적 이른 시기의 원형점토대토기가 출토되었다. 거의 동시기의 다른 묘제에서 세형동검이나 동경, 관옥 등의 위신재가 부장되는 것에 비해서는 유물이 빈약하기에 신분적인 차이를 반영하는 것으로 판단된다.

2. Ⅱ단계

Ⅱ단계는 세문경과 세형동검, 유견동부(有肩銅斧), 청동령, 천하석제 식

---

199) 금강유역권에서 송국리형 묘제인 석관묘·석개토광묘·옹관묘가 공반관계를 보이면서 밀집도가 가장 높은 지역은 금강중하류의 내륙지역이다. 특히 공주와 부여, 익산, 논산 일대에서는 지석묘가 거의 존재하지 않지만 송국리형 묘제는 가장 밀집 분포되어 있다. 이에 비해 금강하류의 서해안지역이나 금강상류의 전북 내륙지역에서는 두 묘제가 공반되어 발견되지만 송국리형 묘제는 극히 일부이고 중심적인 묘제는 지석묘이다(김승옥 2001).

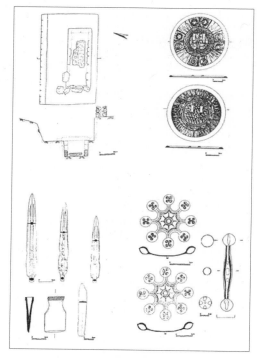

[도면 4] 화순 대곡리 적석목관묘와 출토유물(Ⅱ단계)

옥 등이 출토된다. 호남지방에서는 한국식동검문화기Ⅱ기에 속하는 화순 대곡리와 함평 초포리 적석목관묘가 해당된다(이건무 1999). 편년상으로는 기원전 3세기~2세기초·전반경이다(이건무 1992). 그런데 대곡리 와 초포리유적에서는 원형점토대토기가 확인되지 않고 있지만, Ⅲ단계까지 원형점토대토기가 잔존하고 있기에 Ⅱ단계에도 원형점토대토기가 사용되었을 것으로 판단된다. 화순 대곡리 적석목관묘는 묘곽의 상면에 판상의 석재가 있는 것으로 보아 그것이 없는 초포리보다 이른 시기로 보인다. 석개는 청동기시대의 지석묘나 석관묘의 잔존 형태이므로, 같은 적석목관묘이지만 석개한 적석목관묘가 이른 양식이다. 이는 유물조합상에서도 뒷받침된다. 초포리유적에서는 동령류 중 팔주령이 소멸하고 간두령이 잔존하는 단계로서 대곡리유적보다는 늦은 시기이다(이건무 1992)

대곡리와 초포리 적석목관묘에서는 다뉴세문경이 출토되었는데, 세문경은 요녕지방에서는 확인되지 않고 한반도와 일본에서만 보인다(이청규 1999). 또한 구조적인 측면에서도 대곡리와 초포리 적석목관묘는, 요녕지방과 밀접한 관련성을 가지는 대전 괴정동 적석목관묘와 상이하여 어느 정도 토착화가 이루어진 단계로 판단된다. 이러한 점에서 보면 다뉴조문경이 출토되는 Ⅰ단계를 요녕지방과 일정한 관련성을 가지면서 점토대토기문화가 파급되는 시기라고 한다면, 다뉴세문경이 확인되는 Ⅱ단계 이후는 점토대토기문화의 토착화가 진전되는 시기로 볼 수 있다.

그리고 이 단계까지도 전남지역에서는 지석묘가 잔존했을 가능성이 크다. 예컨대 무안 월암리 지석묘 출토 곡옥은 함평 초포리 출토품과 동일한 형식이다(최성락 2002). 아울러 전술한 바와 같이 전남지역(특히 전남동부지역)에 늦은 단계인 위석형, 토광형, 석관형의 묘곽이 많다는 점은 주목되는 사항이다.

3. Ⅲ단계

Ⅲ단계는 세형동검[200], 검파두식, 세문경 외에 주조철기류(철부·철사 등)가 나타난다. 그리고 청동기시대 이래의 천하석제나 벽옥제 玉 뿐만 아니라 유리제 玉도 공반되고 있다. 한편 토기는 늦은 단계의 흑도와 원형점토대토기이거나 원형점토대토기의 기형이 잔존한 초기 삼각구연점토대토기 등이 확인되고 있다. 편년상으로는 기원전 2세기초를 제외한 2세기 전반에서 2세기 중엽까지로 볼 수 있다. 대표적인 유적은 장수 남양리 적

---

200) 세형동검은 형식상 Ⅰ식(등대에 세운 능각이 결입부 이하에 미치지 않은 것)이 Ⅱ식(능각이 결입부 이하에 미친 것)보다 먼저이지만, 남성리유적에서는 Ⅰ식 세형동검이 Ⅱ식의 제작이 시작된 후에도 계속 사용되어지고, 남양리유적에서는 Ⅰ식이 늦은 시기까지 사용되어 철기와 공반되는 모습을 볼 수 있으므로 세형동검의 형식만으로 유적의 편년을 설정하는 것은 힘들다(노미선 1998).

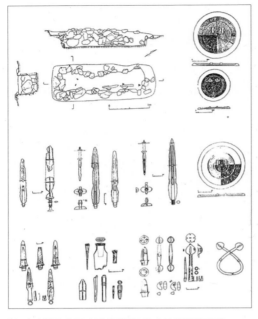

석목관묘와 익산 신동리 토광묘 등이다. 적석목관묘의 후기이면서 토광묘가 확산되는 단계이다. 또한 이 단계는 주구묘가 출현하는 시기이기도 하다[201]. 장수 남양리 유적의 편년에 있어서는, 철기문화 등장의 직접적인 동인으로 고조선 준왕의 남천(기원전 195~180년)을 상정할 수 있어 기원전 2세기초를 제외한 2세기 전반으로 편년하고

[도면 5] 함평 초포리 적석목관묘와 출토유물(Ⅱ단계)

있다(박진일 2000). 한편 이건무는 남양리유적에서 출토된 주조철기류가 요동반도의 연화보유적과 평북 영변의 세죽리유적의 유물조합상과 흡사하여 기원전 2세기 전반으로 비정하고 있다(이건무 1990). 그리고 철기와 청동기의 공반관계가 남양리와 유사한 신동리 유적은 출토토기가 원형점토대토기의 기형을 지닌 이른 단계의 삼각구연점토대토기로 볼 수 있기에 기원전 2세기 중엽으로 편년된다(박진일 2000).

앞 단계인 대곡리나 초포리에서는 의기화된 청동기로서 동령이나 간두령이 부장되지만 남양리나 신동리에서는 이러한 유물이 보이지 않는다.

---

201) 고창 광대리 주구묘에서 원형점토대토기가 출토되었는데, 보령 관창리 주구묘와의 관련성에서 보면 비교적 늦은 기원전 2세기대로 편년할 수 있다.

그리고 초포리나 대곡리에서 보이는 동부나 동사 대신에 남양리와 신동리에서는 철부나 철사로 부장양상이 변화된다. 또한 남양리나 신동리에서는 점토대토기가 부장되고 있다. 이와 같은 부장유물의 차이는 청동기문화 후기단계에서 철기문화로 변화되는 것으로 시기적인 혹은 지역적인 특성에서 비롯된 듯하다(최완규 2000).

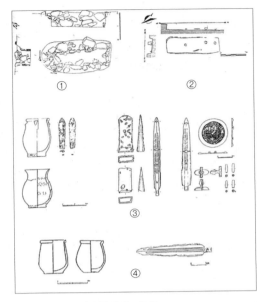

[도면 6] Ⅲ단계의 유구와 출토유물
① 장수 남양리 적석목관묘(2호) ② 익산 신동리 토광묘(1호)
③ 장수 남양리 적석목관묘 출토유물 ④ 익산 신동리 토광묘 출토유물

4. Ⅳ단계

Ⅳ단계는 옹관묘, 토광(목관)묘가 주된 묘제로서 원형점토대토기가 거의 사라지고 삼각구연점토대토기문화가 주를 이루는 단계이다. 옹관묘에서는 삼각구연점토대토기와 함께 송국리형토기기형이 조합을 이루고 있어 주목된다.

이 단계는 토광묘의 영향으로 적석이나 석개, 위석 등의 시설이 결여된 순수 목관묘계나 옹관묘 외에 주구묘가 확인된다. 앞선 단계와 비교하면 세형동검·세문경 등 청동기의 부장이 드물고, 토기가 부장유물의 주를 이룬다. 토기는 삼각구연점토대토기 외에 늦은 단계의 홍도와 흑도가

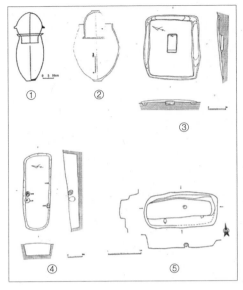

보이고 있다. 연대는 기원전 2세기 중·후엽에서 기원전후한 시기로 볼 수 있다. 호남지방에서 적석목관묘는 기원전 1세기경부터는 더 이상 지속되지 않는데, 이는 토광묘의 보급과 관련된다(임영진 2001). 적석목관묘에서 토광목관묘로의 이행에는 적석의 유무라는 측면 외에 목관보강에 있어서 할석류의 석재 대신에 흙으로 충전하였다는 점이다.

[도면 7] IV단계의 유구
① 광주 신창동 옹관묘(17호) ② 광주 운남동 옹관묘(4호)
③ 영광 군동 주구묘(A지구 18호) ④ 영광 군동 토광묘(B지구 3호)
⑤ 순천 용당동 토광묘

IV단계에는 늦은 단계의 홍도와 흑도가 출토되고 있어 주목된다. 영광 군동 주구토광묘 출토 흑도는 저부나 동체부의 형태상 홍도와 관련된다. 그런데 이 흑도의 경부 길이와 외반정도로 보면, 장수 남양리 적석목관묘의 흑도와 유사하여 주목된다 [202]. 남양리에 비해 더 늦은 시기로 편년되는 신창동 저습지 출토 흑도(국립광주박물관 1993)는 구연외반도가 약하고 경부가 조금 더 짧아진다. 그리고

---

202) 금강유역 및 호서지방의 이른 시기의 흑도장경호의 변천은 양상이 조금 다르다. 즉 구경부가 직립하다가 외반하면서 점차 길어지는 경향이 보인다. 동체부는 球形에서 편구형으로 바뀐다 (최종규 1995). 예컨대 아산 남성리 유적에서 청원 비하리 유적으로의 변천이 그것이다. 하지만 늦은 단계의 원형점토대토기유적인 장수 남양리나 삼각구연점토대토기단계의 광주 신창동 저습지 유적의 흑도단경호는 경부가 짧아지고 있어 주목된다.

기원전 1세기 후반대로 편년되
는 순천 용당동 홍도는 흑도의 영
향을 받은 얕은 굽이 있고, 직립
에 가까운 짧은 구연부를 형성하
고 있다[203]. 군동 출토 흑도가 관
위에 부장됨은 용당동의 홍도와
동일하다. 이와 같이 군동 주구묘
출토 흑도의 구연이 남양리 출토
품의 그것과 연결되는 면이 있고,
홍도의 기형을 가진 변형된 양식

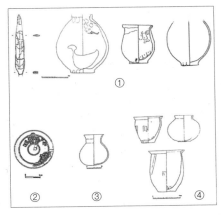

[도면 8] IV단계의 유물
① 영광 군동 토광묘(B지구 3호) ② 익산 평장리 토광묘
③ 영광 군동 주구묘(A지구 18호) ④ 순천 용당동 토광묘

이기에 기원전 2세기 후반에서 기원전 1세기 전반대로 편년해 볼 수 있
다. 하한의 근거는 가장 말기 단계(기원전 1세기후반)의 순천 용당동 토광묘 출
토 홍도보다는 이르다고 판단되기 때문이다. 요컨대 호남지방의 흑도의
변천을 보면 경부가 긴 전주 여의동유적을 기점으로 경부가 점차 짧아지
면서 구연의 외반도가 약화되고 있다. 그리고 흑도 장경호의 후기 단계에

---

203) 용당동 토광묘 출토 홍도는 청동기시대의 지석묘와 석관묘에서 주로 출토되는 홍도와 비교하
면 기형에 있어 상이하다. 특히 구경부가 짧고 직립에 가까우며, 저부가 좁고 낮은 평저라는
점이 주목된다. 평저의 낮은 굽은 흑도장경호에서 영향을 받은 듯하다. 종전까지는 교성리 주
거지(국립부여박물관 1987)와 옥종면 띠밭골(조영제 1983), 조도패총(국립중앙박물관 1976)
의 예에서처럼 무문토기형 단도마연토기만이 원형점토대토기와 함께 무문토기시대 후기전반
까지 맥을 잇는 것으로 파악되었고, 전형 단도마연토기의 소멸은 남부지방에 밀려든 세형동검
문화의 영향으로 여겨지며, 세형동검문화와 함께 신출한 흑색마연토기가 부장용기로서 전형
단도마연토기의 기능을 대신한 것으로 추정하였다(하인수 1989). 이처럼 삼각구연점토대토기
단계에는 단도마연토기가 소멸되었다고 인식되었으나, 용당동이나 광주 치평동(임영진·서현
주 1997)의 조사성과로는 흑색마연토기가 성행하는 시기에도 전남지방에는 지역적으로 홍도
가 잔존하고 있었다고 볼 수 있다. 요컨대 용당동 출토품은 전형적인 홍도가 아니라 말기에 흑
도의 영향하에 만들어진 마지막 단계의 홍도라고 보아야 할 것이다.

는 말기 단계의 홍도와 기형상 상호 밀접하게 영향을 주고 받았음을 알 수 있다.

한편 익산 평장리 토광묘에서는 전한경이 출토되어 IV단계의 토광묘 연대를 가늠할 수 있다. 즉 전한경의 유입시기가 한사군의 설치이후에나 가능하다는 점에서 기원전 1세기대로 볼 수 있다(이청규 1983 ; 심봉근·박은정 1992).

IV. 묘제의 지역성

1. 원형점토대토기문화기

호남지방에서 원형점토대토기문화기의 주된 묘제로는 청동기시대이 래의 지석묘, 석개토광묘, 석곽묘 외에 새로이 출현한 적석목관묘, 토광 (목관)묘, 주구묘 등이 알려져 있다[204]. 이 가운데 우월한 위신재가 출토되 는 지석묘, 석개토광묘와 석곽묘 등은 청동기시대 이래의 묘제에 적석과 깊은 묘광이라는 새로운 속성이 가미되고 있다. 다시 말하면 원형점토대 토기문화라는 외래의 문화가 도래하였지만, 호남지방에서는 원형점토대 토기문화 도입기(세형동검문화기 I 기)부터 급속하게 묘제가 변화한 것이라고 는 판단되지 않는다.

---

204) 적석목관묘, 토광묘, 주구묘 등의 기원이 외부에서 유입된 것이 아니라 재지적인 묘제일 가능 성도 배제할 수는 없다. 하지만 주구묘의 이른 양식이 중국에서 확인되고(최완규 2002), 적석 목관묘의 기원이 요녕지방과 관련된다는 견해(이경순 1994)를 주목할 필요가 있다.

앞에서 언급한 바와 같이 이른 단계의 원형점토대토기문화기(I단계)에 전남지역과 전북지역이 묘제가 차별성을 가지는 것은 앞 시기인 청동기시대의 묘제가 지역별로 상이하였기 때문이다. 즉 청동기시대에 전북지역은 전남지방에 비해 지석묘가 상대적으로 적고 석관묘나 석개토광묘, 옹관묘 등의 묘제가 확인되고 있다. 대표적인 유적으로는 완주 반교리(안승모 외 1996), 진안 모실(김승옥 1999), 진안 수좌동(이재열 1999), 진안 여의곡(김승옥·이종철 2000), 진안 망덕(호남문화재연구원 2000), 익산 석천리(이건무·신광섭 1994) 등의 유적이 있다. 한편, 전남지역에서는 청동기시대에 지석묘만이 지배적인 묘제라고 보여진다(이동희 2002). 전남 지역의 지석묘에서는 세형동검이나 원형점토대토기, 흑도가 출토되는 경우가 있고, 전남동부지역은 지석묘가 가장 늦은 시기까지 지속된 점을 주목할 필요가 있다. 이에 반해 전북지역에서는 현재까지 지석묘에서 세형동검이나 원형점토대토기가 확인된 경우가 없고, 원형점토대토기문화기의 유물은 석개토광묘, 적석석곽묘, 적석목관묘 등에서 출토되고 있다.

전남지역에서 이 단계의 주목되는 유적이 보성 동촌리 지석묘이다. 보성 동촌리 지석묘 축조단계에, 상대적으로 하위의 지석묘는 상석이 없거나 소형의 위석식이나 토광형, 석관형의 매장주체부이기에 대조적이다. 이러한 매장주체부는 얕게 굴광하고 적석이 확인되지 않는다. 따라서 지석묘 내에서 위계화가 진전되고 있었음을 추론할 수 있다[205].

---

205) 소수의 유력자를 위하여 거대한 지석묘를 축조한 것은 지배·피지배층이 형성된 단계임을 시사한다. 즉 전남동부지역에서 동촌리 지석묘 유형이 늦은 단계의 지배층의 무덤이었다면 비슷한 시기의 위석형의 묘곽은 약식화된 매장주체부이면서 박장이다. 이렇게 지석묘 내에서도 소수의 지배층의 거대한 묘와 다수의 위석형의 지석묘가 분화됨은 신분상의 분화가 일어났음을 시사한다. 즉 위석형의 지석묘는 상대적으로 하위의 신분으로 판단되며, 다량의 유물이 부장된 동촌리 같은 대규모 지석묘는 소수 상위신분의 것으로서 극명한 대조를 이루는 것이다.

이러한 과도기를 거쳐서 원형점토대토기문화기에서 상대적으로 늦은 화순 대곡리나 함평 초포리 적석목관묘단계(Ⅱ단계)에 이르면 청동기시대 전통을 가진 과도기의 묘제와 다른 신묘제가 등장하는 것이다. 전술한 바와 같이 대곡리와 초포리 적석목관묘는 호서지방의 이른 단계의 적석목관묘와 비교해보면 변형된 모습이어서 어느 정도 토착화된 단계로 접어들었다고 볼 수 있다. 그래서 앞으로 조사가 진전되면 호서지방과 더 인접한 전북지역에서 대곡리단계나 좀 더 이른 시기의 적석목관묘가 확인될 가능성이 있다.

그러나 이 단계에도 지석묘의 전통이 오랫동안 잔존한 전남동부지역은 구래의 지석묘가 일부 지속된 듯하다. 그런데 같은 전남지역이지만 전남서부지역에는 원형점토대토기단계의 토광묘가 확인되어 전남동부지역에 비해 좀 더 이른 시기부터 지석묘가 종말을 고하였을 가능성이 있다.

전남지역에서 전남동부지역과 전남서부지역(영산강유역)간의 墓制의 차이점은 다음과 같은 측면에서 살펴볼 수 있다. 예컨대 적석목관묘와 토광묘, 주구묘가 서해안의 평야지대를 통해서 내려온 외래의 묘제임을 염두에 두면 전남동부지역이라는 산악지대에는 그 파급이 미미했다고 볼 수 있다. 다시 말하면 서해안 평지를 통해서 쉽게 전파되던 문화의 흐름이 전남동부지역이라는 산악지대에서는 그 파급이 미미하여 기존의 문화를 오랫동안 지속하였다고 볼 수 있다. 이는 전남동부지역에서 지석묘가 다른 지역에 비해 가장 늦은 시기까지 사용되었다는 점과도 궤를 같이할 것이다. 이러한 배경에는 전남동부지역이 문화의 전파의 종착지였고, 청동기시대 이래의 지석묘가 장기적으로 사용되어 신묘제와 문화를 바로 수용하지 못하는 문화적 보수성에 기인할 것이다. 아울러 이 지역에서 지석묘의 하한이 늦다는 것은 적석목관묘가 아직까지 확인되지 않는 점과도 무관하지 않을 것이다[206]. 다시 말하면 전남동부지역에 있어, 대곡리나 초포리와 같은 기원전 3~2세기전반의 지배층의 묘제인 적석목관묘가 확인되지 않는 것은 이 지역에서 지석묘가 좀 더 장기적으로 지속된 것과 관련될 것이다. 특히 보성 동촌리 지석묘와 같은 지배층의 묘제는 적석목관묘라는 신묘제의 유입을 용이하지 않게 했던 것으로 보인다. 이러한 추정의 뒷받침으로는 지석묘가 가장 밀집된 전남지역에서도 동부지역에 가장 많은 지석묘가 분포한다는 점과 유물이 출토되지 않는 말기의 위석형 묘곽이 타지역에 비해 비율이 높다는 것이다(이영문 1993).

출토유물이 없는 위석형을 감안하면 전남동부지역에 있어 지석묘의 하한은 기원전 2세기까지도 내려볼 수 있다. 호남지역에서 지석묘가 가장 늦게까지 지속되었다고 보여지는 전남동부지역에서 기원전 1세기대에는 순천 용당동 유적같이 삼각구연점토대토기가 출토되는 토광목관묘가 주류가 된다. 따라서 지석묘는 이 단계에는 종말을 고했다고 보여진다. 요컨대 원형점토대토기단계까지인 기원전 2세기까지 지석묘가 지속된 것으로 보인다[207].

---

206) 앞으로의 조사성과에 따라 전남동부지역에서 전남서부지역과 같이 세형동검이 부장된 우월한 적석목관묘가 부장될 가능성이 없는 것은 아니다. 그러한 경우라도 상대적으로 적은 수치를 나타낼 것으로 보여진다.

207) 전남동부지역에서 지석묘의 하한과 관련하여 순천 연향동 송국리형 주거지(최인선·조근우·이순엽 1999)는 주목되는 유적이다. 연향동 송국리형 주거지에서는 퇴화된 작업공이 보이고, 삼각구연점토대토기를 포함한 경질무문토기가 출토되어 기원전 1세기대로 편년된다. 송국리형 주거지는 지석묘와 밀접한 관련성을 맺는 대표적인 청동기시대 주거지이다. 따라서 전남동부지역에서 가장 늦은 시기로 편년되는 송국리형 주거지가 확인되었다는 것은 가장 늦은 시기의 지석묘가 잔존할 가능성을 시사하는 것이다. 그러한 지석묘의 형식으로는 출토유물이 확인되지 않으면서 소형화된 위석형 지석묘라고 할 수 있다.

2. 삼각구연점토대토기문화기

삼각구연점토대토기문화단계의 묘제로는 옹관묘, 토광목관묘, 주구묘 등이 있다[208]. 원형점토대토기문화기와 달리, 토광목관묘는 호남지방에서 전반적으로 관찰되며, 옹관묘는 영산강을 중심으로 하여 전북지역까지 확인된다. 한편 주구묘는 서해안지역에서 발견되어 보령 관창리 유적과 연결될 것으로 보이는데, 호남지방의 서해안을 중심으로 분포하고 있다[209].

주구묘와 옹관묘가 철기시대후기에 영산강유역을 비롯한 호남 서부지역에 계승 발전되는 데에 비해, 전남 동부지역에는 그러한 양상이 보이지 않고 철기시대 후기에 순천 요곡리와 고흥 한천리·석봉리 등지에서 토광묘(토광목관묘)가 확인되고 있다. 이러한 점은 점토대토기토기문화기에도 전남동부지역에는 주구묘와 옹관묘의 유입이 미약하거나 거의 없었다고 보여지는 것이다. 현재까지의 조사성과로는 주구묘가 탐진강유역인 장흥지역까지 확인되고 있다.

한편, 삼각구연점토대문화기에 묘제간의 위계성에 대해 살펴보면 다음과 같다. 즉 토광(목관)묘와 옹관묘로 대별해 볼 수 있지만, 토광묘에도 세형동검, 동모, 동경, 철기류 등의 금속기가 출토되는 경우와 토기류만 출토되는 경우 2가지가 있다. 금속기가 출토되는 토광묘가 상대적으로 상

---

208) 영남지방에서는 삼각구연점토대토기단계의 적석목관묘가 적지 않다. 따라서 호남지방에서도 전형적인 삼각구연점토대토기단계의 적석목관묘가 확인될 가능성은 크다.

209) 전술한 바와 같이 호남지방의 초기 주구묘는 보령 관창리 주구묘와 연결되는데, 원형점토대토기와 흑도가 출토되지만 계통상 관창리보다 늦은 단계로 보이기에 말기의 원형점토대토기단계나 이른 시기의 삼각구연점토대토기의 연대와 관련될 것으로 보인다. 그리고 호남지방에서 기원 이후시기에 많은 주구묘가 확인되고 있으므로 삼각구연점토대토기단계에도 주구묘가 지속적으로 축조되었다고 판단되는 것이다.

위의 신분이라고 할 것이다. 옹관묘는 영산강유역을 중심으로 확인되는데, 토광묘에 비해 상대적으로 박장이어서 유물이 거의 없거나 소형토기 1점에 불과하다. 이러한 옹관묘가 유아에 한할 수도 있으나(임영진 2001) 신창동 옹관묘의 경우는 4×28m 정도의 면적에서 53기의 옹관이 집중적으로 확인되었기에 모두 유아용으로 볼 수는 없고 성인의 세골장일 가능성도 있다. 또한 부정연하게 굴광하고, 옹관이 실생활에 쓰던 용기를 그대로 사용하였기에 높은 신분의 묘제는 아니라고 보여진다. 이는 조금 더 늦은 시기의 영산강유역의 초기 주구토광묘에서 옹관묘가 토광묘에 대해 배장묘적 성격을 가진다는 점과도 무관하지 않을 것이다.

〈표 1〉 호남지방 점토대토기문화기의 지역별 묘제와 편년

지역	묘제 \ 연대	기원전 400	300	200	기원전 100	기원후 0	100
전북지역	적석석곽묘	··	——	——			
	석개토광묘	··	——	——			
	적석목관묘		··	——			
	주구묘			··	——	——	··
	토광묘				··	——	··
	옹관묘			··	——	——	··
전남서부지역	지석묘	··	··				
	적석목관묘		··	——			
	토광묘			··	——	··	
	주구묘			··	——	——	··
	옹관묘				··	——	··
전남동부지역	지석묘	··	··	··			
	토광묘				··	——	··

V. 맺음말

이상과 같은 내용을 요약해 보면 다음과 같다. 호남지방에서 점토대토기문화기와 관련되는 묘제로는 적석석곽묘, 지석묘, 석개토광묘, 적석목관묘, 주구묘, 토광묘, 옹관묘 등이 있다. 원형점토대토기문화의 유입기(Ⅰ단계)에, 세형동검·조문경·흑도·원형점토대토기 등의 새로운 유물이 확인되고 있지만, 묘제는 청동기시대 이래의 묘제에 신묘제인 적석목관묘의 일부 속성이 가미된 적석석곽묘, 지석묘, 석개토광묘 등이 확인되고 있다. 적석석곽묘와 석개토광묘는 전북지역에서, 지석묘는 전남지역에서 확인되는데, 이는 청동기시대 묘제의 지역성이 그대로 계승되고 있음을 알 수 있다. 호남지방에서 원형점토대토기문화기의 초기에 호서지방의 대전 괴정동 적석목관묘와 같은 신묘제의 유입이 바로 이루어지지 않은 것은, 유물에서도 뒷받침되다싶이 요녕지방 등지에서의 유이민의 1차 도래지가 호서지방이 중심이었고, 호남지방은 그러한 문화의 2차적인 파급속에서 묘제에 부분적으로만 영향을 받았음을 의미한다. 호남지방에서도 전남지방은 새로운 문화의 영향이 더 늦었다고 보여진다. 호남지방에서 화순 대곡리와 같은 적석목관묘가 출현하는 것은 대전 괴정동보다 늦은 단계인 기원전 3세기대에 이르러서이다(Ⅱ단계). 이후에 토광묘, 주구묘, 옹관묘 등이 나타나고 있다. 호남지방에서 다뉴조문경이 출토되는 Ⅰ단계를 요녕지방과 일정한 관련성을 가지면서 점토대토기문화가 파급되는 시기라고 한다면, 다뉴세문경이 확인되는 Ⅱ단계 이후는 점토대토기문화의 토착화가 진전되는 시기로 볼 수 있다.

현재까지의 조사성과로는 전남동부지역에 목관묘 이전의 적석목관묘 단계가 확인되지 않는다. 그래서 이 단계까지 지석묘가 이어지고, 지배층의 묘제에 있어서도 지석묘가 주도적이었다고 판단된다. 이러한 배경에는 전남동부지역이 산악지대이면서 문화 전파의 종착지였고, 청동기시대이래의 지석묘가 장기적으로 사용되어 신묘제와 문화를 바로 수용하지 못하는 문화적 보수성에 기인할 것이다. 그리고 삼각구연점토대토기문화기에도 전남동부지역에는 주구묘나 옹관묘가 확인되고 있지 않아 지역적인 특색을 보이고 있다.

점토대토기문화기의 묘제는 앞 시기인 청동기시대나 2·3세기대 이후의 묘제에 비해서는 조사례가 드물다. 따라서 본고에서 언급한 자료가 현재까지의 조사성과에 한정된 관계로 논리적인 비약이 있을 수 있다. 추가적인 조사성과와 더불어 연구가 진척되면 이 시기의 묘제와 문화에 대해 좀 더 많은 정보를 얻을 수 있을 것이다.

「호남지방 점토대토기문화기의 묘제와 지역성」, 『고문화』60,
한국대학박물관협회, 2002.

부록

지석묘의
재활용과 그 의미

I. 머리말

지석묘는 청동기시대의 대표적인 무덤으로, 그동안 많은 발굴조사가 이루어져 왔다. 그런데, 최근 발굴조사를 통해, 지석묘가 삼국시대 이후 재활용된 경우가 확인되어 주목되는 자료로 평가되고 있다.

지석묘는 청동기시대의 거석신앙의 대상이 되어온 이래 지속적으로 신앙의 대상물이었다. 특히, 삼국시대에는 지석묘를 이용해 무덤으로 재사용한 예가 조사되고 있다. 기반식(바둑판식) 지석묘는 지석에 의해 상석과 일정한 공간이 마련되어 있어 재사용이 가능한 구조에서 연유한 것이라고 본다(이영문 2010).

좀 더 세부적으로 살펴보면, 삼국시대 무덤으로 재활용된 경우 이외에 지석묘 아래에 조선시대 이후의 태항아리가 매장된 경우, 삼국시대 이래 민간의 거석숭배신앙의 대상으로 활용된 사례 등 여러 모습들이 확인되어 좀 더 다각적인 분석이 필요한 시점이다. 후자의 경우는, 같은 삼국시대 유물이 출토되더라도 무덤의 구조가 아니라 상석 아래나 주변부에 유물만 놓아 둔 경우라 무덤과는 차별성이 보인다.

먼저, 삼국시대 무덤으로 재활용된 지석묘 사례를 정리하면서, 해당 지석묘의 입지·외형적 형식·장축방향·상석의 크기를 살펴본다. 아울러 삼국시대에 재활용된 매장주체부의 형식을 나누어보고, 지석묘의 장축방향과 삼국시대에 재활용된 무덤의 장축방향을 비교하고 횡혈식 석실분의 영향에 대해서 살펴본다. 이러한 지석묘가 삼국시대에 재활용될 무렵의 시대적 상황을 석실분 도입시기를 전후한 5세기후엽~6세기대를 중심으로 살펴보고 출토유물에 근거하여 피장자의 계층도 추정해 볼 것이다. 삼국시대 무덤으로 재활용된 지석묘의 주분포지역은 전남지역인데, 전남지방에 집중된 이유를 검토해 본다. 한반도에서 전남지방은 유일하게 옹관묘가 대형화된 지역이고, 가장 많은 지석묘가 축조된 지역이어서 고고학적으로 특이한 곳이다. 이처럼 전남지역은 타지역에 비해 지석묘의 밀집도가 매우 높을 뿐만 아니라, 문화적으로도 보수적인 측면이 강하다는 점에서 접근해 보고자 한다.

둘째, 조선시대 이후 현대에 이르기까지 태항아리 매장지로 재사용된 지석묘 사례를 검토하고, 어떠한 계층이 왜 지석묘에 태항아리를 안치하였는지 검토할 것이다.

마지막으로, 무덤으로 재활용된 것이 아니라 민간신앙의 대상으로 활용된 지석묘의 특징을 인류·민속학적 관점에서 살펴보고자 한다.

Ⅱ. 삼국시대 무덤으로 재활용된 지석묘

1. 삼국시대 무덤으로 재활용된 지석묘 사례

현재까지 삼국시대 무덤으로 재활용된 지석묘 사례는 11개 군집 20기가 확인되었다[210].

공간적으로는 지석묘가 가장 많이 분포하고 있는 호남지역, 특히 전남지역에 집중되어 있다. 순창·고창 등의 전북지역 유적도 전남에 접하고 있는 전북지역이라는 점에서 주목된다. 호남지역 이외에는 충남 보령과 강원도 춘천에서만 확인되었다. 호서지역에서는 보령 소송리유적이 유일한데, 호서지역에서 지석묘가 가장 밀집된 지역이 보령지역이라는 것은 의미하는 바가 크다. 중부지역의 한강유역에서는 유일하게 춘천 천전리에서 확인되었는데 타지역과 달리 탁자식 지석묘가 재활용된 사례이다. 한편, 영남지역에서는 향후 발견될 가능성은 있겠지만, 아직은 확인된 바 없다.

---

210) 보성 송곡리 1-1호 석곽도 후대 무덤으로 재활용된 지석묘이다(전남대학교박물관 2003). 다만, 송곡리 1-1호 석곽에서는 출토유물이 없어 정확한 시대를 알 수 없다. 그리고, 최근 호남문화재연구원에 의해 발굴조사된 광주 빛그린산단 내 지석묘군에서도 후대 무덤으로 재활용된 지석묘가 있지만 아직 발굴조사보고서가 간행되지 않았다.

<表 1> 삼국시대 무덤으로 재활용된 지석묘 사례

순번	유적명 (지석묘수)	호수	입지	지석묘 상석크기 (cm)(길이×너비×두께)	지석묘 형식	삼국시대 매장시설 길이×너비×깊이(cm)	구조	삼국시대 매장유물	삼국시대 무덤 편년	전거
1	무안 월암리 (4기)	1호	평지	474×312×94	바둑판식	230×86×?	토광	철겸, 철부, 구슬	3세기	목포대 박물관 1992
2	순창 내동리 (1기)	1호	구릉사면	306×246×66	바둑판식	176×84×25	횡구식석곽	광구호, 배, 철겸	6세기 (초엽)	호남문화재연구원 2007
3	고창 상갑리 (백여기)	A호	산기슭	215×165×80	개석식	160×60×?	토광(?)	병, 개배	6세기	김재원·윤무병 1967
4	고창 부곡리 (3기)	1호	산기슭	350×176×114	바둑판식	?×?×?	석곽(?)	대부완	7세기	호남문화재연구원 2005
5	광주 매월동 '가'군(4기)	3호	구릉	250×172×120	개석식(?)	140(?)×70×40	토광	완	7세기	전남대 박물관 2002
		4호	구릉	220×160×100	개석식(?)	190(?)×30×30	석곽		7세기(?)	
6	광주 매월동 '나'군(5기)	1호	구릉	320×220×160	바둑판식	240×65×15	토광		?	
7	광주 신창동 (1기)	1호	구릉사면	255×185×100	바둑판식	180×40×10	토광	개배 2조	6세기 (초엽)	호남문화재연구원 2004
8	곡성 연화리 (A지구 4기, B지구 7기)	A-1-2호 (3호)	구릉사면	320×290×60	바둑판식			병, 개배	6세기 (초엽)	국립 전주박물관 1997
		A-2호	구릉사면	315×210×110	바둑판식 (?)			단경호, 개배, 철부, 철도자	6세기 (초엽)	
		A-4-1호 (2호)	구릉사면	305×260×73	바둑판식	185×120×24	토광	개배, 철겸, 철부, 철도자, 철촉	6세기 (초엽)	
		B-1-1호 (2호.)	구릉사면	306×227×84	바둑판식	210×82×32	석곽	병, 삼족기, 배, 철촉	6세기 (중엽)	

순번	유적명 (지석묘수)	호수	입지	지석묘 상석크기 (㎝)(길이× 너비×두께)	지석묘 형식	삼국시대 매장시설 길이×너비 ×깊이(㎝)	구조	삼국시대 매장유물	삼국시대 무덤 편년	전거
8	곡성 연화리 (A지구 4기, B지구 7기)	B-3 -1호 (3호)	구릉 사면	278×250 ×65	바둑판식			병, 소형호, 배, 방추차	6세기 (초엽)	국립 전주박물관 1997
		B -7호	구릉 사면	212×156 ×70	바둑판식			개	6세기 (초엽)	
9	무안 맥포리 (9기)	2호	산기슭	285×260 ×90	바둑판식	205×100 ×50	토광	개배, 병, 광구호, 자라병, 철도자	5세기말- 6세기초	호남 문화재 연구원 2005
		4호	산기슭	284×266 ×125	바둑판식	240×114 ×20	토광	개배, 호, 고배, 병, 유개소호, 발, 철도자, 철겸	5세기말- 6세기초	
		5호	산기슭	470×310 ×40	바둑판식	290×240 ×30	토광	개배, 완, 호, 장경호, 직구소호, 단조철모, 철겸, 철부, 철촉, 숫돌, 관옥, 수정옥, 환옥	5세기말- 6세기초	
10	보령 소송리 (3기)	1호	구릉	290×245 ×70	개석식	140×60 ×?	석곽	병, 개배 1조	6세기 (초엽)	한국 문화재 보호재단 2000
		2호	구릉	170×160 ×40	개석식	180×65 ×?	석곽	직구호, 개배 1조	6세기 (초엽)	
11	춘천 천전리 (10여기)	2호	충적 대지	?	탁자식	?×75× 40(?)	석곽	고배, 배	6세기 (후엽)	김재원· 윤무병 1967

시간적으로는 6세기(초엽)를 전후한 시기에 집중되고 있다. 예컨대, 무안 맥포리 지석묘를 재활용한 삼국시대 무덤은 사비기 횡혈식 석실분이 유행하기 이전 단계인 영산강유역 초기석실분축조단계이다. 즉, 대개 6세기초엽 경인데, 나주 복암리 96석실 직후 단계로 보인다. 무안 맥포리 5호 지석묘(3호 토광묘)에서는 2~3회 추가 매장이 확인되어 횡혈식의 구조를 인지하고 있던 사람들에 의해 축조되었던 것으로 보인다(그림 1-②, ④).

〈표 1〉 사례 가운데 대부분은 마한·백제권이면서 개석식·바둑판식

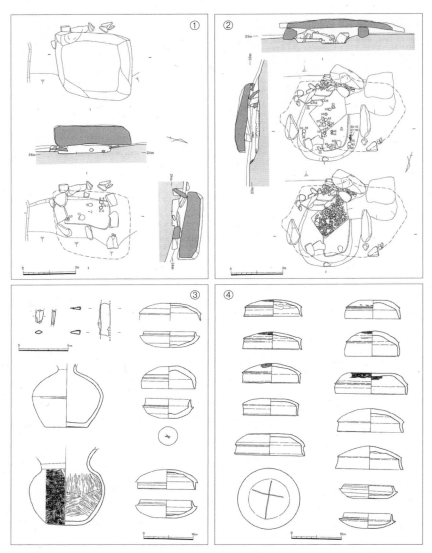

[그림 1] 무안 맥포리 2호 지석묘 및 1호 토광묘(①, ③), 5호 지석묘 및 3호 토광묘(②, ④)

의 지석묘 하부를 훼손하고 석곽이나 토광을 다시 만들었고, 마한·백제
권 유물이 출토되고 있다. 이에 비해, 춘천 천전리의 경우는 탁자식의 매

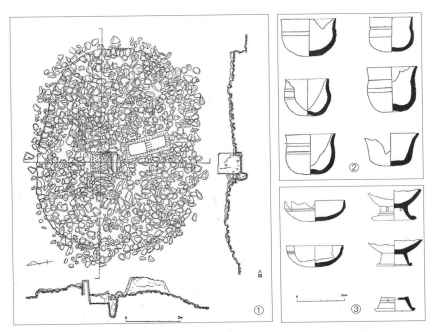

[그림 2] 춘천 천전리 2호 지석묘 및 신라토기

장주체부 한쪽 벽을 터서 확장한 특이한 예인데, 유물도 신라의 한강유역 진출과 관련되어 당시의 신라계 유물이 출토되고 있다. 천전리의 경우, 현재는상석이 유실되었지만, 지석묘를 재활용할 무렵에는 상석이 있었던 것으로 추정된다(그림 2).

출토유물은 토기가 중심이고, 위세품이 보이지 않는다.

2. 전남지방에 집중된 원인

한반도에서 전남지방은 삼국시대에 유일하게 옹관묘가 대형화된 지역 이면서, 가장 많은 지석묘가 축조된 지역이어서 고고학적으로 특이한 곳이다.

전술한 바와 같이, 지석묘를 재활용한 삼국시대 무덤도 전남지역을 중심으로 확인되고 있다. 이는 전남지역이 전국에서 가장 많은 지석묘가 있고[211], 상대적으로 거석 신앙이 오랫동안 잔존했다는 측면과 무관하지 않을 것이다.

지석묘 수가 많은 만큼 거석신앙도 가장 오랫동안 지속된 듯하다. 이와 더불어 초분이 지금까지 잔존하고 있는 지역이 전남지역이라는 점, 전남지역의 화장률이 가장 낮다는 점[212] 등은 전남지역의 문화적 보수성을 상징하는 것이고, 유구한 거석 숭배 신앙과도 맥이 통한다고 볼 수 있다.

삼국시대에 전남지방은 석축무덤(석실분 및 석곽묘)의 주변부이다. 그만큼

---

211) 우리나라 지석묘의 분포현황을 각 지역별로 살펴보면 다음과 같다(최몽룡 외 1999, 윤호필 2004).

<지역별 지석묘 분포현황>

	강원도	경기도	충북	충남	전북	전남	경북	경남	제주도	북한	합계
유적(군집)	91	259	78	129	185	2,208	533	304	37	-	3,824개소
유적비율	2.4%	6.8%	2%	3.4%	4.8%	57.7%	13.9%	8%	1%	-	100%
유구(기)	338	502	189	478	1,660	19,058	2,800	1,238	140	14,000	40,403기
유구비율	1.1%	1.8%	0.6%	1.7%	6.2%	73%	10.6%	4.6%	0.4%	-	100%

212) <2006년 기준 시·도별 화장률 (2007년 9월 21일자 광주일보 기사 인용)>

지역	부산	인천	서울	울산	경기	경남	대구	대전
화장률	77.7%	72.4%	68.2%	66.9%	64.0%	61.6%	56.3%	54.5%
지역	강원	광주	경북	전북	제주	충북	충남	전남
화장률	51.6%	45.9%	44.0%	42.3%	38.2%	36.8%	34.4%	32.7%

우리 민족 고유의 장례 문화가 매장에서 화장으로 옮겨가고 있지만, 가장 늦게 진행되는 곳이 전남지역이다. 광역시 가운데에서는 광주의 화장률이 가장 낮다.

석축무덤의 파급도 타지역보다 늦었고, 5세기말~6세기대에 석축무덤을 만드는 분위기가 조성되지만 그것을 축조하지 못하는 일부 중하위층을 중심으로 지석묘를 석축무덤 대용으로 사용한 것으로 보인다. 다시 말하면, 전남지역에서 5세기말~6세기대에는 석실묘나 석곽묘가 도입되어 활성화되기 시작하는 단계이다. 종래 토광묘나 옹관묘를 쓰다가 석축무덤으로의 전환기에 전형적인 석실분이나 석곽묘를 쓸 여력이 못되면서 석축무덤을 인지한 중하위층이 지석묘를 재활용하면서 석축무덤을 모방한 셈이다.

현재까지는 영남지역에서 삼국시대에 지석묘를 재활용한 무덤이 확인되지 않는다. 경남권의 경우, 전남(2만기)에 비해 지석묘 수가 1/10에 불과하다는 점이 우선 거론될 수 있겠지만, 이와 더불어 삼국시대 석곽묘 고분군을 보면 동시기의 호남에 비해 그 수와 군집이 많다. 경남지역은 전남권에 비해 좀 더 일찍 석곽묘가 축조되기 시작하였을 뿐만 아니라[213], 삼국시대 고분군이 더 많이 축조되고 있어 지석묘를 재활용할 필요성을 느끼지 못했을 가능성이 있다. 또한 호남(서부)권에 보이는 주형 지석(柱形支石)같은 높은 지석이 없어 지석묘 하부를 재이용하기가 용이하지 않았을 것이다. 그 외에도, 함안[214]과 고령의 고총고분 축조 과정에서 지석묘의 상석이나 관련 석재 등이 파괴되거나 이동된 예를 보면, 5-6세기대에 영남지방에서의 거석 숭배에 대한 관념이 호남지방과는 조금 상이했을

---

213) 가야권역에서 이른 단계의 석곽묘는 그 상한이 4세기 후반대까지 올라간다.

214) 함안 도항리 '다'호 지석묘는 함안 말이산 34호분 발굴조사 과정에서 발견되었다. 바위그림이 새겨진 이 지석묘는 34호분의 봉분 서쪽 사면에서 노출된 상태로 확인되었다. 발굴조사 결과, 고분은 청동기시대 지석묘를 파괴하고 축조된 것으로 밝혀졌다(국립광주박물관·동북아지석묘연구소 2016).

가능성이 있다.

3. 시대적 배경

삼국시대 무덤으로 재활용된 지석묘는 전술한 바와 같이, 3세기대로 추정되는 무안 월암리유적을 제외하고는 대부분 5세기말엽~6세기대에 집중되고 있고, 전남(서부)지역 혹은 전남과 인접한 전북 남부지역에서 주로 분포하고 있다[215].

호남지역에서 지석묘가 밀집된 지역은 전남지역이지만, 전북지역에도 고창 2개소·순창 1개소에서 확인되고 있다. 고창·순창 지역은 전북지역에 속하지만 전주나 익산 등 전북 서북권보다 백제의 직접지배가 늦게 이루어진 곳이다. 즉, 전북 중 가장 서남쪽에 위치한 고창 지역에는 영산강유역처럼 전방후원분이 확인되고 있는데, 전방후원분의 피장자가 재지수장이든 왜계 백제관료이든 해당지역은 백제의 직접지배가 아닌 간접지배체제하에 있었다고 보는 것이 일반적이다[216]. 한편, 전남지역과 접하고 있는 순창지역은 호남동부권에 속하는데 6세기초까지 대가야문화권에 속했고 6세기 중엽경에 완전히 백제의 직접지배권에 들어간다는 점에서 고창지역이나 전남권과 맥락이 통한다.

---

215) 6세기를 전후한 시기에 지석묘를 재활용한 무덤은 전남지역에서도 영산강유역을 포함한 전남 서부권이 밀집도가 좀 더 높다. 이는 전남지역에서도 동부권보다 서부권에서 석실분이 먼저 유입되어 활성화된 것과 무관하지 않을 것이다.

216) 전방후원분의 피장자가 왜계 백제관료설의 주장대로 지방지배를 위해 파견, 혹은 배치된 왜인들이었다면 이 지역에 대한 직접 지배는 가능하지 않았다는 논리가 된다. 전방후원분 피장자가 재지 수장층이라면 더더욱 이들의 자립화의 노력이 엿보인다. 따라서 웅진기 영산강유역에 대한 백제 중앙의 지배방식은 직접지배를 목표로 하지 못하였음을 알 수 있다(권오영 2007).

고대국가인 백제의 직접 지배권에 늦게 들어간 것은 역으로 전통적인 민간신앙이 오래 존속되었다고 볼 수 있어 그러한 지역에서 거석 숭배 신앙이 더 강하였을 것이다. 요컨대, 전북 남부권을 포함한 전남지역은 지석묘가 밀집되었다는 공통점 외에 그와 결부되어 거석 숭배 신앙이 뿌리 깊게 남아 있다는 공통점이 있다.

이러한 점에서, 당시에 전남권을 중심으로 고고학적 측면에서 시대 배경을 살펴볼 필요가 있다. 5세기후엽~6세기전엽은 전방후원형 고분·초기 대형 석실이 시사하는 바와 같이 백제의 혼란한 정세로 인하여 영산강 유역에 백제와 왜 등을 배경으로 하는 다양한 세력이 성장하고, 각 지역 공동체가 고분 조영으로 대내외에 강력한 정치적·사회적 호소를 하며 성장하던 초기석실분단계이다(김낙중 2012). 이에 비해, 전남동부권에서는 5세기말~6세기전반대에는 가야와 백제의 전환기로서 가야의 수혈식 석곽묘와 백제의 횡구식석실분이 계기적으로 등장하던 시기였다(이동희 2007).

이와 같이, 재활용된 지석묘가 많은 전남지역은 5세기후엽-6세기대에는 정치적 격동기이면서 석실분이나 석곽묘가 유입되어 확산되는 시기이기도 하다. 석실분과 석곽묘의 축조가 활발해지면서 그러한 고분을 축조하지 못하는 일부 중하위층 토착민들은 지석묘에 대한 민간신앙과 결부되어 지석묘를 재활용하여 무덤을 축조한 것으로 보인다. 이 시기는 석실분 도입시기이어서 새로운 분묘를 축조함에 있어 기술상의 한계가 있었을 것이다.

4. 입지

삼국시대 무덤으로 재활용된 지석묘의 입지는 대개 구릉(혹은 구릉사면)이나 산기슭에 자리한 경우가 대다수이다. 예외적인 경우가 무안 월암리와 춘천 천전리 유적이 있다. 무안 월암리의 경우는 가장 이른 3세기대에 해당하며, 춘천 천전리는 백제권역이 아닌 신라계 유물이 출토된 경우이다.

순창 내동리 1호의 경우, 지석묘는 독립된 공간에 1기가 자리한다. 즉, 아미산에서 남서쪽으로 뻗어내린 해발 150m의 돌출된 구릉상에 입지하는데, 1호 지석묘는 다른 지역보다 높게 단을 이루고 있다. 최근까지 지역 주민들이 신성시하여 제를 올렸다고 한다.

이와 같이, 삼국시대에 무덤으로 재활용된 경우, 주변을 조망할 수 있는 독립된 구릉이나 산기슭에 자리한 지석묘를 선호했는데, 이러한 입지는 옛부터 거석을 신성시한 민간신앙의 연장선상에서 접근해 볼 수 있다.

5. 지석묘는 어떤 형식이 선호되었는가?

삼국시대 무덤으로 재활용된 지석묘의 형식은 바둑판식의 비율이 가장 높다. 즉, 지금까지 확인된 20기 중 바둑판식이 14기(70%), 개석식이 5기(25%)이며, 예외적으로 춘천 천전리 지석묘가 탁자식이다. 바둑판식이 선호되는 까닭은 지면과 상석 사이에 굄돌(지석)이 있어 후대 무덤을 축조할 작업 공간이 만들어지기 때문이다.

그런데, 개석식 가운데에도 바둑판식으로 추정되는 경우가 적지 않다. 왜냐하면, 삼국시대에 상석 아래의 공간을 재활용하면서 지석을 그대로 두기도 하지만, 일부 지석은 빼서 치우기도 한다. 지석의 일부가 빠지는 경우, 그 불안정성으로 인하여 상석이 일부 이동하면서 후대에 점차 상석이 기울기도 하여 남은 지석까지 원위치를 잃어버리는 경우도 있다. 이러한 점들을 고려하면, 개석식 가운데 적지 않은 숫자가 바둑판식이었다가 지석이 유실되어 개석식으로 파악된 경우도 분명히 있을 것으로 보인다.

6. 군집내에서 지석묘 상석의 크기

대부분의 지석묘 군집에서 삼국시대 매장주체부로 재활용된 경우는 해당 군집에서 대형의 상석을 가진 지석묘가 선호된 것이 사실이다(표4 참조). 예컨대, 무안 맥포리 지석묘 9기 중 삼국시대에 매장주체부는 상위 3기의 대형 상석 아래에서 확인된다(호남문화재연구원 2005).

그런데, 일부 지석묘군에서 상대적으로 작은 상석을 가진 지석묘인데도 삼국시대 매장주체부로 재사용된 경우가 있다. 대표적인 사례가 고창 부곡리 1호 지석묘이다. 이 지석묘는 해당 지석묘군에 잔존한 3기의 상석 가운데 가장 소형인데, 삼국시대에 재활용된 매장주체부는 여기에서만 확인되었다. 나머지 2기 지석묘와의 차이점을 살펴보면, 1호는 주형(柱形) 지석(支石)이어서 상석이 가장 많이 들려 있다는 점이 주목된다(호남문화재연구원 2006).

한편, 곡성 연화리 A지구의 4기 가운데 3기가 삼국시대에 재활용된 지석묘인데, 가장 소형의 지석묘(A-3호)를 제외한 나머지 3기가 그러한 경우이다. 연화리 B지구의 경우, 7기 가운데 3기가 삼국시대에 무덤으로 재활용되었다. 이 가운데 2기는 가장 대형에 속하는 상석인데 비해, 1기(B-7호)는 7기중 5번째 크기에 해당한다. B-7호보다 더 큰 지석묘 상석을 검토해 본 결과, B-2호는 상석이 이동되어 하부구조를 알 수 없었고, B-5호는 개석식이어서 후대 무덤으로 재활용하기에 용이하지 않았기에 선택되지 않은 것으로 보인다. 이에 비해, B-7호는 비교적 소형이지만 바둑판식이어서 삼국시대 무덤으로 사용되기에 용이했던 것으로 보인다(국립전주박물관

1997).

　보령 소송리 지석묘에서도 3기 중 2기가 삼국시대에 재활용된 무덤으로 이용되었는데, 최대 상석과 최소형의 지석묘가 삼국시대에 이용되었다(한국문화재보호재단 2000). 중간 크기의 지석묘가 개석식이고, 가장 소형의 지석묘가 한쪽이 들려 있다는 점에서 후자를 이용하여 삼국시대 무덤을 만들었음을 알 수 있다. 보령 소송리 지석묘의 경우도 곡성 연화리 B지구와 궤를 같이 한다.

　요컨대, 삼국시대에 무덤으로 재활용하는 경우, 군집에서 상석이 비교적 대형이고 지석이 있거나 상석이 조금 들려 있어 무덤을 축조할 공간이 확보되는 지석묘가 선호되었음을 알 수 있다. 거대 상석을 선호하는 것은 민간의 거석 숭배신앙과도 밀접히 관련되어 있을 것이다.

7. 지석묘 상석의 형태와 매장주체부의 장축 방향

　삼국시대에 재활용된 지석묘 상석의 평면형태나 단면형태는 괴석형은 거의 없고 납작한 장방형이나 타원형이 선호되었다. 특히, 단면형태는 대부분 편평한 장방형이다. 이는 삼국시대 매장주체부의 뚜껑돌로 기능하는 상석이 편평한 것이 적합하므로 상석의 단면형태가 괴석형인 지석묘는 선호하지 않은 것으로 보인다(표 4 참조).

〈표 4〉 삼국시대 무덤으로 재활용된 지석묘 상석의 형태와 크기, 매장주체부 장축방향과 후대 매장주체부 장축 방향의 상관관계

순번	유적명 (지석묘수)	호수	지석묘 상석의 형태와 크기			지석묘 상석의 장축방향	지석묘 매장주체부의 장축방향	삼국시대 매장주체부의 장축방향과 구조		전거
			평면형태	단면형태	군집내에서 상석의 크기 순위			장축방향	구조	
1	무안 월암리 (4기)	1호	타원형	장방형	1/4	남-북	남-북	남-북	토광	목포대박물관 1992
2	순창 내동리 1기	1호	사다리꼴	장방형	1/1	북동-남서	남-북	북동-남서	횡구식 석곽	호남 문화재연구원 2007
3	고창 상갑리 (백여기)	A호	장방형	장방형	?	동-서	동-서	동-서	토광(?)	김재원·윤무병 1967
4	고창 부곡리 (3기)	1호	장타원형	장방형	3/3	북동-남서	북동-남서	북동-남서	석곽(?)	호남 문화재연구원 2005
5	광주 매월동 동산 '가'군(4기)	3호	장방형	장방형	1/4	북서-남동	북서-남동	북서-남동	토광	전남대박물관 2002
		4호	마름모꼴	평행 사변형	3/4	북서-남동	북서-남동	?	석곽	
6	광주 매월동 동산 '나'군(5기)	1호	부정형	장방형	1/5	남-북	남-북	남-북	토광	
7	광주 신창동 (1기)	1호	장방형	장방형	1/1	동-서	동-서(?)	동-서	토광	호남 문화재연구원 2004
8	곡성 연화리 (A지구 4기, B지구 7기)	A-1 -2호	타원형	장방형	1/4	동-서	동-서(?)	동-서(?)	토광 (?)	국립 전주박물관 1997
		A-2호	타원형	장방형	3/4	동-서	동-서(?)	동-서(?)	토광 (?)	
		A-4 -1호	타원형	장방형	2/4	동-서	동-서	동-서	토광	
		B-1 -1호	장방형	장방형	2/7	동-서	동-서	남-북	석곽	
		B-3 -1호	삼각형	장방형	1/7	동-서	동-서	동-서	토광 (?)	
		B-7호	장방형	장방형	5/7	북동-남서	북동-남서	북동 -남서	토광 (?)	

순번	유적명 (지석묘수)	호수	지석묘 상석의 형태와 크기			지석묘 상석의 장축방향	지석묘 매장주체부 의 장축방향	삼국시대 매장주체부의 장 축방향과 구조		전거
			평면형태	단면 형태	군집내에서 상석의 크 기 순위			장축 방향	구조	
9	무안 맥포리 (9기)	2호	장방형	장방형	3/9	남-북	남-북 (?)	남-북	토광	호남 문화재연구원 2005
		4호	삼각형 (?)	장방형	2/9	남-북	남-북 (?)	남-북	토광	
		5호	장타원형	장방형	1/9	동-서	동-서 (?)	남-북 (?)	토광	
10	보령 소송리 (3기)	1호	삼각형	장방형	1/3	남-북	남-북	동-서	석곽	한국문화재 보호재단 2000
		2호	마름모꼴	장방형	3/3	남-북	남-북	남-북	석곽	
11	춘천 천전리 (10여기)	2호	?	?	?	?	남-북	동-서	석곽	김재원·윤무병 1967

　〈표 4〉와 같이, 지석묘 상석의 장축과 매장주체부의 장축방향, 삼국시대
재활용된 매장주체부의 장축방향이 상호 일치하는 경우가 다수를 점한다.
이는 상석의 길이 방향으로 매장주체부를 배치해야만 모두 덮을 수 있기 때
문이다. 다만, 이에 어긋나는 몇 사례에 대한 언급해 보면 다음과 같다.

　먼저, 순창 내동리 1호의 경우(호남문화재연구원 2007), 지석묘의 매장주체
부는 상석의 장축방향과 조금 틀어져 있지만, 오히려 삼국시대 매장주체
부는 상석의 장축방향과 일치한다(그림 3-①,②). 이는 삼국시대 매장주체부
는 상석의 장축에 충실히 맞추어 축조한 데 비해, 지석묘의 매장주체부는
지석과 지석 사이에 석재를 눕히거나 세워 석곽형을 쌓으면서 상석의 장
축방향과 비교하여 조금 틀어지게 된 것으로 보인다.

　한편, 곡성 연화리 B-1호 지석묘의 경우, 삼국시대에 무덤으로 재활용
된 B-1-2호 석곽묘는 기존 B-1-1호 지석묘의 매장주체부와 직교한다(그림
4-④,⑤). 즉, B-1-1호 지석묘의 동단벽에 잇대어 축조한 것이다. 서장벽은

[그림 3] 순창 내동리 1호 지석묘(①, ②) 및 광주 신창동 1호 지석묘(③, ④)

B-1-1호 지석묘의 동단벽을 장벽의 일부로 이용하고 있다. 이처럼 B-1-2호 석곽묘가 기존 지석묘의 매장주체부에 잇대어 직교하는 것은 상석 아래에 빈공간이 기존 지석묘 매장주체부의 동쪽에만 남아 있었기 때문이다(국립전주박물관 1997). 보령 소송리 1호 지석묘의 삼국시대 매장주체부도 지석묘의 매장주체부의 일부를 파괴하면서 상호 직교하고 있어, 연화리 B-1호 지석묘와 같은 맥락에서 볼 수 있다(한국문화재보호재단 2000).

그리고, 무안 맥포리 5호 지석묘도 예외적인 요소가 있어 주목된다. 5호 지석묘의 장축은 동-서향인데 비해, 삼국시대의 매장주체부(3호 토광묘)의 장축은 남-북에 가깝다(그림 1-②). 5호 지석묘는 삼국시대에 2~3차례의 추가장이 이루어졌을 뿐만 아니라, 한국전쟁 당시 주민들이 지석묘 상석 아래에 굴을 파고 피난살이를 하면서 많이 훼손된 특이 사례이다. 상석이 지석묘군집에서 최대형(길이 470, 너비 310cm)이어서 장축방향이 아니라 단축 방향이라도 후대 매장주체부가 들어가기에는 공간이 충분하다. 상석의 장축방향으로 후대 매장주체부를 설치하지 않은 것은 지석의 배치에서 그 원인을 찾아볼 수 있다. 즉, 1m에 달하는 큰 지석 2개가 서쪽에 배치되고 있어 그 지석들을 피하려고 삼국시대 매장주체부는 상석의 동쪽 아래에 치우쳐 남-북 장축 방향으로 시설한 것으로 보인다(호남문화재연구원 2005).

요컨대, 지석묘를 이용하여 삼국시대에 다시 만들어진 매장주체부의 장축방향은 특별한 두향을 염두에 둔 것은 아니고, 상석 아래에 빈 공간을 파고 들어가야 하므로 상석 아래의 빈 공간의 방향에 따라 달라짐을 알 수 있다.

8. 삼국시대에 재활용된 매장주체부의 형식과 특징

1) 삼국시대에 재활용된 매장주체부의 형식

발굴조사 당시의 현상으로 보면 삼국시대에 재활용된 무덤의 형식은 아래와 같이 세 부류로 나누어 볼 수 있다. 첫째, 토광의 구조(Ⅰ류), 둘째, 석곽의 구조(Ⅱ류), 셋째, 유물 배치상으로 보면 무덤은 확실하나 뚜렷한 무덤 형식이 보이지 않는 경우(Ⅲ류) 등이다. 이 중 토광 구조가 가장 많은 편이다. 그런데, 세번째 유형은 상석과 지면 사이에 공간이 부족하여 굴광이 제대로 이루어지지 않았거나 그 흔적이 제대로 남지 않은 경우라고 볼 수 있다. 후자를 토광의 범주에 포함시킨다면 2형식으로 대별할 수 있을 것이다.

Ⅰ류(토광) : 곡성 연화리 A-4-1호, 광주 매월동 가군3호·가군4호·나군1호, 광주 신창동, 무안 맥포리 2·4·5호, 무안 월암리1호,

Ⅱ류(석곽) : 곡성 연화리 B-1-1호, 순창 내동리1호, 고창 부곡리 1호, 보령 소송리1·2호, 춘천 천전리 2호

Ⅲ류 : 곡성 연화리 A-1-2호·A-2호·B-3-1호·B-7호, 고창 상갑리A호,

Ⅰ류는 토광만 굴착하여 매장주체부를 만드는 데 비해, Ⅱ류는 바닥에 잔자갈을 깔아 시상을 마련하고 네 벽석을 쌓은 사례가 확인되고 있다. 후자는 때로 횡구식 구조가 확인되어 횡혈식 석실의 영향이 있었음을 분명히 확인할 수 있다. 따라서, Ⅰ류(토광)에 비해 Ⅱ류(석곽)가 더 정성을 기울여 축조하였음을 알 수 있다.

Ⅰ류(토광)와 Ⅱ류(석곽)를 비교하였을 때, Ⅱ류는 받침돌(지석)이 큰 바둑판식인 경우가 많다. 이는 토광을 굴착하는 것보다 석곽을 조성하기 위해서는 공간이 더 필요하기 때문일 것이다. 특히, 곡성 연화리유적에서는 삼국시대 석곽구조(B-1-2호)가 확인된 B-1호 지석묘가 일반 지석보다 높은 柱狀 지석을 가진 바둑판식이라는 점은 시사하는 바가 크다.

Ⅰ류(토광)와 Ⅱ류(석곽)의 대표적 사례는 곡성 연화리 유적(국립전주박물관 1997)에서 자세히 살펴볼 수 있다. 연화리 유적에서 지석묘를 재활용한 삼국시대 무덤은 토광 3기와 석곽 3기로 나누어진다. 연화리 A-4-2호는 Ⅰ류, 연화리 B-1-2호는 Ⅱ류의 대표적인 사례로 들 수 있다(그림 4-①, ②).

연화리 A-4호 지석묘 상석하부에서 확인된 A-4-2호는 A-4-1호의 남장벽을 거의 파괴하고 축조된 것으로 남장벽만 새로운 석재로 조성하고 나머지 부분은 토광을 파내면서 나온 흙과 파괴된 하부구조 석재를 동·서·북벽 쪽에 밀어 붙여 벽으로 삼은 것이다. 토광의 크기는 길이 185㎝, 너비 120㎝, 깊이 24㎝이며, 바닥은 생토면 그대로 이용하였다. 현재는 지석이 하나밖에 없지만 당시에는 지석이 더 있어서 상석 하부에 어느 정도 빈공간이 있었을 것으로 추정된다. 백제시대 개 1점, 배 1점, 철촉 2점, 철부, 철겸 등이 출토되었다.

한편, 삼국시대 석곽구조(B-1-2호)가 확인된 연화리 B-1호 지석묘의 지석은 1개 잔존하는데 서쪽 단벽에 잇대어 柱狀으로 세웠다. 동단벽이 후대에 축조된 B-1-2호에 의해 일부 파괴된 점을 고려하면 지석이 적어도 하나 더 있었을 것으로 보인다. B-1-2호가 석곽구조로 축조된 것은 주상(柱狀) 지석이 있어 상석이 많이 들려 있었기 때문일 것이다. B-1-2호는 지석묘의 매장주체부인 B-1-1호와 직교한다. 즉, B-1-2호는 B-1-1호 지석묘의 동단벽에 잇대어 축조한 것으로, 서장벽은 B-1-1호 지석묘의 동단벽을 장벽의 일부로 이용하고 있다. 바닥은 잔자갈로 한 벌 깔아서 시상을 만들었다. 병·삼족기·배 각 1점, 철촉 3점 등이 출토되었다(그림 4-④, ⑤).

삼국시대 무덤인 B-1-2호는 지석묘의 일부를 파괴했을 뿐만 아니라 공간이 제한된 채 조영된 까닭에 삼국시대의 다른 석축무덤에 비해 많은 변형이 있었다. 축조방법은 상석 아래의 빈 공간을 이용하였는데 먼저 바닥을 정지하여 잔자갈을 깔아 시상을 마련한 다음 네벽을 쌓았다. 즉, 세벽을 먼저 축조하고 난 다음 장벽인 한 벽을 밖에서 마무리한 축조 방법은 백제 석실묘에서는 보이지 않는 것으로 이는 기존의 지석묘를 이용하여 그 밑에 석곽을 조영하였기에 나타난 현상이다. 이러한 축조방법은 지석

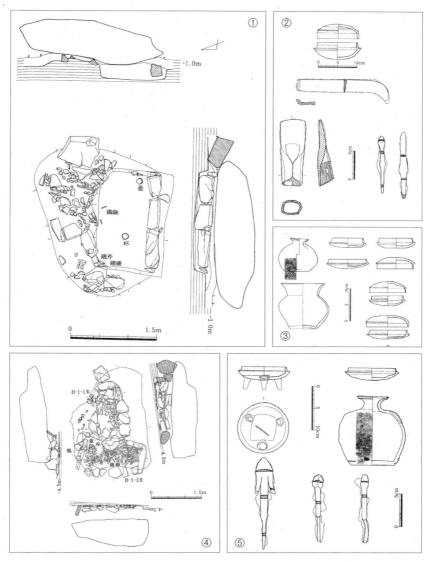

[그림 4] 곡성 연화리 A-4-2호(①, ②), A-1-3호·A-2호(③), B-1-2호(④, ⑤)

묘의 상석을 이용하는 상황에서 불가피하게 생겨난 것으로 볼 수도 있지
만 석실묘 축조방법의 영향을 받아 지석묘의 상석을 이용하게 된 것으로

파악된다(국립전주박물관 1997).

곡성 연화리 유적의 출토유물로 보면, Ⅰ류(토광)보다 Ⅱ류(석곽)가 좀 더 늦게 축조된 것으로 보인다. 즉, Ⅰ류(토광)단계에는 웅진기(후반대)의 광구호와 동체부 중앙에 최대경이 있는 병이 출토되었지만(그림 4-③), Ⅱ류(석곽)단계에는 사비기의 삼족기와 광견병이 확인되어 6세기 중엽경으로 편년된다(그림 4-⑤). 이러한 점에서 보면, 새로운 석실묘의 정착은 완만한 과도기를 거쳤을 것으로 파악된다.

2) 토광묘의 특징

(1) 토광묘의 축조방법

무암 월암리 지석묘에서 확인된 삼국시대 토광묘는 그 축조방법이 뚜렷이 확인되어 주목된다(그림 5). 즉, 지석묘 매장주체부(석곽)의 동벽과 북벽을 파괴하고 축조되었는데, 지석묘의 상석과 지면과의 공간이 더 넓은

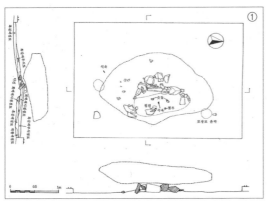

[그림 5] 무안 월암리 1호 지석묘 내 토광묘 및 출토유물

동쪽에서 파고 들어가 형성된 것이다. 이러한 사실은 동쪽의 바닥이 깊고 서쪽으로 가면서 낮아지고 있다는 점에서도 뒷받침된다(목포대학교박물관 1992). 굴착하기 좋은 한쪽 면부터 파고 들어가는 월암리의 토광 굴착 방법은 지석묘를 재활용한 삼국시대 무덤의 일반적인 양상일 것으로 보인다.

(2) 토광묘의 구조적 특징

무안 맥포리유적에서는 지석묘의 상석과 지석을 그대로 유지한 채 토광묘를 조성한 1, 3호 토광묘(그림 1)와 지석묘의 하부구조를 파괴하고 상석 또한 일부 깨거나 이동함으로 해서 토광묘를 조성한 2호 토광묘로 구분된다.

맥포리유적과 같이 지석묘 상석 아래에 삼국시대 무덤으로 재이용한 사례는 석재로 축조한 석축묘가 아닌 지면을 굴착하여 묘실을 확보한 토광묘이지만 기왕의 축조물을 이용하면서 석실의 효과를 얻었다는 점에서 일반적인 토광묘와는 다른 양상이다. 즉, 상석이 봉토 내지는 천정석의 역할을 하고 나머지 지석은 벽석의 역할을 하여 매장공간으로서 충분하다(호남문화재연구원 2005).

3) 석실분의 모방 흔적

(1) 추가 매장 사례

무안 맥포리 5호 지석묘(3호 토광묘)의 경우, 유물의 출토양상이나 퇴적 상황에서 최소한 2-3회 정도 부장유물의 추가매납이나 추가장이 이루어 졌을 가능성이 크다(그림 1-②). 이는 추가장을 전제로 축조되는 석실분의 구조적인 특징과도 유사한 면이 있다. 이에 대해 상술해 보기로 한다.

맥포리 3호 토광묘는 5호 지석묘 하부 전체를 이용하였다. 토광묘 내부는 바닥으로부터 암갈색사질점토-흑회색부식토-적갈색사질점토층으로 퇴적되어 있다. 암갈색사질점토층에 해당하는 유물들은 대부분 토광묘의 중앙에 정연하게 놓여 있다. 반면에 흑회색부식토층에 해당하는 유물들은 토광묘의 어깨선과 거의 비슷한 높이에 위치하고 있다. 또한 다량의 철촉과 철부 등이 북서벽쪽에 뭉쳐있던 것으로 보아 추가장이 이루어지면서 매장시설내에 재정리가 이루어졌던 것으로 판단된다. 그리고 마지막으로 적갈색사질점토층에서 경질호를 이용한 매장시설이 조성된 것으로 보인다. 이러한 점을 고려하면 3호 토광묘는 2-3회 정도 유물의 추가매납 또는 추가매장이 이루어졌고, 이러한 일련의 과정 속에서 3호 토광묘는 타원형에 가깝게 조성되었고 5호 지석묘 하부 전체를 사용하게 된 것으로 판단된다(호남문화재연구원 2005).

(2) 횡구식 구조

순창 내동리 1호 지석묘는 삼국시대에 재사용되었는데, 매장주체부는 횡구식 석실의 구조로 파악된다(그림 3-①). 즉, 내동리 1호 지석묘는 하단이 훼손되어 정확한 형태는 알 수 없으나 연도부를 조성한 횡구식 석곽으로 보인다. 추가장은 남쪽 단벽을 파괴하고 이루어졌으며, 석재를 이용하여 입구를 막은 것으로 추정된다. 바닥은 아무런 시설을 하지 않았다(호남문화재연구원 2007).

이러한 횡구식의 매장주체부는 백제 석실분의 영향으로 볼 수 있는데, 축조 시기는 이 지역에 석실분이 등장하는 시점과 일치한다. 깊은 배신의 杯와 광구호의 조합상으로 보면 백제 웅진기 후기의 6세기전엽으로 편년된다.

또한, 곡성 연화리 삼국시대 무덤인 B-1-2호도 횡구식으로 추정된다(그림 4-④). 즉, 남단벽을 3매의 판석으로 수적한 것은 남단벽을 입구로 생각하여 축조한 것으로 판단된다(국립전주박물관 1997).

한편, 무안 맥포리 1호 토광묘는 맥포리 2호 지석묘의 지석을 제외한 다른 하부구조를 훼손한 후 굴광하여 조성하였다(그림 1-①). 1호 토광묘는 2호 지석묘의 지석이 온전하게 상석을 떠받치고 있는 상황에서 남쪽으로부터 파고 들어와 조성된 것이다. 토광묘 남쪽 단벽쪽에 판석 1매를 이용한 막음시설이 확인되었다(호남문화재연구원 2005).

판석 막음시설은 공간이 좁아 벽석시설은 하지 못하고, 횡혈식 석실구조의 입구 폐쇄부를 모방한 것으로 볼 수 있다. 이는 횡혈식 석실 구조를 인지하고 그것을 모방하여 만든 것임을 시사한다.

(3) 바닥 시설(시상)

자갈을 간 바닥시설(시상)이 확인된 예는 곡성 연화리 B-1-2호, 고창 상갑리 A호 등의 무덤이 대표적인데, 이 중 연화리 B-1-2호 무덤이 잔존 상태가 양호하다(그림 4-④).

전술한 바와 같이, 곡성 연화리 B-1-2호 무덤은 B-1-1호 지석묘의 매장주체부에 잇대어 축조된 백제 무덤으로 바닥에는 잔자갈을 한 벌 깔아 시상을 만들었다(국립전주박물관 1997).

곡성 연화리나 고창 상갑리에서는 모두 백제계 유물이 확인되고 있는데, 이러한 무덤은 6세기대에 백제 석실분의 영향으로 축조된 것으로 보아야 할 것이다.

4) 특이 형식

(1) 고창 상갑리 A호 지석묘

고창 상갑리 A호 지석묘(김재원·윤무병 1967)에서 확인된 삼국시대 무덤은 특이한 형식이다. 이 경우는 개석식이어서 상석 직하에 빈 공간이 없다. 그래서 지석묘 상석의 비스듬한 측면 아래(바위그늘)에 자갈을 깔고 시신을 매장하고 간단히 토사로 덮은 것으로 추정된다. 즉, 이 무덤은 지석묘 상석 아래가 아니라 상석 측면의 바위그늘 아래에 자리한다. 바닥 레벨은 상석 저면과 거의 일치하고 있다. 자갈을 깐 범위는 동서 160㎝, 남북 60㎝이다. 평저 토기병 1점, 적색토기호, 개배 1조 등이 출토되었는데, 병형 토기와 개배로 보면 6세기대의 백제토기로 볼 수 있다.

(2) 춘천 천전리 2호 지석묘

춘천 천전리 2호 지석묘는 여러 가지 점에서 이례적이다(그림 2). 유일하게 강원도에 자리하고, 재활용된 무덤의 출토유물이 단각고배 등 신라토기(6세기후엽)라는 점이다. 또한 지석묘의 입지가 강변 충적대지이고, 탁자식 지석묘의 기존 매장주체부(석관)의 한쪽(동쪽) 벽을 터서 확장된 새로운 매장주체부를 만든 것도 특이한 경우이다. 그 주위에 봉토 대신 적석을 가한 일종의 적석총이었다고 보고된 바 있다. 이러한 적석 봉분을 갖춘 특수한 분묘로서는 울릉도 고분군을 들 수 있다. 이 울릉도 고분군의 연대는 통일신라시대에 속한다(국립중앙박물관 2008).

추가장은 동일혈족 혹은 집단에 의해 상호간 연속선상에서 진행되는 것이 자연스런 현상이다. 그런데 이 추가장은 전혀 이질적 환경의 발생으로 무덤의 재활용 형태로 이루어졌음을 알 수 있다. 특히 추가장 자체가 시간이 상당히 경과한 후에 이루어지고, 그 과정에 정치·사회적 변화가 크게 나타났다면 유구와는 전혀 이질적 유물이 부장될 수 있다는 사실도 인정할 수 있다. 그러한 예로는 청주 주성리 1호 석실분에서 찾을 수 있 겠는데, 초기(5세기초)에 매장된 백제시대의 유물이 한쪽으로 치워지거나 정지 혹은 청소된 뒤에 다시 6세기후반에 신라토기를 사용하는 사람들에 의해 매장행위가 이루어졌다[217](이남석 1999).

청주 주성리 1호 석실분에서 확인된 추가장 혹은 분묘의 재활용 행위 는 서울 가락동·방이동의 횡혈식 석실분에서 발견된 신라토기의 성격 이 해에도 그대로 적용될 수 있지 않을까 생각된다. 가락동·방이동의 석실 분은 백제가 한성에 도읍하던 시기에 축조된 것인데, 후대에 신라토기를 사용하는 사람들이 무덤자체를 재활용하면서 신라토기가 부장된 것으로 보아도 될 것이다[218]. 특히 신라토기를 남긴 사람들은 새롭게 무덤을 만 들 수 없고, 오히려 기존의 분묘를 재활용하는 처지라면, 부장품으로 귀 중품 혹은 유물을 풍부하게 남기기는 어려웠을 것이다. 그러한 환경으로 가락동·방이동의 횡혈식 석실분에 남겨진 신라계 유물은 토기 수점이란

---

217) 청주 주성리 1호 석실분은 묘실의 조성방법이나 규모가 서울의 가락동 3호분과 크게 다르지 않다. 주성리 1호분은 백제인이 만든 백제 횡혈식 석실분이고, 400년 전후에 축조되었다고 볼 수 있다. 그리고 이 석실분은 적어도 150여년에 걸쳐 사용되면서 백제인에 의해 3차, 다시 신 라인에 의한 2차에 걸쳐 반복적으로 사용되었음도 알 수 있다(이남석 1999).

218) 서울 방이동·가락동에 있는 횡혈식 석실분을 신라토기에 근거하여 백제고분보다는 오히려 신 라 고분, 즉 신라가 한강유역에 진출한 6세기 중반 이후에 조성된 횡혈식 석실분으로 보아야 한다는 의견이 종래 있었다(김원룡 1974). 이후 이에 대한 반론이 나왔다. 즉, 추가장 혹은 묘 지의 재사용으로 백제의 횡혈식 석실분에 신라토기가 부장될 수 있는 환경이 입증되었다. 가 락동 3호분의 경우, 고분의 규모는 대형에 속함에도 불구하고 부장품은 병형토기와 고배 등 수 점의 토기에 불과하다. 동시기의 신라 횡혈식 석실분의 유물 출토환경에 비해서 그 빈약상이 두드러지고 나아가 부장품과 유구의 내용의 부조화가 매우 두드러진다. 이러한 유물조합상은 오히려 소형의 석곽묘 부장품 내용에나 어울리는 것으로 볼 수 있을 뿐이다(이남석 1999).

박장을 보일 수 밖에 없었을 것이다(이남석 1999).

9. 피장자의 위계

먼저, 출토유물을 통해 보면 지석묘를 재활용한 무덤의 피장자는 상위층으로 보기는 어렵고, 중하위층으로 보는 것이 합리적이다. <표 1>과 같이 출토유물은 대부분 토기류와 철기류이고, 그 외에 옥·방추차·숫돌 등이 확인될 뿐이다. 철기류에 있어서는 철겸·철부·철도자·철촉에 한하고, 환두대도나 마구류·이식 등의 위세품은 전혀 확인되지 않는다.

별도의 봉토를 이용하지 않고 지석묘를 재활용한 피장자 집단은 6세기 전후한 시기에 일반적인 봉토석실분을 축조하기 어려웠던 계층으로 볼 수 있다. 즉, 당시 봉토석실분이 축조되기 시작하여 활성화될 무렵에 봉토석실분을 축조하기 어려웠던 계층이 석실분 축조 모습을 보고 모방한 것으로 판단된다. 지석묘를 재활용하면 상석이 봉토를 대신하고, 상석 아래에 간단한 돌을 돌리거나 토광을 파서 약식의 매장주체부를 만들 수 있어 노동력을 절감할 수 있다.

6세기(초)를 전후한 시기에 봉토석실분과 지석묘를 재활용한 무덤과의 관계는 무안 맥포리 고분(직경 27m)과 무안 맥포리 2·4·5호 지석묘(1-3호 토광묘)를 통해 살펴볼 수 있다. 맥포리 지석묘 하부를 재이용한 3기의 토광묘는 연접해 있는 방형의 고분과 층서관계를 가지고 있다. 즉, 3호 토광묘가 처음 축조될 당시 고분은 이미 지석묘군의 일부를 매몰하여 조성되었던 것으로 파악할 수 있다. 지석묘 묘실을 재이용한 토광묘보다 앞서 조영된 것으로 확인된 이 방형분은 옹관편과 함께 석실 축조에 사용된 판석재들이 노출된 점으로 보아 다장분으로 추정 가능하다(호남문화재연구원 2005). 봉토를 마지막으로 만든 것은 판석재를 이용한 석실분 이후이 며, 지석묘를 재활용하기 이전에 이미 주변에는 거대한 고분이 축조되고 있었다고 볼 수 있다. 이를 모방하는 과정에 중하위층이 지석묘를 재활용 하여 무덤을 축조한 것으로 보인다. 이와 같이 6세기 전후한 시기에 무안 맥포리유적에서 확인되는 봉토석실분과 지석묘를 재활용한 무덤과의 관 계는 동시기의 계층성을 잘 보여준다고 하겠다.

요컨대, 지석묘를 재활용한 무덤의 축조자들은 석실분을 인지하고 있었 지만, 기술 부족·노동력 동원의 어려움과 경제적 부담에 따른 축조 편이 도모·전통적인 거석 숭배 신앙 등과 밀접히 관련되어 있다고 볼 수 있다.

III. 조선시대 이후 태항아리 매장지로 재사용된 지석묘

조선시대 이후 태항아리 매장지로 재사용된 지석묘 사례가 현재까지 는 전남지역 외에 지석묘의 밀집도가 그리 높지 않은 경기도에서도 확인 되고 있기에, 향후 정밀조사를 거치면 전국적으로 발견될 가능성이 높다. 그간 우리나라에서 태항아리 매장지로 재사용된 지석묘 사례를 아래에 정리하였다(표 5).

〈표 5〉 조선시대~근현대 태항아리 매장지로 재사용된 지석묘 사례

순번	유적명	입지	상석 크기 (길이×너비×두께)	형식	후대 매장유물	유물 출토 위치	편년	전거
1	안성 만정리 신기 1호	구릉 정상	304×166 ×131cm	바둑 판식	단경호와 분청사기 접시, 분청사기 대접과 도기 저부	상석 아래	조선 전기	경기 문화재 연구원 2009

순번	유적명	입지	상석 크기 (길이×너비×두께)	형식	후대 매장유물	유물 출토 위치	편년	전거
2	이천 현방리 3호	구릉 정상	250×240 ×150cm	탁자식	백자 접시와 단지	상석 아래	조선 전기	세종대 박물관 2000
3	화순 대초리 6호	곡간 평지	240×220 ×170cm	바둑판식	백자, 분청사기	상석 아래	조선 전기	최몽룡 1976
4	화순 대초리 8호	곡간 평지	250×210 ×120cm	개석식 (?)	분청사기접시, 유병	상석 아래	조선 전기	
5	순천 연향동 2호	구릉 상부	160×115 ×45cm	개석식 (?)	태항아리	상석 아래	근현대	순천대 박물관 1999
6	고창 부곡리 2호	산기슭	360×322 ×168cm	바둑판식	사기접시, 옹기	상석 아래	근현대	호남 문화재 연구원 2005

입지는 평지보다는 주변을 조망할 수 있는 구릉 상부가 많은 편이다. 예컨대, 안성 만정리 신기 1호 지석묘는 능선상에서 제일 높은 곳이어서 사방을 조망할 수 있는 입지이다(경기문화재연구원 2009). 이천 현방리 3호 지석묘도 주변지역보다 약간 높은 구릉의 대지 위에 위치하여 주변에서 가장 잘 보이는 곳이다(세종대학교박물관 2000).

지석묘 상석도 단위 군집에서 대형에 속한다. 이천 현방리 3호 지석묘의 경우, 17.6톤으로 현방리에서 최대형에 속한다(우장문 2006). 이천 현방리 8기의 지석묘 중에 최대형인 3호 지석묘에 한해 태항아리가 발견됨은 민간에서의 거석숭배사상을 엿볼 수 있다. 그리고, 안성 만정리 신기 지석묘는 1기만 발견된 예인데, 바로 인접하여 청동기시대 석관묘 5기가 주변에 둘러싸고 있어 주목된다(경기문화재연구원 2009). 화순 대초리 6·8호 지석묘도 지석묘군 가운데 가장 크고 뚜렷하다. 특히, 대초리 6호 지석묘는 4개의 큰 지석이 있는 바둑판식으로, 민간신앙의 대상으로서 제사를 지

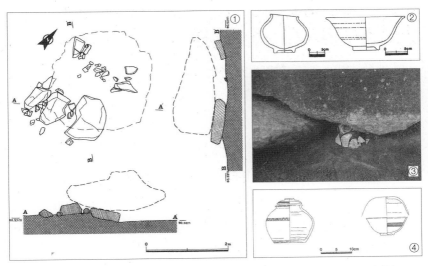

[그림 6] 이천 현방리 3호 지석묘 및 출토유물(①, ②, ③), 안성 만정리 1호 지석묘 출토유물(④)

냈던 것으로 보인다(최몽룡 1976).

지석묘 형식으로 보면, 바둑판식이나 탁자식처럼 상석 아래에 뚜렷하게 일정한 공간이 확보되는 형식도 있지만 조사 당시에는 지석(支石)이 보이지 않아 개석식으로 추정된 경우도 있다. 개석식도 상석이 지표면에 편평하게 접지하는 경우는 드물기에 빈 공간을 이용하여 태항아리를 놓을 공간이 있는 지석묘 상석을 최대한 활용한 것으로 보인다. 실제로, 태항아리가 확인된 순천 연향동 대석 2호 지석묘(순천대학교박물관 1999)는 지석은 확인되지 않았지만 상석이 들려 있었던 남동쪽에서 태항아리가 발견된 바 있다.

태항아리를 당시에 매장한 그대로를 가장 잘 보여주는 사례는 이천 현방리 3호 지석묘와 안성 만정리 1호 지석묘(그림 6-④)이다. 특히, 현방리 3호 지석묘 아래에서는 백자 단지를 백자 대접이 덮은 채로 발견되었다(그림 6-①, ②, ③).

태항아리는 아기가 태어나면 길일을 택하여 태(胎)를 깨끗이 씻은 다음 항아리에 담아 밀봉하여 묻었다. 왕가에서는 전국의 길지를 찾아 태봉(胎封)에 매장하였다. 태를 항아리에 넣어 보관하는 풍속은 왕가 뿐만 아니라 중류층 이상의 가정에서도 실시하였던 것으로 추정되고 있다(한국정신문화연구원 1991).

왕가가 아닌 중류층 이상의 일반민들의 일부는 별도의 길지를 택한 것이 아니라, 지석묘를 길한 곳이라 여기고 그곳을 매장지로 사용했던 것으로 보인다. 지석묘를 길한 곳이라 여긴 것은 거석의 불변성 뿐만 아니라 오랫동안 존속해온 거석숭배라는 민간신앙과 밀접한 관련이 있는 것이다. 현재까지 확인된 5례 가운데 3례(안성 만정리·이천 현방리·순천 연향동)가 구릉 상부에 해당하여 주변에서 가장 잘 보인다는 점은 태봉의 입지와도 일맥 상통한다. 즉, 일반적인 태봉은 그리 높지 않지만 고립되고 봉긋한 구릉 정상부가 일반적이다. 이러한 태봉의 입지와 구릉 상부에 자리하여 사방을 조망할 수 있는 지석묘의 상석은 상호 유사점이 보인다.

IV. 민간신앙의 대상으로 이용된 지석묘

지석묘가 후대 무덤으로 재활용된 사례 이외에, 지석묘 주변에서 신앙의 대상으로서 봉헌된 유물이 출토되는 경우가 일부 확인되고 있다. 이와 같이 지석묘 주위에서 봉헌된 유물이 출토되는 것에 대해, 일반적으로 지석묘가 축조된 이후에도 지속적으로 거석에 대한 숭배사상에서 연유한 것으로 보고 있다(이영문 1993).

무덤으로 재활용된 지석묘는 공간확보를 위해 支石이 있는 경우가 대부분이다. 이에 비해, 무덤으로 재활용된 것이 아니라 민간신앙의 대상으로 활용된 사례는 지석이 없는 개석식 지석묘가 더 많은 비율을 차지하고 있다. 공통점은 해당 지석묘군의 上石 중 (최)대형을 이용한다는 점이다. 민간에서 숭배의 대상으로, 여러 상석들 중에서 가장 크고 돋보이는 큰 지석묘를 택하였음을 알 수 있다. 그간 우리나라에서 민간신앙의 대상으로 활용된 지석묘 사례를 아래에 정리하였다(표 6).

〈표 6〉 민간신앙의 대상으로 활용된 지석묘 사례

순번	유적명	입지	상석 크기(㎝) (길이×너비×두께)	형식	출토 유물	유물 출토 위치	편년	전거
1	화순 월산리 2호	곡간 평지	300×170 ×80	개석식	뚜껑접시 (개배)	석실 벽 상단	6세기초	전남대 박물관 1982
2	무안 성동리 안골 나군 8호	곡간 평지	328×232 ×64	개석식	토기뚜껑	적석열 가장자리	9세기	목포대 박물관 1997
3	여수 미평동 가-4호	산기슭	333×200 ×120	바둑판식	개배편	상석 가장자리 아래	6~7세기	순천대 박물관 1998
4	여수 봉계동 대곡 3호	곡간 평지	350×220 ×130	바둑판식	토기뚜껑	석렬 외곽의 교란층	9세기	전남대 박물관 1990
5	여수 웅천동 웅동 1호· 1-1호	구릉 하단	186×140 ×101	개석식	단경호, 고배	상석 아래	6세기	동북아 지석묘 연구소 2013
6	여수 웅천동 모전 3호	구릉 하단	220×140 ×90	개석식	철도자	구획석 상단	6세기(?)	
7	여수 미평동 양지 2호	산기슭	244×155 ×64	개석식	철도자	적석 가장자리	6세기(?)	전남대 박물관 1998
8	경주 화곡리	산기슭	360×325 ×210	개석식	개, 고배, 대부완, 파수부배, 소옹, 배, 잔 등	적석시설 내	5세기말 ~통일 신라	성림 문화재 연구원 2008

여수 미평동 가-4호 지석묘는 미평동 '가'군 지석묘(8기) 중에서 가장 규모가 크다는 점에서 주목된다. 14톤에 달하며, 지석(굄돌)도 가장 많아 두드러진 바둑판식 지석묘이다(순천대학교박물관 1998). 민간신앙의 숭배대상으로, 여러 지석묘 중 최대형인 4호를 택한 것으로 보인다.

지금도 지석묘가 축조되고 있는 인도네시아 플로레스섬·숨바섬의 경우, 조상 숭배와 기복 신앙 차원에서 음식을 담은 그릇을 놓고 기도하는 모습을 확인할 수 있었기에(가종수 외 2015), 후대의 용기는 그러한 맥락에서 볼 수 있는 유물이다. 한국 현대 농촌사회에서도 거석에 대한 민간신앙의 일환으로 음식을 봉헌하거나 정안수를 떠놓고 기도하는 모습이 일부 남아 있다. 그러한 의례 속에서 사용된 그릇이 지석묘 옆에서 확인된 것으로 보인다.

이러한 예는 화순 월산리(전남대학교박물관 1982)와 여수 봉계동 대곡(전남대학교박물관 1990), 여수 미평동(순천대학교박물관 1998), 여수 웅천동 웅동(동북아지석묘연구소 2013), 무안 성동리 안골 지석묘(목포대학교박물관 1997) 등의 유적에서 살펴볼 수 있다(표 6 참조).

가장 대표적인 예가 화순 월산리 2호 지석묘이다. 화순 월산리 2호 지석묘 출토 백제시대 개배[219]는 석실벽 상단에 놓여 있었다. 이는 당시 민간신앙의 일면을 엿볼 수 있는데, 소원성취를 기원하는 대상이 지석묘 상석이었음을 보여주는 증거물이다. 이러한 풍습은 오늘날에도 지석묘 상석이나 입석에 새끼줄을 쳐놓고 그 앞에 음식물을 가져다 놓고 남몰래 소원성취를 비는 경우 거석에 대한 숭배사상의 일종으로 볼 수 있으며 이

---

219) 월산리 출토 백제 개배는 담양 제월리 출토 유개합과 같은 형식이어서 6세기초로 편년할 수 있다(서현주 2012).

또한 오랜 전통의 민간신앙으로 입석이나 지석묘 주위에서 종종 발견되는 역사시대의 유물이 이를 증명해 주는 것이다(전남대학교박물관 1982).

한편, 여수 웅천동 웅동유적의 경우, 웅동 1호 지석묘 주변에서 6세기대 토기들이 출토되었다(동북아지석묘연구소 2013). 웅동 1호 지석묘는 웅동 지석묘군 가운데 가장 규모가 크며, 지석은 확인되지 않은 개석식이다. 상석 아래에서 백제토기(단경호) 1점이 출토되었다. 1호 지석묘와 인접한 1-1호 석곽묘 상부에서는 고배 2점(가야 및 신라 고배)이 출토되었다(그림 7-①, ②). 출토위치와 유물의 편년을 보면 3점의 토기는 거의 동시기에 매납된 것으로 보인다. 전남동부권에서 백제토기와 가야, 신라토기(단각고배)가 공반된다는 점에서 6세기 중후엽경으로 편년해 본다. 웅동지석묘군에 인접하여 삼국시대 토광묘 1기(1호 토광묘)가 조사되었는데(그림 7-③), 여기에서 6세기중엽경 소가야계 토기들이 출토되었다는 점에서 그 무렵에 행해진 민간차원의 거석숭배 신앙이었다고 보여진다. 다시 말하면, 지석묘 상석 아래이자 매장주체부 상부에서 출토되었고 삼국시대의 매장시설이 보이지 않는다는 점에서 군집에서 가장 큰 1호 상석 주변에서 당시 민간신앙의 흔적으로 남은 당시 토기로 파악할 수 있다. 특히, 소가야계 고배는 대각부를 인위적으로 깨서 없애고 용도 변경해서 의례행위를 위해서 사용된 것으로 보인다(그림 7-②).

여기에서 웅동유적 삼국시대 1호 토광묘를 검토해 볼 필요가 있겠다. 1호 토광묘가 축조되던 6세기대는 토광묘가 거의 사라지는 단계인데 벽석이 보이지 않는 토광묘의 모습이 잔존하고[220] 소형이라는 것은 피장자가 중하층민일 가능성을 시사한다. 이 토광묘 바로 인근에 위치한 웅동 1호

---

220) 토광묘 바닥에는 돌을 깔고 있어 석곽묘의 속성이 일부 확인된다.

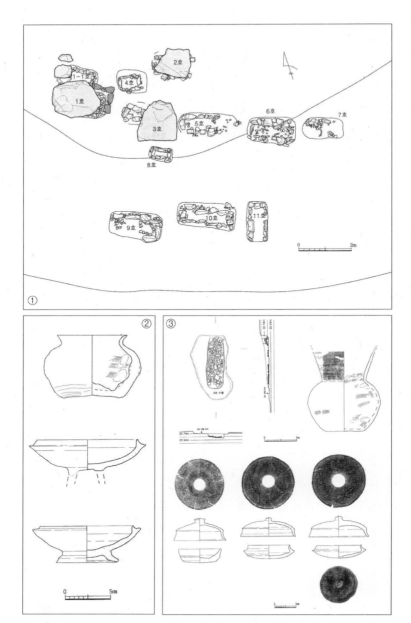

[그림 7] 여수 웅천동 웅동지석묘군 배치도(①), 웅동 1·1-1호 지석묘 출토유물(②), 웅동 삼국시대 1호 토광묘 및 출토유물(③)

지석묘 주변에 유물을 놓고 거석 숭배 신앙을 행한 주체는 지석묘군 주변에 살던 일반민으로 추정된다. 1호 토광묘(삼국시대)가 지석묘 군집과 인접하고 청동기시대 7호 석곽묘와 직교하면서 유기적 관계를 보이는 것은 6세기대 주민들의 거석 숭배신앙의 일단을 보여주는 것이라 하겠다(그림 7).

그리고, 여수 미평동 양지 2호 지석묘 출토 철도자는 적석의 가장자리에서 칼끝을 동쪽으로 향한 채 꽂혀 있었다는 점에서, 민간신앙의 차원에서 어떠한 의례행위가 있었던 것으로 보인다. 여수 웅천동 모전 3호 지석묘에서도 철도자가 출토된 바 있다(동북아지석묘연구소 2013). 미평동 양지 2호 지석묘에 인접하여 6세기대의 소형 석실분 2기가 조사되었기에 철도자도 그 무렵의 유물로 추정해 볼 수 있다(전남대학교박물관 1998).

이처럼, 같은 전남지역에서도 남해안권에서 민간신앙의 대상으로 활용된 지석묘 사례가 더 많이 확인된다[221]. 이는 전남지역에서도 남해안권역에 지석묘의 군집도가 높은 것(이영문 1993, 조진선 2004)과 무관하지 않을 것이다.

한편, 영남지역에서 유일하게 확인된 경주 화곡리유적은 호남지역의 예와는 상이하다. 즉, 화곡리 유적은 외형상 묘역식 지석묘와 유사하지만 하부에 매장주체부가 확인되지 않는 특이 구조이다. 화곡리 유적은 청동기시대에 의례공간으로 조성되어 활용되다가, 5세기말부터 통일신라시대에 걸쳐 다시 제사행위가 이루어진 것으로 보인다. 보고자는, 신라시대부터 통일신라시대까지 주변의 토기·기와 가마와 다수의 고분군과 관련하여 장인 집단의 안녕과 순조로운 생산을 기원하기 위한 공간구조물로 재활용된 것으로 판단하고 있다(성림문화재연구원 2008).

---

221) 본고에서 민간신앙의 대상으로 활용된 사례로 언급한 유적 가운데 원래 삼국시대 무덤으로 축조되었는데 후대에 많이 훼손된 경우도 배제할 수는 없을 것이다.

V. 맺음말

청동기시대의 대표적인 무덤인 지석묘는 최근 발굴조사를 통해, 삼국시대 이후 무덤으로 재활용된 경우가 적지 않게 확인되어 주목되고 있다. 지석(굄돌)에 의해 상석과의 사이에 일정한 공간이 마련되어 재사용이 가능한 구조에서 비롯된 것으로 보인다.

그런데, 자세한 검토를 통해, 삼국시대 뿐만 아니라 조선시대~근현대에 이르기까지 태항아리의 매장지로 재활용되거나, 삼국시대 이래 민간신앙의 대상으로 활용되었음이 밝혀지고 있다. 후자의 경우는, 같은 삼국시대 유물이 출토되더라도 무덤의 구조가 아니라 상석 아래나 주변부에 유물만 놓아 둔 경우라 무덤과는 차별성이 보인다.

현재까지 삼국시대 무덤으로 재활용된 지석묘 사례는 11개 군집 20기가 확인되었다. 이 중 가장 집중된 곳은 호남지역, 특히 전남지역이다. 이는 전남지역이 전국에서 가장 많은 지석묘가 있어, 상대적으로 거석숭배신앙이 오랫동안 잔존했다는 측면과 무관하지 않을 것이다.

삼국시대 무덤으로 재활용된 지석묘는 대개 6세기대에 집중되고 있고, 전남(서부)지역 혹은 전남과 인접한 전북 남부지역에서 주로 분포하고 있다. 당시에 전남지역은 정치적 격동기이면서 동시에 석실분이나 석곽묘가 유입되어 확산되는 시기이기도 하다. 석실분과 석곽묘의 축조가 활발해지면서 그러한 고분을 축조하지 못하는 중하위층 토착민들의 일부가 거석 숭배신앙과 결부되어 지석묘를 재활용하여 무덤을 축조한 것으로 보인다.

삼국시대에 무덤으로 재활용된 경우, 주변을 조망할 수 있는 독립 구릉이나 산기슭에 자리한 지석묘가 선호되었다. 또한, 군집에서 상석이 비교적 대형이고 지석이 있거나 상석이 조금 들려 있어 무덤을 축조할 공간이 확보되는 거대 지석묘가 이용되었다.

상석의 평면형태나 단면형태는 납작한 장방형이나 타원형이 선호되었다. 특히, 단면형태는 대부분 편평한 장방형이다. 이는 삼국시대 매장주체부의 뚜껑돌로 기능하게 되는 상석이 편평한 것이 적합하기 때문이다. 지석묘 상석의 장축과 매장주체부의 장축방향, 삼국시대 재활용된 매장주체부의 장축방향이 상호 일치하는 경우가 다수를 점하지만, 예외적인 경우도 있다. 지석묘를 이용하여 삼국시대에 다시 만들어진 매장주체부의 장축방향은 특정 두향을 염두에 둔 것은 아니고 상석 아래에 빈 공간을 파고 들어가야 하므로 상석 아래의 빈 공간의 방향에 따라 달라짐을 알 수 있다.

삼국시대에 재활용된 무덤의 형식은 토광과 석곽의 구조로 대별된다. 토광에 비해 석곽 구조가 더 정성을 기울여 축조하였음을 알 수 있다. 석곽 구조는 횡혈식 석실의 영향을 받은 것으로 보인다. 그러한 추정의 근거는 추가 매장 사례, 횡구식 구조, 바닥시설(시상) 등의 흔적이 확인되기 때문이다.

출토유물을 통해 보면 지석묘를 재활용한 무덤의 피장자는 상위층은 아니고, 중하위층으로 보아야 할 것이다. 출토유물은 대부분 토기류와 철기류인데, 위세품은 전혀 확인되지 않는다. 지석묘를 재활용한 무덤의 축조자들은 석실분을 인지하고 있었지만, 기술 부족·노동력 동원의 어려움과 경제적 부담에 따른 축조 편이 도모·전통적인 거석 숭배 신앙 등과 밀접히 관련되어 있다고 볼 수 있다

한편, 조선시대부터 근현대에 이르기까지 태항아리 매장지로 재사용된 지석묘 사례는 전남지역 외에 지석묘의 밀집도가 그리 높지 않은 경기도에서도 확인되고 있기에, 향후 정밀조사를 거치면 전국적으로 발견될 가

능성이 높다. 입지는 평지보다는 주변을 조망할 수 있는 구릉 상부가 많은 편이다. 지석묘 상석도 단위 군집에서 대형을 선호하였다. 태항아리는 아기가 태어나면 길일을 택하여 태(胎)를 깨끗이 씻은 다음 항아리에 담아 밀봉하여 묻었는데, 왕가에서는 전국의 길지를 찾아 태봉(胎封)에 매장하였다. 왕가가 아닌 일반민들의 일부는 별도의 길지를 택한 것이 아니라, 지석묘를 길한 곳이라 여기고 그곳을 매장지로 사용했던 것으로 보인다. 지석묘를 길한 곳이라 여긴 것은 거석의 불변성 뿐만 아니라 오랫동안 존속해온 거석숭배라는 민간신앙과 밀접한 관련이 있는 것이다. 태항아리가 매장된 지석묘 상석이 사방을 조망할 수 있는 구릉 상부에 위치하는 경우가 많아 태봉의 입지와도 일맥 상통한다.

　마지막으로, 신앙의 대상으로서 지석묘 주변에 봉헌된 유물이 출토되는 경우가 일부 확인되고 있다. 무덤으로 재활용된 지석묘는 공간확보를 위해 支石이 있는 경우가 대부분이다. 이에 비해, 무덤으로 재활용된 것이 아니라 민간신앙의 대상으로 활용된 사례는 지석이 없는 개석식 지석묘가 더 많은 비율을 차지하고 있다. 공통점은 해당 지석묘군의 上石 중 (最)대형이라는 점이다. 민간에서 숭배의 대상으로 여러 상석들 중에서 가장 크고, 돋보이는 큰 지석묘를 택하였음을 알 수 있다. 이러한 풍습은 오늘날에도 지석묘 상석이나 입석에 새끼줄을 쳐놓고 그 앞에 음식물을 가져다 놓고 남몰래 소원성취를 비는 거석 숭배사상의 일종으로 볼 수 있다. 이 또한 오랜 전통의 민간신앙으로 입석이나 지석묘 주위에서 종종 발견되는 역사시대의 유물이 이를 증명해 주는 것이다.

「지석묘의 재활용과 그 의미」, 『호남고고학보』55, 호남고고학회, 2017.

참고문헌

1. 국문

가기야 아키코, 2009, 「서숨바섬의 거석묘 만들기」, 『지금도 살아 숨쉬는 숨바섬의 지석묘 사회』, 북코리아.

가종수, 2004, 「니아섬의 巨石文化」, 『선사와 고대』21, 한국고대학회

가종수, 2009, 「지금도 살아 있는 지석묘사회 숨바섬」, 『지금도 살아 숨쉬는 숨바섬의 지석묘 사회』, 북코리아.

가종수, 2010, 『신들의 섬 발리』, 북코리아.

가종수·기무라 시게노부, 2011, 『한국 석상의 원류를 찾아서』, 북코리아.

가종수 외, 2009, 『지금도 살아 숨쉬는 숨바섬의 지석묘 사회』, 북코리아.

가종수 외, 2015, 『동인도네시아의 거석문화와 건축』, 북코리아.

강봉룡 1994, 『신라 지방통치체제 연구』, 서울대학교 대학원 박사학위논문.

강봉원, 2000, 「한국지석묘연구의 이론과 방법론」, 『한국의 지석묘 종합조사연구』, 문화재청.

강산문화연구원, 2018, 「가야역사문화 환경정비사업부지내(2단계) 시굴조사 결과보고서」.

강인구, 1980. 「달성 진천동의 지석묘」 『한국사연구』 28.

경기문화재연구원, 2009, 『안성 만정리 신기유적』.

경남대학교박물관, 2013, 『덕천리』.

경남고고학연구소, 2009, 「국내 최대 지석묘의 발견, 김해 구산동유적」, 『2008 한국고고학 저널』, 국립문화재연구소.

경남고고학연구소 2010, 『김해 구산동유적』.

경남문화재연구원 2007, 『김해 대성동 도시계획도로 개설구간내 김해 대성동·동상동 유적』.

경남발전연구원 역사문화센터 2004, 「김해 수로왕비릉 주차장부지내 유적」, 『문화유적 시굴조사보고서』

경남발전연구원 역사문화센터, 2004, 『함안 군북 동촌리지석묘 발굴조사 보고서』

경남발전연구원 역사문화센터 2009,『김해 율하리유적 Ⅱ』.

경남발전연구원 역사문화센터, 2010,『경남의 청동기시대 문화』.

고려대학교 매장문화연구소, 1996,『관산리유적』(Ⅰ).

古門雅高 2003,「고대 일본(구주)의 지석묘」,『진주 남강유적과 고대 일본』, 신서원.

곽종철, 2001,「장소의 상징성·한계성과 유적의 성격」『고문화』57, 한국대학박물관협회.

공주대학교박물관, 1996,『오석리유적』.

공주대학교박물관, 1997,『분강·지석리 고분군』.

橋口達也, 2010,「일본 야요이시대 옹관연구의 현황과 과제」,『일본의 옹관묘』, 국립나주
    문화재연구소.

곽종철, 1990,「낙동강하구역에 있어서 선사~고대의 어로활동」,『가야문화』제3호.

곽종철, 2001,「장소의 상징성·한계성과 유적의 성격」,『고문화』57, 한국대학박물관협회.

關根英行 2007,「한국인과 일본인의 계통연구와 패러다임」,『민족문화연구』47호, 고려대
    학교 민족문화연구소.

關根英行 2016,「일본 고고학자의 한반도 도래인 인식」,『동아시아고대학』42집, 동아시아
    고대학회.

국립광주박물관, 1988,『함평 초포리 석관묘』

국립광주박물관, 1992,『여천 월내동 고인돌』.

국립광주박물관, 1993,『신창동유적-제1차 발굴조사 개보-』.

국립광주박물관, 2001,「보성 동촌리 유적 회의자료』.

국립광주박물관, 2012,『2,000년 전의 타임캡슐(광주 신창동 유적 사적 지정 20주년 기념 특별전)』.

국립광주박물관, 2013,『화순 대곡리유적』

국립광주박물관·동북아지석묘연구소, 2016,『세계유산 고인돌 -큰 돌로 무덤을 만들다-』.

국립김해박물관, 2010,『창원 봉산리유적』.

국립김해박물관·두류문화연구원 2020,『박물관 브랜드화 프로젝트 '가야 선주민 연구'를
    위한 창원지역 지석묘 조사보고서』.

국립나주문화재연구소, 2011,『일본 지석묘(동북아시아 지석묘 6)』.

국립박물관, 1967,『한국지석묘연구』.

국립부여박물관, 1987,『보령 교성리 집자리』.

국립전주박물관, 1997, 『곡성 연화리 지석묘』(호남고속도로확장구간 문화유적발굴조사보고서 I).

국립제주박물관, 2001, 『제주의 역사와 문화』.

국립중앙박물관, 1976, 『조도 패총』.

국립중앙박물관, 2008, 『울릉도』.

국립진주박물관, 2002, 『청동기시대의 대평·대평인』.

권오영, 1995, 「三韓社會 '國'의 構成에 對한 考察」, 『三韓의 社會와 文化』, 한국고대사연구회.

권오영, 1996, 「三韓의 '國'에 대한 研究」, 서울대학교 대학원 박사학위논문.

권오영, 2007, 「고고자료로 본 지방사회」, 『백제문화사대계 연구총서8-백제의 정치제도와 군사』, 충청남도역사문화연구원.

권오영, 2008, 「섬진강유역의 삼국시대 취락과 주거지」, 『백제와 섬진강』, 서경문화사.

권오영, 2014, 「고대 한반도에 들어온 유리의 고고·역사학적 배경」, 『한국상고사학보』85.

권오영, 2017, 「백제와 왜의 교섭에 관련된 최근 자료와 새로운 해석」, 『한국사론』63, 서울대학교 국사학과.

기호문화재연구원, 2015, 『함안 봉성리 청동기시대 무덤군(Ⅱ)』.

김경칠, 2009, 『호남지방의 원삼국시대 대외교류』, 학연문화사.

김경칠·송미진·김문국·김민정·박순천, 2016, 『나주 구기촌·덕곡유적』, 전남문화재연구원.

김광명, 2001, 『대구·경산지역 지석묘 연구』, 영남대학교 석사학위논문.

김광명, 2004, 「경북지역의 고인돌과 보존현황」, 『아시아권에서의 문화유산(고인돌) 보존과 활용』, 제1회 세계문화유산(고인돌) 국제심포지움, (재)동북아지석묘연구소.

김광명, 2005, 「청동기시대 영남지역의 무덤과 제사」, 『영남의 청동기시대 문화』, 제14회 영남고고학회 학술발표회.

김권구, 2001, 「영남지방 청동기시대 마을의 특성과 지역별 전개양상」, 『한국 청동기시대 연구의 새로운 성과와 과제』, 충남대박물관.

김권구, 2007, 「청동기시대 상징과 사회발전」, 『천마고고학논총』, 석심정영화교수 정년퇴임기념.

김권구, 2016, 「영남지역 읍락의 형성과 변화」, 『한국고대사연구』82.

김권중, 2009, 「춘천지역의 청동기시대 중심취락과 취락간 관계」, 『청동기시대 중심취락과 취락 네트워크』(한국청동기학회 취락분과 제2회 워크숍 발표요지).

김규정, 2009, 「호남지역 무문토기 생산과 유통의 문제」, 『호남고고학에서 바라본 생산과 유통』, 제17회 호남고고학회 학술대회.

김길식, 1994, 「부여 송국리유적 조사개요와 성과」, 『마을의 고고학』, 한국고고학회.

김길식, 1998, 「부여 송국리 무문토기시대묘」, 『고고학지』제9집.

김낙중, 2012, 「영산강유역 고대사회의 성장과 변동과정」, 『백제와 영산강』, 학연문화사.

김도헌, 2006, 「송국리유적과 방어취락」, 『송국리유적 조사 30년, 그 의의와 성과』(송국리유적 국제학술대회).

김동수, 1998, 「화순군의 연혁」, 『화순 쌍산의소와 5대산성』, 전남대학교박물관.

김두진, 1997, 「마한사회의 구조와 성격」, 『삼한의 역사와 문화-마한편-』, 자유지성사.

김명진, 1988, 『동아세아 거석문화에 대한 연구』, 한양대학교박물관

김미영, 2011, 「영남지역 경부내경적색마연호 연구」, 『경남연구』제5집, 경남발전연구원 역사문화센터

김미영, 2019, 「제6장. 함안지역 청동기시대 문화의 특징」, 『함안 선사유적 현황조사』, 함안군

김병곤, 2002, 「고조선사에 보이는 지석묘사회와 그 장의 성격 변화」, 『홍경만교수정년기념 한국사학논총』.

김병모, 1980, 「자바島의 거석문화-인도네시아 거석문화의 연구⑴」, 『한국고고학보』8.

김병모, 1981, 「한국 거석문화 원류에 관한 연구⑴」, 『한국고고학보』10·11합집.

김병섭, 2011, 「남강유역 하촌리형 주거지에 대한 일고찰」, 『경남연구』제4집, 경남발전연구원 역사문화센터

김봉우, 2000, 『경남의 막돌탑과 선돌』, 집문당.

김세기, 2003, 『고분자료로 본 대가야연구』, 학연문화사.

김승옥, 1999, 「진안 용담댐 지석묘 발굴조사」, 『제 42회 전국역사학대회 발표요지』.

김승옥, 2001, 「금강유역 송국리형 묘제의 연구」, 『한국고고학보』45.

김승옥, 2004, 「용담댐 무문토기시대문화의 사회조직과 변천과정」, 『호남고고학보』19집.

김승옥, 2006, 「분묘자료를 통해 본 청동기시대 사회조직과 변천」, 『계층사회와 지배자의 출현』, 한국고고학회.

김승옥, 2007, 「분묘자료를 통해 본 청동기시대 사회조직과 변천」, 『계층사회와 지배자의

출현』, 사회평론.

김승옥, 2016, 「만경강유역 점토대토기문화의 전개과정과 특징」, 『한국고고학보』99, 한국
　　　고고학회.

김승옥·이종철, 2000, 「진안 용담댐 수몰지구내 여의곡유적 조사개요」『21세기 한국고고
　　　학의 방향』(제 24회 한국고고학전국대회 발표요지).

김양훈, 2016, 「변한 '國'의 형성과 발전-다호리유적을 중심으로-」, 『역사와 경계』100, 부산
　　　경남사학회.

김영민, 2008, 『금관가야의 고고학적 연구』, 부산대학교 대학원 박사학위논문.

김영심, 1997, 『백제지방통치체제연구』, 서울대학교대학원 박사학위논문.

김영심, 2003, 「웅진·사비시기 백제의 영역」, 『고대 동아시아와 백제』, 서경문화사.

김영희, 2000, 「영광 군동 '라'유적 발굴조사보고」, 『제8회 호남고고학회 학술대회 발표요
　　　지-호남지역의 철기문화』, 호남고고학회.

김용성 2016, 「영남지방 목관묘와 사로국」, 『한국고대사연구』82

김용탁 외 2017, 『김해 내동유적』, 강산문화연구원.

김원룡, 1964, 『신창리 옹관묘지』, 서울대학교 고고인류학총간 1.

김원룡, 1974, 『한국의 고분』, 교양국사총서편찬위원회.

김원룡, 1974, 「백제초기고분에 대한 재고」, 『역사학보』62, 역사학회.

김장석, 2002, 「이주와 전파의 고고학적 구분: 시험적 모델의 제시」, 『한국상고사학보』38.

김재원·윤무병, 1967, 『한국지석묘연구』, 국립박물관고적조사보고 제6책.

김재현 2017, 「청동기시대의 사람」, 『청동기시대의 고고학 4(분묘와 의례)』, 서경문화사.

김정기, 1974, 「한국 수혈주거지고」(二), 『고고학』3.

김정배, 1986, 『한국고대의 국가기원과 형성』, 고려대학교 출판부.

김정애·이지영, 2008, 『나주 운곡동유적 I 』, 마한문화연구원.

김정학, 1983, 「김해 내동 지석묘 조사개보」, 『부산 당감동 고분군』, 부산대학교박물관.

김종일 1994, 「한국중서부지역 청동유적·유물의 분포와 제의권」, 『한국사론』31, 서울대학
　　　교 국사학과.

김철준, 1975, 『한국고대사회연구』, 지식산업사.

김태식, 1993, 『가야연맹사』, 일조각.

김태식, 2000a, 「역사적으로 본 소가야의 연맹체」『묘제와 출토유물로 본 소가야』, 국립창
　　원문화재연구소개소10주년기념학술회의.

김태식, 2000b, 「역사학에서 본 고령 가라국사」『가야각국사의 재구성』, 부산대 한국민족
　　문화연구소.

김태식, 2002,『미완의 문명 7백년 가야사』, 푸른역사.

김　현, 2005,『경남지역 무문토기시대 무덤에 대한 연구』, 부산대학교 석사학위논문.

김혜진·배진성, 2005, 「함안지역 지석묘의 특징과 지역성-함안식적색마연호의 설정을 겸
　　하여-」『함안지역 조사』, 경남고고학연구소.

남도문화재연구원, 2004, 「순천 가곡지구 발굴조사회의자료」.

남재우 2012, 「문헌으로 본 가락국의 형성과 발전」『김해 양동고분군과 고대 동아세아』(제
　　18회 가야사국제학술회의), 김해시.

노미선, 1998,『금강유역 점토대토기의 연구』, 전북대학교대학원 석사학위논문.

노중국 2017, 「대가야의 국가발전과정」『쟁점 대가야사 대가야의 국가발전 단계』(제11회 대
　　가야사학술회의), 고령군.

노혁진, 1997, 「청동기시대의 사회와 문화」, 『한국사 3 : 청동기문화와 철기문화』, 국사편
　　찬위원회.

노혁진, 2001, 「점토대토기문화의 사회성격에 대한 일고찰」, 『한국고고학보』45.

端野晉平(김재현 역), 2015, 「도작농경 개시전후의 일본열도·한반도간 교류」, 『동아시아 지
　　역사회의 지식정보 교류와 유통』, 동아대학교 석당학술원.

대성동고분박물관, 2004,『김해의 고인돌』.

대성동고분박물관, 2013,『김해 대성동고분군-73호분~84호분-』.

대성동고분박물관, 2016,『김해 대성동고분군-92호분~94호분, 지석묘-』.

대한문화유산연구센터, 2009, 「보성 농공단지 조성사업부지내 문화재 발굴조사 회의자
　　료」.

대한문화유산연구센터, 2011,『순천 선평리 강청 유적』.

동북아문화재연구원, 2016, 「경산지식산업지구 개발사업부지(대학리51-5번지)내 유적 현장설
　　명회자료」.

동북아지석묘연구소, 2013,『여수 웅천동-웅서·웅동·모전·송현유적』.

동북아지석묘연구소, 2015, 『영암 축협 종합청사 신축공사 부지내 문화재 정밀발굴조사 약식보고서』.

동북아지석묘연구소, 2016, 「송정1교-나주시계간 도로확장공사 문화재 정밀발굴조사(3차) 현장설명회자료집」.

동서문물연구원, 2012, 『함안 동촌리유적 Ⅱ』.

동아대학교박물관 1998, 『문화유적분포지도-김해시-』

동아대학교박물관, 1999, 『남강유역 문화유적 발굴도록』.

동아대학교박물관, 2001, 『진주 내촌리유적』.

동아세아문화재연구원, 2014, 『함안 봉성리 청동기시대 무덤군』.

마한문화연구원, 2008, 『나주 운곡동 유적 Ⅰ』.

마한문화연구원, 2008, 『순천 가곡동 지석묘』.

마한문화연구원, 2009, 『순천 가곡동 유적』.

마한문화연구원, 2009, 『나주 운곡동 유적Ⅱ』.

마한문화연구원, 2010, 『순천 덕암동 유적 Ⅱ』.

마한문화연구원, 2011, 『나주 운곡동 유적Ⅳ』.

마한문화연구원, 2014, 『나주 월량리 유적』.

목포대학교박물관, 1992, 『무안 월암리 지석묘』.

목포대학교박물관, 1996, 「여천 화장동 지석묘 발굴조사 약보고」.

목포대학교박물관, 1997, 『무안 성동리 안골 지석묘』.

목포대학교박물관, 1999a, 「국도 22호선(영광~해보간) 도로 확·포장공사구간 문화유적 발굴 조사 현장설명회자료」.

목포대학교박물관, 1999b, 「군동유적」『서해안고속도로(무안~영광간) 건설공사구간내 문화 유적발굴조사 현장설명회자료』.

목포대박물관·순천대박물관·국립광주박물관,1999, 「국도 27호선(고흥~벌교간)발굴조사개 요」.

문안식, 2002, 『백제의 영역확장과 지방통치』, 신서원.

문창로, 2000, 『삼한시대의 읍락과 사회』, 신서원

문창로, 2017, 「문헌으로 보는 삼한의 소도와 제의」『마한의 소도와 의례공간』, 제28회 백

제학회 정기학술회의.

문화재연구소, 1994,『진양 대평리 유적』.

박미라, 2007,『전남동부지역 1~5세기 주거지의 변천양상』, 목포대학교 석사학위논문.

박선영, 2004,『남한 출토 유병식석검 연구』, 경북대학교대학원 석사학위논문.

박성훈, 2006,『서부경남 지석묘의 전개양상에 대한 일고찰』, 경상대학교대학원 석사학위
　　　　논문.

박수현·전형민·이창승·오대종·김신혜, 2016,『장성 월정리유적Ⅱ』, 호남문화재연구원

박순발, 1993,「우리나라 초기철기문화의 전개과정에 대한 약간의 고찰」,『고고미술사론』
　　　　3, 충북대학교 고고미술사학과

박순발, 1997,「한강유역의 기층문화와 백제의 성장과정」,『한국고고학보』36.

박순발, 1998,「전기 마한의 시·공간적 위치에 대하여」,『마한사 연구』, 충남대학교출판부.

박순발, 2016,「마한사의 전개와 익산」,『마한·백제문화』28, 마한·백제문화연구소.

박승규, 1998,「대구 팔달동유적의 적석목관묘」,『제41회 전국역사학대회 발표요지』.

박승규, 2003,「대가야토기의 확산과 관계망」,『한국고고학보』49, 한국고고학회.

박양진, 1999,「제6장. 한국의 지석묘(충청남도)」,『한국 지석묘(고인돌)유적 종합조사·연구』,
　　　　문화재청·서울대학교박물관.

박양진, 2001,「한국 청동기시대 사회적 성격의 재검토」『한국 청동기시대 연구의 새로운
　　　　성과와 과제』, 충남대학교박물관.

박영민, 2012,『4~6세기 금관가야의 읍락 구성』, 경북대학교대학원 석사학위논문.

박영호, 2010,「경주 석장동 876-5번지 다가구주택 신축부지내 유적」,『이주의 고고학』, 제
　　　　34회 한국고고학전국대회.

박진일, 2000,「원형점토대토기문화연구-호서 및 호남지방을 중심으로-」,『호남고고학보』12.

박진일, 2000,『원형점토대토기문화연구-호서 및 호남지방을 중심으로-』, 부산대학교 대
　　　　학원 석사학위논문.

박진일, 2001,「영남지방 점토대토기문화 시론」,『한국상고사학보』제 35호.

박진일, 2013,『한반도 점토대토기문화 연구』, 부산대학교 대학원 박사학위논문.

박진일, 2015,「구야국 성립기의 토기문화」,『구야국과 고대 동아시아』(제21회 가야사국제학술회
　　　　의), 주류성.

박천수, 2003, 「대가야권」, 『가야의 유적과 유물』, 학연문화사.

박천수, 2006a, 「대가야권의 성립과정과 형성배경」, 『토기로 보는 대가야』, 대가야박물관.

박천수, 2006b, 「임나사현과 기문, 대사를 둘러싼 백제와 대가야」, 『가야, 낙동강에서 영산강으로』, 제12회 가야사국제학술회의, 김해시.

박태홍, 2004, 「전남동부지역 백제산성에 관한 연구」, 순천대학교 대학원 석사학위논문.

박해운, 2019, 「청동기사회에서 철기사회로의 진행과정-집단지향적인 사회구조에서 개인지향적인 사회구조로의 변화과정과 이데올로기의 전환-」, 『사림』69, 수선사학회.

배도식, 2014, 「애장」, 『한국일생의례사전』, 국립민속박물관.

배진성, 2006, 「무문토기사회의 위세품 부장과 계층화」, 『계층사회와 지배자의 출현』, 한국 고고학회창립30주년기념 한국고고학전국대회.

배진성, 2007, 『무문토기문화의 성립과 계층사회』, 서경문화사

배진성, 2008, 「함안식 적색마연호의 분석」, 『한국민족문화』32, 부산대학교한국민족문화연구소.

백승충 1989, 「1~3세기 가야세력의 성격과 그 추이」, 『부대사학』13, 부산대학교사학회.

부경대학교박물관, 1998, 『김해 대성동 소성유적』

부산광역시립박물관, 1999, 『김해 화정2지구 발굴조사 현장설명회자료』.

부산대학교박물관, 1995, 『울산 검단리마을유적』.

부산대학교박물관, 1998, 『김해 봉황대유적』.

삼강문화재연구원, 2012, 『창원 용잠리 송국리문화 유적』.

常松幹雄, 2010, 「옹관묘의 분포와 그 배경」, 『일본의 옹관묘』, 국립나주문화재연구소.

서성훈·성낙준, 1984, 『고흥 장수제 지석묘조사』, 국립광주박물관.

서성훈·이영문, 1983, 『강진 영복리 지석묘 발굴조사보고서』, 국립광주박물관.

서현주, 2000, 「호남지역 원삼국시대 패총의 현황과 형성 배경」, 『호남고고학보』11.

서현주, 2012, 「영산강유역의 토기문화와 백제화 과정」, 『백제와 영산강』, 학연문화사.

성림문화재연구원, 2008, 『경주 화곡리 제단 유적』.

성정용, 1997, 「대전 신대동·비래동 청동기유적」, 『호남고고학의 제문제』(제21회 한국고고학전국대회).

세종대학교박물관, 2000, 『이천지역 고인돌 연구』.

小池史哲 2011, 「일본 지석묘 조사현황과 성과」, 『일본 지석묘』, 국립나주문화재연구소.

손준호, 2009, 「청동기시대의 전쟁」, 『갈등과 전쟁의 고고학』, 제33회 한국고고학전국대회.

송만영, 2001, 「남한지방 농경문화형성기 취락의 구조와 변화」, 『제 25회 한국고고학전국대회 발표요지-한국 농경문화의 형성』.

송영진, 2003, 『적색마연토기에 대한 일고찰』, 경상대학교 대학원 석사학위논문

송영진, 2012, 「남강유역 마연토기의 변화와 시기구분」, 『영남고고학』60, 영남고고학회

송영진, 2015, 「함안 군북지역의 청동기문화」, 『새로 찾은 함안 군북의 문화유적과 유물』 (2015년 함안박물관 특별기획전), 함안박물관

송의정 외, 2003, 『보성 동촌리유적』, 국립광주박물관

송정현·이영문, 1988a, 「죽산리 '다'군 지석묘」『주암댐 수몰지역 문화유적발굴조사보고서』Ⅲ, 전남대학박물관.

송정현·이영문, 1988b, 「우산리 내우 지석묘」『주암댐 수몰지역 문화유적발굴조사보고서』Ⅱ, 전남대학교박물관.

송종열, 2015, 「만경강유역 점토대토기문화의 정착 과정」, 『호남고고학보』50.

송화섭, 1994, 「선사시대 암각화에 나타난 석검·석촉의 양식과 상징」, 『한국고고학보』31.

송화섭, 2004, 「인도네시아 수마트라섬의 고인돌」, 『인문콘텐츠』4, 인문콘텐츠학회.

순천대학교박물관, 1997, 『순천 용당동 죽림 지석묘』.

순천대학교박물관, 1998, 『여수 미평동 죽림 지석묘』.

순천대학교박물관, 1999, 『순천 연향동 대석유적』

순천대학교박물관, 2000, 『광양 용강리 택지개발지구 1차 발굴조사 약보고』.

순천대학교박물관, 2001, 『광양 용강리 택지개발지구 2차 발굴조사 약보고』.

순천대학교박물관 2001, 『순천 용당동 망북 유적』.

순천대학교박물관, 2003, 『문화유적분포지도-여수시-』.

순천대학교박물관, 2004, 『엘지칼텍스정유확장부지 문화재 지표조사보고서』.

순천대학교박물관, 2008, 『순천 운평리유적Ⅰ』.

순천대학교박물관, 2010, 『순천 운평리유적Ⅱ』.

순천대학교박물관, 2014, 『순천 운평리유적Ⅲ』.

신경숙, 2002, 『호남지역 점토대토기 연구』, 목포대학교 대학원 석사학위논문.

신경철, 1980, 「웅천문화기 기원전상한설 재고」, 『부대사학』제4집.

신경철, 1995, 「삼한·삼국시대의 동래」, 『동래구지』, 동래구지편찬위원회.

신경철, 2000, 「고찰」, 『김해구지로분묘군』, 경성대학교박물관

신영애, 2015, 「원삼국시대 목관묘」, 『금호강유역 초기사회의 형성』, 학연문화사.

신석원, 2017, 「청동기시대 영남지역 출토 인골을 통해 본 젠더 연구-매장패턴과 석검 부
　　　　장양상을 중심으로-」, 『영남고고학』78, 영남고고학회.

신채식, 1993, 『동양사개론』, 삼영사

신채호, 1925, 「전후삼한고」, 『조선사연구초』.

심봉근, 1999, 『韓國에서 본 日本彌生文化의 展開』, 학연문화사.

심봉근, 2001, 『진주 내촌리유적』, 동아대학교박물관.

심봉근·박은정, 1992, 「한국청동기 계보와 그 동반유물」, 『한국상고사학보』10호.

심재용 2007, 『구야국의 성장과정에 대한 고고학적 검토』, 부산대학교 대학원 석사학위논문.

안승모·유병하·윤태영, 1996, 『완주 반교리 유적』, 국립전주박물관

안재호, 1989, 「삼각형점토대토기의 성격과 연대」, 『늑도주거지』, 부산대박물관.

안재호, 1996, 「무문토기시대 취락의 변천-주거지를 통한 중기의 설정-」, 『석오윤용진교수
　　　　정년퇴임기념논총』.

안재호, 2000, 「창원 다호리유적의 편년」, 『한국고대사와 고고학』(학산김정학박사 송수기념논총),
　　　　학연문화사.

안재호, 2006, 『청동기시대 취락연구』, 부산대학교 대학원 박사학위논문.

안재호 2009, 「청동기시대 사천 이금동취락의 변천」, 『영남고고학』51.

안재호, 2012, 「묘역식 지석묘의 출현과 사회상」, 『호서고고학』26, 호서고고학회.

안춘배·김원경·반용부 1990, 「가야사회의 형성과정 연구-김해지역을 중심으로-」, 『가야
　　　　문화연구』창간호.

안홍좌, 2016, 「변진주조마국의 형성과 변천」, 『지역과 역사』제38호, 부경역사연구소

양해웅·송공선·박자영·권혁주, 2008, 『광주 기곡·관동유적』, 호남문화재연구원.

영남문화재연구원, 2000, 『대구팔달동유적 Ⅰ』.

예지은 2011, 『韓半島 出土 彌生系土器의 硏究』, 영남대학교 대학원 석사학위논문.

오대양 2014, 「북한지역 고인돌유적의 특징과 성격」, 『선사와 고대』40.

요시다 야스히코, 2009, 「동숨바섬의 거석문화」, 『지금도 살아 숨쉬는 숨바섬의 지석묘 사회』, 북코리아.

우리문화재연구원, 2008, 『함안 오곡리 87번지유적』.

우리문화재연구원, 2011, 『산청 매촌리유적』.

우장문, 2006, 『경기지역의 고인돌 연구』, 학연문화사.

우장문, 2010, 「인도네시아 숨바섬의 고인돌」, 『백산학보』 87호, 백산학회.

우장문, 2013, 『우리나라와 인도네시아의 고인돌 연구』, 학연문화사.

원광대학교 마한·백제문화연구소, 2000, 「광대리유적」, 『서해안고속도로 건설구간내 문화유적 발굴조사 약보고서』.

유병록, 2010, 「송국리문화의 일본 전파와 수용」, 『이주의 고고학』, 제34회 한국고고학전국대회 발표요지.

유병일, 2003, 「패총의 층위형성에 대한 일고찰-경상지역 원삼국·가야시대 패총을 중심으로-」, 『고문화』 61집, 한국대학박물관협회.

유 철, 1996, 「전북지방 묘제에 대한 소고」, 『호남고고학보』 3집.

유태용, 2000, 「지석묘의 축조와 엘리트 계층의 등장에 대한 이론적 검토」, 『한국 지석묘 연구 이론과

방법』, 주류성.

유태용, 2003, 『한국지석묘연구』, 주류성

윤내현, 1976, 「은문화의 경제적 기반에 대하여」, 『사학지』 10

윤덕향, 1987, 「오봉리 '다'군 지석묘」 『주암댐 수몰지역 문화유적 발굴조사보고서』 I, 전남대학교박물관·전라남도.

윤덕향, 1988, 「덕치리 신기 지석묘」, 『주암댐 수몰지역 문화유적 발굴조사보고서』 III, 전남대학교박물관·전라남도.

윤덕향, 2000, 『남양리 발굴조사보고서』, 전북대학교박물관.

윤무병, 1987, 「공주군 탄천면 남산리 선사분묘군」 『삼불김원룡교수정년퇴임논총』 I -고고학편.

윤세영·이홍종, 1997, 『관창리 주구묘』, 고려대학교 매장문화연구소.

윤정국, 2008, 「광양 도월리 유적」 II, 『호남지역 07·08 문화유적 발굴성과』, 호남고고학회.

윤태영, 2014, 「김해 회현리 옹관의 연대」, 『고고광장』 15, 부산고고학연구회.

윤호필, 2004, 「경남지역 고인돌과 보존현황」, 『아시아권에서의 문화유산 보존과 활용』(제1회 세계문화유산 국제심포지움), (재)동북아지석묘연구소.

윤호필, 2013, 『축조와 의례로 본 지석묘사회 연구』, 목포대학교 대학원 박사학위논문.

윤호필, 2018, 「함안지역 청동기시대의 공간과 활용」, 『아라가야의 역사와 공간』, 제10회 아라가야 국제학술심포지엄, 창원대학교 경남학연구센터.

윤호필·고민정 2009, 「고찰」, 『김해 율하리 유적 II』, 경남발전연구원 역사문화센터.

은화수, 2001, 「보성 동촌리유적 발굴조사」, 『한국농경문화의 형성』(제25회 한국고고학전국 대회 발표요지), 한국고고학회.

이건무, 1986, 「彩文土器考」, 『영남고고학』 2, 영남고고학회.

이건무, 1990, 「부여 합송리유적 출토 일괄유물」, 『고고학지』 2, 한국고고미술연구소.

이건무, 1992, 「한국 청동의기의 연구-이형동기를 중심으로」, 『한국고고학보』 28.

이건무, 1992, 『한국의 청동기 문화』(특별전), 국립중앙박물관.

이건무, 1999, 「호남지역의 청동기문화」, 『호남지역의 청동기문화』(제7회 호남고고학회 학술대회 발표요지).

이건무·서성훈, 1998, 『함평 초포리 유적』, 국립광주박물관.

이건무·신광섭, 1994, 「익산 석천리 옹관묘에 대하여」, 『고고학지』 6.

이건무·이영훈·윤광진·신대곤, 1989, 「의창 다호리유적 발굴진전보고(I)」, 『고고학지』 제1집, 한국고고미술연구소.

이건무 외, 1993, 「창원 다호리유적 발굴진전보고(III)」 『고고학지』 제5집, 한국고고미술연구소.

이경순, 1994, 『세형동검문화기의 묘제에 대한 고찰』, 동의대학교대학원 석사학위논문

이광규, 1969, 「초도의 초분」, 『민족문화연구』 제3호, 고려대학교민족문화연구소.

이규산, 1977, 「부여군 비당리 선사분묘」 『고고학』 제4집.

이근우, 1994, 『일본서기에 인용된 백제삼서에 관한 연구』, 한국정신문화연구원 박사논문.

이기길, 2001, 「새로 밝혀진 영광군의 선사와 고대문화」, 『선사와 고대』 16, 한국고대학회.

이기길·김선주·최미노, 2003, 『영광 마전·군동·원당·수동유적』, 조선대학교박물관

이남석, 1985, 「청동기시대 한반도 사회발전단계 문제」, 『백제문화』 16집.

이남석, 1999, 「백제의 횡혈식석실분 수용양상에 대하여」, 『한국고대사연구 16』.

이동희, 2000, 「여수 화장동 지석묘」, 『학산김정학박사송수기념논총』.

이동희, 2001, 「광양 용강리유적 1차 발굴조사 개보」, 『제9회 호남고고학회 학술대회 발표 요지』.

이동희, 2002a, 「전남지방 지석묘사회와 발전단계」, 『호남고고학보』15집, 호남고고학회.

이동희, 2002b, 「호남지방 점토대토기문화기의 묘제와 지역성」, 『고문화』60집.

이동희, 2003, 「여수 화양·소라경지정리지구유적 발굴조사개보」, 『용담댐 수몰지구의 고고학』(제11회 호남고고학회 학술대회 발표요지).

이동희, 2004, 「전남동부지역 가야계 토기와 역사적 성격」, 『한국상고사학보』46집.

이동희, 2005, 『전남동부지역 복합사회형성과정의 고고학적 연구』, 성균관대학교 대학원 박사학위논문.

이동희, 2007, 「백제의 전남동부지역 진출의 고고학적 연구」, 『한국고고학보』64집.

이동희, 2007, 「지석묘 축조집단의 단위와 집단의 영역」, 『호남고고학보』26집.

이동희, 2007, 「여수반도 지석묘 사회의 계층구조」, 『고문화』70, 한국대학박물관협회.

이동희, 2008, 「전남동부지역의 마한소국 형성」, 『호남고고학보』29.

이동희, 2010, 「전남동부지역 가야문화의 기원과 변천」, 『호남동부지역의 가야와 백제』(제18회 호남고고학회 학술대회).

이동희, 2011, 「인도네시아 숨바섬과 한국 지석묘 사회의 비교 연구」, 『호남고고학보』38, 호남고고학회.

이동희, 2011, 「보성 조성리유적의 성격」, 『고대 동북아시아의 수리와 제사』, 학연문화사.

이동희, 2013, 「전남·경남지역 청동기시대 묘제와 지역성」, 『고조선단군학』29호, 고조선단군학회.

이동희, 2014, 「1-5세기 호남동부지역의 주거와 취락」, 『야외고고학』19호, 한국문화재조사연구기관협회.

이동희, 2015, 「호남지방 초기철기시대~원삼국시대 공백기 시론」, 『호남지방 초기철기~원삼국시대 문화』(2015년 학술세미나), 호남문화재연구원.

이동희, 2015, 「순천 동천유역의 정치체 성장과 변동 과정」, 『중앙고고연구』18, 중앙문화재연구원.

이동희, 2017, 「전남동부지역 초기철기~원삼국시대 유적의 편년」, 『사림』59, 수선사학회

이동희, 2017, 「호남지역 유적조사 성과를 통해 본 마한·백제-2016년을 중심으로-」, 『백제학보』20.

이동희, 2017, 「지석묘의 재활용과 그 의미」, 『호남고고학보』55, 호남고고학회.

이동희, 2017, 「영산강유역 마한 초현기의 분묘와 정치체의 형성」, 『호남고고학보』57, 호남고고학회.

이동희, 2017, 「분묘의 분포·입지·군집」, 『청동기시대의 고고학4-분묘와 의례』, 서경문화사.

이동희, 2018, 「한국과의 관련성으로 본 일본 지석묘문화의 재검토」, 『영남고고학』82.

이동희, 2018, 「고고학을 통해 본 안라국의 형성과정과 영역 변화」, 『지역과 역사』제42호, 부경역사연구소.

이동희, 2019a, 「고김해만 정치체의 형성과정과 수장층의 출현」, 『영남고고학』85, 영남고고학회

이동희, 2019b, 「고고자료로 본 창원지역 가야의 성장과정과 대외관계」, 『창원의 고대사회, 가야』, 2019 창원시·창원대 경남학연구센터 가야사 학술심포지엄.

이동희, 2020, 「고대산만 지석묘 사회와 다호리 집단」, 『가야 선주민의 무덤 영남의 지석묘 사회』(2020년 국립김해박물관 가야학술제전), 국립김해박물관.

이동희, 2021, 「함안지역의 지석묘 사회」, 『사림』76, 수선사학회.

이동희·조근우, 2000, 『순천시의 고고유적』, 『순천시의 문화유적(Ⅱ)』, 순천대학교박물관.

이동희·이순엽, 2006, 『여수 화동리·관기리유적』, 순천대학교박물관.

이동희·이순엽·최권호·이효정, 2009, 『보성 조성리 월평유적』, 순천대학교박물관.

이미란, 2008, 「전남동부지역 가야토기의 검토」, 목포대학교 대학원 석사학위논문.

이병도, 1976, 『한국고대사연구』, 박영사.

이상길, 1993, 「창원 덕천리 발굴조사보고」, 『제17회 한국고고학전국대회 발표요지』.

이상길, 1996, 「청동기시대 무덤에 대한 일시각」, 『석오윤용진교수정년퇴임기념논총』.

이상길, 2000, 「청동기 매납의 성격과 의미-마산 가포동유적 보고를 겸하여」, 『한국고고학보』42, 한국고고학회.

이상길, 2003, 「지석묘에서 제기되는 몇 가지 문제」, 『영·호남의 지석묘 문화』(2003년 창원대학교·목포대학교 박물관 남도교류 학술심포지움).

이상길, 2006, 「구획묘와 그 사회」, 『금강:송국리형문화의 형성과 발전』, 호남·호서고고학회 합동 학술대회 발표요지.

이선복, 1996, 『고고학 이야기』, 가서원.

이성주, 1993, 「1~3세기 가야 정치체의 성장」, 『한국고대사논총』5.

이성주, 1998, 『신라·가야사회의 기원과 성장』, 학연문화사.

이성주, 1999, 「경상남도」, 『한국지석묘유적 종합조사·연구(Ⅱ)』, 문화재청·서울대학교박물관.

이성주, 2000, 「기원전 1세기대의 진·변한지역」, 『전환기의 고고학Ⅲ-역사시대의 여명-』, 제24회 한국상고사학회 학술발표회.

이성주, 2000, 「지석묘:농경사회의 기념물」, 『한국지석묘 연구이론과 방법』, 주류성.

이성주, 2002, 「고고학상으로 본 금관가야의 국가적 성격」, 『맹주로서의 금관가야와 대가야』(제8회 가야사학술회의), 김해시.

이성주, 2008, 「다호리유적과 변진사회의 성장」, 『다호리유적 발굴성과와 과제』, 창원 다호리유적 발굴 20주년 국제학술심포지엄, 국립중앙박물관.

이성주, 2018, 「국읍으로서의 봉황동유적」, 『김해 봉황동유적과 고대 동아시아-가야 왕성을 탐구하다.-』(제24회 가야사국제학술회의), 김해시·인제대학교 가야문화연구소.

이송래, 1998, 「고고학에서 본 나주지역의 고대사회와 문화」, 『나주지역 고대사회의 성격』, 나주시·목포대박물관.

이송래, 1999, 「한국의 지석묘(전라북도)」, 『한국지석묘유적 종합조사·연구(Ⅱ)』, 문화재청·서울대학교박물관.

이송래, 1999, 「복합사회의 발전과 지석묘의 소멸」, 『전환기의 고고학(Ⅱ)』, 제22회 한국상고사학회 학술대회.

이송래, 1999, 「세계의 지석묘-인도·인도네시아」, 『한국 지석묘유적 종합조사·연구(Ⅰ)』, 문화재청·서울대학교박물관.

이수홍, 2007, 「경남지역의 청동기시대 묘제와 고인돌」, 『아시아 거석문화와 고인돌』, 제2회 아시아권 문화유산(고인돌) 국제심포지움, (재)동북아지석묘연구소.

이수홍, 2010, 「송국리문화의 안과 밖」, 『부여 송국리유적으로 본 한국 청동기시대 사회』, 제38회 한국상고사학회 학술대회.

이수홍, 2011, 「검단리유형의 무덤에 대한 연구」, 『고고광장』8, 부산고고학연구회.

이수홍, 2019, 「영남지방 무덤자료를 통해 본 계층화와 수장의 등장」, 『영남지역 수장층의 출현과 전개』, 제28회 영남고고학회 정기학술발표회.

이수홍, 2020, 「영남지역 지석묘 문화의 변화와 사회상」, 『가야 선주민의 무덤 영남의 지석묘 사회』(2020년 국립김해박물관 가야학술제전), 국립김해박물관.

이양수, 2004, 「다뉴세문경으로 본 한국과 일본」, 『영남고고학』35, 영남고고학회.

이양수, 2016, 「김해 회현동 D지구 옹관묘에 대하여」, 『고고광장』18, 부산고고학연구회.

이영문, 1984, 「승주군의 선사유적」, 『승주군 문화유적 지표조사』, 승주문화원.

이영문, 1990, 『여천시 봉계동 지석묘』, 전남대학교박물관.

이영문, 1993, 『전남지방 지석묘사회의 연구』, 한국교원대학교 대학원 박사학위논문.

이영문, 1997, 「전남지방 출토 마제석검에 관한 연구」, 『한국상고사학보』, 제24호.

이영문, 1999, 「호남지역 청동기시대 묘제 연구의 성과와 과제」, 『호남고고학보』9.

이영문, 2000a, 「한국 지석묘 연대에 대한 제문제」, 『청동기문화의 새로운 연구』, 한국고대 학회(2000년 춘계학술회의).

이영문, 2000b, 「전남지역 고대문화의 성립배경」, 『국사관논총』91, 국사편찬위원회.

이영문, 2001, 『고인돌 이야기』, 다지리

이영문, 2002, 『한국 지석묘 사회 연구』, 학연문화사.

이영문, 2004, 『세계문화유산 화순 고인돌』, ㈜동북아지석묘연구소.

이영문, 2010, 「호남지역 청동기시대 연구성과」, 『개원 10주년기념 조사유적 편람』, 호남 문화재연구원.

이영문, 2011, 「한국 청동기시대 전기 묘제의 양상」, 『문화사학』35, 한국문화사학회.

이영문·김승근·박덕재·강진표, 2007, 『장흥 송정지석묘 -가군-』, 목포대학교박물관

이영문·김진영, 2001, 『여수 화장동 약물고개·대방리 지석묘』, 목포대학교박물관.

이영문·박덕재·김진환·최성훈·이재언, 2013, 『영암 엄길리 서엄길 지석묘군』, 동북아지 석묘연구소

이영문·정기진, 1992, 『여수 오림동 지석묘』, 전남대학교박물관.

이영문·정기진, 1993, 『여천 적량동 상적 지석묘』, 전남대학교박물관.

이영문·조근우, 1996, 「전남의 지석묘」, 『전남의 고대묘제』, 목포대학교박물관·전라남도.

이영문·최인선·정기진, 1993, 『여수 평여동 산본 지석묘』, 전남대학교박물관.

이영식 2014a, 「김해 대성동고분군 출토 외래계 유물의 역사적 배경」, 『금관가야의 국제교류와 외래계 유물』(제20회 가야사학술회의), 김해시.

이영식 2014b, 『새로 쓰는 김해지리지 김해학, 길 위에 서다』, 미세움.

이영식 2016, 『가야제국사 연구』, 생각과 종이.

이영철·김미연·최은미, 2006, 『장흥 갈두유적 II』, 호남문화재연구원

이영철·박수현, 2005, 『장흥 신풍유적 I』, 호남문화재연구원.

이영철·양해웅·문지연, 2005, 『장흥 송정지석묘 -나군-』, 호남문화재연구원

이영철·임지나·문지연, 2016, 『함평 신흥동유적IV』, 대한문화재연구원

이영철·최영주·이은정, 2008a, 『광주 성덕유적』, 호남문화재연구원

이영철·최영주·이은정, 2008b, 『광주 수문유적』, 호남문화재연구원

이원광, 2000, 「한국방형주구묘의 일고찰」, 『문화재』, 33호, 국립문화재연구소.

이융조, 1980, 「한국 고인돌 사회와 그 의식」, 『동방학지』 23·24.

이융조 외, 1984, 「제원 황석리 B지구 유적발굴조사 보고」, 『충주댐 수몰지구 문화유적발굴조사종합보고서』(고고·고분분야 I).

이은창, 1967, 「대전시 괴정동 출토 일괄유물」, 『고고미술』 65, 한국미술사학회

이인철, 2002, 「사로육촌의 형성과 발전」, 『진단학보』 제93호.

이재열, 1999, 「진안 용담댐 수좌동 고인돌군」, 『동원학술논문집』 제2집.

이재현, 1992, 「삼한시대 목관묘에 관한 고찰-특히 중국 유이민의 등장과 관련하여-」, 부산고고학연구회 발표요지

이재현, 2003, 『변·진한사회의 고고학적 연구』, 부산대학교 대학원 박사학위논문.

이재현, 2005, 「금관가야의 성장과 대외교역」, 『가야의 해상세력』(제11회 가야사국제학술회의), 김해시.

이재현, 2018, 「김해지역 고분의 변천과 대성동고분의 특징」, 『가야고분군 세계유산 등재를 위한 연구자료집(2차)』, 가야고분군 세계유산등재추진단.

이재현·김옥순·이승일, 2012, 『가야 탄생의 서막 김해의 고인돌』, 대성동고분박물관.

이종철, 1983, 「장승의 기원과 변천 고」, 『이대사학연구』, 제13·14합집.

이종철, 2000, 『남한지역 송국리형 주거지에 대한 일고찰』, 전북대학교대학원 석사학위

논문.

이종철, 2003, 「지석묘 상석운반에 대한 시론」, 『한국고고학보 50집』.

이종철, 2006, 「송국리형 주거지 연구의 쟁점과 과제」, 『송국리유적 조사 30년, 그 의의와 성과』, 부여군·한국전통문화학교.

이종철, 2009, 「호남해안지역의 송국리형 주거문화」, 『제주도 송국리문화의 수용과 전개』, 제3회 한국청동기학회 학술대회.

이종철, 2015, 『송국리형문화의 취락체제와 발전』, 전북대학교 대학원 박사학위논문.

이주헌, 2000, 「대평리형 석관묘고」, 『경북대학교 고고인류학과 20주년 기념논총』.

이진주·고용수, 2009, 「산청 매촌리 유적」, 『2008 한국고고학저널』, 국립문화재연구소.

이창희, 2015, 「늑도교역론-금속기교역에 대한 신관점-」, 『영남고고학』73.

이창희, 2016, 「弁韓의 成長과 政治體의 形成」, 『辰·弁韓 '國'의 形成과 發展』, 제25회 영남고고학회 정기학술발표회.

이청규, 1983, 「편년」, 『한국사론』13 下, 국사편찬위원회.

이청규, 1987, 「대광리 신기 고인돌」『주암댐 수몰지역 문화유적발굴조사보고서』I, 전남대학교박물관.

이청규, 1988, 「남한지방 무문토기문화의 전개와 공렬토기문화의 위치」, 『한국상고사학보』창간호.

이청규, 1997, 「영남지방 청동기문화의 전개」, 『영남고고학』21호, 영남고고학회.

이청규, 1999, 「동북아지역의 다뉴경과 그 부장묘에 대하여」, 『한국고고학보』40집.

이청규, 2000, 「國의 形成과 多鈕鏡副葬墓」, 『선사와 고대』14, 한국고대학회.

이청규, 2001, 「기원전후 경주와 주변과의 교류」, 『한국상고사학회연구논총』5.

이청규, 2002, 「영남지역의 청동기에 대한 논의와 해석」, 『영남고고학』30.

이청규, 2008, 「다호리유적의 청동기와 진변한」, 『다호리유적 발굴성과와 과제』, 창원 다호리유적 발굴 20주년 국제학술심포지엄, 국립중앙박물관.

이청규, 2015, 「청동기~원삼국시대 사회적 변천」, 『금호강유역 초기사회의 형성』, 학연문화사.

이청규, 2019, 「수장의 개념과 변천:영남지역을 중심으로」, 『영남지역 수장층의 출현과 전개』, 제28회 영남고고학회 정기학술발표회.

이현혜, 1996, 「김해지역의 고대 취락과 성」, 『한국고대사논총』제8집, 한국고대사회연구소.

이현혜, 2008, 「고고학 자료로 본 사로국 6촌」, 『한국고대사연구』52.

이홍종, 2002, 「송국리문화의 시공적 전개」, 『호서고고학』6,7합집.

이홍종, 2005, 「송국리문화의 문화접촉과 문화변동」, 『한국상고사학보』48.

이홍종, 2010, 「'송국리문화의 일본 전파와 수용'에 대한 토론요지」, 『이주의 고고학』, 제34
    회 한국고고학전국대회.

이희준, 1995, 「토기로 본 대가야의 권역과 그 변천」, 『가야사연구-대가야의 정치와 문
    화-』.

이희준, 2000a, 「대구 지역 고대 정치체의 형성과 변천」, 『영남고고학』26.

이희준, 2000b, 「삼한 소국 형성 과정에 대한 고고학적 접근의 틀」, 『한국고고학보』43.

이희준, 2002, 「초기 진·변한에 대한 고고학적 논의」, 『진·변한사 연구』, 경상북도·계명대
    학교 한국학연구원.

이희준, 2004, 「유적분포로 본 거창지역의 청동기시대 및 삼국시대 사회」, 『영남학』제6호,
    경북대학교 영남문화연구원.

이희준, 2004, 「경산지역 고대 정치체의 성립과 변천」, 『영남고고학』34.

이희준, 2011, 「한반도 남부 청동기~원삼국시대 수장의 권력 기반과 그 변천」, 『영남고고
    학』58, 영남고고학회.

임병태, 1987, 「영암 출토 청동기용범에 대하여」, 『삼불김원룡교수정년퇴임논총』Ⅰ-고고
    학편.

임병태·최은주, 1987, 「신평리 금평 지석묘」, 『주암댐 수몰지역 문화유적발굴조사보고서』
    Ⅰ, 전남대학교박물관.

임설희, 2010, 「남한지역 점토대토기의 등장과 확산과정」, 『호남고고학보』34.

임영진, 1981, 「인도네시아의 선사문화」, 『서울대학교 인도네시아 학술조사단 보고서』.

임영진, 1992, 「보성군의 고고학유적」, 『보성군문화유적학술조사』, 전남대학교박물관.

임영진, 1993, 『화순 만연리 지석묘군』, 전남대학교박물관.

임영진, 2001, 「1~3세기 호남지역 고분의 다양성」, 『동아시아 1~3세기 주거와 고분』(문화
    재연구 국제학술대회 발표논문 제10집), 국립문화재연구소.

임영진, 2012, 「3~5세기 영산강유역권 마한세력의 성장 배경과 한계」, 『백제와 영산강』,

학연문화사.

임영진·서현주, 1997, 『광주 치평동 유적』, 전남대박물관.

임영진·이영문, 1992, 「호남고속도로 확장예정지역의 고고학유적」, 『호남고속도로 광주-
　　　순천간 확장예정지역 문화유적지표조사보고서』, 전남대학교박물관.

임영진·조진선, 2005, 『화순 대곡리 유적』, 전남대학교박물관.

임영진·조진선·서현주, 1998, 『여수 미평동 양지 유적』, 전남대학교박물관.

임영진·조진선·서현주, 1998, 『보성 금평 유적』, 전남대학교박물관.

임영진·조진선·양해웅, 2002, 『광주 매월동 동산 지석묘군』, 전남대학교박물관.

임영진 외, 2003, 『보성 송곡리 지석묘군』, 전남대학교박물관.

임학종, 2007, 「낙동강 하·지류역의 패총문화에 대한 재인식」, 『대동고고』창간호, 대동문
　　　화재연구원.

임효택, 1992, 「낙동강하류역 가야묘제의 계통」, 『가야사의 제문제』, 한국고대학회.

임효택, 1993, 「낙동강하류역 가야의 토광목관묘 연구」, 한양대학교 대학원 박사학위논문.

임효택·하인수, 1988, 「김해내동 제2호 큰돌무덤」, 『동의사학』 4.

장용석, 2012, 「고고자료로 본 임당 중심읍락의 제양상」, 『영남문화재연구』 25.

전남대학교박물관, 1982, 『동복댐 수몰지구 지석묘 발굴조사보고서』.

전남대학교박물관, 1990, 『여천시 봉계동 지석묘』.

전남대학교박물관, 1992, 『여수 오림동 지석묘』.

전남대학교박물관, 1997, 「목포-광양간 고속화도로 보성-벌교간 공사구간 문화유적 발굴
　　　조사 약보고」.

전남대학교박물관, 1998, 『여수 미평동 양지 유적』.

전남대학교박물관, 2002, 『광주 매월동 동산 지석묘군』.

전남대학교박물관, 2003, 『보성 송곡리 지석묘군』.

전북문화재연구원, 2016, 「군산 선제리 108-16번지유적 소규모발굴조사 약식보고서」.

전영래, 1975, 「익산 다송리 청동유물 출토묘」, 『전북유적조사보고』제5집, 전라북도박물관.

전영래, 1985, 「백제남방경역의 변천」, 『천관우선생환력기념 한국사학논총』.

전영래, 1987, 「금강유역 청동기문화권 신자료」, 『마한·백제문화』10. 원광대학교 마한·백
　　　제문화연구소.

전영래, 1998,『동로고성과 조양성』, 보성군 조성면.

전영래, 1990,『전주 여의동 선사유적 발굴조사보고서』, 전주대학교박물관.

전옥연, 2013,「고고자료로 본 봉황동유적의 성격」,『봉황동유적』(제19회 가야사국제학술회의), 김해시.

田中良之, 1992,「이른바 도래설의 재검토」,『고고역사학지』8권, 동아대학교박물관.

전형민, 2003,「호남지역 장란형토기의 변천배경」, 전남대학교대학원 석사학위논문.

井上裕弘, 2010,「북부 규슈의 옹관제작집단과 장송의례로 본 배경」,『일본의 옹관묘』, 국립나주문화재연구소.

井上主税 2006,『嶺南地方 出土 倭系遺物로 본 韓日交涉』, 경북대학교 대학원 박사학위논문.

정오룡, 1988,「여천군의 선사유적」,『여천군의 문화유적』, 조선대학교국사연구소.

정인보, 1935,『조선사연구』(상권).

정징원·신경철, 1987,「종말기 무문토기에 관한 연구」,『한국고고학보』20.

정한덕·이재현, 1998,「남해안지방과 구주지방의 청동기시대 문화 연구」,『한국민족문화』12, 부산대학교 한국민족문화연구소.

정혜정, 2013,「함안 광려천유역 청동기시대 무덤에 대한 소고」,『함안 예곡리유적』, 동서문물연구원.

조선대학교박물관, 1999,「영광 마전·원당·수동·군동유적 약보고서」,『서해안고속도로(무안-영광간)건설공사구간 문화유적발굴조사』.

조영제, 1983,「서부경남 선사문화 지표조사 보고(Ⅰ)」,『부산사학』제7집.

조원래, 1992,「순천시의 연혁」,『순천시의 문화유적』, 순천대학교박물관.

조유전, 1984,「전남 화순 청동일괄 출토유적」,『윤무병박사회갑기념논총』.

조진선, 1997,「보성 예당리·송곡리유적」,『호남지역 고분의 내부구조』(제5회 호남고고학회 학술대회 발표요지), 호남고고학회.

조진선, 1997,「지석묘의 입지와 장축방향 선정에 대한 고찰」,『호남고고학보』6.

조진선, 1999,「호남지역 청동기문화의 전개과정에 대한 고찰」,『호남고고학보』9.

조진선, 2004,「전남지역 고인돌의 특징과 보존현황」,『아시아권에서의 문화유산(고인돌) 보존과 활용』, 제1회 세계문화유산(고인돌) 국제심포지움, (재)동북아지석묘연구소.

조진선, 2005,『세형동검문화의 연구』, 학연문화사.

조진선, 2008, 「탐진강유역 지석묘문화의 형성과 변천」, 『탐진강유역의 고고학』, 제16회 호남고고학회 학술대회.

조진선, 2010, 「인도네시아 숨바섬의 거석묘 조영과 확산과정」, 『고문화』76, 한국대학박물관 협회.

조현정, 2012, 「고찰2. 용잠리 송국리문화 집락의 구조」, 『창원 용잠리 송국리문화 유적』, 삼강문화재연구원

조현종·신상효·장제근·강경인, 1996, 『광주 운남동유적』, 국립광주박물관

조현종·은화수, 2005, 「화순 백암리유적 조사보고」, 『고고학지』14, 한국고고미술연구소.

조현종·은화수, 2013, 『화순 대곡리 유적』, 국립광주박물관.

조현종·장제근, 1994, 『돌산 세구지 유적』, 국립광주박물관.

주보돈, 1995, 「삼한시대의 대구」, 『대구시사』제1권(통사).

中村大介, 2007, 「日本列島 彌生時代 開始期前後 墓制」, 『아시아 거석문화와 고인돌』, 제2회 아시아권 문화유산(고인돌) 국제심포지움, (재)동북아지석묘연구소.

中村大介, 2009, 「西日本 彌生時代의 戰爭과 犧牲」, 『갈등과 전쟁의 고고학』, 제33회 한국고고학전국대회.

지건길, 1978, 「예산 동서리 석관묘 출토 청동일괄유물」, 『백제연구』9.

지건길, 1983, 「지석묘사회의 복원에 관한 일고찰-축조기술과 장제를 중심으로-」, 『이화사학 연구』13·14합집, 이화사학연구소.

지건길, 1990, 「장수 남양리 출토 청동기·철기 일괄유물」, 『고고학지』2, 한국고고미술연구소.

진수정, 1998, 「대구 팔달동유적 목관묘에 대하여」, 『제9회 영남매장문화재연구원조사연구발표회』, 영남매장문화재연구원.

창원대학교박물관, 1995, 『함안 오곡리유적』.

창원문화원 2018, 『창원의 고인돌』

창원문화재연구소, 1996, 『함안 암각화고분』.

창원문화재연구소·동아대박물관 1993, 『금관가야권유적정밀지표조사보고』.

천관우, 1989, 『고조선사·삼한사연구』, 일조각.

최광희, 2009, 『홀로세의 해안사구 형성과 해수면 변화』, 서울대학교 대학원 박사학위논문.

최몽룡, 1976, 「대초·담양댐 수몰지구 유적발굴조사보고」, 『영산강수몰지구 유적발굴조

사보고서』, 전라남도.

최몽룡, 1978, 「전남지방 지석묘 형식과 분류」, 『역사학보』78.

최몽룡, 1981, 「전남지방 지석묘 사회와 계급의 발생」, 『한국사연구』28.

최몽룡, 1985, 「고대국가성장과 무역」, 『한국고대의 국가와 사회』, 역사학회편.

최몽룡, 1987, 「전남지방 소재 지석묘의 형식과 분류」, 『역사학보』78.

최몽룡, 1997, 「철기시대의 시대구분」, 『한국사』3, 국사편찬위원회.

최몽룡, 2000, 「제주도 철기시대전기 지석묘사회와 계급의 발생」, 『한국지석묘 연구이론
   과 방법』, 주류성.

최몽룡, 2005, 「청동기·철기시대 연구의 새로운 방향」, 『한성시대 백제와 마한』, 주류성.

최몽룡 외, 1999, 『한국 지석묘(고인돌)유적 종합조사·연구(Ⅱ)』, 문화재청·서울대학교박물관.

최성락, 1984, 『영암 청룡리·장천리 지석묘군』, 목포대학교박물관.

최성락, 1987, 『해남 군곡리패총』Ⅰ, 목포대학교박물관.

최성락, 1988, 「시천리 살치 '나'군 고인돌」, 『주암댐 수몰지역 문화유적발굴조사보고서』
   (Ⅳ), 전남대학교박물관·전라남도.

최성락, 1992, 『전남지방 원삼국문화의 연구』, 서울대학교 대학원 박사학위논문.

최성락, 1997, 「전남지방의 마한문화」, 『삼한의 역사와 문화-마한편』, 삼한역사문화연구회.

최성락, 2002, 「전남지역 선사고고학의 연구성과」, 『고문화』59집, 한국대학박물관협회.

최성락, 2008, 「동아시아에서의 다호리유적」, 『다호리유적 발굴성과와 과제』, 창원 다호리
   유적 발굴 20주년 국제학술심포지엄, 국립중앙박물관.

최성락·고용규·안재철, 1993, 『승주 우산리 고인돌』, 목포대학교박물관.

최성락·김건수, 2000, 『영광 학정리·함평 용산리유적』, 목포대학교박물관.

최성락·김경칠·김진영, 2007, 『강진 수양리유적』, 전남문화재연구원

최성락·이영철·한옥민, 1999, 『무안 인평 고분군』, 목포대학교박물관

최성락·이영철·한옥민·김영희, 2001, 『영광 군동유적-라지구 주거지·분묘-』, 목포대학교
   박물관

최성락·이정호, 1993, 「선사유적·고분」, 『함평군의 문화유적』, 목포대학교박물관

최성락·이헌종, 2001, 『함평 장년리 당하산유적』, 목포대학교박물관.

최완규, 1998, 「익산 신동리 초기철기·백제유적 발굴조사개보」, 『제41회 전국역사학대회

발표요지』

최완규, 2000, 「호남지방의 분묘유형과 그 전개」, 『호남지역의 철기문화』(제8회 호남고고학회
　　학술대회 발표요지).

최완규, 2002, 「전북지방의 주구묘」, 『동아시아의 주구묘』(호남고고학회 창립 10주년기념 국제학술대
　　회), 호남고고학회.

최인선, 2000, 「섬진강 서안지역의 백제산성」, 『섬진강 주변의 백제산성』, 한국상고사학회.

최인선·이동희, 2000, 『여수 화장동 화산·월하동 지석묘』, 순천대학교박물관.

최인선·이동희, 2001, 『순천 용당동 망북 유적』, 순천대학교박물관.

최인선·이동희·박태홍·송미진, 2003, 『보성 조성리 유적』, 순천대학교박물관.

최인선·이동희·송미진, 2001, 『여수 화장동 유적 I 』, 순천대학교박물관.

최인선·이동희·조근우·이순엽, 2002, 『여수 화장동 유적 II 』, 순천대학교박물관.

최인선·조근우, 1998, 『여수 미평동 죽림 지석묘』, 순천대학교박물관.

최인선·조근우·이순엽, 1999, 『순천 연향동 대석유적』, 순천대학교박물관.

최정필, 1997, 「한국상고사와 족장사회」, 『선사와 고대』8, 한국고대학회.

최종규, 1989, 「김해기 패총의 입지에 대해서」, 『고대연구』2집, 고대연구회.

최종규, 1995, 『삼한고고학연구』, 서경문화사.

최종규, 2000, 「두호리 출토 천하석제 구옥」, 『고성 두호리유적』, 경남고고학연구소.

최종규, 2001, 「담론 와질사회」, 『고대연구』8, 고대연구회.

최종규, 2003, 「이금동 취락의 구조」, 『사천 이금동 유적』, 경남고고학연구소.

최종규, 2010, 「구산동유적 A2-1호 지석묘에서의 연상」, 『김해 구산동유적 X 』, 경남고고학
　　연구소.

최종규, 2012, 「고찰1. 용잠리의 파괴된 무덤을 이해하기 위한 추상」, 『창원 용잠리 송국리
　　문화 유적』, 삼강문화재연구원.

콜린 렌프류·폴 반(이희준 역), 2006, 『현대고고학의 이해』, 사회평론.

平郡達哉, 2004, 「일본 구주지방 고인돌과 보존현황」, 『세계거석문화와 고인돌』, 동북아지
　　석묘연구소.

平郡達哉, 2006, 「경남지역 무문토기시대 관외 부장행위에 관한 일고」, 『석헌 정징원교수
　　정년퇴임 기념논총』.

하문식, 2009, 「서평 ; 고인돌 연구의 새로운 지평을 위하여(Ⅱ)-『지금도 살아 숨쉬는 숨바섬의 지석묘 사회』(가종수 외, 2009, 북코리아)」, 『선사와 고대』31, 한국고대학회.

하승철, 2008, 「진동유적을 통해 본 남해안지역의 네트워크」, 『무덤 연구의 새로운 시각』, 제51회 전국역사학대회 고고학부 발표자료집, 한국고고학회.

하인수, 1989, 『영남지방 단도마연토기에 대한 신고찰』, 부산대학교 석사학위논문.

하인수, 1992, 「영남지역 지석묘의 형식과 구조」, 『가야고고학논총』1, 가락국사적개발연구원.

하인수, 2000, 「남강유역 무문토기시대의 묘제」, 『국제학술회의(진주남강유적과 고대일본)』, 경상남도·인제대학교가야문화연구소.

하인수, 2003, 「남강유역 무문토기시대의 묘제」, 『진주 남강유적과 고대 일본』, 신서원.

하주원 2016, 『기원전 3세기~기원후 2세기대의 영남지역 주거지와 묘제를 통한 문화변천 연구』, 동아대학교 대학원 석사학위논문.

하진호·김명희, 2001, 「울산 천상리 환호취락에 대하여」, 『제14회 조사연구회』, 영남문화재연구원.

한국고고학회, 1969, 「대전 괴정동출토 일괄유물」, 『고고학』2.

한국문화재보호재단, 2000, 『서해안고속도로(남포-웅천)건설구간내 문화유적 발굴조사보고서』.

한국문화재재단, 2016, 「소규모 국비지원 발굴조사 전문가 검토회의 자료집(함평 상곡리 114-4 번지 유적)」.

한국상고사학회, 2003, 『지석묘 조사의 새로운 성과』, 제30회 한국상고사학회 학술발표대회.

한국선사문화연구원, 2018, 「함안 내서-칠원간 국도건설공사구간내 유적 발굴조사 약보고서」.

한국정신문화연구원, 1991, 「태항아리」, 『한국민족문화대백과사전』.

한미진·오병욱·이지영·김빛나·송혜영, 2012, 『나주 도민동·상야유적』, 전남문화재연구원.

한반도문화재연구원, 2017, 『함안 용정리 석전 지석묘』.

한병삼·이건무, 1997, 『남성리 석관묘』, 국립중앙박물관.

한상인, 1981, 『점토대토기문화성격의 일고찰』, 서울대학교대학원 석사학위논문.

한수영, 1996, 『한반도 서남부지역 토광묘에 대한 연구』, 전북대학교 대학원 석사학위논문.

한수영, 2015, 『전북지역 초기철기시대 분묘 연구』, 전북대학교 대학원 박사학위논문.

한옥민, 2000, 『전남지방 토광묘 연구』, 전북대학교 대학원 석사학위논문.

한옥민, 2001, 「전남지방 토광묘 성격에 대한 고찰」, 『호남고고학보』13.

한윤선, 2010, 『전남동부지역 1-4세기 주거지 연구』, 순천대학교 대학원 석사학위논문.

함안군, 2019, 『함안 선사유적 현황조사 학술연구용역』.

해동문화재연구원, 2013, 『함안 덕남리유적』.

호남문화재연구원, 2000, 「진안 망덕 청동기시대 유적(용담댐 수몰지구내 문화유적 4차 발굴조사 및

지석묘 이전복원 지도위원회 자료)」.

호남문화재연구원, 2001, 『익산 하나로 도로건설구간내 문화유적 시굴조사보고』.

호남문화재연구원, 2004, 『광주 신창동 지석묘』.

호남문화재연구원, 2005, 『무안 맥포리유적』.

호남문화재연구원, 2006, 『고창 부곡리유적』.

호남문화재연구원, 2007, 『순창 내동리 지석묘』.

호남문화재연구원, 2007, 『함평 송산유적』.

호남문화재연구원, 2012, 『광주 평동유적Ⅰ·Ⅱ』.

홍보식, 2000, 「고고학으로 본 금관가야」, 『고고학을 통해 본 가야』, 한국고고학회.

홍보식, 2014, 「삼한·삼국시대 낙동강 하구 집단의 대외교류」, 『금관가야의 국제교류와
　　　　외래계

유물』(제20회 가야사학술회의), 김해시.

홍형우, 1994, 「한국고고학에서의 외국이론의 수용」, 『한국상고사학보』15.

황기덕, 1965, 「무덤을 통해 본 청동기시대의 사회관계」『고고민속』4.

황상일, 1998, 「일산 충적평야의 홀로세 퇴적 환경 변화와 해면 변동」, 『대한지리학회지』33-2.

황창한, 2010, 「울산지역 청동기시대 묘제의 특징」, 『울산 청동기시대 태화강문화』, 울산
　　　　문화 재연구원 개원10주년기념논문집.

2. 일문

甲元眞之, 1978, 「西北九州支石墓の一考察」, 『法文論叢』41號, 熊本大學法文學會.

甲元眞之, 1997, 「朝鮮半島の支石墓」, 『東アジアにおける支石墓の總合的研究』, 九州大學

考古學研究室.

高倉洋彰, 1995,『金印國家群の時代』青木書店.

九州大學文學部考古學研究室, 1997,「1. 長崎縣・天久保支石墓の調査」,『東アジアにおける支石墓の總合的研究』.

金關丈夫, 1971,「日本人種論」『新版考古學講座』, 雄山閣.

端野晉平, 2001,「支石墓の系譜と傳播樣態」,『彌生時代における九州・韓半島交涉史の研究』.

端野晉平, 2003,「支石墓傳播のプロセス-韓半島南端部・九州北部を中心として-」,『日本考古學』第16號, 日本考古學協會.

端野晉平, 2008,「松菊里型住居の傳播とその背景」,『九州と東アジアの考古學』, 九州大學考古學研究室 50周年記念論文集.

大庭孝夫, 2000,「北部九州における繩文晚期~彌生前期の墓制」, 第49回埋藏文化財研究會發表資料.

渡邊照宏, 1959,『死後の世界』, 岩波新書.

都出比呂志, 1998,『古代國家の胎動』.

武末純一, 2002,「日本 北部九州에서의 國의 形成과 展開」,『嶺南考古學』30.

武末純一, 2010,「金海 龜山洞遺蹟 A1區域의 彌生系土器를 둘러싼 諸問題」,『金海 龜山洞遺蹟 X』, 慶南考古學研究所.

武末純一・平郡達哉, 2009,「日韓の支石墓をめぐる諸問題」,『巨濟大錦里遺跡 考察編』, 慶南考古學研究所.

本間元樹, 1991,「支石墓と渡來人」,『兒嶋隆人先生喜壽記念論集 古文化論叢』.

寺澤薰, 2000,『王權誕生』, 講談社.

森田孝志, 1997,「日本列島の支石墓-佐賀縣-」,『東アジアにおける支石墓の總合的研究』, 九州大學文學部考古學研究室.

森貞次郎, 1969,「日本における初期の支石墓」,『金載元博士回甲記念論叢』.

西谷正, 1980,「日朝原始墳墓の諸問題」,『東アジア世界における日本古代史講座』1, 學生社.

西中久典, 2017,「穴太遺跡 最近 調査 成果」,『韓國の考古學』, 周留城出版社.

深澤芳樹, 2000,「日本古代國家形成期의 考古學的 研究成果와 爭點」,『東아시아 1-3世紀의 考古學』, 國立文化財研究所.

岩崎二郎, 1987,「支石墓」,『彌生文化の研究』8, 雄山閣出版.

李昌熙, 2009,「在來人と渡來人」,『彌生時代の考古學 第2卷-彌生文化の誕生-』, 同成社.

田中良之, 1986,「繩文土器と彌生土器」,『彌生文化の研究 第3卷』, 雄山閣.

佐々木憲一, 2000,「日本考古學에 있어서 古代國家論」,『東亞細亞의 國家形成』, 第10回 百濟研究 國際學術會議.

中村大介, 2006,「彌生時代開始期における副葬習俗の受容」,『日本考古學』第21號.

太田新, 2014,『日本支石墓の研究』, 海鳥社.

平郡達哉, 2018,「日韓の墓制(彌生時代前半期)」,『新日韓交渉の考古學-彌生時代-』,「新日韓交渉の考古學-彌生時代-」第1回 共同研究會.

3. 중문

王成生, 2010,「遼寧海城折木城石棚的性質與年代初探」,『遼寧考古文集(2)』, 遼寧省文物考古研究所編, 科學出版社

4. 영문

Agus Aris Munandar, 2007,「The Continuity of Megalithic Culture and Dolmen in Indonesia」,『아시아 거석문화와 고인돌』, (재)동북아지석묘연구소.

Choi, M.L., 1984. A Study of the Yongsan River Valley Culture-The Rise of Chiefdom Society and state in Ancient Korea, Dong Song Sa, Seoul.

Elman R. Service., 1962, Primitive Social Organization : An Evolutionary Perspective, Random House, New York.

Haris Sukendar, 2004,「Dolmen in Indonesia」,『아시아권에서의 문화유산(고인돌) 보존과 활용』(제1회 세계문화유산 국제심포지움), (재)동북아지석묘연구소.

Heine-Geldern, Robert, 1945, Prehistoric Research in the Netherlands Indies, in Science and Sciencetists in the Netherlands Indies. (Eds.) Honigand F. Verdoor. NewYork.

Nelson, S.M., 1993, The Archaeology of Korea, Cambridge University Press, Cambridge.

Pearson, R., 1978, Lolang and the Rise of Korean States and Chiefdoms. Journal of the Hong Kong Archaeological Society 7.

Renfrew, C. and Bahn, P. 2004, Archaeology-Theory, Methods and Practice(4th ed.), Thames and Hudson Ltd.

Rhee, Song-Nae., 1984. Emerging Complex Society in Prehistoric Korea(Ph. D. dissertation, University of Oregon).

Soejono, R. P., 1982, On the Megaliths in Indonesia. In Megalithic Cultures in Asia, edited by B.M.Kim, Hanyang University, Seoul.

Timothy Earle, 1987, 「Chiefdoms in Archaeological and Ethnohistorical Perspective」, 『Annual Review of Anthropology』16.

찾아보기